私人财富管理师（PWM）
家族办公室架构师（IFOA）
考试专用教材

私人财富管理
实务操作

~家族资产保护与传承实践指南~

魏小军　何永萍　刘宁辉　王秀全　窦慧娟　梁冰　主编

企业管理出版社
ENTERPRISE MANAGEMENT PUBLISHING HOUSE

图书在版编目（CIP）数据

私人财富管理实务操作：家族资产保护与传承实践指南 / 魏小军等主编 . -- 北京：企业管理出版社，2024. 10. -- ISBN 978-7-5164-3139-9

Ⅰ . F830.593

中国国家版本馆 CIP 数据核字第 2024YB6871 号

书　　名：	私人财富管理实务操作：家族资产保护与传承实践指南
书　　号：	ISBN 978-7-5164-3139-9
作　　者：	魏小军　何永萍　刘宁辉　王秀全　窦慧娟　梁　冰
选题策划：	周灵均
责任编辑：	张　羿　周灵均
出版发行：	企业管理出版社
经　　销：	新华书店
地　　址：	北京市海淀区紫竹院南路 17 号　　邮　编：100048
网　　址：	http://www.emph.cn　　电子信箱：2508978735@qq.com
电　　话：	编辑部（010）68456991　　发行部（010）68417763
印　　刷：	北京厚诚则铭印刷科技有限公司
版　　次：	2024 年 10 月第 1 版
印　　次：	2024 年 10 月第 1 次印刷
开　　本：	710mm×1000mm　　1/16
印　　张：	35
字　　数：	620 千字
定　　价：	158.00 元

版权所有　翻印必究·印装错误　负责调换

教材编写委员会

主　编：魏小军　何永萍　刘宁辉　王秀全　窦慧娟　梁　冰

副主编：张月娜　龙晓晓　祝忠火　钟景前　陈高晨　龙加伦
　　　　林　安　李　芳　单训平　徐小祥　袁玉春　李冠桦

编　委：郎　悦　陈春艳　李志忠　杨丽芬　刘　毓　李　杰
　　　　董　莉　李婉君　田　英　曾剑煌　张　燕　白　雁
　　　　郝　琼　马敬敬　冯　丹　曹冬梅　曹　倩　秦琳琳
　　　　车　玥　张　洁　汪丽莎　刘金涛　宋　词　阎　伟
　　　　何登贵　程　宇　刘润涛　吕　星　李　航　林卓彬
　　　　张　蕊　陈一杏　董水清　潘　海　张滨越　杨　睿

主 编 介 绍

魏小军 民商法学（家事）博士。杭州师范大学法学院财富传承法律研究中心主任，大成律师事务所家族办公室业务中心联合牵头人，大成浙江家事与财富管理专业委员会主任，杭州仲裁委员会金融院资深仲裁员，高级私人财富管理师（SPWM）。拥有16年家事与财富管理律师执业经验，系多项私人财富相关行业操作指引及标准的起草人，服务过诸多（超）高净值家庭，曾为数十家金融机构提供财富管理法务支持。

何永萍 北京市京师律师事务所合伙人、财富传承部主任，CCTV-12《律师来了》人气律师，心理咨询师、婚姻家庭咨询师、高级私人财富管理师（SPWM）。《私人财富管理职业技能等级》《家族办公室架构师职业技能等级》团体标准起草人，北海国际仲裁院仲裁员，儒商家族办公室创办人。专注于婚姻家事、私人财富管理与传承，其研发的"高端私人财富保护及传承"服务模式深受高净值人士欢迎。出版《私人财富管理理论与实务：家族办公室实践指南》《继承法律知识百问》《婚姻家庭法律知识百问》等著作。

刘宁辉 中国光大银行深圳分行私人银行部原负责人，高级私人财富管理师（SPWM）。《私人财富管理职业技能等级》团体标准起草人，深圳经济特区金融学会多项私人银行重点课题牵头人或主要参与者。《零售银行》杂志年度作者，胡润百富"TOP100中国金牌理财师"。

王秀全 北京济和律师事务所合伙人、婚姻家事与财富传承部主任，北京市朝阳区律师协会婚姻家庭业务研究会副主任。兼有高级私人财富管理师（SPWM）、高级家族财富管理师（SFWM）、国家婚姻家庭咨询师、国家注册拍卖师、心理咨询师、证券从业资格等专业资质。《家族办公室架构师职业技能等级》团体标准起草人。擅长婚姻家事及财富传承业务，服务过诸多企业家及高净值人士，实际运用遗嘱、契约、大额保单、信托等财富传承工具为其财富传承做良好规划。出版《财富传承案例与实务操作》《身边的婚姻法律顾问》《私人财富管理顾问：人身险与财富传承、婚姻继承》等著作。

窦慧娟 北京市京师律师事务所律师，中国注册会计师协会的非执业会员，北京市律师协会财税法律专业委员会委员，高级私人财富管理师（SPWM），高级家族财富管理师（SFWM）。《家族办公室架构师职业技能等级》团体标准起草人。在税法领域拥有丰富的专业经验，服务过诸多高净值家庭，曾为数十家大型机构提供税务服务。

梁冰 武汉大学国际法硕士，高级私人财富管理师（SPWM）。现任深圳市律师协会家族财富管理法律专业委员会副主任、广东省法学会婚姻家庭法学研究会理事、广东省律师协会婚姻家事法律专业委员会委员等社会职位。深耕家事与公司领域十几年，多年来承办大量家事和公司类案件，尤其擅长处理重大疑难的涉及公司股权、投融资及家事、离婚、继承的复合型纠纷，能够根据家族情况为其量身定制风险防范和财富传承方案。

序 一

引领财富智慧，探索财富传承之道

随着全球经济一体化的不断深入以及市场经济的快速发展，私人财富管理逐渐成为社会发展的重要组成部分。在这一时代背景下，如何有效地进行私人财富管理，实现财富的保值增值，成为众多投资者和财富拥有者关注的焦点。为了满足广大读者对私人财富管理知识的需求，我们精心编撰了这本《私人财富管理实务操作：家族资产保护与传承实践指南》工具书。

本书旨在为读者提供一套系统、全面、实用的私人财富管理理论与方法，帮助读者在纷繁复杂的金融市场中把握财富管理的核心要义，实现个人财富的稳健增长。在撰写过程中，我们力求理论与实践相结合，既注重理论知识的系统性，又强调实际操作的可行性，以期为读者提供一本真正具有指导意义的工具书。

就理论而言，本书从私人财富管理的基本概念入手，逐步深入资产配置、投资组合、风险管理等关键领域，详细介绍了各类投资工具的特点、风险与收益，以及如何根据个人的风险承受能力、投资期限和目标收益率等因素，构建符合自身需求的投资组合。此外，还对财富传承、税务规划、法律风险等方面进行了深入探讨，帮助读者在全面了解私人财富管理知识的基础上，形成自己的财富管理理念和方法论。

就实务操作而言，本书通过大量真实的案例分析和实战操作指南，将理论知识与实际操作紧密结合；精选国内外典型的财富管理案例，深入剖析其中成功与失败的原因，总结经验与教训。本书还提供了一系列实用的操作指南，包括如何制定财富规划，如何进行资产配置，如何选择合适的投资产品，等等，以期帮助读者将理论知识转化为实际应用能力，更好地应对财富管理过程中的挑战。

值得一提的是，本书在撰写过程中充分吸收了国内外私人财富管理领域的最新研究成果。我们密切关注国际金融市场的发展趋势及监管政策变化，以及国内财富管理行业的创新实践和市场需求，力求为读者提供前沿、实用的财富管理知识和方法。

此外，本书还注重培养读者的财富伦理和社会责任感。我们强调，私人财富管理不仅仅是实现个人财富增长的工具，更是实现个人价值、家庭幸福和社会和谐的重要手段。因此，在追求财富增值的过程中，我们必须遵循道德规范，关注社会责任，实现经济效益与社会效益的有机统一。

总的来说，《私人财富管理实务操作：家族资产保护与传承实践指南》是一本集理论性、实用性、前瞻性于一体的私人财富管理工具书。我们相信，无论是对初涉财富管理领域的新手，还是对希望提升专业技能的从业者，抑或对财富管理感兴趣的广大读者来说，本书都是不可多得的财富宝典。相信本书能够成为您在私人财富管理道路上的良师益友，为您的财富增值保驾护航。

在本书的编撰过程中，我们得到了许多专家、学者及业内人士的大力支持和帮助，他们为我们提供了宝贵的意见和建议，使得本书的内容更加丰富和完善。在此，我们向所有为本书做出贡献的人士表示衷心的感谢！

最后，由于私人财富管理领域的复杂性和多变性，本书难免存在不足之处，恳请广大读者在阅读过程中提出宝贵意见和建议，以便我们不断改进和完善。愿《私人财富管理实务操作：家族资产保护与传承实践指南》能够为您的财富管理之路提供有力的支持和帮助！

袁玉春
美国私人财富管理协会北京代表处首席代表
《私人财富管理职业技能等级》团体标准主要起草人
《家族办公室架构师职业技能等级》团体标准主要起草人
2024年5月

序 二

法律和经济交融下的财富管理理念与技术

私人财富管理，古已有之。中国语境中的"经济"本义为"经世济民"，与之对应的英文"economy"，源自古希腊语"οικονομα"，最初的意义即为"家政管理技术"。从这个意义上来说，私人财富管理源远流长。

现代社会的变迁使财富管理的理念和技术发生了巨大变化。财富管理的主体从名公巨卿、富商蓄贾走向贩夫走卒、凡夫俗子；财富管理方式从单一走向多元，甚至令人眼花缭乱；财富专业管理机构也从无到有，遍地开花。

根据招商银行发布的《2023中国私人财富报告》显示，2022年中国高净值人群数量达316万人，比2020年增加了约54万人，2020—2022年年均复合增速为10%。财富规模上，2022年中国高净值人群共持有101万亿元人民币的可投资资产，2020—2022年年均复合增速为9%。这表明我国社会存在巨大的财富专业管理需求。

现代财富管理最重要的特征是它必须在法律框架下进行，法律也刷新了财富管理的理念，为财富管理提供了现代法律工具。财富管理的根本理念在于财产传承和财富增值。对前者，法律提供了信托、保险等手段；对后者，法律提供了各种合同规则，裨益财富在流通中保值增值。令人遗憾的是，目前我国有关财富管理的著作主要是从经济角度阐述的，缺乏在法律框架下如何进行财富管理的相关著述，更遑论法律和经济结合视角下阐释私人财富管理的著作。

《私人财富管理实务操作：家族资产保护与传承实践指南》在很大程度上弥补了这一缺陷，在法律和经济双重框架下分析私人财富管理。本书具有如下突出优点。

一是实操性强。本书详细介绍了私人财富管理的各种方式和手段，如私人财富管理的流程与工具、资产配置与组合管理、私人财富管理与境内境外税务筹划等；详细阐述了应如何在现行法律框架下使用这些工具，其中既包括主要适用于高净值人群的境外理财产品、信托等方式，也包括每个人都会遇到的婚姻家庭财富的管理方式。更重要的是，它对这些工具做了巨细无遗的解读，读者可按图索骥，寻求适合自己的财富管理方式。此外，它还涉及财富管理的投资、融资、法律、税务、养老、慈善等各类复杂问题。

二是中西结合。在经济全球化的今天，任何国家的经济运行都无法不与他国发生联系。财富的流通同样如此。近年来，国人通过海外财富管理机构管理财产的，不在少数。财富管理和财富传承也存在源于社会土壤的差异，不可能存在完全相同的财富管理和传承工具，即使是相同的工具如信托或保险，在不同的社会语境中，其功能也可能存在差异，甚至是较大差异。因此，本书虽然以我国法律为基础，但也参酌了海外的投资手段。

值得一提的是，本书诞生于《中华人民共和国民法典》(以下简称《民法典》)颁行之际。本书也是按照《民法典》撰写的。在成文法系国家，《民法典》作为市民社会的基本法，甚或具有民族史诗般的意义。它是生活的指南，规范日常涓滴，含蕴民族精神；它是权利宣言书，护持权利，照拂人生；它是市场的规则，兴生财利，沟通有无；它是政治文明的助推器，厘定公私，遏制滥权。《民法典》的真正践行，必将全面释放社会的活力及个体的能量，从而使民殷国强。在一个民法社会中，可以期待的是，私人财富的传承和保值增值将成为一项基业长青的事业。

谢鸿飞

中国法学会民法学研究会副会长

中国社会科学院法学研究所民法室主任

2024年5月

序 三

财富管理"知"与"行"

在很多人的生活中,对财富管理的定位很模糊。最常见的情形就是,有的人买一件衣服都会做比较、谈价格,而在投资上,会跟着一个小道消息就把数十万元,甚至数百万元的资金投入某只股票上去,这类投资决策的结果可想而知。这种场景反映出来的是很多人对财富目标预期的高估,以及对财富管理背后的深刻逻辑的低估。

财富管理是一套实践性很强的知识体系,就像我们小时候从来没有刻意训练过,不知不觉中就学会了灵活地使用筷子一样。二者最大的区别在于:使用筷子不需要复杂的理论体系,其结果也直观可控;而财富管理恰恰相反,其背后有着深刻的财富逻辑,结果也充满不确定性。于是,现实中各种简化了中间过程,只将结果呈现在众人面前的财富故事、案例或者新闻报道,在普及一些基本财富概念的同时也带来了不小的认知偏差,将复杂的财富管理概括成某些因素之间简单的因果关系。例如,"资产配置"这个概念应该说得到了广泛普及,也是一个大众耳熟能详的词语,但大多数人对"资产配置"的理解还局限在"鸡蛋不要放在一个篮子里"这样的维度,并遵循这样的认知对资产进行分散处理。事实上,对"资产配置"更深刻的理解在于,资产还需要进行组合和对冲。在这个框架下,决定整个配置的风险不再是单个资产价格的起伏涨跌,而是组合中资产与资产之间的相关性。单个资产的波动会被其他资产平衡掉,对风险没有影响,人们只需要关心资产之间的相关性有没有发生变化,而不需要关注单个资产价格的涨跌。

现实中绝大多数人的意识里还是把它们分开处理的,人们总在关注某个资产亏了,某个资产赚了,亏的资产总是关心它能不能涨回来,而忽略了"这个配置组合的整体其实是赚的"这个重要的、根本的逻辑和结果,进而影响自己的后续决策,没有达到平衡风险的目的。

类似的情形还有很多,例如税收问题。财富管理领域里税的筹划不仅仅在于在合法合规的范围内避免多缴税、误缴税,更在于在经济全球化背景下,一个人的税务身份就决定了其所有的财富逻辑。再如，关于婚姻财产规划，它所解决的问题不仅仅是婚姻关系中个人财富的区划与分割，更在于在现行的法律体系下，如何更好地规划私人财富，实现财富的有效控制，最终实现"我的幸福我做主，我的财富我做主"，而这些普通的愿望要想最终成为现实，并不是一件容易的事。再如，关于大额保单，风险保障与风险对冲仅仅是它基础的、表面的功能，其作用还在于其作为一种法律架构和合同架构，更应该成为人们主动选择的一种财富存放形式，进而帮助财富的主人达到财富的安全、隔离、转移、复利等复杂诉求。与此类似，家族信托的作用也在于在相应法律体系的保护下，通过对信托架构的精妙构建，实现企业财富与家业财富等的所有权、控制权、经营权与收益权的复杂组合及过程管理，从而将财富管理的范畴从一代人的时间维度上延长到家族的基业长青。

历尽千帆之后，我们常常会感叹：财富管理，知之不易！其实，财富管理还面临另外一个挑战——行之甚难。

财富管理在实务层面也面临众多挑战。例如，从事后来看，很多人的股票市场（以下简称股市）投资都呈现出"倒金字塔形投入、金字塔形卖出"的规律，也就是在投入阶段，投资者往往是随着股价的上涨不断加大投入，导致最后成本高企，很难对抗股价的波动；而在卖出阶段，大部分人担心到手的盈利又"飞"了，在股价上涨初期可能就卖出了大量的仓位，在股价高点时已经没有太多的筹码了，错失了"牛市""牛股"的机会，而这也是专业领域里常说的"投资是反人性的"典型例子。再如，在任何一个时点面对任何一项资产的时候，我们的目光是否足够长远，也深刻地影响着我们对资产的价值判断以及后续的财富管理安排。又如，作为财富的主人，我们都希望财富的分配和流动能遵循自己的意愿，但实际上，在财富的所有权和控制权之间存在巨大的博弈空间，而当关于财富的争端升起的时候，人们才会留意到财富关系的底层逻辑实际上都是法律关系……所以，在现实的场景中，一位财富人士所能拿到的财富管理方案，是看起来富丽堂皇但又似是而非，还是能够化繁为简、直达核心，其中的高低、优劣其实并没有那么容易区分。

毫无疑问，过去十年间，我国的财富管理行业已经取得了巨大的进步，但从某种角度而言，整个市场仍然处于初级阶段，我们所说的"知之不易"与"行之甚难"也大多来源于此，财富管理众多的领先理念和方法与市场实践之间，还隔着深深的沟壑。好在本书的几位作者都是身处中国财富管理一线的资深人士，他们或来自银行、信托等行业，或从业于税务、律所等机构，他们不一定是广为人知的名人，但他们一定是最接地气的实践者，而这恰恰是他们最大的优势。他们通过各自的实务工作，一方面对市场与客户的需求痛点有着深刻的体验，另一方面也对理论与实践之间的沟壑有着敏锐与深刻的了解，这些特点与本书的定位是如此一致。注重实务，关注财富管理发展进程中当下最需要解决的断层与沟壑，就是本书最鲜明的特点与定位。由此，本书的编撰也成了这些凝聚在一起的作者从另一个维度再次实践自己的理念和经验的最佳契机，他们积累的超越条条框框、对微妙之处细致把握的实务经验，是在所有其他书籍中都找寻不到的，这就是一线实践者最大的价值。

对于我们的读者，无论是财富行业的从业者，如银行的理财经理、证券公司的财富师、保险公司的代理人、转型家事领域的律师和税务师，还是直接的财富所有者，如企业家、职业"金领"、中产人士、职业投资者等，最需要的就是明确财富管理这件事在自己生活中应有的定位，即财富管理是一件虽然不紧急，但是影响深远、无比重要的事情，每一个事关财富管理的决策，都应该是在谨慎、周密、客观、平衡的前提下做出的；而要具备这样的能力，唯一的捷径就是学习，通过学习来打通我们对财富管理的"知"与"行"。

愿诸君开卷有益。

王绪瑾

教授、博士研究生导师

北京工商大学保险研究中心主任

2024年5月

目录 CONTENTS

第一部分　婚姻财富管理：新时代规划与传承

引言：为什么要关注婚姻财富管理——忽视婚姻财富规划的教训…………3
第一章　婚姻与财富管理的关系：法律角色与财富的交织……………7
第二章　家庭法律关系：为什么这些关系会影响财富安全……………11
　　　一、婚姻财产制度对家庭财富的影响 ……………………………11
　　　二、继承制度对家庭财富的影响 ……………………………………14
第三章　财富安全风险：影响财富安全的风险有哪些，如何识别………22
　　　一、婚姻家庭财富的界定和分类 ……………………………………22
　　　二、婚姻对企业控制权的影响：婚姻"触礁"，企业不保………27
　　　三、法定继承风险对企业控制权的影响 …………………………29
第四章　夫妻离婚时家庭财富的处理……………………………………31
　　　一、婚姻财产制度的法定范围 ………………………………………31
　　　二、夫妻共同财产的分割原则 ………………………………………35
　　　三、不同形式财产的分割 ……………………………………………37
第五章　婚姻财富管理工具………………………………………………47
　　　一、财富管理工具的底层逻辑："安排人+安排钱+安排事"………47
　　　二、夫妻财产约定：被妖魔化的法律文件 …………………………53
　　　三、赠与合同 …………………………………………………………56

— I —

四、遗嘱和协议很重要，但徒遗嘱不能自行 ················· 60
五、遗产管理人制度：你的遗产，我来守护 ················· 69
六、大额保单在婚姻财富规划中的优势：所有权、控制权和受益权三权分离 ················· 72
七、被误读的家族信托：有控制力的财富传承，只要控制权，不要所有权 ················· 86
八、保险金信托："保险＋信托"强强联合 ················· 91
九、意定监护制度：我的余生我做主 ················· 98
十、民事信托 ················· 104
十一、遗嘱信托 ················· 109

结语　婚姻财富管理不是战法，而是不战之法················113

第二部分　保险在私人财富管理中的运用

第六章　保险概述 ················· 117
第一节　保险的起源 ················· 117
一、保险的萌芽 ················· 117
二、人身保险的起源和发展 ················· 118
三、中国近代保险的兴起 ················· 119
第二节　人身保险的分类及概述 ················· 120
一、人寿保险 ················· 121
二、健康保险 ················· 123
三、意外伤害保险 ················· 124

第七章　人身保险的法律架构 ················· 125
第一节　投保人的权利与义务 ················· 126
一、随时退保的权利 ················· 126
二、指定、变更受益人的权利 ················· 126
三、保单质押贷款的权利 ················· 126

四、按时交纳保险费的义务 ·············· 127
　　五、如实告知的义务 ················ 127
第二节　被保险人的权利与义务 ············ 128
　　一、有权决定保险合同是否有效 ············ 128
　　二、有权决定受益人及受益份额 ············ 128
　　三、享有保险金受益权 ··············· 129
　　四、须履行如实告知义务 ·············· 129
第三节　身故受益人的权利 ·············· 129
第四节　保险法的基本原则 ·············· 130
　　一、人身保险的最大诚信原则 ············· 130
　　二、损失补偿原则 ················· 139
　　三、近因原则 ··················· 141
第五节　保单现金价值 ················ 144
　　一、保单现金价值的内涵 ·············· 146
　　二、保单现金价值的功能 ·············· 147
　　三、如何利用保单现金价值进行财富传承规划 ····· 149
　　四、保单现金价值在特定情形下的退还 ········ 149
第六节　人身保险合同的成立 ············· 150
第七节　人身保险合同的变更 ············· 152
　　一、人身保险合同中哪些内容可以变更 ········ 155
　　二、保险合同主体的变更 ·············· 155
　　三、保险合同内容的变更 ·············· 158
第八节　人身保险合同的中止与复效 ·········· 158
　　一、保险合同的中止及其法律后果 ·········· 161
　　二、保险合同复效及相关法律规定 ·········· 162
第九节　人身保险合同的解除与撤销 ·········· 162
　　一、人身保险合同的解除 ·············· 162
　　二、人身保险合同的撤销 ·············· 166
小结 ·························· 170

第八章　人身保险与婚姻财富保护 ············ **171**
　第一节　婚姻财富管理的重要性 ············ 172

一、离婚导致巨额财产分割 …………………………… 172
　　二、离婚导致背负巨额债务 …………………………… 174
　第二节　夫妻共同财产和共同债务的界定 ………………… 176
　　一、夫妻共同财产的界定 ……………………………… 176
　　二、夫妻共同债务的承担 ……………………………… 182
　　三、个人债务的认定 …………………………………… 183
　　四、婚姻财富管理的立场和方法 ……………………… 185
　第三节　大额人寿保险在婚姻财富管理中的应用 ………… 185
　　一、人寿保险与婚内财产个人化 ……………………… 186
　　二、人寿保险如何隔离婚前婚后财产 ………………… 189
　　三、人寿保单如何避免离婚时被分割 ………………… 191

第九章　大额保险与债务隔离 ……………………………… **194**
　第一节　债务隔离的正当性 ………………………………… 194
　第二节　债务隔离的必要性 ………………………………… 195
　第三节　人寿保险可以隔离债务吗 ………………………… 201
　　一、人寿保险可以对抗债权人代位求偿权吗 ………… 201
　　二、人身保险的现金价值是否可以被强制执行 ……… 204
　第四节　人寿保险与债务隔离 ……………………………… 211
　　一、人寿保险可以有效隔离被保险人的生前债务 …… 211
　　二、借助保单结构设计隔离当下债务 ………………… 212

第十章　人寿保险与家族财富传承 ………………………… **216**
　第一节　财富传承的常见问题 ……………………………… 217
　　一、遗产未经梳理留给后人的难题 …………………… 218
　　二、不合理家规引发的法律问题 ……………………… 218
　　三、生前没有立遗嘱，身后引发争议诉讼 …………… 219
　　四、遗产保管人和执行人 ……………………………… 219
　第二节　人寿保险在财富传承中的功能 …………………… 220
　　一、风险隔离功能 ……………………………………… 220
　　二、保值增值功能 ……………………………………… 220
　　三、税务筹划功能 ……………………………………… 221
　　四、定向给付功能 ……………………………………… 222

第三节　家族财富传承综合解决方案 ……………………………… 223
总　结 …………………………………………………………………… 226

第三部分　家族信托实务操作

第十一章　家族信托概述 ……………………………………………… 231
　第一节　信托的概念 ………………………………………………… 231
　　一、英美法系下的信托定义 ……………………………………… 231
　　二、大陆法系下的信托定义 ……………………………………… 231
　　三、国际公约对信托的定义 ……………………………………… 232
　　四、我国信托法的定义 …………………………………………… 233
　第二节　家族信托的概念及特征 …………………………………… 234
　　一、家族信托的概念 ……………………………………………… 234
　　二、家族信托的特征 ……………………………………………… 235
　第三节　国内外家族信托的发展 …………………………………… 237
　　一、英美法系家族信托的发展 …………………………………… 237
　　二、大陆法系家族信托的发展 …………………………………… 239
　　三、我国家族信托的发展 ………………………………………… 240
　第四节　家族信托的分类 …………………………………………… 242
　　一、按信托设立地分类 …………………………………………… 242
　　二、按信托生效时间分类 ………………………………………… 243
　　三、按是否可由委托人任意终止分类 …………………………… 243
　　四、按受托人在信托利益分配中的地位分类 …………………… 244
　　五、按信托主要内容分类 ………………………………………… 245
　　六、按委托人的数量分类 ………………………………………… 245
　　七、按信托财产类型分类 ………………………………………… 246
第十二章　家族信托的设立、治理与终止 ………………………… 248
　第一节　家族信托的设立 …………………………………………… 248

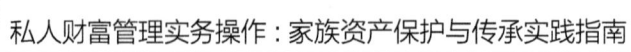

一、家族信托设立的实质要求 ·· 248
　　二、家族信托设立的形式要求 ·· 253
第二节　家族信托的治理 ·· 257
　　一、家族信托的治理架构 ·· 257
　　二、委托人的权利 ·· 257
　　三、受托人在家族信托中的地位 ·· 259
　　四、受益人的权利 ·· 262
　　五、信托监察人 ··· 264
第三节　家族信托的变更与终止 ·· 265
　　一、家族信托的变更 ·· 265
　　二、家族信托的终止 ·· 266

第十三章　家族信托财产 ··· 272
第一节　家族信托财产概述 ·· 272
　　一、信托财产的定义 ·· 272
　　二、信托财产的种类 ·· 272
　　三、信托财产的独立性 ··· 273
第二节　资金类家族信托财产 ··· 276
　　一、资金类家族信托财产概述 ·· 276
　　二、资金类家族信托财产的特点 ·· 276
　　三、用资金设立家族信托的基本流程 ·· 277
第三节　股权类家族信托财产 ··· 279
　　一、股权类家族信托财产概述 ·· 279
　　二、股权类家族信托财产登记与公示 ·· 280
　　三、股权作为家族信托财产需考量的其他问题 ··························· 283
　　四、离岸股权家族信托 ··· 284
第四节　不动产类家族信托财产 ·· 285
　　一、不动产类家族信托财产概述 ·· 285
　　二、不动产类家族信托财产的分类 ··· 286
　　三、不动产置入家族信托的登记与公示 ····································· 287
　　四、用不动产设立家族信托的基本流程 ····································· 288
　　五、不动产类家族信托财产的管理 ··· 289

第五节 保单权益类家族信托财产 ……………………………… 291
  一、保单权益类家族信托财产概述 …………………………… 291
  二、保单权益置入家族信托的路径 …………………………… 293
  三、保单权益作为家族信托财产需要关注的几个重点问题 …… 295
第十四章 家族信托的功能 ……………………………………………… 297
  第一节 家族信托的功能概述 …………………………………… 297
    一、家族信托的功能分类 ……………………………………… 297
    二、家族信托与其他财富管理工具的功能比较 ……………… 301
  第二节 家族信托与财富传承 …………………………………… 305
    一、家族信托架构下的财富传承 ……………………………… 306
    二、财富传承的多样化目标与信托设置 ……………………… 306
    三、家族信托与家族企业传承 ………………………………… 308
  第三节 家族信托与债务隔离 …………………………………… 308
    一、与委托人的债务隔离 ……………………………………… 309
    二、与受托人的债务隔离 ……………………………………… 310
    三、与受益人的债务隔离 ……………………………………… 311
  第四节 家族信托与婚姻财富管理 ……………………………… 312
    一、家族信托与婚前财富保障 ………………………………… 312
    二、家族信托与婚内财富保全 ………………………………… 313
    三、家族信托与离婚财产分割 ………………………………… 314
  第五节 家族信托与税负 ………………………………………… 315
    一、家族信托设立阶段的税收问题 …………………………… 316
    二、家族信托存续阶段的税收问题 …………………………… 317

第四部分 财富管理与资产配置

第十五章 财富管理与资产配置 ………………………………………… 321
  一、从三个维度理解财富管理 ………………………………… 321

二、财富管理与资产配置 ⋯⋯⋯⋯⋯⋯⋯⋯⋯⋯⋯⋯⋯⋯⋯⋯⋯ 325
　　三、什么是资产配置 ⋯⋯⋯⋯⋯⋯⋯⋯⋯⋯⋯⋯⋯⋯⋯⋯⋯⋯⋯ 327

第十六章　以客户思维看资产配置 ⋯⋯⋯⋯⋯⋯⋯⋯⋯⋯⋯⋯⋯⋯⋯ **328**
　　一、资产配置现实中的种种悖论 ⋯⋯⋯⋯⋯⋯⋯⋯⋯⋯⋯⋯⋯ 328
　　二、资产配置悖论背后的原因探究 ⋯⋯⋯⋯⋯⋯⋯⋯⋯⋯⋯⋯ 330
　　三、资产配置背后的行为经济学 ⋯⋯⋯⋯⋯⋯⋯⋯⋯⋯⋯⋯⋯ 333
　　四、资产配置未来的变化趋势探寻 ⋯⋯⋯⋯⋯⋯⋯⋯⋯⋯⋯⋯ 352

第十七章　专业视角看资产配置 ⋯⋯⋯⋯⋯⋯⋯⋯⋯⋯⋯⋯⋯⋯⋯⋯ **358**
　　一、理解资产配置的三个角度 ⋯⋯⋯⋯⋯⋯⋯⋯⋯⋯⋯⋯⋯⋯ 358
　　二、理解资产配置的关键理念 ⋯⋯⋯⋯⋯⋯⋯⋯⋯⋯⋯⋯⋯⋯ 360
　　三、理解资产配置的前提 ⋯⋯⋯⋯⋯⋯⋯⋯⋯⋯⋯⋯⋯⋯⋯⋯ 362

第十八章　资产配置的 CMS 模型 ⋯⋯⋯⋯⋯⋯⋯⋯⋯⋯⋯⋯⋯⋯⋯ **364**
　　一、资产配置的若干常用模型 ⋯⋯⋯⋯⋯⋯⋯⋯⋯⋯⋯⋯⋯⋯ 364
　　二、资产配置的 CMS 模型 ⋯⋯⋯⋯⋯⋯⋯⋯⋯⋯⋯⋯⋯⋯⋯ 365

第十九章　大类资产的理解与分析 ⋯⋯⋯⋯⋯⋯⋯⋯⋯⋯⋯⋯⋯⋯⋯ **373**
　　一、资产收益的来源 ⋯⋯⋯⋯⋯⋯⋯⋯⋯⋯⋯⋯⋯⋯⋯⋯⋯⋯ 373
　　二、银行理财的理解及配置 ⋯⋯⋯⋯⋯⋯⋯⋯⋯⋯⋯⋯⋯⋯⋯ 380
　　三、信托产品的理解及配置 ⋯⋯⋯⋯⋯⋯⋯⋯⋯⋯⋯⋯⋯⋯⋯ 386
　　四、债券产品的理解及配置 ⋯⋯⋯⋯⋯⋯⋯⋯⋯⋯⋯⋯⋯⋯⋯ 388
　　五、权益产品的理解及配置 ⋯⋯⋯⋯⋯⋯⋯⋯⋯⋯⋯⋯⋯⋯⋯ 391
　　六、保险产品的理解及配置 ⋯⋯⋯⋯⋯⋯⋯⋯⋯⋯⋯⋯⋯⋯⋯ 395

第二十章　理解需求，理解资产配置 ⋯⋯⋯⋯⋯⋯⋯⋯⋯⋯⋯⋯⋯⋯ **402**
　　一、财富人生的四大阶段 ⋯⋯⋯⋯⋯⋯⋯⋯⋯⋯⋯⋯⋯⋯⋯⋯ 402
　　二、财富家族的六大深层次需求 ⋯⋯⋯⋯⋯⋯⋯⋯⋯⋯⋯⋯⋯ 403

第五部分　高净值人士涉税问题及应对策略

第二十一章　逃税和虚开发票的法律责任 ⋯⋯⋯⋯⋯⋯⋯⋯⋯⋯⋯⋯ 409

第一节　设置"两套账"逃税的法律责任 ·················· 409
一、内外"两套账" ···································· 409
二、企业设置"两套账"的主要目的 ······················ 409
三、企业设置"两套账"的法律责任 ······················ 410
四、企业设置"两套账"如何被发现 ······················ 411

第二节　购买发票的法律责任 ···························· 412
一、购买发票和虚开发票 ································ 412
二、购买发票如何被发现 ································ 415
三、虚开发票风险防范 ·································· 417

第三节　利用"阴阳合同"逃税的法律责任 ················ 417
一、"阴阳合同"逃税及案例 ···························· 417
二、"阴阳合同"的法律责任 ···························· 419
三、总结 ·· 420

第二十二章　几种避税方式的风险评价 ···················· 420

第一节　利用"一元年薪"避税 ·························· 420
一、利用税率差避税 ···································· 421
二、"一元年薪"的税法风险 ···························· 422

第二节　利用关联交易避税 ······························ 422
一、关联交易的概念 ···································· 422
二、关联交易避税的主要手段 ···························· 423
三、关联交易避税的税务风险 ···························· 424
四、注意 ·· 426
五、总结 ·· 427

第三节　利用"税收洼地"避税 ·························· 427
一、"税收洼地"避税途径 ······························ 427
二、"税收洼地"的税法风险 ···························· 428
三、风险防范 ·· 430

第四节　利用"避税天堂"避税 ·························· 431
一、"避税天堂" ······································ 431
二、避税方式 ·· 431
三、税收风险 ·· 432

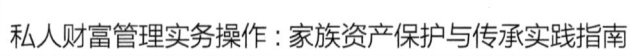

第五节 利用移民避税 ··· 432
一、内地税收居民个人风险 ··· 433
二、CRS识别金融账户信息风险 ··· 433

第二十三章 涉税信息全透明时代 ··· 433
第一节 "金税工程" ··· 433
一、金税一期 ··· 433
二、金税二期 ··· 434
三、金税三期 ··· 434
四、金税四期 ··· 435
五、金税四期对企业和个人的影响 ··· 435
第二节 FATCA和CRS ··· 436
一、FATCA的背景及模式 ··· 436
二、CRS简介 ··· 437
三、CRS框架下税收居民的判定 ··· 438
四、CRS信息交接机制 ··· 439
五、CRS覆盖的海外机构类型 ··· 439
六、CRS交换资产信息类型 ··· 440
七、CRS交换的账户信息 ··· 440
八、CRS影响群体 ··· 440
九、高净值人士应该关注的税务合规问题 ··· 442
第三节 资金监控与反逃税 ··· 442
第四节 跨部门涉税信息协作 ··· 443
一、大规模信息协作从"三证合一"开始 ··· 443
二、跨部门涉税信息协作实践与发展 ··· 444

第二十四章 财富传承工具的税法考量 ··· 445
第一节 赠与 ··· 445
一、赠与房产 ··· 445
二、赠与股权 ··· 451
第二节 大额保单 ··· 452
第三节 信托 ··· 454
一、信托简介 ··· 454

二、中国信托税收制度 ………………………………………… 454
三、离岸信托与税收 …………………………………………… 457
四、慈善信托在中国 …………………………………………… 457

第四节　基金会 …………………………………………………… 459
一、股权投资基金 ……………………………………………… 459
二、慈善基金会 ………………………………………………… 460
三、公益股权捐赠的税务问题 ………………………………… 465

第五节　股权代持 ………………………………………………… 465

第二十五章　税收筹划原理及应用 …………………………… 466

第一节　税收筹划原理 …………………………………………… 466
一、合法性 ……………………………………………………… 467
二、计划性 ……………………………………………………… 467
三、专业性 ……………………………………………………… 467

第二节　税收筹划的应用 ………………………………………… 467
案例一 …………………………………………………………… 467
案例二 …………………………………………………………… 469
案例三 …………………………………………………………… 470

第二十六章　个人投资涉税问题 ………………………………… 471

第一节　个人用货币投资设立公司的涉税问题 ………………… 471
一、货币出资涉税问题 ………………………………………… 471
二、注册资本金额是否越大越好 ……………………………… 473

第二节　个人用非货币投资设立公司的涉税问题 ……………… 474
一、技术所有权的法律障碍 …………………………………… 475
二、技术类型对入资的影响 …………………………………… 475
三、技术入资的增值税优惠 …………………………………… 476
四、技术入资的所得税优惠 …………………………………… 477
五、被投资企业税前列支的涉税风险 ………………………… 477

第三节　个人债权投资的涉税问题 ……………………………… 478
一、个人无偿借款给公司 ……………………………………… 478
二、个人有偿借款给公司 ……………………………………… 479
三、投资人借款给公司后被投资公司注销 …………………… 482

— XI —

第四节　公司和个人财产混同的涉税问题 ·················· 483
　　　一、投资者个人以公司的名义炒股 ························ 483
　　　二、投资者个人的家庭费用在公司报销 ···················· 488
　　　三、将公司收入转入投资者个人账户 ······················ 489
　　　四、合法的安排 ······································ 491
　　第五节　个人从公司分红的涉税问题 ······················ 492
　　　一、个人股东收到公司支付的现金分红 ···················· 492
　　　二、个人股东尚未收到公司的现金分红 ···················· 494
　　　三、外籍个人股东从境内公司取得的分红 ·················· 495
　　　四、被投资公司直接将部分权益转增股本 ·················· 496
　　第六节　个人转让公司股权（票）的涉税问题 ··············· 499
　　　一、个人转让上市公司股票 ···························· 499
　　　二、个人转让挂牌公司股票 ···························· 501
　　　三、个人转让非上市、非挂牌公司股权 ···················· 502

第二十七章　融资涉税问题 ·································· 509
　　第一节　个人从所投资公司借款的涉税问题 ················· 509
　　　一、个人从所投资公司无偿借款 ························ 509
　　　二、个人从所投资公司有偿借款 ························ 510
　　第二节　个人向其他个人或机构借款的法律风险 ·············· 510
　　　一、借贷合同的有效性问题 ···························· 510
　　　二、民间借贷利率的政策要求 ·························· 511

第二十八章　综合所得涉税问题 ······························ 512
　　第一节　个人专项附加扣除的实务问题 ····················· 512
　　　一、子女教育 ······································· 512
　　　二、继续教育 ······································· 514
　　　三、大病医疗 ······································· 515
　　　四、住房贷款利息 ··································· 516
　　　五、住房租金 ······································· 517
　　　六、赡养老人 ······································· 519
　　　七、婴幼儿照护 ····································· 520
　　第二节　个人取得各项补贴的涉税问题 ····················· 520

一、个人取得的福利费是否免税 …………………………… 520
二、公司为员工负担补充保险，个人是否应纳税 …………… 523
第三节　个人取得工资以外的其他综合所得的涉税问题 ………… **525**
一、增值税风险 …………………………………………… 525
二、企业所得税风险 ……………………………………… 526

第一部分
婚姻财富管理：新时代规划与传承

引言：为什么要关注婚姻财富管理
——忽视婚姻财富规划的教训

我父母的遗产，你凭什么来分！
凭什么？凭我们的结婚证啊！

2023年12月1日"上海独生女继承2亿遗产后被离婚"话题冲上热搜第一的位置。

康女士的父母在一次旅游途中发生车祸，双双去世。王先生体贴地伴她左右，协助处理岳父岳母的丧事。半年后，看似一切又归于平静，康女士强打精神准备重新面对仍要继续的工作和生活。突然有一天，康女士在公司里收到一份法院发来的传票，王先生居然以性格不合为由起诉要与她离婚。看到传票，康女士简直不敢相信自己的眼睛，她立即给王先生打去电话，没想到王先生的电话始终关机。康女士赶紧回家，这才发现他早已搬离了他们的婚房。

"你认为父母留下的遗产是属于你一个人的吗？"律师问康女士。"那当然啊，我是独生子女，没有兄弟姐妹。不然除了我还有谁？"康女士说完，律师告诉她，按照我国婚姻法（现《民法典》第1062条）的规定，婚姻关系存续期间继承所得的财产，归夫妻共同所有。"所以，你继承的遗产是你和王先生的夫妻共有财产。"康女士恍然大悟："我想起来了，他（王先生）大学的时候选修过法律，平时没事还喜欢看法律方面的书……"果然，不久后，康女士收到法院寄来的传票，王先生要求分割康女士继承父母的遗产。

像康女士这样的独生子女家庭还有很多，有些人知道第一顺序继承人是父母、配偶、子女，但很多人并不清楚的是，如果子女已婚，那么在无特别约定的情况下，一方继承的遗产属于夫妻共同财产，若离婚，另一方有权分割。为了避免发生以上情况，建议父母订立遗嘱，并在遗嘱中写明遗产仅由自己的子女一人单独继承，排除其配偶的继承权，通过事先规划或许就不会发生这种悲剧了。

房产是今天大部分人最重要的资产，可是由于我们真正持有房产的时间不是很长，所以很多人对于房产归属上的一些法律问题并不清楚。我们来看下面的案例。

丈夫去世后，夫妻共有房产竟然有十几个继承人

2005年，深圳一对夫妇，丈夫去世了，剩下妻子小美带着孩子过，当时房产证上写的是先生的名字，小美觉得那无所谓，这房子就是我们母子的，这没什么可说的，她就没有把这个房子做析产过户。2020年，小美打算置换房子，结果房产局的工作人员告诉她："对不起，你这个房子不是你一个人所有，需要所有继承人来签名。"一查吓一跳，小美这个房子现在有10多个人有权利分割。

这一下小美可蒙了："这就是我和我丈夫的房子，我丈夫去世了，那房子理所当然就是我的了，凭什么还有其他人来分呢？"原来2005年小美的丈夫叶先生去世的时候，叶先生的父母还健在，根据我国的相关法律，这套房子的一半是归叶先生所有的，叶先生去世之后，叶先生的父母、小美和叶先生的孩子，这四个人应当共同分割另外一半的财产。也就是叶先生父母占了1/4的份额。假如深圳这套房子价值1000万元，那就是叶先生父母可以分割250万元。

当然，由于过去这十几年一直没有任何人主张权利，所以这套房子等于没有被分割，而这十几年间，在2016年，小美丈夫的父母相继去世，他们应当分得的遗产份额就要分给他们的其他几个子女，也就是叶先生的兄弟姐妹。换言之，在2016年的时候，这套房产就需要由五六个人共同继承了。更不幸的是，在2018年，叶先生的大哥，也就是他母亲的大儿子也去世了，由于他在生前也没有继承这份遗产，所以他的这份遗产又被转继承给他大哥的几个子女。

这样一算下来，叶先生当年应当被分割的这一半房产，现在有近10个人要分割继承。小美现在要过户可以，但房产并不是100%归她，她就没办法直接过户。这一下小美晕了，在公证处的帮助下，她联系丈夫的兄弟姐妹、侄子侄女，请求他们配合办理放弃继承权的公证。

幸亏一家人明事理，他们觉得这个房产虽然按法律规定他们也有继承权，但实际上这些都是人家打拼来的，自己不应当贪这个便宜。所以这十几个亲戚纷纷做出放弃遗产继承的公证，小美这份房产才顺利地完成过户。

这件事真是给我们很多人提了个醒，你的房子并不是像你想象的那样，就是归你所有的。没有任何规划与安排的财产继承可能会导致非常复杂的法律后果。

这个案子结局不错，第一这些亲戚找得到，第二人家愿意放弃遗产继承。如果找不到这些亲戚呢？如果有一个人到了海外音信全无，或者如果有一个人说"根据法律规定我有继承权，那你得分我点钱，不分我钱，我凭什么放弃继承呢？"这分的哪里是遗产，明明是人心啊！

从这两个案例中，我们至少可以看到婚姻财富管理的重要性和必要性，其中的风险显而易见。

（1）婚姻风险。没有规划，小家庭的财产，大家庭成员瓜分。

（2）继承风险。传承失败的后果是，婚姻、亲情瓦解，财富外流。

也就是说，婚姻财富管理至少包含两个方面的内容。

第一，财富的静态持有安全。

第二，财富的动态传承安全。

财富的静态持有安全，属于《民法典》"婚姻家庭"编对财产归属规则的运用；财富的动态传承安全，属于《民法典》"继承"编对财产分配规则的运用。婚姻财富管理＝财富保全＋财富传承安全。保全和传承是一枚硬币的两面，只有保全下来的财富才能谈传承，否则无财富，谈何传承？不以传承为目的的保全，也没有任何意义。保全和传承是同时进行的动作，不分你我，不能把保全和传承割裂开来，更不能用静止的观点来看财富保全和传承的问题，否则就像一把大漏勺，只堵住其中一个孔，勺子还是漏的。

婚姻是大多数人的人生状态，婚姻好坏暂且不论，尽早规划，明晰多元的财富管理不仅是对个人资产的合理安排，也是对婚姻风险的良好管理。

人的一生中会经历很多事情，比如结婚、离婚、财产分割、子女出生、子女教育、失业、创业、再婚、移民、亲人去世、意外等，只有当这些事情发生的时候，我们才明显觉察到，资产会受到这些事件的影响。如果你觉得自己没有风险，那只能说你根本不理解风险是什么；哪些事情会让积累多年的财富发生减损，以及会发生何种程度的减损。

我们相信爱情，便丝毫不关心对方的经济活动与资产；相信友情，便让人代持而什么证据都不保留。出事了，就希望律师是万能的，希望法律是万能的，能弥补自己过去所有的疏忽，反正大家应该同情他这个"受害人"。每个人的岁月静好，都不是上苍的恩赐，而是靠智慧和努力挣来的。职场女性与全职太太都是人生的选择，不分高下，每一条路都不会风平浪静。如果将自己一生的幸福交付于别人的一句"我养你"，迟早会被生活的琐碎碾压成一句"我养的你"。为什么不把幸福和财富的安全感牢牢地把握在自己的手中呢？其实这是缺少底线思维的

表现。底线思维是要求我们从法律规则的角度来看待问题和解决问题。底线思维的首要特征是规则和权利义务的思维，要站在是否符合法律规定的角度上来思考眼前及未来可能面临的问题。

能够看得见的底线就是法律。

《民法典》"婚姻家庭"编和"继承"编，以法律的形式对家庭财富的法律地位、家庭内部人员的法律关系、家庭财产的运用归属和分配进行了全面规范，如果上述案例中的两位女士懂点婚姻法，看清自己的处境，就能将自己的人生路规划得稳些，把婚姻的信任风险降到可控范围内。

这个维度评估的是，你在多大程度上会为自己的处境担起责任，不管起因是什么。

没有底线思维的人常常想不到掌控感这一层，因为他们压根看不到自己面临的风险。

没有底线思维的人，风险识别能力弱，一旦掉进"坑"里，就要"埋在土里"三五年，人生计划被全盘打乱，以致怀疑人生，甚至人生重新"洗牌"。最怕的是三观尽毁，人生被彻底"活埋"。正如上述康女士的案例，相信对她伤害最大的并非财产的损失，而是对其婚姻、亲密关系的伤害，甚至对人性的认识对其造成的心理上的冲击，直接影响她的世界观、择偶观和婚姻观。怎样防止悲剧发生？理性的办法是给你的婚姻家庭挖出"护城河"，筑上"防火墙"。通过婚姻财富管理的学习，你会对我国婚姻法、继承法规定的财产权属和分配规则有比较明确的认识。拥有财富布局的智慧，通过合理安排，降低感情面临金钱考验的风险，更能提升婚姻质量和家庭幸福感。婚姻财富管理的核心，并不是让我们彼此猜忌和防备，恰恰相反，我们希望在爱情、责任的守护之外，能够更多一层保障，用智慧为婚姻家庭保驾护航。家庭同样是一场"合作"，夫妻双方有共同的责任维护家庭的发展、孩子的成长，树立健康的爱情观和婚恋观才是社会进步的标志。

除了提高对婚姻的掌控感和安全感之外，很多实现财富自由的人已经在更高的维度和认知上在用法律工具来筹划自身的财富和权利。很多人觉得法律离自己很遥远，只有在涉及房子加名、财产继承、离婚等特定情境时才会稍微了解一下相关法律规定；但事实是，那些真正享受到财富和权利的人，一直在运用法律工具为自己筹划财富与权利。只有不懂法律的人才从来不关心法律，因为他们认为"只要我不违法，就不需要法律"；而真正享受到财富和权利的人，他们一直将法律作为日常谋生谋利的工具。举些简单的例子：很多民营企业的老板以为公司的钱就是自己的，公司财产与家庭、个人财产混同，随意支取的情况不在少数，易构成挪用资金罪；婚姻法婚前婚后那些制度现在已经被不少人善加利用，财富量级占高位的一方都在千方百计地防止自己一方的家庭财产日后被瓜分。更有高阶的婚姻家庭财富筹划和风险规避，靠的是公司法、信托法、保险法和婚姻法等的综合运用，以此牵制人性的恶。创业的时候是选择合伙企业还是公司？合伙企业能保障创始人的实际控制权不至于日后旁落他人，公司的股东出资有限制度又能够保证个人财产与公司财产分离，不至于日后承担公司债务，懂法律的人知道该怎么把这两种类型的制度结合起来，用有限出资撬动最大实控权。还有公司对外高额负债法定代表人能否全身而退，个人欠银行债务时如何尽量减少需要归还的本息数额，等等，不胜枚举。

"我们的认知是一把无形的尺子，它丈量着你对外界判断的结果"，只有当你有这个认知，你才能够在这些方面做出理想的决策安排。婚姻家庭中，一切被动都源于不懂法、未规划，一切的纠纷都因不懂法、未规划而被放大。总之，婚姻财富管理的作用在于，尽可能地帮助客户规避财富之路上可能遇到的各种现实的、意识不到的风险，最终使客户更好地享受财富，而不是为其所累。

第一章　婚姻与财富管理的关系：法律角色与财富的交织

为什么婚姻会影响财富？你的法律角色决定了你的财富逻辑。

"我年轻时曾与我们州最漂亮的女孩约会，但最后没有成功。

我听说她后来离过三次婚，如果我们当时真的在一起，我都无法想象未来会怎样。

其实你人生中最重要的决定是跟什么人结婚。

在选择伴侣上，如果你错了，将让你损失很多，而且损失不仅仅是金钱上的。"

——巴菲特

随着家族财富的迅速增长以及观念的变化，人们对财富保全和财富传承越来感兴趣,保全和传承财富的话题日益受到关注,那么婚姻财富管理到底管理什么?财富管理、财富保全和传承、婚姻家庭到底是什么,它们之间有什么关系?婚姻财富管理师和大家常见的金融类的理财师、保险师、财富管理师是一回事吗?婚姻财富管理和我们每个人、每个人的婚姻与家庭,以及家族财富的关系又是什么?为什么财富规划离不开婚姻家事法?为什么家庭法律关系影响财富安全?在正式解决这些问题之前,先跟大家理清楚理财或者财富管理和婚姻财富管理的区别。

其实,两者的目标和视角有根本性的区别。

财富管理 ≠ 资产管理

金融机构做资产配置,是从风险与收益的平衡中使客户资产增值,私人银行提供的法律服务只是附加服务;而财富传承视角下的财富管理是如何做好资产权属安排的呢?它从所有权归属的高度去做资产配置。因为钱是以各种资产形式体现的,而不同形式的资产在转移和继承中都有相应的规则与程序,这些规则与程序又对应不同的法律与法规。比如,房产过户要去房产交易中心,银行存款要到银行办理,公司股权变更要到工商行政管理局办理,不能凭空转移。转移和传承都属于权属换手,而"权属"就是法律概念。也就是说,法律作为顶层逻辑思维给客户提供专业指导。

如果连财富流向的规则你都不了解,那保护财产也就无从谈起。保护你的财产,从保护你的所有权开始。保护你的所有权,从了解相关法律开始。

此风险非彼风险。

除了目标有根本区别以外,两者的指导思想、目标与视角,也有着本质区别。除此之外,它们的风险来源也不一样。

财富管理的核心是管理风险,金融视角的财富主要风险就是收益回报风险;而婚姻的财富管理和传承,核心是管理所有权归属风险,也就是权属风险。与生老病死不同的是,这些风险不是来源于自然规律,而是大部分来源于法律规定。生老病死只是一个低门槛的风险识别,而法律风险具有门槛性、隐蔽性。这些风险来自自身婚姻、子女婚姻、人身意外、债务连带、挥霍败家、长期保障、家人内斗、无人管理、继承、财富贬值等。

无论你是企业家还是普通中产家庭,无论你是独生子女还是多子女家庭,只要你有家庭,只要你有财富,这些风险就普遍存在,而且具有极强的破坏性、潜伏性和不可逆性。因为法律意味着事后冰冷、撕裂,充满仇恨的对峙。这些风险一旦发生,它将无情地撕裂亲情、损害财富,这种破坏力往往导致财富大比例损失、腰斩甚至归零,而且对家庭的影响可以长达几代人,让家族很长时间都无法恢复过来，并且这种影响一旦发生，几乎是不可逆的。所有的风险覆盖，都是在解决人身风险和法律风险，但本质是法律风险。在所有的法律风险中，对于高净值人士牵一发而动全身的风险是婚姻风险。所以婚姻财富管理必须从法律的底层逻辑出发，在法律权属的框架下去思考。

权属问题都是法律问题，大部分老百姓对财富的理解仅停留在财富的数量上，还远没有达到法律的层面，这就造成大家辛辛苦苦奋斗了一辈子，财富积累了一辈子，却因为财富传承管理出现问题而产生遗憾和损失。

厘清了财富管理和婚姻财富管理的核心风险点的本质区别后，我们可能还会疑惑：权属是个法律问题，可是跟婚姻法有什么关系呢？为什么是"婚姻财富管理"？

每一个人在我们的生命中都扮演了不同的法律角色，每一个法律角色的背后都维系着相应的法律关系，而每一个法律关系的背后，都可能隐含着一个甚至多个法律风险。步入婚姻，拥有了新的角色，不仅是两个人走进彼此的生活，还可能意味着财产权属的重新界定。所以说婚姻是最大的财务决定，了解婚姻与财富二者的关系就显得尤为重要。

很多人简单地认为，"我又不离婚，为什么要学习婚姻法？"法律界最大的"冤案"就是大家把婚姻法当成了离婚法。实际上，婚姻法与我们每个人息息相关，它调整的不仅仅是夫妻关系，还有父母、子女之间的关系，它不仅仅是一种身份关系，还有财产关系。比如，任何形态的社会财富，不管是房产股权，还是证券金融，大多是围绕着人的婚丧嫁娶而引发各种法律关系的变动。婚姻家事问题是几乎贯穿所有公司、证券等商事业务的核心的法律问题，投资界著名的"土豆条款""小马奔腾"条款就是典型的案例。

还有人说，"那我们已经离婚了，两个人就没有关系了"。如果还有孩子，一个是孩子的父亲，另一个是孩子的母亲，这是无法改变的事实，由此引发的财富流转问题更加不可忽视。

还有些单身主义者或"丁克"人士认为婚姻法与自己无关，事实上，单身者仍然受婚姻法的约束。我们不能像孙悟空一样，从石头缝里面"蹦"出来，每个人都会有自己的父母和亲朋，如果说我们有一天离开这个世界了，还会多多少少有一些财产，那样就会发生继承关系，这些都是《民法典−婚姻家庭编》《民法典−继承编》来调整的。实际上婚姻法除了调整夫妻关系以外，还调整家庭关系，所以我们要清楚婚姻家庭法，它至少涉及三层关系。

第一层是婚姻关系。也就是夫妻关系、伴侣关系，这是双方的情感、信任关

系。在这一层关系里，我们要做到相信爱，尊重人性。

第二层是家庭关系。延伸出来就是父子、母子关系以及女婿、儿媳妇、孙子、外孙女、爷爷、奶奶这些身份。在这一维度，要做的是管理好亲密关系，守护家庭、守护孩子。

第三层是财产关系。要清楚财产的归属和分配规则，以及三代人之间的财产流转关系。在这一维度，我们要做的是守护家庭资产。

婚姻财富管理的核心是风险管理，而风险管理的核心是不确定性管理，婚姻的不确定性其核心是"法律身份+权属"的不确定性。

我们学习财富管理就是要厘清法律身份和权属之间是如何相互影响、相互作用的，这三层关系重叠糅杂在一起会有什么意想不到的风险，这就是风险识别。

有了风险要不要管理？

这就要问这个风险有没有威胁到你的安全感。安全感来源于什么？家庭？伴侣？事业？财富？这些都对。其中有一个因素，既是基础因素也是必要因素，它就是经济基础。婚姻安全涉及三个因素，除了感情、财富因素以外，还有人身安全因素。

虽然感情是维系关系的最强因素，但感情是最不稳定的，我们的安全感不能单靠感情一个维度来维护，需要引入其他元素来增强双方的安全感。当你认同感情是有风险的，那你的策略就应该是接受风险，并且学习管理风险。所以我们要搞清楚每一种关系，你的安全边际在哪里；哪些是你可以控制的，哪些是你不可以控制的。在你的安全边界范围内让你的感情代价、金钱代价变得可以承受。财富并不是简单的一串串数字就可以衡量的，如果拉长时间维度，财富应该用风险来衡量。只有剥离了风险的资产，才能称之为"财富"。图1-1为风险管理图示。

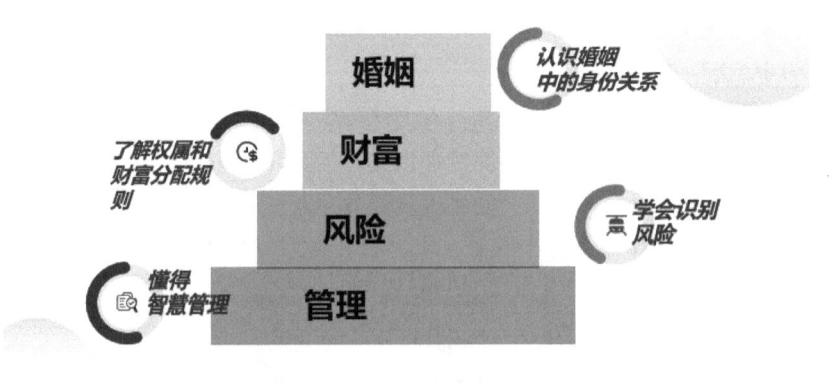

图1-1 风险管理

第二章　家庭法律关系：为什么这些关系会影响财富安全

一、婚姻财产制度对家庭财富的影响

同居像是项目考察，结婚就是企业合并，离婚是破产清算，再婚是企业重组。夫妻财产制度不仅影响夫妻，更可能影响家族，因此在什么地方结婚、选择什么样的法律对家族企业来说是非常重要的事情。如果没有婚前财产协议，结婚地、居住地和身份地对财产的影响具有非同寻常的意义。

不同结婚地的法律不太一样，大部分国家和地区实行婚后夫妻财产共有制，婚后取得的收益，一般属于夫妻共有财产，但不同地区的共有制不尽相同。因此，如果夫妻没有对财产进行约定，在不同的地方结婚可能会适用不同的夫妻财产制度。另外，身份的改变或居住地的改变也可能导致适用不同地区的夫妻财产制度。所以，涉外婚姻要特别重视夫妻财产的规划。

在我国，我们的财产会受婚姻变动的影响较大，主要是因为我们的婚姻财产制度是夫妻财产法定共有制。

《民法典》第一千零六十五条规定："男女双方可以约定婚姻关系存续期间所得的财产以及婚前财产归各自所有、共同所有或者部分各自所有、部分共同所有。约定应当采用书面形式。没有约定或者约定不明确的，适用本法第一千零六十二条、第一千零六十三条的规定。"

这实际上是法定的财产制度，就是你约定不明，那就只能适用法定财产制度，就是一般情况下适用婚后所得共同制。

婚姻从财富管理的角度会带来四个方面的改变。

（一）财产的混同

婚后的财产制度，法律的规定是：约定优先，法定在后。我们可以通过签订婚前或者婚内财产协议来约定财产的归属。

现实生活中，已经有一部分人能够接受结婚时去做财产约定，但是大部分家庭是没有做财产约定的。根据法律规定，如果没有特别约定，一般婚后所得就属于夫妻共同财产，同时需要注意以下几点。

一是婚前个人财产虽然不会因为结婚而转化为共同财产，但是婚前财产婚后产生的收益属于共同财产。

二是婚前个人财产如果重置调整变成了现金类资产，容易和婚后财产混同在一起，无法区分时即会变成共同财产。

所以婚后带来的第一个改变就是财产的混同。我们赚到的每一分钱，包括从父母或他人那里继承、受赠的财产，有一半是属于配偶的；同时婚前财产在婚后容易因为操作、管理不当，导致混同而变成夫妻共同财产。婚姻中个人财产的常见混同风险有：为配偶借贷提供个人担保，婚前或婚后的财产属性产生混淆，因个人债务危及企业或家族财富，作为共同财产因婚变被分割，个人资产与公司资产混淆，等等。

家庭财产和企业财产不分还有其他多种表现，比如，用企业资金购买家庭财产(尤其是不动产)，家族成员持股的各个公司之间发生关联交易，为避税企业股东分红采取股东借款的财务处理方式，企业虚假出资或抽逃注册资本，等等。一旦企业家忽略以上风险，未来可能会发生刑事责任风险、民事债务风险、行政处罚风险、声誉损失风险等严重后果。

法律只能提供最低限度的保护，更多的需要夫妻通过约定的方式来保护自己的权利。要避免混同，就要提前进行个人财产和夫妻共同财产的隔离、夫妻财产和家庭财产的隔离，以及家庭财产和公司财产的隔离。

个人财产和夫妻共同财产的隔离可以利用婚前或婚内财产协议、公证等方式，明确区分个人财产和夫妻共同财产，这不仅仅是在婚姻出现危机时，对个人财产的保护，而且在家庭成员对外负债时，可以"留得青山在"或者保证自己一方不被牵连。另外，现在子女结婚一般会掏空6个钱包，父母一般会买房送车，一股脑地将积蓄全部给孩子。如果子女离婚，并且婚前没有规划好，可能一半财产就被分出去了，导致家人后悔不已。

(二) 夫妻共同债务的牵连

在家庭财富快速增长的同时，也存在不可忽视的债务风险。例如，企业在发展过程中往往需要融资，对外借款是极为常见的事情，我们的许多企业家客户在签订抵押借款合同时，都可能会应出借方要求，不仅企业股东要签字承担连带保证责任，股东配偶也须到场一并签字。如果企业在融资过程中，股东及配偶在借款合同中承诺，将来对企业债务承担连带责任，那么将来如果企业不能还款，股东和配偶作为连带保证人,将有可能与企业一同作为被告被债权人起诉到法院,如果案件败诉,则很有可能面临倾家荡产的结果。

结婚后带来的第二个改变是会带来债务牵连,常见的夫妻共同债务有以下几类。

(1)夫妻在婚姻关系存续期间,基于夫妻双方共同签字或者一方事后追认等做出共同意思表示行为所负的债务,应当认定为夫妻共同债务。例如,负债以夫妻双方共签借据或者一方以短信、微信等方式表示债务合意。

(2)夫妻在婚前,以个人名义为用于婚后家庭共同生活需要所负的债务,应当认定为夫妻共同债务。例如,婚前一方负债用于购买婚后双方共同使用的住房、车辆。

(3)夫妻在婚姻关系存续期间,以个人名义为用于家庭日常生活需要所负的债务,应当认定为夫妻共同债务。

(4)夫妻在婚姻关系存续期间,以个人名义超出家庭日常生活需要所负的债务,若债权人能够证明该债务系用于夫妻共同生活、共同生产经营或者基于夫妻双方共同意思表示的,应当认定为夫妻共同债务。若该债务系用于夫妻一方且与夫妻共同生活明显无关的不合理开支,则应当认定为个人债务。例如,夫妻一方负债为挥霍消费,购买与自身经济能力极不匹配的奢侈品,等等。

法律依据

《民法典》第一千零六十四条:"夫妻双方共同签名或者夫妻一方事后追认等共同意思表示所负的债务,以及夫妻一方在婚姻关系存续期间以个人名义为家庭日常生活需要所负的债务,属于夫妻共同债务。

夫妻一方在婚姻关系存续期间以个人名义超出家庭日常生活需要所负的债务,不属于夫妻共同债务;但是,债权人能够证明该债务用于夫妻共同生活、共同生产经营或者基于夫妻双方共同意思表示的除外。"

夫妻双方应对婚前债务进行明确,约定婚前的债务由各自负责。对于另一方未知的婚前债务,由举债方以个人财产进行偿还。如一方以婚后共同财产偿还婚前债务,应对另一方进行补偿。

(三)继承人范围的扩大

根据《民法典》第一千一百二十七条的规定:"遗产按照下列顺序继承:(一)第一顺序:配偶、子女、父母;(二)第二顺序:兄弟姐妹、祖父母、外祖父母。"

结婚后带来的第三个改变就是继承人范围的扩大。继承人的范围,是处理继

承案件必然涉及的重要事实。

一是会扩大我们自己的继承人范围。结婚前我们的继承人是父母，结婚后我们的继承人会由父母，增加配偶；如果有多段婚姻，夫或者妻带来了前段婚姻的未成年继子女，就会形成法定的抚养关系，继子女和继父母之间就会形成法定的继承关系，这样组成的家庭关系对财富传承的影响更复杂。一旦一方离世，就可能导致复杂的继承纠纷。特殊情况下，可能导致全部财产由夫妻一方全部占有。

二是会变相扩大我们父母的继承人范围。根据法律的规定，没有特别约定，婚后继承的财产属于夫妻共同财产，也就是女婿与儿媳妇因为婚姻、继承的财产制度而变相拥有了继承权。

（四）监护权的改变

结婚后带来的第四个改变就是，万一发生需要监护的情形，监护顺序就会发生改变。《民法典》第二十八条规定："无民事行为能力或者限制民事行为能力的成年人，由下列有监护能力的人按顺序担任监护人：（一）配偶；（二）父母、子女；（三）其他近亲属；（四）其他愿意担任监护人的个人或者组织，但是须经被监护人住所地的居民委员会、村民委员会或者民政部门同意。"

由此可知，结婚前我们的第一顺序监护人是父母，而结婚后的第一顺序监护人是配偶，配偶的监护权会优于父母。拥有了监护权自然就拥有了财产的代为管理权。如果没有事先安排意定监护，当一方失去民事行为能力如病危或成为植物人时，另一方则可取得监护人地位，接管所有的财产管理大权，从而影响财富的管理和传承。

婚姻主要会带来财产的混同、债务的牵连、继承人范围的扩大以及监护权顺序的改变，如果我们想阻止上述情形发生，又不想未来留下纠纷和隐患，就需要提前做好规划。婚姻财产规划能够防范婚前个人、家庭财产婚后混同成为夫妻共同财产而流失的风险，以及防范因婚姻承担巨额债务的风险。可以说，婚姻财产规划对家族财富管理影响巨大，合理的婚姻财产规划不仅是维护自身、家族权益的重要措施，也是减少夫妻之间财产争议、维护家庭和谐的重要方式。

二、继承制度对家庭财富的影响

（一）继承≠传承：家庭财产流转路径失控是风险根源

中国人普遍缺乏对财富的代际流转进行规划的意识，代际流转的方式分为传承与继承。同样都是把财富给到子孙后代，但是两者之间的区别相当大。法定继承,又称为"无遗嘱继承",是指继承人范围、继承顺序、继承份额等均由法律直接规定的继承方式。法定继承与遗嘱继承是继承制度中的两种继承方式,法定继承是遗嘱继承的补充,在既没有遗赠扶养协议又没有遗嘱的情况下,被继承人的遗产按照法定继承处理。

法定继承≠传承

法定继承:法律觉得……

遗嘱继承:我不要你觉得,我要我觉得!

简单来说,继承的意思就是我不在了,根据《民法典》第一千一百二十七条对第一顺位继承人的规定,配偶、子女、父母,大家去分吧,这叫"法定继承",也叫"无遗嘱继承",是一种被动继承方式。它是没有办法按照我的意愿把钱分给我想要给的人的,它也不知道我的每个孩子的性格不一样,我的哪个孩子是要给股权的,哪个孩子是要给房产的,哪个孩子是要给现金的,每个孩子的性格不一样,我给的东西应该是不同的。那么,什么情况下适用遗嘱继承,什么时候适用法定继承呢?当存在有效遗嘱的情况下,遗嘱继承当然优先;而未设立有效遗嘱时,就遵照法定继承。这样看来二者的优先级排位是很清晰的。法定继承是在被继承人没来得及设立遗嘱时而不得已的"云备胎"。

另外,还有一个叫"传承",是什么意思?就是在你生前把你的资产做好安排,将来在你百年后,这些资产会安全合法、有指定性地出现,按照你的意愿,让这些财富去照顾你想要照顾的人。有规划的、主动而为的,如用遗嘱按照我的意愿分配财产,明确分配归属和路径,这种主动的继承方式才叫"传承"。

这里产生的后果可以说是完全不一样,按照我们的传统,长辈辛苦积累的巨额财富,最希望传给的是自己的孩子,但是如果不做传承安排,会发生无法预料的后果。

如果仅仅按照法定继承的方式去分配,自己的孩子究竟能分到多少呢?我们用一个案例来说明。

小帅和小美是夫妻,有个儿子小明今年10岁。经过多年的打拼,积累总资产2000万元。小美和小帅都有自己的兄弟姐妹,而且双方的父母都健在,假设有一天小帅意外去世,没有留下任何遗嘱,之前也没有做任何其他的安排,这个时候小美、小明和小帅的父母,四人都是第一顺序的法定继承人。他们有权平分小帅的1000万元遗产。那么儿子小明只能分得其中的1/4,也就是250万元。对于小明,假如只是一个未成年人,他的财产就要被他的监护人小美代为保管。小帅父

母继承了500万元，如果老人生前没有做任何其他的安排，将来百年后他们的财产依然是被他们的子女，也就是小帅的兄弟姐妹继承，能再分到小帅儿子手中的也是几分之一。

另外，如果小美将来改嫁，也不做任何安排的话，那么小美自己所有的财产以及她帮儿子小明代管的财产都有可能在婚后跟再婚的丈夫的财产产生混同。这些财产被用在新的家庭生活开销中，甚至是创业，或者在新家庭中抚养新的孩子，能用在小明身上的钱可能越来越少。那现在反过来看小帅当年积累下来的财富，到底有多少是真正可以留在他的儿子小明手中的，甚至原本是由小明妈妈帮小明代管的250万元，也不一定能完全落到小明手中。至于监护人代为管理这些遗产期间，是否侵占、挪用、转移了这些遗产，现实中也没有人去关注并制止这种行为，甚至不排除监护人利用母亲的威严、亲情的绑架和子女的孝顺，将遗产永远据为己有的可能。

很多人说，立份遗嘱就行；但是仅立遗嘱是不够的，遗嘱是死的，它不会自己跳出来阻止别人违背遗嘱，也不会自动制裁那些侵占财产的人。

这样的例子在现实生活中真的很常见，如果不认真地选择财富流转的方式，不做好财富传承安排，特别是在某些经济发达的一线城市，一套房子动辄几百万元，如果规划不好就可能有一半以上的财产会落在"外人"之手，而不是传承到自己孩子的手中。债务、离婚、继承、挥霍、受骗及税务等风险足以使一个富裕的家族一步步陷入贫困。我们看到，代际传承往往没有实现财富的累加，只造成了财富的消耗。可见，在财富传承上，我们实在是缺乏一些成功的经验。

这些案件都是真实存在的，是普通家庭频频发生的，并不像大家认为的"传承都是有钱人的事情"，对于老百姓来说，传承事件每天发生在你我身边。

相关法律

第一千一百二十七条："遗产按照下列顺序继承：（一）第一顺序：配偶、子女、父母；（二）第二顺序：兄弟姐妹、祖父母、外祖父母。"

继承开始后，由第一顺序继承人继承，第二顺序继承人不继承；没有第一顺序继承人继承的，由第二顺序继承人继承，如图2-1所示。

本编所称子女，包括婚生子女、非婚生子女、养子女和有扶养关系的继子女。

本编所称父母，包括生父母、养父母和有扶养关系的继父母。

本编所称兄弟姐妹，包括同父母的兄弟姐妹、同父异母或者同母异父的兄弟姐妹、养兄弟姐妹、有扶养关系的继兄弟姐妹。法定遗产继承人的范围及继承顺序，如图2-1所示。

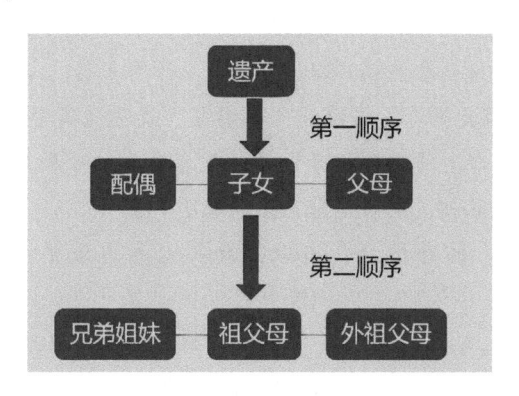

图2-1　法定遗产继承人的范围及继承顺序

（二）遗嘱公证≠继承权公证，继承权公证难关

继承财产有两种途径：一是继承权公证，二是诉讼。全部继承人就遗产如何分配能够协商一致时，全部继承人须到当地公证处办理《继承权公证书》，方可到相关部门（如不动产登记中心、银行等）办理遗产继承，此为路径一；路径二是继承人之间就遗产分配若无法协商一致时，可以到继承人死亡时住所地或主要遗产所在地的基层人民法院提起继承纠纷诉讼来解决；若对遗产范围不清晰的，还可以向人民法院提供财产线索，申请法院出具调查令进行调查取证。继承人持法院出具的生效判决，即可到相关部门办理遗产继承。需要明确的是，上述继承路径不区分继承人是否有有效的遗嘱，原则上均需要执行。

在我国，继承开始后，继承人办理存款、房产、股权等遗产的过户手续时，有些部门需要继承人出示确认其权利的《继承权公证书》。很多人不了解什么是继承权公证，认为我写了遗嘱，百年后孩子凭遗嘱办理过户手续不就行了吗；而且不少遗嘱都经过遗嘱公证，为什么还要再次公证？这是因为，"遗嘱公证"和"继承权公证"是两个概念。

遗嘱公证是被继承人生前单方处分自己财产的意思表示；而继承权公证是按照遗嘱或者法定继承来确定继承人、继承内容，也即遗产最终归属的公证程序，是对继承行为合法性的确认。遗嘱，包括公证遗嘱，可以做多份，也可以撤销。如果仅拿着一份遗嘱去要求过户，即使是公证遗嘱，受申请的机构也无法判断这是否为最后一份遗嘱，也就无法判断按此办理过户能否确保不会发生后续争议。所以即使遗嘱经过公证，办理财产过户的机构一般也会要求申请人提交《继承权公证书》，来证明过户申请具有合法依据。

我们来看看办理遗产继承权公证的材料有哪些。

（1）死者的死亡证明和注销户口证明（缺一不可）。

（2）死者的婚姻证明（指结婚证、离婚证〈或法院离婚判决书及生效证明、离婚调解书〉、户口本上的婚姻状况记载；死者死亡时如果是未婚、丧偶，须提供由户籍地民政局开具的《无婚姻登记记录证明》）。

（3）所有继承人的身份证、户口簿或其他身份证明（包括父母、配偶、子女）。

（4）所有继承人与死者间的亲属关系证明（如单位证明、结婚证、独生子女证）。

（5）所有继承人需要亲自到场，要放弃继承权的人必须本人到公证处签署放弃继承权的声明。

（6）继承人已死亡的，须提交死亡证明、婚姻证明和亲属关系证明（包括父母、配偶、子女）。

（7）死者的财产凭证，如房地产权证、银行存款证明、股票对账单等（请注意不要遗漏，否则就需要重新办理）。

（8）被继承人的《遗嘱公证书》《遗赠扶养协议公证书》（如有）。

（9）公证员审查所需要的其他材料。

从公证机构要求的材料可见，要取得《继承权公证书》，程序复杂，所需提交资料繁多。程序上，无论是法定继承还是遗嘱继承，一般都需要所有继承人到场。如果没有遗嘱，全部法定继承人的继承份额均等分配；如果有遗嘱，继承权公证要求所有继承人一致同意遗嘱内容，财富分配原则和隐私不能保密，如果继承人对遗嘱的真实性有争议，继承公证就不能受理或中止办理，当事人只能到法院起诉解决。也就是说，除非大家一团和气到公证机构办理继承公证，否则即使有遗嘱，也避免不了打官司的尴尬局面。在诉讼期间，无论是存款、房产还是股权，因涉及争议办理不了过户，继承人可能连打官司的律师费都拿不出来。办理继承权公证需要做到人齐、心齐、资料齐，整个过程耗时、耗力、耗钱财。

值得一提的是，2016年7月5日中华人民共和国司法部（以下简称司法部）发布关于废止《司法部、建设部关于房产登记管理中加强公证的联合通知》的通知，房产继承不再要求强制进行继承权公证，继承人可以选择是否要进行继承权公证；然而，房产继承时原需要向公证机关提供的资料，改为向房产登记部门提供。如有的继承人对遗嘱内容存在疑问、不配合签字或者部分资料无法取得,房产登记部门亦无法办理房产继承事宜,可以说继承人面临的难题并未得到实质性解决。另外,该变化仅针对房产继承,其他形式遗产的继承,比如车子、存款等,依然需要继承权公证。此外,继承权公证对当事人在材料准备方面的要求非常严格,许多资料的取得较为困难,因资料不符合要求而无法办理继承权公证的案例也时常见诸报端。

在法定继承中需要明确哪些人可以继承遗产,因此需要对子女、父母和兄弟姐妹的具体范围做出界定。《民法典》第一千一百二十七条规定,第一顺序继承人有配偶、父母、子女。其中父母包括生父母和养父母,以及有抚养关系的继父母;子女包括婚生子女、非婚生子女、养子女,以及形成抚养关系的继子女。①子女。《民法典》"继承"编界定的子女的范围,要比"婚姻家庭"编的规定宽泛,因为"继承"编的规定为"有扶养关系的继子女",这既包括继子女受继父母抚养的情形,也包括继子女赡养继父母的情形。②父母。"继承"编界定的父母的范围,要比"婚姻家庭"编的规定宽泛,"继承"编的规定为"有扶养关系的继父母",这既包括继父母抚养继子女的情形,也包括继父母被继子女赡养的情形。③兄弟姐妹。"继承"编承认"有扶养关系的继兄弟姐妹"享有继承权,这既包括受被继承人生前扶养的继兄弟姐妹,也包括扶养被继承人的继兄弟姐妹。第一顺序继承人的范围,如图2-2所示。

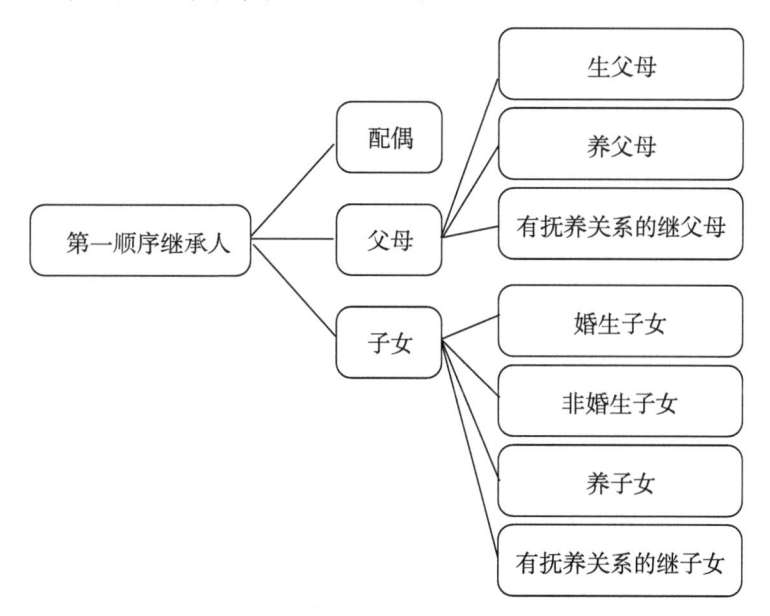

图2-2 第一顺序继承人的范围

从法定继承人的范围及继承顺序不难看出，首先，亲生子女并不一定是唯一继承人，其牵扯的人员经常出乎我们的意料。其次，法定继承的麻烦与风险比想象中还要大，并可能由此引发一系列的法律追问。例如，如何证明你爸是你爸？如何证明你是你父母唯一的孩子？再次，如何顺利通过继承权公证关？其中包括所有权的确定以及其他人的配合。若其他人能够顺利配合还可以，若其他人不配合，或许就会陷入旷日持久的"拉锯战"之中。最后，在财富传承的过程中，必须提前规划，才能做到"传承关爱而不传承麻烦"。

被继承人如有再婚情况，会使得继承案件局面更加复杂。因为，根据《民法典》的规定，父母与子女的关系不因父母离婚而消除，该子女与离异父母之间就有关遗产仍互相享有继承权。继子女与再婚继父母之间形成扶养关系的，就有关遗产互相具有继承权；另外，再婚配偶之间还涉及夫妻存续期间共同财产的析产问题。这些因素导致再婚家庭的遗产继承矛盾重重。再婚现象在继承纠纷案件中普遍存在，而再婚配偶和被继承人的父母、再婚配偶和被继承人与前妻（夫）的子女的纠纷尤其多。

继承难，跨境涉外继承更是难。自改革开放以来，随着我国与国际社会的交流不断加强以及公民财富的几何式增长，"走出去"投资日益多样化。越来越多的高净值人士开始进行海外资产配置。在此背景之下，跨境涉外继承的问题愈发凸显。由于不同国家的继承法或遗产法具有各自的特点和规定，与国内继承相比，跨境涉外继承在法律适用、办理流程、遗产税收等方面均需要单独讨论。因此，跨境涉外继承在实践中面临诸多难题。深圳毗邻香港，随之产生的特殊现象是，不少早期的本地居民移居香港，这也成了深圳这座城市的特色之一。甚至不乏因移居香港年代久远，行政机关未保留对应的身份资料，导致继承人与被继承人之间的亲属关系难以证明，这也成了深圳地区继承案件的独特现象。在近几年《继承大数据报告》采集的113份深圳法定继承案件中，仅以继承人（仅指婚生子女）与被继承人之间身份关系为主要争议焦点的判决书就有14份，占比12.4%。其中，因无法证明继承人或被继承人主体身份信息、地址信息及双方关系（包括经法院依职权调查后仍无法证明的情况）而被法院驳回起诉、驳回诉讼请求的案件就有7件，占比50%。这一数据充分说明了法定继承案件中证明"我是我，我爸妈是我爸妈"的确是一大难题。

那么，大家一定好奇，剩下的50%的案例，究竟满足什么样的条件才能被法院认定存在身份关系呢？下面带大家看看数据背后隐藏的真相。

在这些案件中，主要通过居委会、街道办事处等开具证明，结合其他亲属的确认等间接证据，形成完整的证据链来证明继承人和被继承人之间的身份关系。在这些判决书中，我们看到这些证据的取得历经波折，需要向各种机关部门求取证明"我就是我，我爸妈是我爸妈"。实践中，法院审判认定身份关系的关注焦点是：如何认定这些间接证据的效力，是否足以形成完整的证据链，证明结果是否已达到高度盖然性标准，等等。

看完上面的数据，不禁为之一震，难道证明"我是我，我爸妈是我爸妈"一定要经历如此艰难曲折，甚至还可能无法证明吗？答案是并不一定！如果在被继承人生前未雨绸缪，做好准备工作，则就可避免证明不能的情况发生，少走弯路。这些准备工作可能包括DNA鉴定，与户籍管理部门沟通身份信息处理，事先对身份关系做公证，等等。

在被继承人生前没有进行财富传承规划的情况下，若继承人之间无法就遗产继承事宜达成一致意见，通过法定继承纠纷分配遗产是唯一的方法；但法定继承纠纷往往审理周期长，对于当事人而言意味着要付出高昂的时间成本。

法定继承纠纷的审理期限比一般的家事纠纷明显更长的原因主要有两点。

第一，案件涉及的当事人多，通知全部继承人参与诉讼以及法院送达法律文书都存在困难，若法院无法通过常规方式通知全部继承人参与诉讼，则需要公告送达（周期为60天），且同一个案件公告送达的次数不止一次。

第二，继承人的身份关系确认存在困难（如移居港澳、海外人员的身份关系确认，养子女的身份关系确认，非婚生子女的身份关系确认，等等）。广州、佛山、深圳三个地区都存在移居我国香港、澳门甚至海外较为普遍的现象，由于各种历史遗留问题，如何证明移居港澳或海外的家人与被继承人存在亲属关系存在困难。

除了审理周期长以外，继承案件的诉讼成本也非常高，包括法院收取的诉讼费和律师费两大部分。由于诉讼费是以遗产标的价值为计算依据，遗产价值越高，需要支付的诉讼成本越高。除了人们的家庭财富日渐增长的原因以外，城镇化步伐加快，广东、佛山、深圳三地有越来越多的"拆二代""包租公""包租婆"出现，遗产的价值也直线上升，继承纠纷中需要向法院缴纳的诉讼费也越来越高。继承案件审理周期长、诉讼成本高，提前进行财富传承规划很重要。

第三章 财富安全风险：影响财富安全的风险有哪些，如何识别

财富管理的价值，首先是财富风险的管理。
对风险的失控是一切失败与纷争的根源。

在这个充满诱惑与风险的时代，我们似乎拥有了前所未有的财富创造与分配能力。股票市场的起伏、房地产市场的繁荣与衰退、数字货币的兴起，每一个浪潮似乎都在呼唤着勇敢的"弄潮儿"；然而，在这些看似自由的市场交易中，财富的分配和流动并非完全按照我们的意愿进行。所有权与控制权之间的博弈，就像是财富游戏中的一场暗战，不断地挑战着我们的智慧与决策。作为财富的主人，我们都希望财富的分配和流动能遵循自己的意愿，但实际上，在财富的所有权和控制权之间存在着巨大的博弈空间。当关于财富的争端升起的时候，我们才会意识到，财富关系的底层实际上就是法律关系。

一、婚姻家庭财富的界定和分类

（一）对赌协议是否属于夫妻共同债务

1. 如何理解"对赌之债"

"对赌之债"产生于对赌协议。所谓对赌协议，是指投资方与融资方在达成股权性融资交易的过程中，为了应对投资方对目标公司未来发展前景的不确定性、信息的不对称性以及降低投资方风险而签署的协议。这类协议通常涵盖了股权回购、支付股权回购款及其他补偿款等相关条款。

从订立主体来看，对赌协议分为以下三种类型。

（1）投资方与目标公司签订的对赌协议。

（2）投资方与目标公司股东签订的对赌协议。

（3）投资方与目标公司及其股东签订的对赌协议。

根据《最高人民法院关于印发〈全国法院民商事审判工作会议纪要〉的通

知》的相关规定，不论对赌协议的类型如何，其通常应被视为有效。如果协议的一方是目标公司，并且投资方主张实际履行该协议，人民法院应当审查该协议是否符合公司法中关于"股东不得抽逃出资"以及股份回购的强制性规定，并根据审查结果判决是否支持投资方的诉讼请求。如果协议的一方是股东，那么该股东通常需要按照协议的约定履行支付相关股权回购款的义务。

2. 夫妻共同债务的三种类型

（1）基于夫妻双方共同意思表示所负的债务。

基于夫妻双方共同意思表示所负的债务，一般包括以下两种情形。

①夫妻双方共同签订借条或借款协议的债务。

②非举债方事后通过在借款或借款协议上补签名、承诺共同还款等方式事后追认的债务。

（2）夫妻一方以个人名义为家庭日常生活需要所负的债务。

夫妻一方以个人名义为家庭日常生活需要所负的债务一般表现为，一方为了衣食住行、子女抚养费、父母赡养费等所负的债务，此类债务一般金额较小、款项流向明确。

（3）债权人能够证明用于共同生活、共同生产经营的债务。

债权人能够证明用于共同生活、共同生产经营的债务，一般包括以下两种情形。

①一方婚前所负的债务，如债权人能够证明用于婚后家庭共同生活的，属于夫妻共同债务。

②婚姻关系存续期间，一方以个人名义所负的超过家庭日常生活所需的债务，如债权人能够证明用于夫妻共同生活、共同生产经营的，属于夫妻共同债务。

（二）如何判断"对赌之债"是否属于夫妻共同债务

要判断"对赌之债"是否属于夫妻共同债务，首先需要确定其符合夫妻共同债务的哪一类别的特征。鉴于"对赌之债"的金额通常较大，不太可能是为家庭日常生活所负的债务，若债权人能证明"对赌之债"是基于夫妻双方的共同意思表示而产生，如夫妻双方均在对赌协议上签名或双方均同意偿还此债务，则该"对赌之债"会被认定为夫妻共同债务。若债权人无法证明"对赌之债"是基于夫妻双方的共同意思表示，但能证明该笔债务用于夫妻的"共同生活"或"共同生产经营"的，则该"对赌之债"同样会被认定为夫妻共同债务。

关于如何界定"共同生活"和"共同生产经营"，目前法律上确实缺乏明确的指引。下面我们通过分析司法判例来探究法院是如何具体认定"对赌之债"是否属于夫妻共同债务的。

案例一
因女方曾持有股份、在公司任职监事会主席等因素被认定为夫妻共同债务

【案号】（2021）最高法民申 4323 号

【审理法院】最高人民法院

【案件概述】

男方与投资方、目标公司签订了《转让协议》，将所持目标公司的股份转让给投资方，获得约 2600 万元转让款。同日，男方与投资方还签订了《补充协议》，规定若目标公司未能在约定期限内上市，投资方有权要求男方回购股份，并明确了回购价格计算方式。后公司未上市，投资方起诉男方及女方，要求其共同支付股权回购款及违约金。

此外，在婚姻期间，女方曾获得该公司的股份，后将其转让给了一家由男方独资的香港公司。女方还在该公司担任过监事、监事长，现任财务副总经理。

【法院观点】

要认定夫妻一方以个人名义超出家庭日常生活需要所负的债务为夫妻共同债务，必须有证据足以证明该债务用于夫妻共同生活、共同生产经营或者夫妻双方有共同的意思表示。

首先，男方在婚姻关系存续期间取得股权，该股权应被认定为夫妻共同财产。其次，女方在婚姻存续期间也曾是公司股东，尽管后来将股权转让给男方独资的香港公司，但她仍陆续担任公司的监事、监事会主席及财务副总经理等核心职位。男方则逐渐成为公司的唯一股东、控股股东，并担任公司的法定代表人、董事及经理。基于这些事实，可以认定公司是夫妻双方共同经营的企业，因经营或任职公司所获得的收入也应被视为夫妻共同财产。最后，案涉协议的签订是基于经营公司的商业目的，因此产生的回购股权债务应被归类为公司生产经营所负的债务。

【案件结果】

认定为夫妻共同债务，双方共同支付股权转让款及违约金。最高人民法院亦驳回女方的再审申请。

案例二

【案号】（2021）苏 02 民终 558 号

【审理法院】无锡市中级人民法院

【案件概述】

投资方与男方、目标公司签订《增资扩股协议之补充协议》，约定投资 200 万

元并设定业绩不达标时的股权回购条款。因目标公司未达到业绩目标,投资方与男方签订股权转让协议,约定男方需支付270万元股权转让款及利息给投资方,后男方未能支付,投资方起诉后获得法院的支持,男方仍未能支付。

现投资方起诉女方,要求确认该债务为夫妻共同债务。诉讼中,发现女方与男方及其家人、公司有大额资金往来,并参与了男方公司的经营活动。

【法院观点】

本院一一分析该笔债务是否符合认定为夫妻共同债务的三种情形。

第一,投资方与男方签订的股权转让协议无女方签字,女方声称不知情且未追认该协议,现有证据无法证明签订该协议及据此支付股权转让款是夫妻双方的共同意愿。

第二,据国家统计局的数据显示,我国城镇居民家庭消费主要分八大类,案涉股权转让款支付不属于这些类别,因此不是为家庭日常生活所负的债务。

第三,超出日常家庭生活所需的债务,必须直接用于夫妻共同生活,而非间接。本案中,从公司引入投资到男方回购股权的逻辑来看,债务并未直接用于家庭日常生活。若将其认定为共同债务,将泛化相关法律规定,因为经营行为最终多为满足家庭生活所需。这将违背限缩共同债务范围和控制纠纷的立法目的,与注重交易安全的价值取向相冲突。另外,因投资方是将投资款投入公司,不能直接认定男方个人获取了该部分款项,且无证据证明后续男方回购股权有获利的情形。投资方提出财产混同的论点,实质是扩大共同债务边界,不符合立法目的。因此,即使女方从男方经营中受益,也不能证明股权受让是用于夫妻共同生活。

第四,现有证据不足以证明女方与男方共同经营公司。夫妻共同经营主要是指夫妻双方共同决定生产经营事项,或者虽由一方决定但另一方进行了授权的情形。夫妻共同经营所负债务一般包括双方共同从事工商业、共同投资以及购买生产资料等所负的债务。本案女方非公司股东,无证据表明其参与公司经营。虽有款项往来,但不等于其参与了公司经营。诉讼中,虽调取银行账户信息,显示女方从男方投资中获益,但判断共同债务应基于债务形成时的情况,而非将男方与女方之间的所有往来一并做出判断。因此,本案也不符合法律规定认定为夫妻共同债务的情形。

【案件结果】

该笔"对赌之债"没有认定为夫妻共同债务。

律师分析

"对赌之债"是否属于夫妻共同债务的争议焦点往往在于该笔债务是否属于

夫妻的"共同生活"或"共同生产经营"的债务，法院在认定时应着重考虑以下几个因素。

（1）公司股权是不是家庭最重要的投资？公司经营收入是不是家庭经济唯一或主要的经济来源？如果答案是肯定的，那么对公司股权的投资所引起的债务可能会被认定为属于夫妻的"共同生活"的范围。如果配偶主要是没有工作的家庭主妇，并且她享有该笔投资所带来的收益，那么由该笔投资引发的相关债务也有可能被视为夫妻共同债务。

（2）在判断夫妻共同债务时，关于夫妻"共同生产经营"的情形，法律规定着重考虑夫妻双方是否在公司中担任职务，以及是否共同参与公司经营。这意味着，如果夫妻双方都在公司中担任重要角色，参与公司决策和管理，那么他们因共同经营所负的债务很可能被认定为夫妻共同债务。此外，即使夫妻只有一方在公司中任职，但另一方对公司的经营活动有实质性的参与和贡献，如提供资金、技术支持或市场渠道等，也可能构成夫妻"共同生产经营"，从而涉及夫妻共同债务的问题。因此，在判断"对赌之债"是不是夫妻共同债务时，"共同生产经营"是一个重要的考虑因素，需要具体分析夫妻双方在公司中的实际角色和参与程度。

针对此，为避免"对赌之债"成为夫妻共同债务，律师建议采取以下措施。

（1）善用"民事信托"这一法律工具，股东可以在企业进行融资或借债之前，将部分资产转至受托人名下，使其成为信托财产。这样，可以有效隔离风险，为家庭的稳健规划提供坚实保障。

（2）善用"夫妻财产约定"这一法律手段，向投资者或债权人展示并背书夫妻财产约定，可以妥善地保留家庭基本所需财产。这样做既体现了对家庭财务安全的重视，又体现了对投资者的诚意。通常情况下，理性的投资者会理解并接受这样的安排，因为它有助于平衡各方的利益。

（3）不要轻易在配偶的公司中任职，特别是如果没有实际控制公司财务或实际参与生产经营时，不要担任没有实际职责的虚职，以防因公司债务而卷入不必要的经济风险。

（4）在签署任何协议之前，务必仔细阅读并完全理解其内容。很多情况下，配偶可能会将借款协议夹杂在其他文件中，导致另一方在不知情的情况下签署该文件。如果没有明确的证据表明这是欺诈行为，通常很难认定协议可被撤销。因此，建议在签署任何文件之前，都要保持警惕，如有任何疑虑，最好请律师协助审查文件，以确保自己的权益得到保障。

（5）当夫妻感情出现问题时，考虑早日分居可能是一个明智的选择。通过早日分居，可以有效地避免对方将借款用于共同生活的可能性，从而降低被负债的风险。

（6）当双方感情出现裂痕后，建议妥善保管好个人手机，并设置密码保护，防止对方利用指纹解锁手机或采取其他方式擅自操作手机，发送同意借款的信息给债权人，导致法院认定为夫妻共同借债的合意，进而将借款认定为夫妻共同债务，此时可考虑启用双重认证、定期更改密码等方式加强手机安全管理。

（7）记录日常开支是一项非常实用的措施，通过详细记录家庭的日常开支，并清晰地展示己方收入是如何覆盖这些开支的，可以有效地证明配偶所借的债务并未用于夫妻的共同生活，从而降低借款被认定为夫妻共同债务的风险。

二、婚姻对企业控制权的影响：婚姻"触礁"，企业不保

企业家在高净值人群中占比突出，股权已经构成大多数企业家的核心资产。那么，如何实现股东资格处分和股权财产价值传承之间的平衡？如何使股东的个人风险对公司的整体影响降到最低？如何让公司股权结构保持稳定，实现公司股权价值保值增值？如何将股权的权益价值确定、圆满地传承给后人？这些都是企业家们亟须关注的焦点问题。

婚姻关系不仅包含财产关系，还包含人身关系，并且人身关系占据主导地位，因此，婚内财产的归属也不会是一道单纯的加减算术题。企业家经营企业，其在企业中的股权或者股权分红可能为夫妻共同财产；而有限责任公司同时具备"人合性"与"资合性"的特点，让事情的复杂程度呈指数级上升。土豆网的先例表明，创始人的婚姻状况对于公司的发展至关重要。创始人的婚姻一旦出现问题，往往会对公司的经营造成不可逆转的影响。一旦发生离婚诉讼，一方为了保护自身权益，担心对方擅自转让股权，有可能申请对公司的股权进行查封或暂停转让，这将直接影响公司上市过程中的股份制改造或引入战略投资者。在土豆网上市的关键时期，因为出现婚变而使企业经营陷入困境，最终导致被优酷网收购的悲惨命运，所以说，企业家的每一次婚变都相当于企业的破产重组。

婚姻与事业是人生中最重要的两个方面，两者都取得成功，才是真正的成功。企业家不能认为事业才重要，婚姻无所谓，其实"攘外必先安内"，"后院起火"烧起来也是不留情面的，分分钟就能让你一辈子辛辛苦苦攒起来的家业瞬间化为灰烬。

企业家如果离婚，其持有的公司股权被平均分配，即意味着其可能从大股东变成小股东，经营权面临被剥夺的风险。如果其经营权被剥夺的话，少分些股息或红

利还是小事，公司重大政策变动、控制权变更才是致命的。如果双方都想获取公司的股权，然后折价现金补偿对方，势必会上演一场惊心动魄的"宫心计"。企业家都知道有一本书叫作《海底捞，你学不会》，但不知道有没有人知道还有一本书叫作《真功夫，你不要学》，真功夫餐饮管理有限公司的控制人及其配偶的离婚案，衍生出的结果是当事人锒铛入狱。离婚纠纷的双方，毕竟曾经同床共枕，对彼此的情况都比较了解，尤其是夫妻同在一家公司任职的这种情形，双方对公司的情况更是了如指掌。公司在经营过程中难免有一些不规范的情况，婚变一方又往往熟知对方的一些把柄，如涉嫌抽逃出资、非法集资、挪用资金等问题。出于达到离婚时占据主动地位、多分财产或控制公司的目的，对方很可能会通过向公安机关举报的方式追究对方的刑事责任，企业家可能会面临偷税、漏税、挪用资金之类的刑事指控，进而锒铛入狱，失去人身自由。这样将直接打断公司的上市进程。

对此，企业家需注意，在企业发展过程中必须做到公私分明，一旦企业家的个人财产与公司财务产生混同，将会带来以下隐患：一是个人账户收取企业往来经营款，导致刑事、民事双重法律责任；二是企业融资由股东个人或家庭承担无限连带保证责任，导致家财赔光；三是家庭财富无条件地为企业"输血"，导致一旦企业出现风险，便会家财尽失；四是滥用法人地位及股东有限责任损害债权人的利益，将以个人财产对公司债务承担连带责任。

创始人的婚姻一旦出现问题，往往会对公司的经营造成不可逆转的影响。当私人生活的挑战，尤其是婚姻的波折突然成为公众话题时，企业的稳定性与成长性都可能受到剧烈冲击。一旦创始夫妇的关系出现裂痕，公司的内部运作可能因此陷入混乱。在极端情况下，离婚诉讼中为了保障个人利益，一方可能会要求法院介入，对公司股权进行临时性的限制措施，比如查封或禁止转让。这不但会阻碍公司正常的股权流通，影响股份制改造的步伐，还可能导致潜在战略投资者的流失。

更严重的是，此类个人事件会在投资者和合作伙伴心中播下不确定的种子，损害企业的信誉和市场信心。一个看似只是私事的婚姻问题，实则有可能变成公共舆论的焦点，进而对企业的股价、品牌形象甚至业务发展造成长远而深刻的负面影响。

明智的企业领导者会预见到这些潜在的风险，并采取相应的预防措施，包括但不限于婚前协议、信托设立等，以确保私人问题不会演变成企业危机。在法律层面妥善处理婚姻关系中的财务安排，是保护企业免受婚姻风波波及的重要手段。

总之，在企业的世界里，婚姻不只是两个人的事，它还关乎一家企业的生死存亡。作为企业的"舵手"，创始人的个人决定和生活方式选择，无疑会直接牵动整个公司的命运。婚姻的稳定，对于企业来说，不仅仅是一种道德上的期待，更是经济上的必要。

三、法定继承风险对企业控制权的影响

如果企业的经营发展在很大程度上依赖于公司股东之间利益的均衡或股东之间的信任，且企业自身的抗风险能力相对较弱，若某个或某几个股东发生意外，会给企业和身故股东的家庭带来不可估量的风险。比如，甲、乙、丙三人多年好友并创建了A公司，三位股东志趣相投，公司多年稳健经营，却未曾想甲股东在一场车祸中不幸身亡，其唯一继承人女儿小甲继承其股东资格后，经营观念与乙、丙相去甚远，公司陷入僵局。因此，一旦股东之一遭遇重疾或者人身意外，甚至身故，会给有限责任公司的未来发展带来巨大的潜在风险。由于有限责任公司同时具备"人合性"与"资合性"的特点，一位股东的死亡往往会给公司带来不可预测的风险，继承人的加入可能破坏股东人合，引发信任危机。一名股东意外身故后，健在股东很可能不希望花费多年心血经营的公司控制权旁落创始人之外的继承人，或者与继承人股东发生摩擦冲突、沟通不畅，导致股东会瘫痪，无法继续经营，公司陷入僵局，最终落入至暗时期。

正如小马奔腾案件，也许你不知道曾被资本估值54亿元的北京小马奔腾集团（以下简称小马奔腾），但你一定看过或者听过该公司旗下的作品《历史的天空》《武林外传》《甜蜜蜜》。故事的男女主人公李某与金某，均为20世纪90年代北京广播学院（现中国传媒大学）的高才生。两人于1993年结婚，次年成立广告公司，在赚得人生"第一桶金"后，转战电视剧和电影市场。2011年建银文化领投7.5亿元，将李某和金某推到了行业金字塔尖，当时投资小马奔腾，是要靠"抢"的。

正如安史之乱使李唐王朝的强盛戛然而止一样，小马奔腾的灵魂人物李某于2014年1月不幸离世。这引发了一系列连锁反应，从此"小马"不再"奔腾"。

因其创始人李某突然离世，这家红极一时的民营传媒公司陷入股权之争、控制权易主的混乱之中。对李某遗孀金某来说，雪上加霜的是，因李某对赌失败，金某又被一审法院判决在2亿元范围内承担"夫妻共同债务"的连带清偿责任。

让人感叹不已的是，像大多数中国高净值企业家一样，李某生前把所有精力都放在企业发展壮大上，没有时间和精力去考虑公司经营中的风险隐患，对于自身的健康及意外事件的防范几乎没有预案，导致其突发疾病去世后，给整个公司造成了重创。更让人意想不到的是，他的遗孀金某和他的姐姐陷入了姑嫂大战，争夺公司的控制权，金某还指责李某的姐姐代持了李某的股份，其所有的股份

是"安排"其姐李氏姐妹"代持",以及部分高级管理人员的股份也是"代持",但没有签订代持协议,这导致她的说法没有证据证实。李某身后网上报道的话题是家族、企业两头上演的"财富争夺战",剧情有"陷入混乱、外人离间、家族内斗、骨干离职、变卖资产"等词形容,让人动容。

企业融资由股东个人或家庭承担无限连带保证责任,引发家财赔光的案例并不少见。企业在发展过程中,往往需要融资,对外借款是极为常见的事情,许多企业家客户在签订抵押借款合同时,都可能会应出借方要求,不仅要企业股东签字承担连带保证责任,还要求股东配偶到场一并签字。如果企业在融资过程中,股东及其配偶在借款合同中承诺将来对企业债务承担连带责任,那么将来如果企业不能还款,股东和其配偶作为连带保证人,将可能与企业一同作为被告被债权人起诉,如果案件败诉,则很有可能面临倾家荡产的结果。

我们可以看到起于公司融资的对赌回购之债通过继承制度、夫妻共同财产及共同债务制度传导至股东家人头上的路径,上例中金某最终需要用个人财产来还债。

我们发现许多企业家存在着以下三大认识误区。

(1)家族财富过度集中于企业,缺乏分散风险的观念。家族财富90%以上集中在企业之中,认为家庭财富与企业相比微不足道,缺乏通过资产配置分散风险的理念。

(2)混淆企业财产与个人财产,未意识到企业财产的独立性。绝大部分企业家认为企业、家业是一回事,钱放在左兜和右兜都一样,殊不知企业财产根本不属于股东,而属于法人独立资产,没落袋为安的钱怎么能算是自己家的钱呢?

(3)极少数企业家已经提前规划落地了"企业、家业风险隔离"的主要措施,根本没有给家庭成员打造一个"家庭财富安全港",常常是风险到门口了才手忙脚乱地应对,但为时已晚。

怎样避免家企财产相互牵连带来的风险?企业主在财富创造和累积的过程中,要在家业和企业之间树立"防火墙",避免企业累及自身。建议优化股权架构设计;将优质资产与高风险经营剥离;如无十分必要,避免以个人名义对外开展业务、借款、融资或担保;严格控制担保名义及限额,尽量不要以企业主个人名义对外提供担保。企业主夫妻可以订立财产分别所有、各自举债自行承担的协议并办理公证或者通过其他方式予以公示,尽可能避免夫妻债务连带,还可以视具体情况进行其他风险控制安排。例如,新兴工具、保单架构的隔离,如何来规划?如何把一块资产剥离出来,确保安全,隔离债务。这些都需要我们在保单的设计上下功夫。

家企财富管理唯有以更高的格局和视野，通过整体、系统性的有序规划安排，方能实现家族和企业的延续及长期稳定地发展。规避风险应该合理合法、有预见性地进行，其目的是保证企业的运行不受企业家婚姻危机的影响，不能狭隘地认为财富在企业家的婚姻里只是金钱的问题，它还牵扯到企业的安危和事业的成败。财富管理，不仅仅是对资产的管理，更是对家人保障的长期规划和有序安排。

第四章　夫妻离婚时家庭财富的处理

当夫妻离婚已经不可避免，那么，除了子女抚养问题以外，另一个焦点问题就是夫妻财产分割。根据《民法典》和《最高人民法院关于适用〈中华人民共和国民法典〉婚姻家庭编的解释（一）》（以下简称《民法典婚姻家庭编的解释（一）》），现将离婚夫妻财产分割的有关规定介绍如下。

一、婚姻财产制度的法定范围

（一）夫妻共同财产的法定范围

离婚时可以分割的财产有哪些？夫妻关系存续期间所形成的财产和权益属夫妻共同财产，离婚时应对夫妻共同财产予以分割。夫妻共同财产包括但不限于银行存款（包括工资、经营性收入、住房补贴、住房公积金、养老保险金、破产安置费）、现金、房地产、机动车辆、股票、公司股权、债券、知识产权收益、债权、有价值的字画、各种金饰及家私、家电设施等。

《民法典》第一千零六十二条规定："夫妻在婚姻关系存续期间所得的下列财产，为夫妻的共同财产，归夫妻共同所有：（一）工资、奖金、劳务报酬；（二）生产、经营、投资的收益；（三）知识产权的收益；（四）继承或者受赠的财产，但是本法第一千零六十三条第三项规定的除外；（五）其他应当归共同所有的财产。"

夫妻对共同财产，有平等的处理权。

劳动报酬、投资收益被新增至夫妻共同财产的范围。本条第一款中增加的"劳务报酬"，没有明确列举具体哪些劳务报酬，可以理解为只要是通过夫妻双方或一方在婚后带来的收入，原则上都可以视为夫妻共同财产。本条第二款中增加的"投资的收益"，不仅是指婚后所得收入在生产经营投资中获得的收益，也包括个人婚前财产在婚后生产经营投资产生的收益。随着投资渠道越来越宽广，理财产品种类越来越丰富，这一新规定将更符合当前及未来的财富趋势，同时扩大了夫妻共同财产的范围，将直接影响高净值财富人群的婚前婚后财产分配状况。

《民法典婚姻家庭编的解释（一）》第二十五条规定，婚姻关系存续期间，下列财产属于民法典第一千零六十二条规定的"其他应当归共同所有的财产"："（一）一方以个人财产投资取得的收益；（二）男女双方实际取得或者应当取得的住房补贴、住房公积金；（三）男女双方实际取得或者应当取得的基本养老金、破产安置补偿费。"

该解释第二十六条规定："夫妻一方个人财产在婚后产生的收益，除孳息和自然增值外，应认定为夫妻共同财产。"

该解释第二十七条规定："由一方婚前承租、婚后用共同财产购买的房屋，登记在一方名下的，应当认定为夫妻共同财产。"

该解释第二十九条规定："当事人结婚前，父母为双方购置房屋出资的，该出资应当认定为对自己子女个人的赠与，但父母明确表示赠与双方的除外。当事人结婚后，父母为双方购置房屋出资的，依照约定处理；没有约定或者约定不明确的，按照民法典第一千零六十二条第一款第四项规定的原则处理。"

该解释第七十一条规定："人民法院审理离婚案件，涉及分割发放到军人名下的复员费、自主择业费等一次性费用的，以夫妻婚姻关系存续年限乘以年平均值，所得数额为夫妻共同财产。前款所称年平均值，是指将发放到军人名下的上述费用总额按具体年限均分得出的数额。其具体年限为人均寿命七十岁与军人入伍时实际年龄的差额。"

该解释第八十条规定："离婚时夫妻一方尚未退休、不符合领取基本养老金条件，另一方请求按照夫妻共同财产分割基本养老金的，人民法院不予支持；婚后以夫妻共同财产缴纳基本养老保险费，离婚时一方主张将养老金账户中婚姻关系存续期间个人实际缴纳部分及利息作为夫妻共同财产分割的，人民法院应予支持。"

（二）夫或妻个人财产的法定范围

《民法典》第一千零六十三条规定："下列财产为夫妻一方的个人财产：（一）一方的婚前财产；（二）一方因受到人身损害获得的赔偿或者补偿；（三）遗嘱或者赠与合同中确定只归一方的财产；（四）一方专用的生活用品；（五）其他应当归一方的财产。"

《民法典婚姻家庭编的解释（一）》第三十条规定："军人的伤亡保险金、伤残补助金、医药生活补助费属于个人财产。"第三十一条规定："《民法典》第一千零六十三条规定为夫妻一方的个人财产，不因婚姻关系的延续而转化为夫妻共同财产。但当事人另有约定的除外。"

（三）夫妻一方婚前房屋婚后被征收，房屋拆迁补偿款是否属于夫妻共同财产

随着我国城市化水平的逐步提高，某些农村地域逐步转变为城镇地域，由此可能产生夫妻一方的婚前房屋在婚后被征收的问题。婚后一方（非经营用房）所获得的拆迁补偿，简单来说包含两部分款项：一是被征收房屋价值补偿，二是搬迁临时安置补偿。

（1）就拆迁房屋价值补偿款是否可以认定为夫妻共同财产？

如该房屋系一方家庭的老宅，对于该房屋的建成另一方并没有做出任何贡献，此时虽然拆迁发生在婚后，但拆迁补偿款应当属于一方婚前已享有利益的一种转化形式，且另一方未对房屋进行过翻新翻建重建等或存在其他贡献，根据《民法典》第一千零六十三条的规定，夫妻一方的婚前房屋属于夫妻一方的个人财产，在婚姻关系中，夫妻一方的婚前财产不因结婚而转化为夫妻共同财产。如果房屋属于夫妻一方的婚前财产，婚内被征收，针对原房屋本身的价值补偿部分，一般属于夫妻一方的个人财产，另一方没有权利主张分割房屋或房屋拆迁后取得的拆迁利益。

（2）安置补偿款或安置房是否可以作为夫妻共同财产？

房产被拆迁后，不仅给一方造成影响，居住其中的另一家庭成员也会受到影响，就家庭成员进行搬迁、安置会产生必要的费用。搬迁、临时安置补偿款的作用是弥补家庭成员进行搬迁安置的必要花费，是夫妻关系存续期间所得的收益。即使未将另一方纳入安置补偿协议（按户口）进行补偿，该笔补偿仍是对家庭进行安置的费用，且该搬迁、安置费用也不是一方个人财产在婚后的孳息和自然增值。所以该部分收益不是个人财产，而属于夫妻共同财产。

一方婚前所有的房屋因政府政策被拆迁，如果房屋是以产权调换方式取得拆迁安置房的，法院一般认为"不属于夫妻共同财产"，但进行利益分割时法院也会综合考虑作为非权属证书权利人的配偶方对动迁房屋的贡献。此外，还须考量补偿方式及出资情况等因素，如《征收方案》中关于安置房补偿的条件（人口、户口）是否包含配偶份额，配偶方于婚后是否曾参与拆迁房屋重建、改建、装修，

安置房回购、增购的资金来源是否属于夫妻共同财产，等等，对动迁所得安置房进行合理的分配。

婚前所建的宅基地房屋婚后拆迁所涉权利份额的认定和分割问题较多出现在离婚案件、分家析产案件以及继承案件中，是一个较为复杂的问题，需要综合考虑其他变量因素及具体案件情况，除上述考量因素，比较重要的还有各种形式的家庭内部协议，家庭成员间的相互赠与、遗赠，部分家庭成员去世后相应权利份额的继承，安置房产权登记及加名，拆迁房屋所在地的动迁安置政策，等等。另外，诉讼中各方当事人的陈述、举证和妥协对案件最终处理结果也会产生影响。

（四）夫妻一方婚前个人房产在婚后出售，婚内增值部分是否属于夫妻共同财产

夫妻一方婚前全款购买的房产，属于个人婚前财产。婚内增值部分如果属于自然增值，一般依然认为是夫妻一方的个人财产。当然，夫妻双方可以对婚前财产及其增值部分进行约定。《民法典婚姻家庭编的解释（一）》第二十六条规定："夫妻一方个人财产在婚后产生的收益，除孳息和自然增值外，应认定为夫妻共同财产。"夫妻一方婚前个人房产在婚后出售的增值部分就是该条所指的"自然增值"，应排除在夫妻共同财产之外。

（五）一方婚前所有的房屋，婚后出售另购新房，新房是夫妻共同财产吗

最近有个新名词很流行，叫作"洗房"，背后的故事很多人看了细思极恐。那什么叫"洗房"呢？一起来听个故事你就明白了。上海一名阿姨，她的儿子找了一个女朋友，是一名外省的姑娘，两人感情不错，很快就将结婚提上了日程。阿姨给儿子买了一套两居室的房子结婚用，但婚后没多久，女方就以往后生孩子需要多一个房间，而且孩子上学需要学区房为由，提出置换新房，也就是将原来的那套两居室卖掉，然后重新买一套更大的，并加上女方的名字，否则女方就不给他们家生小孩。阿姨为了尽快抱上孙子，就答应了，卖掉原来的房子，换了一个三居室，并且加上了女方的名字。

谁知道几年之后，孙子没抱上，女方却提出离婚。按照法律程序，房子作为夫妻共同财产，直接被儿媳妇分走了一半儿。阿姨逢人便诉苦，感慨自己人财两空。要知道上海的房价是真的高，寸土寸金，半套房子的价值也许就是很多人一辈子都赚不到的资产，由此诞生了一个新名词"洗房"，指的是两个人结婚之后，某一方把对方婚前已经买的房子，用一定的手段变成婚后共同财产。

（1）婚后出售房屋所得资金是否属于夫妻共同财产？

房子如果是由夫妻一方婚前全额出资购买，且登记在该方名下，那婚后卖掉房子所获财产仍然属于该方的个人财产。房子本来就属于夫妻一方的婚前个人财产，婚后把房子卖掉获得款项，只是财产形态上发生了变化，但并不影响财产本身的性质。

出售房屋的增值部分属于自然增值，也应归个人所有。

《民法典婚姻家庭编的解释（一）》第三十一条规定："民法典第一千零六十三条规定为夫妻一方的个人财产，不因婚姻关系的延续而转化为夫妻共同财产。但当事人另有约定的除外。"根据该规定，一方婚前的个人财产，不管夫妻双方在一起生活了多少年，依然是个人财产，不会变成夫妻共同财产。

（2）新房是否属于夫妻共同财产？

①婚后用这笔售房款另行购房，如购置新房增加的购房出资由原房屋产权人个人财产出资，并登记在原房屋产权人一人名下，那么所购新房仍属于原房屋产权人一人所有。（某项财产属于个人财产还是夫妻共同财产可以通过"婚内财产协议"进行约定和区分。）

②婚后用这笔售房款另行购房，增加的购房款由夫妻共同财产出资，所购新房登记在夫妻双方名下，那么所购新房属于夫妻共同财产。如果夫妻离婚，双方各自应分得的房产份额一般会结合购房款来源、婚姻存续时间等因素综合判定，不一定是对半分割。

婚姻关系不仅包含财产关系，还包含人身关系，并且人身关系占据主导地位，因此，婚内财产的归属也不会是一道单纯的加减算术题。处理婚前财产应注意以下问题：如果婚后出售婚前房产，建议将婚前房产所得售房款存放在固定的银行账户中。直接由该账户支付全款，以免出现资金混乱的情况。如果婚后将这笔购房款用于夫妻共同生活开支，那么离婚时不能要求另一方返还，也不能对已被实际消耗的款项做分割。

二、夫妻共同财产的分割原则

《民法典》第一千零八十七条规定："离婚时，夫妻的共同财产由双方协议处理；协议不成的，由人民法院根据财产的具体情况，按照照顾子女、女方和无过错方权益的原则判决。对夫或者妻在家庭土地承包经营中享有的权益等，应当依法予以保护。"

《民法典》第一千零八十八条规定："夫妻一方因抚育子女、照料老年人、协助另一方工作等负担较多义务的，离婚时有权向另一方请求补偿，另一方应当给予补偿。具体办法由双方协议；协议不成的，由人民法院判决。"

《民法典》第一千零九十二条规定："夫妻一方隐藏、转移、变卖、毁损、挥霍夫妻共同财产，或者伪造夫妻共同债务企图侵占另一方财产的，在离婚分割夫妻共同财产时，对该方可以少分或者不分。离婚后，另一方发现有上述行为的，可以向人民法院提起诉讼，请求再次分割夫妻共同财产。"

《民法典》第一千零九十一条规定："有下列情形之一，导致离婚的，无过错方有权请求损害赔偿：（一）重婚；（二）与他人同居；（三）实施家庭暴力；（四）虐待、遗弃家庭成员；（五）有其他重大过错。"

实践中，夫妻共同财产的分割一般有两种方式：一种是双方协商达成协议，这在双方登记离婚和诉讼离婚中均可以适用；另一种是由人民法院根据财产的具体情况进行判决，适用于诉讼离婚。根据上述法律规定，对于夫妻共同财产的分割主要遵循如下几方面原则。

（1）尊重当事人意愿的原则。离婚时夫妻对财产的分割，双方应在协商一致的原则下进行，并非一方即可决定。如果双方经协商能达成一致，无论是协议离婚还是法院判决离婚，都可以按双方的协议结果处理分割共同财产；但双方的意愿必须是真实、合法的，在一方愿意放弃全部或一部分财产权时，只要不危害国家、集体、社会和他人的合法权益，一般是合法有效的。如果是通过离婚的手段企图达到转移财产恶意逃避债务的目的，损害了债权人的权益，则存在债权人追责问题。

（2）男女平等原则。夫妻对共同财产的分割权利以及对共同债务的偿还义务是平等的，在离婚时原则上应均等分割夫妻共同财产，没有特殊情况，一般应按共同财产的价值对半平均分割。

（3）保护妇女、儿童的合法权益的原则。在分割夫妻共同财产时应注意对未成年子女和女方给予适当的照顾。在离婚分割夫妻共同财产时，应尊重和保护妇女权利，不能歧视妇女，认为妇女经济收入贡献少应少分财产的观念是错误的。照顾子女、女方的原则通常体现在分割夫妻共同房产时，在子女抚养权归属女方时，同时判决将房产所有权归属女方，补偿男方房屋折价款。

（4）照顾无过错方原则。根据《民法典》第一千零九十一条的规定，如果是由于一方存在重婚，与他人同居，实施家庭暴力，虐待、遗弃家庭成员等重大过错导致夫妻感情破裂，从而导致离婚的，无过错方有权提出婚姻损害赔偿。过错是承担民事责任的基本前提，因一方重大过错而引起的离婚案件，除了分清是非、明确责任以外，在共同财产分割及住房问题的处理上也要给予无过错方以适当的照顾，其目的是增加法官判决分割财产的考量因素。这里的"过错"包括婚姻存续时间以及当事人对婚姻关系破裂是否有过错。婚姻关系存续时间的长短一定程度上能够反映夫妻之间互相扶助义务的履行情况，分割夫妻财产时将其作为考量因素之一，体现了公平分割理念。导致夫妻关系破裂的原因，主要是考虑对无过错方的救济。

（5）照顾原则。夫妻一方因抚育子女、照料老年人、协助另一方工作等负担较多义务的，离婚时有权向另一方请求补偿，另一方应当给予补偿。对各种生活资料应考虑双方和子女的生活需要，实事求是地合理分割。夫妻对夫妻共同财产协议不成时，由人民法院根据财产的具体情况判决。法律授权人民法院根据财产的具体情况分割夫妻共同财产是正确的，也是符合实际的。人民法院要结合夫妻共同财产的性质、数量，财产的实际状况以及双方当事人的意愿、生活习惯和经济地位等因素，在贯彻照顾原则的基础上，合情合理地分割夫妻共同财产，还需要把夫妻共同财产的分割与债务清偿、子女抚养经济帮助等联系起来通盘考虑。

（6）侵害共同财产的惩罚原则。《民法典》第一千零九十二条规定："夫妻一方隐藏、转移、变卖、毁损、挥霍夫妻共同财产，或者伪造夫妻共同债务企图侵占另一方财产的，在离婚分割夫妻共同财产时，对该方可以少分或者不分。离婚后，另一方发现有上述行为的，可以向人民法院提起诉讼，请求再次分割夫妻共同财产。"

三、不同形式财产的分割

（一）离婚财产分割之上市公司股票分割

1. 离婚时上市公司股票（含限售股）一般可分割

上市公司是指那些其股票在证券交易所上市交易的股份有限公司。股份有限公司作为典型的资合公司，其股份转让在公司法中并未受到过多的限制，这同样适用于离婚诉讼中上市公司股票的分割。

根据《民法典婚姻家庭编的解释（一）》第七十二条的规定，在分割上市公司股票时，协商应作为首选方式；如果协商失败，法官有权判决按市价分配，即决定将股票归一方所有，并按市价给予另一方相应的补偿。当按市价分配存在困难时，法官可以根据股票的数量按比例分配，以确保公平合理。这一司法解释为夫妻双方处理共同财产中的上市公司股票分割问题提供了明确的指导和依据。

中国证券监督管理委员会（以下简称中国证监会或证监会）公布的《上市公司董事、监事和高级管理人员所持本公司股份及其变动管理规则》第五条规定："上市公司董事、监事和高级管理人员在任职期间，每年通过集中竞价、大宗交易、协议转让等方式转让的股份不得超过其所持本公司股份总数的25%，因司法强制执行、继承、遗赠、依法分割财产等导致股份变动的除外。"因而，离婚时亦可分割限售期内的上市股票，只不过分割后，分割方应遵守原配偶方做出的限售或减持承诺。

2. 离婚分割上市公司股票的过户方式

（1）离婚财产分割所涉及的非交易过户需要提交以下资料。

①离婚证明文件，包括离婚证、判决书、调解书。

②权属证明文件，包括判决书（离婚判决、离婚后财产纠纷判决等）、调解书、经过公证的离婚财产分割协议以及就财产分割做出明确约定的经婚姻登记机关确认的生效离婚协议。

（2）非交易过户的其他流程。

①办理地点。申请人可以向委托托管的证券公司、转入证券公司、中国证券登记结算有限责任公司深圳分公司或中国证券登记结算有限责任公司上海分公司提出申请。

②申请方式。离婚分割时，男女双方应同时提出申请。如果一方不配合，申请人可以依法申请强制执行，并通过强制执行程序办理离婚非交易过户手续。

③税务处理。离婚时通过非交易过户方式过户无须缴纳个人所得税。

注：以上流程和信息可能因地区、具体政策等因素而有所不同，建议在办理前咨询相关部门或专业律师以获取最准确的信息。

律师建议

上市公司实际控制人离婚时，为保持对公司的控制权，一般会说服对方签署一致行动协议或表决权委托协议，目的是维护公司的稳定运营和股价稳定，确保离婚事件不会对公司造成负面影响。

律师建议预防措施可以做得更早，以最小化离婚对公司运营造成的影响。如在婚姻存续期间，夫妻双方可以签署夫妻财产约定，明确约定股票的权属，有助于避免未来离婚时的争议。此外，还可以考虑设立股权信托，将股权交付给受托人，使其成为信托财产，以确保不因离婚影响公司运营。

（二）离婚财产分割之华为股票分割

这里所称的"华为股票"指华为员工持有的虚拟受限股，仅有分红的权利，不是"实股"。

法律、司法解释及其他规定

没有针对虚拟股的专门的规定，华为股票的分割仍遵循离婚财产分割的一般原则。

如无特别约定，婚姻存续期间取得的华为股票仍为夫妻共同财产，法律依据是《民法典》第一千零六十二条。

《民法典》第一千零六十二条规定："夫妻在婚姻关系存续期间所得的下列财产，为夫妻的共同财产，归夫妻共同所有：（一）工资、奖金、劳务报酬；（二）生产、经营、投资的收益；（三）知识产权的收益；（四）继承或者受赠的财产，但是本法第一千零六十三条第三项规定的除外；（五）其他应当归共同所有的财产。"

华为股票分割遵循照顾子女、女方和无过错方权益的原则，法律依据是《民法典》第一千零八十七条。

《民法典》第一千零八十七条 【离婚时夫妻共同财产的处理】规定："离婚时，夫妻的共同财产由双方协议处理；协议不成的，由人民法院根据财产的具体情况，按照照顾子女、女方和无过错方权益的原则判决。"

婚前取得的股票，除非夫妻双方有特别的财产约定，否则在离婚时一般会被视为一方的个人财产，其法律依据是《民法典》第一千零六十三条。

《民法典》第一千零六十三条 【夫妻个人财产】规定："下列财产为夫妻一方的个人财产：（一）一方的婚前财产；（二）一方因受到人身损害获得的赔偿或者补偿；（三）遗嘱或者赠与合同中确定只归一方的财产；（四）一方专用的生活用品；（五）其他应当归一方的财产。"

婚前所得的股票在离婚时可以分割股票的升值部分。

《民法典婚姻家庭编的解释（一）》第二十六条规定："夫妻一方个人财产在婚后产生的收益，除孳息和自然增值外，应认定为夫妻共同财产。"

案例一
判决股票归华为员工方所有，支付另一方补偿款
【基本案情】

双方在民政局登记离婚，双方在离婚协议中约定："婚姻关系存续期间无共同财产。"后女方起诉要求分割男方持有的华为公司虚拟受限股8万股。

【法院观点】

（1）双方虽约定无共同财产，但审理发现此约定与实际不符。女方现主张分割婚姻存续期间的财产，符合法律规定，本院予以支持。

（2）华为虚拟受限股为男方婚姻期间取得，未分割且未约定为个人财产，应视为夫妻共同财产。因华为公司规定此虚拟受限股仅华为公司正式员工有资格持有，女方非华为正式员工，故仅分割股值。法院判决男方持有的深圳华为技术有限公司虚拟受限股由男方继续持有，并向女方支付补偿款。

案例二
婚姻存续期间取得的股票分红同样属于夫妻共同财产，应予分割
【基本案情】

双方经判决离婚后，女方重新起诉要求分割离婚诉讼期间的华为股票的分红。

【法院观点】

（1）双方的离婚判决自该判决做出之日起生效，离婚案件审理期间，双方婚姻关系仍存续，对未经处理的夫妻共同财产仍应进行分割。

（2）华为公司在离婚诉讼审理期间向男方发放了上一年度的股票分红，依法应予以分割，综合考虑双方为家庭生活的付出以及分红在离婚诉讼期间取得的情况，酌定男方向女方支付少于一半分红款的补偿款。

案例三
结婚前取得的华为股票，离婚时可分割增值部分
【基本案情】

结婚前，男方已持有华为股票，离婚时，女方要求分割该部分股票婚后的增值部分。

【法院观点】

股份相当于一种投资，婚前财产用于投资婚后所获得的收益亦属于夫妻共同财产，因而判决增值部分属于夫妻的共同财产，应予分割。

律师分析

婚姻存续期间取得的华为股票以及婚前取得的华为股票在婚后增值的部分，通常应视为夫妻共同财产。对于持有大量华为股票的高净值人士，建议通过夫妻财产约定或民事信托等方式来降低婚姻风险。

（三）恋爱分手是否需要返还所收财物

恋爱分手后，男方要求拿回所有送的礼物和红包，女方是否需要返还？我们对赠与类型进行分析。

1. 一般示爱赠与

情人节"1314"红包、生日"520"汇款等示爱礼物，一般视为恋爱中的赠与，不需返还；但如果金额巨大，如5 201 314元，法院可能视为以结婚为目的的赠与，要求返还。对于身家丰厚的男方，巨额红包可能仅被视为一般示爱礼物，分手后女方无须返还。恋爱分手是否需要返还所收财物，需结合金额与个人经济情况判断。

2. 购车、购房款赠与

将这个问题单独列出的原因，主要是基于在实务工作中所遇到的众多案例。在这些案例中，男性在恋爱关系中常常承诺赠送车辆、房产等大额财产，一旦恋爱关系结束，就要求女性全额返还这些财产。由于这些赠与的财物价值较高，在法律实践中，被认定为以结婚为目的的赠与的可能性较大。这就意味着，男方可以主张撤销赠与，要求女方返还。

在男方出资购买房产的情况下，即使房产只登记在女方名下，男方仍可以要求分割房产份额并享受房产的升值部分。这种规定旨在保护出资方的权益，确保他们在恋爱或婚姻关系中投入的财产得到合理的回报，因此，在涉及房产等大额财产的赠与或出资时，双方应明确约定各自的权利和义务，以避免未来产生纠纷。

3. 以结婚为目的的赠与

当赠与金额较大，且双方在日常生活中互相称呼为"老公"和"老婆"，已经讨论结婚事宜、见过家长并拍摄了婚纱照时，法院很可能会认定这种赠与是以结婚为目的的，判决女方需要返还相关财产。注意，此时亦无须以同居为前提条件。

4. 以"彩礼"之名的赠与

"彩礼"与其他赠与的区别是，"彩礼"是双方家庭已经讨论了结婚的相关事宜，男方家庭根据当地的风俗习惯给予女方或女方父母的赠与。

自2024年2月1日起开始施行的《最高人民法院关于审理涉彩礼纠纷案件适用法律若干问题的规定》与《民法典婚姻家庭编的解释（一）》结合，形成完整彩礼纠纷法律适用规则，规定了彩礼返还的5种处理方式。

（1）双方未办理结婚登记手续。

（2）双方办理结婚登记手续但确未共同生活，现双方离婚的。

（3）婚前给付并导致给付人生活困难，现双方离婚的。

（4）双方已登记并共同生活，离婚时彩礼返还请求一般不被支持；但如果共同生活时间短且彩礼数额高，法院会考虑实际使用、嫁妆情况、彩礼数额、共同生活及孕育情况、双方过错等事实，结合当地习俗，决定是否返还及具体比例。

（5）双方未登记但已共同生活，一方请求返还彩礼的，法院应根据彩礼实际使用、嫁妆情况、共同生活及孕育情况、双方过错等事实，结合当地习俗，确定是否返还及具体比例。

另外，男方和男方家长可以作为共同原告，女方和女方家长可以作为共同被告。是的，婚姻确实涉及双方家人。

案例一

一般示爱赠与，无须返还

【案件概述】男女确立恋爱关系后，男方赠送女方物品并通过微信、支付宝转账给女方。分手后，男方起诉要求返还相关款项。

【案件评析】法院在判断赠与目的时，除了考虑金额大小，还会综合考量男方的经济状况。

【法院观点】

（1）数笔小额或特殊数字款项（如520元、999元、1314元）被视为恋爱中的赠与，男方无合理撤销理由，法院不支持返还。

（2）数笔大额支付宝转账，女方未证明用于共同生活，且承认因经济困难向男方借款的，法院认为非共同生活开支，判决女方应返还。

案例二

恋爱时，女方购房男方出资，判决男方按出资份额获得房产权益

【案件概述】恋爱期间，女方购房并登记在自己名下，总价156万元，首期78万元，余款按揭。男方支付首期75万元及部分房贷。男方起诉要求按9∶1的比例分割房产。

【案件评析】男方出资购房时，女方应谨慎。即使分手后已返还部分款项，判决仍可能按男方出资金额比例分割房产。若女方返还金额远超男方出资，建议在分手时签署协议明确男方出资性质。

【法院观点】

双方有讨论结婚、婚纱照、购房事宜，应认定男方的赠与行为是以结婚为目的。

男方有证据证明支付75万元首期款，应予认定。微信聊天记录显示女方告知男方按揭扣款时间，男方定期存款支付，金额与记录相符，部分转款认定为支付按揭款。其余转款因无证据，不予认定。

恋爱期间，双方以结婚为目的购房，男方支付大部分首付款并参与还贷，分手后男方要求分割房产，法院应予支持。

案例三
认定是以结婚为目的的赠与，判决返还男方1000万元并支付利息
【案件概述】恋爱时，男方赠女方80万元钻戒并转1000万元，备注"婚姻押金"。分手后，男方起诉要求女方返还总计1080万元及利息。
【案件评析】男方经济条件好，80万元赠与视为示爱无须返还；但大额赠与常被视为婚嫁目的，女方不认可时，法院在有争议情况下通常不支持女方取得巨额款项。
【法院观点】
（1）80万元的钻戒，鉴于双方恋爱关系及经济条件，女方主张系男方自愿赠与，符合日常逻辑，赠与已完成，无须返还。
（2）1000万元的汇款，男方主张为彩礼。由于缺乏双方已达成婚约的证据，且款项数额巨大，不符合双方当地的婚前习俗，因此不能被认定为彩礼。尽管如此，男方在支付时明确标注该笔款项为"婚姻押金"，无论女方是否知情，这一备注都表明男方支付这笔款项的目的是与女方结婚，这与恋爱期间的一般赠与行为有所不同。因此，男方的这一主张被视为附带结婚条件的赠与行为，得到了法院的支持。既然双方最终未能结婚，男方所赠与的附带义务便无法实现，因此，支持男方要求返还1000万元的请求。

案例四
未登记结婚，以"彩礼"名义的赠与应返还
【案件概述】男女双方曾举行订婚宴，但订婚后不久分手。男方主张曾存入168 888元到女方母亲的账户，并支付了6000元改口费、5万元预付酒席费以及赠送了一只手镯。男方因此起诉要求女方及其父母返还彩礼款共计224 888元，并要求返还手镯或支付等价款项12 516元。
【案件评析】如果有证据表明男方在支付彩礼后未能与女方结婚并要求返还彩礼，法院通常会支持男方的请求。对于女方来说，她可以提出的抗辩理由包括：这笔钱并非彩礼，她没有收到彩礼，她与男方有同居生活，有生育或流产，彩礼已经被用于共同生活，等等。

【法院观点】

现有证据证实男方已付女方彩礼款168 888元，该事实成立。男方主张的其他彩礼款及手镯因缺乏证据，不予支持。判决女方返还彩礼款168 888元。

律师建议

（1）在接受大额赠与时，最佳做法是让对方撰写一份赠与协议或赠与声明，载明该赠与为无条件赠与或在日常对话中让对方明确确认该赠与为无条件赠与，以确保双方的权益得到保障。

（2）将对方赠与的款项多用于双方共同生活的开支，如租金、共同消费、为对方支付的费用，以及自己为维持恋爱关系所支付的费用，如相关医疗费用、营养费用等，并妥善保留相关单据和凭证。

（3）在对方赠与车辆、房产等大额资产时，尤其是房产，务必要求对方签订明确的赠与协议或借款协议或按份共有协议以明确款项性质，防止分手后对方提出按出资比例分割房产或要求分享房产的升值部分。

（4）彩礼尽量婚前收取，尽量自己收取，不连累父母，收取彩礼后，单独放在一张卡中，用于共同支出。

（5）分手时，建议就购房等共同财产问题咨询专业律师，并请律师协助起草分手协议或分居协议，避免未来产生纠纷或遗留问题。

（6）在我国的现行法律体系中，确实鼓励女性独立自主，实现自我价值。依赖恋爱或婚姻来获取大额财产增值的可能性正在逐渐降低，因此，女性应该将重心放在自我成长和提升上，而不是过分依赖男方。

（四）如何分割恋爱期间购买的房产

当爱情来临时，我们可能会为之沉醉，为之疯狂，甚至愿意为对方付出一切；然而，当爱情消失时，曾经的甜蜜与承诺往往化为无尽的争执与纷扰。面对没有结果的爱情，我们该如何妥善处理？尤其是当涉及共同购置的财产（如房产）时，更是一个敏感话题。

首先，我们必须明确一个事实：恋爱期间的财产关系与夫妻之间的财产关系在法律上是有本质区别的。夫妻之间的财产关系通常以共同共有为基本制度，恋爱期间的财产关系则不能简单地等同。法律更加鼓励的是合法的夫妻关系，而非同居关系。因此，一个基本原则是：情侣（无论是否同居）之间的财产关系，如果没有明确的共有证明，则默认为私有；对于夫妻（无论是否分居）之间的财产关系，如果没有明确的私有证明，则默认为共有。分手后分割恋爱期间购买的房产时也应遵循这一原则。

本文所指的恋爱期间，特指那些普通的恋爱情形，即恋爱双方尚未生育孩子，也未以夫妻名义长期同居并生育孩子，同时不涉及婚外情的情形。这些普通恋爱关系中的财产关系，与夫妻或婚外情等特定情形下的财产关系有所区别，因此需要进行专门的探讨和规定。

相关法律规定

《民法典》第三百零八条规定："共有人对共有的不动产或者动产没有约定为按份共有或者共同共有，或者约定不明确的，除共有人具有家庭关系等外，视为按份共有。"

《民法典》第三百零九条规定："按份共有人对共有的不动产或者动产享有的份额，没有约定或者约定不明确的，按照出资额确定；不能确定出资额的，视为等额享有。"

根据以上规定，因为恋爱期间不视为双方有家庭关系，一般视为按份共有房产，此时如果双方有约定，则按约定处理，一般登记会被视为有约定，如果没约定或约定不明确，按双方出资额确定，不能确定出资额的视为等额享有。

案例一
认定双方各占50%房产后，细致处理房产支出与权益案例
【案号】（2023）粤01民终25018号
【审理法院】广州市中级人民法院
【案件概述】

恋爱期间，双方共同购买房产并登记为共同共有。后双方分手，房产由男方单独使用。女方提起诉讼，要求分割房产。经查明，双方共同支付首付款和贷款，且《存量房综合申报表》确认各占50%的份额。诉讼中，双方提供了详细的购房支出证据，男方支出稍多。女方还要求男方支付单独使用期间的房屋使用费，并主张若无法协商一致，应对房产进行拍卖或变卖，所得款项按比例分割。

【法院观点】

关于案涉房屋份额问题，根据《民法典》第三百零八条和第三百零九条的规定，房屋产权证书登记为双方共同共有，且《存量房交易综合申报表》明确显示双方各占50%的份额。这是双方的真实意愿表示，意味着份额约定明确。因此，双方应各享有50%的房屋份额，并按此比例分配相关权益。

双方对案涉房屋各享有50%的权利份额，因此，对于案涉房屋的实际购买出资以及共同使用期间产生的支出，也应按照各50%的比例进行分担。鉴于男方在相关支出中多付了部分款项，女方应对此进行补偿。

因分手后案涉房屋由男方单独使用，男方应自单独使用之日起，按租金一半的标准向女方支付占用费，直至其实际搬离案涉房屋为止。

【案件结果】

（1）双方应共同对案涉房屋进行拍卖或变卖处理；拍卖或变卖处理所得价款在向银行清偿该房屋尚欠的贷款本息后的剩余款项，由双方按照各50%的比例进行分配（双方互应支付给对方的款项在分配款中扣除）。

（2）男方应向女方支付房屋占用费。

案例二
恋爱期间以结婚为目的买房虽登记在一人名下仍认定为按份共有

【案号】（2023）京01民终2781号

【审理法院】北京市第一中级人民法院

【案件概述】

双方均有婚史，恋爱期间以结婚为目的购买房产，登记在女方名下，男方有出资，后双方分手，男方起诉要求分割房产。

【法院观点】

恋爱期间购房，虽未明确约定共有方式，但现有证据可推定双方系以结婚为目的购房，故房屋视为双方共有。因双方最终分手，未形成家庭关系，应为按份共有。男方要求分割房屋，但双方未约定份额，应根据出资额确定双方所占份额。

【案件结果】

按确定的份额判决女方向男方支付房产折价款。

律师建议

恋爱期间购房可能涉及多种法律案由，如共有物分割纠纷、赠与合同纠纷、婚约财产纠纷和同居关系析产纠纷等。这些案由各自具有独特的法律特点和要求，因此，案件的处理结果可能因所选案由及所提供的证据不同而有显著差异。在司法实践中，法院对于这类案件的判决结果并非完全一致。由于案件情节和法官说理的多样性，判决结果可能各有合理之处。因此，在处理恋爱期间购房问题时，应当综合考虑各种因素，选择最合适的法律案由，并提供充分的证据，以争取最有利的结果。

第五章　婚姻财富管理工具

一、财富管理工具的底层逻辑："安排人+安排钱+安排事"

很多人把财富管理简单地等同于理财，也就是多挣几个点。这其实是严重地低估了婚姻财富管理背后的深刻逻辑。现实中，大部分人除了对财富管理的认知不足以外，其知识与技能更是一片空白。财富管理是从悲剧中挖出来的学问，财富管理的目标就是以最低的成本获取最大的安全保障，包括对风险的认定、评估及应对策略。

如何建立思考框架，以全局观来思考财富管理？

我们首先要弄明白以下问题。

第一，我们面临的风险有哪些？风险的认定，即如何识别风险？

那么，什么是风险？简单来讲，风险是指损失的不确定性，这种不确定性包括：发生与否的不确定性，发生时间的不确定性，导致后果的不确定性。

第二，评估风险的标准，以及评估这些风险对我们会产生怎样的后果？

要理解风险管理，首先必须理解风险的两个维度：后果和概率。

风险就是"后果 × 概率"。理想的风险管理是在应对一连串排好优先次序的风险的过程中，优先处理其中可能引起巨大损失和发生概率最大的风险，而相对发生概率较低且后果相对没那么严重的风险，可以稍后处理。

第三，了解风险管理的方法和工具，以及这些工具如何在风险管理中发挥重要作用。

风险管理的四种方法是风险转嫁、风险规避、风险降低和风险自留。

婚姻财富管理也脱离不了一般财富管理的底层逻辑，本篇分别从风险识别、风险评估、管理方法及工具三个方面来介绍婚姻财富管理的底层逻辑。婚姻财富风险属于第一梯队的风险：发生的概率可能很低，一旦发生会造成严重后果。这种风险不但普遍存在，还具有极强的破坏性、潜伏性和不可逆性。正如某知名财富管理律师所说："如果没有法商思维作为底层知识结构，任何财富管理都将是一场灾难。"

婚姻财富管理是一套系统的知识体系，它不像我们使用筷子那么简单，不需要刻意练习就可以灵活使用，也不需要复杂的理论体系支撑，它的结果非常直观可控，而财富管理恰恰相反，其背后有着深刻的财富逻辑，结果也充满着不确定性。正因为财产流向是不确定的，也是不可控的，所以才需要去管理。当人们意识到财产的权属安排和财富的多少同样重要时，要做的就是通过使用法律工具转换资产属性，完成财产确权。就是把自己的财产，在投资中做确权，在经营中做确权，在婚姻中做确权，在传承中做确权，给资产列上名字。

这些风险需要运用法律工具来化解，这些法律工具包括遗嘱、婚姻协议、保险、家族信托、民事信托、意定监护、法律委托等整体规划。这些工具中，不少工具既是法律工具，也是金融工具，特别是保险、家族信托这样的工具，必须依托保险公司和信托公司，才能提供法律上可靠的制度保障。

1. 私人财富管理律师：运用工具箱，搭建顶层架构

改革开放40多年来，我国经济迅速增长，随之而来的是复杂化的财富管理问题。在此背景下，家庭内部成员、家庭事务及家庭财富三者之间形成了相互依存又相互制约的复杂关系。具体而言，家庭成员的努力和智慧是创造家庭财富的基础；而充足的家庭资产又能够有效应对家庭事务中的各种挑战；反之，家庭事务的纠纷或不当处理可能会导致家庭资产的流失；此外，家庭成员对财富的不当管理或挥霍也可能导致家庭财富的流失。

在传统的风险管理模式中，个人面临的健康和意外风险通常由保险规划师进行规划；与家庭事务相关的风险，如婚姻法律问题，则由专业律师提供咨询和法律服务；至于家庭资产的保值增值，则通常交由理财规划师或投资顾问来管理。现在家庭的财富面临着人身意外、结婚离婚、创业失败、债务连带、继承手续、财富减损等几十种风险；当这些风险交织在一起时，大家发现以往的知识体系不够用，以往的服务解决不了这些问题。越来越多的专业人士开始认识到，风险实际上是人、钱、事相互联系和影响的结果，因此需要采取一种综合性的财富管理策略来全面应对，如图5-1所示。

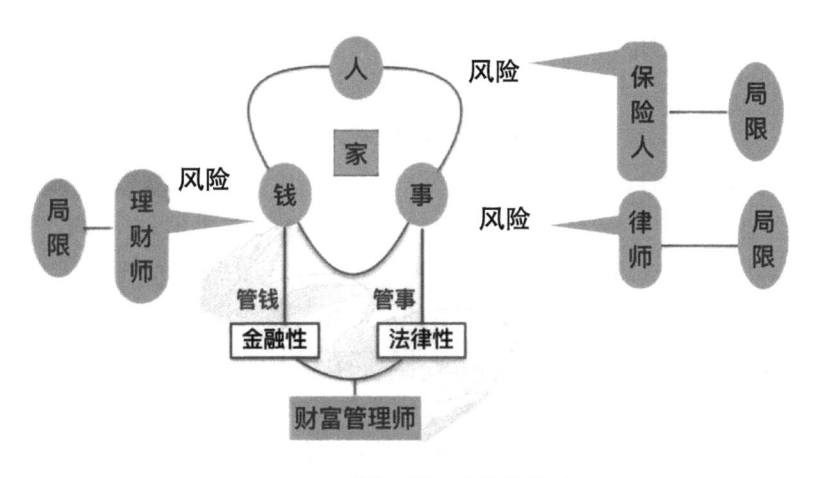

图5-1 "人、钱、事"的关系

客户创造了财富，想给谁就能给谁吗？不想给谁自己能决定吗？离婚、结婚就这么简单吗？资产以何种形式转移与分配？如何确保路径选择不会传导风险？一不小心，财富就可能"腰斩"，甚至归零。这些全都是权属问题，也就是法律问题。

没有税法知识，税收筹划显然无从谈起；婚姻法、继承法、公司法、保险法、信托法等相关法律知识的缺失，往往会使客户的财产无法得到有效配置和传承。

有限责任公司的股权，不仅仅是一个公司法范畴的话题，也可能是一个家事法问题。不了解公司法、章程规定和股权架构，理财师也难以理解经营风险对客户及其家庭的潜在影响。

这个时候我们要跳出原有的法律服务和金融服务的思维模式：法律人不能只思考怎么去打赢官司，因为家庭内部很多事没办法打官司，保护财产仅靠事后打官司也改变不了既成事实；理财师也不能只是考虑如何赢取更高的收益率，因为多收几个点的收益不是大家最迫切的需求，怎么帮助大家避免未来财富遭到大比例的损失，甚至全军覆没的风险，怎么规划和预防各种家事带来的危害显得更加迫切。婚姻家庭的风险，都是围绕着财产安全、企业经营安全、子女成长、情感稳定、继承安全而存在，这些都是我们人生排序比较靠前的东西，所以催生了婚姻财富管理师，一站式统筹管理，实现"人、钱、事"上的整体安排，提前进行风险管理。私人财富法律服务与传统的法律服务不同，传统的法律服务具有非常明确的指向性，是特定的、一次性的法律服务；而私人财富法律服务是指向未来的法律服务。与律师成立委托关系时，客户的法律需求甚至还没有出现。客户的家庭风险一旦出现，对他及其背后的企业的打击是毁灭性的，一个爱家庭、爱家人的人不敢冒这样的风险，所以需要跟私人财富管理律师建立长期合作关系，提前筹划。

由此可见，私人财富管理律师是集"婚姻家事律师+理财师+保险规划师+信托架构师"于一体的、跨领域跨专业协同操作的一个角色，这种专业跨界，并非意味着"万金油"，而是新的身份、新的视角，提高思考维度，升维思考，降维打击。在更高的思维和架构上思考，才能从根源上解决问题。很多人身边并不缺少业务员，也并不缺产品，缺的是有效的财富管理规划指导；而这种指导，并不仅是对资产的管理，更是对家人的长期规划和有序安排。这种规划直接影响三代人。这种规划不仅考验规划的完整性、架构的连续性，还需要持续动态地管理。律师是担当这个角色的最佳人选，其基本技能体现在两个方面。

一是律师的视角。更高的思考层面和更强的逻辑，从更高的维度全面审视风险。

二是掌握着立法技术和管理工具。法律是财富工具综合应用体的"血液"。不论哪一种财富管理工具，不论是保险（包括国内、跨境）还是信托，也不论是移民还是节税，都需要知悉全球视角下的跨境法律应用；如果只谈国内财富管理，任何综合理财工具的方案设计都离不开"法律效力与保障"这一核心与灵魂。说白了，任何财富管理规划都要靠法律的强制性与执行性的权威与保障来实现，否则，就是一纸空文。私人财富管理律师是提升客户识别风险、引领意识与方案规划落地的亲密伙伴与"战友"。

强大逻辑性可以协助客户及时准确地找到问题的根源，找到问题的根源永远是解决问题的前提；找到问题的根源后，律师运用其立法技术和财富管理工具为解决问题提出可行的策略。财富管理的价值在于增强客户的控制能力。只要客户的控制能力提高了，就能有效控制成本和风险，就能避免或减少风险所带来的损失，就能实现利益最大化，就能为客户创造价值。

财富管理不是工具与产品的简单拼装，也不是保险、信托、留学机构、律师的"跨界组合"，很多人产生了重大误解，以为财富管理就是买一份保险、买一份信托，甚至把家族信托当作理财产品来理解。这样的所谓"资产配置"本身是缺乏内在逻辑的，产品和方案之间缺乏逻辑性和链接，难以形成合力，不能让工具之间产生协同效应，其作用甚至可能相互抵消；没有长久的动态管理，不能及时响应调整，从而埋下隐患。

大部分家庭和业务员是缺少"顶层设计"的。"如何进行财富管理"其实是一种方法论。"顶层设计"本是一个工程学的概念，是一项工程的"整体理念"

的具体化。顶层设计是自高端向低端展开的设计方法：一是核心理念与目标都源自顶层，因此顶层决定底层，高端决定低端，全局决定部分；二是整体关联性，顶层设计强调设计对象内部要素之间围绕核心理念和顶层目标所形成的关联、匹配与无缝衔接；三是实际可操作性，设计的基本要求是表述简洁、明确，设计成果具备实践可行性，因此，顶层设计应该是可实施、可操作的。就好比盖房子。后期的装修能够使房子非常漂亮，可是早期，我们先要把钢筋骨架给搭建好，而法律的架构设计就在于：搭建所有财富管理的根基。当把家庭、企业主家业的"钢筋骨架"打好了，基础夯实了，其在上层的财富管理及各方面的资产配置才会更好地发挥作用。

产生协同效应的关键，一是在于能否站在客户的视角，完整地看到并清晰地梳理客户个人、家庭和企业的切身需要和痛点；二是有无整合所有资源的统筹能力，为客户全局谋划和考量最优的需求满足及痛点解决路径。这对财富管理律师综合能力要求非常高，也对律师提出了更高的专业要求，需要其具备更高的跨领域统筹的综合服务能力。懂公司法的不一定熟悉婚姻家事法，懂婚姻家事法的不一定熟悉税法，懂税法的有可能完全不懂保险和信托，能够对接第三方机构的有可能不了解或不善于与客户沟通，善于营销的可能没有一线实战经验或者司法审判经验。很多人对财富传承侃侃而谈，在家族办公室比家族还多的时代，可能所谓的家办专家、财富传承专家甚至连基础的保险分类、信托分类都搞不清楚，说得头头是道，好像什么都懂，但其实对股权信托和房屋信托的交易成本、持有成本、架构搭建、平衡各方诉求、衔接各种工具、资金路径规划、配置优化、资金出海等具体执行层面上的问题是毫无考虑。实际操作中是漏洞百出，隐患重重，为私人财富传承埋下了定时炸弹。私人财富管理说起来像买个保险签个名那么简单，做起来才知道责任重大、战战兢兢，没在一线躬身入局过的，是拿不到一手资料，掌握不了各行各业的门道和规则的，更不知其中的"坑"在哪里，而这些都是在做方案和选择第三方的时候需要衡量的要素。所以具备跨领域服务经验和统筹服务能力的私人财富管理律师非常稀缺，能把客户利益放在第一位的更是珍贵。

私人财富管理律师需要具备更高的框架思维，还要有"以客户利益为先"的职业道德，不要把销售任务和自身利益放在客户利益之上；同时，不同行业有什么样的规则，各自的关注点是什么，利益点在哪里，考核机制什么样，其中的"坑"在哪里，这些都是隔行如隔山的存在，不仅普通客户，甚至律师也难以逐一清晰了解和判断。他们在为客户进行整体规划时，必须综合运用各类财富管理工

具,而不是仅精通或者掌握某一门类,这与传统律师的专业化不同,正如业务员里面有产品销售型的,有专家顾问型的一样,两者都能够把产品卖出去,但所带来的价值是不可同日而语的。专家顾问型,能帮你解决有门槛的问题。财富风险管理,解决的是个人财富终极归属和安全防护的大事。可以说,没有哪笔生意、哪个活动比它更重要,但往往越重要的问题越容易被忽略。私人财富管理律师的一项重要职责就是帮助客户明晰方向、理顺关系、分析利弊、解读引导、理性选择。

2. 架构设计:"安排人+安排钱+安排事",实现所有权、控制权、受益权三权分离

我们所说的架构,究竟是什么呢?就是通过纷繁复杂的关系,跳出单一纬度的视角,将客户的风险版图拼接在一起,站在更高的视角进行风险管理。厘清"人、钱、事"的风险线,分别进行"人"的关系管理、身份管理,缕清楚"钱"的过去、当下、未来的性质和规划,最后统筹安排"事"的有序进行及有机结合,发挥协同效应。

我们的财产会受婚姻的影响,主要是因为我们的财产安排都是法定制度,没有约定。如果想减少婚姻对财产的影响,那就可以通过约定对财产进行规划。目前主要的约定工具就是遗嘱和合同,其中合同主要包括保险、家族信托及法律协议。

(1)遗嘱。主要解决的是万一身故财产传承的安排,按照自己的意愿把财产给到想给的人,解决婚姻带来的继承人范围扩大的问题。

(2)婚姻协议等。主要解决的是婚后财产混同的问题,可以通过财产协议约定相关财产的归属;让相对人知道,也可以起到一定的债务隔离功能;同时可以通过意定监护,做好监护权的安排。

(3)保险。主要解决的是现金类资产的安排,一是可以避免婚前财产在婚后混同的问题,二是可以通过保单架构的设计解决继承人范围扩大的问题,三是可以起到一定的债务隔离功能。

(4)家族信托。主要针对的是家庭有复杂需求的,家庭信托可以解决以下问题:一是债务隔离,二是财产混同,三是继承人范围扩大。

我们可以用夫妻婚内协议解决财产确权和混同风险,用遗嘱确定继承人范围和财产分配意愿,搭配保险解决现金安排,同时可以通过意定监护做好监护权的安排。这样一整套规划下来,把"人"的范围、"钱"的安排、"事"的安排都衔接起来,形成一个"保护罩",以保护自己的人身和财产安全。

二、夫妻财产约定：被妖魔化的法律文件

夫妻财产约定，是在财富的管理与传承当中经常用到的文书，并不是只有离婚时才会签夫妻财产约定，而是经常会用到。这都是以非诉讼方式，高效解决婚姻家庭问题、智慧化解困局的解决方案。

夫妻财产约定不仅是夫妻间解决财产纠纷的有效手段，也是规划家庭财产传承的重要工具。律师在为客户制定传承方案时，经常利用夫妻财产约定来明确和划分各自的财产权益。

当夫妻双方签署了并非是自己真实意思表示的财产分割协议，且完成了离婚登记程序，后又复婚的。在复婚后需要为财富传承做规划时，可以通过重新签订夫妻财产约定来明确共同财产的范围。

此外，当夫妻中的一方家庭关系复杂，涉及众多第一顺序继承人，而另一方家庭关系相对简单时，为了避免潜在的继承纠纷，可以选择通过夫妻财产约定将现金类财产划归家庭关系简单的一方，并利用遗嘱、信托等其他法律工具规划财富传承方案。

再如，当夫妻双方感情不和，但为了维护某种平衡或出于其他考虑而选择继续共同生活时，如果其中一方需要进行财富传承规划，在规划前应通过签订夫妻财产约定明确个人财产的范围。这样做可以确保在未来发生意外时，个人财富能够按照预定的传承计划得到妥善处理，无须与另一方财产产生纠纷。

又如，夫妻双方可以通过签订夫妻财产协议，明确将房产或其他重要资产归属于其中一方所有，以确保在另一方离世后，这些资产不会作为遗产被分割，而是按照夫妻双方的意愿进行传承。这种方法不仅简化了继承流程，还有效避免了因继承问题引发的纷争和矛盾，从而确保家族财富能够按照夫妻双方的意愿得以传承。

因而，夫妻财产约定在解决夫妻财产纠纷及规划家庭财产传承方面发挥着重要作用。通过合理利用这一法律工具，夫妻双方可以更加有效地保护自己的财产权益，确保家族财富传承有序、有效进行。

1. 法律规定及理解

《民法典》第一千零六十五条规定："男女双方可以约定婚姻关系存续期间所得的财产以及婚前财产归各自所有、共同所有或者部分各自所有、部分共同所有。约定应当采用书面形式。没有约定或者约定不明确的，适用本法第一千零六十二条、第一千零六十三条的规定。夫妻对婚姻关系存续期间所得的财产以及婚前财产的约定，对双方具有法律约束力。夫妻对婚姻关系存续期间所得的财产

约定归各自所有，夫或者妻一方对外所负的债务，相对人知道该约定的，以夫或者妻一方的个人财产清偿。"

从上述法律规定中可以明确，除了遵循法定财产制度以外，夫妻之间还有权自行约定财产制度。需要注意的是，这种约定必须采用书面形式，除非夫妻双方都明确表示同意，否则口头约定将不被认可。另外，法律并没有强制要求夫妻财产约定必须经过公证才能生效。因此，夫妻间的财产约定应参照一般合同的规则，只要不存在撤销或无效的情形，双方在协议上签字后，该约定即具有法律效力。这样的规定为夫妻财产规划提供了更大的灵活性和便捷性，确保他们的财产安排能够按照双方的真实意愿进行。

2. 签订夫妻财产约定时的注意事项

夫妻财产约定虽然是一种协议形式，但因涉及身份关系及大额家庭资产，所以其专业性尤为突出。在签订此类约定时，应着重关注以下几点。

第一，夫妻财产约定应以夫妻关系的存续为前提，不应涉及离婚或抚养权相关事宜。因为离婚或抚养权相关的条款以离婚为前提，若存在此类约定，整个协议可能被视为离婚协议，未离婚则不生效。

第二，夫妻财产约定与赠与合同易混淆。涉及婚前财产时，无论是约定归对方所有还是共同所有，都可能被视为赠与。在所有权变动前，赠与人有权撤回赠与。因此，对于房产的约定，务必及时过户。

第三，夫妻财产约定勿与忠诚协议混淆。最高人民法院否定忠诚协议，若涉及出轨则净身出户的条款，可能导致财产约定无效。

第四，夫妻财产约定受民法原则制约，签署须遵循公平、自愿、诚信等原则。如内容违背公序良俗、显失公平（如全部财产归一方，债务归另一方），或存在胁迫、重大误解（如隐瞒财产但约定各自所有），可能导致约定被撤销或无效。

第五，夫妻财产约定主要对内部双方有效，通常不能对抗善意第三人。如存在巨额债务，不得以夫妻财产约定逃避对善意债权人的责任。

第六，当夫妻财产约定涉及股权时，应考虑同时修改公司章程。因为公司作为一个独立的法人实体，兼具人合性和资合性特征，其内部运营和管理往往受到公司章程的规范；仅通过夫妻间的财产约定，而不调整公司章程的，可能导致约定的目的难以实现。

第七，对于涉外夫妻财产约定，法律适用问题需特别关注。当事人有权选择适用经常居所地、国籍国或主要财产所在地的法律，应根据夫妻双方的实际情况，审慎确定适用的相关法律。

案例一
再婚老人签订财产协议防遗产纠纷

【案号】（2022）辽0191民初3416号

【审理法院】沈阳经济技术开发区人民法院

【案件概述】

老年再婚夫妻在婚后卖掉女方婚前住房，购得新房产，并签署协议约定该房产为女方个人财产，共同居住、使用、收益、维修，终止婚姻时按约定处理。男方去世后，女方与男方子女因房产权属产生纠纷。

【法院观点】

遗产是自然人死亡时遗留的个人合法财产。案涉房屋系双方婚姻关系存续期间用女方婚前住房出售所得款项购买，双方签订《夫妻财产约定》约定案涉房屋为女方的个人财产，婚姻关系存续期间共同居住、使用、收益、维修，如婚姻关系终止，房产按照约定处理，并就该约定进行公证，该约定合法有效。因此，案涉房屋双方已经协商一致为女方的个人财产，不属于男方的遗产。现女方主张该房屋为其所有，于法有据，本院予以支持。

【案件结果】

该房产归女方所有。

案例二
再婚老人签订夫妻财产协议部分无效，遗产纠纷骤起

【案号】（2022）京0111民初5820号

【审理法院】北京市房山区人民法院

【案件概述】

男方用亡妻的工龄福利购买第一套公有住房。再婚后，又利用亡妻的工龄福利购买第二套公有住房，同时公司回购了第一套公有住房，回购款用于支付第二套公有住房的部分款项。男方与再婚妻子签订协议，公证第二套公有住房归女方所有；男方去世后，男方的儿子起诉协议无效。

【法院观点】

第二套公有住房中第一任配偶工龄福利所对应财产价值的个人部分应系第一任配偶之遗产，由第一顺序法定继承人的配偶及男方儿子继承。原告基于对第一任配偶遗产的继承取得第二套公有住房的财产份额。

无处分权的人处分他人财产，经权利人追认或者无处分权的人订立合同后取

得处分权的，该合同有效。第二套公有住房未曾进行析产，属于男方、再婚配偶及男方儿子的共有财产，并非完全属于男方与再婚配偶的夫妻共同财产，男方与再婚配偶无权通过仅在两人间达成约定的方式决定该房产的归属。男方与再婚配偶签订的《夫妻财产约定协议》约定第二套公有住房的所有权归再婚配偶，处分了男方儿子的财产份额。现男方儿子对此明确表示不予认可，因此，该份《夫妻财产约定协议》对属于男方儿子房产份额的处分属无权处分，且未获得权利人追认，损害了男方儿子的合法权益，该部分内容应当确认为无效。该部分内容无效并不妨碍男方在其应享有的财产权益范围内所做的处分。

【案件结果】

确认双方签订的《夫妻财产约定协议》中对属于男方儿子的房产份额的处分部分无效。

律师建议

夫妻财产约定在老年再婚中扮演着确保双方财产有序、公平分配的重要角色，旨在预防潜在的遗产纠纷。由于它经常与夫妻间的赠与行为混淆，涉及众多法律细节，制定时必须特别谨慎。为确保双方权益，避免引发财产纠纷，建议寻求专业律师的协助来制定该约定。若夫妻未能充分了解和审慎考虑夫妻财产约定，可能导致该约定无效，进而在遗产分配过程中引发纠纷，最终可能给其中一方带来重大经济损失。

三、赠与合同

赠与合同是婚姻家庭财产规划中的常用工具，它看似简单，即赠与人将自己的财产无偿转让给受赠人，受赠人表示接受；然而，在实际操作中，赠与合同的复杂性远不止于此。由于人们往往仅从表面理解赠与合同，容易忽视其背后的法律特性和细节，导致在草拟合同时过于草率。更为严重的是，非专业人士，甚至一些非专业律师，常常将赠与合同与夫妻财产约定混淆，这可能会引发严重的法律后果。

接下来，我们将通过详细的分析和真实的案例，深入剖析赠与合同的独特性以及在实际操作中可能遇到的难点，以帮助大家更全面、准确地理解和运用这一重要工具。

1. 分类

赠与合同主要可分为一般赠与、慈善赠与及公证赠与。

一般赠与是最为常见的赠与合同类型，指的是未经公证且不涉及公益或道德等特殊情形的赠与合同。

慈善赠与是指具有公益、道德性的赠与，是指为了社会公益目的或其他特定目的，无偿地将其财产给予他人的行为，包括具有救灾、扶贫、助残等社会公益、道德义务性质的赠与。

公证赠与则是指赠与双方当事人在订立赠与协议后，通过国家公证机关进行有效证明的赠与合同。

2. 法律特征

赠与合同显著的法律特征是，一般赠与赠与人享有任意撤销权，这意味着在赠与财产的权利转移之前，赠与人有权撤销赠与。公证赠与和慈善赠与并不享有任意撤销权。

任意撤销权的相关法律规定如下。

《民法典》第六百五十八条规定："赠与人在赠与财产的权利转移之前可以撤销赠与。经过公证的赠与合同或者依法不得撤销的具有救灾、扶贫、助残等公益、道德义务性质的赠与合同，不适用前款规定。"

《民法典婚姻家庭编的解释（一）》第三十二条规定："婚前或者婚姻关系存续期间，当事人约定将一方所有的房产赠与另一方或者共有，赠与方在赠与房产变更登记之前撤销赠与，另一方请求判令继续履行的，人民法院可以按照民法典第六百五十八条的规定处理。"

任意撤销权，简言之，就是赠与人在特定条件下享有的撤销赠与的权利。如果赠与物是动产，通常在动产交付之前赠与人可以行使撤销权；如果赠与物是不动产，则在不动产登记变更之前，赠与人同样有权撤销赠与。对于分阶段进行的赠与，一旦某阶段的财产权益已经转移，赠与人通常不能再对该部分行使撤销权；然而，对于尚未转移财产权益的部分，赠与人依然可以行使撤销权。

举例来说，涉及赠与房产时，即使赠与人已将房产交付给受赠人居住，只要尚未完成房产所有权的过户手续，赠与人依然保留撤销赠与的权利，有权收回房产。若赠与人选择分阶段赠与房产份额，例如先赠与10%，再赠与20%，最后赠与30%，且已将首批10%的份额过户至受赠人名下，那么赠与人仅能撤销尚未过户的20%或30%的房产份额的赠与，而无法撤销已办理房产权属变更登记的首批10%的房产份额的赠与。

3. 夫妻财产约定与赠与合同的区别

夫妻财产约定是一种旨在确保婚姻稳定和持续存在的综合性协议，而赠与协议是一种针对特定财产的一次性、增值性财产转移协议。在签署夫妻财产约定的过程中，由于常常涉及一方在婚前购置的房产或双方共同名下的房产约定归一方所有的情况，有可能被视为赠与行为。此时，当感情破裂且房产尚未完成过户时，一方会要求撤销赠与，从而引发纠纷。下面将通过司法判例来探究赠与合同的运用以及夫妻财产约定与赠与合同之间的区别。

案例一

赠与合同擅自处分配偶财产，法院判决部分无效

【案号】（2023）粤01民终31269号

【审理法院】广州市中级人民法院

【案件概述】

广州老夫妇过继侄子为"契仔"，未办理收养手续，生前一直由独生女儿照顾。涉案房产是老爷爷死后过户至老奶奶名下的，老奶奶去世后，女儿签署赠与协议将房产赠与堂兄（"契仔"），但事后反悔。堂兄及其子相继去世，现堂嫂与女儿因拆迁权益产生争执，纠纷最终诉诸法院。

【法院观点】

女儿为老奶奶唯一法定继承人，未明确放弃继承，故将房产赠与堂兄视为继承后的无偿处分。因房产为婚后取得，属夫妻共同财产，无证据显示配偶同意赠与。因此，女儿只能处分自己的一半份额，另一半应由配偶的继承人继承。故赠与协议部分有效，仅涉及女儿享有的1/2的房产权属。

【案件结果】

确认涉案房产对应的拆迁补偿权益由堂嫂和女儿共同获得1/2的权属份额。

案例二

夫妻财产约定被认定为赠与合同后被撤销

【案号】（2022）京0108民初5962号

【审理法院】北京市海淀区人民法院

【案件概述】

夫妻婚内共同购房，登记在双方名下，性质为共同共有。夫妻曾签订婚内财产协议，约定各自财产独立，后又签订《房产协议书》，约定房产归女方所有，男方配合过户。《房产协议书》签订后一周内,女方曾起诉离婚,后撤诉。男方通过微信向女方发送《撤销赠与通知书》。现双方就协议性质及撤销权产生争议,男方现起诉要求撤销双方签订的《房产协议书》。

【法院观点】

夫妻婚内财产的赠与行为与约定行为存在本质差异。首先,夫妻婚内财产赠与是一方旨在令对方财富增值的行为,而夫妻婚内财产约定是关于夫妻间采用何种夫妻财产制度的约定。其次,夫妻婚内财产赠与的功能与目的在于改变某一特定财产的权利归属,而夫妻财产约定的功能和目的是全面安排夫妻间的财产关系。再次,夫妻婚内财产赠与通常针对特定或可特定化的物品,而夫妻财产约定涉及部分或全部财产。最后,婚内财产赠与的合同是一次性合同,而婚内财产约定的合同是持续性的,对婚姻关系存续期间获得的财产产生持续的约束力,具有长期、概括的特定性,是一般性地构建夫妻之间的财产法状态。

在本案例中,双方签订的《房产协议书》显然符合夫妻婚内财产赠与的特征。男方旨在增加女方的财产价值,协议针对的是具体的房产,目的是改变该房产的权利归属,且该协议是一次性合同。此外,由于《房产协议书》未经公证,房产的权属并未发生变更,因此男方有权要求撤销该协议。

综上所述,根据夫妻婚内财产赠与与约定的不同特征,以及本案中《房产协议书》的具体情况,男方有权要求撤销该协议。

【案件结果】

撤销双方签订的《房产协议书》。

律师建议

一般赠与合同虽然看似简单,但由于其独特的任意撤销权,签署和履行过程中应格外谨慎。此外,赠与合同与夫妻财产约定容易混淆,因此律师建议,在签订这两种合同时,应遵循以下步骤以确保权益清晰。

(1)合同先行。尽量在达成初步意向后,及时签订书面合同,以明确双方的权利和义务。

(2)公证与权属变更。若条件允许,签订合同后应优先进行公证,以防赠与人撤销合同。若不能立即公证,务必尽早完成权属变更登记,以确保相关财产按照合同约定的归属进行登记。

通过以上步骤,可以更有效地保护受赠方的权益,避免潜在的纠纷。

四、遗嘱和协议很重要，但徒遗嘱不能自行

（一）遗嘱：避免"听天由命式"的传承

谈到死亡，很多人是恐惧、忌讳的，认为立遗嘱不吉利。就是这种根深蒂固的观念、做法和忌讳，造成了我们今天传统的"听天由命式"的财富传承，给家人和社会带来很多问题。难道一份遗嘱就能决定我们的生死吗？遗嘱有定纷止争的功能，但也只是降低了纠纷发生的可能性，无法绝对地杜绝纠纷。因为起诉是人家的权利，谈不拢就会打起来。

富豪、名人遗产纠纷屡见不鲜，在这一场场闹剧背后隐藏的是巨额财富如何顺利传承的难题。家族财产争夺战可谓旷日持久，争议源于富豪们没有遗嘱意识，要么没立遗嘱，要么立了一份并不完美的遗嘱。纵观华人家族几十年的发展历程，一直上演着各种遗产争夺的闹剧。每场遗产争夺官司，都是恩怨纷争不休，从中可以窥见的是，富豪们财富传承的艰难和无奈。

例如，在霍氏遗产案中，遗嘱中所指定的遗嘱执行人没有做好财产管理记录，导致继承人质疑遗嘱执行人的公正性，继而发生冲突。可以说，遗嘱其实无法从根本上避免纷争，即使有遗嘱，家人仍然可以打官司，互相争夺。

那么，立遗嘱还有什么意义呢？有遗嘱都会打，不立遗嘱更得打起来啊！况且，有遗嘱的话，双方打起来还有个依据，不至于打不清楚，乱作一团，也可能早点打完，握手言和。如果遗嘱能通过权威机构进行有效管理、传递和执行，将最大限度地降低这种风险。所以，有了遗嘱意识，还要有专业的遗嘱意识。

那又有人会说，我们家庭和睦，不需要立遗嘱，大家不会打起来的。我们来看看另一场著名的遗产大战，为什么会发生在一个令人羡慕的和谐家庭。

在文化界，许家素以家风淳朴、幸福和睦著称。许先生是著名的书画大师。许先生和妻子王某恩爱有加，他们的子女也十分孝顺，对他们嘘寒问暖。许先生生前曾在众人面前多次说道："我的儿子都70多岁了，每天只要他有空，还给我洗脚，其他子女也都很孝顺，我和老伴有福啊！"

这个令人称羡的家庭，似乎在一夜之间成了争权夺利的角斗场。2011年，许先生因病辞世。

据说，许先生的遗产中，有齐白石、郭沫若、徐悲鸿、李苦禅、张伯驹等名家的画作72幅，价值不菲的紫砂壶3把，还有各种理财产品和资产，价值高达21亿元。听说父亲将所有财产给了母亲，两位老人的四子四女瞬间分成两派，一派支持父亲的决定，另一派则表示反对。这位低调简单了一辈子的老先生，身后事

却闹得人尽皆知。

这笔神秘的家族遗产数额巨大，当事人关系错综复杂，原告、被告加起来共有11人。一家三代人，就这样因为21亿元的遗产，坐在了法庭的原告和被告席上。在被儿子起诉后，王某向法庭提供了一份许先生留下的手书遗嘱。也正是这份手书的遗嘱成为本案争议的焦点。王某称遗嘱系许先生亲笔书写并加盖的印章和指印，"按照法律规定，在有遗嘱的情况下，遗产的处理应按遗嘱处理，不存在法定继承问题"；但作为书画鉴定家的女儿不认可这份遗嘱："我是书画鉴定家，我认为遗嘱是假的。"许先生已经是很有意识了，为了进一步防范风险，在写遗嘱当日，还将遗嘱挂在墙上，自己和老伴王某两人手拉手，在遗嘱前拍了一张合影；然而，这份遗嘱仍然遭到绝大多数没有得到财产的子女的质疑和反对，在许先生去世一年半后，八名子女与母亲王某闹上了法庭。法院开庭之日，竟是老母亲王某95岁大寿之日，堪称人间悲剧！手书遗嘱的真伪成为争议焦点，围绕许先生这份遗嘱的真伪问题，双方展开了激烈争论；然而，令人震惊的是，这样一份书画大师的遗嘱，一份当事人自己拍照合影的遗嘱，经过法院委托多家鉴定机构，经过了两年多时间的鉴定，得出的鉴定结果是：无法鉴定！这一人间悲剧经历起诉、审理、转移、开庭、一审宣判、上诉、发回重审等一系列折腾后，"活话剧"仍在继续上演。

家事案件有一个特点，简单又复杂。当事人原本就是一家人，简单起来什么都不是事，复杂起来什么事都搞不清楚。继承案件，简单起来，没有遗嘱也能顺利解决；复杂起来，有了遗嘱也不一定有用。简单还是复杂，其实并非取决于案情本身，而取决于当事人自己。当事人做决定，当然不单看法律，也要考虑亲情、爱情、公序良俗，有的时候就是摸着良心前行。诉诸法院是最后的救济途径，终会有一个法律层面的结论，漫长的诉讼程序也会有"副作用"：曾经的爱情、亲情消磨殆尽，剩下一堆财产，还有一地鸡毛。

许先生的案件，是名人案件，涉案财产价值也高，算是一个"大案"，但案情并不复杂。父亲去世，立下"遗嘱"，财产都归母亲所有。"遗嘱"内容简单明了。如果所有家庭成员都认可这份遗嘱，那么遵照执行即可，并不麻烦，亦无须司法机关介入；但因为有子女质疑该"遗嘱"之真实性，且闹到法院，这个案件又变得无比复杂。

提起遗产继承诉讼，这是法律赋予子女的权利。子女认为母亲持有的父亲所立的"遗嘱"未必真实，要求鉴定母亲的行为能力，要求鉴定"遗嘱"笔迹，通过漫长的诉讼来延缓母亲继承到巨额遗产的"可能性"（年近百岁的母亲未必耗得起）。这些也是法律赋予子女的权利，也是法律赋予子女代理律师的权利；然而，历经漫长的诉讼程序，那种对簿公堂、剑拔弩张的氛围之下，焉有母子之情、手足之情复存之可能？

做传承规划，一定要充分考虑到人性，不要留太多的空间去试探人性善恶，因为有太多血淋淋的反面案例了。一个好的传承规划，一定是一个确定的、可执行的规划，是一个经得起人性挑战的规划，一个可以定纷止争的规划。

某集团董事长张某（化名）生前围绕着其丈夫王某（化名）留下的400多亿元的巨额财产，与其公公打了一场长达七年的世纪争产大战。七年中，双方争议的焦点，就是王某在自己的遗嘱上的签名是否真实。香港一审法院审理期间，邀请了美国中央情报局的专家对王某的笔迹进行鉴定，鉴定结果是：遗嘱是假的。在我国香港，伪造遗嘱不但无法得到遗产，而且会被认定是犯罪行为。因此张某在一审宣判后，当即遭到收押。当天下午，张某交纳了数千万元的保释金，得以从警署离开，立即飞往北京，委托中华人民共和国公安部（以下简称公安部）的专家参加二审。公安部专家最终认定遗嘱是真的。张某得到了全部的遗产。

这一切，并没有让张某从中吸取教训。历史一直在重演。

一年半以后，张某因病去世，围绕其留下的另一份遗嘱的真伪问题，其家族与其生前男友李某（化名）又爆发了长达三年的遗产争夺战。最终，法院认定李某手中的遗嘱上，张某的笔迹并非本人所写。李某因此被判有期徒刑。

从上述案例可以看出，自书遗嘱最大的问题在于，谁来证明其真实性。由于自书遗嘱往往不安排其他人在场见证，如果有人质疑自书遗嘱的真实性，即遗嘱是不是遗嘱人亲笔所写时，往往会引发很多纠纷和矛盾。总的来说，遗嘱可以统筹安排所有类型的财产分配，但遗嘱的劣势也很明显：①遗嘱签字的真实性容易受到质疑；②遗嘱人订立遗嘱时的行为能力可能受到质疑，特别是老人家立的遗嘱，几乎都没有做精神评估的意识；③遗嘱形式的合法性受到质疑；④遗嘱内容的合法性受到质疑；⑤继承权公证的程序烦琐；⑥诉讼中的遗嘱鉴定难度大。遗嘱虽然存在这么多劣势，但是我们不能因噎废食，而应通过工具的搭配，扬长避短。

在此，给大家一份财富传承指南。

（1）身份信息提前明确，未雨绸缪。

收养手续需要办理完备，身份关系必要时可公证，非婚生子DNA鉴定提早做，普通继承人可到户籍所在地派出所、居委会、街道办事处等开具身份关系证明，结合其他亲属的确认等间接证据形成完整的证据链来证明继承人的身份以及和被继承人之间的关系。

（2）增强遗嘱意识，定纷止争。

了解财产属性，是否属于自己有权处分的财产，对于有权处分的财产进行分配。订立遗嘱时，应该格外注意遗嘱订立形式和遗嘱见证人，以保证遗嘱的有效性，选择适合的遗嘱形式，留下笔迹检材，同时做好遗嘱的保密与保存。

（3）继承人扶养赡养，留下依据。

支付生活费、节日探望、住院开销，均可留下记录与票据。当然，赡养老人不仅仅体现在物质付出方面，还包括精神慰藉、生活照料，在举证上也要注意证人证言、视听资料等证据的搜集。孝顺老人是最大的美德，留下赡养扶养的依据，便于解决纠纷，维护自己的权益。

（4）分家协议需清晰，避免家散心不齐。

对于分家事实，有见证人的可以请求见证人出具证人证言，有条件的，可以采取录像方式全程记录。继承人对房屋翻建出资出力，应留存出资单据、分家原件文本、拆迁协议等证据材料，以避免日后发生争议。

（5）借助多样化的财富工具，确保传承平稳和谐过渡。

有了财富传承的意识，梳理清楚需要传承的财产，还需要付诸实施。为了顺利完成财富的代际转移，需要根据自身财产的构成、家庭成员的情况以及自己的分配意愿，进行财富转移方式的预设，也就是我们所说的财富传承规划。生前赠与、订立遗嘱、人寿保险、家族信托等都是财富传承可以灵活运用的工具。在一套系统、完整的财产传承规划安排中，各种传承工具往往被综合运用。

首先，财富传承要实现分配过程的和谐。遗嘱主要解决的是万一身故财产传承的安排，按照自己的意愿把财产给到想给的人，解决婚姻带来的继承人范围扩大的问题。这一看似理所当然的事情在实际生活中总是会遇到各种问题。事实上，近年来由婚姻、继承引发的财产纠纷屡见不鲜，有统计表明，最高人民法院按季度对外公布2023年上半年，全法院系统审结一审婚姻家庭、继承纠纷案件数量超过108.3万件，其中遗产继承纠纷占有相当高的比例。其中一个重要的原因便是继承文化的缺失，中国人历来"讳言生死"。"言生不言死"，遇到与此相关的话题常常退避三舍，当然就不会对财产传承进行有效安排。于是最常见的解决方式便是法律先定下的"法定继承"。然后法定继承对于财产分配的规定是一种标准化安排，简单直白，无法根据每个家庭的客观状况进行灵活调整，很多纠纷就是因法定继承导致的"合法不合理"而引发的。

其次，财富传承要确保财产处于长期有效管理状态之下。在财富传承下一代的过程中必须确保财富是安全稳定的，这样才能实现有效地"传"；同时过早地让下一代一次性领取巨额的财富也不利于财富的"承"。

（二）如何立一份完整有效的遗嘱

首先，我们要清楚遗嘱什么时候生效。

《民法典》第一千一百二十一条第一款规定："继承从被继承人死亡时开始。"继承从被继承人死亡时开始，继承的开始意味着继承法律关系的形成，故继承开始的时间非常重要，决定着以下重要问题。

一是继承人、受遗赠人的范围。

二是遗产的范围。被继承人死亡的时间是确定被继承人所遗留遗产的时点。

三是遗产所有权的转移，继承人死亡的时间是遗产所有权转移的时间。

四是遗嘱的效力。遗嘱订立后并不发生效力，只有在被继承人死亡时，遗嘱才生效。如果被继承人留有数份遗嘱，各遗嘱之间的内容有抵触的，应当以被继承人生前所立最后的那份遗嘱为准。

五是继承权的放弃。继承人有权放弃继承，放弃继承必须在继承开始后遗产分割之前表明，继承人不能在继承开始之前表明放弃继承，继承开始的时间决定了一个人所做的放弃继承的意思表示是否有效。

继承开始于被继承人死亡的时间，如何确定被继承人死亡的时间至关重要。从法律上而言，死亡包括自然死亡与宣告死亡，确定被继承人死亡的时间应当以死亡证明所记载的时间为准，没有死亡证明的，则应当以户籍登记或者其他有效身份登记记载的时间为准。

其次，明确遗产的范围，也就是你可以遗嘱处分的财产范围。

《民法典》第一千一百二十二条规定："遗产是自然人死亡时遗留的个人合法财产。依照法律规定或者根据其性质不得继承的遗产，不得继承。"

本条概括规定了遗产的范围，即遗产是自然人死亡时遗留的个人合法财产。理解遗产的范围需要从三个方面把握。

第一，遗产必须是财产或财产性权益，非财产性权利（人格权、人身权或相关权益）不得作为遗产继承。

第二，遗产必须是合法的财产权，非法的财产权不属于遗产的范围。

第三，遗产必须是被继承人个人的财产，非个人财产不属于遗产的范围。我国有些财产性权益属于家庭共有，而非属于个人所有。比如，土地承包经营权、宅基地使用权等，根据《中华人民共和国农村土地承包法》（以下简称《农村土地承包法》）和《中华人民共和国土地管理法》（以下简称《土地管理法》）的相关规定，获得土地承包经营权、宅基地使用权的主体是以户为单位，并不是属于某个家庭成员。

再次，选择适合的遗嘱形式。

遗嘱，是指一个人对于他死亡后其财产如何分配所做的有法律效力的声明。遗嘱必须符合法律规定的条件，否则遗嘱可能被认定无效。对遗嘱的形式要求，我们根据《民法典》之规定简单总结如下，供大家参考。

1.口头遗嘱

◇遗嘱人必须是处在情况危急时刻。

◇遗嘱人立遗嘱时必须具有民事行为能力。

◇应当有两个以上的无利害关系的见证人在场见证。

◇遗嘱人要以口述形式表示其处理遗产的真实意思。

◇危急情况消除后，遗嘱人能够以书面或者录音录像形式立遗嘱的，所立的口头遗嘱无效。

2.自书遗嘱

◇须由遗嘱人亲笔书写遗嘱内容并签名。

◇必须注明年、月、日。

3.代书遗嘱

◇遗嘱人口述遗嘱内容，由见证人代替遗嘱人书写遗嘱。

◇代书遗嘱必须有两个以上无利害关系的见证人在场见证。

◇代书人、见证人和遗嘱人必须在遗嘱上签名，并注明年、月、日。

◇遗嘱代书人应当具有完全的民事行为能力，不能是未成年人或者精神上智力不健全的人。

4.打印遗嘱

◇通过打印形式记录遗嘱内容。

◇打印遗嘱必须有两个以上无利害关系的见证人在场见证。

◇遗嘱人和见证人应当在遗嘱的每一页签名并注明年、月、日。

5.录音录像遗嘱

◇通过录音或录像的形式，确定其遗嘱的内容。

◇需要有两个以上无利害关系的见证人在场，并将其见证的情况进行录音录像。

◇将录音、录像内容封存，封口由见证人及遗嘱人签名盖封。

◇遗嘱人和见证人应当在录音、录像中记录其姓名或者肖像，以及年、月、日。

6.公证遗嘱

◇办理遗嘱公证，遗嘱人应当亲自到公证处办理，不能委托他人代办。

◇遗嘱人应神志清晰，能真实地表达自己的意思，无受胁迫或受欺骗等情况。

◇原来已在公证处办过遗嘱公证的，现要变更或撤销原遗嘱公证的，应当提交原来的《遗嘱公证书》并到原公证处办理。

相关《民法典》法条

第一千一百三十四条规定："自书遗嘱由遗嘱人亲笔书写，签名，注明年、月、日。"

第一千一百三十五条规定："代书遗嘱应当有两个以上见证人在场见证，由其中一人代书，并由遗嘱人、代书人和其他见证人签名，注明年、月、日。"

第一千一百三十六条规定："打印遗嘱应当有两个以上见证人在场见证。遗嘱人和见证人应当在遗嘱每一页签名，注明年、月、日。"

第一千一百三十七条规定："以录音录像形式立的遗嘱，应当有两个以上见证人在场见证。遗嘱人和见证人应当在录音录像中记录其姓名或者肖像，以及年、月、日。"

第一千一百三十八条规定："遗嘱人在危急情况下，可以立口头遗嘱。口头遗嘱应当有两个以上见证人在场见证。危急情况消除后，遗嘱人能够以书面或者录音录像形式立遗嘱的，所立的口头遗嘱无效。"

第一千一百三十九条规定："公证遗嘱由遗嘱人经公证机构办理。"

最后，应注意遗嘱效力问题。

被继承人立了遗嘱，但是这份遗嘱是有效还是无效是要经过考证的。前文已经介绍，遗嘱必须符合法律规定的形式，遗嘱的形式不合法就可能被判定无效。特别值得注意的是，《中华人民共和国继承法》（以下简称《继承法》）规定公证遗嘱是所有的遗嘱形式中最具有效力的一种，自书遗嘱、代书遗嘱、录音录像遗嘱、口头遗嘱不得撤销、变更公证遗嘱，即只有重新去公证机关办理才能撤销、变更原公证遗嘱。《民法典》第一千一百四十二条取消了公证遗嘱的优先效力，规定立有多份遗嘱的，以最后一份为准。另根据《民法典》第一千一百四十二条的规定，遗嘱人可以实施与遗嘱内容相反的民事法律行为来撤回遗嘱相关内容，这是《民法典》新增的内容。《民法典》前述两条规定，更加尊重被继承人本人的意愿。

立遗嘱人须具备完全民事行为能力，否则即使立了遗嘱其效力也会受到质疑。例如，长期卧病在床的人在弥留之际订立遗嘱，其精神状况是否符合法律规定的"健康"要求，是否意识清楚且具有订立遗嘱的民事行为能力，非常容易被质疑。所以，有订立遗嘱的想法得尽早付诸行动，并寻求专业人士的帮助，以免因订立的遗嘱无效而留下遗憾。

相关《民法典》法条

第一千一百四十三条【遗嘱无效】

无民事行为能力人或者限制民事行为能力人所立的遗嘱无效。

遗嘱必须表示遗嘱人的真实意思，受欺诈、胁迫所立的遗嘱无效。

伪造的遗嘱无效。

遗嘱被篡改的，篡改的内容无效。

《最高人民法院关于适用〈中华人民共和国民法典〉继承编的解释（一）》（以下简称《继承编的解释（一）》）第二十八条规定："遗嘱人立遗嘱时必须具有完全民事行为能力。无民事行为能力人或者限制民事行为能力人所立的遗嘱，即使其本人后来具有完全民事行为能力，仍属无效遗嘱。遗嘱人立遗嘱时具有完全民事行为能力，后来成为无民事行为能力人或者限制民事行为能力人的，不影响遗嘱的效力。"

法院审理的继承案件中，针对遗嘱效力，前几大争议焦点依次是：遗产范围问题、遗嘱效力问题、继承份额问题及被继承人资格问题。

（1）遗产范围问题。

遗产范围问题多集中在争议财产是属于夫妻共同财产还是一方的个人财产。

（2）遗嘱效力问题。

遗嘱效力问题，一般围绕遗嘱人立遗嘱时的精神状况、是否自书、签名还是捺印、见证人是否有利益关系展开。如果立遗嘱时附带录像，并做了简单交流，从录音录像中能够看出遗嘱人的精神状态，其遗嘱效力一般是认可的。

（3）继承份额问题。

继承份额问题，主要围绕对被继承人尽了主要抚养义务或与被继承人共同生活的继承人是否可以多分以及多分多少的问题展开。关于继承人是否尽到主要抚养义务，不仅需要考虑到抚养费的支付问题，还要考虑到老人的精神需求，即继承人是否经常探望，等等。

（4）被继承人资格问题。

对继承资格问题，一般围绕着被继承人与继承人是否形成有抚养关系的继子女关系展开。

对此，针对遗嘱效力部分，我们需要注意以下几点。

（1）遗嘱人不具有遗嘱能力。

遗嘱能力是指自然人依法享有的可以用遗嘱形式处分个人财产的能力或资格。根据《民法典》"总则"编的规定，成年人或者以自己的劳动收入为主要生活来源的十六周岁以上的未成年人，且不存在不能辨认或者不能完全辨认自己行为情形的，为完全民事行为能力人。没有遗嘱能力的人，即无民事行为能力人或者限制民事行为能力人所立的遗嘱无效。

①要立遗嘱，找医生很有必要。

个人在立遗嘱时必须有民事行为能力，否则所立的遗嘱是无效遗嘱。如果订立遗嘱时身体健康，一般人不太容易想到需要一名医生在场进行身体和精神状态认定；但是，现在健康并不表示以后会一直健康。如果遗嘱人将来出现身体和精神等方面的问题，其他利害关系人很可能对遗嘱提出疑问。

遗嘱人立遗嘱时有行为能力，后来丧失了行为能力，不影响遗嘱的效力，但是如果其立遗嘱时无行为能力，则不论其后来是否有行为能力，该遗嘱都是无效遗嘱。

如果遗嘱人的身体状况已经比较差，在订立遗嘱时邀请医生到场进行精神状态和身体情况认定，可以避免这些不必要的纠纷。

②注意，有些人没有资格或者能力订立遗嘱。

根据法律规定，当事人没有判断能力和自我保护能力，不知其行为后果的，可以认定为不能辨认自己行为的人；对于比较复杂的事物或者比较重大的行为缺乏判断能力和自我保护能力，并且不能预见其行为后果的，可以认定为不能完全辨认自己行为的人。对此，利害关系人可以向法院申请宣告当事人为无民事行为能力人。无民事行为能力人具体包括精神病人、植物人（持续性植物状态）、脑萎缩患者、痴呆症患者。

（2）遗嘱并非遗嘱人真实的意思表示。

为了保障遗嘱人的财产处分权及遗嘱自由，维护合法的遗嘱继承人及受遗赠人的利益，法律要求遗嘱必须表示遗嘱人的真实意思，这体现在两个方面：一是遗嘱必须出于遗嘱人的自愿，是其内心自由意志的体现，遗嘱人因受欺诈、胁迫所立的遗嘱无效；二是遗嘱的内容必须真实可靠，确实为遗嘱人的真实意思表示，伪造的遗嘱、遗嘱被篡改的部分无效。

欺诈、胁迫均构成对当事人意思表示自由的干涉，对于因受欺诈、胁迫而实施的民事法律行为，《民法典》第一百四十八条、第一百五十条规定，一方以欺诈、胁迫手段，使对方在违背真实意思的情况下实施的民事法律行为，受欺诈方、受胁迫方有权请求人民法院或者仲裁机构予以撤销。受欺诈方、受胁迫方需要在法律规定的期限内行使撤销权，否则撤销权消灭，因受欺诈、胁迫而实施的民事法律行为自此成为完全有效的民事法律行为。法律赋予受欺诈方、受胁迫方以撤销权，可以使其对自己实施的民事法律行为的效力做出选择，最大限度地尊重其意思自治，保护其合法权益。撤销权针对的是已经生效的民事法律行为，使其具有溯及力的消灭，立遗嘱的行为虽然也是一种民事法律行为，但是遗嘱自被继承人死亡时生效，已经死亡的遗嘱人无法撤销其有瑕疵的意思表示，为此本法规定受欺诈、胁迫所立的遗嘱无效，区别于一般的因受欺诈、胁迫而实施的民事法律行为的效力。

伪造的遗嘱与遗嘱被篡改的内容属于虚假的遗嘱，遗嘱人并未做出相应的意思表示，因此无效。需要注意的是，伪造与篡改有所区别：伪造的遗嘱整个遗嘱的意思表示都是假的，因此遗嘱全部无效；而篡改的遗嘱是在真实遗嘱的基础上对遗嘱的部分内容进行改动，由于遗嘱的内容可能是多方面的，并且各项内容之间可以是互相独立的，因此遗嘱被篡改的，只是被修改的内容无效，不必然导致整个遗嘱无效，遗嘱中未被篡改的内容仍然有效，这也体现了对遗嘱人真实意思表示的尊重。

（关联法规《民法典》第十九条至第二十三条、第一百四十四条；《继承编解释一》第二十八条）

根据法律规定，有些遗嘱需要见证人在场，有些遗嘱不需要；有些遗嘱需要有录音，有些遗嘱不需要。不需要见证人或者录音录像的遗嘱，比如自书遗嘱等，并不排斥同时有见证人在场或者同时进行录音录像。

见证人、录音录像的作用在于，这些人证、物证能说明遗嘱人订立的遗嘱是自己的真实意思表示，没有受到外来的影响，也没有受到威胁或者胁迫。这样的遗嘱才能明确它的效力。

建议大家尽可能采取这些辅助的方式。

五、遗产管理人制度：你的遗产，我来守护

当今社会财产类型繁多，遗产继承问题复杂，因遗产继承引发纠纷的案件数量更是不断攀升，而大多数纠纷发生在被继承人死亡至遗产分割的时间段内，因为此阶段遗产的权属处于"真空"状态。那么，此时遗产是否需要管理？应由何人管理？如何管理？

新颁布的《民法典》给出了答案：指派一个"专人"守护遗产——遗产管理人。

什么是遗产管理人？说起来，大家也许会有些陌生，其实，在影视剧里，遗产管理人出现的场景我们并不陌生。通常，一位富豪去世，留下巨额财产，他的律师召集富豪的继承者们，当场宣读富豪生前留下的遗嘱，并开始执行遗产管理

事务。这个律师的角色往往就是遗产管理人。

遗产管理人制度是我国《民法典》继承编中的新增亮点，遗产管理人是指对被继承人遗留的个人合法财产进行妥善收集、保管、分配的主体。通俗地说，遗产管理人就是对去世之人的财产进行清理、保存、管理和分配的主体，并在管理过程中防止遗产遭受转移、隐藏、侵占、变卖等侵害行为。其中《民法典》第一千一百四十五条至一千一百四十九条分别对遗产管理人的确定、争议解决程序、职责、民事责任以及遗产管理人享有报酬的权利五个方面进行规定，初步搭建起遗产管理人制度体系。遗产管理人这一概念的提出，就是希望其能在继承过程中保存、管理好被继承人的遗产，促进遗产的合法、妥善分配，保障继承人以及被继承人生前的债权人的权利能够公平、及时实现；尤其是在被继承人没有继承人或继承人均放弃继承的场合下，遗产管理人角色的出现使得债权人不再因欠缺适格被告而陷入诉讼僵局。

除了遗产管理人以外，我们还经常听到"遗产保管人""遗嘱执行人"这些概念，如何分清三者的区别？三者的角色定位存在一定的重合之处，即均能保管遗产，而其主要区别在于：遗产保管人的职责范围最为局限，仅能对遗产进行临时保管以避免其毁损、灭失；遗嘱执行人的产生方式最为单一，仅能依据遗嘱指定而产生，并依据立遗嘱人的意愿履行职责；而遗产管理人的内容最为丰富，其通过遗嘱指定或继承人推选或法院指定产生，还可以根据职责需要处分遗产。

《民法典》第一千一百四十五条规定："继承开始后，遗嘱执行人为遗产管理人；没有遗嘱执行人的，继承人应当及时推选遗产管理人；继承人未推选的，由继承人共同担任遗产管理人；没有继承人或者继承人均放弃继承的，由被继承人生前住所地的民政部门或者村民委员会担任遗产管理人。"

该法第一千一百四十六条规定："对遗产管理人的确定有争议的，利害关系人可以向人民法院申请指定遗产管理人。"

根据法律规定，继承从被继承人死亡时开始；但实践中可能存在以下情形导致继承开始后无法马上对遗产进行分割，比如遗产范围、继承人范围有争议，或者需要等待受遗赠人做出是否接受遗赠的表示，或者遗产无人继承、被继承人生前所负债务又亟待偿还，等等。此时，遗产往往处于无人管理或管理混乱的状态。遗产管理人是在继承开始后遗产分割前，负责处理涉及遗产有关事务的人。被继承人死亡后，如何处理遗产不仅涉及继承人之间的利益分配，还涉及被继承人生前的债权人的利益。因此，需要有人妥善保管遗产，并在不同主体之间分配好遗产。遗产管理人的产生无论采取何种方式，今后在涉及继承案件时都是必不可少的。其中，以涉及被继承人债务清偿纠纷以及财产繁杂、继承人利益不一致、存在多段婚姻生育的子女、非婚生子、父母离婚后子女尚未成年以及跨境遗产继承等人群的需求最为迫切。遗产管理人制度为法律服务市场开辟了新的"蓝海"。遗产管理工作也将趋于专业化，选择专业的遗产管理人就显得非常关键，也是遗产继承中风险控制的一个关注点。通常遗产管理人的选任应当综合遗产本身的性质及管理、处置客体的复杂性和特殊性，认真评估备选管理人的信用评级、专业能力等。那些长期专注某一领域的专业性强、综合能力强且社会信誉好的律师、会计师甚至公证员等第三方机构较之继承人更具专业、中立的优势。

遗产管理人选任之后，就要承担起管理遗产的职责。遗产管理人管理遗产就要实施各种管理遗产的行为，法律也就有必要明确遗产管理人职责的权限和范围。遗产管理人应进行多项专业性工作，《民法典》明确了遗产管理人的职责除析产、解决继承人纠纷、处理债权债务外，对遗产管理人提出了更高的要求，通过遗产管理人的协调，可以有效减少各方争执，满足多元化遗产分配的需求。这就要求选任遗产管理人时就其专业、资格、能力等进行筛选，以应对遗产管理过程中的风险。

《民法典》第一千一百四十七条规定："遗产管理人应当履行下列职责：（一）清理遗产并制作遗产清单；（二）向继承人报告遗产情况；（三）采取必要措施防止遗产毁损、灭失；（四）处理被继承人的债权债务；（五）按照遗嘱或者依照法律规定分割遗产；（六）实施与管理遗产有关的其他必要行为。"

该法第一千一百四十八条规定："遗产管理人应当依法履行职责，因故意或者重大过失造成继承人、受遗赠人、债权人损害的，应当承担民事责任。"

该法第一千一百四十九条规定："遗产管理人可以依照法律规定或者按照约定获得报酬。"

具体来说，遗产管理人的职责包括以下几个方面。

一是清理遗产并制作遗产清单。遗产管理人要管理遗产，首先必须掌握被继承人所遗留的遗产有哪些。

二是向继承人报告遗产情况。继承人是有权参与遗产分割的人，与遗产有密切的利害关系。遗产管理人清理遗产并制作遗产清单后，应当向继承人报告遗产情况。

三是采取必要措施防止遗产毁损、灭失。遗产管理人不仅需要清点遗产，还需要承担起积极妥善保管遗产的职责。

四是处理被继承人的债权债务。遗产不仅包括各种动产、不动产，还包括被继承人所享有的各种债权。遗产管理人的职责之一就是处理被继承人的债权债务。

五是按照遗嘱或者依照法律规定分割遗产。遗产管理人妥善保管遗产仅仅是暂时性职责，其最终任务就是分割遗产。

六是实施与管理遗产有关的其他必要行为。

遗产管理人除了实施前面5项管理遗产的必要行为之外，还应当实施其他与管理遗产有关的必要行为，比如，参与涉及遗产的有关事项，对遗产情况开展必要的调查，等等。本项为兜底性的规定，只要基于管理遗产的需要，遗产管理人就可以实施相关的行为，确保遗产得到妥善有效的管理。

遗产继承关乎每个人的切身利益，随着家庭财富的不断增加，财富种类的日益繁多，遗产继承越来越趋向于"复杂化"，而遗产管理人制度的顺势推出，势必将有利于遗产纠纷的解决，从而保障各方权利人的合法利益。现今遗产管理人制度的具体实行仍需进一步明确各方面之细节，但《民法典》遗产管理人制度，在立法上回应了社会现实需求，填补了现行继承中的制度空白，是继承法领域新增的一大亮点。随着实践工作的进一步开展，相信相应制度必将得以有效实施，为社会稳定打下坚实的基础。

六、大额保单在婚姻财富规划中的优势：所有权、控制权和受益权三权分离

这个工具跟我们每个人最后的终局都有关系，很多人是因为对这件事存有偏见而忽视它，最终被耽搁，待终老时觉醒，已落叶凋零。没错，我说的就是保险。

说起保险，很多人的脑海里立刻浮现出他以前接触过的保险推销员。

虽然大部分时间保险推销员都是挺可爱的，但有时候他们居然会很认真地用各种恐怖的意外事件来恐吓你，用所谓的家庭责任感来绑架你，用各种红利和回报率来诱惑你，每次听他们说这些，大家都会觉得有点不舒服，或者感觉到哪里不对。是不是这样的感觉？这是说得好听的，说得不好听的，有人一说到保险就立刻会把保险跟骗子画等号。

各种诟病追根溯源，与这个行业早期发展不规范、人员素质参差不齐、粗放式发展导致乱象丛生有关，包括某些大型国内保险公司在销售路上的"不自爱"，甚至某些保险推销员也根本不信保险。这就导致很多人因为对这件事存有偏见而忽视它，以致自己被耽搁。

此外，保险特别复杂，涉及保险法、婚姻法、继承法、医学、核保、理赔等专业知识。有的客户比较感性，对于案例和故事能够感同身受，感觉到位了，很快就可以做出购买决定；但有一些客户，尤其是高端的男性客户，他们一般比较理性，

不会轻易被发生在别人身上的那些故事打动。这些客户逻辑性特别强，喜欢研究因果关系，更希望保险销售通过法规去阐述与论证保险有什么功能，为什么有这些功能，其法律依据是什么，背后有什么样的支撑，凭什么说保险有这项功能，有没有例外发生，例外的时候是怎样的。他们的思考能力非常强，也很挑剔，一定要为自己的购买行为找到充足的理由，但这些问题一般的代理人根本招架不住。

甚至有好多人，已经买了保险，却连医疗险跟重疾险有什么区别都不知道。有个高端客户以前买了好多保险，一家几口买了60多万元、上百万元的保险，这样的保单有20多张。他说以前买保险，代理人给他推荐什么他就买什么，具体买了什么，他却说不清楚。一个有10多次购买保险经验的高端客户，却还不能够分辨出保险的种类，更别提理解保险的功能了。为什么会这样呢？她说了一句非常关键的话："几乎每一个代理人都是直接给我推荐一款保险产品，都说自家的保险产品很好很好，这些保险责任和作用非常相似，我从他们提供的资料里面看不出来哪家更好，也感到非常困惑。"

这个高端客户的话非常具有代表性，这是一个普遍存在的现象，很多人即使买了保险，每次购买也许只是知道了一个保险产品的存在，却没有真正理解保险是什么，功能与产品之间的关系是什么。保险无非就是两件事情：保人和保钱。

（一）家庭风险管理金字塔

我们看一下这个理财金字塔家庭财务的地基，也就是风险管理。所有的这些风险都是由各类保险来管理并解决的，如图5-2所示。

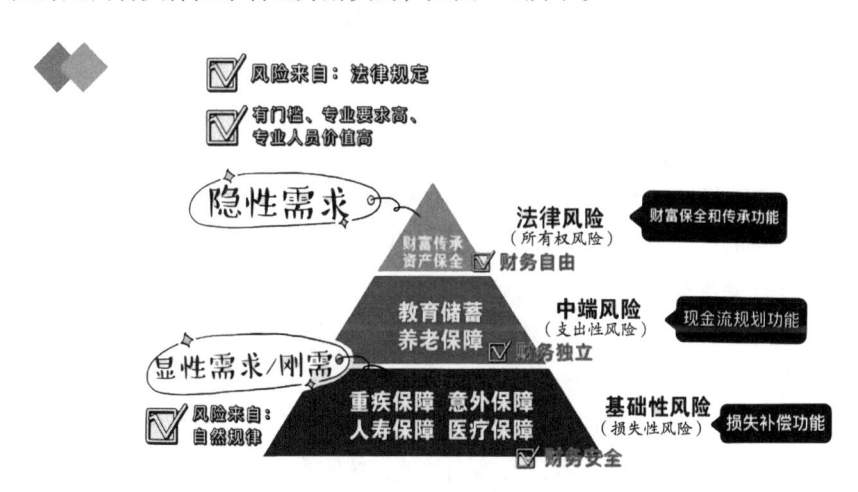

图5-2 家庭风险管理金字塔

我们所有的理财目标就是填补这些风险和实现愿望所需要的资金的缺口。所以在正确的理财理念下，也就是我们大家都熟悉的保险，就是填补风险缺口的，而投资是为了填补愿望缺口，它们都是填补缺口的手段，如果按照重要性排序的话，一定是要先把地基打好。

这是1.0的保险，理解保险是用来填补人们生老病死带来的经济缺口，是家庭财务的地基。保住人，才能保住家庭的财务。如果人保不住，那就换成一堆钱来完成家庭支柱的使命去照顾家庭。

保险是我们人生的底线，就是我们做人生规划时，在至暗时刻有那么一个东西给我们兜底。

我们终其一生地努力，也不知道自己到达的高度能够有多高，也许人生没有上线，但我们一定要非常明确地知道我们的人生底线在哪里。

保险就是给我们的人生兜底的，我最差也就到这里了，到了保险这一步，我什么都没有了，但也一定有保险兜住。

我们不断地去加大保险、信托等各种安排的时候，其实我们只是不断地在抬升、垫高我们的人生底线。

如果没有缺口了呢？也就是说，万一有任何不测，钱都不成问题，那么这种没有缺口的家庭，购买保险的理由又在哪里？高净值人士应用保险工具，则是为了"富上加富"，都是围绕着财产的安全、企业的安全、继承的安全来规划的，这个效果层面，已经远远超出了生、老、病、死的保障范畴。

那就是3.0版本的财富管理，也就是客户在生老病死和生活愿望上已经没有经济缺口了，也就意味着客户在有生之年，他的财产是一定有较大盈余的。那这个盈余就一定是需要考虑它的传递流转的。活着的时候就是转移，死了就是继承。这个转移和传承继承就不是简单的事情了，属于如何做好资产权属安排的领域，也就是从权属的高度去做资产配置，就是财富管理。

目前，金融机构基本上还停留在帮客户多赚几个钱的角度去做资产配置，而一些法律服务也只是附加值，根本就没有将权属，也就是法律作为顶层思维提供给客户并进行专业指导，导致不仅解决不了客户的核心诉求，还因为金融产品销售产品的导向而被人诟病。

很多人把保险和理财混为一谈，但现实并不如此。理财是理财，投资是投资财富管理，就是财富管理。一般投资呢，就是我们要去投项目，我投的是机会，挣钱的机会；但财富管理其实是把我已经挣到的钱，按照我的心愿，把它放到合适的位置去完成这笔财富肩负的责任。保险最大的价值，就是它的确定性和安全性。

归纳两个核心点，保险第一是保人，第二是保钱。

保人，就是医疗，把未来的钱存下来，如果我不在了，谁照顾我的家人？把我的这个责任提前解决好。

保钱，就是"这个钱是谁的"，它比"这个钱出去能挣多少钱"更为重要。权属比你的财富数量更重要。

如果挣的钱未来不一定是我们的，我挣得再多又有什么用呢？所以家里有一定的财富积累的时候，就要用到保险这个金融工具。前面提到的保险，不仅是金融工具，还是法律工具，那怎么用好这个工具呢？

保险真正的价值，在于你对未来的安排上，你要对抗的风险是什么？

一个是人性。所有问题都是因为你的身份，也就是婚姻家庭关系发生的，都是因为人性产生的。3.0财富管理时代，风险管理的核心={法律身份＋权属安排}。身份决定你的立场，有个脑筋急转弯是这样的：你有没有发现，奶奶和孙媳妇的关系一般都比较好？为什么？答案是：敌人的敌人，就是朋友。这就是人性。比如，在一个家庭里，关于财产的安排，丈夫考虑的可能是妻子会不会带着财产改嫁，妻子考虑的可能是自己父母的养老问题该怎么办。谁都没有错，立场不同而已。大多数人都不是坏人的情况下，仍然会产生矛盾，利益无论怎么分，都很难平衡。一旦失衡，唯一的解决方法就是对簿公堂。家庭里有温情的尚有争议，更别说家里经常磕磕碰碰的了。

另一个就是时间。这个时间里面发生的任何事情都是我们不可预测的，它对应的就是不确定性。家庭可能面临的最严重、最隐秘的不确定性风险，也是人生最大的风险——英年早逝，即非预期死亡对家庭经济来源所导致的严重后果。如果家庭经济支柱突然离去，对一个家庭的打击尤具有毁灭性。特别是孩子还小的家庭，如果某天作为父母的你发生意外，作为未成年孩子是否有能力独立面对这个世界？可以说，天底下没有一个父母会让自己的孩子去承担这种不可能承担的风险。有一首歌叫《天亮了》，现在唱起来还让人禁不住泪眼涟涟。这首歌用真情写就，而这段真情就源于一段真实的故事。它以缆车坠落的故事为主线，讲述的是1999年10月3日10时20分左右，在贵州马岭河风景区，运行中的缆车突然坠落，箭一般地向前运行的缆车，一声巨响后重重地撞在110米下的水泥地面上，断裂的缆绳在山间飞舞……天灾人祸，无可避免，缆车上的一家三口本是愉悦地浏览着马岭河周围优美的风光，谁也不知死神会在此时降临，就此结束这一家人的幸福。缆绳断了，缆车凌空坠落，谁都知道，从那么高的地方坠落，没有生还的可能，但车厢内的夫妇二人，不约而同地将年仅两岁半的儿子高高举起。最终这个孩子只是嘴唇受了点轻伤，他的双亲却永远离开了人世。在生和死的瞬间，父母想到的并不是自己，他们

用双手把生的希望留给了儿子,这就是人世间最伟大的父母之爱。

也许很多人认为,这种意外发生的概率太低;但是,当我们问每一个人,你对这种风险的承受能力如何时,我相信,所有人都会回答:承受能力为零。有一句话说得好,"不要测算风险发生的概率多大,应当计算自己是否有能力承受风险发生后的损失"。每个父母都要清醒地认识自己家庭中最大的风险,就是自己的人身意外风险,而要降低这种风险带来的毁灭性影响,还要积极地利用风险管理工具,正视风险发生后的解决之道。

很多保险顾问不敢与客户交流家庭的综合性风险,一般会绕过定期寿险和终身寿险,因为忌讳与客户谈论死亡,怕客户不高兴,没有真正地从客户需求出发,从而使客户家庭中这种风险被忽略了。

针对死亡的保险是最有价值的保险之一,因而是有责任心的保险顾问最应该给客户推荐的,留给客户选择的权利。没有人是为了死亡去买保险的,一定是为了爱和责任。如果没有所爱的人及应当承担的责任,人为何要为自己享受不到的回报而花钱呢?是他爱他的孩子,爱他的家人,对家人那份割舍不下的爱和牵挂,使他真正行动起来,尽到为人父母的责任。

这种爱和责任如果不借助保险公司来填补,对于绝大多数人来说都是不能兑现的。寿险的价值在于,为自己的赚钱能力"上把锁",为家人的生活刷个"预授权",来去之间,你就能掌控时间。

房子没了,可以再买,车子没了,也可以再买;但是生命呢?只要有足够的时间,谁都可以赚到一笔买车买房的钱。然而就算全世界的时间都给你,你也不可能买回一条生命,不是吗?那么保险究竟可以为我们做什么呢?我们需要的是,有足够的时间去累积财富,去还房贷车贷,去给孩子赚教育金、赡养父母。保险则是确保我们在任何时候都可以还清这笔贷款以及完成家庭责任。保险真正保证的是时间!每个人都需要时间去完成心中的计划,履行许多家庭责任。可是除了上帝,谁也不能多给我们一点时间;但保险能给我们等值的东西——那就是足够的金钱,好让你可以完成所要完成的事情。

保险公司怎样替客户买时间呢?很简单,就是替客户创造金钱。我们所签下的每份合同,都是在创造财富和锁定财富。

(二)保险的法律架构:所有权、受益权、控制权拆分的顶层设计

大家只知道保险具有风险保障与风险对冲功能,但这仅仅是保险金融属性中基础的、表面的功能。保险的法律属性,是为提高确定性而存在。企业家之所以能够创造巨额财富,是因为其面临着巨大的不确定性。创富成功之后,若要成功

地保有财富，就需要为财富提供巨大的确定性。保险的作用还在于它作为一种法律架构和合同架构，更应该成为人们主动选择的一种资产存在形式，更好地帮助财富的主人实现财富的安全、隔离、转移、分配等复杂诉求；甚至于在相应法律体系的保护下，通过架构的搭建实现企业财富与家族财富的隔离，以及通过所有权、控制权、经营权、收益权的复杂组合和过程管理，实现将财富管理的范畴从一代人的时间维度上延伸到家族的长久昌盛。这就是一个顶级家庭领导者将财富进行所有权和控制权拆分的高级玩法。

一张保单的当事人和关系人包括投保人、被保险人、保险人、生存受益人、身故受益人。

（1）投保人。投保人就是出钱的人。除了掏钱的义务以外，投保人还享有保单的所有权、控制权，具有退保取得现金价值、保单贷款、享受分红的权利。

（2）被保险人。给谁买的保险，谁就是被保险人。

（3）保险人。保险人就是保险公司。

（4）生存受益人。一般是被保险人，如年金保险的生存年金、满期生存金，重疾险的重大疾病保险金，医疗险的住院医疗费用保险金，等等，这些钱给谁，谁就是生存受益人。

（5）身故受益人。一般是被保险人的亲属，被保险人死亡，保险公司把年金保险的身故保险金重疾险的身故保险金、意外伤害保险的身故保险金、终身寿险的身故保险金等赔付给身故受益人。

投保人与保险人（保险公司）订立合同，以被保险人的生存、疾病、身故等为保险标的，投保人、被保险人或受益人获得保险权益。根据保单性质不同，这些身份也会有重合。按法律规定或合同约定，不同的保单权益分别属于投保人、被保险人、受益人，保单财产权在这些身份间合法流转，可以达到隔离债务风险的作用，如表5-1所示。

表5-1　保单财产权在不同身份间的合法流转

保单主体	主体权利	主体义务	保险功能
投保人	保单所有权	按照保险合同支付保险费	√
被保险人	可获得保单保障权益	作为人寿保险合同的标的物	√
受益人	当被保险人不幸身故，可获得对应的身故赔偿金	提供理赔所需证明及材料	√
第二投保人	接管保单所有权	继续按照保险合同支付保险费	√

接下来明确几个概念。

（1）现金价值。合同解除时，保险公司按合同约定退还给投保人的金额。

（2）保单红利。以投保人交纳的保险费为基数，保险公司给予的利润分配。

（3）生存保险金。保险公司以被保险人的生存为给付条件的保险金。

（4）身故保险金。被保险人身故后，保险公司赔付给受益人的保险金。

不同的保单权益分别或同时属于投保人、被保险人、受益人，应根据法律规定或合同约定明确各保单权益对应的权利人，如果相应的财产权人是被执行人，强制执行范围限于被执行人的责任财产。

《中华人民共和国保险法》（以下简称《保险法》）第二十三条第三款规定："任何单位和个人不得非法干预保险人履行赔偿或者给付保险金的义务，也不得限制被保险人或者受益人取得保险金的权利。"这项规定让不少人以为保险的财产权具有独立性，因而保险具有风险隔离功能。其实不然，保险本身的作用不是避债，保险具备的债务风险隔离功能靠的不是保险本身，而是保险的法律架构。保单财产权是否能排除法院强制执行，首先要看保单财产权是否属于被执行人。比如，人寿保险的被保险人是被执行人，而保单的现金价值是属于投保人的，不能执行保单的现金价值；年金保险的身故受益人是被执行人，而生存保险金（年金）属于被保险人，不能执行保单的生存保险金，且投保人可以变更身故受益人。通过不同保险属性的投保人、被保险人、受益人身份设置的法律架构，保险在一定程度上可以实现隔离债务风险的目的；但在债务形成后的恶意避债的行为，可能无效或可被撤销。

通过保险来做财产保全主要是通过保险的关系人来设计实现的，实务中主要通过两种架构安排来实现。

（1）自己给自己投保，父母、子女做受益人。

这样安排的好处有以下两点。

一是财产生前由自己掌控和使用，如果是婚前投保可以避免财产的混同。

二是身故后财产可以通过受益人定向给到想给的人，同时受益人领取的财产属于个人财产，而不是夫妻共同财产。自己或者父母的财产可以通过这样的方式避免继承人范围的扩大。

法律依据：《最高人民法院第八次全国法院民事商事审判工作会议（民事部分）纪要》指出，婚姻关系存续期间，夫妻一方作为受益人依据以死亡为给付条件的人寿保险合同获得的保险金，宜认定为个人财产。

（2）父母给子女投保，父母、孙子女做受益人。

这样安排的好处有以下两点。

一是父母拥有财产的控制权，子女拥有财产的受益权，既可以控制财产，避免子女婚姻的影响，又实现了对子女财务上的支持；同时通过受益人解决了子女万一发生意外，财产回流的问题。

投保人需要注意搭配遗嘱或者保险公司第二投保人的功能，来做好万一投保人先身故谁来继承新的投保人的问题。

二是等子女成熟稳定的时候，可以通过投保人变更把财产交接给子女。需要注意的是，投保人变更属于赠与，要搭配对子女单独的赠与协议来做好财产保全。

例如年金，我们来看看年金险是怎样实现所有权、控制权、收益权三权分离的。年金最大的魅力在于它的四个"转换"，如果你只盯着它的收益，那么你一定是把年金给看扁了，我们来看一下究竟是哪四个"转换"。其结构设计如图5-3所示。

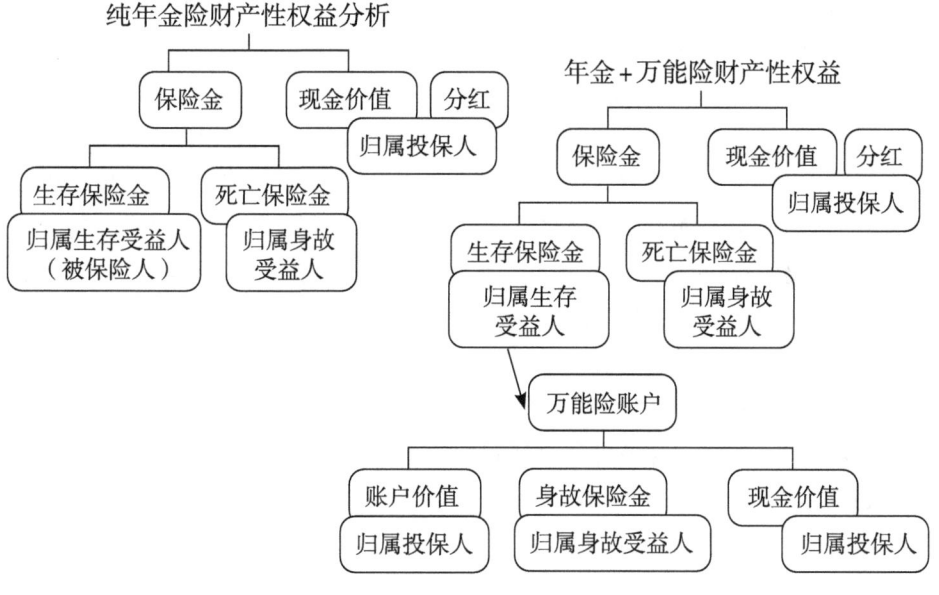

图5-3　年金保险-资产保全/隔离结构设计

第一个转换叫作"时空转换"，把现在的钱转换成未来一笔笔确定的现金流。也就是把现在的钱变到未来去花。为什么要把现在的钱变到未来去花呢？因为在未来20年以后，30年以后，我们可能会有教育金的需求、养老金的需求和应急准备金的需求，就第一个转换。

第二个转换，叫作"权属转换"，巧妙地把钱分配给不同的年金受领人。怎么理解呢？就是把一个人的钱交给三个人去花，或者由三个人去管年金保险，在这笔保险费存进去之前，它就是一笔现金。它属于谁呢？它属于投保人。这笔钱一旦进入年金工具之后，它就变成了三个人的钱。那么是哪三个人呢？分别是投保人，他拥有现金价值；生存受益人，他拥有生存保险金；身故受益人则享受死亡保险金。

第三个转换，我们称之为"形态转换"，就是从现金变成现金流。存进去的保险费就是一笔现金，一旦进入年金账户，它就会变成一笔现金流。现金和现金流有什么区别呢？现金不具备规划性，也就是说花一分少一分，但是现金流具有明确的规划性和纪律性，每月领多少，每年领多少，都写得清清楚楚，而且源源不断，与生命等长。

第四个转换，叫作"功能转换"，它是利用年金工具把单纯的一笔钱明确地功能化和专属化，把不同阶段的风险拉平到更长的时间坐标中化解高风险，对抗不确定的风险。具体来讲，就是把一笔单纯的钱变成孩子确定的教育金、自己专属的养老金、企业的现金流。

所有的功能都是为了锁定2~3人间的财富保全和流动性。目前给现金做安排，最好用的工具就是保险，而且很容易执行，很容易完成这项任务。把财产做一个指定分配，也就是我的钱，未来我用不完的，我要给到谁，有个生前的指定和身后的指定。它是通过法律来完成分配的。鉴于保险这个独特的法律架构，资产所有权依据一定的法律规定在四方关系人中进行转移（见图5-4），这是其他任何传承工具都不具备的优势。大额保单的保全和传承正是在所有权转移过程中实现的。用现金搭建一个具有资产隔离效果的法律架构，能够起到资产界定的作用，低成本、高杠杆，还能对资产的安全性起到很好的隔离作用，从而提高财富传承的容错率。当然，保险自身的保全功能是有一些小瑕疵的，需要搭配法律文件，如协议、遗嘱或信托来使用，保全效果更佳。

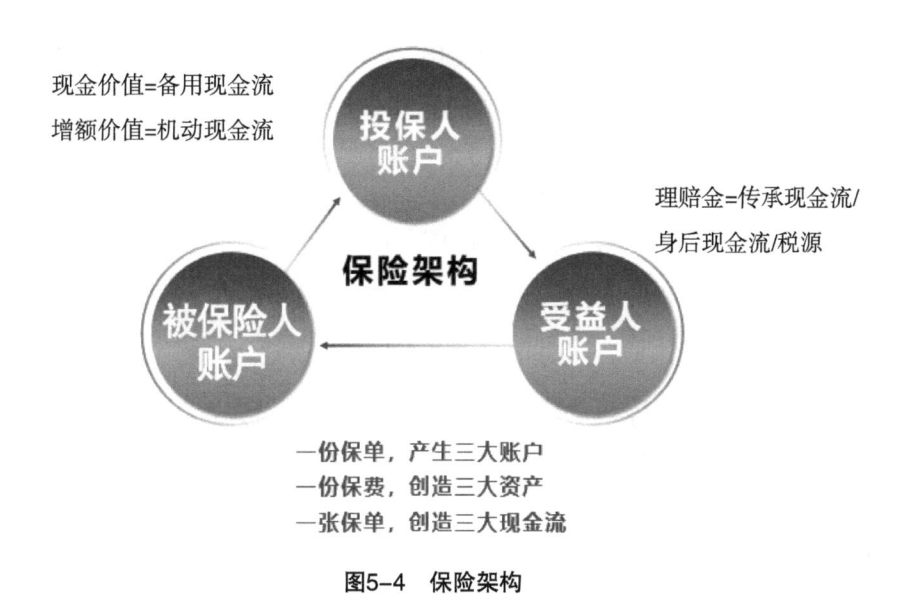

第一部分 婚姻财富管理：新时代规划与传承

现金价值=备用现金流
增额价值=机动现金流

理赔金=传承现金流/身后现金流/税源

保险架构：投保人账户、被保险人账户、受益人账户

一份保单，产生三大账户
一份保费，创造三大资产
一张保单，创造三大现金流

图5-4 保险架构

图5-5为财富的权属转换示意图。

（锁定2~3人间的财富保全和流动性）

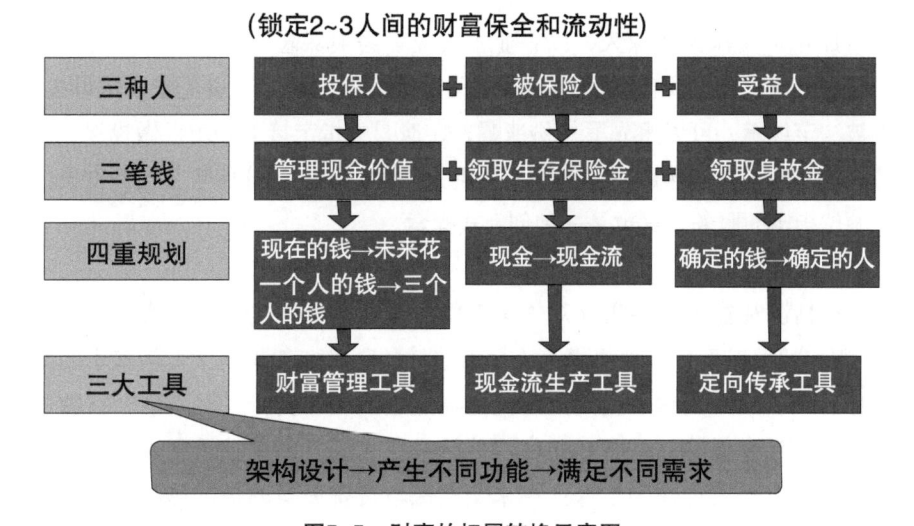

三种人	投保人 + 被保险人 + 受益人
三笔钱	管理现金价值 / 领取生存保险金 / 领取身故金
四重规划	现在的钱→未来花；一个人的钱→三个人的钱 / 现金→现金流 / 确定的钱→确定的人
三大工具	财富管理工具 / 现金流生产工具 / 定向传承工具

架构设计→产生不同功能→满足不同需求

图5-5 财富的权属转换示意图

通过年金类保险做好投保人、被保险人、身故受益人架构上的设计，为家庭储备一个加了杠杆却安全的财富资金池，既能作为企业的应急资金（保单的贷款功能）使用，也能准备一份属于子女个人的现金红包（防止败家，防止婚变财产分割），还能实现财富向第三代传承的目标（身故受益人为孙子）。面对现在复杂的家族环境以及多样化、个性化的财富传承需求，很难用单一的工具进行财富规

划，因此，往往需要将多种工具组合使用，包括大额保险、家族信托、遗嘱、财产协议、赠与协议等。我们也建议结合运用保险与这些法律工具，以实现对保险理赔前后资产的保全与管理，既能最大限度地避免受益人挥霍败家、债务连带、婚变分割等对财富的影响，充分保护其资产的隐私，又能够较好地保护理赔前的资产的权益，从而更好地实现家族财富有控制力的传承。

这么多不确定性里，人性是最大的不确定性。大额保单可以在以下场景中进行架构设计，实现资产确权，实现防争产和定向传承的效果：①婚前财产安排；②用大额保单设计完美嫁妆；③多子女家庭/复杂家庭巧用保险架构防争产；④构建对抗共同债务的财富"防火墙"；⑤再婚家庭的婚姻财富规划。怎么设计保单结构，取决于客户想要通过保险实现什么功能，这里列举几个比较常见的保险架构。

1. 债务隔离的保单结构设计

债务风险比较大的企业主，对债务隔离的需求最大，却恰恰最不适合做投保人。不仅如此，企业主的配偶也不适合作为投保人。应该怎么做呢？企业主可以在财务状况良好的时候，将一笔资金赠与风险较低的父母，或者成年的子女，以父母或成年子女作为投保人，以企业主夫或妻为被保险人，以子女为身故受益人，终身寿险、年金保险均可。如果以父母为投保人，为了避免未来父母去世，保单被法定继承，可以事先写一份遗嘱，在遗嘱中指定接下来由谁做投保人；或者待企业家的子女成年以后将投保人变更为子女。目前部分保险公司提供投保人第二顺位指定的服务，这也是一种创新式探索。

2. 婚姻风险筹划的保单结构设计

这种情况往往出现在男女双方家庭状况差距很大、父母不太喜欢未来的女婿/儿媳妇的情况下，一些再婚人士也有这样的需求。如果是父母为孩子的婚姻风险做筹划，父母其他方面的财产提前通过遗嘱明确安排，对于现金存款可通过购买大额年金保险并配合赠与合同确认投保人权益归属孩子个人所有，不受婚变影响，不受父母作为投保人在未交完保险费就去世的情况影响。用高额年金方式规划嫁妆，婚后可领取年金用于夫妻共同生活，在交完保险费后，父母可以将保单投保人变更为女儿，同时配套一份赠与协议，约定将投保人权益赠与女儿，与其配偶无关，并公证，以保证本金始终属于女儿婚内个人财产，不会发生混同。

或者以父母为投保人，以自己的孩子为被保险人，购买一份年金保险，身故受益人指定为父母自己。如果孩子不幸身故，则资金以保险赔偿金方式回流至家族内部，预防大额资产外流的风险。

根据《最高人民法院第八次全国法院民事商事审判工作会议（民事部分）纪要》的规定，孩子在婚姻关系存续期间取得的年金，宜作为夫妻共同财产；孩子取得的身故保险金，宜作为他的个人财产。怎么理解呢？如果买的是年金，小两口感情好，那么这一段时间领取的年金归小两口共同所有，如果离婚了，以后领的年金只归自己的孩子所有，保单的现金价值也不受孩子婚姻关系的影响。如果父母去世，孩子领到的身故保险金，不管有没有离婚，都属于他个人所有。

3. 定向传承和遗产税筹划的保单结构设计

投保人、被保险人可以指定受益人。也就是说，父母以自己为投保人、被保险人，以孩子为受益人，购买一份终身寿险，想把钱给哪个孩子，就指定哪个孩子为受益人；想给哪个孩子多一点，给哪个孩子少一点，就指定不同受益人的受益比例。不需要取得孩子的同意，而且指定以后可以变更，实现资产有控制权的传承。

根据《保险法》第四十二条的相关规定，以父母为投保人、被保险人，以孩子为受益人购买一份终身寿险，因为指定了受益人，身故保险金不是遗产，自然不缴纳未来可能开征的遗产税。另外，需要注意的是，如果指定受益人约定的身份关系，比如，一般指定受益人是勾选或者写××、身份证号，这样是没有争议的。如果丈夫给自己购买的保险，约定"配偶"为受益人，那么离婚以后身份关系发生了变化，这时候发生保险事故，前妻无法拿到身故保险金；如果此时丈夫已经再婚，那么现在的妻子才是受益人；如果丈夫没有再婚，那么就认定为未指定受益人，进入法定继承；如果约定为"配偶"，并写了配偶的姓名，离婚以后身份关系发生了变化，认定为未指定受益人，这时发生保险事故，进入法定继承。

家族财富的传承简单来看就是将上一代的财富传承给下一代，但是想要真正实现财富的定向传承还需要多方面细致的架构考虑。一案一议，每个家庭的家庭结构不一样，资产不一样，需求不一样，情感偏重不一样，不能一个架构套一切，没有万能的架构设计，家族财富传承的整体规划、传承财产的梳理、工具的选择、人寿保单的合理规划等各个方面都需要仔细斟酌，在现有法律框架下对不同形态财富的传承方式、不同工具的使用限度进行选择。

人生是场接力赛，任何人都希望自己的终点能成为子女后代的起点，从而家族延续、福祚绵长。如何避免纠纷进行财富传承是我们每一个人都应该思考的问题。合理的家族财富规划，不仅是对自己辛苦一生积攒的财富负责，也是对后代子孙的保护，从而避免不必要的纷争。财富的所有者，如企业家、职业"金领"、中产人士、职业投资者等，最需要的就是明确财富管理这件事在自己生活中应有的定位，那就是：财富管理是一件虽然不紧急但是影响深远、无比重要的事情，每一个事关财富管理的决策，都应该是在谨慎、周密、客观、平衡的前提下做出，在专业财富管理律师的协助下完成的。

我们来看一个经典的案例，从中感受保险和遗嘱协调效应的魅力。

遗嘱配合保单：巧用遗嘱威胁条款和保单设计化解危机

著名作家李先生遗嘱中的一个小心机，让年龄相差30岁、实力悬殊的弟弟硬气叫板姐姐。

2018年3月，一代才子李先生在台北走完了他传奇的一生。李先生潇洒了一辈子，谁想，去世的第二天，他尸骨未寒，争产战争就拉开了序幕。其私生女小A（化名）在自己的社交网站上发表了七点声明，表示要以亲子关系提起诉讼，以明确自己在李家的地位。

儿子小B（化名）在公布了父亲的遗嘱后，要求姐姐撤诉，但小A坚持不撤。小B 24岁，小A 54岁，30岁的年龄差，无论阅历、财力、社会关系或手腕，小A都妥妥地碾压刚毕业的弟弟。小B方面，却坚决不让步，直言"这个部分我们不会再有第三次的善意"，宣布停止付给小A生活费。

女强子弱，实力悬殊，力量宛若蚂蚁的小B，他的硬气从何而来？原来，知女莫若父，像是未卜先知一般，李先生早早料到了身后将发生的一切，提前写好了遗嘱。遗嘱内容共三条。

第一条，承认小A的家族身份。

第二条，关于李先生著作权的归属。按其遗嘱，著作权均赠与其妻王某，待其子小B有能力经营时再全数转给他，"以为发扬"。

第三条，明确指定其小女儿小C（小B的亲妹妹）为100多万元（新台币）保险金的受益人，其女小A获得每个月1000美元的支付，直到70岁。

李先生还补充道，若小A闹上法院或骚扰小B一家人，则丧失此权利。

短短三条遗嘱安排，闪耀着深远的智慧之光。

（1）你要身份，给你确认了，承认你是我李某女儿的地位。

（2）你要财产没有，但是只要你不闹，70岁前，每月都可以得到1000美元，16年共计19.2万美元。还有，更多人没看透的更深远的爱。

（3）到了你70岁，你弟弟40岁正值壮年，如果处理好姐弟关系，弟弟不会亏待你。这也是给女儿与儿子修好关系埋下了伏笔。父母之爱子，有远见，有智慧！

善用"遗嘱+保险"，制约私生女争产。"一封遗嘱+一份保单"，李先生如何按照自己的意愿巧妙安排自己的财富？

首先，李先生留下了价值100多万元（新台币）的人寿保险来作为遗产定向传承。

这一点在我国台湾，其实就等同于脱离了"遗产范围"。不仅不需要缴纳对应的遗产税，还简化了继承的烦琐手续，能够通过保险直接实现无缝传承。即使小A起诉到法院，她可以主张的遗产也是不包括这部分保险金的，这就是人寿保险的优势。为什么单有遗嘱不行？遗嘱有其自身无法跨越的缺陷，只能实现一次性传承。

其次，通过遗嘱继承会有很多难关，手续和流程比较复杂。

比如，拿着遗嘱去给房产做过户登记必须把所有的利益相关人召集到一起，待所有人都同意再去做个公证，才能过户，若有人不同意就要走诉讼程序。继承纠纷官司几年下来，资产冻结，就意味着没有钱，没有现金兑付，没有继承。没有现金，小B拿什么跟姐姐小A叫板？

再次，这100多万元（新台币）可不是分给他人的，受益人明确指定为小女儿小C。

除了节税考量，思量小女儿小C毕竟年轻，亲持巨额财产风险有三：一是小C阅历尚浅，管理资产经验不足，容易挥霍浪费或不思进取；二是招人惦记，易被别有用心的人利用哄骗或招致灾祸。三是日后容易婚后混同，变成夫妻共同财产。由保险公司分期、分批给付受益金，可以保证财富长期安全。同理，分期分批支付生活费给大女儿小A，也是考虑到一次性支付后丧失控制权，担心小A拿到钱后与弟弟一家反目。

最后，通过遗嘱"威胁条款"控制保单达到制衡。

设计保险金受益人问题并不是一件简单的事情，需要很多篇幅才能讲完。

面对巨额保险金，婆媳、兄弟姐妹、妯娌姑嫂大闹保险公司抑或对簿公堂为常有之事，本来出于善意和责任留下的保险金，反而加重了家庭矛盾。要按照一般的剧情走向，肯定就是一场名人遗嘱引发的夺产大战；但李先生采用"遗嘱+保险"的方式，通过遗嘱预先对保险受益人做出有条件的变更——如果大女儿小A不争产、不诉讼，不打扰他的妻子和儿女，就能每月收到1000美元，直到其70

岁。此时小A必然要权衡了：是质疑遗嘱，争取更多的权益，还是就此接受父亲的安排？如果诉讼，推翻遗嘱的胜算有多大？如果撕破脸皮，年老时谁来保证她的品质生活？

"威胁条款"能够帮助立遗嘱人在释放爱和财富的同时，对继承人加持一份条件，保留自己的一份余威。

一份遗嘱，通过变通方案，实现了控制保单、制衡姐弟相斗的可能。不可谓不完美。

文人李先生，一生洒脱不羁，在其生命接近尾声时，也少不了对后辈的妥善保护——既保护儿子小B一家和大女儿小A免于继承大战、姐弟陌路，也留下台阶给小A修补姐弟关系，照顾小A的晚年生活。

这其实也是资产配置中非常重要的一种观点：你要关注的是你的资产配置中，各个标的之间彼此协作的关系和效果，而非只关注单一投资品的表现。当保险和其他财富管理工具并肩协作的时候，也就是其价值最大化的时候。

七、被误读的家族信托：有控制力的财富传承，只要控制权，不要所有权

2023年3月24日，中国银行保险监督管理委员会（以下简称中国银保监会或银保监会）发布《关于规范信托公司信托业务分类有关事项的通知》（以下简称《分类通知》或银保监规〔2013〕1号文），该文件是中国银保监会2023年1号文件，是近年来针对信托行业展业的首个重磅文件。《分类通知》正式落地，将信托业务分为资产服务信托、资产管理信托、公益慈善信托三大类，标志着信托行业开启了第三次转型。

《分类通知》开启信托行业聚焦资产服务信托、资产管理信托和公益慈善信托的第三次转型。其主要内容包括三个方面：一是根据信托本源业务特点界定资产服务信托，细分为财富管理服务信托、行政管理服务信托、资产证券化服务信托、风险处置服务信托、新型资产服务信托五类共计19个业务品种（见表5-2），并明确由于不涉及募集资金行为，资产服务信托不适用资管新规。二是根据资管新规的要求规范资产管理信托，分为固定收益类信托计划、权益类信托计划、商品及金融衍生品类信托计划、混合类信托计划四类。三是将公益慈善信托单独作为一类，体现在共同富裕背景下大力发展公益慈善信托的要求。

表5-2 信托公司信托业务规范分类

服务实质 \ 业务品种	是否募集资金	受益类型	主要信托业务品种	
资产服务信托业务	不涉及	自益或他益	财富管理服务信托	家族信托
				家族服务信托
				保险金信托
				特殊需要信托
				遗嘱信托
				其他个人财富信托
				法人及非法人组织财富管理信托
			行政管理服务信托	预付类资金服务信托
				资管产品服务信托
				担保品服务信托
				企业/职业年金服务信托
				其他行政管理服务信托
			资产证券化服务信托	信贷资产证券化服务信托
				企业资产证券化服务信托
				非金融企业资产支持票据服务信托
				其他资产证券化服务信托
			风险处置服务信托	企业市场化重组服务信托
				企业破产服务信托
			新型资产服务信托	
资产管理信托业务	私募	自益	集合资金信托计划	固定收益类信托计划
				权益类信托计划
				商品及金融衍生品类信托计划
				混合类信托计划
公益慈善信托业务	可能涉及	公益	公益慈善信托	慈善信托
				其他公益信托

根据《分类通知》的要求，家族信托属于"信托三分类"中资产服务信托业务项下的财富管理服务信托业务。家族信托是指信托公司接受单一自然人委托，或者接受单一自然人及其亲属共同委托，以家庭财富的保护、传承和管理为主要信托目的，提供财产规划、风险隔离、资产配置、子女教育、家族治理、公益慈善事业等定制化事务管理和金融服务。

信托，因信而托，是以信任为前提和基础，以信托财产为核心，以委托人意愿为目的，以委托为管理方式的一种财产管理制度。从法律角度来讲，信托是一种制度安排，是一种特殊的法律架构。它并不是我们通常所理解的理财型的集合资金信托，而是管理事务的一种法律架构。这种特殊的法律架构实现了财产的所有权、控制权和受益权分离，达到相互制约、相互监督，能够更好地帮助委托人实现财产的保护和传承。

信托乃财富管理之利器，它在家族财富维护、传承规划、资产管理及税务策略方面提供了坚实而全面的支撑。

通过信托工具进行架构设计，可巧妙区隔家族与个人资产，筑起防护墙，有效抵御因债务纠纷、婚变或诉讼等引发的财富减损或流失风险。进一步而言，信托机制允许财产的分配与继承按照设定者的意愿精准执行，从而规避后代的财产挥霍与纷争隐患。除此之外，信托亦是强化家族治理的得力助手，并有助于在合法范围内减缓税务压力，优化整体财税状况。

（一）家族信托≠理财信托：家族信托的基本架构与优势

1. 家族信托的基本架构

如图5-6所示，一个基本的信托架构可能包括以下角色和组件。

（1）设立人（Settlor），也称为"委托人"。是信托的创立者，他们将资产转移给受托人，以管理和分配给受益人。委托人应该为具有完全民事行为能力的自然人、法人或其他组织，委托人不得为唯一受益人，必须有他益，不能是纯自益信托。

（2）受托人（Trustee）。负责管理信托资产的个人或机构，以确保按照设立人的意愿和信托文件中的指示行事。

（3）受益人（Beneficiary）。信托的受益对象，他们将从信托中获得财务利益或其他形式的益处。

（4）信托文件（Trust Document）。通常是一个法律文件，如信托契约或宣言，它详细说明了信托的条款和条件，包括资产的管理方式、受益人的权益等。

（5）信托财产（Trust Assets）。被转移到信托中的资产，这些资产受到受托人的控制，并将用于信托的目的。信托财产必须明确，而且该财产必须是委托人合法所有的财产，合法的财产权利也可以成为信托财产，并且必须是可确定的。信托财产要求确定性，也就是要求信托财产从委托人自有财产中隔离出来，且在数量和边界上要明晰。产权不清晰的财产，如夫妻共同财产，以及设立信托前债权人已经对该财产享有优先受偿权的财产，不能作为信托财产。

（6）信托目的（Trust purpose）。信托目的也就是委托人的意愿，设立信托必须有合法的信托目的。比如，保全和传承财产，保障家庭成员的生活，养老，退休计划，慈善事业，等等，所有的信托目的都应该是合法的，并不能违背公序良俗。信托目的不合法，很可能会使得信托无法完全起到隔离风险的作用。因此在设立和运行信托时，必须遵循相关的法律制度，确保信托目的的合法性和有效性，从而更好地实现家族财富的保护和传承目标。

（7）监管机构（Regulatory Authorities）。负责监督信托活动，确保其符合适用的法律和规章制度。

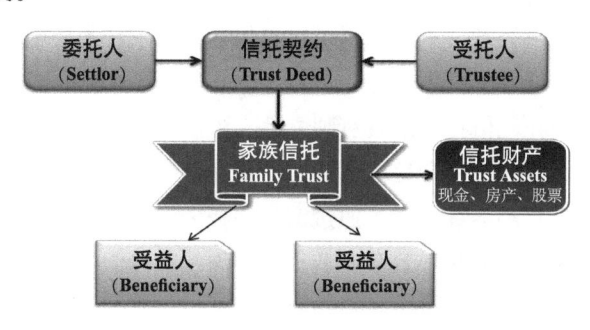

图5-6 家族信托的基本架构

2. 家族信托的功能及优势

家族信托作为一种多功能的财富管理工具，确实拥有一些独特的功能，使其在特定情况下能够替代其他工具。以下是家族信托的几个不可替代的功能及优势。

（1）财富管理与传承的"定制化"。

实现定制化的财富管理是富豪们建立家族信托的一个重要原因。委托人可以根据自身财务需求和风险偏好、资产规模及配置情况、家族经营业务情况等，在信托合同中约定信托期限、收益分配条件和分配方式，如"年满18周岁""上大学""结婚""婚姻变故""面临法律诉讼"等。必要情况下，还可以设置保护人、监察人等，以解决委托人与受托人之间的信息不对称问题，从而最大限度地保护委托人的利益以及信托财产的安全。

（2）财产的保护和风险隔离。

委托人所持有的财产一旦为了他人利益或特定的目的设立了信托，该财产作为信托财产便成为一项仅为信托目的加以管理的独立财产，原则上不得强制执行。通过信托把这笔财产的所有权、控制权和受益权分离，使得这笔受托财产脱离了原委托人的财产体系，在得到专业化管理的同时还具备了财产独立性的特征，即不再受委托人个人特殊情况的干扰，不但独立于委托人未设立信托的财产，而且独立于受托人的自有财产以及受托管理的其他委托人的财产，因而家族信托可以提供资产保护功能。这种结构可以对抗一些商业风险以及法律诉讼、资产冻结等常规风险。

更重要的是，通过家族信托的安排，可以防止因家族成员离婚或继承时发生的财产分割导致的家族内部纠纷。这在很大程度上避免了因财产问题引发的家庭不和，维护了家族的和谐与稳定。

对于家族企业而言，家族信托同样起到了至关重要的作用。当家族成员持有企业的股权时，若因离婚或继承需要进行财产分割，可能会导致股权分散，从而影响企业的存续与经营。家族信托可以确保这些股权在需要时能够完整地保留在家族内部，避免了因股权分割而带来的企业风险。

设立家族信托使信托财产具有独立性，可以起到隔离保护的作用。当委托人面临婚姻变故、财务危机和法律诉讼等其他任何变故时，均不影响已经设立信托的财产的独立存在和继续传承。通过家族信托的安排也可以防止家族成员离婚或发生继承时，因财产分割导致家族成员内部纠纷或者因股权分割影响家族企业的存续与经营。

（二）家族信托的工具替代功能

家族信托具有工具替代功能，具体体现在以下几个方面。

（1）遗嘱替代。通过设立家族信托，预防因家族资产持有者意外逝世引起的遗产争议，确保财产根据持有者生前的愿望进行恰当分配，同时免除了对遗嘱执行人的依赖。

（2）有效传承。家族信托可以为财富设立"防火墙"，降低未来的不确定性可能给资产价值及家族带来的影响。通过设立家族信托，我们旨在防止后代或配偶滥用或过度消耗挥霍家族资产，保证家族财富能够稳健地延续至第三代、第四代甚至更远，从而打破"富贵不过三代"的魔咒。

（3）协议替代。通过设立家族信托替代婚前财产协议，避免自己或子女因婚姻失败导致家族财富外流；同时避免了婚前协议影响感情以及财产细节清单披露的消极影响。

（4）财产隔离。通过剥离部分已积累的个人或家庭财富，减少家族企业在经营不善时可能带来的财务连带责任,从而避免陷入经济困境。这样的安排能够确保家族成员的生活质量持续保持在较高的水平。

(5)股权传承。通过股权信托机制,维护了家族企业控制权的稳固,不因继承、子女出售等原因分散。此外,在财富管理方面,该策略提供了强有力的保密性保障。

(6)家族基金。以家族信托的形式,为子女或其他家族子弟提供奖学金、助学金、生活补助及创业资金。保护在家族传承中没有直接持有股权的家庭成员的利益。

(7)抚养费信托。在离婚或分居后,通过设立抚养费信托来监管和分配大额抚养费用,旨在预防资金的不当使用或拖欠情况。此举不仅保障了未成年子女的权益,防止监护人滥用权力,而且在子女成年后,信托还能为他们提供创业启动资金。

(8)移民规划。在移民前,对国内的资产进行策略性安排,选择不转移至海外的资产可设立信托来统一管控,这样做有助于简化日后的财务申报和税务处理。

(9)保单信托。通过将信托公司设定为保单受益人,可以解决保险赔偿金后期的管理难题。这种安排尤其适用于年幼或年迈的受益人,以确保他们能够有效地处理和使用保险金,避免不当管理或使用。

(10)其他安排。借助信托进行特定的财务规划,如受托付款和慈善捐款等,从而简化流程并避免建立基金会时所需的烦琐程序。

很多客户对家族信托一知半解,甚至还有很多错误观念,有的人认为家族信托就是银行理财产品,随时可以买到,这是没有意识到"家族信托"与"集合资金信托"是完全不同的概念,而是把关注点集中在信托的收益率上,这是没有理解家族信托的核心功能。家族信托是高度自治、设计灵活的法律架构安排,每一个家族信托想要实现委托人特定的需求,都需要进行定制化的设计。

八、保险金信托:"保险+信托"强强联合

(一)保险金信托的内涵

保险金信托是结合保险与信托的产品,以保险金请求权为信托财产,由委托人和保险公司与信托公司分别签订合同,当保险合同约定的给付条件发生时,也即当理赔条件发生时,保险公司将保险金(保险赔款、满期保险金等)交付给信托机构,由信托机构依据信托合同管理、运用信托财产,并按照信托合同及其他

信托文件的约定将信托资产及运作收益交付给信托受益人。

保险重在风险管理和生命保障，而信托重在风险隔离及财富传承。保险金信托将两个制度巧妙地结合起来，在我国当前经济高速发展、财富持续积累、高净值人群规模不断扩大的背景下，其独有的优势功能拥有巨大的市场潜力。

保险金信托业务在我国起步较晚，但其发展较快，体现了国内高净值人群的迅速壮大。在财富管理方面体现出通过保险工具、信托工具相结合达到财富传承目的的合理需求。相较于单一的保险或信托工具，保险金信托结合了保险和信托两种传承工具的优点，利用资金杠杆效益，帮助高净值人士更好地管理和规划其资产，达到"1+1>2"的效果。在国内，资金型家族信托的门槛通常在1000万元至5000万元，这让很多人望而却步；但是保险金信托就不同了，委托人可以通过资金的杠杆效益，充分利用保险费和保额之间的差距，只要保额达到家族信托的门槛就可以设立。这相当于变相地降低了家族信托的门槛，而且很多保险公司的保险费允许投保人分期交纳，极大地增强了投保人资金的流动性。

保险金信托不同于一般的人身保险，其法律性质是信托，《中华人民共和国信托法》（以下简称《信托法》）第十五、十六条规定："信托财产与委托人未设立信托的其他财产相区别"，"信托财产与属于受托人所有的财产相区别"，信托财产具有独立性。《信托法》第十七条规定，信托财产不得强制执行，除非出现"（一）设立信托前债权人已对该信托财产享有优先受偿的权利，并依法行使该权利的；（二）受托人处理信托事务所产生债务，债权人要求清偿该债务的；（三）信托财产本身应担负的税款；（四）法律规定的其他情形"或所设立信托属于《民法典》规定的合同无效及可撤销情形。

信托财产不能强制执行，法院不应强制解除保险金信托，进而执行退还的保单财产权；但受益人为被执行人时，其依据信托所取得的财产可以执行。

（二）保险金信托业务类型和设立模式

保险金信托业务类型如下。

1."终身寿险+信托"

投保人与保险公司签订终身寿险合同，将信托公司设定为保险身故受益人，约定当保险条件成就时，保险公司需将身故赔偿金转入信托公司账户作为信托财产；同时投保人与信托机构签订信托合同，约定双方之间的权利与义务关系，并在信托合同中明确信托受益人。

2."年金险+信托"

投保人与保险公司签订年金险合同，年金受益人、身故受益人设定为信托机构，年金险中每年的年金收入和最终的身故受益金转化为信托资产。投保人与信托机构签订信托合同，设定信托受益人。信托公司按信托合同约定对信托财产进行投资管理、处分，并对信托财产及信托收益进行分配。

保险金信托涉及保险和信托两种金融工具的法律关系。

（1）保险投保人、信托委托人。

保险投保人是指与保险人（保险公司）订立保险合同，并按照合同约定负有支付保险费义务的人。保险投保人同是保险金信托中的信托委托人。

（2）受托人。

在保险金信托的构成中，担任受托人角色的必须是合法设立的信托机构。与之合作的保险公司和信托公司需要在法律层面上订立合作协议。在实际运作过程中，这两家公司应当分别建立相应的内部管理流程和协作机制，以确保保险金信托业务能够高效、透明地执行。这些机制包括内部作业流程的协调、风险控制与相互信任的构建、保单资料的共享以及保险金的申请与支付程序等。

（3）保险人。

保险人是指与投保人订立保险合同，并按照合同约定承担赔偿或者给付保险金责任的保险公司。在保险金信托关系中，当保险事故发生时，保险人需将保险金支付给信托公司。

（4）被保险人。

被保险人是指人身受保险合同保障，享有保险金请求权的人。投保人可为被保险人。如果投保人和被保险人非为同一人，指定、变更受益人需要被保险人同意并签字确认。

（5）保险受益人。

保险受益人是指人身保险合同中由被保险人或者投保人指定的享有保险金请求权的人。在保险金信托关系中，在设立信托后，受益人需要变更为信托机构。

（6）信托受益人。

信托受益人是指在信托法律关系中享有信托受益权的人。受益人可以是自然人、法人或者依法成立的其他组织。在财富传承领域，保险金信托的受益人范围和受益条件比保险更为灵活。

保险金信托的核心功能基本上在于弥补人寿保险的两个不足：受益分配方案不够灵活和再管理缺失。设立保险金信托，可以确保投保人的遗愿得到尊重和执行，通过法律框架指导子女或其他受益人按照投保人生前的指示恰当地管理和使用保险金；同时，该信托机制有助于预防人寿保险赔付成为受益人责任财产的一部分，保护这笔资金免受债务或税务的影响。

目前主流的保险金业务模式主要有1.0版本、2.0版本与3.0版本三种分类。

传统的1.0业务模式下，委托人自行投保并将其持有的人寿保险或年金保险的保单受益权或保险金作为信托财产委托给信托公司设立信托，经过被保险人同意将信托公司变更为保单受益人，当保单约定的赔付条件达到后，保险公司将保险金赔付给信托公司，信托公司作为受托人，按照信托合同中的约定，管理和运用信托财产，将信托财产及收益逐步交付给委托人指定的信托受益人。

第一步：投保人在符合投保条件的情况下，与保险公司签订相应的保险合同，购买人寿保险产品。

第二步：投保人作为委托人与信托公司签署信托合同，投保人将其在保险合同项下的保险金请求权作为信托财产委托给信托公司设立信托，信托受益人由委托人指定，一般为子女、配偶或其他委托人欲传承财产的第三人。

第三步：在发生保险事故的情况下，保险公司将保险金支付给信托公司，信托公司按照信托合同的约定对信托资产（保险金）进行管理，并向信托受益人分配信托利益。

保险金信托1.0，就是买一张或多张带身故责任的保单，把身故受益人改成信托公司，而不是某个家庭成员。把自己如何使用这笔"身故保险金"的安排正式嘱托给信托公司严格执行。信托公司在这个架构里扮演保单受益人的角色，使这笔身故赔偿金不会因为各种"人性的弱点"被糟蹋，落个令人唏嘘的下场。

保险金信托1.0的逻辑是，先有保险理赔的保险金，待保险金支付到信托公司后，信托财产才算完成了转移，信托才最终生效。所以，保险金信托产品权利完全实现的前提是：保单持续安全、有效，直至保单理赔完成。

保险金信托的信托财产是保单的受益权，属于财产权信托。由于保险合同的投保人可以随时退保、保险合同可能终止等原因，信托机构取得保险金具有不确定性，只有当保险人承保的保险责任发生时，保险人才向信托机构给付保险金，此时保险金请求权转化为确定的财产权，保险公司和受托人之间的联系仅是保险金的划拨。

该种模式在实际运作当中可能因投保人或保险人行为不符合《保险法》的规定造成保险合同无效或被解除，信托公司最终无法获得保险金。保险合同被解除后按照我国《保险法》的规定，保单的现金价值将退还给投保人，而非保险受益人，此时保险金信托就不再具备信托财产，信托也就无法存续。我们就要考虑，保单在存续期间，会不会因为离婚被分割，会不会因为债务被法院强制执行，如何规避上述风险。这就需要在进行保单法律关系配置时加以针对性安排，甚至借助婚姻协议、遗嘱等工具来确保保单的持续安全、有效。

保险金信托2.0模式是保险金信托1.0模式的升级版，给整个保单从头到脚迅速套上"防弹衣"。在保险产品和信托产品均成立后，经被保险人同意，将投保人、保单受益人均变更为信托公司，在保单存续期内，由信托公司利用信托财产继续代为交纳保险费，并作为保险受益人，受托管理和分配保险金。由于后续投保人变更为信托公司，避免了投保人身故后保单作为遗产被分割或者作为投保人财产被强制退保等风险。

保险金信托2.0模式的主要功能体现在资产保全能力比1.0版本更强。一方面，事先锁定投保意愿，防止投保人改变主意退保，以保护受益人的利益。信托机构持有保单能够避免投保人身故后其保单作为遗产被分割或者作为投保人财产被强制退保等风险，从而保有资产的控制权。另一方面，客户一次性将剩余期限需交纳的保险费资金放进信托账户，能够实现资产的保值增值，同时保险的理赔资金能够得到信托公司专业化的资产管理服务。在这种模式下，信托公司的投保人身份有可能触发保险合同的无效条件。

在这样的架构里，唯一没有"防弹衣"的阶段，就是第一步。购买保单以及第一笔保险费流入的时候，当时保单原本的投保人和第一年保险费这一财务线索依然有可能被追溯，隔离得不够彻底。

因此，也就出现了后来的保险金信托3.0模式。

在保险金信托3.0模式下，保单自成立起就穿着"防弹衣"。委托人以其自有资金设立信托，委托信托公司购买保险。信托公司作为受托人用信托财产支付保险费并与保险公司签订保险合同，信托公司不仅是保险的受益人，也是保单的直接投保人，在理赔机制触发后，受托管理和运用保险公司理赔的保险金。

保险金信托3.0模式从投保阶段、保单持有、理赔之后三个维度为客户家庭的保单提供全方位托管服务。此模式可以为客户打通不同保单之间的壁垒，将客户的资金和多家保险公司多种类型的保单放在一个家族信托账户中进行管理，方便客户进行财富规划与传承。保险金信托3.0版本是纯粹的信托驱动保险模式，但单独的信托端发起利益动力较为困难，因为需要从信托财产中另外投保，资金期限不匹配；好处则是借由信托财产的独立性，实现委托人债务风险隔离。

保险金信托不同模式的对比，如表5-3所示。

表5-3 保险金信托不同模式对比

保险金信托	1.0模式	2.0模式	3.0模式
设定	将受益人变更为信托公司	将投保人和受益人变更为信托公司	先设立信托，将保险费交由信托公司，由信托公司直接购买保单并由信托公司作为投保人和受益人
优势	设立门槛低，流程简单，主要是针对身后事的规划，用比较少的保险费撬动更高的保险金，只需要解决大额收益金的分配问题，身故保险金可按照投保人意愿进行分配	避免1.0模式的风险，真正实现所有权的转移，对抗各类风险，实现资产隔离	从投保阶段、持有保单到理赔之后，全程独立，一步到位，扩大投保险种，更具有资产隔离属性，能够充分隔离风险
不足	只能解决"身后事"，不能解决"身前事"，投保人未变，仅将受益人变为信托公司，现金价值依然属于投保人，没有做到完全隔离。投保人依然可以行使保单贷款、变更受益人等权益；或可因为无法交纳续期保险费或存在债务问题，导致信托财产存在不确定性或失效	若对接信托的保单不是趸交，则需要将续期保险费在第一年一起交给信托公司，委托信托公司管理保险费，并由信托公司交纳续期保险费；也有的信托公司除对保单保险费有要求外，还有现金要求，因此对现金资金量要求较高	流程烦琐。衔接不成熟，保险规则多，还处于发展完善阶段，主要涉及投保流程、回执回访、保全变更等问题，在需要合规的情况下，信托公司由专人处理，问题繁多，目前落地项目较少，实际操作困难

是不是保险金信托版本越高越好呢？当然不是，还是要根据使用场景和需求选择。1.0版本主要是针对身后事的规划，用比较少的保险费撬动更高的保险金，并且现金价值的运用也更加灵活。需要注意的是，2.0版本和3.0版本因为投保人（也就是保单控制人）变成了信托公司，里面的钱就不能再做保单贷款了，除非解除信托。2.0版本可以帮助把信托成立之前的大额保单也归入信托外壳。

保险金信托兼具保险传承工具与信托传承工具的优点，能够使高净值人群的财富得以有效传承，能利用资金杠杆效益使财富增值，并能够有效地进行税务筹划，规避保险及信托工具的局限性。

保险金信托规划案例：防范监护人风险

【基本事实】

假设李先生是一位成功的企业家，经历了一段失败的婚姻后获得了女儿的抚养权。近几年经济下行，企业经营越来越困难，李先生担心未来企业经营不善影响到孩子的生活，想提前给孩子隔离一笔钱；同时他担心自己万一发生意外去世，新的监护人（可能是前妻或其他法定监护人）可能无法妥善管理留给女儿的遗产，甚至可能存在挥霍或滥用的风险。

【风险分析】

对于李先生而言，他的主要关切是确保自己万一遭遇意外，未成年女儿的利益能够得到保护，其遗产不会被潜在的监护人（如前妻）不当管理。具体风险有以下几种。

（1）遗产被监护人挪用或挥霍。

（2）未成年的女儿在自己去世后无法获得适当的资金支持。

（3）对遗产的使用无法按照李先生的意愿进行。

【客户需求】

针对李先生的风险和情况，他的客户需求可以概括为以下几点。

（1）家企隔离，防止企业风险影响孩子的生活质量。

（2）确保资金只用于女儿的教育和发展需要。

（3）防止资金被不适当的监护人控制和滥用。

（4）实现对资金使用的长期监督和管理，防止子女挥霍。

（5）保证资金按照李先生预先设定的意图进行分配。

【最终方案设计】

结合以上需求，为李先生设计的详细保险金信托方案如下。

（1）选择合适的保险产品。根据李先生的经济状况和预期目标，确定一份高保额的人寿保险。这份保险将直接写入信托作为资金来源，从而在李先生离世后提供必要的资金。

（2）设立信托账户。与一家信誉良好的信托机构合作，成立一个不可撤销的生前信托。

（3）制定信托协议。明确指出信托的目的是为李先生的女儿提供教育经费和其他相关费用。规定具体的资金用途，比如学费、生活费、考上名校奖励费、考上研究生奖励费、婚嫁金、养老金等。

（4）明确分配规则。设立明确的资金释放时间表和条件。例如，资金只能在女儿达到特定学龄阶段时使用，并且只能用于支付与教育有关的费用。

（5）指定受托人和信托保护人。选定一名受托人来管理和操作信托资产，同时指定一个信托保护人（可能是家族成员或法律顾问），负责监督受托人的行为，确保其遵守信托条款。

（6）设置紧急访问权限。在特定紧急情况下，允许女儿或其他指定家庭成员申请额外的信托资金。

（7）法律文书准备。准备所有必要的法律文书，包括但不限于信托合同、保险合同、遗嘱等，以确保方案的合法性和可执行性。

【方案评估】

该保险金信托方案将通过以下方式评估其有效性。

（1）合法性审查。与专业律师合作，确保所有文档符合国家和地方的法律规定。

（2）经济性分析。评估保险金额度是否足以覆盖女儿的预期教育费用和生活费用。

（3）风险控制验证。确认信托架构能够有效隔离遗产，防止未来监护人的不当干预。

（4）客户接受度。与李先生进行深入交流，确保方案能够满足他的愿望，并获得其对整个安排的信任和满意。

通过这种架构设计，父母可以为子女搭建一个长久的避风港，可以保障及规划子女未来的生活，防范自身发生意外、监护人风险、子女婚姻生活变动等风险，也可防止子女挥霍度日。家族信托的收益分配条款可根据特定需求灵活设计。

九、意定监护制度：我的余生我做主

（一）养老规划中关键的一环：意定监护守护养老规划

我们先来先听一个故事。

一个在ICU（重症加强护理病房）工作的资深医生朋友，某次接到一个因肺炎、褥疮入院的70岁老奶奶。患者因长期卧床，加上营养不良，骶部、髋部、足跟都出现了难以愈合的褥疮，多处褥疮已经腐烂，并发出恶臭。这位医生朋友说，从医15年，从没有见过如此严重的褥疮，把腐肉剔除清理后，骨头都裸露了。这明显是病患缺乏护理的案例，可是这样严重的案例即使是在极度贫困的家庭也罕见。

在ICU抢救，每天的费用8000元至20万元不等，老人家的医疗单很快就欠费了。从入院资料得知，老奶奶非但不是贫困家庭，反而是大学退休教授，有着较高的社会地位、完善的医疗保障，还有不错的退休金。这在别人眼中是高保障的典型，何以至此？

原来，老奶奶有着复杂的家庭关系。她是一个再婚家庭，男方有4个儿子，她有2个女儿。双方子女都不赞成老人再婚。老爷爷也是大学教授，两个人各自有每月5000元的退休金。在二线城市，有这1万元的退休金，老两口过得还算体面。

可是随着年龄的增长，两位老人家身体每况愈下，老奶奶在半年前因"大面积脑梗死"成为植物人，同样70多岁的老爷爷自己也行动不便，没办法细心护理老奶奶，导致其大面积的感染，就有了前面老奶奶入院的那一幕。

可是，高额的医疗费怎么办？我的医生朋友找到老爷爷，老爷爷也很无奈，最终说出了实情：他们有着复杂的家庭关系。

（1）他们为再婚家庭，男方有4个儿子，女方有2个女儿。

（2）夫妻均为退休教师，退休金每人每月5000元。

（3）老伴半年前因"大面积脑梗死"成为植物人。

（4）老夫妻的积蓄均被各自的子女拿走，无人支付医疗费。

对此医生也很无奈，只能跟老爷爷商量如何支付医疗费用以维持治疗。

（1）积蓄？分别被各自的子女转走了，双方都认为对方有责任支付医疗费。

（2）借钱？谁愿意借钱给70多岁的老人家？

（3）找子女支付？如果子女愿意支付，就不会至此了。

（4）卖房屋？已经过户到孩子名下，或者被变卖了。

（5）打官司？房屋已被变卖，这中间是不是有不合法的操作？是否可以通过打官司追回房款支付医疗费？

怎知，老爷爷沉默良久，才说出一句："我丢不起这个脸……"

那么，就只有最后一个选择了——那就是，回家。

回家，意味着什么？等死。

在医院里，老奶奶只要看到有人经过，嘴里就含糊不清地说着，求人救救她；但是谁又救得了呢？明明有着几套房子和可观的储蓄，作为监护人的老爷爷却没有话事权。

后来，就没有后来了。

我的这位朋友从医15年，见过数不清的悲欢离合，唯独这个案例给他留下了深刻印象。如果能回到从前，老奶奶有没有更好的养老选择？可惜没有如果。

中国人，很少为自己活着，生孩子，养孩子，孩子长大后给婚嫁金，给子女带孩子……从来没有考虑过养老的问题，等自己走不动了，必须养老了，才发现这个问题自己还没有思考过。

有句话说得好："人老了，最可贵的是尊严。"

一旦老年生活不能自理，需要别人照顾的时候，这时候尊严就难能可贵了；而我们养老所面临的，远远不止钱的风险。

通过这个故事，我们可以思考一下，什么才是真正的养老金规划？

老奶奶有没有钱？有。

几套房子和退休金足够她体面地养老了，但为什么她会没钱治病？

第一，因为没有现金。财产不是现金，房产也不是现金，养老金必须是有着极强的安全性和确定性的安排。

第二，监护人的风险。要想好由谁来照顾你。这个问题是大家都容易忽略的问题。

在老奶奶卧病在床的时候，她就不能自己做主了，就必须由别人来替她做主。可是，70多岁的老爷爷能毫无顾忌地为她的利益的最大化做主吗？70岁的老人还可以任性吗？

一旦不能自己做主，养老品质就要听从别人的安排，甚至只能由监护人来决定采用什么样的医疗手段来治疗，更有甚者，可能连个签字的人都没有，这才是最大的问题。

此类问题还可以简化成一个提问：遇到重病瘫痪床上，昏迷不醒的情况，父母想救你，但没钱。

钱在配偶手上，如他（她）舍不得花钱救你，希望你死了自己好继承财产或转移财产。因为，夫妻一方是第一顺位的监护人，他（她）说了算。

昏迷或者失能的那位，连授权书都写不了。

你们说，该怎么办？

卧病在床时，才知道谁是真爱啊。

这里涉及的就是养老的整体规划，包括现金流规划、意定监护人的委托和指定，还有遗嘱的安排等法律文件的配套。仅仅一份养老保险，也未必能保证保险金会用在老人家身上。这就需要意定监护制度来保障整个养老安排是确定的、安全的。

（二）什么是意定监护制度

我以后老了要住养老院，得有监护人签字；我要是生了大病，需要动手术，谁能给我签字？更重要的是，如果我昏迷了，需要钱，银行能同意其他人取出我的存款吗？如果钱不够，需要卖房子，谁来操作？

2023年，"上海老人将300万元房产送给水果摊主"一案最终尘埃落定。2017年3月，上海宝山区的88岁老人，其老伴和儿子均已去世，因与楼下水果摊老板格外投缘，且得到了水果摊老板数十年如一日的照顾，老人邀请水果摊老板一家住在自己家里，还订立了《遗赠扶养协议》，委托水果摊老板为自己的意定监护人，并去公证处做了公证。"央视新闻"公众号于2020年11月22日发布《八旬老人将300万房产留给水果摊主，为啥？》一文后，水果摊主作为意定监护人受赠价值300万元房产的事件引发热议，意定监护这一法律制度被广泛提及。那么，什么是意定监护？水果摊主能否继承老人的房产呢？有没有相应的法律依据？

2021年2月，老人的妹妹向上海某人民法院提出"宣告老人无民事行为能力"申请，并要求法院指定自己为老人的法定监护人；2021年2月，法院在征求双方同意的基础上，确定由司法鉴定科学研究院对老人的行为能力进行鉴定。

另外，2021年5月，经法院判决，老人被宣告为无民事行为能力人。对于办理公证时老人的状态，公证处相关公证人员调查笔录显示：办理公证时老人的意思表示能力足够且真实。

2023年12月14日，本案有了最新进展，上海某人民法院做出一审判决，案涉房屋及房屋内财物均归原告（水果摊老板）所有。

中国现在已经进入了老龄化社会，如何让老人得到妥善的照顾是社会的一大问题，而一部分老人因为各种原因，晚年没有子女或者亲人照顾，已经形成一个严重的社会问题。为了解决这一社会问题，我国自2017年10月1日起实施的《中华人民共和国民法总则》（以下简称《民法总则》）出台了意定监护制度。自2021年1月1日起实施的《民法典》也延续了意定监护制度，在《民法典》第三十三条明确规定："具有完全民事行为能力的成年人，可以与其近亲属、其他愿意担任监护人的个人或者组织事先协商，以书面形式确定自己的监护人，在自己丧失或者部分丧失民事行为能力时，由该监护人履行监护职责。"

当我们年老或生病而无法自主时，或者当我们不愿意去养老院生活，但法定监护人相互推诿而无人照顾或受到监护人的虐待时，活得就没有尊严。成年人在身体健全、意识清楚、有完全民事行为能力的情况下，担心将来因年老、疾病导致意志力、判断力和体力下降而不能自我保护或意识不清醒，将日常生活、医疗护理或救助事项、财产管理等事务提前以协议的形式，选定自己信得过的亲友或社会保障机构作为自己的设定监护人，当丧失或者部分丧失行为能力时，由监护人履行监护职责，这就是"意定监护"。《民法总则》第三十三条的规定，为"意定监护"提供了

法律保障，且"意定监护"优先于法定监护。该制度的规定，使得监护人的群体更加全面，充分遵循成年人的意思自治原则，可以让人们更加有尊严地生活。尤其是随着中国社会老年化的到来，该规定使老年人群体的人身、财产权益得到了更全面的保障，可以帮助老人安享平静的晚年生活，解决其后顾之忧。

（三）信托支援监护：意定监护与信托的完美组合

意定监护是我国监护制度的重大突破，但是由于监护人可以依据法律规定代理被监护人实施民事法律行为，保护被监护人的人身权利、财产权利及其他合法权益等，监护人通常拥有管理被监护人财产的权利，可能导致监护人权力过大，存在侵吞或挥霍被监护人财产的风险。尽管意定监护可以设置监督人角色，但监督人往往难以有效控制被监护人的财产，当监护人滥用权力时，被监护人的救济措施通常属于事后性质，可能需要通过起诉变更监护人并要求原监护人赔偿损失，这一过程往往烦琐且耗时，且追回被滥用或侵吞财产的成功率并不确定，毕竟强制执行的难度已经是一个公认的事实。

意定监护过于重视人身监护，对财产监护部分考虑不足，限制了其在实践中的发展。将意定监护区分为人身监护和财产监护，在财产监护部分尊重当事人的自我决定，有利于意定监护的发展；同时，由于意定监护和信托制度具有结合的可能性，在意定监护的财产监护部分引入信托制度可以弥补意定监护的缺陷，以防止监护人侵吞被监护人的财产。即使监护人没有侵吞被监护人的财产，由于被监护人通常还有其他近亲属，监护人在代为管理财产时也可能会遇到各种阻挠，如其他近亲属对财产管理提出异议或争夺财产控制权。此外，监护人本身可能不喜欢管理财务或不擅长理财，但仍愿意担任监护人，为好友或亲属的老年生活贡献力量。在这种情况下，利用信托将人与财产分离是一种清晰且有效的解决方案，如图5-7所示。

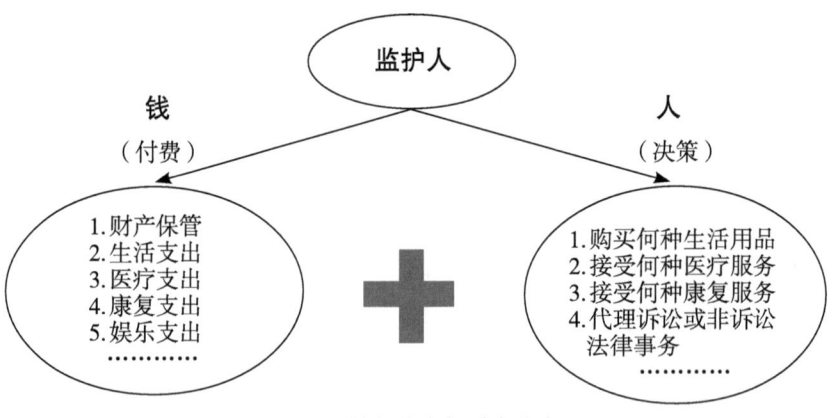

图5-7 利用信托将人与财产分离

具体操作是，委托人在意识清醒具备完全民事行为能力时与他人签订意定监护协议的同时（并非必须同时），与受托人签订信托协议。此时的信托既可以是商业信托，也可以是民事信托，根据中国银保监会2023年3月颁布的《分类通知》的规定，"特殊需要信托"作为财富管理服务信托的业务品种之一，并无1000万元家族信托或100万元家庭信托的信托财产最低限额。

案例一
"意定监护+信托"解决单亲妈妈的烦恼
【基本事实】

委托人数年前离婚，获得儿子的抚养权，事业成功后积累了大量财富。因事业繁忙，年龄渐长，担心意外猝死。虽有遗嘱将财产留给儿子，但担心孩子未成年前财产被前夫控制，成年后不足以掌控巨额财产。

【落地方案】

在与律师充分沟通协商后，确定的方案如下：

首先，与好友进行充分沟通和协商，达成一致后签订意定监护协议。该协议明确规定，在委托人失能时，好友将担任其监护人，负责替其做出医疗决策、雇佣保姆或选择适合的疗养院，以确保其得到适当的照顾和护理。同时，为了保障监护行为的公正性和透明度，双方将指定一个律师团队担任监护监督人。该律师团队将负责监督监护人的行为，确保其忠实履行监护职责，维护被监护人的合法权益。

其次，委托人与受托人（信托公司）将签订信托协议。该协议明确规定，委托人是信托的受益人，当委托人失能时，信托公司将负责支付其医疗费、保姆费、疗养费等相关费用，以确保其得到适当的医疗和生活照顾。同时，委托人的儿子也将作为信托的受益人，按月领取生活费，以满足其日常生活需求。

在委托人去世后，其儿子将成为唯一的信托受益人，继续按月领取生活费，直至年满24周岁。此外，信托协议将充分考虑委托人儿子的医疗、教育、意外、结婚等可能产生的费用，并设立相应的受益条款，以确保其得到充分的保障。

当委托人儿子年满24周岁时，信托将终止，剩余的信托财产将归其所有。为确保受托人（信托公司）能够忠实履行信托义务，同一律师团队将担任信托监察人，对受托人的行为进行监督，确保其按照信托协议的规定进行操作，维护受益人的权益。这样的安排既能够保障委托人在失能时的医疗和生活需求，也能够为其儿子提供长期的生活保障和资金支持。

案例二
"意定监护+委托监护+指定监护+信托方案"解决孤独症儿童母亲的忧虑

【基本事实】委托人早年离婚，持有多套房产，独自抚养患有孤独症的儿子，需要解决自身养老以及儿子的生存问题，寻方案保障双方未来。

【落地方案】

经过仔细考虑和规划，委托人决定采取以下措施来解决自己的养老问题以及身故后儿子的生存问题。

（1）与好友签订意定监护协议。旨在确保在委托人失能时，有可靠的人担任其监护人，负责其日常生活和医疗决策。

（2）与好友签订委托监护协议。旨在解决委托人因病或其他原因暂时无法履行监护职责时，儿子的临时监护问题。

（3）订立遗嘱指定监护人。在遗嘱中，委托人明确指定好友为其儿子在委托人身故后的指定监护人。

（4）房产处置与信托设立。卖掉两套房产，并将现金放入信托公司以解决两个问题：一是确保在委托人失能时，有足够的资金支付其医疗费用；二是在委托人去世后，信托公司将按月支付儿子的生活费，保障其基本生活需求。

（5）设定律师为监督人。为确保意定监护和信托的有效执行，委托人指定一名律师担任监督人和监察人。

值得注意的是，虽然遗嘱的制定可以凭借个人的朴素价值观进行草拟，但当涉及信托、意定监护、遗赠抚养协议等更为专业的法律工具时，强烈建议咨询专业律师。专业律师能够为您提供更为准确、全面的法律建议，确保您的财产传承方案符合法律要求，并能够实现您的意愿。

十、民事信托

民事信托，这一传承工具对我们来说，既熟悉又陌生。当提及"白帝城托孤"——最早的民事信托实例时，大家往往会有种恍然大悟的感觉——原来这就是信托啊！确实，在那个历史时刻，刘备作为委托人，将他的江山社稷这一重要财产托付给了受托人诸葛亮，希望诸葛亮能够协助刘禅更好地治理蜀地，受益人则是刘禅。

说其陌生，主要是因为在现代社会，民事信托作为传承工具，应用并不广泛，使用频率远低于遗嘱，甚至低于夫妻财产约定；但我们不应忽视民事信托在财富传承方面所具备的显著优点。民事信托是一种非常灵活且有效的财富管理工具，能够帮助人们实现财产的跨代传承、隔离债务风险等目标。

法律规定及理解

《信托法》第十五条规定："信托财产与委托人未设立信托的其他财产相区别。"

《信托法》第十六条规定："信托财产与属于受托人所有的财产（以下简称固有财产）相区别，不得归入受托人的固有财产或者成为固有财产的一部分。受托人死亡或者依法解散、被依法撤销、被宣告破产而终止，信托财产不属于其遗产或者清算财产。"

根据以上规定，信托最鲜明的特征是信托财产的独立性，这种独立性体现在信托财产既不属于委托人的财产范畴，也不属于受托人的财产范畴，因此，信托财产不会因委托人或受托人的债务问题而受到法院的冻结或强制执行。这一特性使得信托成为一种有效的财富保护工具，能够确保信托财产的安全和稳定增值，从而满足委托人的意愿以及受益人的利益需求。

《信托法》第三条规定："委托人、受托人、受益人（以下统称信托当事人）在中华人民共和国境内进行民事、营业、公益信托活动，适用本法。"

根据相关规定，信托在我国通常划分为三种类型：民事信托、营业信托和公益信托。民事信托，也被称为"非营业信托"或"私人信托"，是指委托人为了自身和他人的利益，选择普通的自然人（如亲朋好友）或法人作为受托人，所设立的自益或他益信托，民事信托不以营利为目的，一般以抚养、赡养、处理遗产为目的。营业信托则是以营利为目的，通过信托方式进行的商事行为，亦被称为"商业信托"，属于一种金融活动，受到国家的严格监管。公益信托是指委托人把自己的财产转移给受托人，受托人管理和运用信托财产，遵循委托人确定的公益目的，把信托财产用于该公益目的的信托。这种分类有助于我们更清晰地理解不同信托的特点和目的，从而更好地选择和应用信托工具。

大家常听到的"家族信托"实际上并非信托的一种独立分类，而是泛指为家族利益而设立的信托。家族信托既可以采取商业信托的形式，也可以采用民事信托的形式。通常所说的"家族信托需要超过1000万元才可以设立"的认知，主要来源于2018年8月17日中国银保监会发布的《关于加强规范资产管理业务过渡期内信托监管工作的通知》（信托函〔2018〕37号，以下简称信托函〔2018〕37号文）。信托函〔2018〕37号文首次对"家族信托"进行了明确定义，指出家族信托是信托公司接受单个人或其家庭的委托，以家庭财富的保护、传承和管理为主要信托目的，提供财产规划、风险隔离、资产配置、子女教育、家族治理、公益

（慈善）事业等定制化事务管理和金融服务的信托业务。根据该定义，家族信托的财产金额或价值应不低于1000万元，且受益人应包括委托人在内的家庭成员，委托人不能是唯一的受益人。由于在信托函〔2018〕37号文中使用了"家庭"作为委托人，但"家庭"并非法律上的明确概念，所以在中国银保监会发布的《分类通知》中，对委托人的范围再次进行明确界定，即家族信托的委托人是"单一自然人委托，或者单一自然人及其亲属"。此外，该通知中新增了"家庭服务信托"业务，设立起点仅为100万元，相较于家族信托的1000万元起点，家庭服务信托更加贴近中产阶级的需求。中国银保监会所称的"家族信托"及"家庭服务信托"都是营业信托，设置了设立最低金额，然而，需要明确的是，民事信托并没有设立起点金额。理论上，无论是100元、1000元还是1000万元，都可以设立民事信托。这意味着民事信托比商业信托更加灵活，适用于不同财富规模的人群。

1. 民事信托的优势

与遗嘱和赠与合同等传统的法律工具相比，民事信托展现出了更高的灵活性和定制性，委托人可以根据个人需求和意愿，定制受益人获取信托利益的条件和方式。民事信托能够满足委托人对于财富传承、保护和管理的多样化需求。此外，民事信托的时间跨度通常较长，可以惠及数代人或世世代代，确保家族财富的长期传承和增值。因此，对于那些希望实现更精细、更持久的财富规划安排的人来说，民事信托无疑是一个极具吸引力的选择。

（1）简便成立。民事信托一旦签订即生效，无须公证或登记，手续简单。

（2）起点低。没有100万元或1000万元的最低设置金额限制，同时可以随意增加后续资金。

（3）财产类型多样。不同于商业信托通常只接受现金作为信托财产，民事信托的财产类型不受限制。

（4）低成本管理。受托人通常是与委托人关系紧密的亲属或好友，有管理成本或管理成本低。

（5）无期限限制。可以通过遗嘱或遗嘱信托覆盖委托人生前和死后的安排，且信托可以延续至下一代或更多代。

（6）受益人范围广泛。商业信托通常限制受益人范围为近亲属，民事信托的受益人不仅涵盖近亲属，还包括非婚生子女及亲朋好友，同时提供高度的隐私保护。

（7）婚姻风险隔离。由于受托财产不属于委托人的个人财产，因此在离婚时不会被视为夫妻共同财产进行分割。此外，可以明确约定信托利益仅归受益人个人所有，进一步降低因感情破裂导致的财产分割风险。

（8）债务风险隔离。股东为规避因签订对赌协议或担保协议而可能给家庭带来的高风险，可以在债务发生前将部分财产设立为信托财产，并交付给受托人进行管理。通过这种方式，可以有效隔离潜在的债务风险，保护家庭财产的安全。

民事信托在实践中虽然具有诸多优势，但也面临着一些潜在的风险和挑战，其中，受托人的选择尤为重要，选择合适的受托人，确保其能够忠实履行职责并妥善管理信托财产，是确保民事信托稳健运行的关键。在实践中，可以通过设立监督人或保护人的角色来加强对受托人的监督，提高民事信托的稳健性和可靠性。

此外，民事信托还面临着信托财产过户的难题。目前，由于缺乏相应的配套设施和法规支持，信托财产的过户流程相对复杂。为解决这一问题，需要进一步完善相关法规和政策，简化过户流程，降低操作成本；引入专业律师提供服务也是一种可行的解决方案。

2. 民事信托的适用情形

民事信托，作为一种灵活多变的财产管理制度，以其广泛的应用场景和适应性，为现代社会中的众多问题提供了有效的解决方案。无论是家庭财富管理、财富传承，还是企业风险防控，民事信托都能通过其独特的制度设计，满足委托人个性化的需求。

（1）代际传承。民事信托在家族企业或大家庭的财富传承中发挥着关键作用。通过设立股权及其他资产类家族信托，可以确保家族财富在多代之间安全、有效地传承，跨越时空的界限。

（2）子女婚姻风险隔离。民事信托为子女婚姻提供了风险隔离机制。父母可以通过设立信托，将嫁妆或打算赠与子女的财产放入信托，成为信托财产。这样，即使子女面临离婚纠纷，这些资产也能得到保护，不受其婚姻变动的影响。

（3）婚前财产保护。民事信托为婚前财产提供了有效保护。个人可以将婚前财产交付给父母或他人管理，并与他们建立民事信托关系，以保障婚前财产在婚姻变动时不受影响，维护个人财产权益。

（4）离婚诉讼中的财产处理。在离婚案件中，民事信托提供了一种独特且灵活的财产处理方式。夫妻双方可以通过设立信托来公平、合理地分配财产，确保双方利益得到妥善保障。信托还可以为子女提供稳定的抚养费来源，保障他们的生活条件。

（5）子女照料安排。通过签订民事信托等协议，委托人可以在生前或去世后将财产交付给亲朋好友管理。这些协议可以设定好照料子女的相关条款，解决失能子女、非婚生子女的抚养问题，以及单亲妈妈担心财产落入孩子父亲控制的问题。

（6）父母赡养保障。可以通过信托安排妥善解决父母的赡养问题。

（7）养老规划。通过设立民事信托，个人可以根据自己的养老需求和目标，将财产转移给受托人进行专业管理。这样，在退休或老年阶段，个人可以从信托中获得稳定的养老收入或享受特定的养老服务。民事信托的灵活性使得个人可以定制化的方式规划自己的养老生活，把控余生。

（8）债务隔离。在企业风险防控方面，民事信托可以发挥重要的作用。通过设立信托，股东可以将部分资产隔离出来，减少因企业经营风险而引发的财产损失。

（9）代持关系优化。将代持关系升级为民事信托关系可以为资产持有者提供更加安全的保障。这样做可以隔离代持人的债务风险和死亡风险，确保资产的安全和稳定。

司法判例

民事信托无最低金额限制，委托人去世后他益信托仍存续

【案号】（2013）烟民申字第235号

【审理法院】烟台市中级人民法院

【案件概述】

2004年10月，委托人出资53 049元与受托人签订《资金信托合同》，指定自己为唯一受益人。信托受益权可转让、继承或清偿债务，需双方办理转让手续。期间，委托人可经受益人同意变更受益人，并须提供相关文件。2010年，委托人通过遗嘱变更受益人为非婚生子。委托人去世后，其配偶及婚生子起诉要求分割该笔资金。

【法院观点】

本案焦点：53 049元是否应作为遗产分割，关键在于其性质认定。根据《信托法》和《中华人民共和国合同法》（以下简称《合同法》）的有关规定，该资金为信托财产。合同中，委托人指定自己为唯一受益人，但随后变更为非婚生子。因此，在非唯一受益人的情况下，信托持续，资金不属于遗产。申请人的分割请求不应得到支持。

【案件结果】

驳回再审申请。

律师建议

在实际应用中,民事信托可以与其他法律工具综合运用,以提供更加全面和个性化的解决方案。例如,在夫妻财产规划中,除了通过夫妻财产约定来明确双方的财产权益以外,还可以考虑设立民事信托来管理夫妻共同财产,以确保财产安全和长期增值。在赠与场景中,赠与合同可以明确双方的权利和义务,而民事信托可以用于管理和保护赠与财产,确保其按照委托人的意愿得到合理利用。在遗嘱规划中,民事信托可以作为遗嘱的一部分,用于指定遗产的分配和管理方式,以确保遗产能够按照委托人的意愿得到妥善处理。

由于民事信托的设立和运作相对复杂,涉及的法律问题较多,在综合运用民事信托与其他法律工具时,强烈建议咨询专业律师。专业律师可以根据具体情况,提供针对性的法律建议,确保各种法律工具之间协调一致,从而为当事人提供更加全面和有效的法律保障。

总之,民事信托与其他法律工具一样,都是为了解决特定法律问题及满足个人需求存在的,在综合运用这些工具时,应该根据具体情况选择合适的法律工具,并咨询专业律师以确保其合法性和有效性。

十一、遗嘱信托

遗嘱信托一般是民事信托,其独特之处在于其设立方式的独特性。与通过协议设立的其他民事信托不同,遗嘱信托通过遗嘱设立,而遗嘱是单方法律行为,无须相对人。相较于生前通过协议设立的民事信托,遗嘱信托的优势在于允许委托人在生前保留财产控制权,在去世后才将信托财产交付受托人管理,并按委托人遗愿分配信托利益,这种方式为遗产规划提供了更高的灵活性和便利性,使得遗嘱信托在财富规划领域日益受到青睐,成为一种广受欢迎的财富传承工具。

法律规定及理解

《信托法》第八条规定:"设立信托,应当采取书面形式。书面形式包括信托合同、遗嘱或者法律、行政法规规定的其他书面文件等。采取信托合同形式设立信托的,信托合同签订时,信托成立。采取其他书面形式设立信托的,受托人承诺信托时,信托成立。"

《信托法》第十三条规定："设立遗嘱信托，应当遵守继承法关于遗嘱的规定。遗嘱指定的人拒绝或者无能力担任受托人的，由受益人另行选任受托人；受益人为无民事行为能力人或者限制民事行为能力人的，依法由其监护人代行选任。遗嘱对选任受托人另有规定的，从其规定。"

《民法典》第一千一百三十三条第四款规定："自然人可以依法设立遗嘱信托。"

根据以上法律规定可知，自然人可以通过遗嘱来设立遗嘱信托，遗嘱信托必须同时满足遗嘱和信托的双重法律要求。《信托法》明确指出，设立信托必须以书面形式进行，因而口头遗嘱或录音录像遗嘱等非书面形式的遗嘱不能设立遗嘱信托。另外，通过遗嘱来设定信托，当受托人做出接受委托的承诺时，遗嘱信托成立。

遗嘱信托面临以下挑战。

（1）遗嘱成立生效有严格的要求，继承人间容易起纠纷。

遗嘱信托，作为一种特殊的遗产规划工具，涉及遗嘱和信托两个法律领域的交叉。

首先，由于遗嘱是处理个人财产的重大单方法律行为，法律对其形式和内容均有严格规定，这导致遗嘱的成立与生效容易受到继承人的质疑，特别是在涉及复杂家庭关系或财产纠纷时。

其次，信托财产的独立性是信托法律制度的核心特征之一。这意味着信托财产与继承人的财产相分离，继承人仅能通过信托获得受益权，而不能直接获得遗产的相关权益。这种实际延迟取得遗产的情况可能导致继承人产生不满和疑问，从而挑战遗嘱信托的有效性。

以上挑战可以通过寻求专业法律建议、合理设置信托内容、提前和继承人沟通等方式解决，以确保遗嘱信托的有效性和可执行性。

（2）信托财产过户和登记制度尚未完善。

信托财产过户和登记等相关制度尚未完善，导致委托人去世后，信托财产如何登记在受托人名下成为问题，该项挑战可以通过生前赠与过户、生前信托、去世后继承等多种方式解决。

①生前赠与过户。委托人在生前将信托财产通过赠与的方式过户给受托人。

②生前信托。委托人在生前就已设立信托，将信托财产交付给受托人管理，委托人去世后，受托人继续按信托协议管理信托财产。

③去世后继承。在委托人去世后，通过继承程序将信托财产登记在受托人名下。

案例一
遗嘱信托因遗嘱不符合法定形式无效而无效
【案号】（2020）粤06民终1609号
【审理法院】佛山市中级人民法院
【案件概述】

《遗嘱计划》由受托人打印，被继承人签署并交予受托人保管，内容指定股票账户（本金500万元）由受托人管理，分配利润并设定止损线，载明止损后该账户所有权归孙子。被继承人去世后，其第一顺序继承人联合起诉受托人，要求归还500万元本金。

【法院观点】

《遗嘱计划》兼具遗嘱和信托的法律特征，符合遗嘱信托的法律形式。另外，遗嘱信托的成立和生效均须符合法律规定的条件。在遗嘱信托的成立方面，受托人已明确其受托意愿，因而遗嘱信托成立。在遗嘱信托的效力认定方面，《遗嘱计划》为打印件，该文件中除尾部委托人签名处有委托人的手写签名外，其余部分均为打印的文字内容，且受托人确认该文件为其打印，故其法律性质应认定为打印遗嘱。根据法律及司法解释的规定，打印遗嘱必须符合两个以上见证人及遗嘱人签名并注明日期的形式要件，才具有效力。对比《遗嘱计划》的要件形式，该遗嘱中仅有被继承人的签名而缺乏见证人的在场见证。故此，本院确认该遗嘱信托因缺乏法律规定的形式要件而无效。因《遗嘱计划》所涉遗嘱信托行为无效，遗嘱信托受托人继续占有案涉500万元本金已无相应法律依据。故此，该笔款项应作为遗产由其继承人占有、使用和处分。

【案件结果】

受托人返还500万元本金给继承人。

案例二
法院根据遗嘱上下文认定信托设立意图
【案号】（2019）沪02民终1307号
【审理法院】上海市第二中级人民法院
【案件概述】

立遗嘱人有两段婚姻，与前妻育有大女儿，与后妻育有二女儿、三女儿。三女儿先于立遗嘱人去世。立遗嘱人亲笔遗嘱中列明财产及用途，包括成立"家族基金会"，后任配偶及二女儿每月领1万元生活费，报销医疗及学费，大病自费部

分报销一半。另用650万元购房供后任配偶和两个女儿居住，不得出售。财产管理由后任配偶和三个在世兄妹负责，每人每年领1万元管理费。后因大女儿与后任配偶、二女儿发生继承纠纷，诉至法院。

【法院观点】

遗嘱表明立遗嘱人欲将遗产作为整体通过"家族基金会"共同管理，指定财产用途、受益人和管理人报酬，并明确遗产仅传承给下一代、不得出售，实现所有权与收益权分离，符合信托特征。遗嘱为立遗嘱人最后遗嘱，形式合法且未见无效情形，应认定有效。信托目的合法，遗嘱采用书面形式，载明信托要素，符合《信托法》相关规定，为有效信托文件。

【案件结果】

确认自书遗嘱设立的信托有效，三兄妹作为受托人须依法履行义务。

相关财产由受托人管理，第一顺序继承人有配合办理手续的义务。

律师分析

遗嘱信托兼具遗嘱与信托的优势，但设立过程相对复杂，首先必须满足遗嘱的法定要求，确保遗嘱成立和生效。其次，由于信托财产登记制度尚不健全，受托人在被继承人过世后如何将财产过户至自己名下是一大难题。涉及的财产种类和情况复杂，相关制度仍不完善，如不动产、股权等特殊财产涉及的信托财产登记制度、工商登记制度、继承制度、税收制度等其他一系列法律制度，都需要未来在实践中不断配套和完善。尽管有司法判例通过法院强制执行实现了信托财产的交付，但频繁的法律诉讼既非理想选择，也违背了委托人/立遗嘱人的初衷。最后，遗嘱信托执行难度大。实践中如果发生继承纠纷，可能导致遗嘱信托无法有效执行。

因此，事先通过专业律师制定过户方案显得尤为重要。此外，遗嘱信托只是整个传承方案的一部分，通常还涉及夫妻财产约定、指定监护等多个文件，需要专业律师的精心设计与规划。

结语　婚姻财富管理不是战法，而是不战之法

有人说，婚姻法经常跟"生老病死残"和"人性"这些消极的东西捆绑在一起，我去学习一个消极的东西有什么意义呢？法律的一半是常识，应该被多数人了解，用于避免日常生活中可能出现的被骗风险；用于认识自己的权利，坚定维权的信念，并用于判别是非，避免不必要的纷争。明理方能平和。家事无小事，学习婚姻财富管理绝不是为了让女性站在男性的对立面，去帮助女性"打败"男性，或者帮助有财产的一方无限压榨另一方的价值。婚姻的维系，绝对不是建立在对方损失的基础上。有人看事情习惯用二分法，认为非强即弱，非黑即白，非胜即败，总要分个你死我活，他们把人生和婚姻当作角斗场，做零和博弈（零和博弈是指参与游戏博弈的各方，在严格竞争下，一方的收益必然意味着另一方的损失，各方的收益和损失相加总和永远为"零"，双方之间不存在合作的可能）。婚姻财富管理是为了让我们的婚姻和家庭更加和谐，实现共赢。好的规划，不会去试探人性之恶，而是会去激发人性向善。

婚姻财富管理在很大程度上也是消极的，不是积极的。它不是让我们更加强大、富有，而是让我们充分认识到自己对风险的无能为力。它有一个非常重大的意义——用法律帮我们兜底。当我们通过学习婚姻财富管理懂得识别风险，预判风险的发展方向，就能提升我们的决策能力，消除不安全感。如果对婚姻财富管理的认知没有底层逻辑，思考范围模糊，没有体系，导致选择依据缺失，认定、评估作为前提都是错的，那么在此指导下的行动方式和应对策略肯定也是错误的。积极乐观并不是"鸵鸟式"的凡事都往好的方向想，而是能够预见事态的发展带来的后果，提前规划，堵住我们人生风险的源头，这样你就不会有"过山车"般的人生。为自己的婚姻、家庭、财富画一条止损线，以最低的信赖代价降低金钱对家庭、对感情的考验以及意外对财富的冲击，让感情更纯粹，以促进亲密关系的发展，继而给孩子更稳定安全的成长环境。

《孙子兵法》中有这样一句名言："胜兵先胜而后求战，败兵先战而后求胜。"

这句话的意思是，能打胜仗的军队永远是先做好了胜利的准备，然后才开始打仗；而失败之军总是先低头打，然后企求从苦战中侥幸取胜。怎样才能做好打胜仗的准备，才能掌握主动权？这就需要我们有一个"上帝"视角，全盘掌握婚姻中的风险以及如何提前规划。

婚姻财富管理不是战法，而是不战之法。

不是战胜之法，而是不败之法。

不战、不赌、不侥幸，是因为赌输的代价太大，后果很严重。

经营婚姻的秘密在于有尊严，有边界，而法律就是你的边界底线。不败，是为人生设置了止损线。如果以"不败"作为目标做人生战略规划，那规划和管理就是制定了一个不败的底线，下有兜底，如果运气来了，人生上不封顶。

教育是通往更加美好生活的阶梯，良好的教育可以改善教育者的人生，我们每一个人，特别是女性，担当的是家庭的未来，也决定着她自己未来的走向。你不仅有责任学习和传承知识，还有责任改进和提升知识和认知，确保你在更高的维度思考，让知识对后代更有用，更有影响力，继而改变家族后代的命运。所以学习财富管理是一件很严肃的事。并不是说财富越多，你的幸福指数和财富安全系数就越高，而是你生活的态度、方式以及你对风险的认知和规划意识，都会在一点一滴间呈现出你的智慧，决定着整个家庭甚至是家族的未来。

婚姻财富管理，源于婚姻，高于婚姻；源于财富，高于财富。我们管理的是人生。

第二部分
保险在私人财富管理中的运用

第六章　保险概述

第一节　保险的起源

风险，是指遇到破坏或损失的机会或危险。随着人类活动的复杂性逐步深化，"风险"一词已经成为人类生活中出现频率很高的词汇，其核心是"未来结果的不确定性或损失"。风险对人类的威胁一直存在，体现在我们生产与生活的方方面面，且风险一旦发生，大多数家庭都难以承受。

幸运的是，现在越来越多的人拥有了防范风险的意识。事实上，应对风险、分散风险并不是近现代人们才逐渐形成的思想。从古埃及时期修缮金字塔的石匠建立的互助基金组织，到古罗马军队中士兵组织收取会费作为士兵阵亡后对其遗属的抚恤费用，再到我国早期出现的民间互助团体，如寿缘会、长寿会、万寿兴龙寺养老义会等，都表明早在古代社会人们就已经逐渐形成应对自然灾害、意外事故的保险方法。

一、保险的萌芽

人类保险意识的启蒙最早可以追溯到公元前2500年左右，古埃及的石匠们成立了丧葬互助组织，用交付会费的方式解决石匠死亡后的收殓安葬资金问题。公元前1800年左右，古巴比伦国王命令僧侣、法官等，对其所管辖区域内的居民征收税金，以备救济火灾等其他天灾损失之用。公元前970年左右，古以色列联合王国第三任君主所罗门王，对其国民从事海外贸易者课征税金，作为对遇到海难者所遭受损失的补偿。征收救济资金、组织互助团体等这些早期朴素的保险思想，孕育了古代保险的胚胎。

最早关于保险的法规是《汉谟拉比法典》。公元前18世纪，由古巴比伦第六代国王汉谟拉比颁布，规定了货主雇商队进行贸易运输时，若运输交易顺利完成，每个货主须交纳一定资金作为互助救济基金，当有商队遭遇不测导致货物遭受损失时，遭遇不幸的货主可以从互助救济资金中得到一定的补偿。这种为分摊风险成立基金会的规定，可算作古代保险的原始雏形。

真正现代意义上的保险起源于海上贸易，海上保险历史悠久，引领整个近现代保险业的发展。早在古巴比伦时期，在西亚和地中海一带就有了较为广泛的海上贸易，到了古希腊与古罗马时期，地中海一带的海上贸易往来已经非常发达与繁荣；但由于海盗掠夺、恶劣天气等未知因素的影响，航海成为一项危险系数很高的行为。后来，船东及货主们逐渐达成共识：当船舶航行遇到危险而导致船上货物毁损灭失时，由大家共同承担该损失。这种"一人为众，众为一人"的共同分摊海运损失的思想，为海上保险的发展奠定了基础。

有关海上保险的内容最早记载于公元前916年，腓尼基人将共同分摊海运损失的思想在《罗地安海商法》中做了系统的规定："凡因减轻船舶载重而投弃大海的货物，如为全体利益而损失的，须由全体分摊。"即当某一货主为集体利益而遭受损失时，由包括船主及其他货主在内的受益人共同分担该损失，这体现了"共同分摊损失"的保险基本原则。因此，《罗地安海商法》常常被认为是海上保险的起源。

二、人身保险的起源和发展

（一）人身保险的起源

很难想象，人身保险起源于奴隶贸易。15世纪哥伦布发现新大陆之后，黑奴贸易急剧发展，但由于运输条件恶劣、食物及淡水匮乏、传染病侵袭、突发海难等因素，当到达美洲时，总会有近1/3的黑奴不幸死在船上，这对奴隶贩子来说是巨大的损失。为了减少损失，很多奴隶贩子开始把黑奴当作货物为其投保，从而产生了以人的生命或身体为标的的保险。再到后来，投保对象已不再局限于黑奴，船上的船长与船员也能投保。到16世纪，又发展到承保旅客被海盗绑架而支付的赎金。这些被认为是人身保险的萌芽。

（二）人身保险的发展

在早期以互助会形式发展的人寿保险存在一个问题，即参加互助团体的成员都向互助会交纳等额的会费，但因为人的死亡风险与年龄成正相关，即年龄越大，死亡概率越高，故在早期时，往往年纪大的人都积极要求加入互助会，而年纪较轻的成员纷纷退出互助会。长此以往，互助会成员的平均年龄越来越大，为此需要交纳的会费也愈发地高了。为了改变这一局面，互助会逐渐开始对加入的成员进行年龄限制。

对于我们每个人来说，出生与死亡都是未知且不可控的，但对于一个国家或地区来说，人的生老病死往往有规律可循。像早期互助会那样单纯地对成员年龄进行限制也存在诸多弊端，因此需要依据大数据来统计编制人的生命规律。1693年，英国天文学家、数学家埃德蒙多·哈雷（Edmund Halley）编制出世界上第一张生命表，精确地列出各个年龄人群的死亡概率，奠定了近代生命表的基础。可以说，生命表的发明和应用奠定了现代意义上的人寿保险的数理基础，也是人寿保险发展史上的一个里程碑。

18世纪初，托马斯·辛普森（Thomas Simpson）根据哈雷的生命表，做出依死亡率而递增的费率表，提出按不同年龄分别计算人寿保险的保险费，以此来对人寿保险定价，使不同年龄段的人都可以参加人寿保险。1756年，詹姆斯·道德逊（James Dodson）根据年龄差计算保险费，并提出"均衡保险费"理论，从而促进了人身保险的发展。1762年，詹姆斯·道德逊和托马斯·辛普森在英国成立了世界上第一家科学的人寿保险公司——伦敦公平保险社，采用精算技术作为保险经营决策的依据，是真正根据保险技术基础而设立的人身保险组织，也是现代人寿保险的开端。

三、中国近代保险的兴起

（一）中国近代保险思潮的传播

从19世纪开始，在"西学东渐"的过程中，西方的保险思想也一同传入中国。目前发现的最早的关于西方保险的中文记载，是德国传教士郭士立在《东西洋考每月统记传》中关于保险的论述，其内容主要为19世纪初水路运输中保险的投保流程。西方保险思想在传播中逐渐得到中国人的认可，激发了中国保险思潮的萌芽。

西方保险思想的传入与中国保险思潮的兴起，为民族商业保险的创立创造了条件。随着西方保险思想的不断浸入，商业保险的功用被愈来愈多的有识之士所发现并称叹，这些人开始宣传相关保险知识，大力支持、倡导兴办民族保险。魏源撰写的《海国图志》，不仅对西方商业保险做了详尽的描述，并且结合中西方实情，促进了西方保险思想在中国的进一步传播，掀起了中国近代商业保险的思潮。

（二）民族商业保险的创立与发展

近代民族商业保险兴起于19世纪60年代。19世纪中后期，中国兴起了实业救国的洋务运动，这也促进了民族保险业在中国的创立。

1865年，中国第一家华商保险公司——上海义和公司保险行在上海创立，标

志着中国民族保险事业诞生，打破了外商独占中国保险市场的局面，开创了华人自办保险公司的先河。

19世纪70—80年代，以李鸿章、左宗棠为代表的洋务派，先后在上海创办了保险招商局、仁和保险公司、济和水火险公司等官办保险公司，取得了较好的经营业绩。在洋务运动的推动下，中国的民族保险业得以迅猛发展，从而在一定程度上抵制了外商对中国保险市场的控制。

在此之后，中华大地兴起了创立民族保险公司的热潮，至20世纪30年代，华商保险公司已发展到40多家。到了1949年，上海中外保险公司共有400家左右，其中华商保险公司有126家。

保险起因于人们对风险的畏惧，起源于人们对风险发生后的损失分担。古今中外，保险分散风险、补偿损失的基础功能是不变的，而这就是保险的本质。

第二节　人身保险的分类及概述

《保险法》第十二条第三款规定，"人身保险是以人的寿命和身体为保险标的的保险"，即在保险期内，当被保险人死亡、伤残、疾病或者达到合同约定的年龄、期限等条件时，由保险公司承担给付保险金责任的商业保险行为。《保险法》第九十五条规定，人身保险业务包括人寿保险、健康保险、意外伤害保险等保险业务，如图6-1所示。本文将重点介绍人身保险的分类。

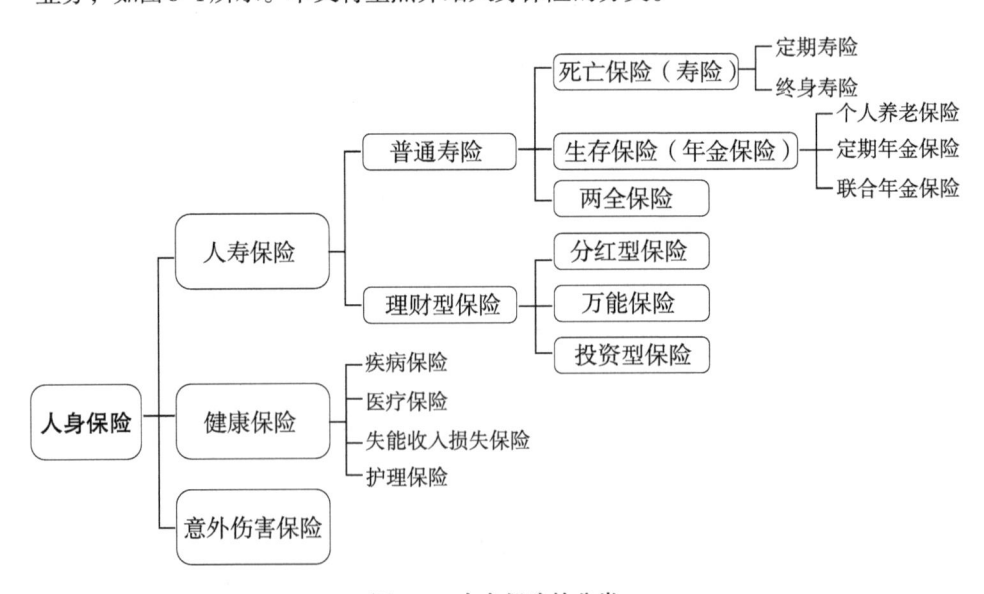

图6-1　人身保险的分类

一、人寿保险

人寿保险（life insurance）是以被保险人的寿命为保险标的，以被保险人在保险期间的生存或死亡为给付保险金条件的一种人身保险。人寿保险承保的风险是人的生存、死亡或同时承保生存与死亡。传统的人寿保险分为生存保险、死亡保险与生死两全保险。为了顺应时代趋势及经济发展需求，保险公司在原有人寿保险的基础上增加了投资理财功能并推出了理财型人寿保险，其主要分为分红型保险、万能保险、投资型保险三种类型。

1. 死亡保险

死亡保险（death insurance）又称"寿险"，是指以被保险人在保险期间死亡为给付保险金条件的保险。寿险可以分为定期寿险和终身寿险。

定期寿险是指以被保险人在保险期间死亡为保险金赔付条件的保险，此处的保险期间为固定期间。若被保险人在保险期间仍然生存，则保险合同到期终止，保险公司无给付保险金义务，也无须退还投保人已经交纳的保险费。定期寿险的保险期限有5年、10年、15年、20年、30年或约定年龄到50岁、60岁、70岁等不同选择。定期寿险具有保险费投入低、保障收益高的优点。

终身寿险是指以被保险人在保险期间死亡为保险金赔付条件的保险，此处的保险期间为终身，即被保险人生存期间直至死亡都可以得到永久保障。被保险人无论遭受意外事故还是因病身故，均可以得到保险公司约定的保险金给付。终身寿险也是定制财富传承规划的重要工具。

终身寿险保险费投入较高，且保单具有现金价值，具有较强的储蓄性，投保人可以利用保单贷款进行资金融通，被保险人或受益人可以终身享有寿险保障。

2. 生存保险

生存保险（survival insurance）以被保险人在保险期间或期满时，被保险人仍然生存为给付保险金条件，生存保险大多以年金保险的形式出现。年金保险多用于养老保障或为家庭、子女提供长期现金流。年金保险可以有确定的保险期限，也可以没有确定的保险期限，但均以被保险人的生存为给付条件。年金保险又分为个人养老保险、定期年金保险和联合年金保险。个人养老保险已被纳入我国社会保障体系之内，定期年金保险和联合年金保险则被列入商业保险范围。生存保险具有较强的储蓄性，保单具有现金价值，能够利用保单贷款，适合晚年养老、医疗保障、为子女提供日常生活保障。

3. 两全保险

两全保险（endowment insurance）是指保险期间或期满时，若被保险人生存则领取生存保险金，若被保险人在保险期间死亡则领取死亡保险金，故两全保险是生存保险与死亡保险的组合产品。两全保险既保障被保险人生存期间的利益，也保障被保险人死亡后的受益人的利益。

两全保险的保障范围广，其保险费与死亡保险及生存保险相比较高。

4. 分红型保险

分红型保险（participating insurance）是指被保险人在获得保险金的同时，保险公司将其保险收益按照一定比例定期向投保人或保单持有人支付分红的保险。分红型保险的保险费比较高，具有确定的收益保证和获得红利的机会，但红利的多少与保险公司的收益挂钩。

2020年，中国银保监会印发了《关于强化人身保险精算监管有关事项的通知》，其中第二条规定：保险公司用于分红保险利益演示的红利不得超过按以下公式计算的上限：$(V_0+P)\times$ 利差水平 $\times$ 红利分配比例。其中：V_0 指本保单年度期初红利计算基础对应的准备金（不包括该时点的生存给付金金额）；P 指按红利计算基础对应的准备金评估基础计算的本保单年度净保险费；红利分配比例统一为70%。

保险分红既可以现金领取也可以累积生息。现金领取是指投保人以领取现金的方式领取分红；累积生息是指将分红留存在保险公司，由保险公司支付相应的利息。也有保险公司在整个保险期限内每年以增加保额的方式分配红利，称为"增额分红"。

5. 万能保险

万能保险（universal life insurance）是一种既具有人寿保险保障功能又具有投资理财功能的新型保险，保险公司保障投保人的最低收益，且收益上不封顶。投保人根据自身需求与资金情况设定万能保险的保障和投资比例，并全权交付保险公司进行投资理财管理，投保人的收益与保险公司的投资收益挂钩。受益人在被保险人身故或全残时能够按照保险合同约定得到保险金。投保人购买万能保险后，能够按照自身需求设计购买保险公司的投资理财产品。万能保险的最大特点是投保人可以在人生的不同阶段根据自身需求和资金状况，随时调整保额、保险费及缴费期，以确定最适合自己的保障与投资组合。

从2015年开始的万科与宝能之争轰动了整个资本市场，宝能举牌所需的资金大部分来自万能保险，而本来应当承担资本市场稳定器作用的保险资金，由于当时监管规定不够完善，被宝能等金融机构加以利用。万能保险被设计成追求短期收益的产品，用于迅速完成巨额融资。这个事件引发了金融市场的巨大风险，也引起了包括证监会、中国保险监督管理委员会（以下简称中国保监会或保监会）等监管机构的高度关注。除了对相关人员进行处罚以外，监管机构也出台了一系列规定,以防止未来类似事件的发生。2017年5月11日,保监会下发《关于规范人身保险公司产品开发设计行为的通知》(保监人身险〔2017〕134号),以下简称"134号文"),其核心内容如下:①禁止年金保险、两全保险等险种快速返还,首次返还必须在产品满5年后,且每次返还不能超过年交保险费的20%;②万能保险不能以附加险的形式存在。

6. 投资型保险

投资型保险,是指保险与投资挂钩,保险单在提供保险保障的同时也进行风险投资,但投资收益没有最低保障,保单的价值随投资账户的变化而变化,收益不确定,投保人承担的风险较大,但可能获得很高的投资收益。

投资型保险又分为投资连接保险(unit-linked insurance)和变额年金保险(variable annuity insurance)两种类型。

投资连接保险(以下简称投连险),是指包含保障功能并至少在一个投资账户拥有一定资产价值,而不保证最低收益的人身保险。投保人所交保险费,一部分用于保障,另一部分被转入投资账户进行投资,如固定利率产品、投资债券、股票、基金等,以达到享受期望高额回报的目的。投连险通常设有保证收益账户、债券账户、基金账户、股票账户等不同投资账户,根据保险与投资产品组合的不同,各个账户的投资收益率与投资风险各不相同。投连险不承诺投资回报也没有保底收益,但保险公司提供专家理财团队且投资利益与保险公司的投资收益挂钩,投连险的投资账户透明度要求较高,投保人可以随时掌握投资情况,以保护投保人的利益。

变额年金保险,是指保单利益与连接的投资账户、投资单位价格相关联,同时按照合同约定具有最低保单收益保证的人身保险。变额年金保险在提供最低保障收益的情况下,同时限制投资的最高亏损额,但投资收益上不封顶。

二、健康保险

健康保险(health insurance)是以被保险人的身体健康为保险标的,当被保险人发生保险合同约定的疾病或意外事故导致的伤害时,保险公司对发生的费用或损失进行赔付的保险。根据种类不同,健康保险可以分为疾病保险、医疗保险、失能收入损失保险、护理保险等。

1. 疾病保险

疾病保险(disease insurance)是指以保险合同约定的疾病发生为给付保险金条件的健康保险。重大疾病保险是疾病保险常见的类型,在被保险人确诊保险合同约定的重大疾病时,由保险公司承担保险金给付责任。重大疾病保险又可以细分为消费型重疾险和储蓄型重疾险。消费型重疾险保险费较低，保险期间一般为一年，一般无现金价值可言。储蓄型重疾险的保险费相对较高，保险期间较长，储蓄型重疾险虽然具有一定的现金价值，但是相比于其他人寿保单来说，其现金价值一般较低。

2. 医疗保险

医疗保险（medical insurance）是指以保险合同约定的医疗行为发生为给付保险金条件，按约定对被保险人接受诊疗期间的医疗费用支出提供保障的健康保险。一般医疗保险对保险公司给付的保险金都有最高额的限制，超出此额度保险公司将不再进行赔付。

3. 失能收入损失保险

失能收入损失保险（disability income insurance）是以因保险合同约定的疾病或者意外伤害导致工作能力丧失为给付保险金条件，由保险公司按约定对被保险人在一定时期内收入减少或者中断提供保障的健康保险。

随着现代社会经济压力的不断增大，一旦家里的"顶梁柱"因遭受疾病或意外伤害而暂时或永久丧失劳动能力，一个家庭很可能走向贫困，于是很多保险公司推出了失能收入损失保险。例如，飞行员这一职业对身体条件要求特别严格，身体指标异常都可能导致飞行员丧失或部分丧失飞行能力，因此很多保险公司推出了飞行员失能收入损失保险，约定保险公司在飞行员暂时丧失飞行能力或永久丧失飞行能力时按照约定给付保险金。

4. 护理保险

护理保险（nurse care insurance）是以保险合同约定的日常生活能力障碍引发护理需要为给付保险金条件，由保险公司按约定对被保险人的护理支出提供保障的健康保险。

三、意外伤害保险

意外伤害保险（accident insurance）是以被保险人因意外事故而导致身故、残疾或者发生保险合同约定的其他事故为给付保险金条件的人身保险。意外伤害保险的保险期间较短，一般不超过一年，保险事故发生概率较小，保险费比较低，一般不具有储蓄性。

意外伤害是指以外来的、突发的、非本意的、非疾病的事故为直接原因导致的身体损害。那么，被保险人"猝死"属于意外伤害吗？保险公司会赔付吗？猝死本质上是自然疾病导致的死亡，与意外伤害所述的"外来的、非疾病的"事故不相符，所以很多保险公司会将"猝死"作为免赔事由。司法实践中，如果因此产生争议，法院会根据"猝死"是因意外引起的还是因自身疾病引起的，结合个案事实、举证责任等方面进行综合认定。例如，在（2019）云03民终576号判决书中，法院认为"医学上通常认为，猝死指貌似健康的人，由于潜在的疾病或机能障碍，于开始感到不适后24小时内发生意外的突然死亡。猝死是死亡的一种特殊状态，是死者的一种临床表现形态，猝死本身并不是死亡的原因，导致猝死的原因不仅包括疾病，还包括病理性以外的其他因素。本案中，被上诉人熊某1、刘某已经提供其所能提供的与确认保险事故的性质、原因、损失程度等有关的证明和资料，及时向保险公司报险索赔，而保险公司作为专业的保险机构，没有要求对熊某的遗体进行尸检，以查明死亡的直接原因，导致其在诉讼中无法证明熊某是否系自身疾病造成突然死亡，应承担不利的法律后果"。

第七章　人身保险的法律架构

前文为大家介绍了人身保险的分类及特点，为方便后文讲解人身保险在财富保护与传承中的运用，同时为了读者能够真正了解人身保险并合理进行人身保险配置，我们在此章节为大家详细介绍一下人身保险的法律架构。

目前，人身保险具体运用所涉及的法律主要有《民法总则》《保险法》《合同法》《中华人民共和国婚姻法》（以下简称《婚姻法》）及《继承法》等。《民法典》自2021年1月1日起施行，《民法总则》《合同法》《婚姻法》《继承法》同时废止，后文将对其中的变化之处展开具体阐述。

人身保险的基本法律架构，如图7-1所示。

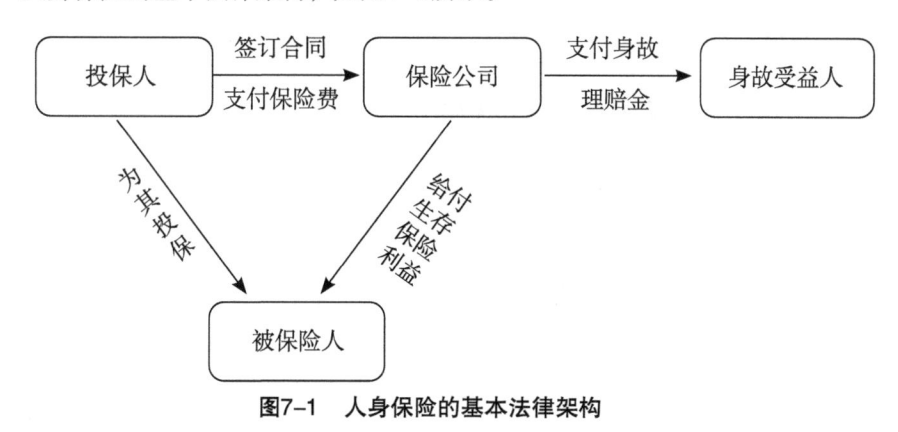

图7-1　人身保险的基本法律架构

从图7-1可以看出人身保险法律关系的建立一般包括投保人、被保险人、保险公司、身故受益人四方，其中投保人、被保险人可以为同一人，被保险人可以领取保险生存金（视具体保险产品而定，不是每一种人身保险都具备生存保险利益）。健康保险、意外伤害保险、分红保险、万能保险、投资连接保险、变额年金保险及其他各种人身保险产品，都是对该基本法律架构的演绎。

第一节　投保人的权利与义务

我国《保险法》第十条第二款规定："投保人是指与保险人订立保险合同，并按照合同约定负有支付保险费义务的人。"

根据该规定可知，投保人是与保险公司签订保险合同从而建立保险合同法律关系的主体。结合《民法总则》与《合同法》的规定，投保人并不局限于自然人，亦可以是法人或其他组织，例如公司为其员工投保。由于人身保险是以被保险人的生命或者身体健康为保险标的，为防止投保人对被保险人进行不法侵害，法律要求投保人与被保险人之间必须具备特定的关系。

投保人在保险合同项下享有多项权利，相对应地也需要履行多项义务。投保人主要的权利与义务如下。

一、随时退保的权利

《保险法》第十五条规定："除本法另有规定或者保险合同另有约定外，保险合同成立后，投保人可以解除合同，保险人不得解除合同。"《保险法》第四十七条规定："投保人解除合同的，保险人应当自收到解除合同通知之日起三十日内，按照合同约定退还保险单的现金价值。"按照上述法律规定，投保人在保险期间可以选择随时退保，保险公司在收到投保人的退保申请后，将向投保人退还保单的现金价值。

二、指定、变更受益人的权利

投保人可以指定、变更人身保险的受益人，但是当投保人与被保险人不一致时，投保人指定、变更受益人必须征得被保险人的同意，否则变更行为无效。

三、保单质押贷款的权利

保单质押贷款（policy loan），简称"保单贷款"。投保人签订保险合同时，保险合同内容如设有保单质押贷款条款，投保人可以选择是否勾选保单质押贷款条款。

保监会发布的《关于寿险保单质押贷款业务有关问题的复函》（保监厅函〔2008〕66号）第一条规定："保单质押贷款是长期寿险合同特有的功能，是指投保人在合同生效满一定期限后，按照合同约定将其保单的现金价值作为质押，向保险公司申请贷款。"投保人交纳的保险进入保险公司账户后，将会产生保单现金价值，储蓄性人寿保单的保单现金价值具有财产属性，因此人寿保单的投保人如有短期的资金周转需要，可以以保单现金价值作为质押向保险公司申请贷款，以缓解资金压力。

如投保人选择保单质押贷款条款，日后有资金需求时，可以以保单向保险公司质押取得贷款，进行短期资金周转，以满足自身的资金需求。

例如，某保险合同中的保单质押贷款条款约定"在本主险合同有效期内，经我们审核同意后您可办理保单贷款。贷款金额不得超过保险合同现金价值扣除各项欠款后余额的80%，每次贷款期限最长不超过6个月，货款利率按您与我们签订的贷款协议中约定的利率执行。贷款本息在贷款到期时一并归还。若您到期未能足额偿还贷款本息，则您所欠的贷款本金及利息将作为新的货款本金计息。当未还贷款本金及利息加上其他各项欠款达到保险合同现金价值时，保险合同的效力中止"。

四、按时交纳保险费的义务

投保人投保后，需要按照保险合同的约定交纳保险费，保险费可以趸交（lump-sum），也可以分期交纳。虽然交纳保险费是投保人的义务，但是保险公司不能以诉讼的方式要求投保人交纳保险费。

如果人寿保单中有"保险费豁免条款"或"减额交清"或"展期定期"条款，即当投保人在保险合同期限内发生了死亡、全残、重大疾病或其他约定的特殊情况时，投保人无须再交纳保险费，保险合同仍然有效。

如果人寿保单中无"保险费豁免条款"或"减额交清"或"展期定期"条款，投保人在保险公司催告之日起30日内或超过约定期限60日仍未交纳保险费的话，保险合同的效力将中止。如果投保人自保险合同效力中止之日起2年仍未补交保险费，保险公司有权解除保险合同。在保险合同效力中止期间，投保人可以随时与保险公司协商补交保险费，以恢复保险合同的效力。

五、如实告知的义务

《保险法》第十六条规定："订立保险合同，保险人就保险标的或者被保险人的有关情况提出询问的，投保人应当如实告知。投保人故意或者因重大过失未履行前款规定的如实告知义务，足以影响保险人决定是否同意承保或者提高保险费率的，保险人有权解除合同。"

"最大诚信原则"是保险的基本原则之一，如果投保人不履行如实告知义务，比如，谎报年龄、隐瞒既往病史，等等，即使保险公司承保，保险事故发生时保险公司也可以拒绝理赔。从投保人的角度来看，投保人是否履行了如实告知义务，对财富传承的成败有着重要的影响。投保人购买人身保险的目的在于提前进行风险防范、转嫁风险或财富传承等，如风险发生时，因法定事由导致保险公司不承担赔付保险金责任，那么，投保人最初购买人寿保险的目的则无法实现，或者说财富传承的目的无法实现。投保人的如实告知内容较多，可以参见本章第四节的"人身保险的最大诚信原则"相关内容。

第二节 被保险人的权利与义务

人身保险中的被保险人，是以其生命或身体为保险标的，并以其生存、死亡、疾病或伤害为保险事故的人，即人身保险的对象。

当被保险人与投保人非同一人时，被保险人并不是保险合同法律关系的当事人，但与保险合同法律关系的建立具有密切关系。考虑到被保险人是保险事故发生时遭受损害的人，故法律赋予了被保险人一些特殊的权利和义务。

一、有权决定保险合同是否有效

"被保险人同意"是以死亡为给付保险金条件的人身保险合同的生效要件，保险金额也需要获得被保险人的认可。被保险人的同意必须是自愿做出、未受胁迫、未受欺骗且理解清楚的。

"被保险人同意并认可保险金额"可以采取书面形式、口头形式或者其他形式，在合同订立时做出，也可以在合同订立后追认。如果有证据证明被保险人明知他人代其签名而未提出异议、同意投保人指定的受益人的，可以认定为被保险人同意投保人的投保行为，并且认可保险金额。

被保险人做出同意的意思表示后还可以通过书面方式撤销，此时人身保险合同应予解除。

二、有权决定受益人及受益份额

当投保人与被保险人系不同主体时，真正有权决定受益人及受益人受益顺序、受益份额的是被保险人；投保人虽有权指定受益人，但必须征得被保险人的同意，否则指定行为无效。

三、享有保险金受益权

除身故保险金外，其他性质的保险金均可由被保险人作为受益人，比如重大疾病保险、医疗保险的保险金以及年金保险合同的年金，一般是直接赔付给被保险人的。《保险法》也直接赋予了被保险人保险金给付请求权。

四、须履行如实告知义务

作为人身保险合同的关系人，没有人比被保险人更清楚自身的情况，故被保险人虽不是保险合同的当事人，但和投保人一样需要履行如实告知义务：在投保前进行如实告知，保险事故发生后尽快通知投保人和保险公司，配合提供保险事故理赔相关证明、资料，保险标的风险因素增加时及时通知投保人和保险公司，等等。

第三节　身故受益人的权利

根据《保险法》及其司法解释的相关规定，身故受益人是由投保人或被保险人指定、有权在被保险人身故后获取保险赔付的人。身故受益人不是保险合同的当事人，但是保险合同的关系人。身故受益人在人身保险法律关系中不承担义务，只享有权利，其享有保险金的赔付请求权。

为了保护被保险人的人身安全，防止出现"男子泰国杀妻骗保"式的悲剧，《保险法》规定受益人故意造成被保险人死亡、伤残、疾病的，或者故意杀害被保险人未遂的，丧失受益权。

在此提醒大家注意《最高人民法院关于适用〈中华人民共和国保险法〉若干问题的解释（三）》（以下简称《保险法司法解释（三）》）第九条第二款的规定："当事人对保险合同约定的受益人存在争议，除投保人、被保险人在保险合同之外另有约定外，按以下情形分别处理：（一）受益人约定为'法定'或者'法定继承人'的，以民法典规定的法定继承人为受益人；（二）受益人仅约定为身份关系，投保人与被保险人为同一主体的，根据保险事故发生时与被保险人的身份关系确定受益人；投保人与被保险人为不同主体的，根据保险合同成立时与被保险人的身份关系确定受益人；（三）约定的受益人包括姓名和身份关系，保险事故发生时身份关系发生变化的，认定为未指定受益人。"

根据该条规定，当被保险人和受益人的身份关系发生变化时，一定要注意变更受益人。身份关系发生变化，常见的就是离婚导致夫妻关系改变。举个例子：

> 张先生与李女士原系夫妻，双方婚姻期间李女士以自己为被保险人购买了两份人寿保险，其中一份以自己为投保人，另一份以张先生为投保人，受益人仅约定为"丈夫"。后双方因感情不合离婚，两份保单的受益人均未变更。李女士后与刘先生缔结婚姻关系。若李女士遭遇不幸，根据《保险法司法解释（三）》第九条的规定，两张保单的身故受益人不同：李女士自己做投保人的保单，因投保人与被保险人系同一人，身故受益人根据保险事故发生时的身份关系确定，即身故受益人为李女士现任丈夫刘先生；以其前夫张先生做投保人的保单，因投保人与被保险人系不同主体，身故受益人按照投保时的身份关系确定，则身故受益人为其前夫张先生。
>
> 假设两份保单原约定的身故受益人是"丈夫张××"，其他条件保持不变，此时李女士如遭遇不幸，因保险事故发生时李女士与受益人张先生的身份关系已经改变，两份保单均视为没有指定受益人，保险金应作为李女士的遗产在法定继承人之间进行分配。

无论是以上哪种情形，对李女士而言都不是理想状态，可能都不符合其分配意愿，因此一定要在身份关系改变时及时更改受益人。

另外，保险事故发生后，身故受益人要及时申请理赔，否则可能因错过时效而丧失保险金赔付请求权。关于人寿保险，受益人请求给付保险金的诉讼时效为5年，其他人身保险产品请求给付保险金的诉讼时效为2年，从知道或者应当知道保险事故发生之日起算。

第四节　保险法的基本原则

一、人身保险的最大诚信原则

诚信原则是《民法典》的基本原则之一，《民法典》第七条规定："民事主体从事民事活动，应当遵循诚信原则，秉持诚实，恪守承诺。"《保险法》第五条也明确规定:"保险活动当事人行使权利、履行义务应当遵循诚实信用原则。"最大诚信原则,是指保险当事人在订立保险合同时及在合同有效期内,应依法向对方提供足以影响对方做出订约与履约决定的全部实质性重要事实,同时信守订立的条件与承诺。否则,受到损害的一方,按照民事法律法规的规定可以此为由宣布合同无效、合同解除或不履行合同约定的义务或赔偿责任,甚至对因此而受到的损害要求对方进行赔偿。

保险作为一种特殊的民事活动,对诚信的要求比一般的民事活动更为严格,保险合同的当事人在保险合同订立和履行的全过程中都要做到最大诚信。

(一)保险活动中要求保险当事人履行最大诚信原则的原因

保险活动中要求保险当事人履行最大诚信原则的原因,有以下几个。

(1)由于投保人与保险公司的信息不对等,所以在投保时投保人面对保险公司的询问应当如实告知,以便保险公司决定是否承保以及确定保险费费率、保险金额。投保人是否如实准确地告知保险标的的情况直接影响到保险人的决定,所以投保人应履行最大诚信原则,如实告知保险人保险标的的真实情况。

(2)由于保险合同条款一般都是保险公司提前制定好的格式模板,具有一定的专业性,一般人不容易理解保险合同中的专业术语,所以,保险公司应当履行最大诚信原则,将保险合同中限制、免除自身责任的条款向投保人履行提示、说明的义务,发生保险理赔事故时本着最大诚信原则承担赔偿和给付义务。

(3)只有双方均遵循最大诚信原则履行各自的义务,保险合同各方当事人的权益才能得到保障。

(4)由于保险合同系典型的射幸合同,保险人是否履行赔偿或者给付保险金的义务是不确定的,保险人赔偿或给付的保险金通常远超过投保人支付的保险费,非常容易诱发欺诈等非法行为。若投保人不履行最大诚信原则,为获取保险赔付可能铤而走险,损害被保险人的合法权益,而这也将导致保险人的保险赔偿款大量增加。

(二)保险中的最大诚信原则的体现

保险法中的最大诚信原则,主要体现在以下两个方面。

1. 投保人的如实告知义务

《保险法》第十六条第一款规定:"订立保险合同,保险人就保险标的或者被保险人的有关情况提出询问的,投保人应当如实告知。"依据上述规定,在订立保险合同时,投保人应当如实告知保险人有关保险标的的真实情况,在保险人就保险标的或被保险人的有关情况提出询问时，投保人应如实告知或回答。如实告知或回答的方式可以是书面记录，也可以是口头陈述。

在保险事故发生前，保险公司对于被保险人的信息知之甚少，比如，在投保人投保保额超过一定限额的情况下，保险公司才会采取体检和契约访谈等核保风险控制措施。因此，基于诚实信用原则，投保人应当如实回答保险公司的询问，只有这样，保险公司才能决定是否承保以及确定保险费的多少；但投保人如实告知义务应以保险公司的询问内容为限。对于保险公司未询问的事项，投保人无告知义务。实务中，保险公司会提前印制表单供投保人勾选，主要涉及被保险人的年龄、健康状况、既往病史、家庭遗传史等重要事实。需要提醒投保人注意的是，在勾选此类选项时一定要如实填写，否则一旦产生纠纷，保险公司会以此作为投保人未履行如实告知义务的证据而拒绝理赔并解除保险合同。

（1）在投保人与被保险人不一致的情况下，被保险人是否应当履行如实告知义务？

此问题在司法实践中存在争议。

一种观点认为，在投保人与被保险人不一致的情况下，被保险人也应当履行如实告知义务。这主要是考虑到，只有被保险人最了解自身的身体健康状况，如果将如实告知义务的主体局限在投保人，那么很可能会出现被保险人故意隐瞒自己的患病事实，通过他人代为投保的方式规避如实告知义务的情况，这样会增加道德风险，所以被保险人也应当履行如实告知义务。

另一种观点认为，《保险法》第十六条第一款明确规定了如实告知义务的主体为投保人，并不包括被保险人，而且投保人才是保险合同的当事人，被保险人仅能作为保险合同的关系人存在，因此对于如实告知义务的主体不应当扩大解释到被保险人。

例如，山东省高级人民法院于2019年12月31日发布的《山东省高级人民法院民二庭关于审理保险合同纠纷案件若干问题的解答》中提到：被保险人应否承担如实告知义务？答：根据保险法第十六条及《最高人民法院关于适用〈中华人民共和国保险法〉若干问题的解释（二）》第五条规定，投保人为如实告知义务的履行主体。保险人对被保险人的询问不能视为对投保人的询问。如果保险人就相关事项同时向投保人和被保险人进行询问，投保人或者被保险人只要有一人如实告知，则应视为投保人就该事项的告知义务已经履行。

（2）投保人未履行如实告知义务的法律后果。

《保险法》第十六条第一款规定："投保人故意或者因重大过失未履行前款规

定的如实告知义务,足以影响保险人决定是否同意承保或者提高保险费率的,保险人有权解除合同。"投保人故意不履行如实告知义务的,保险人对于合同解除前发生的保险事故,不承担赔偿或者给付保险金的责任,并且不退还保险费。投保人因重大过失未履行如实告知义务,对保险事故的发生有严重影响的,保险人对于合同解除前发生的保险事故,不承担赔偿或者给付保险金的责任,但应当退还保险费。

《保险法》第三十二条第一款规定:"投保人申报的被保险人年龄不真实,并且其真实年龄不符合合同约定的年龄限制的,保险人可以解除合同,并按照合同约定退还保险单的现金价值。"

依据上述规定可知,投保人未如实履行告知义务的,保险人除可以拒绝理赔、解除保险合同外,还可以视投保人的主观因素来决定是否退还保险费。如投保人是故意不履行如实告知义务,则保险公司不退还保险费;如果投保人是因重大过失未履行如实告知义务,保险公司应退还保险费。例如,投保人明知被保险人患有某种疾病,且该疾病会影响保险公司决定是否承保,而在保险公司询问时故意隐瞒有关事实,保险公司可以不退还保险费;投保人因重大过失不知道被保险人患病事实的存在,而在保险公司询问时未告知,保险公司则应退还保险费。

2. 保险人的如实告知、提示说明义务

(1)保险人的如实告知义务、提示说明义务。

由于保险合同是保险公司提前印制的格式条款,投保人一般没有修改的权限,对于合同内容只能选择被动接受。对于保险合同内容的理解不要说普通大众,即使是法律专业人士也未必能全面理解其含义。为了防止保险公司利用格式合同规避自身风险,《保险法》第十七条规定:"订立保险合同,采用保险人提供的格式条款的,保险人向投保人提供的投保单应当附格式条款,保险人应当向投保人说明合同的内容。对保险合同中免除保险人责任的条款,保险人在订立合同时应当在投保单、保险单或者其他保险凭证上做出足以引起投保人注意的提示,并对该条款的内容以书面或者口头形式向投保人做出明确说明;未作提示或者明确说明的,该条款不产生效力。"

如实告知义务是投保人与保险人均应当履行的义务。因此,在保险活动中,不但投保人应履行如实告知义务,保险人也应当将与投保人有实质性利害关系的重要事实或保险合同条款内容如实告知投保人,使投保人明确知道自己投保的保险产品以及履行之后的法律后果等,投保人充分了解保险产品的详细内容后自行决定是否投保签约，是否履行保险合同，等等，给予投保人充分选择权。

保险合同中，保险人的如实告知义务又称为"说明义务"，保险人应当如实告知投保人保险合同的内容及相关条款，尤其是免责条款的含义、具体规定及法律后果等，应当以书面或口头形式做出明确、醒目的说明，特别提示投保人重点注意，并签字确认。

（2）保险人未履行如实告知、提示说明义务的法律后果。

《保险法》第十七条规定，对保险合同中免除保险人责任的条款，保险人未做提示或者明确说明的，该条款对投保人不产生效力。

保险事故发生后，若投保人根本不知道这一免责条款的存在，主张保险公司在签订保险合同时并未尽到说明义务，而保险公司提供的证据又不足以证明其已履行了对免责条款的说明义务的，免责条款不产生效力，不能免除保险公司赔偿或给付保险金的责任。

（三）投保人、被保险人的保证义务

保证义务是指投保人、被保险人针对在保险期间实施某种行为或不实施某种行为、某种情况存在或不存在做出的承诺。保险合同属于射幸合同，即保险合同订立后是否发生保险事故处于不确定的状态。所以在投保时，投保人或被保险人需要对保险标的或被保险人是否存在某种情况进行保证，对将来的某一特定事项为或者不为进行保证。因此，投保人或被保险人的保证是影响着保险人是否承保、是否签发保险单的先决条件之一。保证也是保险合同的内容之一，影响保险合同的效力。例如：投保人或被保险人就保险人提出的问题"过去五年内是否因×××疾病就诊或住院"进行确认保证；投保人不得为获取保险金"故意伤害或杀害被保险人"做出保证；投保人或被保险人不得人为地制造、谎报保险事故的发生，即使保险事故发生，投保人、被保险人或者受益人也不得夸大损失程度。

1. 投保人、被保险人不履行保证义务的后果

《保险法》第二十七条规定，未发生保险事故，但被保险人或受益人谎称发生了保险事故或者投保人、被保险人故意制造保险事故的，保险人有权解除保险合同。保险事故发生后，投保人、被保险人或者受益人以伪造、变造的有关证明、资料或者其他证据，编造虚假的事故原因或者夸大损失程度的，保险人对其虚报的部分不承担赔偿或者给付保险金的责任。

《保险法》第四十三条规定："投保人故意造成被保险人死亡、伤残或者疾病的，保险人不承担给付保险金的责任。""受益人故意造成被保险人死亡、伤残、

疾病的，或者故意杀害被保险人未遂的，该受益人丧失受益权。"

《保险法》第四十四条规定："以被保险人死亡为给付保险金条件的合同，自合同成立或者合同效力恢复之日起二年内，被保险人自杀的，保险人不承担给付保险金的责任，但被保险人自杀时为无民事行为能力人的除外。"

《保险法》第四十五条规定："因被保险人故意犯罪或者抗拒依法采取的刑事强制措施导致其伤残或者死亡的，保险人不承担给付保险金的责任。"

根据上述法律规定，如投保人或被保险人或受益人故意不履行保证内容，不仅会损害被保险人的利益，还可能面临保险公司不予给付保险金或不退还保险费的后果；情节严重的，还可能涉嫌保险诈骗，承担刑事责任。

2. 投保人、被保险人履行保证义务的形式

保证分明示保证与默示保证两种类型。明示保证通常是以文字或书面形式对一些涉及保险合同事项的确认或对履行保险合同行为的确认等写入保险合同或作为保险合同的一部分，如保险批单；默示保证是指虽然在保单中无书面或文字保证，但在习惯上投保人或被保险人对某事项为或者不为做出的保证。

（四）保险公司的弃权与禁反言

1. 弃权与禁反言的概念

保险公司的弃权，是指在保险合同中，当投保人未履行相应的义务时，法律赋予了保险公司解除合同、终止合同的权利，若保险公司在合理权限内未行使权利，则视为保险公司对合同解除权、终止权的放弃。禁反言，是指在保险公司已弃权的情况下，将来不得再向对方主张这种权利。

2. 保险公司行使弃权与禁反言的时效及法律后果

《保险法》第十六条第三款规定："前款规定的合同解除权，自保险人知道有解除事由之日起，超过三十日不行使而消灭。自合同成立之日起超过二年的，保险人不得解除合同。"也就是保险人只能在合同订立起的2年内行使解除权，如超出期限未行使，则视为保险人放弃合同解除权，即弃权。

《保险法》第十六条第六款规定："保险人在合同订立时已经知道投保人未如实告知的情况的，保险人不得解除合同；发生保险事故的，保险人应当承担赔偿或者给付保险金的责任。"也就是保险人在订立合同时就明知具有不符合保险合同条件、无效或其他解除情形，仍然签发保单、收取保险费的，保险事故发生后，不允许保险人以投保人不符合保险合同条件、无效或其他解除情形拒绝赔偿或给付保险金，即保险人禁反言。

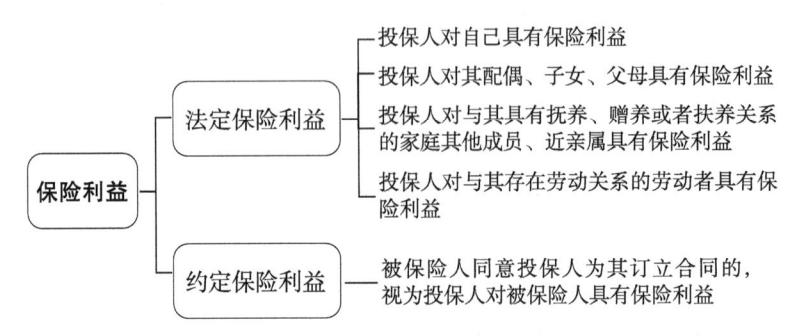

（五）人身保险中的保险利益

人身保险中的保险利益包括法定保险利益和约定保险利益，如图7-2所示。

```
                    ┌─ 投保人对自己具有保险利益
                    ├─ 投保人对其配偶、子女、父母具有保险利益
         法定保险利益─┤
                    ├─ 投保人对与其具有抚养、赡养或者扶养关系
                    │  的家庭其他成员、近亲属具有保险利益
保险利益─┤           └─ 投保人对与其存在劳动关系的劳动者具有保
                       险利益
         
         约定保险利益─── 被保险人同意投保人为其订立合同的，
                        视为投保人对被保险人具有保险利益
```

图7-2　人身保险中的保险利益

1. 保险利益的内涵

保险利益（insurable interest）是指投保人或者被保险人对保险标的具有的法律上承认的利益。

确立保险利益原则主要有以下几点考虑。

（1）对于人身保险而言主要是为了防止赌博，防范道德风险。由于保险事故是否发生具有不确定性，如果允许投保人为没有利害关系的人投保，在利益的驱使下，投保人很可能为了获得高额的保险金而故意伤害被保险人，从而诱发道德风险，此时保险就会成为诱发刑事犯罪的工具，并不符合保险设立的初衷。因此，《保险法》第十二条第一款规定："人身保险的投保人在保险合同订立时，对被保险人应当具有保险利益。"

（2）保险系典型的射幸合同，是基于偶然事件发生而获益或受损。保险合同的目的是使得受损害方获得利益补偿，而不是通过保险获益，否则，保险就成了与赌博一样的投机行为。

保险利益原则要求投保人对保险标的必须具有保险利益，且只有在保险标的经济利益受损害的情况下，才能够得到保险公司的赔偿或者给付的保险金。此时，保险与赌博从根本上区别开来，能够有效地维护社会公共利益及保险行业的正常经营。

（3）确定赔付被保险人因保险事故发生所遭受的经济损失，不允许投保人或被保险人通过保险获得额外的利益。投保人或被保险人对保险标的所具有的经济利益即是保险的最高限额，若超出此限额，容易诱发道德风险和赌博行为，危害被保险人和保险人的利益。因此，保险利益原则能够确定保险公司赔偿或者给付

的最高保险金额,既能保证被保险人的经济损失得到补偿,又能保证被保险人不因保险而获利,更能够确定保险人赔付的保险金额,进而避免纷争。

2. 保险利益的确定

保险利益体现投保人或被保险人与保险标的之间的经济上的利害关系。

(1) 如何衡量是否具有保险利益?

衡量是否具有保险利益,要看投保人或被保险人是否因保险标的受损或丧失而遭受经济上的损失。保险利益是保险合同关系成立的前提,也是保险合同生效的依据。《保险法》第十二条规定:"人身保险的投保人在保险合同订立时,对被保险人应当具有保险利益。"《保险法》第三十一条第三款规定:"订立合同时,投保人对被保险人不具有保险利益的,合同无效。"

如何确定是否具有保险利益?首先,保险利益必须是合法的利益,即保险利益是受法律保护的正当利益,违反法律法规规定或通过不正当手段获得的利益,不能成为保险利益。其次,保险利益是已经确定的利益。确定的保险利益是指在订立保险合同时,保险合同约定的投保人可期待利益、合同利益以及可以实现的保险公司应赔付给投保人或被保险人的保险利益。最后,保险利益应该是可衡量的经济利益,即投保人或被保险人对保险标的享有可用货币衡量的经济利益。投保人或被保险人投保的目的系对保险标的发生保险事故所遭受的经济损失进行弥补,这种经济损失的弥补是可用货币衡量或计算的。若无法用货币衡量或计算,则无法成为保险利益。人身保险合同中,人的生命或身体是无价的,但是投保人或被保险人可以根据自身经济情况确定自己能够支付的保险费,进而确定保险保额,即确定的保险利益的保险金额。

(2) 人身保险利益的类型。

人身保险利益分为法定保险利益和约定保险利益两种类型。

①法定保险利益,即投保人与被保险人之间必须存在血缘或者利益关系,如近亲属、有抚养或者雇佣关系的人等。

《保险法》第三十一条规定:"投保人对下列人员具有保险利益:(一)本人;(二)配偶、子女、父母;(三)前项以外与投保人有抚养、赡养或者扶养关系的家庭其他成员、近亲属;(四)与投保人有劳动关系的劳动者。除前款规定外,被保险人同意投保人为其订立合同的,视为投保人对被保险人具有保险利益。"

其一,投保人对自己具有保险利益。在这种模式下,投保人以自己的身体和生命作为保险标的进行投保,保单的投保人、被保险人都是投保人自己。

其二,投保人对其配偶、子女、父母具有保险利益。由于夫妻之间、父母与

子女之间存在法定扶养、赡养或抚养关系，同时具有较近的血脉亲情关系，因此，配偶、子女、父母之间具有保险利益。

其三，投保人对与其具有抚养、赡养或者扶养关系的家庭其他成员、近亲属具有保险利益。

其四，投保人对与其存在劳动关系的劳动者具有保险利益。劳动者与用人单位、雇主与雇员之间存在劳动关系，一旦劳动者的身体健康发生损害，用人单位很可能会承担一部分费用，这种因劳动关系产生的经济上的利害关系，使得用人单位与雇主对员工或雇员的生命或身体具有保险利益，因此我国法律允许用人单位或雇主为其劳动者投保。

②约定保险利益，是指订立保险合同，无论投保人与被保险人有无法定利害关系，只要被保险人同意为其订立保险合同，就视为投保人对被保险人具有保险利益。

其一，在实践中，保险公司为了防范道德风险，会严格地限定投保人与被保险人具有特定亲属关系，在投保时可能会要求投保人出示与被保险人存在亲属关系的材料，如结婚证、户口本、出生证明、亲子鉴定报告等，对于同居关系、朋友关系，保险公司一般不会承保。

其二，在履约保证保险中，债权人对债务人或者合伙人具有保险利益。在债权债务关系中，债务人的生死对债权人的债权实现有重要影响。合伙经营中，合作伙伴突然死亡会导致合作事业难以成功，甚至会造成巨大的经济损失，因此，债权人对债务人、合作伙伴具有保险利益。

（六）人身保险利益的时效

《保险法》第十二条第一款规定："人身保险的投保人在保险合同订立时，对被保险人应当具有保险利益。"《保险法》第三十一条第三款规定："订立合同时，投保人对被保险人不具有保险利益的，合同无效。"从上述内容可知，我国保险法仅要求投保人在订立保险合同时对被保险人具有保险利益。

投保人在保险合同订立后丧失对被保险人的保险利益的，是否影响保险合同的效力？人身保险合同多是长期合同，主体较多，在履行保险合同过程中，保险合同的当事人与关系人可能发生身份关系上的变化，如果投保人不愿意交纳保险费，此时被保险人或受益人可以代为补交保险费，保险合同的效力不受影响。因此，《保险法司法解释（三）》第四条规定："保险合同订立后，因投保人丧失对被保险人的保险利益，当事人主张保险合同无效的，人民法院不予支持。"即我国保险法并不要求投保人在整个保险合同的履行过程中均对被保险人具有保险利益。即使在保险事故发生时投保人对被保险人丧失保险利益，也不影响保险合同的效力。所以，在人身保险合同中，投保人在保险合同订立后丧失对被保险人的保险利益的，不影响保险合同的效力。

二、损失补偿原则

（一）损失补偿原则的内涵

1. 损失补偿原则的概念

损失补偿原则是指保险合同成立并生效后，保险标的发生保险合同约定的责任范围内的损失，被保险人有权向保险公司申请理赔，保险公司按照约定赔偿或给付保险金，使保险标的恢复至保险事故发生前的状态，即被保险人不能因保险事故的发生获得额外的利益。

损失补偿原则有两重含义：一是被保险人发生保险合同中约定的保险事故并遭受经济损失，若被保险人并未因保险事故遭受经济损失，则被保险人无权向保险公司要求赔付；二是损失赔偿以保险事故导致被保险人的实际损失为依据，以实际经济损失和保险合同中约定的保险金额为限，被保险人不得因为保险赔偿额外获利。

2. 保险公司进行保险赔付的上限

为了确保被保险人不能因保险事故的发生获得额外利益，保险人在坚持损失补偿原则的同时，被保险人申请理赔获得的保险金数额还会受到实际损失、保险金额、被保险人对保险标的的保险利益三个方面的限制。

（1）以实际损失为限。

在保险合同有效期内，保险标的发生保险责任范围内的保险事故，保险人根据保险合同的约定，承担赔偿责任，赔偿金额以保险标的的实际损失为限。以实际损失为限进行保险补偿是指不论保险标的在投保时价值多少，保险公司在理赔时均以保险标的的实际价值或市场价值为限进行保险理赔。例如，投保人为自己新买的汽车投保20万元保险金额的车辆损失险，发生保险事故时该车辆的实际价值为9万元，那么保险公司只赔偿被保险人9万元。

（2）以保险金额为限。

保险金额是指保险合同中约定的保险人承担赔偿或者给付保险金责任的最高限额。无论何种情况，保险人的赔偿金额都不得超过保险金额。保险金额是保险公司收取保险费的基础和依据。以保险金额为限进行保险补偿是指保险事故发生时，保险公司在理赔时给付的保险金不能高于保险金额。例如，投保人为自有房

屋投保50万元保险金额的全损财产损失险，投保后房屋因爆炸导致全损，但此时房价已经上涨到120万元，虽然被保险人的实际损失为120万元，但是保险公司仅以50万元的保险金额为限承担给付保险金的责任。

（3）以保险利益为限。

保险利益是订立履约保证保险的依据，也是被保险人索赔的依据，保险人对被保险人的赔偿以被保险人对保险标的的保险利益为最高限额。

以保险利益为限进行赔偿是指保险公司以保险事故发生时被保险人对保险标的具有的保险利益为限进行保险理赔。财产保险的被保险人在保险事故发生时，对保险标的应当具有保险利益。也就是说，如果被保险人在投保时对保险标的具有保险利益，而在保险事故发生时丧失了保险利益，那么保险公司是无须进行保险理赔的。例如，投保人为自己的两套房屋（A房屋及B房屋）投保400万元保险金额的全损财产损失险，投保后投保人将A房屋卖给了隔壁老王，随后发生火灾导致两套房屋全损，由于此时被保险人仅对B房屋享有保险利益，所以保险公司仅对B房屋进行保险理赔，对A房屋是不进行保险理赔的。

3. 损失补偿原则的派生原则

损失补偿原则又派生出以下两个原则：代位求偿原则与重复保险分摊原则。

（1）代位求偿原则是指如果被保险人的损失是由第三人造成的，那么被保险人从保险公司获得保险赔偿后，在赔偿金额范围内保险公司就享有向第三者追偿的权利，被保险人就该部分不能再向第三者追偿。代位求偿原则主要体现在《保险法》第六十条第一款的规定："因第三者对保险标的的损害而造成保险事故的，保险人自向被保险人赔偿保险金之日起，在赔偿金额范围内代位行使被保险人对第三者请求赔偿的权利。"

代位求偿原则可以避免被保险人因保险事故的发生从第三人及保险公司处同时获利。这也就意味着，如果保险事故发生后，被保险人已经从第三人处获得了赔偿，那么保险公司在支付保险金时，可以相应扣减被保险人从第三人处已取得的赔偿金额。在保险公司支付保险金前，如果被保险人放弃对第三人请求赔偿的权利，则保险公司不再赔偿保险金；在保险公司支付保险金后，如果被保险人擅自放弃对第三人请求赔偿的权利，则放弃行为无效。如果被保险人故意或者因重大过失致使保险公司不能行使代位请求赔偿的权利，保险公司可以扣减或者要求被保险人返还相应的保险金。

（2）重复保险是指投保人对同一保险标的、同一保险利益、同一保险事故分别与两个以上保险公司订立保险合同，且保险金额总和超过保险价值的保险。重复保险分摊原则是指在投保人就某一保险标的重复投保的情况下，发生保险事故时由各保险公司分摊保险金。分摊的方式主要有比例责任分摊、限额责任分摊、顺序责任分摊等几类。《保险法》第五十六条第二款规定："重复保险的各保险人赔偿保险金的总和不得超过保险价值。除合同另有约定外，各保险人按照其保险金额与保险金额总和的比例承担赔偿保险金的责任。"因此，对重复保险我国采取的是比例责任分摊方式。

（二）损失补偿原则是否适用于人身保险

损失补偿原则是财产保险的一项重要原则，人身保险原则上并不适用损失补偿原则。这主要是考虑到，财产的价值可以进行衡量，保险事故发生后保险公司支付保险金可以弥补被保险人所失去的利益，但是人身保险以人的生命和身体作为保险标的，人的生命和身体是无价的，一旦被保险人发生保险事故，被保险人及受益人的经济损失、精神损害是无法用金钱衡量的，所以人身保险合同原则上并不适用损失补偿原则。《保险法》第四十六条规定："被保险人因第三者的行为而发生死亡、伤残或者疾病等保险事故的，保险人向被保险人或者受益人给付保险金后，不享有向第三者追偿的权利，但被保险人或者受益人仍有权向第三者请求赔偿。"该条规定明确限制了保险公司向第三人追偿的权利，赋予了被保险人或受益人向第三人请求赔偿的权利。

人身保险适用的是定额给付原则，即保险公司根据保险合同约定的死亡或伤残程度来给付保险金；但是《保险法司法解释（三）》第十八条规定："保险人给付费用补偿型的医疗费用保险金时，主张扣减被保险人从公费医疗或者社会医疗保险取得的赔偿金额的，应当证明该保险产品在厘定医疗费用保险费率时已经将公费医疗或者社会医疗保险部分相应扣除，并按照扣减后的标准收取保险费。"因此，费用补偿型的医疗保险可以在保险金中扣减公费医疗或社会医疗保险的费用。

三、近因原则

案例

【基本事实】

2014年6月29日，李洁在保险公司投保驾乘意外伤害保险，投保人、受益人为李洁，被保险人为其配偶王东成，保险年限为30年，交费年限为10年，基本保额为10万元，年保险费为1270元。保险条款约定：如果被保险人在中国境内（不包括香港、澳门、台湾地区）驾驶或乘坐私家车期间发生公安交通管理部门认定

的交通意外伤害事故（指外来的、突发的、非本意的、非疾病的使身体受到伤害的客观事件），且自事故发生之日起180日内，被保险人因该事故导致身故，保险公司按照基本保额的10倍进行赔付。

2019年12月29日下午，李洁驾驶小型客车由南向北行驶至机场高速时，与出口警示护墩相撞，致王东成受伤。事故发生后，王东成被120救护车送往大庆市中医院抢救，王东成于当日去世。李洁于2020年1月3日去世。

2020年2月5日，医院司法鉴定所出具司法鉴定意见书，该鉴定意见书中载明：①根据尸体检验、病理学检验，结合案情，王东成的冠状动脉粥样硬化伴狭窄Ⅳ度（管腔狭窄达80%），肺化脓性炎症，肺水肿，肺淤血，脑水肿，多脏器淤血，水肿，并于交通事故发生时死亡的事实可以确认。②根据病理学检验特点及死亡经过，符合在冠心病病变基础上，突发事件引起冠状动脉痉挛，诱发冠状动脉严重供血不足，引起急性心力衰竭死亡。鉴定意见为王东成因急性冠状动脉痉挛，造成冠状动脉严重供血不足，引起急性心力衰竭死亡。

2020年4月16日，保险公司出具理赔结果通知书，同意赔付满期金8382元，但拒绝赔付王丽（李洁与王东成之女）申请的100万元驾乘意外身故保险金。王丽遂将保险公司起诉至法院，请求判决保险公司支付100万元保险金。

一审法院认为，交通事故与被保险人王东成的自身疾病对于其死亡结果均有关联性，因此，被保险人王东成的死亡是否属于保险责任承担的范畴，须用保险法中的近因原则进行判断。近因原则的核心在于对近因的界定，即在诸多可能导致保险事故发生的原因中，只有对最后损失的发生起决定性作用的原因才是近因。近因不是指时间上的接近，而是指效果上的接近。司法鉴定意见为王东成因急性冠状动脉痉挛，造成冠状动脉严重供血不足，引起急性心力衰竭死亡。从该鉴定意见可知，被保险人王东成自身患有严重疾病，本次交通事故只是其发病死亡的诱因，因此，导致被保险人王东成死亡的近因为其自身疾病，而非保险合同中约定的驾乘意外，所以判决驳回原告的诉讼请求。

二审法院认为，王东成死亡系因突发事件即本案的交通事故引起冠状动脉痉挛，诱发冠状动脉严重供血不足，引起急性心力衰竭死亡。由此可以认定王东成的死亡存在两个原因：一个是自身存在冠状动脉狭窄，另一个是交通事故。交通事故属于被保险人理赔的责任范畴，运用近因原则确定本案危险与损害之间的关系是解决争议焦点的关键。王东成在没有交通事故的情况下不会引发冠状动脉痉挛，而冠状动脉狭窄仅仅是加重了交通事故所造成的伤害，但并非决定因素。故导致被保险人王东成死亡的近因为其自身疾病所致还是交通事故所致均无法确定。按照承保风险所占事故原因的比例或者程度,酌定判决由保险公司承担50%的保险赔偿责任,即保险公司给付王丽意外身故保险金50万元。

【裁判要点】

王东成的死亡原因有两个,即自身存在的疾病与交通事故。被保险人王东成的死亡是否属于保险责任承担的范畴,须用保险法中的近因原则进行判断。

法律分析

1.近因原则的内涵

人身保险中的近因是指造成保险事故最直接、最有效、起主导作用的原因,而不是指时间或空间上最接近的原因。保险事故的发生,原因可能只有一个,也可能有多个。近因原则是指保险法上,只有当一个原因对损害结果的发生有决定性意义,而且这个原因是保险合同承保的风险时,保险人才承担保险责任。近因不属于保险责任的,保险人不承担赔偿或给付保险金的责任。近因原则,是确定保险责任的重要原则。

2.多个原因存在时,如何应用近因原则确定根本原因

(1)多个原因连续发生、前后衔接。

两个以上原因导致危险连续发生造成损害,若后因是前因直接、必然的发展结果或合理延续,前因即为近因。

如果前因是承保危险,而后因不论其是不是承保危险,保险人均要承担责任;如果前因不是承保危险,保险人不承担责任。

(2)多个原因同时发生、相互关联。

对于同时发生且相互关联的多种原因致损的情况,任何一个原因都可以导致损失发生,故均被认定为近因。如果这些致损原因都属于承保责任范围,保险人应该赔偿;如果这些致损原因都属于免责范围,保险人不予赔偿。如果数个原因中既有承保风险,又有除外风险,除外风险是损失发生的近因的,保险人不予赔偿;承保风险是损失发生的近因的,保险人应当赔偿。

(3)多个原因同时发生、相互独立。

数个原因同时发生并相互独立是指每个原因都可以独立造成损失,无须依赖于其他原因的情况。如果同时发生的多种原因均属于承保风险,则保险人应负全部赔偿责任,多种原因均属近因;如果同时发生的多种原因均属除外风险,则保险人不负赔付责任。若多个原因中既有承保风险,又有未承保风险或除外风险,由于每个风险都可以单独造成损失,因此,承保风险就成为保险法上承担法律责

任的近因，保险人应当赔付。

（4）损失系由承保事故或者非承保事故、免责事由造成难以确定的，如何处理？

《保险法司法解释（三）》第二十五条规定："被保险人的损失系由承保事故或者非承保事故、免责事由造成难以确定，当事人请求保险人给付保险金的，人民法院可以按照相应比例予以支持。"依据上述规定，人民法院可以行使自由裁量权，按照承保风险所占事故原因的比例或程度，判决保险人承担相应比例的保险责任。

本案中，一审法院认为，导致被保险人王东成死亡的近因为其自身疾病，而非保险合同中约定的驾乘意外，因王东成自身疾病并非保险人的承保责任范围，故保险人免责；而二审法院认为，导致被保险人王东成死亡的近因为其自身疾病所致还是交通事故所致无法确定。故二审法院依据《保险法司法解释（三）》第二十五条的规定，按照承保风险所占事故原因的比例或者程度，酌定判决由保险公司承担50%的保险赔偿责任。

由于近因的定义与人们的认知有一定差异，而且对于近因的判断存在分歧，所以在实践中，对于近因原则的适用问题，会产生大量争议。山东省高级人民法院在2011年发布的《关于审理保险合同纠纷案件若干问题的意见（试行）》第十四条规定："如事故是由多种原因造成，保险人以不属保险责任范围为由拒赔的，应以其中持续性地起决定或主导作用的原因是否属于保险责任范围为标准判断保险人是否应承担保险责任。"

第五节　保单现金价值

我们来看下面的案例。

2019年1月4日，35周岁的张女士投保了一份"养老年金保险"，保险期间为终身，基本保额27 300元，交费期间为3年，年交保险费10万元。在投保时，保险代理人曾表示，如果张女士中途退保，保险公司会在收到申请后将保单的现金价值退还给张女士。那么，什么是保单现金价值？

表7-1为张女士的现金价值与减额交清保额表。

表7-1　现金价值与减额交清保额表

险种名称　******　　保险合同号　******　　单位：人民币

保单年度末	现金价值	减额交清保额	保单年度末	现金价值	减额交清保额
1	68 809.70	6276.30	37	588 629.00	
2	147 346.30	12 918.40	38	584 929.80	
3	310 682.20	27 300.00	39	581 069.60	
4	323 188.30		40	577 045.60	
5	336 199.50		41	572 844.10	
6	349 732.10		42	568 454.30	
7	363 813.50		43	563 865.10	
8	378 459.90		44	559 065.80	
9	393 696.00		45	554 039.90	
10	426 603.50		46	548 776.40	
11	443 769.70		47	543 261.80	
12	461 623.90		48	537 476.90	
13	480 198.80		49	531 416.30	
14	499 519.00		50	525 058.20	
15	519 617.30		51	518 391.50	
16	540 520.90		52	511 402.70	
17	562 265.30		53	504 078.10	
18	584 886.10		54	496 398.60	
19	608 413.30		55	488 347.90	
20	632 887.70		56	479 914.90	
21	631 042.20		57	471 077.90	
22	629 123.00		58	461 817.70	
23	627 124.70		59	452 123.50	
24	625 044.40		60	441 970.60	
25	622 879.50		61	431 345.50	
26	620 621.80		62	420 223.40	
27	618 271.30		63	408 588.20	
28	615 825.20		64	396 417.80	
29	613 275.40		65	383 687.90	
30	610 619.10		66	370 370.90	
31	607 853.60		67	356 442.50	
32	604 970.70		68	341 875.20	
33	601 967.70		69	326 644.50	
34	598 839.20		70	310 723.10	
35	595 576.80		71	294 086.50	
36	592 175.20		72	0.00	

一、保单现金价值的内涵

保单现金价值（cash value）是指带有储蓄性质的人身保险所具有的价值。从保险原理来讲，保单现金价值是投保人在保险期间早期支付的超过自然保险费部分的金额的积累。通俗地理解，保单现金价值是指人寿保单值多少钱。保单现金价值的最直接体现就是保险合同解除后，保险公司向投保人支付的退保费用。保单现金价值只存在于具有储蓄型的人身保险中，消费型的人身保险一般保险费较低，保障时间较短，不具备储蓄性，所以一般无现金价值可言。

在人寿保险中，由于死亡概率是随着年龄的增长而不断增长的，根据对价平衡原理来计算保险费的话，投保人所需支付的保险费会随着被保险人年龄的增加而不断增加，这种缴费方式并不符合投保人的需求，因为投保人的支付能力是随着年龄的增长而不断降低的。因此，根据被保险人年轻时与年老时死亡概率的不同，保险公司根据精算原理设计出均衡保险费的方案，即运用精算原理将投保人所需支付的全部保险费在整个保险期间平均分配，投保人只需定期支付同等份额的保险费。根据均衡保险费方案，投保人在保单前期支付的保险费要高于保障成本，这种差额就构成了保单现金价值的基础。

由于被保险人年轻时死亡概率低，此时交纳的保险费较多留存在保险公司，保险公司将投保人在前期交纳的保险费中高于保障成本的部分提取出来作为责任准备金，责任准备金实际上属于投保人预交的保险费。将来发生保险事故进行给付，或投保人中途退保或者保险合同解除，保险公司无须承担保险责任，保险公司就应当将提前提取的保险责任准备金返还给投保人；同时，保险公司在运营过程中存在运营成本，保险公司需要在责任准备金中预先扣除该保单向业务人员支付的佣金、保险公司的管理费用开支在该保单上分摊的金额，加上保险费所产生的利息。因此，人寿保险合同的现金价值实际上是保险责任准备金与退保手续费的差额，再加上保险费产生的利息（如有）。

保单现金价值＝投保人已经交纳的保险费－保险公司因为该保单向保险工作人员支付的佣金－保险公司的管理费用开支在该保单上分摊的金额－保险公司已经承担该保单保险责任所需要的纯保险费＋剩余保险费所产生的利息。

前面案例中，张女士投保的人寿保单，随着保单年度的不断增长，保单现金价值也不断增长。

第1个保单年度末，张女士36周岁，保单现金价值为68 809.7元，此时张女士已经交纳了10万元的保险费。

第3个保单年度末，张女士38周岁，此时张女士已经交纳了30万元的保险费，保单现金价值为310 682.2元。

第10个保单年度末，张女士45周岁，保单现金价值为426 603.5元。

第20个保单年度末，张女士55周岁，保单现金价值数额超出保险费（30万元）的一倍，达到了632 887.7元。

二、保单现金价值的功能

（一）退保结算（退还保单现金价值）

《保险法》第四十七条规定："投保人解除合同的，保险人应当自收到解除合同通知之日起三十日内，按照合同约定退还保险单的现金价值。"投保人退保后，保险合同解除，保险公司应当向投保人退还保单的现金价值。一般来讲，保单生效后前几年现金价值较少，如果选择前几年退保，很可能会"亏本"（保单现金价值低于已经交纳的保险费）。所以，投保人在退保时需要谨慎，如果只是短期的资金周转，可以选择保单质押贷款。

在电视剧《三十而已》里，顾佳想开一家甜品店，考虑到家庭资金周转不开，为了盘活资金，顾佳将自己名下的保单做了退保处理，退保后保险公司将保单现金价值付给顾佳，顾佳用这笔资金开了甜品店。

（二）保单质押贷款

2008年3月28日保监会发布的《关于寿险保单质押贷款业务有关问题的复函》第一条明确规定："保单质押贷款是长期寿险合同特有的功能，是指投保人在合同生效满一定期限后，按照合同约定将其保单的现金价值作为质押，向保险公司申请贷款。"《保险法》第三十四条第二款规定："按照以死亡为给付保险金条件的合同所签发的保险单，未经被保险人书面同意，不得转让或者质押。"依据上述规定，以死亡为给付保险金条件的合同所签发的保险单进行质押贷款须经被保险人同意。

《中国人民银行关于人寿保险中保单质押贷款问题的批复》（银复〔1998〕194号）规定，保单质押贷款期限不超过六个月，保单质押贷款金额不超过贷款时保单现金价值的80%。保单质押贷款利率按保险条款中的约定执行，如无约定，则按同期银行贷款利率执行。一般订有保单质押贷款条款的具有储蓄性质的养老保险、年金保险、重疾保险以及分红类长期险现金价值较高的，都可以办理保单质押贷款。这类保险在前几个年度保单现金价值很低，因此会有"投保一定时间或缴费满一定次数才能申请保单贷款"的要求。

前面案例中，张女士在第20个保单年度资金周转不开而选择保单质押贷款，

保单现金价值为632 887.7元，贷款比例按照80%来计算的话，此时张女士能获得的贷款额度为506 310.16元。

与退保相比，保单质押贷款对投保人更加有利，既有助于解决投保人短期财务问题，又可以继续维持保险合同的效力，按合同约定得到保险保障。投保人在解决了资金周转问题之后，按期归还贷款并支付利息即可。如果在归还本息之前发生了保险事故或退保，保险人将从保险金或退保金中扣还贷款本息。当贷款本息达到保单现金价值的数额时，保险合同的效力即终止。保单贷款实际上是保险合同资金融通功能的体现。

在电视剧《三十而已》中，顾佳除了退保以外，还可以选择保单质押贷款以盘活资金，同时维持保险合同的效力。

（三）自动垫付保险费（保单现金价值垫付保险费）

自动垫付保险费是指如果投保人由于资金困难而无法继续按照约定交纳保险费的情况下，投保人可以用保单现金价值自动垫付应当交纳的保险费，如果后期投保人将之前欠付的保险费全部补足，则保单现金价值会回到原来的数额不受影响。

（四）减额交清（reduced paid-up insurance）

减额交清是指投保人不能按合同约定交纳保险费时，为保持原保险合同的保险责任、保险期限不变，在保险合同具有现金价值的情况下，将当时保单现金价值扣除欠交保险费及贷款本息后剩下的部分作为一次交清的保险费，以相同的合同条件减少保额，使保险合同继续有效的一种保单处理方式。

减额交清的目的，就是在投保人中途因为经济原因导致无法交保险费时使用，投保人如果决定不再交纳保险费，可以向保险公司提出申请，以当时保单现金价值一次性交清保险费。这种情况下，保单的保险责任和保险期限不变，只是保额相应降低；但并不是所有保险产品都具有减额交清功能，使用减额交清功能的保单必须有保单现金价值，同时必须是分期交保险费的保险产品，因为只有分期交保险费才存在需要续交保险费的问题。减额交清功能常见于两全保险、终身寿险中。使用减额交清功能会消耗掉保单的全部现金价值，但保单会继续有效，保额减少，投保人能够继续享受保险保障。

（五）展期定期（extended term insurance）

展期定期保险是指投保人不能按合同约定交纳保险费时，投保人可以选择现金价值作为趸交保险费，向保险人申请变更"展期定期保险"，即在不变更保险金额的原则下，将当时保险合同的保单现金价值作为趸交保险费，扣除营业费用及保单贷款本息、欠交保险费、垫交保险费本息后的余额来计算，以不超过原来保险期间为准，是保险合同继续有效到特定期限的一种保单处理方式。

如果保单现金价值仍有剩余，则把剩余部分以现金形式返还给投保人。变更为展期定期保险后，投保人不必继续交保险费，被保险人在该特定时间前死亡或全残时，保险公司应依照约定的保险金额给付身故或全残保险金，若到该特定时间被保险人仍生存，且又交清生存保险金，则保险公司一次性给付全部生存保险金。与减额交清不同的是，这种情况下，保单的保额不会降低，只是相应地减少保险期限。

三、如何利用保单现金价值进行财富传承规划

利用保单现金价值进行财富传承规划，应注意以下两点。

（1）婚姻期间投保，投保人可以选择前几年保单现金价值较低的人寿保单，如发生婚变，离婚时分割的保单现金价值也比较少。

《第八次全国法院民事商事审判工作会议（民事部分）纪要》第四条规定："婚姻关系存续期间以夫妻共同财产投保，投保人和被保险人同为夫妻一方，离婚时处于保险期内，投保人不愿意继续投保的，保险人退还的保险单现金价值部分应按照夫妻共同财产处理；离婚时投保人选择继续投保的，投保人应当支付保险单现金价值的一半给另一方。"由此可见，如果在婚后投保，离婚时保险单现金价值将按照夫妻共同财产进行分割。

投保人在婚内投保时，可以购买前几年保险单现金价值较低的人寿保单，即使夫妻双方感情破裂，因为离婚时保单现金价值较低，投保人仅需要支付对方保单现金价值一半的补偿就可以继续维持保险合同的效力。使用夫妻共同财产支付保险费减少投保人自己的经济压力，需要注意，在夫妻关系非常紧张，甚至已经开始分居的情况下，这种方案有可能失效：诉讼离婚分割夫妻共同财产时，法官很可能会判决分割已经交纳的保险费，而不是保险单现金价值。

（2）如果投保人对于资金周转的需求较高，可以选择高现金价值的人寿保单。

前面已经提到，保单现金价值具有退保结算、保单质押贷款等功能。因此，如果投保人对于资金周转的需求比较高，可以选择保单现金价值较高的人寿保单并合理利用保单质押贷款功能，在为自己提供保险保障的同时盘活资金。按照以死亡为给付保险金条件的合同所签发的保险单，经被保险人书面同意的，投保人可以转让该保单的现金价值，进行资金融通。

四、保单现金价值在特定情形下的退还

依据《保险法》的相关规定，保险公司在以下情况出现时，应当按照合同约

定向投保人退还保险单的现金价值。

（1）依据《保险法》第三十二条的规定，投保人申报的被保险人年龄不真实，并且其真实年龄不符合合同约定的年龄限制的，保险人可以解除合同，并按照合同约定退还保险单的现金价值。

（2）依据《保险法》第三十六、三十七条的规定，合同约定分期支付保险费，投保人支付首期保险费后，除合同另有约定外，投保人自保险人催告之日起超过30日未支付当期保险费，或者超过约定的期限60日未支付当期保险费的，合同效力中止；但是，自合同效力中止之日起满两年双方未达成协议，保险人解除合同的，应当按照合同约定退还保险单的现金价值。

（3）依据《保险法》第四十四条的规定，以被保险人死亡为给付保险金条件的合同，自合同成立或者合同效力恢复之日起二年内，被保险人自杀的，保险人不承担给付保险金的责任，保险人应当按照合同约定退还保险单的现金价值，但被保险人自杀时为无民事行为能力人的除外。

（4）依据《保险法》第四十五条的规定，因被保险人故意犯罪或者抗拒依法采取的刑事强制措施导致其伤残或者死亡的，保险人不承担给付保险金的责任。投保人已交足二年以上保险费的，保险人应当按照合同约定退还保险单的现金价值。

（5）依据《保险法》第四十七条的规定，投保人解除合同的，保险人应当自收到解除合同通知之日起30日内，按照合同约定退还保险单的现金价值。

（6）依据《保险法》第四十三条的规定，投保人故意造成被保险人死亡、伤残或疾病的，保险人不承担给付保险金的责任。投保人已交足二年以上保险费的，保险人应当按照合同约定向其他权利人退还保险单的现金价值。

第六节　人身保险合同的成立

典型案例

2021年7月14日，周涛通过微信与某保险公司业务员王某联系投保雇主责任保险事宜，并将开具发票信息通过微信发送给王某。

法律分析

1.保险合同的成立

保险合同成立（establishment of insurance contract）是指投保人提出保险要求，经保险人同意承保，并就合同内容达成一致的行为。保险合同作为合同的一种，订定程序与其他合同相同，一般包括要约与承诺两个过程。

《保险法》第十三条规定："投保人提出保险要求，经保险人同意承保，保险合同成立。保险人应当及时向投保人签发保险单或者其他保险凭证。保险单或者其他保险凭证应当载明当事人双方约定的合同内容。当事人也可以约定采用其他书面形式载明合同内容。依法成立的保险合同，自成立时生效。投保人和保险人可以对合同的效力约定附条件或者附期限。"

（1）投保人的要约。

投保人填写投保单，向保险人提出投保的意思表示，希望与保险人订立保险合同，即投保人的要约。投保人要约方式包括投保人至保险人经营场所、与保险人约定地点、填写投保单者或投保人通过网络、传真、邮件提交电子版投保材料等多种方式。

（2）保险人的承诺。

保险人的承诺是指保险人收到投保人发出的书面投保的意思表示后所做出的同意承保的意思表示。实践中，保险人收到投保人提交的纸质版投保单或者电子版投保材料后进行审核，若投保的保险标的符合投保条件，则承保，做出承保承诺；否则，拒绝承保。保险人承保后向投保人签发保单，保险人签发保单后保险合同成立，保险合同的承诺人只能是保险人。

实践中，在保险人审核投保单的过程中，经常会与投保人就保险条款的概念与内涵、保险费率、免责条款等进行解释说明、协商或选择等，在双方达成一致意见后保险人签发保单，即保险人做出保险承诺，保险合同成立。

2.保险合同的生效

人身保险合同的生效（effectiveness of insurance contract），是指依法成立的保险合同，根据法律规定或合同约定在保险合同当事人之间产生法律约束力。

人身保险合同的生效条件有以下几个：①合同主体符合法律规定。保险人必须为依法设立的保险公司，投保人也要具有相应的民事行为能力。②保险合同主体意思表示真实并达成投保与承保合意。保险合同的内容必须是双方当事人的真实意思表示，且须遵循保险最大诚信原则。③保险合同内容不得违反法律法规的强制性规定。④保险合同必须采取书面形式。

3.保险合同的保险期间

保险期间也称"保险期限"，是保险公司承担保险责任的起止时间。通常情况下，对于符合保险责任范围的保险事故只有发生在保险期间之内，保险人才会承担保险责任。

《保险法》第十四条也规定:"保险合同成立后,投保人按照约定交付保险费,保险人按照约定的时间开始承担保险责任。"

保险期间会依据保险产品的不同设定具体的承保期间。例如:一年期健康保险合同或意外伤害保险合同,保险期间通常为一年;年金保险合同的保险期间可以约定具体年限至哪一年或约定为生存期间;终身寿险的保险期间为终身,等等。

通常情况下,保险公司为防范风险,对于健康保险产品,会设置相应的约定责任开始时间条款,一般叫作"等待期"或者"观察期"。例如,某医疗保险产品条款中规定:"自本合同生效日零时起30日为等待期,非首次投保无等待期。如果被保险人在等待期内发生疾病,由该疾病导致的住院治疗无论是否在等待期内,我们均不承担保险责任。"又如,某重疾险条款规定:"自本合同生效日零时起90日为等待期。如果本合同曾一次或多次恢复效力,则自每次合同效力恢复之日零时起90日均为等待期;如果被保险人因意外伤害事故或等待期后因意外伤害事故以外的原因导致被保险人经医院由专科医生初次确诊患上一种或多种本附加合同所定义的重大疾病,我们按本附加合同基本保险金额给付重大疾病保险金,同时主合同及本附加合同终止。"

2019年之前,重疾险产品等待期每个公司各不相同,从90天到180天至一年不等。2019年12月1日生效的中国银保监会《健康保险管理办法(2019修订)》第二十七条统一规定:"疾病保险、医疗保险、护理保险产品的等待期不得超过180天。"等待期的缩短,无疑会加强对保险客户利益的保护。需要注意的是,重大疾病多次赔付之间的时间间隔,不受180天等待期的限制,如有些重大疾病多次赔付产品条款中规定几次重大疾病间隔期间为1年也是符合规定的。若在等待期内罹患重大疾病,则保险公司不承担赔付责任。

第七节 人身保险合同的变更

典型案例

【基本事实】

2019年3月1日,孙某与某保险公司签订保险合同,投保重大疾病保险及医疗保险,交纳保险费3683.50元,保险公司向孙某出具保单,保险合同依法生效。2019年11月至2020年1月,孙某在医院检查发现子宫有病变,并进行了子宫摘除手术,支付医药费15 857.73元。2020年3月9日,孙某向保险公司申请理赔,

2020年4月29日，保险公司拒绝赔付，孙某因对理赔结果有异议而提起诉讼。

法院经审理查明，2015年4月27日，原告孙某在医院门诊检查，门诊记录中记载原告孙某HPV16阳性（高危型）。在《人身保险投保书》"投保告知"项下"11.您是否有或曾经患有与乳房或子宫、宫颈、卵巢、输卵管等女性生殖器官有关的疾病""15.在过去的5年内，您是否因上述告知情况以外的疾病住院治疗，或被医生建议住院治疗，或因疾病连续服药超过1个月"等询问，孙某均做否定回答。末尾处"客户投保声明"载有"本人已认真阅读并充分理解保险责任、责任免除、犹豫期、合同生效、合同解除等保险条款的各项概念、内容及其法律后果……本人及被保险人在投保书中的所有陈述和告知均完整、真实、准确，已知悉各项投保资料。"

2020年3月9日孙某向保险公司申请理赔，经双方协商，2020年4月29日孙某与保险公司书面变更保险合同，并在《契约内容变更通知书》上签字确认"医疗险，不承担条款中因被保险人患妇科（子宫、附件）疾病所引起的医疗保险责任"。同日，保险公司做出《理赔决定通知书》，内容为："本公司对本次理赔申请做出如下处理决定：不予给付医疗保险金。本公司做出上述处理决定的依据是不在保险责任范围内。具体理由：经调查发现投保前已患疾病，已对医疗保险与重大疾病保险特约妇科疾病（子宫、附件）相关疾病进行除外约定，故本次拒付处理。"

【法院观点】

《人身保险合同》系双方的真实意思表示，未违反法律和行政法规的强制性规定，应属有效，对双方均具有约束力。本案争议焦点为保险公司是否应给付孙某医疗保险金。

首先，孙某在《电子投保申请确认书》《人身保险投保提示书》签名的行为应视为对全部内容的认可，由此可以证明保险公司就相关事项对原告孙某进行了询问，并经孙某书面确认；亦可证明保险公司对保险条款进行了说明，尤其对保险责任及责任免除条款进行了提示和明确说明。原告孙某在2015年4月27日检查出HPV16阳性（高危型），但在投保时就告知事项中的上述提问做出否认的回答，因该疾病发生在保险合同订立前，且该疾病引起子宫颈上皮细胞病变按合同的约定不在保险责任范围内。

其次，原告孙某申请理赔后，经原告、被告双方协商，2020年4月29日原告孙某以书面方式与保险公司变更保险合同，并在《契约内容变更通知书》上签字确认"医疗险，不承担条款中因被保险人患妇科（子宫、附件）疾病所引起的医疗保险责任"，该约定系双方的真实意思表示，合法、有效，对双方均具有约束力。

最终，法院判决驳回孙某的诉讼请求。

【裁判要点】

投保人和保险人可以协商变更合同内容，客户以书面方式与保险公司约定变更保险合同的情况下，约定系双方的真实意思表示，合法、有效，对双方均具有约束力。

法律分析

本案中，孙某为什么要与保险公司变更保险合同内容？

《保险法》第十六条规定："订立保险合同，保险人就保险标的或者被保险人的有关情况提出询问的，投保人应当如实告知。投保人故意或者因重大过失未履行前款规定的如实告知义务，足以影响保险人决定是否同意承保或者提高保险费率的，保险人有权解除合同。"投保人故意不履行如实告知义务的，保险人对于合同解除前发生的保险事故，不承担赔偿或者给付保险金的责任，并不退还保险费。

本案中，孙某在2015年4月27日，已经医院门诊确诊患有HPV16阳性（高危型）。2019年3月1日孙某投保时，面对保险公司的询问，孙某作为投保人与被保险人应当如实回答，否则可能影响投保人和被保险人的权益。在《人身保险投保书》"投保告知"项下"11.您是否有或曾经患有与乳房或子宫、宫颈、卵巢、输卵管等女性生殖器官有关的疾病""15.在过去的5年内，您是否因上述告知情况以外的疾病住院治疗，或被医生建议住院治疗，或因疾病连续服药超过1个月"等询问，孙某均做否定回答。保险公司在进行理赔调查中发现2015年医院门诊记载孙某患有HPV16阳性（高危型）。该疾病发生在保险合同订立前，该疾病引起子宫颈上皮细胞病变不在保险责任范围内。2020年3月9日在理赔访谈中孙某承认投保前已有HPV感染。

依据《保险法》及保险合同的约定，孙某在投保时不履行如实告知义务，保险公司有权解除保险合同，不承担赔偿或给付保险金的责任，并不退还保险费。此时，对于孙某来说，因其故意不履行如实告知义务，不但保险合同解除了，还拿不到保险公司赔偿的保险金，更损失了保险费，是最不利的后果。

为了尽量减少孙某的损失，依据《保险法》第二十条的规定，经孙某与保险公司协商一致，双方以书面形式对保险合同内容进行了变更，即对保险合同的承保范围进行变更，将孙某在投保之前隐瞒的已经患有且保险合同内承保的疾病排除在外，保险公司继续承保，保险合同继续有效。保险合同内容的变更，经双方书面确认系双方的真实意思表示，合法、有效，对双方均具有约束力。

如此情况下，经孙某和保险公司双方同意，保险合同继续有效，孙某也不必损失已经交纳的保险费，最大限度地减少了孙某的经济损失。

一、人身保险合同中哪些内容可以变更

保险合同的履行过程中，可能会有各种情况发生，如投保人去世，变更受益人，延长或者缩短保险期限，增加或减少保险金等等，为让保险合同继续有效履行，经投保人和保险人同意，可以对保险合同进行相应的变更。

保险合同的变更是指在保险合同的有效期内，经投保人与保险人协商一致，以法定形式对保险合同内容进行变更。人身保险合同的变更主要包括保险合同主体的变更和保险合同内容的变更。人身保险合同主体的变更主要包括保险合同当事人（保险人与投保人）与保险合同的关系人（被保险人与受益人）的变更。保险合同内容的变更主要是指保险合同条款的变更导致保险合同主体权利与义务的变化。

二、保险合同主体的变更

（一）保险人的变更

保险人是指与投保人订立保险合同，并按照合同约定承担赔偿或者给付保险金责任的保险公司，即保险人就是指保险公司。保险人的变更是指保险公司因破产、分立、合并或被依法撤销时，经国家保险监督管理机构批准，其所承担的部分或者全部保险合同责任转移给其他保险公司承担。

一般情况下，在保险合同签订后，保险合同中的保险人不会发生变更，但是在特定条件下，也会有变更的情况。比如，保险公司兼并重组；或者因为经营出现严重问题被监管机构接管，进而发生重组；等等。不过，由于保险公司的特殊性质，各个国家和地区对保险公司运营都有非常严格的监管措施，即使发生保险公司破产或重组的情况，也会把维护客户利益放在相当重要的地位，尽最大可能使客户的保单不受影响。此时，发生保险公司变更不受投保人意志影响，是国家为保障投保人、被保险人或者受益人的合法权益而提供的接管组织。

例如，2018年2月23日，鉴于安邦保险集团股份有限公司（以下简称安邦集团）存在违反保险法规定的经营行为，可能严重危及公司偿付能力，为保护保险消费者的合法权益，维护社会公共利益，保监会决定对安邦集团实行接管，保险保障基金注资608.04亿元，随后成立大家保险集团有限责任公司，受让了原安邦集团的保险单，最大限度地维持了客户利益与社会稳定。

（二）投保人的变更

投保人是指与保险人订立保险合同，并按照合同约定负有支付保险费义务的人。投保人的变更是指在投保人无力缴费、家庭成员发生变化、原投保人出现意外或者身故或其他情况时变更投保人。

《保险法》第二十条规定："投保人和保险人可以协商变更合同内容。变更保险合同的，应当由保险人在保险单或者其他保险凭证上批注或者附贴批单，或者由投保人和保险人订立变更的书面协议。"

依据上述规定，通常情况下，保险合同的投保人是可以进行变更的。首先，新投保人必须符合保险公司对投保人的条件要求，如投保人应具有完全民事行为能力；其次，新投保人需要具有继续交纳保险费的经济能力且愿意继续交纳对应的保险费；再次，依据人身保险合同的性质，如需经被保险人同意的，还需经被保险人书面同意；最后，由投保人与保险人以订立变更书面协议的方式或者保险人在保险单或者其他保险凭证上批注或者附贴批单的方式对投保人进行变更。

投保人的变更等同于投保人将保险合同转让给第三人，从性质上与投保人在保险合同存续期间丧失保险利益相同。

《保险法》第三十四条第二款规定："按照以死亡为给付保险金条件的合同所签发的保险单，未经被保险人书面同意，不得转让或者质押。"依据上述规定，对于并非以死亡为给付保险金条件的保险单，其转让并不需要经过被保险人的同意，所以，并不是所有的人身保险合同变更投保人都需要经过被保险人的同意。

需要注意的是，如果投保人使用夫妻共同财产支付保险费，由于保单现金价值属于夫妻共同财产，此时投保人如变更新的投保人，类似于债权转让。从严谨性的角度来看，应当征得配偶一方的同意，否则会面临擅自处分夫妻共同财产的风险；但实务中，很多保险公司并未做此要求。

若因投保人身故，投保人名下保单成为投保人的遗产。当投保人没有遗嘱对该保单预先做出安排的情况下，需要原投保人的法定继承人代办投保人变更手续。此时需要注意，原投保人的继承人在分割保险利益时，需要将保单利益的一半析出来归投保人配偶所有，剩下的才可以作为投保人的遗产。

实践中，有些保险公司开发了保单的"第二投保人"功能，即通过提前约定，在投保人身故或者发生保险合同中约定的情况时，可以方便快捷地实现变更投保人的目的，从而规避变更投保人在实践中的种种障碍。

（三）被保险人的变更

被保险人是指其财产或者人身受保险合同保障，享有保险金请求权的人。投保人可以为被保险人。人身保险业务中，由于被保险人的健康和生命是唯一保险标的，被保险人的变更等同于原保险合同终止后又订立一份新的保险合同，所以在人身保险合同中，一般被保险人是无法变更的；但是，在单位给员工购买的团体保险中，由于团体成员经常会发生自然变动，所以保险公司允许在一定比例范围内更换被保险人。

（四）受益人的变更

受益人是指人身保险合同中由被保险人或者投保人指定的享有保险金请求权的人。投保人、被保险人可以为受益人。《保险法》第四十一条规定，被保险人或者投保人可以变更受益人，且无须保险公司同意，但投保人变更受益人时须经被保险人同意。

（1）变更受益人的主体。投保人与被保险人为同一主体时，投保人或者被保险人都可以变更受益人；投保人与被保险人为不同主体时，投保人变更受益人须经被保险人同意，否则变更无效。

（2）变更受益人是否有期限。《保险法》并未就变更受益人的期限或条件加以限制，但应在保险合同订立之后，依据《保险法》的相关规定，当保险事故发生时，保险给付请求权随之产生，受益人系唯一享有保险金赔付请求权的人，受益人的保险给付请求权转为现实的债权，是受益人的一种既得权利，归受益人所有，此时，无论是投保人还是被保险人都无权变更受益人。《保险法司法解释（三）》第十一条规定："投保人或者被保险人在保险事故发生后变更受益人，变更后的受益人请求保险人给付保险金的，人民法院不予支持。"

保险合同为继续性合同的，保险事故发生后，保险人依法依约赔付保险金，保险合同并不当然终止，投保人或被保险人可以就此后发生的保险事故的保险赔偿金重新指定受益人，如财产保险中的车辆保险。唯有已发生保险事故对应的受益人之保险给付请求权已成为现实债权，不能变更。

受益人在取得保险给付请求权之后去世的，保险请求权即作为受益人的遗产处理，而不是作为被保险人的遗产。

（3）变更受益人的方式。依据《保险法》第四十一条的规定，变更受益人应采取书面形式。司法实践中，是否可以通过遗嘱的方式变更受益人，各地法院判法不一。保险公司收到变更受益人的书面通知后，应当在保险单或者其他保险凭证上批注或者附贴批单。

（4）变更受益人的通知生效时间。依据《保险法司法解释（三）》第十条的规定，投保人或者被保险人变更受益人的意思表示一经发出即生效。投保人或者被保险人变更受益人未通知保险人的,对保险人不发生效力。

三、保险合同内容的变更

保险合同内容的变更主要是指投保人对保险合同条款的变更。保险合同内容的变更比较常见的有:延长或缩短保险期限,增加或减少保险金额,变更交费方式、生存金领取方式,增加或者取消附加险,变更交费银行账号、客户信息、身份证有效期、联系地址,减额交清,复效,预约终止,等等。由于信息技术的发展,客户可以在许多保险公司的手机App、小程序或微信公众号中办理保单保全,十分方便。

《保险法》第二十条规定:"投保人和保险人可以协商变更合同内容。变更保险合同的,应当由保险人在保险单或者其他保险凭证上批注或者附贴批单,或者由投保人和保险人订立变更的书面协议。"

第八节　人身保险合同的中止与复效

案例一

【基本事实】

2014年12月10日,赵某在某保险公司为被保险人张某投保安行宝两全保险,并指定张某某为身故受益人。

安行宝两全保险条款约定如下。

(1)保险期间。自2014年12月11日零时起至2034年12月10日24时止,合同生效日为2014年12月11日,交费方式为按年(10次交清),每期保险费为人民币2120元,基本保险金额为10万元。

(2)交通事故意外身故保险金或交通工具意外全残保险金。若被保险人驾驶或乘坐他人驾驶的非营运机动车,在交通工具上遭遇伤害,并自该意外伤害发生之日起180日内以该次意外伤害为直接原因导致身故或全残,保险人按照10×本合同的基本保险金额支付身故保险金。

(3)保险费的支付。本合同的保险费采用限期年交(在交费期间内每年支付一次保险费)的方式支付。交费方式和交费期间在投保时约定,并在保险单上载明。在支付首期保险费后,应按照约定,在每个保险费约定支付日支付其余期的保险费。

(4)宽限期。支付首期保险费后,除本合同另有约定外,如果到期未支付保险费,自保险费约定的支付日的次日零时起60日为宽限期。宽限期内发生的保险事故,保险公司仍会承担保险责任,但在给付保险金时会扣减欠交的保险费。如果宽限期结束之后仍未支付保险费,则本合同自宽限期满的次日零时起效力中止。在本合同效力中止期间,保险公司不承担保险责任。

此外,赵某与保险公司约定每年自赵某授权的银行账户扣转续期保险费。自2014年12月13日至2016年12月12日,保险公司均成功扣转当期保险费。

自2017年12月11日起,赵某提供的银行账户因"遗失补办账户状态不正常、卡号不合法或不存在"导致保险费扣款不成功。保险公司于2017年12月14日通过短信平台向赵某预留的电话号码发送"续期银行转账扣款失败通知",提示其交费,短信内容为:"投保的安行宝两全保险(保单尾号××××)本期保险费2120元因银行账户原因于12月12日转账失败,请核实银行卡账号状态。"

2018年9月24日,被保险人张某因驾驶机动车发生交通事故意外身亡。后受益人张某某向保险公司提出理赔申请。

保险公司认定"《安行宝两全保险》缴费至2017年12月11日,被保险人死亡日为2018年9月24日(被保险人死亡时保单已失效)",故向张某某出具《不予受理通知书》。

2019年张某某以保险公司为被告起诉至法院,要求保险公司支付保险金100万元。

【裁判要点】

被保险人在合同效力中止期间发生事故身故,保险人不承担支付保险金的义务。

案例二
【基本事实】

2014年5月20日,曹某与某保险公司签订了《保险合同》(康健吉顺定期防癌疾病保险),该合同由"首期保险费发票""保险单""现金价值表""保险条款"等部分组成。"保险单"部分约定:曹某每年向保险公司交纳1299元保险费;首次交纳保险费日期为2014年5月20日,交费方式为年交,交费期间为20年,续期保险费交费日期为每年5月21日;合同生效日期为2014年5月21日;保险期间为2014年5月21日至2039年5月20日。

【保险条款约定】

(1)保险费的交纳。本合同的交费方式和交费期间由您和本公司约定,但须符合本公司当时的投保规定,约定的交费方式和交费期间将在保险单上载明。

（2）续期保险费的交纳、宽限期。本合同续期保险费应按保险单所载明的交费方式和交费日期交纳，您应该在所选择的交费期间内每年交纳保险费，交纳保险费的具体日期为当年的保单生效对应日（详见释义），并在保险单上载明。如到期未交，自保险单所载明的交费日期的次日零时起60日为宽限期。宽限期内发生保险事故的，本公司承担保险责任，但在给付保险金时将扣减您欠交的保险费。

（3）合同的效力中止。除另有约定外，您逾宽限期仍未交纳续期保险费的，本合同自宽限期满的次日零时起效力中止。

（4）合同效力的恢复。本合同效力中止后两年内，您可以申请恢复本合同效力。经本公司与您协商并达成协议，自您补交保险费之日起，本合同效力恢复。自本合同效力中止之日起满二年双方未达成复效协议的，本公司有权解除本合同，并退还宽限期开始前一日保险单的现金价值。

（5）该保险条款释义。"保单生效对应日"为保单生效日每年的对应日；"现金价值"指保单所具有的价值，通常体现为解除合同时，根据精算原理计算的，由本公司退还的那部分金额。保单年度末的现金价值金额在现金价值表上载明，保单年度之内的现金价值金额您可以向我们查询。保险条款对其他事项也做了约定。

合同签订后，曹某向保险公司交纳了2014年、2015年、2016年的保险费。因曹某未按约定交纳2017年的保险费，2017年7月11日，保险公司的工作人员给曹某发短信告知：因曹某投保的涉案保险未按期交纳保险费，保单将于2017年7月20日失效，请曹某尽快交纳保险费。

2019年2月22日，曹某向保险公司提出恢复保险合同效力的申请。保险公司根据复效规则进行审查时，认为曹某在合同效力中止期间发生的疾病主要是继发性高血压（三期）、脑缺血灶等疾病，造成其危险程度显著增加，且足以影响保险人决定是否同意恢复保险或者提高保险费率。因此，保险公司拒绝了曹某恢复保险合同效力的申请。

于是，曹某向法院起诉请求保险公司继续履行与曹某签订的《保险合同》（康健吉顺定期防癌疾病保险）。

法院经过审理认为，保险公司根据保险合同中复效规则进行审查时，认为曹某在合同效力中止期间发生的疾病主要是继发性高血压（三期）、脑缺血灶等疾病，造成其危险程度显著增加，且足以影响保险人决定是否同意恢复保险或者提高保险费率。另根据康健吉顺定期防癌疾病保险条款第3.4条的规定，保险合同中止后两年内，被保险人可以申请恢复合同效力，但是必须与保险人达成协议。本案中，曹某与保险公司就是否恢复保险合同效力，未能达成合意，故曹某要求保险公司继续履行与其签订的保险合同于法无据。法院判决：驳回曹某的全部诉讼请求。

【裁判要点】

投保人可以根据自身经济情况随时中止《保险合同》的效力，但如被保险人的危险程度在中止期间显著增加，保险人可以拒绝恢复保险合同效力。

一、保险合同的中止及其法律后果

《保险法》第三十六条规定："合同约定分期支付保险费，投保人支付首期保险费后，除合同另有约定外，投保人自保险人催告之日起超过三十日未支付当期保险费，或者超过约定的期限六十日未支付当期保险费的，合同效力中止，或者由保险人按照合同约定的条件减少保险金额。被保险人在前款规定期限内发生保险事故的，保险人应当按照合同约定给付保险金，但可以扣减欠交的保险费。"

保险合同中止是指由于投保人在保险合同约定的宽限期内未足额交纳续期保险费，造成保险合同暂停履行。保险合同中止期间内，保险公司不再为此后发生的保险事故承担保险责任。

此处应注意，根据《保险法》第三十六条的规定，保险合同效力中止的方式有两种：一是自保险公司催告之日起超过30日未支付当期保险费，二是超过保险合同约定的交费期60日未支付当期保险费。具体选择哪一种方式，可由投保人与保险公司在《保险合同》中约定。

保险合同的中止条款属于保险合同的常见条款，在上述典型案例中，均出现了相关约定。例如，典型案例一中，保险合同约定"支付首期保险费后，除本合同另有约定外，如果到期未支付保险费，自保险费约定的支付日的次日零时起60日为宽限期。宽限期内发生的保险事故，保险公司仍会承担保险责任，但在给付保险金时会扣减欠交的保险费。如果宽限期结束之后仍未支付保险费，则本合同自宽限期满的次日零时起效力中止。在本合同效力中止期间，保险公司不承担保险责任。"

在典型案例一中，根据保险合同的约定，投保人赵某应当在2017年12月10日交纳当期保险费，且当保险公司发现无法划扣保险费后已经及时向投保人发送了短信进行提示，赵某在明知应当履行按期交纳保险费义务的情况下而未履行，保险合同效力自宽限期60天届满后（2018年2月9日），处于中止的状态。被保险人张某在2018年9月24日因发生交通事故意外身亡，虽然符合保险合同理赔情形，但是由于此时保险合同处于中止状态，故保险公司无须对中止期间发生的保险事故承担保险责任，最终法院驳回了受益人张某某的诉讼请求。

二、保险合同复效及相关法律规定

《保险法》第三十七条规定:"合同效力依照本法第三十六条规定中止的,经保险人与投保人协商并达成协议,在投保人补交保险费后,合同效力恢复。但是,自合同效力中止之日起满二年双方未达成协议的,保险人有权解除合同。"《保险法司法解释(三)》第八条规定:"保险合同效力依照保险法第三十六条规定中止,投保人提出恢复效力申请并同意补交保险费,除被保险人的危险程度在中止期间显著增加外,保险人拒绝恢复效力的,人民法院不予支持。"

保险合同复效(insurance contract reinstatement)是指保险合同中止后一定时间内,经保险人与投保人协商并达成协议,在投保人补交保险费后,保险合同效力恢复。

与保险合同的中止条款一样,保险合同的复效条款也属于常见条款。例如,在典型案例二中约定的"本合同效力中止后两年内,您可以申请恢复本合同效力。经本公司与您协商并达成协议,自您补交保险费之日起,本合同效力恢复。自本合同效力中止之日起满二年双方未达成复效协议的,本公司有权解除本合同,并退还宽限期开始前一日保险单的现金价值",即为复效条款。

如曹某在保险合同效力中止期间,危险程度没有显著增加,曹某想恢复《保险合同》效力,须在2017年7月22日零时保险合同效力中止时起至2019年7月22日零时期间,与保险公司就恢复《保险合同》效力达成协议,补交保险费后《保险合同》效力恢复。否则,自2019年7月23日起,保险公司就有权解除保险合同,但要向曹某退还保单现金价值。

本案中被保险人曹某在合同效力中止期间发生的疾病主要是继发性高血压(三期)、脑缺血灶等疾病,造成其危险程度显著增加,且足以影响保险公司决定是否同意恢复保险,最终法院根据《保险法司法解释(三)》第八条的相关规定驳回了曹某要求恢复保险合同效力的诉讼请求。

第九节 人身保险合同的解除与撤销

一、人身保险合同的解除

在保险实务操作中,保险合同的解除通常有三种情况:①投保人行使任意解除权;②保险公司在特定情况下行使法定解除权;③司法机关行使强制解除权。

（一）投保人行使任意解除权

投保人的任意解除权，也就是我们俗称的退保。投保人退保后，保险公司将向投保人退还保单的现金价值。

投保人任意解除权的法律依据为《保险法》第十五条的规定："除本法另有规定或者保险合同另有约定外，保险合同成立后，投保人可以解除合同，保险人不得解除合同。"投保人退保后，保险公司向投保人退还保单现金价值的法律依据为《保险法》第四十七条的规定："投保人解除合同的，保险人应当自收到解除合同通知之日起三十日内，按照合同约定退还保险单的现金价值。"

（二）保险公司在特定情况下行使法定解除权

为了保护投保人及被保险人的利益，各国立法都规定保险公司不能随意解除保险合同，除非投保人存在违法行为或严重违约行为。我国《保险法》第十五条也明确规定，除本法另有规定或者保险合同另有约定外，保险合同成立后，保险人不得解除合同；但是，由于保险合同是最大诚信合同，当下列情形发生时，保险公司有依法解除保险合同的权利。

（1）投保人违背最大诚信原则，没有履行如实告知义务的。

《保险法》第十六条第二款规定："投保人故意或者因重大过失未履行前款规定的如实告知义务，足以影响保险人决定是否同意承保或者提高保险费率的，保险人有权解除合同。"

实务中，经常出现带病投保的案件，如果投保人在投保时未履行如实告知义务，保险公司可以解除保险合同并拒付保险金。

（2）被保险人或受益人谎称发生保险事故或投保人、被保险人故意制造保险事故的。

《保险法》第二十七条规定："未发生保险事故，被保险人或者受益人谎称发生了保险事故，向保险人提出赔偿或者给付保险金请求的，保险人有权解除合同，并不退还保险费。投保人、被保险人故意制造保险事故的，保险人有权解除合同，不承担赔偿或者给付保险金的责任；除本法第四十三条规定外，不退还保险费。"

（3）投保人申报的被保险人年龄不真实，并且其真实年龄不符合合同约定的年龄限制的。

《保险法》第三十二条规定："投保人申报的被保险人年龄不真实，并且其真实年龄不符合合同约定的年龄限制的，保险人可以解除合同，并按照合同约定退还保险单的现金价值。"

（4）保险合同效力中止满两年，投保人与保险公司未达成协议的。

《保险法》第三十六条规定："合同约定分期支付保险费，投保人支付首期保险费后，除合同另有约定外，投保人自保险人催告之日起超过三十日未支付当期保险费，或者超过约定的期限六十日未支付当期保险费的，合同效力中止，或者由保险人按照合同约定的条件减少保险金额。"

《保险法》第三十七条规定："合同效力依照本法第三十六条规定中止的，经保险人与投保人协商并达成协议，在投保人补交保险费后，合同效力恢复。但是，自合同效力中止之日起满二年双方未达成协议的，保险人有权解除合同。"

（三）司法机关行使强制解除权

由于人身保险合同的现金价值属于投保人所有，在投保人已经被列为被执行人的情况下，某些地方法院将运用国家强制力解除投保人与保险公司订立的保险合同。

从目前的司法实践来看，很多地方的法院都支持了司法机关行使强制解除权。

以上海市为例，2021年11月4日，上海市高级人民法院（以下简称上海高院）与八大保险公司召开座谈会，并签署《关于建立被执行人人身保险产品财产利益协助执行机制的会议纪要》（以下简称《会议纪要》），在该《会议纪要》中，上海高院详细地介绍了人身保险被法院强制执行的操作细则，本文将重点介绍该《会议纪要》的相关内容。

首先，需要明确上海高院执行的对象是谁，执行的又是什么权益。

（1）被执行人为投保人的，一般冻结或扣划归属于投保人的现金价值、红利等保单权益。

保单的现金价值是投保人的财产权益，当投保人未要求退保时，保单的现金价值实际上是投保人对保险公司所享有的债权。保险中的红利是指保险公司在获得可分配盈余之后，会将此盈利分配给购买了分红型保险的投保人。根据中国银保监会办公厅2020年1月发布的《关于强化人身保险精算监管有关事项的通知》的规定，红利分配比例统一为70%。从某种意义上说，当投保人为被执行人时，执行的是投保人对外所享有的债权。

（2）被执行人为被保险人或受益人的，一般冻结或扣划归属于被保险人或受益人的生存金等保单权益。

以生存到一定年龄为给付条件的具有现金价值的保险合同，主要有两种表现形式：生存保险和两全保险。生存保险目前市场上常见的有一般的定期生存保险

（如子女教育金、婚嫁金）和年金型保险（如个人养老保险、定期年金保险）。由于生存保险和两全保险都存在储蓄性，也即生存到一定年龄，保险公司给付的保险金一般都超过收取的保险费，故均具有投资属性。相应地，生存到一定年龄后所取得的保险金都可作为投资收益，上海高院明确在被保险人和受益人作为被执行人时，可以冻结和扣划属于被保险人或受益人的生存金等保险权益，原理大概亦是如此。

上海高院对保单现金价值如何执行？

（1）投保人、被保险人、受益人为同一人时，人民法院可直接冻结或扣划投保人的现金价值、红利等保单权益。

保单的现金价值是投保人的财产权益，在投保人与被保险人、受益人是同一人的情形下，并不会涉及第三方的利益，因此法院可以直接冻结或者划扣投保人的现金价值、红利等保单权益。

（2）投保人与被保险人、受益人不是同一人时，被保险人或受益人可以进行保单赎买，赎买期届满无人赎买或被保险人、受益人明确表示放弃赎买的，法院可以强制执行投保人对该保单的现金价值、红利等权益。

上海高院在《会议纪要》中明确提出："冻结或扣划投保人（被执行人）的现金价值、红利等保单权益，投保人（被执行人）与被保险人或受益人不一致时，人民法院应秉承审慎原则，保障被保险人或受益人相关赎买保单的权益。人民法院冻结上述保单权益后，应给予不少于15日赎买期限。保险机构在办理协助冻结后，联系投保人（被执行人）、被保险人或受益人，告知赎买权益、行使期限以及不赎买时保单将被强制执行的事项。相关人员联系人民法院的，人民法院应向上述人员告知投保人（被执行人）保单被强制执行的相关情况。"

上海高院的上述规定是《保险法司法解释（三）》第十七条（被保险人、受益人的介入权）在司法实务中的具体运用。简单理解就是，当投保人与被保险人、受益人不是同一人时，被保险人、受益人可以在赎买期内向法院交付与保单现金价值、红利等额的财产，从而保住该保单，避免该保单被法院强制执行；如果被保险人、受益人不愿意赎买或赎买期限已过，则法院将强制执行保单的现金价值及红利。

（3）保单减保。

保单减保是指当投保人不想承担或无法承担高额的保险费时，可以选择减少保额来少交一部分保险费，保险公司按照所减少的保额现价退给客户，原险种不变，合同将维持减少后的保额承保，客户需要继续交纳减保后对应的续期保险

费。人民法院要求协助执行的金额，小于投保人（被执行人）的保单现金价值的，保险机构可按规定对保单做减保处理，协助法院扣划相应现金价值；若保险机构无法对该保单做减保处理，应做出说明，并在协助扣划保单全部现金价值后一并交由人民法院处理。

二、人身保险合同的撤销

典型案例

【基本事实】

保险公司欺骗投保人的，投保人可以申请撤销保险合同吗？

2017年6月30日，某保险公司员工张某1、张某2向吕某介绍东方红财富升年金保险及附加财富管家年金保险产品，承诺的保险责任是：①被保险人上大学四年每年领取1万元保险金，合计领取4万元保险金。②被保险人30岁领取5万元保险金。③被保险人60~80岁，每月领取2000元，每年12个月，合计领取48万元保险金，80岁后一次性领取10万元保险金。

2017年7月4日，吕某通过张某1、张某2，以张某沫、李某千为被保险人分别购买了两份东方红财富升年金保险及附加财富管家年金保险，两份保险合同的编号分别为0700××763、0700××069。

在签订保险合同时，吕某向保险公司员工张某1、张某2询问为何保险合同中保险责任内容与其承诺的保险责任内容不同，两人称吕某向保险公司购买的是分红型保险产品，向吕某承诺部分为所购买保险产品分红部分，保险公司应当以两人承诺的保险责任内容兑现保险利益。吕某相信了两人的解释，并购买了以上两份保险产品，吕某连续交纳三年保险费，两份保险产品合计已交纳6万元保险费。

2020年6月，吕某为核实其购买的两份保险产品的保险责任，拨打了保险公司的客服电话，询问其所购买的两份保险产品的保险责任及保险分红相关事宜。由于客服人员告知的保险责任与保险公司两员工介绍的内容完全不同，于是，吕某向保险公司员工张某1、张某2询问为何通过客服查询到的两份保单保险责任与其介绍和承诺的不同，两人称客服人员不懂该保险产品的保险责任及保险分红，为证明其介绍和承诺的保险责任是正确的，两人将吕某约到公司，再次向吕某介绍两份保险产品的保险责任，并在吕某购买的以张某沫为被保险人的保险合同中的《保险计划一览表》空白处，亲笔书写了两人介绍和承诺的保险责任内容并签名，以表示保险公司将来一定按照书写内容向吕某兑现保险利益。事后，吕某多次向客服详细核实两份保险产品的保险责任，客服均表示没有两人承诺的保险责任。

吕某认为自己遭到了保险公司的保险欺诈，2020年12月，吕某向法院起诉请求：①依法撤销与保险公司签订的编号为0700××763、0700××069的两份保险合同；②依法判令保险公司返还吕某保险费6万元；③依法判令保险公司按照保险费的3倍赔偿吕某18万元。

保险公司辩称：我方并不存在欺诈现象，也不存在法定欺诈要素，吕某在电话中已详细询问我方客服，也在系统回访中进行了确认回复，吕某对保险责任及保险条款明确知晓，并且吕某在第三年继续交纳了保险费视为对投保行为的认可，因此不存在任何重大误解及欺诈。

法院经审理认为，本案保险公司员工张某1、张某2手书的保险责任与合同条款所载存在明显差异，足以影响吕某作为购买人的主观决定。依据中国银保监会阜新监管分局出具的阜银保监复〔2020〕05号《银行保险违法行为举报调查意见书》，保险公司业务员在吕某投保的保险合同上手写承诺固定收益内容并签名。该固定收益与保险条款约定的保险责任不符，该行为违反了《保险法》第一百一十六条第一项、第四项的规定，保险公司及其工作人员在保险业务活动中不得欺骗投保人、被保险人或者受益人，不得给予或者承诺给予投保人、被保险人、受益人保险合同约定以外的保险费回扣或者其他利益。其行为已经构成民法上的欺诈，因此本院对于吕某撤销合同的主张予以认可。

对于保险公司提出保险合同签订后，已经过犹豫期、微信回访均得到吕某确认，且2018年3月吕某曾拨打保险客服电话，客服对保险条款进行了详细解答，用以主张保险公司不存在欺诈及吕某误解，且吕某撤销权行使已超过时效。本院认为，保险公司提供的证据实际用以主张吕某具有"买者自负"的责任，但本院认为"买者自负"应以"卖者尽责"为前提和基础。吕某确曾拨打保险客服电话询问有关保险责任问题，但根据吕某提交的与张某2沟通的录音，亦可体现张某2对保险客服所述内容予以否定，结合2020年保险公司员工张某1、张某2手书保险责任内容，可以认定系保险公司员工对吕某存在误导，导致吕某始终处于错误认知或不确定状态，不应视为吕某行使撤销权超过时效。

关于吕某要求保险公司赔偿18万元的请求，因吕某购买的保险系分红型保险，兼具投资属性及生活消费属性，保险公司的行为并不会导致吕某交纳的6万元的保险费发生损失后果。吕某依据其交付的保险费标准要求三倍赔偿，也超出了法律设立惩罚性条款的立法目的，而本案中吕某与保险公司建立的是保险合同关系，具有金融领域投资属性，吕某属于金融消费者，该法律关系应由《保险法》来调整。因此对于吕某三倍赔偿的主张，本院不予认可。对于合同撤销，保险公司因

此造成吕某利息损失,本院认为应予支付,故应以各年交纳保险费金额及时间为起点及基数,利息按照中国人民银行同期同类贷款利率计算(2019年8月20日后利率按照全国银行间同业拆借中心发布的一年期贷款市场报价利率计算)。

最终法院判决：①撤销吕某与保险公司签订的两份《人身保险合同》(合同编号：0700××763、0700××069)。②保险公司于本判决生效之日起十日内返还吕某保险费6万元及利息(利息包括自2017年6月30日起以2万元为本金至实际给付完毕之日止,自2018年6月30日起以2万元为本金至实际给付完毕之日止,自2019年6月30日起以2万元为本金至实际给付完毕之日止；利率标准2019年8月20日前按照中国人民银行同期同类贷款利率计算,2019年8月20日后按照全国银行间同业拆借中心发布的一年期贷款市场报价利率计算)。③驳回吕某其他诉讼请求。

【裁判要点】

保险公司及其工作人员在保险业务活动中不得欺骗投保人、被保险人或者受益人；不得给予或者承诺给予投保人、被保险人、受益人保险合同约定以外的保险费回扣或者其他利益。如对投保人、被保险人或受益人实施上述行为,违背诚信,构成欺诈,投保人有权申请撤销保险合同。

法律分析

1.理性分析,投保人为何要行使撤销权

保险合同的内容非常专业,不要说普通大众,就算是非保险行业的律师也不能将全部的内容理解透彻,所以投保人在决定投保前基本上是靠保险业务员的介绍来了解保险产品。有时候保险业务员为了提升自己的业绩,在给客户介绍保险产品时会避重就轻,夸大保障范围,承诺高额的分红收益,对于限制、免除保险公司责任的条款则选择闭口不谈或一语带过。投保人往往在交纳完几期保险费后才发现,保险合同约定的内容与保险业务员的承诺并不一致。

发现被骗后如果投保人选择直接退保,保险公司又要扣除一大部分手续费,得不偿失。所以,实务中经常会有投保人提起撤销保险合同的诉讼,因为一旦保险合同被撤销,基于保险合同被撤销的法律后果,保险公司需要全额返还投保人已交纳的保险费,这样投保人的损失能降到最低。所以,与人身保险合同的撤销权有关的诉讼并不在少数。

虽然受欺诈签订的保险合同,并不是当事人的真实意思表示,受害方有权请求人民法院予以撤销；但是需要注意,如何证明保险公司存在欺诈往往是庭审中的争议焦点。通过搜索裁判文书,我们可以发现,有很多投保人的诉讼请求被法院驳回，原因就在于投保人往往采用口头或者电话形式沟通保险产品的内容，在投保过程中，保险业务员又会让投保人签署风险提示书等，因此除保险合同外，投保人根本拿不出充分的证据来证明保险公司存在欺诈行为。

本案中，吕某是幸运的，她保留了与保险公司的通话录音，且保险公司的两位业务员在吕某购买的以张某沫为被保险人的保险合同中《保险计划一览表》空白处，亲笔书写了两人介绍和承诺的保险责任内容并签名，保证保险公司将来一定按照书写内容向吕某兑现保险利益。

在本案中，法院认定保险公司两员工明显违背诚实信用原则，违背《保险法》第一百一十六条与一百三十一条的禁止性规定，保险公司两员工的行为已经构成欺诈，且足以影响吕某作为投保人的主观决定，符合行使法定撤销权的情形，吕某有权依法行使撤销权。

2. 撤销权行使期间与后果

《民法典》第一百五十二条规定："有下列情形之一的，撤销权消灭：（一）当事人自知道或者应当知道撤销事由之日起一年内、重大误解的当事人自知道或者应当知道撤销事由之日起九十日内没有行使撤销权；（二）当事人受胁迫，自胁迫行为终止之日起一年内没有行使撤销权；（三）当事人知道撤销事由后明确表示或者以自己的行为表明放弃撤销权。当事人自民事法律行为发生之日起五年内没有行使撤销权的，撤销权消灭。"

本案中，吕某自2020年6月后才确切知道自己被欺骗的撤销事由，故吕某在2020年12月提起诉讼，吕某申请撤销权的时间符合法律规定，并未超过一年的法定期限；但需要注意的是，撤销权是一种形成权，不适用诉讼时效的中止、中断和延长。如果吕某自知道撤销事由之日起满一年不行使撤销权，撤销权即消灭。

根据《民法典》第一百五十七条的规定，被撤销的民事法律行为自始没有法律约束力。民事法律行为被撤销，行为人因该行为取得的财产，应当予以返还；不能返还或者没有必要返还的，应当折价补偿。有过错的一方还应当赔偿对方由此所受到的损失。

基于保险合同被撤销后的法律后果，本案中，自法院判决撤销保险合同之日起，保险公司已经收取的保险费应返还给吕某，保险公司属于存在过错的一方，应当赔偿吕某由此所受到的损失。最终，法院判决保险公司应按照各年交纳保险费金额及时间为起点及基数，按照中国人民银行同期同类贷款利率计算利息（备注：2019年8月20日后按照全国银行间同业拆借中心发布的一年期贷款市场报价利率计算）。

小结

"工欲善其事，必先利其器。"通过这一章节，大家了解了人身保险的基础知识，在理解的基础上进一步内化，在精准掌握的同时，要具有将其灵活运用于实战的能力。

人身保险合同的法律架构、合同法律关系所涉各方的权利与义务以及该法律关系的建立所需要遵循的基本原则，在财富传承中具有至关重要的作用。储蓄型的人身保险具有财产属性，投保人、被保险人、受益人均可从中享有一定的财产利益。根据这一特性，如果运用得当、结构设置合理，储蓄型的人身保险可以实现财富的定向传承、债务相对隔离、婚姻财富保护、税务筹划、杠杆融资等多项功能。也正是由于人身保险可以一定程度上满足高净值人士在财富保护与传承方面的多种需求，近年来，人身保险特别是大额人寿保单受到高净值人士的热烈追捧，大额人寿保单主要是指保额较大、保险费较高的寿险保单，年交保险费往往超过百万元，这种新闻屡见不鲜。

2013年3月，贵州都市报发文称首张人身险1.2亿元大单在中国平安人寿保险股份有限公司贵州分公司诞生，投保人将在20年内，每年交纳250余万元的保险费。

2014年3月，某报纸上刊登出一篇名为《某富豪化千万给女儿买保险大价保单成避税途径》的报道，报道称：日前，某富豪花千万元给女儿买保险。这份千万元保险单的投保人和被保险人都是年仅22岁的女孩小华（化名）。据了解，小华的父母是私营企业主，他们一次性支付1000万元为独生女投保的这份巨额保单是为期一年的短期险。投保期间，如果被保险人身故，可以返回本金，其父母可另外获得187万元的保险赔偿金。如果没有意外发生，一年后可以享受3.5%的固定收益。无独有偶，当地另一名年近50的林女士（化名），也花625万元购买了同一险种的保险。

新闻报道称：青岛一富豪签下天价保单，期交保险费2亿元，五年交费，共交10亿元！投保人是经过智囊团（包括律师、会计师、精算师）缜密研究决定的，其目的就是防止儿女挥霍，保障财富传承。

扬子晚报记者2019年10月从南京一家大型寿险公司的营销经理处了解到，该保险公司近期在浦口区出现了两个1000万元的投保单子，投保人的年龄在40~50岁，其中一位是企业主，另一位家里房产比较多。

并非所有的人寿保险都能达到"离婚不分、诉讼不给、欠债不还、遗产税不缴"的功效，也并非购买人寿保险就一定能够完全实现财富的保障与传承。像新闻中为期仅一年的短期寿险，根本无法发挥人寿保险的资产隔离、税务筹划、财富传承的功效，要达到此目的，必须认真挑选险种，谨慎设计保险合同架构。

不同种类的人寿保险资产隔离和税务筹划的效力是不同的，保单时间越长、人身属性和保障功能越强、投资功能越弱的险种，其资产隔离和税务筹划的功能越强。例如，终身寿险的人身性最强，其资产隔离和税务筹划的效力最强，分红两全险次之，投连险最弱。所以，高净值人士在购买大额人寿保险时，需要明确自己的目的，是资产隔离、税务筹划、避免离婚分财产，还是给子女财富传承与保障。目的不同，保单险种的选择和架构设计也不同。财富人士需要根据自身的目的，选择适合自身的险种并对保单的投保人、被保险人、受益人进行不同的排列组合。

在后续章节，我们将详细介绍大额人寿保单的功能，以及如何正确运用大额人寿保单实现对应的功能。

第八章　人身保险与婚姻财富保护

据中华人民共和国民政部（以下简称民政部）发布的数据显示：2018年全国依法办理结婚登记1010.8万对，离婚登记446.1万对；2019年全国依法办理结婚登记947.1万对，离婚登记415.4万对；2020年全国依法办理结婚登记814.3万对，依法办理离婚手续433.9万对；2021年全国依法办理结婚登记764.3万对，依法办理离婚手续283.9万对；2022年全国依法办理结婚登记683.5万对，依法办理离婚手续287.9万对。根据国家统计局编著出版的《中国统计年鉴2023》显示，2023年官方统计的结婚登记人数共计814.33万对，与结婚率相比，离婚率节节攀升，根据该统计年鉴的数据显示，2023年全国离婚登记人数为433.9万对，离婚率为3.09%。

由上述数据可以看出，随着社会的深入发展以及人们生活水平的不断提高，离婚率呈现持续攀升趋势，这种情况已经引起社会与民众的重视。一段婚姻结束，带来的可能是解脱，但也可能引发争吵和纠纷，带来一系列的风险。尤其是对高净值人士及其子女而言，他们的婚姻状态不仅仅是个人法律关系、身份关系的变更，更有可能伴随着巨额财产的损失，影响到整个家族财富的传承，甚至可能牵扯到企业的发展、投资人的利益，乃至对社会造成影响。

为了合法合理规避以上风险，高净值人士应当尽可能地提前做好婚姻财富管理，维护自身的合法权益，保护自己辛苦积攒的财富免受不必要的损失。本章将从大额保单的角度，对婚姻财富管理的相关问题进行阐述，希望能够为大家提供一些新的思路和方法。

第一节　婚姻财富管理的重要性

我们常说："婚姻是需要经营的。"经营得好，家庭和睦，白头偕老；经营得不好，轻则伤感郁闷，重则劳燕分飞，甚至对簿公堂。事实上，婚姻需要经营的不只是感情，还有财富。对高净值人士而言，财富管理不当很有可能导致感情管理失衡，尤其高净值人士的婚姻家事纠纷往往和其财产积累、事业发展紧密相连。

一、离婚导致巨额财产分割

从中外媒体公开的报道中我们不难看出，每年因为离婚导致的巨额财产被分割的案例不胜枚举。

中国私募界"昔日一哥"：210亿元人民币

2019年8月的一天，徐某离婚案在青岛市一监狱开庭审理，徐某面对昔日爱妻情绪激动，当场表示同意离婚并放弃孩子的抚养权，其名下约210亿元财产等待法院判决分割。

徐某，人称"私募一哥"，原上海某投资管理有限公司掌门人，有16年股票投资经历，在证券市场多轮的"牛熊市"考验中稳定获利，实现个人资产数万倍增长，总资产约210亿元人民币。徐某与应某相识于事业初期，应某一直支持徐某的事业并与其育有一子。2015年，徐某因操纵证券市场罪入狱，两年后应某向法院提起离婚诉讼并要求分割巨额资产。

亚马逊创始人贝佐斯：1428亿美元

2019年1月9日，当时的全球首富亚马逊创始人贝佐斯和妻子麦肯齐在推特上宣布离婚，25年前上演的"学妹倒追学长"的戏码至此终结。贝佐斯与麦肯齐均毕业于世界名校普林斯顿大学，这对才子佳人在25年中相濡以沫，扶持共进，建立了庞大的商业帝国，贝佐斯更是多次在公共场合"秀"恩爱，成为一段佳话。可惜世事难料，贝佐斯的"好男人"人设因其婚内不忠行为而崩塌，这段婚姻也随之结束。

最终，经过和平协商，麦肯齐分走离婚前夫妇共同拥有的亚马逊股份的1/4（离婚前贝佐斯夫妇拥有亚马逊16%的股份，价值约1428亿美元），即目前亚马逊4%的股份，当时价值约357.36亿美元，并且放弃所拥有的亚马逊股票的投票权，如此大度的行为将创始人离婚事件对亚马逊股票的影响降到了最低。贝佐斯也在推特上转推了麦肯齐的推文，并撰文表达了对前妻的感激之情。

"加勒比海盗"约翰尼·德普：700万美元

2017年1月13日，经过8个月的诉讼，好莱坞影星约翰尼·德普与妻子艾梅柏正式离婚，为此约翰尼·德普需要付出700万美元的"离婚赡养费"。

约翰尼·德普，《加勒比海盗》系列电影中"杰克船长"的扮演者，与妻子艾梅柏相识于电影片场，并于2015年结婚。随即在2016年5月，艾梅柏以"不可调和的分歧"为由向法院提出离婚申请，并指控约翰尼·德普酗酒、吸毒，有暴力倾向，然而以上指控并未得到法院的认可，法院最终判决两人之前达成的离婚协议将被强制执行，即约翰尼·德普向艾梅柏支付700万美元的"离婚赡养费"。值得一提的是，艾梅柏公开表示会将这笔钱全部捐给慈善机构。

A网站创始人：70亿元人民币

2019年11月的一天，站在北京某法庭门口的A网站创始人李先生（化名）一定没想过会与结发之妻张女士（化名）走到通过离婚诉讼争夺公司股权的地步。"我的要求就是平分财产。"李先生如此说。

1996年，李先生与张女士闪婚，一同创业建立了A网站。2010年12月，A网站在纽约证券交易所挂牌上市，李先生夫妇身价超过10亿美元，此时李先生持有股份38.9%，张女士持有股份4.9%。2016年5月，A网站退市完成私有化，李先生与张女士各占股近50%。其后，张女士建议夫妻二人各自拿一半股权给其子，由张女士代持其子所占股份，到目前，李先生占股27.51%，张女士占股64.20%，根据胡润百富榜的数据显示，李先生与张女士夫妻的财富为70亿元人民币。

从2018年1月起，在A网站及子公司中，李先生的状态逐渐变成了曾任职，并由张女士接任。其后，李先生在采访中怒而掷杯，与张女士在朋友圈、微博等地数落彼此的不是，互爆丑闻，或许是情绪所致，抑或已经在为未来的离婚官司做准备。发展至今，两人最大的矛盾点还是回归到A网站的股权上，李先生要求平分夫妻持有的共计91.71%的股权，而张女士要求李先生接受25%的股权才同意和平离婚。

以上案例仅是离婚案件中极少的一部分，却又极具代表性。从中我们不难看出，无论是富甲一方的知名企业家还是大红大紫的明星艺人，在陷入离婚纠纷时都面临着人财两失的困境，不但在感情上遭受重创还要失去巨额财富。按照我们一贯的认知，离婚时夫妻共同财产的分割应当遵循一定的原则：若夫妻二人共同创造了家庭财富，那么在离婚时要求分割属于自己的那一份财产是应当得到支持的；若家庭财富的创造完全是由夫妻中的一方来完成的，另一方几乎没有做出任何贡献，仅凭一段婚姻关系便意图分割巨额财产，显然是让人难以接受的（家务劳动也是贡献的一种方式）。创造财富的一方保护自己的辛苦所得，不受一段失败婚姻的影响将家族财富传承给指定的人，正是婚姻财富管理的核心要点。

二、离婚导致背负巨额债务

与此相对的，婚姻财富管理还应考虑到婚姻内的债务问题，避免无辜的一方被债务牵连。然而，事与愿违，实务中出现了不少因夫妻共同债务引发的悲剧。

（一）夫妻共同债务的司法认定原则

根据《民法典》第一千零六十四条确定的夫妻共同债务司法认定原则，以下情形的债务可以认定为夫妻共同债务：①夫妻共同签字的债务（共债共签）；②以一方名义举债、另一方事后追认（事后以签字、电话、邮件、微信等方式追认）的债务；③以一方名义举债、数额符合家庭日常生活所需的债务；④以一方名义举债、数额超出家庭日常生活所需，用于夫妻共同生活的债务；⑤以一方名义举债、数额超出家庭日常生活所需，用于夫妻共同生产经营的债务；⑥以一方名义举债、数额超出家庭日常生活所需，基于夫妻双方共同意思表示的债务。

何为"家庭日常生活所需"？据有关统计资料显示，我国城镇居民家庭消费主要分为八大类，分别是食品、衣着、家庭设备用品及维修服务、医疗保健、交通通信、文娱教育及服务、居住、其他商品和服务。在审判实践中，法官一般会综合考虑负债金额大小、家庭富裕程度、夫妻收入情况、夫妻感情关系、当地经济水平及交易习惯、借款名义、资金流向等因素，认定债务是否系家庭日常生活需要所负。江苏省高级人民法院《家事纠纷案件审理指南（婚姻家庭部分）》第四十七条对"家庭日常生活需要"做出相关规定，可供读者参考。如何界定夫妻一方在婚姻关系存续期间以个人名义为"家庭日常生活需要"所负的债务？"家庭日常生活需要"是指家庭日常生活中的必要支出，包括衣食住行、医疗保健、交通通信、文娱教育及服务等。认定是否为"家庭日常生活需要"所负的债务，应当结合债务金额、举债次数、债务用途、家庭收入状况、消费水平、当地经济水平和一般社会生活习惯等予以综合判断。以下情形可以作为认定超出"家庭日常生活需要"所负债务的考量因素：①债务金额明显超出债务人或者当地普通居民家庭日常消费水平的；②债权人明知或者应知债务人从事赌博、吸毒等违法犯罪活动仍出借款项的；③债权人明知或者应知债务人已大额负债无法偿还，仍继续出借款项的。

何为"夫妻共同生产经营"？夫妻共同生产经营主要是指由夫妻双方共同决定生产、经营事项，或者虽由一方决定但得到另一方授权的情形。判断生产经营活动是否属于夫妻共同生产经营，要根据经营活动的性质以及夫妻双方在其中的地位作用等综合认定。夫妻从事商业活动，视情况适用《中华人民共和国公司法》（以下简称《公司法》）《民法典》《中华人民共和国合伙企业法》（以下简称《合伙企业法》）等法律及其司法解释的规定。夫妻共同生产经营所负的债务一般包括双方共同从事工商业所负的债务，购买生产资料所负的债务，共同从事投资或者其他金融活动所负的债务，等等。

何为"夫妻双方共同意思表示"？夫妻双方共同意思表示即夫妻双方对于借款事宜达成合意。

需要注意的是，以上六种情形中，第三种情形原则上推定为夫妻共同债务，债权人一般无须举证，夫妻一方如果主张不属于夫妻共同债务，需要举证证明举债人并非用于家庭日常生活。对于上述第四种、第五种、第六种情形，原则上不作为共同债务，债权人主张为夫妻共同债务的，需要举证证明所负的债务用于夫妻共同生活、夫妻共同生产经营或者基于夫妻共同意思表示，否则，就不能认定为夫妻共同债务，而只能认定为举债人一方的个人债务。

通俗地讲，如果有一天你发现你的丈夫背着你借了一大笔钱，如果债权人要求你一起还，他必须举证这笔钱用于你们夫妻的家庭生活或者共同生产经营，或者证明该借款是基于你们夫妻共同的意思表示，如果债权人拿不出证据，你就不用共同偿还。通过以上分析可以看出，《民法典》第一千零六十四条在既有法律框架内以及现行司法解释的基础上，通过合理分配举证责任，对夫妻共同债务的认定、排除及举证证明责任分配等问题进行细化和完善，既保障了未举债配偶一方的知情权、同意权，避免了未举债一方"被负债"情况的出现，也强调了夫妻共同债务形成时的共债共签原则，可以有效地让债权人在出借大额款项时，加强事前风险防范意识，要求夫妻双方共同签字确认，以免事后引起不必要的纠纷。

客观地说,《民法典》第一千零六十四条为提高债权人借款风险意识与保护夫妻一方合法权益提供了保障,有效地解决了债权人权益保护和未举债夫妻一方权益保护的两难问题,实现了对债权人和未举债一方的双向保护。

(二)夫妻共同债务认定的举证责任

夫妻共同债务的认定需要区分内部关系与外部关系。内部关系主要是指在离婚诉讼中,如何认定某一债务是否属于夫妻共同债务。外部关系主要是指在债权人与夫妻之间的诉讼中,如何认定某一债务是否属于夫妻共同债务。

在内部关系中,根据"谁主张、谁举证"的原则,由主张债务存在的一方承担所负债务属于夫妻共同债务的举证责任,但一方以个人名义为家庭日常生活需要所负的债务,原则上主张债务存在的一方无须举证证明,如果未举债的配偶一方否认该债务属于夫妻共同债务,则由未举债的配偶一方举证证明所负债务并非用于家庭日常生活。

在外部关系中,根据"谁主张、谁举证"的原则,债权人一方应当举证证明该债务属于夫妻共同债务。例如:提供双方共同签字的欠条,未举债的配偶一方已经通过电话、微信等方式进行了事后追认的证据;提供债务人出借的款项虽然超出日常家庭需要但已经被用于夫妻双方的共同生活、共同生产经营或基于夫妻双方的共同意思表示的证据。

可见,离婚时无论是夫妻共同财产的分割还是共同债务的负担,法律都给予了原则的界定和基本的保护,但这肯定不能完全满足所有家庭,特别是高净值人士家庭个性化的需求。在认识到婚姻财富管理的重要性之后,就需要考虑建立适合自己家庭的财富管理体系,有目的、有针对性地制定财富管理方案,让财富给婚姻生活带来真正的幸福感、安全感。

第二节 夫妻共同财产和共同债务的界定

为了做好婚姻财富的管理,我们有必要分清楚哪些是夫妻共同财产,哪些是个人财产,也要对在婚姻关系存续期间产生的债务有所警惕,对自己可能承担的债务有所预计。

一、夫妻共同财产的界定

夫妻共同财产认定及需要准备的相关证据,如图8-1所示。

第二部分　保险在私人财富管理中的运用

```
                            ┌─ 商品房、二手房、已购 ── 提交房屋所有权证、商品房买卖合
                            │   公有住房、经济适用房     同、房屋按揭贷款合同、销售不动
                            │                           产统一发票、契税发票等
                   ┌─ 房屋 ─┼─ 城市公有住房 ── 提交公有住房租赁合同等
                   │        │
                   │        └─ 宅基地房屋 ── 提交土地使用权证、房屋所有权证等
                   │
                   ├─ 工资、奖金和其他劳务报酬 ── 提交劳动合同、工资收入证明、工资
                   │                              条、工资单或工资银行卡明细
                   │
                   ├─ 存款 ── 提供银行卡、存折及存取款明细
                   │
                   │                         ┌─ 股票 ── 提供股票账户对账单、股票交易对
                   │                         │          账单
                   ├─ 股票、债券、基金等有 ──┼─ 债券及基金 ── 提交相关债券、基金的复印件
                   │   价证券、期权、期货     │
 夫妻共同财 ──────┤                         └─ 期权和期货 ── 提交相关协议的复印件
 产的证据          │
                   ├─ 公司、企业的股权、股 ── 提交公司、企业、个体工商户的工商档案
                   │   份和个体工商户的财产
                   │
                   ├─ 车辆 ── 提交机动车统一销售发票、机动车行驶证等
                   │
                   ├─ 住房补贴、住房公积金、养 ── 提交住房公积金查询单、养老保险查
                   │   老保险金、破产安置补偿费     询单
                   │
                   ├─ 商业保险 ── 提交保险合同、保险费收据、保单凭证、保险单、
                   │               保单现金价值系数表等
                   │
                   └─ 家具家电、金银珠宝首饰 ── 提交家具家电、金银珠宝首饰购买发
                                                  票及家具家电的录像、证人证言等
```

> **问题**
> 　　登记在第三人名下的夫妻共同财产，能否在离婚诉讼中分割？
> **解答**
> 　　如果以夫妻共同财产出资购买的财产所有权登记在第三人名下，因财产的分割涉及第三人的利益，故在离婚诉讼中法院通常不予处理，当事人需要另行提起诉讼确认财产属于夫妻共同财产后，再请求法院依法分割。

图8-1　夫妻共同财产认定及需要准备的相关证据

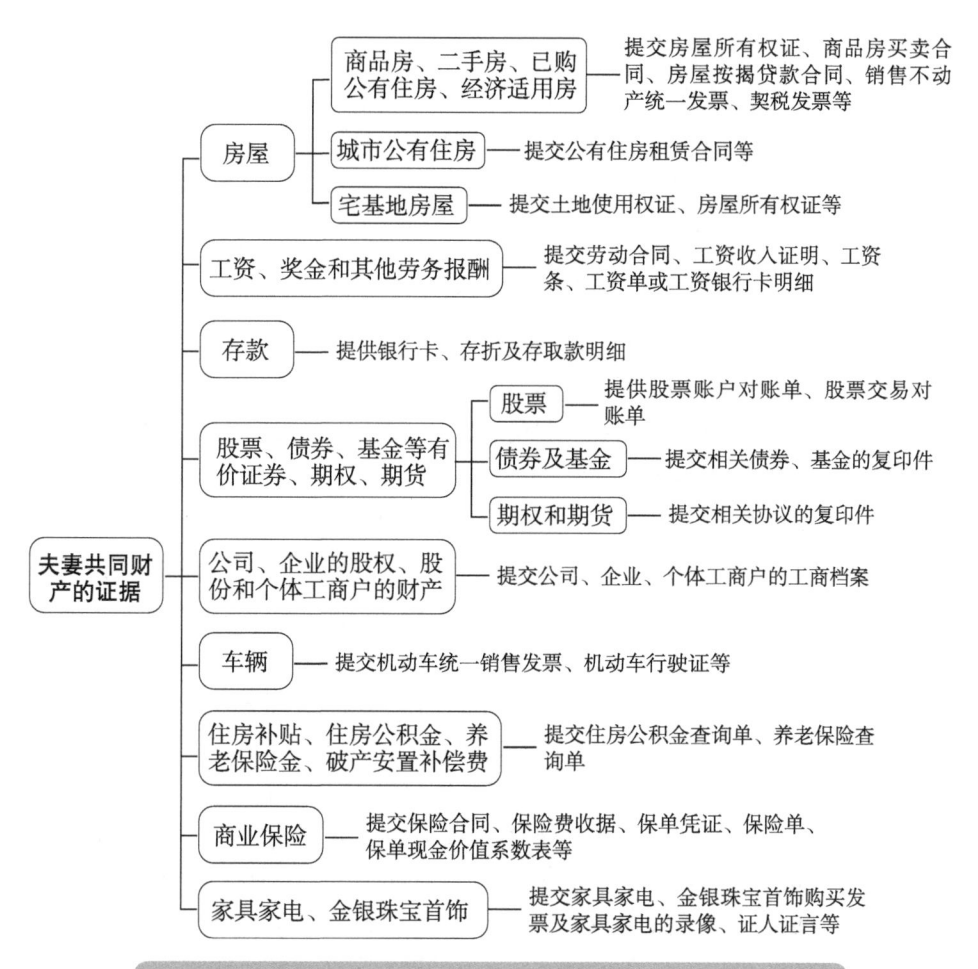

离婚时，一方为了多分财产，采取各种手段来隐藏或转移夫妻共同所有的财产的情况相当普遍。根据财产类型不同，当事人所采取的手段也是多种多样，特别是在夫妻一方掌控家庭财产，另一方从不过问的情况下，当一方私下将现金转移时，另一方不但很难了解情况，更难提出相应的证据。

在离婚诉讼中如果发现对方有隐藏、转移、变卖、毁损、挥霍夫妻共同财产的迹象，当事人可以向法院申请财产保全，财产保全的措施有查封、扣押、冻结

等。婚姻关系存续期间，如发现对方有上述行为，当事人也可以直接向人民法院起诉请求分割夫妻共同财产。离婚诉讼过程中，如发现对方有上述行为，当事人可以请求法院判决对方少分或不分夫妻共同财产；离婚后，如发现对方有上述行为，当事人可以向人民法院提起诉讼，请求再次分割该部分夫妻共同财产。本文主要介绍夫妻共同财产、个人财产的范围。

（一）夫妻共同财产的范围及认定

夫妻在婚姻关系存续期间取得的下列财产，归夫妻共同所有。

（1）工资、奖金、劳务报酬。这里的"工资、奖金"应做广义的理解，泛指工资性收入，包括用人单位直接支付给职工（夫或妻一方或双方）的全部劳动报酬，包括货币形式和实物形式。工资不仅包括基本工资，还包括各种津贴、补贴。这些收入都属于工资性收入，属于夫妻共同财产的范围。《民法典》第一千零六十二条中新增了"劳务报酬"作为夫妻共同财产的形式，劳务报酬是指个人从事各种技艺等一次性、临时性工作而获得的收入。与工资、奖金等劳动报酬不同，劳务报酬一般是指从事非雇佣工作而获得的收入，收入金额具有不确定性。

（2）生产、经营、投资的收益。生产、经营的收益，是指夫妻一方或者双方以个体工商户的名义、以个人合伙的名义、以公司或企业的名义或者以农村承包经营户的名义从事生产经营所取得的收益。《民法典》第一千零六十二条明确了"投资的收益"属于夫妻共同财产的范围。例如，夫妻一方以个人财产投资于公司或企业，若基于该投资所享有的收益是在婚姻关系存续期间取得的，则该公司或企业生产经营产生的利润分配部分，如股权分红等，属于投资收益，应为夫妻双方共同所有。

（3）知识产权的收益。知识产权是智力劳动产生的成果所有权。知识产权包括著作权、商标权和专利权。知识产权是人身权和财产权的结合。其中的知识产权人身权是指知识产权所有人对相关知识产权所享有的精神权利。著作权人享有的著作人身权主要包括发表权、署名权、修改权、保护作品完整权。知识产权财产权是指知识产权人依法享有利用其知识产权取得收益的权利。依照法律的规定，知识产权中属于夫妻共同财产的部分是财产权，而不包括人身权。知识产权中的人身权只归知识产权人专有，不因婚姻关系的存在而发生共有。

因为知识产权权利本身的取得与财产性权利的实现并不同步，那么，审判实践中如何判断一项知识产权的财产性收益是否属于《民法典》第一千零六十二条所称的"婚姻关系存续期间所得"？是以知识产权取得的时间，还是以财产性收益的实际取得为标准？这是两个不同的标准，处理结果也会不同。依据《民法典婚姻家庭编的解释（一）》第二十四条的规定，《民法典》第一千零六十二条第一款第三项规定的"知识产权的收益",是指婚姻关系存续期间,实际取得或者已经明确可以取得的财产性收益。从上述可知,我国采用的是以财产性收益"实际取得或者已经明确可以取得"为判断标准。

因继承或受赠所得的财产,但遗嘱或者赠与合同中确定只归一方的财产除外。继承是依据《民法典》继承编规定取得财产的一种方式。根据本项规定,夫妻一方婚后因继承所得的财产,分为三种情形:①一方婚后通过法定继承方式所取得的财产,属于夫妻共同财产。②一方婚后通过遗嘱继承方式所取得的财产,如果立遗嘱人(被继承人)在遗嘱中明确指明只归夫或妻一方所有,即应属于接受继承的夫或妻一方的个人财产。③一方婚后通过遗嘱继承方式所取得的财产,如果立遗嘱人(被继承人)在遗嘱中明确指明归夫妻双方所有,或者立遗嘱人(被继承人)在遗嘱中没有明确指明只归夫或妻一方所有的,夫妻双方又未对此项财产约定归一方所有,则应属于夫妻共同财产。

接受赠与是一种无偿取得财产权的方式,包括两种情形:第一,基于赠与合同而取得的财产。赠与合同是赠与人将自己的财产无偿给予受赠人,受赠人表示接受赠与的合同。第二,接受遗赠而取得的财产。遗赠是指公民采用遗嘱方式将个人财产赠与国家、集体或者法定继承人以外的其他公民,并于遗嘱人死亡时发生效力的单方法律行为。受遗赠人在知道受遗赠后 60 日内,做出接受遗赠的意思表示,即取得受遗赠的财产。

夫妻一方婚后接受赠与所得的财产分为两种情形:第一,如果立遗嘱人或者赠与人在遗嘱或赠与合同中确定只归夫或妻一方的财产,即属于接受赠与的夫或妻一方的个人财产。第二,如果立遗嘱人或者赠与人在遗嘱或赠与合同中确定归夫妻双方所有的,或者遗嘱或赠与合同中未明确指明只归夫或妻一方所有的,夫或妻又未对此项财产约定归一方所有,则应属于夫妻共同财产。

《民法典婚姻家庭编的解释(一)》第二十九条规定:"当事人结婚前,父母为双方购置房屋出资的,该出资应当认定为对自己子女个人的赠与,但父母明确表示赠与双方的除外。当事人结婚后,父母为双方购置房屋出资的,依照约定处理;没有约定或者约定不明确的,按照民法典第一千零六十二条第一款第四项规定的原则处理。"

(4)其他应当归共同所有的财产。这项规定属于兜底条款。根据相关司法解释的规定,婚姻关系存续期间,下列财产属于"其他应当归共同所有的财产"。

①男女双方实际取得或者应当取得的住房补贴、住房公积金。

住房补贴是单位停止实物分房后,国家为解决无房职工和住房面积未达到规定标准的职工的住房问题而给予的补贴资助，采用货币分配方式向职工发放的用于住房消费的专项资金，即将单位原有住房建设资金转化为住房补贴，分次（如按月）或一次性地发给职工，再由职工到住房市场上通过购买或租赁等方式解决自己的住房问题。住房公积金是指国家机关、国有企业、城镇集体企业、外商投资企业、城镇私营企业及其他城镇企业、事业单位、民办非企业单位、社会团体及其在职职工缴存的长期住房储金。

目前，住房补贴账户和住房公积金账户分开管理。住房补贴账户和住房公积金账户中的余额，属于职工的个人财产，在具备法定条件时可以提取。婚姻关系存续期间，男女双方实际取得的或者应当取得的住房补贴、住房公积金，属于夫妻共同财产。

②男女双方实际取得或者应当取得的养老保险金、破产安置补偿费。

依据《民法典婚姻家庭编的解释（一）》第八十条的规定，婚后以夫妻共同财产交纳基本养老保险费，离婚时一方主张将养老金账户中婚姻关系存续期间个人实际交纳部分及利息作为夫妻共同财产分割的，人民法院应予支持。

对于破产安置补偿费，应当注意，如果破产安置补偿费并非全部属于婚姻关系存续期间所应得的，那么就要在确定总数额的基础上，计算婚姻关系存续期间实际应该得到的部分，该部分才属于夫妻共同财产。

③依据《民法典婚姻家庭编的解释（一）》第七十一条的规定，人民法院审理离婚案件，涉及分割发放到军人名下的复员费、自主择业费等一次性费用的，以夫妻婚姻关系存续年限乘以年平均值，所得数额为夫妻共同财产。这里所称年平均值，是指将发放到军人名下的上述费用总额按具体年均分得出的数额。其具体年限为人均寿命70岁与军人入伍时实际年龄的差额。可见，夫妻关系存续期间应取得的复员费、自主择业费等一次性费用也属于"其他应当归共同所有的财产"。

④依据《民法典婚姻家庭编的解释（一）》第二十七条的规定，由一方婚前承租、婚后用共同财产购买的房屋，房屋权属证书登记在一方名下的，该房屋属于夫妻共同财产。

（二）夫妻个人特有财产的范围及认定

夫妻个人特有财产是指夫妻在实行共同财产制的同时，依照法律规定或夫妻约定，夫妻各自保留的一定范围的个人所有财产。夫妻个人特有财产包括婚前个人财产和婚后特有财产。依据《民法典》第一千零六十三条的规定，下列财产，为夫妻一方的财产。

（1）一方的婚前财产。婚前财产是指在办理结婚登记手续前夫妻一方就已经取得的财产，包括婚前个人劳动所得财产、继承或受赠的财产以及其他合法财产。夫妻一方的婚前财产，不管是动产还是不动产，是有形财产还是无形财产，只要是合法取得的，就依法受到法律保护。

财产是否属于一方的婚前财产，关键在于财产权所有权的取得时间。如果财产权的取得时间在婚前，但婚后才实际占有该项财产，则其性质属于婚前个人财产。比如，婚前夫妻一方接受继承，遗产在婚后才分割，该遗产虽然是婚后实际得到，但其所有权在婚前就已经取得，所以应认定为一方的婚前财产。需要注意的是，《民法典婚姻家庭编的解释（一）》第二十六条规定："夫妻一方个人财产在婚后产生的收益，除孳息和自然增值外，应认定为夫妻共同财产。"

（2）一方因受到人身损害获得的赔偿或者补偿。一方获得的人身损害赔偿金、伤残补偿费、补助金、人身保险金等；复员、转业军人的复员费、转业费、医药补助费和回乡生产补助费，其中属于婚前应取得的部分；按国家有关规定应由一方个人所有的财产，都属于一方的个人财产。

（3）遗嘱或赠与合同中确定只归一方的财产。一方婚后通过遗嘱继承方式所取得的财产，如果立遗嘱人（被继承人）在遗嘱中或者赠与人在赠与合同中明确指明只归夫或妻一方所有，即应属于继承人本人或者接受赠与的夫或妻一方的个人财产。

（4）一方专用的生活用品。如一方专用的衣物等个人生活用品以及从事职业必需的书籍、工具等专用财产，但价值特别大的个人用品或作为生产设备和经营场所附属物的工具除外。

（5）其他应当归一方的财产。例如，夫妻约定婚姻关系存续期间所得的财产归各自所有的，婚后各自取得的财产属于夫妻一方的个人财产。其他法律法规特别规定的归夫妻一方所有的财产属于夫妻一方的个人财产。

依据《民法典婚姻家庭编的解释（一）》第三十条的规定，军人的伤亡保险金、伤残补助金、医药生活补助费属于个人财产。

《民法典婚姻家庭编的解释（一）》第七十八条规定："夫妻一方婚前签订不动产买卖合同，以个人财产支付首付款并在银行贷款，婚后用夫妻共同财产还贷，不动产登记于首付款支付方名下的，离婚时该不动产由双方协议处理。依前款规定不能达成协议的，人民法院可以判决该不动产归登记一方，尚未归还的贷款为不动产登记一方的个人债务。双方婚后共同还贷支付的款项及其相对应的财产增值部分，离婚时应根据民法典第一千零八十七条第一款规定的原则，由不动产登记一方对另一方进行补偿。"

依据《民法典婚姻家庭编的解释（一）》第七十九条的规定，婚姻关系存续

期间，双方用夫妻共同财产出资购买以一方父母名义参加房改的房屋，产权登记在一方父母名下，该房屋不属于夫妻共同财产；但是购买该房屋时的出资，可以作为债权处理。

依据《民法典婚姻家庭编的解释（一）》第八十条的规定，离婚时夫妻一方尚未退休、不符合领取养老保险金条件的，养老金不属于夫妻共同财产，而应当属于夫妻一方的个人财产。

对于夫妻个人特有财产的认定，应当注意以下几点：第一，夫妻一方的特有财产，不因婚姻关系的延续而转化为夫妻共同财产，但当事人另有约定的除外。第二，夫妻一方个人财产在婚后共同生活中自然毁损、消耗、灭失，离婚时一方要求以夫妻共同财产抵偿的，不予支持。第三，夫妻一方个人财产在婚后产生的收益，除孳息和自然增值外，应认定为夫妻共同财产。

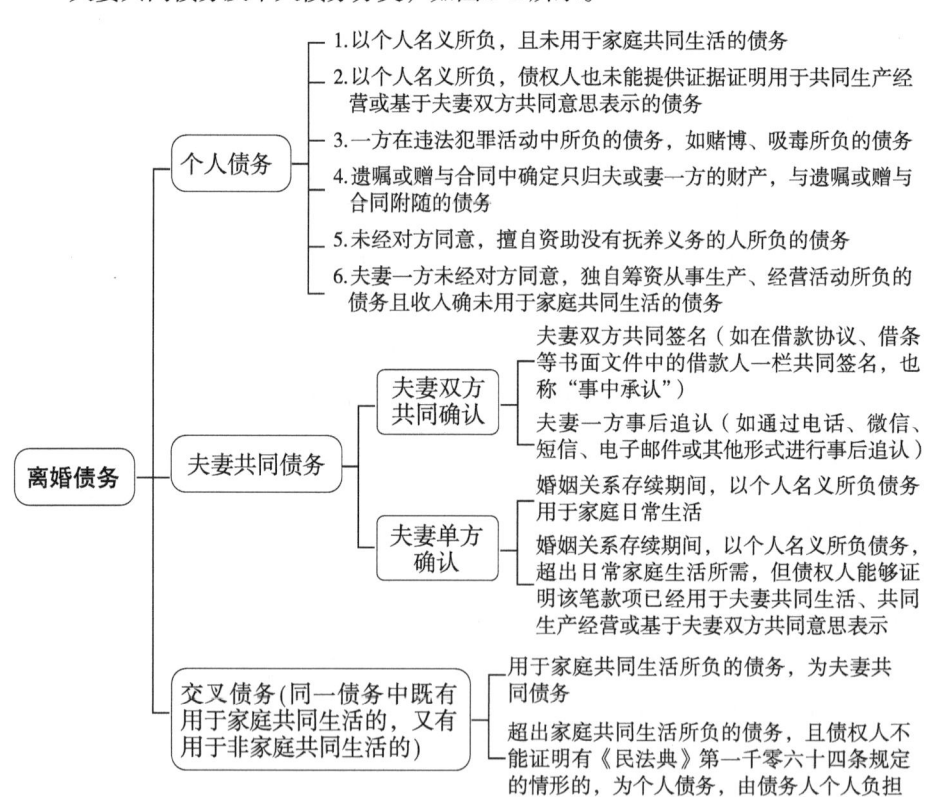

二、夫妻共同债务的承担

夫妻共同债务及个人债务分类，如图8-2所示。

离婚债务
- 个人债务
  1. 以个人名义所负，且未用于家庭共同生活的债务
  2. 以个人名义所负，债权人也未能提供证据证明用于共同生产经营或基于夫妻双方共同意思表示的债务
  3. 一方在违法犯罪活动中所负的债务，如赌博、吸毒所负的债务
  4. 遗嘱或赠与合同中确定只归夫或妻一方的财产，与遗嘱或赠与合同附随的债务
  5. 未经对方同意，擅自资助没有抚养义务的人所负的债务
  6. 夫妻一方未经对方同意，独自筹资从事生产、经营活动所负的债务且收入确未用于家庭共同生活的债务
- 夫妻共同债务
  - 夫妻双方共同确认
    - 夫妻双方共同签名（如在借款协议、借条等书面文件中的借款人一栏共同签名，也称"事中承认"）
    - 夫妻一方事后追认（如通过电话、微信、短信、电子邮件或其他形式进行事后追认）
  - 夫妻单方确认
    - 婚姻关系存续期间，以个人名义所负债务用于家庭日常生活
    - 婚姻关系存续期间，以个人名义所负债务，超出日常家庭生活所需，但债权人能够证明该笔款项已经用于夫妻共同生活、共同生产经营或基于夫妻双方共同意思表示
- 交叉债务(同一债务中既有用于家庭共同生活的，又有用于非家庭共同生活的)
  - 用于家庭共同生活所负的债务，为夫妻共同债务
  - 超出家庭共同生活所负的债务，且债权人不能证明有《民法典》第一千零六十四条规定的情形的，为个人债务，由债务人个人负担

图8-2 夫妻共同债务及个人债务分类

关于夫妻共同债务的认定问题，前文案例已经介绍过，为了防止夫妻假借离婚转移财产，削弱债务人的偿债能力，损害第三方债权人利益，《民法典》第一千零六十四条基本确立了"共债共签、同意追认"和"家庭日常生活所需为限"的基本原则，亦明确规定了债权人负有对借款系"用于夫妻共同生活、共同生产经营"或"夫妻共同意思表示"的举证责任。这也提醒债权人，今后产生新的债权关系时，如果希望债务人以夫妻共同财产进行债务清偿的话，需要注意自己的举证责任发生了变化，最好能取得夫妻双方的认可。

需要说明的是，一旦被认定为夫妻共同债务，夫妻双方就有连带清偿的义务，即便是夫妻二人已经离婚，已经对共同财产进行了分割，夫妻任何一方对该债务都负有全部清偿的义务。同时，夫妻之间的财产约定以及对外债务清偿的内部约定，不能对抗夫妻以外的债权人。当然，一方清偿后可以根据夫妻之间的内部约定向另一方行使追偿权。

三、个人债务的认定

在电视剧《三十而已》里，有一个场景是：顾佳和许幻山签订了书面离婚协议，约定财产分割条款为：茶厂归女方所有，豪宅出售后各得一半款项，烟花厂归男方所有。协议签订后烟花厂却爆炸了，后续的赔偿和损失是否需要顾佳来承担？剧中未交代烟花厂的注册类型，如果是个体工商户或者个人独资企业，按照民事法律规定，应由经营者的全部资产对外承担责任。在顾佳和许幻山正式离婚之前，如果是夫妻共同经营，且收入是用于家庭共同生活，则赔偿及损失应构成夫妻共同债务。如果是离婚后烟花厂所产生的债务，则为许幻山的个人债务。如果烟花厂是有限责任公司，许幻山承担的则是有限责任。

现实生活中，夫妻共同债务和个人债务并非泾渭分明的，前文详细讲述了夫妻共同债务，本文重点探讨个人债务。

（一）个人债务的内涵

个人债务是指夫妻约定为个人负担的债务或者一方从事无关家庭共同生活的活动时所产生的债务。与个人债务相对应的是夫妻共同债务。在现实生活中，有时候个人债务与夫妻共同债务"你中有我，我中有你"，纠缠和争斗得难分难解。两者的主要判断依据在于所借款项是否用于家庭共同生活；是否存在"共债共签"；在未共签的情况下，未举债一方是否"事后追认"；家庭是否享受了该债务带来的利益。

（二）婚姻关系存续期间，个人债务的认定

在司法实践中，以下债务一般会被认定为一方的个人债务。

（1）一方以个人名义所负且未用于家庭共同生活的债务。例如，婚姻关系存续期间男方以个人名义向第三人借款20万元，到账后，男方便将这20万元转给了其父母用于购买房屋，由于该笔债务并未用于夫妻双方的家庭日常生活，在女方拒绝承认的情况下，该20万元的债务属于男方的个人债务。

（2）一方以个人名义超出日常家庭生活需要所负的债务，且债权人未能提供证据证明用于夫妻共同生活、共同生产经营或基于夫妻双方共同意思表示的债务。

（3）一方从事赌博、吸毒等违法犯罪活动所负的债务。如果夫或妻一方向第三人借款后将款项用于赌博、吸毒、嫖娼等违法犯罪活动，那么该债务属于举债方的个人债务。第三人明知夫或妻一方是为了进行上述违法犯罪活动而借款的，法律不保护该借贷关系。例如，北京某知名电器公司的男性经理，对外借款用于澳门赌博，铩羽而归后妻子起诉离婚，男方主张为夫妻共同债务，法院未支持男方的该项请求。

（4）遗嘱或赠与合同中确定只归夫或妻一方的财产，该遗嘱或赠与合同所附随的债务。依据《民法典》第一千零六十三条的规定可知，遗嘱或者赠与合同中确定只归一方的财产属于一方的个人财产。根据权利与义务相统一的原则，因继承或赠与而附随发生的债务，也应当认定为夫或妻一方的个人债务。

（5）一方未经对方同意，擅自资助与其没有抚养义务的亲朋所负的债务。例如，在婚姻关系存续期间，丈夫为给自己的侄子交纳大学的费用而向第三人借款10万元，由于夫或妻一方与侄子并无法律上的抚养、扶助义务，如果妻子一方不愿意承担该笔债务，那么该10万元属于丈夫的个人债务。

（6）一方未经对方同意，独自筹资从事生产经营活动，其收入确未用于家庭共同生活所负的债务。"利益共享标准"是认定夫妻共同债务的标准之一，如果夫或妻一方未经对方同意擅自举债从事生产经营活动，且未举债的一方未享受到该生产经营活动带来的利益，该债务应当属于夫妻一方的个人债务。

（7）夫或妻一方明确与债权人约定为个人债务的属于一方的个人债务。

（8）夫妻之间实行财产分别所有制，且第三人知道该约定的，夫或妻一方对外所负的债务属于一方的个人债务。

（9）在分居期间，一方独自借款所产生的债务，且该借款未用于子女教育或家庭共同生活的属于一方的个人债务。现实中，很多夫妻因感情不和在法院判决离婚前都会分居，基本上都是你过你的、我过我的，互相之间并无交集。在分居

期间，一方对外举债后如该债务并未用于家庭或夫妻的共同生活的，该债务原则上应由举债方个人承担。

（10）夫妻一方因侵权行为致人损害产生的债务，一般认定为侵权人的个人债务，但该侵权行为系因家庭劳动、经营等家事活动产生或其收益归家庭使用的除外。例如，张某因交通事故将行人甲撞伤，经法院判决后需要赔偿行人甲各项损失 10 万余元，如果行人甲不能证明该侵权之债是因张某夫妻共同生产经营等家事活动而产生，那么本次交通事故产生的 10 万余元的债务就属于侵权人张某的个人债务，张某的妻子无须对此承担连带清偿责任。

四、婚姻财富管理的立场和方法

近些年在国内的财富管理领域流传着这样的说法："三类人群急需婚姻财富管理：第一类是成功的民营企业家及其子女，第二类是在创业过程中或初见创业成果的潜在新富，第三类是企业大股东和高级管理人员等高净值群体。"

这仅仅是从财富的创造者或拥有者的角度来看待问题。相对应地，站在他们的配偶立场也许就会发现各自的需求不尽相同。如何采取措施保护婚姻财富，与我们前文介绍的夫妻共同财产的界定以及夫妻共同债务的承担息息相关，我们必须立足于法律对这两大问题的基本规定、基本立场，正确地分析客户需求。

高净值人士家庭的幸福与情感和财富密切相关。情感和财富稳定了，家庭才会稳固和幸福；但在家庭生活中，夫妻双方对家庭财富积累的贡献各不相同，有依赖型的，有独立型的，也有优势互补型的。一般来说，对于夫妻间财富积累和创造能力较弱的一方，其安全感较低，因而其对婚姻财富管理的需求更加迫切。因此我们说，婚姻财富管理是高净值人士家庭亟须着手进行的事项，但在其家庭内部也要考虑到家庭成员的不同需求，在进行婚姻财富管理的方案规划时力求使财富创造、财务管理和情感安全达到平衡，这样才能让幸福更加长久。

第三节　大额人寿保险在婚姻财富管理中的应用

协议、遗嘱、人寿保险和家族信托都是婚姻财富管理实务中经常使用的工具，而人寿保险又具有其自身的特性，在实际运用中需要掌握其以下几个特点。

（1）人寿保险存续期间现金价值的所有权归投保人，但不一定是其个人财产。

（2）保险事故发生后身故理赔金归受益人，身故理赔金具有人身属性且不属

于被保险人的遗产。

（3）人寿保险存续期间受益人可以被变更。

（4）人寿保险身故理赔金支付仅对受益人负责，具有保密性。

鉴于人寿保险的这些特点，结合《民法典》等相关法律法规和实务经验，根据不同人群的不同需求，我们以案例的形式为大家讲述高净值人士家庭如何利用人寿/人身保险对婚姻财富进行规划和管理。

在一般情况下，高净值人士家庭首先会考虑为家庭的经济支柱购买大额的人寿保险以防不测。此时，人寿保险的被保险人一定是家庭经济支柱，保单身故受益人一般是其配偶或直系血亲，投保人则是其本人或配偶，然后再考虑为其配偶投保，以示公平。这样往往夫妻之间互为投保人和被保险人，对方及其子女为受益人。这种保单结构简单，主要目的是照顾家庭中的其他成员，有利于家庭和谐和发展，因而非常普遍，我们称之为"普惠型"。

那么，在一部分高净值人士的家庭中，因为夫妻之间经济收入差距较大，或者是一方家族经济条件好，其本身就拥有较多的个人财富，在经济上处于弱势的另一方难免会因各种因素而产生不安全感，所以对人寿/人身保险的运用提出了更多的要求。

一、人寿保险与婚内财产个人化

案例

王女士和张先生是大家眼中"男主外，女主内"的模范夫妻。妻子王女士在十年前儿子出生后便辞去了工作，在家做全职太太，专注于儿子的教育，并将家里打理得井井有条，婆媳关系也很融洽，对丈夫张先生更是全心全意地信任与支持。丈夫张先生外出打拼，生意越做越红火，而且为了方便张先生打理生意、投资理财，家里的大部分财产都由张先生掌控。

最近，年至40岁的王女士却是忧心忡忡，张先生回家是越来越迟，出去开会或出差也是愈发频繁，回家后更是没什么好脸色，王女士每每问他都会遭遇呵斥。王女士看着镜子中不再年轻的自己，怀疑的种子悄悄萌芽，但转头看到尚只有10岁的孩子，只能暗暗叹一口气，将一切事情都埋在心里，任自己的害怕、担忧满溢心头。

王女士担忧的是，孩子尚小，真要是离婚了，她肯定是要争取孩子的抚养权的，但是自己的经济能力有限，如何让孩子今后的生活和自己的下半生更有保障？趁双方关系还没有发展到无法挽回的地步，自己当然希望挽回夫妻感情，但也要为自己和孩子考虑，做两手准备，王女士现在还可以动用家庭积蓄为自己和孩子购买一些保险，但怎样挑选适合自己实际情况的保险产品呢？

王女士的这种情况通常是"依赖型"夫妻关系中的普遍需求。在这种家庭关系中，经济收入处于弱势的一方往往需要有额外的、更确定的属于其个人的财产而不是离婚时平均分割的共同财产来安抚、消除其内心的不安感。此时的保单配置，应首选那些在一定条件下可以从共同财产转化为个人财产的方案。

（一）医疗保险，确保在保险事故发生后理赔金属于个人财产

《最高人民法院民事审判第八次会议纪要》（2016年11月）第二条第五款规定："婚姻关系存续期间，夫妻一方因意外伤害保险合同、健康保险合同获得的保险金，为其个人财产。"因此，在夫妻关系存续期间用夫妻共同财产为自己购买医疗保险，如重大疾病保险、意外残疾保险和高端医疗保险等，保险费应尽量高，能趸交更好。当保险事故发生时，无论王女士是否离婚，这些高额的疾病/残疾理赔金都属于被保险人的个人财产。这些医疗险本身现金价值不高，所以即便离婚时保单的现金价值属于夫妻共同财产面临被分割的风险，王女士付出的对价也很低。这样就为自己今后的身体健康提供了一份确定的保障。

（二）现金价值低的年金类保险，以低代价换取长期保障

年金型保险可以为被保险人提供与其生命等长的稳定的现金流。为了使今后的生活有足够的保障，对于王女士来说，年金型保险必不可少。《最高人民法院民事审判第八次会议纪要》第二条第四款规定："婚姻关系存续期间以夫妻共同财产投保，投保人和被保险人同为夫妻一方，离婚时处于保险期内，投保人不愿意继续投保的，保险人退还的保险单现金价值部分应按照夫妻共同财产处理；离婚时投保人选择继续投保的，投保人应当支付保险单现金价值的一半给另一方。"故建议王女士选择为自己购买低现金价值甚至是无现金价值的年金型保险，这样一旦离婚，王女士只需按较低的现金价值的一半支付给对方即可保全该份保单。考虑到离婚后王女士的保险费支付能力，在购买保险的时候还应当根据保单现金价值的测算数据和自己的实际情况考虑是否采用趸交的方式。

（三）为孩子购买高额年金型保险和教育险

截至目前，法律或司法解释并未明确规定夫妻一方或双方为未成年子女购买的保险，是否可以在离婚诉讼中分割，因此该问题在实务中存在争议，不同法院在裁判时观点也不统一，具体如图8-3所示。

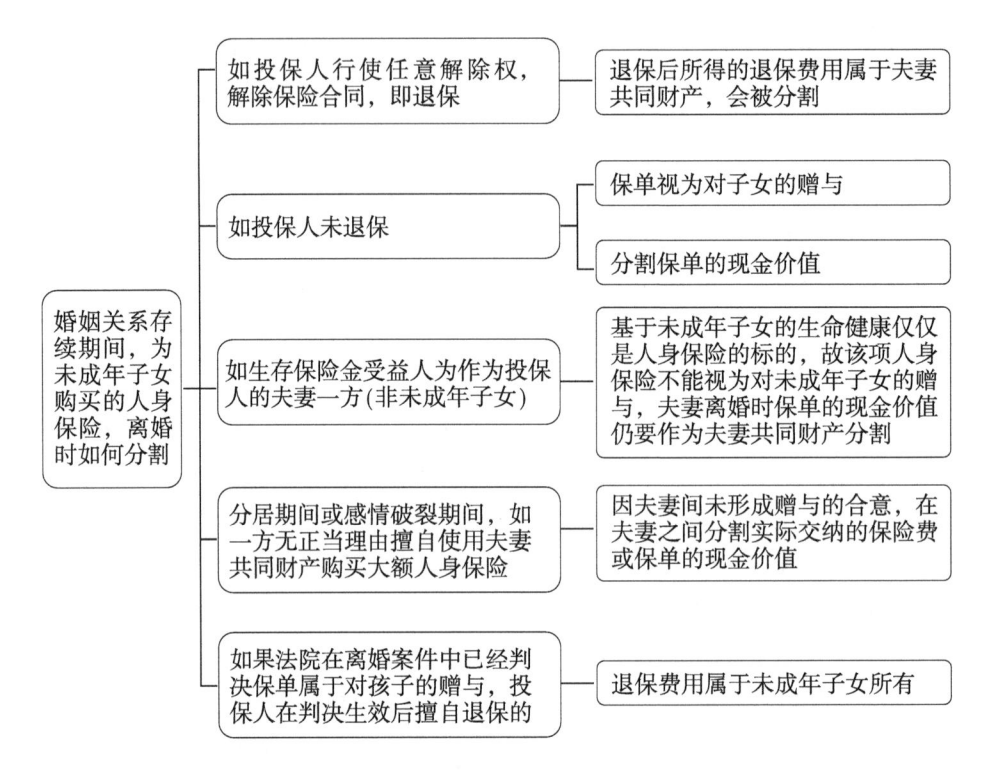

图8-3 婚姻关系存续期间为未成年子女购买的人身保险，离婚时的分割情况

婚姻关系存续期间，为未成年子女购买的人身保险，离婚时如何分割	如投保人行使任意解除权，解除保险合同，即退保	退保后所得的退保费用属于夫妻共同财产，会被分割
	如投保人未退保	保单视为对子女的赠与
		分割保单的现金价值
	如生存保险金受益人为作为投保人的夫妻一方(非未成年子女)	基于未成年子女的生命健康仅仅是人身保险的标的，故该项人身保险不能视为对未成年子女的赠与，夫妻离婚时保单的现金价值仍要作为夫妻共同财产分割
	分居期间或感情破裂期间，如一方无正当理由擅自使用夫妻共同财产购买大额人身保险	因夫妻间未形成赠与的合意，在夫妻之间分割实际交纳的保险费或保单的现金价值
	如果法院在离婚案件中已经判决保单属于对孩子的赠与，投保人在判决生效后擅自退保的	退保费用属于未成年子女所有

（1）大多数法院会认定，夫妻一方为未成年子女购买的人身保险视为对子女的赠与，不作为夫妻共同财产分割。

部分省高级人民法院曾就该问题做出规定。例如，2016年浙江省高级人民法院民一庭发布的《关于审理婚姻家庭案件若干问题的解答》（高法民一〔2016〕2号）指出："婚姻关系存续期间，夫妻一方为子女购买的保险视为双方对子女的赠与，不作为夫妻共同财产分割。"

司法实践中，大部分法院会认定，婚姻关系存续期间，一方为子女购买的人寿保险，已经交纳的保险费视为夫妻双方合意对于子女的赠与。离婚时，保险利益不应当作为夫妻共同财产进行分割。这主要是考虑到，即使夫妻双方离婚，父或母仍然对未成年子女有抚养、照顾、保护的义务，父母与子女之间的关系不因父母离婚而消除，离婚后子女无论由哪一方直接抚养，仍然是父母双方的子女。夫妻双方离婚时，为未成年子女投保的人寿保险尚处于保险的有效期内，未成年子女作为保险单的生存受益人，只要其生存便能获得生存保险金，该生存保险金属于未成年子女专有，并不会给付给直接抚养子女的一方，直接抚养子女的一方也没有因此而受益。

（2）如投保人退保，则退保所得的退保险费用属于夫妻共同财产。

虽然前文提到，大多数法院会将已经交纳保险费的人身保险视为夫妻双方合意对于未成年子女的赠与，不作为夫妻共同财产分割；但现实中，由于投保人享有任意解除权，所以很多投保人会将人身保险退保。在这种情况下，法院倾向于认为，投保人退保所得的退保险费用属于夫妻共同财产，应当予以分割。

（3）需要特别提示的是，如夫妻双方正处于分居期间或感情破裂期间，一方无正当理由，擅自使用夫妻共同财产购买大额保险单，则面临在夫妻之间分割实际交纳的保险费的风险。

很多离婚诉讼中的当事人都有这样一个疑问：能否通过购买人身保险来达到自己转移财产的目的？在司法实务中，法院会综合考虑投保人是否有投保的习惯、保险费的金额、投保人的家庭经济状况等因素，来认定投保人是否有转移财产的故意。所以，在此提示读者，尽量在双方感情状态好并征得对方同意的情况下为子女购买人身保险，"平时不烧香，临时抱佛脚"的行为存在一定风险。

（四）变更投保人，从而实现个人财产的转化

以王女士自己为被保险人的高现金价值的大额人寿保险因保险费来源为夫妻共同财产，无论投保人是王女士自己还是其先生，这张保单的现金价值都是夫妻共同财产。如果王女士能够取得其先生的同意，把投保人变更为自己的父母，通过父母的账户为自己交纳保险费，那么虽然保险费追根溯源仍然来自夫妻共同财产，但实际上王女士夫妇已经对这笔资金做了赠与王女士父母的处置，王女士父母在依法取得该笔资金的所有权后将其用于交纳保险费，这样该份保单的现金价值就归王女士的父母所有而不再是王女士夫妇的共有财产。

需要提醒大家注意的是，采用这样的方式实际上就是处置夫妻共同财产，必须征得配偶一方的同意，必要时甚至需要通过配偶的银行账户将款项支付至投保人账户。同时，还需考虑到作为长辈的投保人往往会先于被保险人身故，此时保单的现金价值将作为投保人的遗产被依法分割，所以还需结合协议和遗嘱等其他财富管理工具对此进行完善。

二、人寿保险如何隔离婚前婚后财产

"依赖型"家庭成员有在婚姻中寻求安全保障的需求，那么高净值人士及其家族也有保护自己家族或个人资产不被不适合的婚姻大规模削减的想法。这种保

护一般在婚前就需要考虑周全，婚姻不是"劫富济贫"的正当理由。高净值人士及其家族为保护其资产而依法做财富规划无可厚非。当然，财富不是一切，我们也要考虑到婚姻双方的情感，适度满足对方对财富安全感的需求。

高净值人士自身在结婚之前考虑利用人寿保险做财富管理规划，可以在不伤害夫妻感情的基础上，做到婚前个人财产的合理保全。

案例

小张是一个单身贵族，就职于金融机构，除了有两套房产以外，还有各种金融资产，价值近千万元。小张的女朋友是一个中学教师，工作稳定，收入也很稳定，其父母是退休职工，家庭经济条件一般，没有小张那么富裕，但也没什么负担。

小张因为工作的关系，对婚后家庭财产的问题了解得比较清楚，他知道自己的两套房子因为没有按揭永远都是自己的个人财产；自己的近千万元的金融资产相当一部分在证券账户中，他想从股票账户中抽出一部分变现后为自己配置些保险，以确保该部分资产属于自己的个人财产，万一自己有什么不测，对自己的父母也是一个保障。其他的金融资产在婚后很有可能会和夫妻共同财产发生混同，不过他觉得没有太大关系，让太太在财富上有一定的安全感也是小张非常愿意的。

对于小张这样即将步入婚姻殿堂的单身贵族来说，用婚前个人财产购买大额人寿保险来避免个人财产和夫妻共同财产的混同，操作起来并不难。无论购买什么险种的人身保险，大额年金型保险或者终身寿险都可以帮助小张实现目标，在签订保险合同时，投保人、被保险人都是其本人，身故受益人为小张的父母。需要注意的是，所交纳保险费的来源应当确定始终是小张的个人财产，因为婚前属于个人财产的现金在婚后极易和夫妻共同的收入混同而难以区分，而人寿保险的保险费交纳期限可能持续到婚后很多年。这样，小张用婚前从股票账户转出的那部分资金来交纳保险费，如果没有采用婚前趸交的方式，为了避免保险费专用现金与婚后财产混同，可以专门开立一个独立的银行账户专款专用，和婚后的资金做到完全隔离。

对于即将再婚的高净值人士，欲隔离自己的全部或部分个人财产，为自己配置大额人身保险的，可以参照小张这样的方式。如果还带有孩子，那么保单的受益人除了可以是自己的父母以外，还可以是自己的子女；同时，不要忘记为子女配置相应的重大疾病保险、年金型保险。无论是为自己还是为孩子，在交纳保险费方面，都需要考虑婚前趸交或者开立独立的银行账户存入足额专项资金，以便与婚后的资金相区隔，避免和夫妻共同财产混同。

三、人寿保单如何避免离婚时被分割

案例

2010年年初，郭某通过某婚恋网认识了赵某，双方的家境相当，两人很快确定了恋爱关系。张某芳作为母亲观察得比较细致，从待人接物中感觉到这个未来的女婿不善于沟通，比较自我。张某芳把自己的感受告诉了女儿郭某，谁知郭某根本不当回事儿，认为母亲小题大做。

转眼到了郭某和赵某谈婚论嫁的时候，张某芳一开始也想着给小两口在婚前购置豪宅作为嫁妆；但考虑到近年来离婚率逐年上升，再加上自己对赵某也不是十分满意，万一小两口真离婚，那么她送给女儿的嫁妆就可能要分给对方一半。慎重考虑之下，经过咨询专业律师和某人寿保险公司的保险代理人，张某芳在郭某婚前花了2000多万元（全资）购置了一套位于北京市通州区格拉斯小镇的独栋别墅，面积为500多平方米，登记在郭某名下，后又与郭某共同到保险公司购买了年金型保险。

年金型保险的架构为：投保人为张某芳，被保险人为郭某，生存保险金受益人为郭某，身故保险金受益人为张某芳。保障期限为20年，交费方式为趸交。①年金。自保险合同生效日起至本合同第19个保险单年生效对应日止，若被保险人生存，保险人于犹豫期结束后的次日及保险合同每一年的保险单年生效对应日按所交保险费（不计利息）的11%给付年金。②满期保险金。被保险人在保险期间届满时生存，保险人按基本保险金额给付满期保险金，本合同终止。③被保险人身故，按以下金额中的较大者给付身故保险金，本合同终止：其一，所交保险费（不计利息）扣减已给付的年金（不计利息）；其二，被保险人身故时本保险合同的现金价值。

郭某和赵某婚后初期感情尚可，后因性格原因，两人经常冷战，最终两人在感情上渐行渐远。2019年年初，郭某向法院提起离婚诉讼，赵某明确表示同意离婚，但要求分割婚姻关系存续期间郭某获得的生存保险金。

法院经审理认为，虽然案涉生存保险金取得的时间为双方的婚姻关系存续期间，但考虑到本案中保险费为郭某母亲婚前一次性趸交，生存保险金并未凝聚夫妻一方或双方的劳动价值，宜认定为郭某的个人财产。

（1）确定合适的投保人，选择恰当的保险产品，有效利用人寿保险单预防子女婚变导致的财产流失。

首先，父母作为投保人，即使子女发生婚变，保险单的现金价值也不会被分割。因投保人为张某芳，在未退保的情况下，保险单的现金价值体现为投保人张某芳对保险公司享有的债权，即使女婿和女儿离婚，女婿也无权要求分割保险单的现金价值。

其次，生存年金能够保障郭某婚后高品质生活。郭某作为年金受益人，每年都能领到一笔高额保险金，从而保障了郭某婚后的高品质生活，这笔保险金可以设定为固定期限，也可以设定为终身领取。

最后，定期领取生存保险金，可以防止子女挥霍，细水长流。年金型保险最大的优点就是生存年金按年给付，而不是一次性支付巨额保险金。在本案当中，张某芳通过购买年金型保险将郭某设定为被保险人与年金保险的受益人，既保证了郭某婚后的生活品质，又可防止郭某因持巨额财产而挥霍无度。

（2）父母作为年金型保险的投保人并在子女结婚前趸交保险费，子女作为生存保险金受益人，在婚后取得的生存保险金是否为夫妻共同财产？

《民法典》第一千零六十二条与原《婚姻法》第十七条相比，新增了夫妻在婚姻关系存续期间所得的"投资的收益"作为夫妻共同财产的规定。《民法典婚姻家庭编的解释（一）》第二十六条规定："夫妻一方个人财产在婚后产生的收益，除孳息和自然增值外，应认定为夫妻共同财产。"收益主要包括孳息、自然增值和投资收益三类。

实务中，受益人婚姻关系存续期间取得的生存保险金的性质到底属于孳息、自然增值，还是属于投资收益，目前仍然存在争议。需要注意的是，我们必须厘清，在父母趸交保险费为子女购买人身保险的情况下，到底谁是投资人？答案当然是作为人身保险合同主体一方的投保人，因此在这种情况下，能否直接适用《民法典婚姻家庭编的解释（一）》第二十六条的规定，是值得商榷的。

有观点认为，保险费系一方父母婚前交纳，婚后取得的生存保险金未凝聚一方或双方的劳动价值，应当属于子女的个人财产。此种观点认为，婚姻关系存续期间所产生的收益，是否为夫妻共同财产，需要考虑该收益的取得是否需要夫妻一方或双方的协作、劳动或管理，如果夫或妻一方或双方对于收益的取得未产生贡献，则婚姻关系存续期间取得的收益，认定为一方的个人财产比较合适。同理，投保人将保险费交纳给保险公司后，由保险公司进行资金的运作、管理，保险金最终如何计算、分配，完全由保险公司决定，而不需要被保险人、受益人付出任何劳动或者管理。由于该生存保险金的取得并未凝聚夫妻一方或双方的劳动价值，保险费也是该子女的父母在婚前趸交，故婚姻关系存续期间产生的生存保险金应当属于一方的个人财产。

也有观点认为，保险具有投资属性，婚姻关系存续期间取得的保险金属于投资收益，子女取得的生存保险金在扣除本金（保险费）后应当作为夫妻共同财产。

以生存到一定年龄为给付条件的具有现金价值的保险合同的常见类型为年金型保险、两全保险。上述两类保险中，当被保险人达到一定年龄后，保险公司给付的保险金一般都大于实际交纳的保险费，故具有一定的投资属性。因此，被保险人或受益人生存到一定年龄后所取得的保险金可以作为投资收益，该投资收益属于被保险人或受益人所有，由于该收益的取得发生在婚姻关系存续期间，故应当属于夫妻共同所有的财产；但考虑到保险费并未使用夫妻共同财产交纳，故需要在生存保险金中扣除父母一方所出的保险费，剩余部分才属于夫妻共同财产。

还有观点认为，不区分保险费的来源，只要是在婚姻关系存续期间取得生存保险金，都属于夫妻共同财产。

《最高人民法院民事审判第八次会议纪要》第五条第二款规定："婚姻关系存续期间，夫妻一方依据以生存到一定年龄为给付条件的具有现金价值的保险合同获得的保险金，宜认定为夫妻共同财产，但双方另有约定的除外。"该条也仅规定了"双方另有约定的除外"为生存保险金属于一方个人财产的特殊情形。因此，严格来看，只要生存保险金的取得时间是在婚姻关系存续期间，该保险金就应当认定为夫妻共同财产，无须区分保险费的来源为父母婚前趸交还是使用夫妻共同财产交纳。

就该问题，本书倾向于认为，在保险合同中，被保险人以自身的生命或健康为保险标的，婚姻关系存续期间，被保险人或受益人无须进行任何操作，因生存保险金的取得并未凝聚一方或双方的劳动价值，将生存保险金认定为子女的个人财产更为适宜，如此也符合父母作为投保人的真实意愿。

（3）为避免争议，父母可以选定自己作为人身保险的投保人、生存保险金受益人，并签订赠与合同，约定生存保险金只赠与己方子女，实现财富定向传承。

子女依据人身保险合同已经取得的生存保险金，如已用于家庭消费，则不存在离婚时分割的问题。父母为子女趸交保险费购买人身保险作为嫁妆，本身寓意着希望子女婚姻幸福、白头偕老，子女婚后所取得的生存保险金，从某种意义上来讲也是父母对小两口的祝福金，一般情况下并无排外之意，这也充分体现了父母对儿女的爱，体现了保险的温度；但考虑到节节攀升的离婚率，有的父母在婚前为子女趸交保险费购买人身保险，只是想将生存保险金赠与自己的子女，而不希望出现生存保险金作为夫妻共同财产被分割的"意外"情形。

本案中，如果张某芳想要精准地将生存保险金传承给自己的女儿郭某，在购买年金保险时，可以以张某芳作为保险合同的投保人，子女作为被保险人，并将投保人设置为生存保险金受益人,张某芳按照保险合同分期取得年金后,与郭某签订赠与协议,明确约定年金只赠与女儿个人,与其配偶无关。张某芳汇款时在附言一栏写明"只赠与女儿郭某,属于其专有"等字样。郭某作为受赠人,最好单独设立一个银行账户来接收赠与款项,避免与其他夫妻共同财产混同。

可见,通过大额保单的形式给女儿做嫁妆(给儿子买也行),不仅可以做到资产隔离,提高子女的生活水准,在关键的时候还能够进行资金融通,可谓一举多得。

婚姻需要用心经营,财富更需要用心管理。在离婚率居高不下且隐隐有持续攀升之势的今天,利用保险等方式提前做好财富规划,合法地实现婚内财产管理,不仅能最大限度地保护自己及子女的利益,还减少了夫妻发生争执的可能性,万一感情破裂,也能避免不必要的麻烦与纠纷。

第九章 大额保险与债务隔离

2015年中华全国工商业联合会编写的《中国民营企业发展报告》称:有60%的民营企业在5年内破产,有85%的民营企业在10年内"死亡",其平均寿命只有2.9年。

2018年6月14日,在第十届陆家嘴论坛上当时的央行行长提到:美国的中小企业的平均寿命为8年左右,日本中小企业的平均寿命为12年左右,我国中小企业的平均寿命为3年左右。

根据证券市场权威网站及上市公司公告统计数据显示,截至2019年12月31日,2019年全国申请破产重整的上市公司有14家。

由此可见,企业经营始终是高风险的。企业的经营风险有很多,债务风险是其中最主要的风险之一。即便企业家和投资者采用的是有限责任的组织形式,但在企业运营的过程中因为各种复杂情况,企业经营所产生的债务都有可能波及个人甚至家庭。我国的民营企业家更是如此。因此,民营企业家必须考虑如何将企业债务与家庭资产相隔离。

第一节 债务隔离的正当性

"欠债还钱,天经地义",大张旗鼓地说"大额保单可以避债",合适吗?

首先我们要说，这里的"避债"不是逃避既有债务的清偿，而是避免将来可能发生的债务波及，属于未雨绸缪，这是正当的。

其次，即便将来债务真的不可避免，借助法律赋予的权利提早为自己及家人做好财富的隔离与保障，而非恶意转移财产，这种提前砌好"防火墙"的行为也是合法的。

历史上公司有限责任制度的产生就是为了适应经济的发展，鼓励人们积极参与生产经营活动，减少或消除经营主体因市场巨大的风险所带来的难以承受的损失的恐惧，而从法律层面上对依法经营的主体进行有效的债务隔离和保护。在17世纪之前，社会生产经营的组织形式主要是手工业作坊和小农场。随着17世纪到18世纪，欧洲资产阶级革命和第一次工业革命的爆发，生产力的发展及社会资本的不断累积，生产规模得到了惊人的扩张。原有的手工业作坊和小农场已经不能满足生产力发展的需要，进行机器生产的大工厂拥有更高的生产效率和经济效益，因而逐渐成为主流。与手工业作坊和小农场相对应的无限公司、合伙企业，由于其规模小、无限责任的特点，已经不能满足大量陌生资本合作的需求。立法者为了顺应经济发展的需要，鼓励人们参与生产经营和市场竞争活动，基于功利主义的逻辑引进了有限责任制度，即投资者仅在自己的出资范围内对债务承担责任，大大减少了经营主体的市场风险，消除了人们进行投资经营的顾虑。同时，股份公司公开面向所有投资人的典型特征，满足了工厂主强强联合建立更大工厂的需求，短时间内大量兴起，成为社会主流。有限责任的股份公司顺应商品经济而兴起，既保护了经营者的利益，又推进了社会与经济的发展，是历史的进步。

历史发展到现今，有限公司制度已得到社会、法律、市场的全面认可，投资人基于成熟的有限公司制度、基于正当目的采取的合法避债措施，不仅是法律和社会允许的，也是理智的投资人应有的未雨绸缪之举。

第二节　债务隔离的必要性

近几年，有不少知名企业倒闭，最重要的原因就是企业负债过多，资金链断裂。企业倒闭的同时，股东不仅家财散尽，还有不少人身遭牢狱之灾。

A集团倒台，创始人成"老赖"

A集团创始人、董事长许某（化名），在2004年创立A集团并在2010年上市，2013年集团最高市值一度达1770亿元，许某以420亿元的财富名列胡润百富排行榜。自许某成立A集团以来，他便在不停地拓展新的领域，这为其吸引来了源源不断的巨额融资。

也正是因为"摊子"铺得太大，2017年A集团资金链出现巨大问题，数百亿元的债务被法院判决执行。一年之内，A集团股价暴跌，高级管理人员相继辞职，许某被法院列为失信被执行人后飞往国外，昔日百亿老总沦落为逃往国外的"老赖"。

40亿旅游大亨郭正利卖鸡还债，壮年离世留遗憾

郭正利，被誉为"日本精致旅游教父"，其一手创办的天喜旅行社主打高端、精致的日本旅游项目，2004年创下52亿元的营业额，同年，郭正利的个人身家达到了40亿元新台币。2007年，郭正利迎娶身家逾70亿元的日本富商千金祥子，两人身家相加过百亿元，可谓是迎娶"白富美"走上了人生巅峰。

2008年，独钟房地产投资的郭正利受金融海啸影响资金流断裂，其旅游主业受到牵连，经历漫长的痛苦挣扎后在2014年宣布破产，不久后妻子也离开了他。2015年年底家财散尽的郭正利沦落到靠卖麻油鸡勉强为生，然而其麻油鸡事业的发展亦不顺利，次年便以失败告终。2016年，不愿服输的郭正利再次投身旅游业，亲力亲为规划旅游行程，整个行程前后修改了50余次。就在郭正利即将逆转人生的时候，他的健康却亮起了"红灯"，不久便因病去世，享年59岁。

以上案例让人唏嘘，也发人深省：有限责任制度并不意味着股东或者投资人的责任一定有限。2023年12月29日修订、2024年7月1日起施行的《公司法》规定了有限责任公司股东在公司不同发展阶段可能面临的连带风险。有限责任公司按照公司的不同发展阶段可以划分为：初创期、成长期、发展期、稳定及衰退期四个阶段，在不同的阶段家庭与企业的资产混同有不同的表现形式，下面结合2024年7月1日生效的《公司法》进行论述。

（一）初创期

公司初创期家庭与企业资产混同的主要表现形式有股东未按期实缴出资、股东虚假出资、抽逃出资以及一人有限公司资产与家庭资产混同等。

1. 股东未按期实缴出资

就有限责任公司而言，《公司法》第四十七条明确规定："有限责任公司的注册资本为在公司登记机关登记的全体股东认缴的出资额。全体股东认缴的出资额由股东按照公司章程的规定自公司成立之日起五年内缴足。"

在2024年7月1日之前，对于债权人以公司不能清偿到期债务为由请求未届出资期限的股东在未出资范围内对公司不能清偿的债务承担补充赔偿责任的情况，法院为保护股东出资期限利益以不支持为原则，支持为例外，根据《全国法院民商事审判工作会议纪要》（法〔2019〕254号）的相关规定，例外情形包括以下几类：①公司作为被执行人的案件，人民法院穷尽执行措施无财产可供执行，已具备破产原因，但不申请破产的；②在公司债务产生后，公司股东（大）会决议或以其他方式延长股东出资期限的。

自2013年实施注册资本认缴登记制改革以来，司法实务中存在大量的公司认缴高额的注册资本并将实缴期限拉长的情况，该行为降低了债权人对注册公司的信赖，2024年7月1日生效的《公司法》新增有限责任公司股东的认缴出资期限最长为5年的规定，有效地平衡了注册公司与债权人之间的利益。除此之外，2024年7月1日生效的《公司法》还强化了股东未履行出资义务的法律后果。例如，在公司不能清偿到期债务的情况下，经公司或债权人要求，有限责任公司股东的出资义务加速到期，股东给公司造成损失的承担赔偿责任及股东丧失股权等法律后果。具体法律条文如下。

《公司法》第五十四条规定："公司不能清偿到期债务的，公司或者已到期债权的债权人有权要求已认缴出资但未届出资期限的股东提前缴纳出资。"

《公司法》第四十九条第三款规定："股东未按期足额缴纳出资的，除应当向公司足额缴纳外，还应当对给公司造成的损失承担赔偿责任。"

《公司法》第五十二条第一款规定："股东未按照公司章程规定的出资日期缴纳出资，公司依照前条第一款规定发出书面催缴书催缴出资的，可以载明缴纳出资的宽限期；宽限期自公司发出催缴书之日起，不得少于六十日。宽限期届满，股东仍未履行出资义务的，公司经董事会决议可以向该股东发出失权通知，通知应当以书面形式发出。自通知发出之日起，该股东丧失其未缴纳出资的股权。"

2. 股东虚假出资、抽逃出资

股东抽逃出资是指在公司成立后，股东违反法律规定、非经法定程序，擅自从公司抽回已交纳的作为公司资产的出资，同时继续持有公司股份的行为。《公司法》第五十三条规定："公司成立后，股东不得抽逃出资。违反前款规定的，股东应当返还抽逃的出资；给公司造成损失的，负有责任的董事、监事、高级管理人员应当与该股东承担连带赔偿责任。"

股东虚假出资是指股东表面上进行了出资而事实上并未出资，其本质特征之一，是股东设立公司时为了应付验资，以无实际货币的虚假银行进账单或者虚假的实物投资骗取公司登记，而实际上公司并未使用股东的出资款进行经营。

虚假出资、抽逃出资的行为，不仅会严重侵蚀公司资本，还会严重破坏交易安全和经济秩序，损害债权人利益，故针对该种情形股东应当返还相应的出资，同时公司登记机关有可能对股东以及直接负责的主管人员和其他直接责任人员予以罚款，具体法律条文如下。

《公司法》第二百五十二条规定："公司的发起人、股东虚假出资，未交付或者未按期交付作为出资的货币或者非货币财产的，由公司登记机关责令改正，可以处以五万元以上二十万元以下的罚款；情节严重的，处以虚假出资或者未出资金额百分之五以上百分之十五以下的罚款；对直接负责的主管人员和其他直接责任人员处以一万元以上十万元以下的罚款。"

《公司法》第二百五十三条规定："公司的发起人、股东在公司成立后，抽逃其出资的，由公司登记机关责令改正，处以所抽逃出资金额百分之五以上百分之十五以下的罚款；对直接负责的主管人员和其他直接责任人员处以三万元以上三十万元以下的罚款。"

3. 一人有限公司资产与家庭资产混同

一人有限公司股东仅有一人，且该股东往往担任执行董事、总经理等职务，相较于一般的有限责任公司缺乏监管机制而更易引发经营道德风险，很容易产生股东财产与公司财产混同，股东滥用公司法人独立地位及股东有限责任，逃避债务，严重损害公司债权人利益的情况。故《公司法》第二十三条第三款规定："只有一个股东的公司，股东不能证明公司财产独立于股东自己的财产的，应当对公司债务承担连带责任。"

实务中，针对以夫妻双方作为股东注册的有限责任公司是否属于一人有限公司存在很大争议，核心争议点在于公司的全部股权实质来源于夫妻共同财产，二者属于同一财产权，并为一个所有权共同享有和支配，该股权主体具有利益的一致性及实质的单一性，在这种情况下该公司与一人有限责任公司在主体构成和规范适用上具有高度相似性，故很多法院会将此种情形认定为一人有限公司，在股东不能证明公司资产与家庭资产互相独立的情况下，由家庭资产对公司债务承担连带责任。

（二）成长期

公司成长期家庭与企业资产混同的主要表现形式有以下几种：①公司没有独立的营业场所，或办公场所实际用于个人居住；②股东个人及家庭开支列入公司经营成本；③公司与股东的资金混同；④利用关联交易，高进低出转移公司财产或转移公司利润。

《公司法》第二十三条规定："公司股东滥用公司法人独立地位和股东有限责

任，逃避债务，严重损害公司债权人利益的，应当对公司债务承担连带责任。股东利用其控制的两个以上公司实施前款规定行为的，各公司应当对任一公司的债务承担连带责任。"《民法典》第八十三条第二款规定："营利法人的出资人不得滥用法人独立地位和出资人有限责任损害法人债权人的利益；滥用法人独立地位和出资人有限责任，逃避债务，严重损害法人债权人的利益的，应当对法人债务承担连带责任。"

公司人格独立和股东有限责任是《公司法》的基本原则，但为了防止滥用公司有限责任损害债权人合法利益现象的产生，自2005年《公司法》修订开始便设立了公司独立人格否认制度，即在承认公司具有独立主体地位的前提下，在特定法律关系中对公司人格及股东有限责任加以否定，避免股东滥用公司人格及有限责任，保护公司债权人及社会公共利益。所以在公司成长期内，如公司及股东之间存在上述行为，极有可能由股东对公司的债务承担连带责任。

（三）发展期

公司发展期与家庭资产混同的主要表现形式有以下几种：①股东为公司借款等提供担保；②股东用家庭资产担保股权回购；③股东以公司资金添置家庭资产；④股东个人出资以公司名义购买财产（如规避房屋限购政策购房等）；⑤实际控制经营权的股东挪用公司资产。

公司经营过程中最令人头疼的问题就是资金短缺，当公司向银行等金融机构借款时，银行为防范风险往往会要求股东个人对公司的债务提供担保，将公司债务与股东个人捆绑在一起，以增强资金回笼的可能性。除此之外，对赌在商务活动中非常常见，所谓对赌协议是指在股权投资中，投资人为保障自身收益而设定的重要商业条款。当被投资企业业绩或估值不甚理想时，投资人会希望通过对赌协议实现退出。商场如战场，形势变幻莫测，一招失手满盘皆输的案例数不胜数。例如，在小马奔腾对赌回购案中，小马奔腾的创始人李某与投资机构签署对赌协议，但是对赌目标未完成，李某也意外离世，给妻子金某留下了2亿余元的债务。

任何股东都不希望个人为公司的债务承担连带责任，但迫于各种压力以及对市场的认知偏差，有时也不得不订立城下之盟，一旦公司出现债务，股东极有可能对公司的债务承担连带责任。

（四）稳定及衰退期

公司衰退期面临的主要风险有以下几种：①公司执照被吊销，未及时清算；

②违规办理注销登记后股东对企业债务承担连带责任。

根据《公司法》第二百二十九条、二百三十二条、二百三十四条、二百三十五条的规定，公司应当在解散事由出现之日起15日内成立清算组进行清算。清算的目的是清理公司的债权债务，清算组应当自成立之日起10日内通知债权人，并于60日内在报纸上或者国家企业信用信息公示系统进行公告。债权人应当自接到通知之日起30日内，未接到通知的自公告之日起45日内，向清算组申报其债权。公司清算结束后，清算组应当制作清算报告，报股东会、股东大会或者人民法院确认，并报送公司登记机关，申请注销公司登记，公告公司终止。

《公司法》第二百四十条第一款及第三款规定："公司在存续期间未产生债务，或者已清偿全部债务的，经全体股东承诺，可以按照规定通过简易程序注销公司登记。""公司通过简易程序注销公司登记，股东对本条第一款规定的内容承诺不实的，应当对注销登记前的债务承担连带责任。"

《公司法》第二百四十一条规定："公司被吊销营业执照、责令关闭或者被撤销，满三年未向公司登记机关申请注销公司登记的，公司登记机关可以通过国家企业信用信息公示系统予以公告，公告期限不少于60日。公告期限届满后，未有异议的，公司登记机关可以注销公司登记。依照前款规定注销公司登记的，原公司股东、清算义务人的责任不受影响。"

《民法典》第七十条规定："法人解散的，除合并或者分立的情形外，清算义务人应当及时组成清算组进行清算。法人的董事、理事等执行机构或者决策机构的成员为清算义务人。法律、行政法规另有规定的，依照其规定。清算义务人未及时履行清算义务，造成损害的，应当承担民事责任；主管机关或者利害关系人可以申请人民法院指定有关人员组成清算组进行清算。"

《最高人民法院关于民事执行中变更、追加当事人若干问题的规定》第二十一条规定："作为被执行人的公司，未经清算即办理注销登记，导致公司无法进行清算，申请执行人申请变更、追加有限责任公司的股东、股份有限公司的董事和控股股东为被执行人，对公司债务承担连带清偿责任的，人民法院应予支持。"

根据上述法律规定，公司注销后，其民事主体资格消灭，作为公司的终止程序，注销必须符合法定条件并经过一系列流程。公司注销并非万事大吉，如果清算组未按照流程进行清算，则公司原股东、清算组人员仍需对公司注销登记前的债务承担连带责任。

鉴于民营经济在发展过程中普遍存在制度不健全、家庭财产与企业财产混同、企业和企业家互保联保等问题，一旦企业经营出现问题，势必连带造成个人财富和家庭财富的巨大损失。故民营企业家除采用有限责任的企业组织形式之外，还需通过其他措施合法、有效地隔离家庭与企业债务，除了利用企业经营过程中合规合法、经营不善及时依法清算、资不抵债及时申请破产等传统、常规手段进行家企隔离以外，高净值人士也在不断尝试利用新型手段进行债务风险隔离和资产保全。

第三节　人寿保险可以隔离债务吗

近几年高净值人士热衷于购买人身保险，特别是大额人寿保险，其重要原因之一就是看中人身保险的债务隔离功能。近些年我们经常听到：依据现有的法律法规，保险是不受债权债务干扰的金融工具，是不被查封罚没的财产。受保险营销宣传的影响，中国高净值人士普遍认为，通过大额人寿保险的合理安排，可以一定程度上在家庭资产和企业资产之间建立一道"防火墙"，尤其是在经济波动较大的市场环境下，大额人寿保险的合理安排更为重要。因此，乘着私人财富管理业务飞速发展的东风，保险业务员纷纷展开财富人士营销，一张张天价保单铺天盖地地涌来，相关的新闻报道层出不穷。

同时暗流涌动的是，境外保险公司在中国境内积极进行渠道拓展，以强调其长期安全性等为卖点，非公开地向中国富裕阶层推广其丰富的保险产品。事实上，中国境内富裕阶层所购买的大额人寿保险产品很大一部分属于境外保单。基于历史地缘等因素，境外保险公司基本上是以中国香港以及新加坡、东南亚、美国等地为业务基地对中国内地进行业务渗透，保单约定所适用的法律往往是新加坡、美国等地的法律。

那么，巨额人寿保险到底能不能帮助高净值人士进行债务隔离？人寿保险真的是不会被司法机关罚没的财产吗？如何安排才能使人寿保险实现高净值人士所期望的隔离债务的作用？事实上，我们通过对财富管理业务的研究发现，的确存在对高额人寿保险夸大宣传的现象，并非所有的人寿保险都能够实现债务隔离的目的。

一、人寿保险可以对抗债权人代位求偿权吗

在对人寿保险的介绍中我们经常可以听到这样的论证：根据《合同法》第七十三条、《最高人民法院关于适用〈中华人民共和国合同法〉若干问题的解释（一）》（以下简称《合同法司法解释（一）》）第十二条的规定，人寿保险的理赔

金可以对抗债权人的代位求偿权；根据《保险法》第二十三条的规定，任何单位和个人不得干预保险人履行赔偿或者给付保险金的义务。因此，人寿保险可以有效隔离债务。

这样的推断结果准确吗？代位求偿权是怎么回事？人寿保险的赔偿金能不能对抗代位求偿权？对抗了债权人的代位求偿权，就可以达到避免偿还债务的目的吗？

让我们对引用的法律条款逐条进行分析、论证。

根据《合同法》第七十三条的规定，债权人的代位求偿权，是指因债务人怠于行使其到期债权，对债权人造成损害的，债权人可以向人民法院请求以自己的名义代位行使债务人的债权。债权人的该项权利，以其本身所享有的债权金额为限。举例来说，张三（债权人）借给李四（债务人）30万元，已经到期但李四始终不还。张三得知李四曾借给王二（次债务人）40万元，已经到了偿还期，但李四为了赖账故意不去向王二讨回这笔借款。那么，张三可以向法院起诉，要求王二直接向自己支付30万元，法院查明两笔债务属实且均已经到清偿期限的，会支持张三的诉讼请求。假如次债务人王二仅欠债务人李四20万元，那么即便李四欠张三30万元，张三行使代位求偿权向法院提起诉讼时，只能主张由王二直接向其支付20万元，另外10万元由张三和李四另案解决。

《合同法》第七十三条规定"该债权专属于债务人自身的除外"，也就是说对于专属于债务人自身的债权，债权人不能行使代位求偿权。《合同法司法解释（一）》第十二条规定："合同法第七十三条第一款规定的专属于债务人自身的债权，是指基于扶养关系、抚养关系、赡养关系、继承关系产生的给付请求权和劳动报酬、退休金、养老金、抚恤金、安置费、人寿保险、人身伤害赔偿请求权等权利。"

两条结合可以得出这样的结论：人寿保险的理赔金的确可以对抗债权人的代位求偿权。《民法典》第五百三十五条对债权人代位权的规定相较《合同法》无实质性的变化，且《最高人民法院关于适用〈中华人民共和国民法典〉合同编通则若干问题的解释》（以下简称《民法典合同编通则若干问题的解释》）列明"专属于债务人自身的债权"包括以下几类。

（1）抚养费、赡养费或者扶养费请求权。

（2）人身损害赔偿请求权。

（3）劳动报酬请求权，但是超过债务人及其所扶养家属的生活必需费用的部分除外。

（4）请求支付基本养老保险金、失业保险金、最低生活保障金等保障当事人基本生活的权利。

（5）其他专属于债务人自身的权利。

《民法典》和《民法典合同编通则若干问题的解释》正式实施后，我们认为应参考《合同法司法解释（一）》第十二条的规定，将人寿保险归为其他专属于债务人自身的权利。

前述举例我们变更以下因素：张三（债权人）借给李四（债务人）30万元，已经到期，但李四始终不还；同时李四的父亲去世，恰好有一笔人身保险死亡赔偿金30万元，指定受益人为李四，但李四尚未领取这笔赔偿金。

这时候张三能不能根据《民法典》第五百三十五条的规定行使其代位权，直接要求保险公司把这笔钱支付给自己呢？比如，他把保险公司列为被告诉至法院，请求法院判决保险公司将30万元支付给自己以抵偿李四的债务，是否可行呢？理论上是肯定不行的，因为李四对保险公司的30万元赔偿金的债权属于专属于其自身的债权，依照法律规定不会被判决支持代位求偿；但是，人寿保险赔偿金对抗了代位求偿权是不是就可达到避债的效果呢？

如果李四已经申领了这30万元的保险赔偿金，那么这30万元保险公司肯定要支付到李四的账户上，此时这30万元就是李四个人的财产，完全可以被法院直接强制执行。

如果李四选择暂时不申领保险赔偿金呢？这30万元由保险公司暂时保管理论上可以长达5年，期间张三又不能行使代位求偿权，岂不是干着急没办法？其实张三不能行使代位求偿权不等于说他对李四没有债权，只要有确凿的依据可以证明李四在保险公司有保险利益，他根本无须向法院提起诉讼请求支持其代位求偿权，只需把对李四享有30万元债权的生效法律文书提交人民法院申请强制执行即可。

接下来的问题就是，人民法院可以要求保险公司配合将理赔金直接支付给张三吗？

《保险法》第二十三条规定："任何单位和个人不得非法干预保险人履行赔偿或者给付保险金的义务，也不得限制被保险人或者受益人取得保险金的权利。"

看来人民法院不能要求保险公司把理赔金直接支付给张三。

可是，人民法院能不能要求保险公司把理赔金支付到李四的领款账户，同时冻结该账户，待收到款项之后再划转到张三的银行账户上呢？答案是没有禁止性规定，而且在目前人民法院的强制执行力度之下，实现起来并不困难。

可见，在保险营销中经常使用的人寿保险因其受到"抵御代位求偿权""不受干预履行"的法律特殊保护而可以达到避债目的的说辞是非常片面的。当然，这个案例只设定了"保险事故已经发生、保险公司应当支付保险理赔金"这种情况。人寿保险单从成立到存续、履行再到保险事故发生和给付，各种各样的情形都可能发生，人寿保险是否真的能达到债务隔离的效果，究其核心就是人寿保险是否可以被强制执行。

二、人身保险的现金价值是否可以被强制执行

案例
【案件概述】

兴铁一号××有限公司（以下简称兴铁一号）、兴铁二号××有限公司（以下简称兴铁二号）与成都××科技有限公司（以下简称科技公司）、张某新、刘某、王某合伙企业财产份额转让纠纷案，江西省高级人民法院于2018年12月做出（2018）赣民初××号民事判决判令：科技公司于该判决生效后10日内向兴铁一号、兴铁二号支付份额转让款5421.047万元及违约金107.983 2万元、律师费21万元等，张某新、刘某、王某对上述债务承担连带清偿责任。

（2018）赣民初××号民事判决生效后，兴铁一号、兴铁二号向法院申请执行，江西省高级人民法院于2019年6月11日立案受理，案号为（2019）赣执××号。在案件执行过程中，江西省高级人民法院于2019年6月12日做出（2019）赣执××号执行裁定，冻结、扣划被执行人科技公司、张某新、刘某、王某在金融机构的存款5 582.795 354万元。如上述冻结、扣划的款项不足以偿还本案债务，则查封、扣押、冻结、拍卖、变卖被执行人科技公司、张某新、刘某、王某价值相等的其他财产。2019年8月7日，该院做出（2019）赣执××号之四协助执行通知书，要求某保险公司协助：①冻结被执行人刘某名下的保险产品（保险合同号分别为2003××6964、2008××4684、2008××4690、2009××9913、2009××9566）的现金价值、红利及利息等财产性权益；②冻结被执行人王某名下的保险产品（保险合同号分别为2015××6945、2015××6961）的现金价值、红利及利息等财产性权益，并将上述两项财产性权益用现金转账形式扣划至法院。

法院经审理查明，被冻结、扣划的编号为2015××6961的保险合同，投保人为王某、被保险人为刘某，身故受益人为王某（100%）；险种名称为"国寿乐行宝两全保险"和"国寿附加乐行宝意外伤害住院定额给付医疗保险"。该保险合同成立日为2015年9月24日，合同生效日期为次日；交费期满日均为2020年9月

24日，保险期间均为30年；保险金额均为10万元。该保单附列现金价值表，并对现金价值的支付期间、条件和方式予以说明。另外，国寿乐行宝两全保险利益条款第10条关于投保人解除合同的处理规定，保险合同成立后，除该合同另有约定外，投保人可以要求解除该合同。保险公司接到解除合同申请书时终止。投保人于签收保单后15日内要求解除该合同的，该公司在接到解除合同申请书之日起30日内向投保人退还已收取的该合同的全部保险费。投保人于签收保单15日后要求解除该合同的，该公司于接到解除合同申请书之日起30日内向投保人退还该合同的现金价值。

刘某对江西省高级人民法院的执行裁定书提出异议，并认为保险合同号为2015××6961的保险合同为疾病、残疾保障类保险，主要是对被保险人刘某的疾病、残疾提供保障，关系到刘某的生命健康，不适宜强制执行。江西省高级人民法院经审查后做出（2019）赣执异××号执行裁定驳回刘某的异议请求。刘某依法向最高人民法院申请复议，请求撤销江西省高级人民法院上述执行裁定。

【案件评析】

刘某复议的具体理由如下。

（1）执行法院扣划保险产品的现金价值于法无据。

第一，根据《保险法》第十五条的规定，保险合同的唯一解除权人为投保人。本案保险产品对应保险合同的险种名称为"国寿乐行宝两全保险""国寿附加乐行宝意外伤害住院定额给付医疗保险"。根据《国寿乐行宝两全保险利益条款》第十条的约定，该保险产品对应的保险合同的唯一解除权人为投保人王某。

第二，执行法院无权替代王某解除保险合同。首先，执行法院的执行权力为公权力，应严格限定在法律、最高人民法院司法解释明确授权范围之内。我国现行法律、最高人民法院司法解释未明确授权人民法院有权替代被执行人行使保险合同解除权，因此，执行法院无权替代被执行人王某解除保险产品对应的保险合同。其次，本案执行法院替代被执行人王某解除保险产品对应的保险合同，在此基础上扣划了保险产品的现金价值、红利及利息等财产性权益，其执行措施的对象是保险合同的解除权；但是，解除权本身并非一种财产权，不属于执行法院的执行范畴。

第三，本案投保人王某对保险产品对应保险合同的解除权，属于人寿保险请求权，是专属于债务人自身的债权，债权人不能代位行使王某的保险合同解除权。即使债权人有权代位行使王某对保险产品所对应保险合同的解除权，也应首先向人民法院提起代位求偿权之诉，并在胜诉后以其名义代位行使王某的保险合同解除权。

（2）保险产品为意外伤害、残疾保障类保险，不应被强制执行。

本案保险产品包括国寿乐行宝两全保险、国寿附加乐行宝意外伤害住院定额给付医疗保险。从保险责任上来看，前者的保险责任包括身故或身体高度残疾保险金、意外伤害身故或身体高度残疾保险金、自驾车意外伤害身故或身体高度残疾保险金、客运交通工具意外伤害身故或身体高度残疾保险金、航空意外伤害身故或身体高度残疾保险金及满期保险金；后者的保险责任包括意外伤害住院保险金。保险产品的被保险人为复议申请人。故保险产品的性质为意外伤害、残疾保障类保险。

《广东省高级人民法院关于执行案件法律适用疑难问题的解答意见》问题十一"被执行人的人身保险产品具有现金价值，法院能否强制执行？"规定："虽然人身保险产品的现金价值是被执行人的，但关系人的生命价值，如果被执行人同意退保，法院可以执行保单的现金价值，如果不同意退保，法院不能强制被执行人退保。"虽然广东省高级人民法院的上述规定对江西省高级人民法院无约束力，但该规定体现了一个重要的法律价值，即对于关系人的生命价值的人身保险产品，执行时应首先考虑人的生命价值，其次才应考虑维护债权人的债权利益。广东省高级人民法院的上述规定体现了对生命价值的尊重。本案中，上述保险产品主要是对被保险人的意外伤害、残疾提供保障，关系到被保险人的生命价值，因此，保险产品所保障的被保险人的生命价值应优先于本案申请执行人的债权，执行法院不应仅仅为了执行债权而置被保险人的生命价值利益于不顾。另外，被执行人王某没有解除保险产品对应的保险合同，是为了让保险产品继续保障复议申请人的生命价值利益，这体现了王某作为妻子对丈夫的关怀，不能简单粗暴地认定为恶意逃避债务。

保险产品的现金价值极低，难以切实有效地保障债权人的债权。

根据本案执行依据，王某就份额转让款5421.047万元、违约金107.983 2万元以及律师费21万元承担连带清偿责任。根据本案保险产品的现金价值表，国寿乐行宝两全保险、国寿附加乐行宝意外伤害住院定额给付医疗保险4个保单周年年末（截至2019年9月25日）的现金价值分别为8773.9元、622.5元，价值非常低。保险产品的保单现金价值对于实现本案申请执行人的债权而言，只是杯水车薪，执行法院扣划保险产品现金价值的行为基本起不到保障债权人的债权之功能且意义不大。

【法院观点】

最高人民法院经审理后做出以下决定。

1.关于能否强制执行本案人身保险产品的现金价值的问题

《中华人民共和国民事诉讼法》（以下简称《民事诉讼法》）第二百四十一条（现第二百五十二条）规定，被执行人未按执行通知履行法律文书确定的义务，应当报告当前以及收到执行通知之日前一年的财产情况。《最高人民法院关于适用〈中华人民共和国民事诉讼法〉执行程序若干问题的解释》第三十二条（现最高人民法院关于民事执行中财产调查若干问题的规定第五条）规定，被执行人财产报告义务的对象包括"债权、股权、投资权益、基金、知识产权等财产性权利"。《最高人民法院关于人民法院民事执行中查封、扣押、冻结财产的规定》第二条第一款规定，人民法院可以查封、扣押、冻结被执行人占有的动产、登记在被执行人名下的不动产、特定动产及其他财产权。商业保险产品属于前述法律规定的其他财产权利的范围。意外伤害、残疾保障类人身保险产品虽然具有一定的人身保障功能，但其根本目的和功能是经济补偿，其本质上属于一项财产性权益，具有一定的储蓄性和有价性，除《民事诉讼法》第二百四十四条（现第二百五十四条）及《最高人民法院关于人民法院民事执行中查封、扣押、冻结财产的规定》第五条（现第三条）规定的被执行人及其所扶养家属的生活必需品等豁免财产外，人民法院有权对该项财产利益进行强制执行。

人身保险的保单现金价值与保险事项发生后保险公司应当支付的保险金不同，并不具有人身依附性的专属性，也不是被执行人及其所扶养家属所必需的生活物品和生活费用。根据王某与保险公司签订的国寿乐行宝两全保险和国寿附加乐行宝意外伤害住院定额给付医疗险保险合同的内容，以及《保险法》第十五条的规定，在保险金给付之前，投保人王某对该保险的现金价值享有确定的物权所有权。江西省高级人民法院对该保单的现金价值及利息等财产性权益予以冻结并强制扣划并无不当。

2.对人身保险产品的现金价值应如何执行的问题

江西省高级人民法院（2019）赣执XX号之四协助执行通知书，要求保险公司协助的内容是：冻结被执行人王某及刘某名下的保险产品的现金价值、红利及利息等财产性权益，并将上述两项财产性权益用现金转账形式扣划至该院。

首先，人民法院可以强制解除保险合同。根据《最高人民法院关于限制被执行人高消费及有关消费的若干规定》第三条第八项关于被执行人为自然人的，不得支付高额保险费购买保险理财产品的规定精神，如被执行人拒不执行生效法律文书确定的义务，在其可以单方面行使保险合同解除权而未行使，致使债权人的债权得不到清偿的情形下，人民法院可以强制被执行人予以行使，代替投保人行使保险合同解除权，强制解除所购的保险合同。

其次，由于江西省高级人民法院执行裁定未明确强制要求保险公司解除保险合同，在实现保单现金价值的情况下，投保人也可以继续与保险公司协商，由符合条件的第三人行使介入权。至于刘某提出保单的现金价值相对于本案债权等实现价值较低，难以切实有效地保障债权人债权的理由，经查，王某及刘某作为案件被执行人以投保人身份为双方购买了多份保险产品，保单现金价值的总额达数万元，不属于现金价值较低的情形，且债权人强烈主张予以执行，仅以此理由不足以阻却执行，刘某该复议理由不能成立。

【裁判要点】

人身保险的现金价值属于投保人的财产权益，该财产权益在法律性质上不具有人身依附性和专属性，也不是被执行人及其所扶养家属所必需的生活物品和生活费用，不属于《最高人民法院关于人民法院民事执行中查封、扣押、冻结财产的规定》第五条（现对应第三条）所规定的不得执行的财产，因此法院可以强制执行保单现金价值。

法律分析

（1）保险合同中止满两年且投保人未与保险人达成协议，保险人解除保险合同的，法院可以强制执行保单的现金价值。

依据《保险法》第三十六条、第三十七条、第三十八条的规定，投保人超过约定期限未能支付当期保险费，保险合同效力中止，或者由保险人按照合同约定的条件减少保险金额。如自合同效力中止之日起满两年双方未达成协议的，保险人有权解除合同，并应当按照合同约定退还保险单的现金价值。保单现金价值退到投保人的银行账户后，法院可以执行该保单现金价值。

（2）在被保险人或受益人行使介入权并向投保人支付相当于保单现金价值的对价后，法院可执行对应的保单现金价值。

《保险法司法解释（三）》第十七条规定："投保人解除保险合同，当事人以其解除合同未经被保险人或者受益人同意为由主张解除行为无效的，人民法院不予支持，但被保险人或者受益人已向投保人支付相当于保险单现金价值的款项并通知保险人的除外。"但书部分即被保险人及受益人的介入权。

依据上述规定，投保人与被保险人、受益人不一致时，在保险合同履行期限内，被保险人或者受益人已向投保人支付相当于保险单现金价值的款项并已通知保险人的，此时投保人的任意解除权受到限制。若法院向保险人发出协助执行通知，要求强制执行扣划保单现金价值，保险人应通知被保险人或者受益人。被保险人、受益人可以通过向投保人支付相当于保单现金价值的款项，以合同转让的方式受让保单，即通过赎买保单的方式行使介入权，取得投保人的地位。此时，

投保人取得保单现金价值,法院可以强制执行扣划该保单的现金价值。

(3) 在司法实践中,法院能否直接对保单的现金价值强制执行,各地法院情况不一。

江苏省高级人民法院、浙江省高级人民法院、山东省部分法院支持强制执行人身保险保单现金价值用于偿还债务。

理由如下:保单的现金价值是基于投保人交纳的保险费形成的,是投保人依法享有的财产性权益,人身保险虽然是以人的生命和身体为保险标的,但投保人可随时无条件提取其保单现金价值,在投保人不能偿还债务,又不自行解除保险合同提取保单现金价值以偿还债务的情况下,法院有权强制代替投保人对保单的现金价值予以提取,尤其分红型两全险并不是被执行人及其所扶养家属必需的生活物品和生活用品,不是被执行人不可或缺的基本保险。

相反,也有法院不支持强制执行被执行人的人身保险的保单现金价值。

理由如下:人身保险合同中如终身寿险、疾病险、两全险等保险合同,以被保险人的身体健康或疾病为投保内容,属于人寿保险范畴,具有人身保障功能。若强制解除保单,会损害被保险人或保单受益人的利益,因此,该类人寿保险不宜强制执行。

基于案例中被执行人的前车之鉴,在财富传承的架构设计上,对于参与商业经营较多且负债概率较高的人士,应尽量不作为人寿保险合同的"投保人"。在实务操作中,完全可以采用"曲线救国"的方式,将款项赠与不参与商业经营且负债风险较小的近亲属,并由其近亲属作为"投保人"签订保险合同,这样可以有效降低保单的现金价值被人民法院执行的风险。需要提醒读者注意的是,这样做也会有其他方面的弊端,为防范近亲属退保、婚变、质押贷款等行为,在实践中,须配合对近亲属有相应约束力的赠与协议。为保证保险合同的效力,近亲属的投保行为也需符合《保险法》及相关司法解释的规定。

(4) 目前国内各省法院对保单的执行标准不同,被执行人所持有的人寿保险的保单利益能否被执行,须看执行法院所在地的规定。以下为部分高级法院涉及保单执行的相关规定。

①《北京市高级人民法院关于印发修订后的〈北京市法院执行工作规范〉的通知(2013年修订)》第四百四十九条规定:"对被执行人所投的商业保险,人民法院可以冻结并处分被执行人基于保险合同享有的权益,但不得强制解除该保险合同法律关系。保险公司和被执行人对理赔金额有争议的,对无争议的部分可予执行;对有争议的部分,待争议解决后再决定是否执行。对被执行人所设的用于

交纳保险费的账户,人民法院可以冻结并扣划该账户内的款项。"

②浙江省高级人民法院《关于加强和规范对被执行人拥有的人身保险产品财产利益执行的通知》(浙高法执〔2015〕8号,以下简称浙高法执〔2015〕8号文)规定,投保人购买传统型、分红型、投资连接型、万能型人身保险产品,依保单约定可获得的生存保险金、以现金方式支付的保单红利、退保后保单的现金价值,均属于投保人、被保险人或受益人的财产权益。当投保人、被保险人或受益人作为被执行人时,该财产权益属于责任财产,人民法院可以执行。人民法院要求保险机构协助扣划保险产品退保后可得财产利益时,一般应提供投保人签署的退保申请书,但被执行人下落不明,或者拒绝签署退保申请书的,执行法院可以向保险机构发出执行裁定书、协助执行通知书,要求协助扣划保险产品退保后可得财产利益,保险机构负有协助义务。

③2016年《广东高院关于执行案件法律适用疑难问题的解答意见》问题十一:被执行人的人身保险产品具有现金价值,法院能否强制执行?

处理意见:首先,虽然人身保险产品的现金价值是被执行人的,但关系人的生命价值,如果被执行人同意退保,法院可以执行保单的现金价值,如果不同意退保,法院不能强制被执行人退保。其次,如果人身保险有指定受益人且受益人不是被执行人,依据《保险法》第四十二条的规定,保险金不作为被执行人的财产,人民法院不能执行。最后,如果人身保险没有指定的受益人或者指定的受益人为被执行人,发生保险事故后理赔的保险金可以认定为被执行人的遗产,可以用来清偿债务。

④2018年《江苏省高级人民法院关于加强和规范被执行人所有的人身保险产品财产性权益执行的通知》(以下简称《通知》)规定,保险合同存续期间,人身保险产品财产性权益依照法律法规规定,或依照保险合同约定归属于被执行人的,人民法院可以执行。人身保险产品财产性权益包括依保险合同约定可领取的生存保险金、现金红利、退保可获得的现金价值(账户价值、未到期保险费),依保险合同可确认但尚未完成支付的保险金,及其他权属明确的财产性权益。

(5)保险金如何对抗被保险人生前债务并顺利传承给子孙后代?

李嘉诚说:"别人都说我很富有,拥有很多财富,其实真正属于我个人的财富是我为自己和亲人购买了充足的人寿保险。"富如李嘉诚者,早已通过人寿保险开启了财富传承之路,而购买人寿保险对于大多数人来说是生前为自己及亲人的未雨绸缪之举。人生路长短不一,各种意外风险随时可能发生,用现在所能支配的合理限度内的财产购买必要的人寿保险,是为自己及家人未来的生活保障所做的充分准备;但是否只要购买了人寿保险就能够按照自己的意愿保证家人顺利拿到保险金？

根据《保险法》第四十二条的规定可知，投保人或被保险人没有指定受益人的，被保险人死亡后，保险金将作为被保险人的遗产，由保险人依照《继承法》（2021年1月1日以后应为《民法典》"继承"编）的规定履行给付保险金义务。《民法典》第一千一百六十一条第一款规定："继承人以所得遗产实际价值为限清偿被继承人依法应当缴纳的税款和债务。超过遗产实际价值部分，继承人自愿偿还的不在此限。"

人身保险金能否列入被保险人的遗产，取决于被保险人是否指定了受益人。指定了受益人的，被保险人死亡后，其人身保险金应付给受益人；未指定受益人的，被保险人死亡后，其人身保险金应作为被保险人的遗产处理，可以用来清偿债务或赔偿。所以，为了保证家人、子女后代不受被继承人生前巨额债务的影响，日常生活有所保障，投保人或被保险人须在生前投保人寿保险时，指定受益人，被保险人去世后获得的身故保险金即不作为被继承人的遗产，而是专属于受益人的财产，此时就能够对抗被保险人的生前债务，将财产顺利传承给受益人。

综上所述，浙高法执〔2015〕8号文、江苏省高级人民法院2018年7月9日的《通知》，为本省以及其他地区法院强制执行人身保险的现金价值提供了法律依据；法院强制执行人身保险并不违背《保险法》的规定。人身保险特别是大额人寿保单，若架构设计合理可以起到一定的债务隔离作用，但绝非市面上流传的那样强有力度。

第四节　人寿保险与债务隔离

对高净值人士而言，既不能过分盲从追求所谓"保险避债"的功能，也不能因为人寿保险债务隔离功能的有限性而因噎废食，实际上人身保险尤其是人寿保险依然值得购买，若运用得当，在某些情况下它的确能够帮助我们实现债务隔离的目的，对此我们要有客观、正确的认识。

一、人寿保险可以有效隔离被保险人的生前债务

人寿保险理赔金可以有效隔离被保险人的生前债务，实际上是法律赋予人寿保险保障功能的特殊体现，也是人寿保险最重要的基本功能之一。对此，我国法律有明确的规定。

依据《民法典》的规定，如果某人生前负有债务，当他死亡后应对其遗产进行清理，优先缴付应纳税款、偿还个人债务后，有剩余财产的可以开始继承；但缴纳税款和清偿债务以其遗产的实际价值为限，如果其个人财产不够缴纳税款、

清偿债务，继承人也无须替其缴纳偿还。

依据《保险法》及相关法律规定，如果被继承人生前作为被保险人投保了人寿保险，且明确指定了受益人，在其死亡也就是保险事故发生后，保险公司应当支付给保单受益人的身故理赔金不属于被继承人的遗产，即便他生前欠有应纳税款和债务也无须缴纳税款，无须用于偿债，身故理赔金全额由其指定的受益人领取。在特殊情况下，人寿保险的身故理赔金才作为被保险人的遗产处理，比如，受益人丧失或放弃受益权的，受益人先于被保险人死亡且没有其他受益人的，没有指定受益人的。

案例

李总今年58岁，因病去世，留下了房产、股票等共计价值2000万元的遗产，但是他以个人名义的对外负债也有1800万元。如果他只有儿子小李一个合法继承人，那么小李最终可以继承的遗产有多少？

根据前面提到的《继承法》的相关规定，假设李总没有欠缴税款，小李不放弃继承权，在我国目前还没有遗产税的情况下，小李继承李总的遗产首先应当偿还李总所欠债务，剩余的财产才归小李所有。也就是说，小李最终实际可以继承的财产是200万元。

我们来看另一种假设：如果李总留下的房产、股票等遗产的价值只有600万元，但是他在生前投保的人寿保险身故理赔金为2000万元，指定的受益人是小李。李总同样对外负有1800万元的债务，那么小李最终可以得到的财产是多少呢？

根据法律规定，李总所留遗产首先用于清偿个人债务。如此，600万元的遗产尚不足以清偿其1800万元的债务，此时还有1200万元的缺口。那么，保险公司应当支付给受益人的2000万元身故理赔金是否要用于还债呢？根据《保险法》第四十二条及《最高人民法院关于保险金能否作为被保险人遗产的批复》的规定，保险理赔金不属于李总的遗产，小李有权依据保险合同的法律规定取得全部保险赔偿金2000万元，而不必继续清偿剩余的1200万元的债务。故小李最终拿到手的财产是2000万元。

二、借助保单结构设计隔离当下债务

从法律角度分析，人寿保险的保单本质上是一份特殊的合同，它结构复杂，保险合同当事人及关系人众多，除了直接签订合同的当事方保险公司和投保人以外,还包括被保险人、生存保险金受益人和死亡保险金受益人等关系人。

以上五类人在人寿保险合同中有着各自的权利与义务,但都存在一个共同点,即可以通过对人寿保险合同内容的限定实现财富所有权在五类人之间完成转移。与此相对的,当事人之间的债务是彼此独立的,即投保人、被保险人、受益人的债务对彼此是独立的(夫妻关系除外)。财富依法转移而债务合法隔离,这正是利用人寿保险进行债务隔离的法律基础,如何对人寿保险合同法律关系进行架构设计以实现隔离债务的目的,则需要视具体情况进行具体分析。

一般而言,需要考虑的具体情况有两个方面:第一,将来谁最有可能背负巨额债务?第二,人寿保险合同的最终利益归属于谁?对于大多数的高净值人士而言,在外从事经营以为家庭创造财富的人往往也是负债风险相对较高的,且中国的家庭多数是希望将财富传承给自己的子女。父母和成年子女之间有法定的债务隔离屏障,通过人寿保险合同进行家庭财富代际传承的风险相对可控,如何运用今天的成功来保障明天的幸福?下面的案例也许可以给我们一些提示。

年逾四十的金总是一家民营企业的大股东,身价不菲且年收入可观,企业运营良好,但也有不少银行贷款。金太太比金总小两岁,全职在家料理家务。两人育有一双儿女,儿子11岁,女儿8岁,均在国际学校就读,准备高中出国读书,夫妻双方父母健在且已退休。

金总夫妇感情深厚,家庭和谐幸福,颇为难得;但其实风险也很大,全家八口几乎全部依赖金总一个人的收入支撑,万一将来企业经营受挫或金总有个闪失,如何保障明天的生活水准?特别是企业的贷款,金总作为大股东和实际控制人,不仅自己而且连带太太都是担保人,企业运营一旦出现问题,必然会牵连家庭。那么,如果金总希望用购买大额人寿保险的形式来保障家人的生活,在未来企业经营遇到困难时也能够对家庭财产有所隔离,应该如何操作呢?

金总在购买保险的时候,可以首先考虑现金价值低甚至无现金价值、杠杆率高的保障类型的保险,如重大疾病保险、医疗险和某些定期寿险,这类保险可以保障家庭必要的特定支出,而且通常不会被强制执行。

如果出于各方面的考虑,金总希望购买高现金价值的人寿保险,既能够在一定期限后带来稳定的现金流以保障家庭开支,又不想将来出现万一被强制执行,应该怎么办呢?

首先确认人寿保险可以解决这个问题,但要考虑到具有现金价值的保单之所以会被强制执行,是因为拥有保单现金价值的投保人负债,所以在签订保险合同

的时候,"投保人"一栏不能是面临巨额债务风险的家庭成员。也就是说,金总以自己为被保险人的大额高现金价值的人寿保险,投保人最好不是金总,金总太太因为也要对夫妻共同债务承担连带责任也不适合做投保人,最适合的投保人就是金总的父母。基于这些考虑,金总的保险方案如下。

投保人:金总父母

被保险人:金总

身故受益人:金总的父母及儿女

这样,如前文所述,由于保险的现金价值属于投保人,也即金总的父母,即便将来金总夫妇有债务连带问题,也不会波及这份保单的现金价值。作为受益人的金总的儿女,领取的身故保险金属于其个人合法财产,不需要承担父母的债务,也就达到了隔离金总夫妇所负债务的目的。

看来,即便是使用拥有高额现金价值的人寿保险来解决债务隔离问题在保险架构设计上也非常简单,只要投保人不是将来可能负债的被保险人即可。当然,这样的保单虽然看似简单,但在保单之外可能会出现其他一系列的问题隐患,需要我们提前考虑、做好防范。

(一)保险费来源问题

有效的保单首先要确保保险费来源合法。金总父母作为大额保单的投保人,他们没有支付巨额保险费的经济实力,保险费的资金来源一定是金总。所以,用于支付保险费的资金必须是金总的个人合法所得,然后金总夫妇在家庭经济状况良好的时候有权自由处置,包括将合法所得赠与其父母,这样一来,父母得到儿子的赠与后也有权为儿子购买保险、支付保险费。

如果有朝一日金总遭遇债务危机不能偿还对外债务,债权人对金总过去无偿赠与亲友的大额资产是否可以主张权利呢?答案是肯定的。我国《民法典》第五百三十八条规定:"债务人以放弃其债权、放弃债权担保、无偿转让财产等方式无偿处分财产权益,或者恶意延长其到期债权的履行期限,影响债权人的债权实现的,债权人可以请求人民法院撤销债务人的行为。"第五百三十九条规定:"债务人以明显不合理的低价转让财产、以明显不合理的高价受让他人财产或者为他人的债务提供担保,影响债权人的债权实现,债务人的相对人知道或者应当知道该情形的,债权人可以请求人民法院撤销债务人的行为。"第五百四十条规定:"撤销权的行使范围以债权人的债权为限。债权人行使撤销权的必要费用,由债务人负担。"无论债务人放弃的债权到期与否,只要影响了债权人的债权实现，债权人都享有撤销权；但是，撤销权的行使是有时效限制的。《民法典》第五百四十一条规定："撤销权自债权人知道或者应当知道撤销事由之日起一年内行使。自债务人的行为发生之日起五年内没有行使撤销权的，该撤销权消灭。"也就是说，财产无偿转移给亲友后经过五年，即便后来有债权人主张撤销的，也会因为时间过去太久而得不到法律的支持。

所以，在经济状况良好的时候提早为防范风险做的财富规划以及经济状况恶化后做的财产转移，能否倒推五年，其法律后果是完全不同的。因此，对于对具有高现金价值的大额人寿保险有一定债务隔离需求的客户来说，如果希望借助这样的保单架构来实现债务隔离，为避免今后被认为是恶意转移财产，我们建议一定要在资产状况良好的情况下早日办理，保险费支付、结清得越早越好。

（二）投保人、被保险人不一致的风险问题

投保人和被保险人不一致时可能会出现投保人早于被保险人身故的情况，这时投保人所拥有保单现金价值就会成为投保人的遗产。如果金总的父母还有其他法定继承人，比如金总自己的兄弟姐妹或祖父母，难免会引起争议。不过，金总的父母只要事先找专业人士订立一份有效的遗嘱（最好是公证遗嘱）就可以解决这个问题。

（三）高额理赔金的管理使用问题

万一金总夫妇均不幸身故，作为受益人的子女年龄尚小或不足以妥善管理资产，人寿保险支付的高额理赔金如何能够真正为子女所用？这一问题可以借助保险金信托来解决。具体的操作各个保险公司可能存在差异，在办理之前建议向专业人士做详细了解。

这些问题是设计大额保单债务隔离架构时可能面临的主要问题，在实务中还可能遇到更多更细的问题，如保险费的专款专用问题、投保人离婚现金价值分割问题、受益人债务处理问题等。鉴于这些问题发生概率不高且已经分散在不同章节里有所涉及，这里不再一一赘述。

总而言之，大额保险本身并不具有天然的债务隔离功能，只是我们通过对保险结构的个性化设计，并在必要的时候与其他法律工具相结合，使大额人寿保险在某种程度上实现了阻却债务清偿的目的，我们称之为具有"隔离债务功能"。其实，在我们的日常生活中，借助遗嘱、赠与、代持、家族信托等也可以达到类似的效果，不同方式各有利弊，人寿保险只是方法之一。再次提示，财富管理本身就是各种财富管理工具和方法的综合运用。

另外值得强调的是，无论是用保险还是其他财富管理工具，我们的目的都是在目前的法律框架下保护自身的合法权益，绝不是为了损害他人的合法权利，法律人士绝不能成为不法之徒恶意转移财产、恶意逃避债务的帮凶。

第十章　人寿保险与家族财富传承

中国有句古话叫作"富不过三代"，但美国的洛克菲勒家族发展到21世纪已经是第六代了，依然如日中天，独"富"天下。如今，约翰D.洛克菲勒的后代虽然已不再是石油大王，他们不再使用祖辈的头衔，甚至不再从事祖辈当年的行当，但其家族依然富可敌国，其家族的名字依然与美国精神和文化紧密相连。洛克菲勒家族无疑成为一个家族财富传承的典范，成就了一个打破"富不过三代"定律的传奇。

40年前，没有国人有兴趣去了解洛克菲勒的这段家族传奇，因为当时人们关注的是眼下的几十元工资。时过境迁，中国经济的飞速发展，造就了一批亿万富豪。对这些富豪来说，有钱并没有让他们过上完全舒心的日子，因为伴随财富增长而来的问题是如何保护和传承财富。纵观华人家族几十年的发展历程，期间上演着各种遗产争夺的故事。每场遗产争夺官司，都如同港剧中的豪门恩怨，纷争不休，从中可以窥见富豪们财富传承的艰难和无奈。

富豪、名人遗产纠纷屡见不鲜，在这一场场闹剧背后隐藏的是巨额财富如何顺利传承的难题。目前为止，中国高资产人群的组成，大多还是自己打江山的富一代，他们对于财富的管理有自己固定的思维，并且更关注高回报的投资。原因很简单，他们的"第一桶金"就是这样淘来的。精力依然充沛的他们多数仍奋战在财富前线，渴望看到手中握有的财富随着年岁的增长继续增加。根据美国著名咨询公司麦肯锡公司早年的调查报告显示："世界范围内只有30%的高资产富豪可以将资产完整保留至第二代，仅有13%的高资产富豪可以将资产完整保留至第三代。"据诺亚财富《2019高端财富白皮书》的数据显示，250家上市企业在传承给子女后，企业市值平均下降了60%。债务、离婚、继承、挥霍、受骗及税务等风险足以使一个富裕的家族一步步陷入贫困。我们看到，代际传承往往没有实现财富的累加，只造成了财富的消耗。

生命的周期规律是无法回避的客观现实。如何打破"富不过三代"的魔咒？如何有效地分配、传承辛苦打拼积攒下来的财富？谁能完成这份财富的嘱托？这是中国第一代财富人士必须思考的问题。

第二部分 保险在私人财富管理中的运用

第一节 财富传承的常见问题

在财富传承方面，我国的高净值人士仍存在很多问题。例如，普遍缺少科学的财富传承意识，不但没有制定系统的财富传承规划，甚至很多人都没有提前订立遗嘱；或者即使立了遗嘱也存在很多问题，可能使遗嘱最后无法得到有效执行，这直接导致继承人为了争夺遗产大打出手、反目成仇。怠于梳理财产，致使部分财产在继承过程中被遗漏。一旦遗产税出台，不仅会造成被继承人的财富大量流失，而且会给继承人继承财富设置障碍。此外，还有如何防止子女肆意挥霍财产、如何保障家族成员的正常生活、海外资产该如何传承给后代等问题。

对于我国高净值人士在财富传承中普遍存在的问题，我们将通过一则案例为大家揭示一二。

徐某是一位企业家，资产近亿元。2015年6月的一天，徐某突发心脏病去世。徐某经历过两次婚姻，育有两个女儿，大女儿小Z 29岁，系徐某与第一任妻子（已去世）所生；小女儿小S 12岁，系徐某与第二任妻子所生。第二任妻子已与徐某离婚，独自带着小S共同生活。徐某的父母也于早年去世。徐某去世前没有立遗嘱，其弟徐H、其姐徐L主持其身后事。

2017年8月，小Z将妹妹小S起诉到法院。小Z诉称，她和小S是遗产的第一顺序继承人，因客观上无法获知父亲有多少遗产，只能通过对另一继承人提起诉讼的方式借助法院调查徐某名下的银行存款和交易记录，进而获知父亲的遗产情况并要求公平分割。

2018年1月，小Z撤回对妹妹小S的起诉，重新向法院提起了新的诉讼。新的诉状中，小Z与小S为原告，叔叔徐H、姑姑徐L为被告。小Z在诉请中称，父亲去世后，徐H、徐L第一时间赶到父亲生前居住的别墅主持料理后事，并实际控制别墅内的所有遗产和证件。两年多来，徐H、徐L从未主动邀请两位继承人清点、封存遗物，两人还自行使用徐某的遗产，比如，时常居住在徐某的别墅中，取走徐某名下的多笔银行存款，擅自拿走徐某别墅中的贵重物品。其间小Z和小S的监护人多次找徐H、徐L理论，但仅从徐H处要回了一辆由徐H使用了近一年的汽车。徐H、徐L在庭审中坚称无意剥夺小Z和小S的继承权，"徐家的规矩是亲人去世，其财产三年后才能分割。在没有完成后事的时候，由于无法最终确定遗产数额，也就无法分配遗产。"这正是导致徐H、徐L与小Z、小S矛盾激化的原因。

继承官司未了，小Z、小S又成了被告。2018年4月，徐某的好友郭某将小Z

和妹妹小S诉至法院，讨要为徐某购买轿车时垫付的车款、税费，要求小Z和小S在继承遗产范围内承担偿还责任。

徐某去世后不久，由于徐某遗留的别墅尚有银行贷款未还清，银行多次要求继承人偿还未果，故将小Z、小S及开发商告到法院，要求偿还300余万元欠款。小Z和小S无力偿还银行欠款，只能与开发商和银行商议将别墅拍卖。幸好别墅价格翻倍，拍卖价款在还清银行贷款后还有所剩余，可供归还徐某生前所欠其他债务。

这场遗产纠纷案盘根错节，几经波折。2018年6月，负责审理该继承纠纷的法官组织原被告双方质证，对徐某的生前物品首次进行全面清点，加之别墅拍卖后还有些剩余款项，各方当事人在法院的组织下达成和解，这场纠纷才最终落下帷幕。

当法律遭遇家规，当理性遭遇亲情，当道德遭遇金钱，这场侄女与叔叔、姑姑之间的博弈在法庭上上演了非常态的一幕，这种至亲的关系本该有着最真、最久的亲情，究竟是什么原因导致这场"徐门谜案"呢？

一、遗产未经梳理留给后人的难题

徐某在去世前没有对自己拥有的财产进行梳理和明晰，其继承人根本不知道其究竟有多少遗产，导致小Z不得不通过诉讼的方式要求查明父亲的遗产，也导致小Z对主持大局的叔叔徐H、姑姑徐L颇多猜忌，觉得是叔叔、姑姑侵占了父亲的遗产。更有甚者，徐某去世后几年内，小Z、小S、徐H、徐L都没有对遗产进行过全面清点。2018年6月，法院查明徐某银行存款尚有200多万元，而且大多被徐H取走，也没有用于归还别墅的按揭。遗产账目不清晰，是引发徐某遗产争议的重要原因，不但导致遗产去向不明，还使至亲反目，家庭不宁。

二、不合理家规引发的法律问题

中国人讲究死者为大，认为在一个人刚去世的时候就去谈论、考虑分割他的遗产，是不孝、不仁的表现；同时为了显示家庭和睦，一般会由家族中的长辈出面主持大局，在办理一切事务的时候，大家都不好意思把事情分得太清楚。徐某遗产案深刻揭示了中国传统思想的弊端，当亲情碰上金钱，"死后三年不分财产"的家规成了一种障碍。对于徐某遗产的处置，徐H、徐L负有责任，如果当时把所有的问题都落实到书面文字上签下协议，就不会出现今天的问题。对此，徐H、徐L抛出一连串的问题：这一点可能做到吗？哪个家庭会这样做？如果真这样做，这个家还叫家吗？其实，在理性大于感情的今天，把一切事情讲得清清楚楚、分得明明白白更有利于家庭和睦，否则，一旦发生纠纷走上法庭，岂不是更不利于家庭的和谐稳定？何况他们的做法的确损害了继承人的利益，使被继承人留下的遗产受到不应有的减损。

三、生前没有立遗嘱，身后引发争议诉讼

依据《民法典》第一千一百二十三条和第一千一百二十七条的规定，若被继承人生前未立遗嘱，则应按照法定继承办理。故被继承人的遗产应由第一顺序继承人（配偶、父母、子女）继承，即子女并非父母遗产的唯一法定继承人，被继承人的配偶与父母也有权继承相应份额的遗产，故在被继承人去世且未立遗嘱的情况下，能继承被继承人遗产的不仅仅是他的子女，还有被继承人的配偶和父母。此外，《民法典》第一千零六十二条明确规定，除遗嘱或赠与合同中确定只归夫或妻一方的财产外，夫妻在婚姻关系存续期间继承或受赠的财产为夫妻共同财产。在被继承人去世且未立遗嘱的情况下，如果被继承人的子女已婚，则被继承人子女继承的遗产应作为夫妻共同财产，并不能实现遗产准确传承给自己子女的目的。一旦被继承人的子女发生婚变，其因继承所分得的财产将面临被依法分割的风险。

若被继承人的父母继承遗产后去世，被继承人的部分遗产份额将由被继承人父母的继承人继承，此种情况下亦不能实现遗产准确地传承给被继承人的"意中人"，反而会造成财富外流。如此推算可知，不设立遗嘱，被继承人的遗产会按照法定继承方式进行分配，可能完全不是由被继承人的"意中人"独自继承。可见，生前订立一份遗嘱，明确将财产传给谁还是很有必要的。

徐某生前没有订立遗嘱，也没有进行其他财产规划，是导致其遗产继承纠纷的主要原因。对高净值人士来说，没有订立遗嘱，会导致继承人之间互相争夺，因为继承人更加关注自己的利益。小Z认为叔叔、姑姑损害了自己的继承权，徐H、徐L则认为小Z以唯一合法继承人身份自居，损害了小S的权利，他们这么做是为了保护小S的利益。亲人之间的矛盾一度不可调和。由此可见，生前订立遗嘱是非常必要的，不但可以避免家庭纠纷，还可以按照自己的意愿分配财产。

四、遗产保管人和执行人

亲朋好友对遗产随意取用，导致遗产损耗严重，同时引发亲人之间的不满与猜忌。正是因为徐某生前没有指定遗产保管人和执行人，导致无人对房贷等债务的偿还拟订方案或提前安排资金，最后继承人不得不将别墅拍卖，承担了不菲的费用。高净值人士提前指定遗产保管人可以防止遗产被侵占、被挥霍、被损毁和

灭失，确保遗产处于安全状态，甚至可以帮助打理遗产，使其保值增值，尽量避免财产的非正常减损。指定遗产执行人，可以保障遗产得以有计划、有秩序地利用，避免因债务无法偿还而卷入新的纷争，按照被继承人的意愿进行财产分配。

洛克菲勒家族财富成功传承的案例以及徐某遗产纠纷的案例告诉我们：家族财富传承需要在专业人士的帮助下提早进行系统、全面的规划，需要综合运用各种传承工具解决其中的诸多问题，以实现财富稳妥有效地传承。财富人士越早意识到财富传承规划的重要性，越早针对传承中的各种问题制定解决方案，财富顺利传承的可能性就越高。

第二节　人寿保险在财富传承中的功能

人寿保险是一个非常实用的财富保障和传承工具，但是一直未得到正确、充分地运用。每个人购买保险的理由可能都不一样，但相对其他金融产品，高净值人士选择保险核心的目的就是安全、确定和传承。事实上，人寿保险在财富传承中所具有的风险隔离、保值增值、税务筹划以及实现财富的定向传承等功能，的确是遗嘱和赠与无法比拟的。

一、风险隔离功能

人寿保险的风险隔离功能首先是指人寿保险的债务相对隔离功能，只有免受债务追索的财产才有安全传承的可能。关于人寿保险的债务隔离功能在本篇第四章"大额保险与债务隔离"部分已有详细介绍。其次是指人寿保险的财产形态的安全隔离，不像实物资产那样会因为各种人为的、自然的原因损毁灭失，哪怕保单遗失也不会给保险金的给付带来太多麻烦。《保险法》第九十二条规定："经营有人寿保险业务的保险公司被依法撤销或者被依法宣告破产的，其持有的人寿保险合同及责任准备金，必须转让给其他经营有人寿保险业务的保险公司；不能同其他保险公司达成转让协议的，由国务院保险监督管理机构指定经营有人寿保险业务的保险公司接受转让。转让或者由国务院保险监督管理机构指定接受转让前款规定的人寿保险合同及责任准备金的，应当维护被保险人、受益人的合法权益。"这是对客户资金最大的保护，意味着大额人寿保险承诺的赔付责任和收益一定会兑现。

二、保值增值功能

人寿保险的保值增值功能就是现金溢出，其表现形式更为直接地体现为现金。

第一，保险运用风险管理杠杆，低额的保险费在风险发生时可以得到高额的现金赔付。第二，长期的人寿保险一般具有可观的投资收益，从短期来看，人寿保险的利率相对较低，但由于其强制复利的机制，经过时间的积累最终能得到不菲的收益。

当然，对于大多数的高净值人士而言，其本身创造财富的能力及速度远大于保险，保险的投资功能也许并非他们选择人寿保险的主要原因，而是因为保险可以带给他们保障、稳定和安全。

三、税务筹划功能

人寿保险具有一定的税务筹划功能，但并不是说买了人寿保险就可以绝对避税，而是可以在法律允许的范围内节税、延税。对于大多数高净值人士而言，节税是其理财的重要项目。比如，在某些法律规定要征收遗产税的国家或地区，高净值人士若未针对节税进行整体、专业的规划，其继承人在继承财富时难免要缴纳高额的遗产税。经常被拿来做对比的两个例子就是王永庆和蔡万霖的遗产继承案例。

2008年10月15日，台湾台塑集团创办人王永庆病逝于美国，在我国台湾留下价值近600亿元（新台币）的遗产，彼时台湾地区遗产税税率为50%。2009年1月23日，台湾修改相关法规将遗产税税率降至10%，但王永庆去世于2008年，不适用新的税率。王永庆的继承人捐赠了数十亿元（新台币）资产后，税额由147亿元（新台币）降为119亿元（新台币）。

按照规定，继承人必须先自掏腰包将遗产税缴清，才可以进行遗产分割，否则遗产不能继承。王永庆的继承人无奈将土地、企业债权、股票股利等实物折价22亿元（新台币）交给了台北税务部门，后采取股票质押、借款等方式交清遗产税。2010年11月，王永庆的继承人才有权进行遗产分割。

2004年台湾地区首富蔡万霖去世，留下1800亿元（新台币）的遗产，按照当时台湾地区的遗产税规定，其继承人需要缴纳高达782亿元（新台币）的遗产税。其生前通过购买数十亿元（新台币）的人寿保险以及股票、基金运作，最终其家人仅缴纳5亿元（新台币）就获得了全部遗产。

我国未来不排除征收遗产税的可能性。前文已经介绍，根据现行法律规定，人寿保单指定了受益人的，保险理赔金不计入遗产范围，那么未来人寿保险资产就可能有税务筹划的空间；但遗产税规定具体什么时候出台，出台后的政策具体

如何，届时在人寿保险或家族信托节税方面是否有改变，尚不可知，我们在此不多做猜测。

目前对高净值人士而言，继承本身的费用也不低，如因继承产生纠纷，法院诉讼费、律师费及其他费用，也不便宜。运用保险进行财富传承不需要花费大量金钱，因为受益人领取保险金的时候，不需要办理特别的手续，也不需要交纳费用。《中华人民共和国个人所得税法》（以下简称《个人所得税法》）第四条规定："下列各项个人所得，免征个人所得税：……（五）保险赔款……"故受益人领取保险金不需要缴纳个人所得税，对受益人而言节省了一大笔开支。

目前对于保险年金、分红、万能险和投资连结险的投资收益，是否需要征收个人所得税，我国税法并没有明确规定，目前税务局暂时未予征缴。

个人支付的人寿保险保险费，可以作为税前费用予以扣除。

《财政部、国家税务总局、保监会关于将商业健康保险个人所得税试点政策推广到全国范围实施的通知》（财税〔2017〕39号，以下简称财税〔2017〕39号文）第一条规定："对个人购买符合规定的商业健康保险产品的支出，允许在当年（月）计算应纳税所得额时予以税前扣除，扣除限额为2400元/年（200元/月）。单位统一为员工购买符合规定的商业健康保险产品的支出，应分别计入员工个人工资薪金，视同个人购买，按上述限额予以扣除。2400元/年（200元/月）的限额扣除为个人所得税法规定减除费用标准之外的扣除。"

四、定向给付功能

人寿保险可以帮助财富拥有者实现个性化的传承。保险品类的选择、年金的领取条件可以设定传承的时间；受益人的指定和可变更能够最大限度地尊重传承者的意愿；从投保到赔付，手续相对简便独立，保密性强，可以定纷止争，确保传承目的实现。

人寿保险的定向给付功能的实现在保险实务中的操作更加简单，在充分考虑了人寿保险的婚姻财富和债务隔离等主要风险之后，只需明确保险合同的受益人即可。一张保单可以指定一个或多个受益人，有多个受益人的，理赔金可以均分，也可以设定不同比例，或者对受益人进行排序，还可以变更受益人。举个例子：

老张夫妇互相以对方为被保险人买了两份大额人寿保单，身故理赔金的受益人除写配偶以外，还有两个孩子，三人同等顺序，比例分别是配偶20%，大儿子40%，小女儿40%。他们都希望在外工作的儿女能够经常回家来看看，如果子女做得不好，他们就会变更其受益份额甚至可能取消其受益人身份。于是，逢年过节老张家是儿孙满堂，尽享天伦之乐。

当然，如果老张夫妇对小女儿比较偏爱，想在自己百年之后给小女儿多一点财产保障，又不想被儿子儿媳妇知道，以免引起不必要的纠纷，那么人寿保险就是他们最好的选择。

一旦老张或太太身故，即便他们留下了遗嘱，只要遗产开始继承，就需要告知全体继承人并做继承权公证，这时候全体继承人都会知道老张或太太在遗嘱中安排的继承份额有差别，一旦有人不满，就会引发旷日持久的纠纷；但选择人寿保险就不会遭遇这种尴尬。老张夫妇只需考虑利用适当的资金购买人寿保险，单独指定身故受益人为女儿一人。他们投保时不需要其他人同意，指定的受益人领取理赔金时同样可以做到不被其他继承人知晓，从投保到保险金的给付，整个过程都可以是保密且安全的。

需要提醒注意的是，受益人的指定和投保人与被保险人的身份相关，如果身份发生了变化，一定要重新审查之前购买的人寿保险，考虑是否要对身故受益人进行变更。这一点在"身故受益人权利"一节已举例说明，此处不再赘述。

家族财富的传承简单看来，即是将上一代的财富传承给下一代，但是要想真正实现财富的定向传承还需要多方面细致地考虑架构。家族财富传承的整体规划、传承财产的梳理、家族财富传承常用工具的选择、人寿保险的合理规划等各个方面都需要高净值人士仔细斟酌，在现有法律框架下对不同形态财富的传承方式、不同工具的使用限度进行选择。合理的家族财富传承规划，不仅是对自己辛苦一生积攒的财富负责，也是对后代子孙的保护，可以避免不必要的纷争。

第三节　家族财富传承综合解决方案

高净值人士进行家族财富传承，需要做到以下几点。

（1）高净值人士应当提前做好财富传承规划。

时代的发展造就了大批富豪，中国新财富阶层壮大的速度超越了世界其他任何国家。他们永远冲在最前面，带领家族和企业走向一个又一个辉煌。然而，几十年过去了，他们已经不再年轻，即使不愿意承认自己已经英雄迟暮，也不得不开始考虑自己的身后事。多数富豪最想做的就是把财富尽可能多地留给第二代、第三代，最好能一代代传承下去，永远保持家族繁荣；但是"富不过三代"的魔

咒是一个可怕的梦魇，似乎永远无法逃脱。那些广为人知的富豪百年后引发的遗产争夺大战时刻提醒着我们，必须提前安排好自己的身后事，利用各种方法将财富按照自己的意愿传承给子孙后代，换句话说就是要提前做好财富传承规划。

（2）财富传承规划需在专业人士的协助下完成。

财富传承的构架及实现、身份安排、接班人的培养及财产的移交等，都是一个长期的、持续的过程。李嘉诚在儿子3岁的时候就让他参加公司的大小会议。如果不预先规划，财富传承很难进行下去。单从法律层面来看，财富传承问题会涉及公司、金融、证券、投资、信托、移民、保险、税收、婚姻等多个领域，国内的、国外的，是一项综合性的法律服务。富豪资产种类多、数量大，加之每个家族在财富传承方面的状况及其所要达到的目的不同，因此家族财富传承规划需要在专业人士的帮助下进行个性化定制。

（3）财富传承要借助多种财富传承工具来实现。

要制定完善的财富传承规划首先要确定财富转移的方式，财富转移的方式不同，达到的效果也不同。由于各地法律、税务不同，财富转移的方式需要根据所有人的资产状况、家庭状况及个人意愿进行选择与运用。其次要梳理财产，登记造册，否则将为继承人争夺财产埋下祸根。随着财产形式的多样化及分布的国际化，财富人士在进行财富传承安排时，既要考虑资产所在国关于继承法、税法及其他相关法律的规定，也要考虑中外法律的衔接问题；而且，海外资产的传承安排方式相比国内来说更加丰富多样。亿万富豪财富数量大、种类多，婚姻状况、继承人身份等非常复杂，涉及的法律也非常之多，种种因素对财富的保障与传承提出了较高的要求。各种财富保障与传承的工具各有优劣，不一而足，仅靠单一的工具无法达到良好的效果。为了满足财富保护与传承的个性化需求，需要综合运用赠与、遗嘱、协议、人寿保险、家族信托等各种财富传承工具。

①不动产传承可以通过赠与及遗嘱进行安排。如果高净值人士拥有多套房产，建议不要全部通过遗产继承的方式留给后人，因为遗产继承虽然过户费用低，但容易引起纠纷且无法按照个人意愿进行传承。继承权公证的难度以及将来可能开征的遗产税是遗嘱传承的两大阻碍。赠与和遗嘱两种方式的结合可以互相弥补不足。

②有价证券、银行理财产品等财富的传承通过生前赠与过户来实现比较理想。继承人继承该类产品需要办理相关手续，既烦琐又耗时，生前赠与简便易行，对该类产品来说是一种良好的处置方式。

③金融类资产的传承最好通过人寿保险产品和家族信托的结合来实现。人寿

保险可以保护财产所有人的隐私，并且能够特别照顾某位继承人。受益人从保险公司领取理赔金时不需要通知其他继承人，保险公司不需要征求其他继承人的意见，也不用收取任何手续费。如果受益人获得巨额赔付，但受益人的资产管理能力无法确定，比如，受益人年龄太大或太小，或者受益人本身挥霍无度，那么理赔金就难以按照投保人或被保险人的意愿保障受益人的生活，无法平稳有序地实现财富的代际传承；而家族信托能够实现他们的意愿，但设立的门槛太高，一般要千万元以上的资金。如果因资金问题不能先行设立家族信托，可以考虑引入保险金信托。也就是说，高净值人士可以通过购买大额人寿保险的方式，同时指定信托机构为保单受益人，保险金赔付以后资金进入信托，按照事先设定的规则向继承人进行财产分配。这样就可以充分利用人寿保险的杠杆效应，最终达到设立家族信托的效果，我们称之为"单独设立的保险金信托"，如图10-1所示。

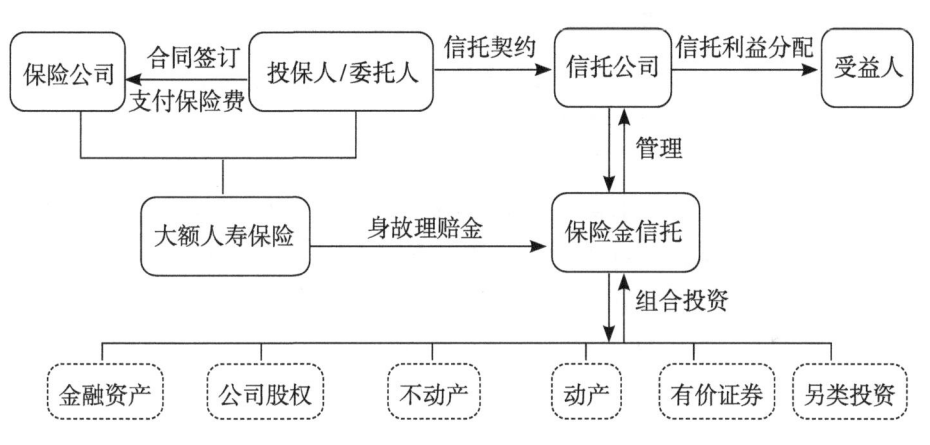

图10-1 单独设立的保险金信托

需要注意的是，该种架构下的人寿保险金信托，往往需要等待十几年甚至几十年，获得保险金赔付后方才有信托财产，信托才得以启动运行。保单现金价值是属于投保人所有的财产，如投保人先于被保险人去世，或者投保人负债，该份保单同样可能会因为继承、强制执行的问题而被强制退保，那么信托契约将因为无信托财产而归于无效，信托设立的目的将无法实现。故建议谨慎选择投保人，同时需要利用遗嘱、协议等提供保障，防止保单被分割、被执行。

人寿保险与家族信托的结合还有另外一种方式，即高净值人士作为委托人单独设立家族信托后，由信托公司作为投保人，投保人寿保险，身故理赔金回归至家族信托之中。该种模式我们称之为"家族信托架构下的人寿保险"，在该种架构下保险理赔金为信托财产的一个组成部分，家族信托自设立之日起即可运营，待委托人去世，保险理赔金进入信托，成为信托财产的高额补充，如图10-2所示。

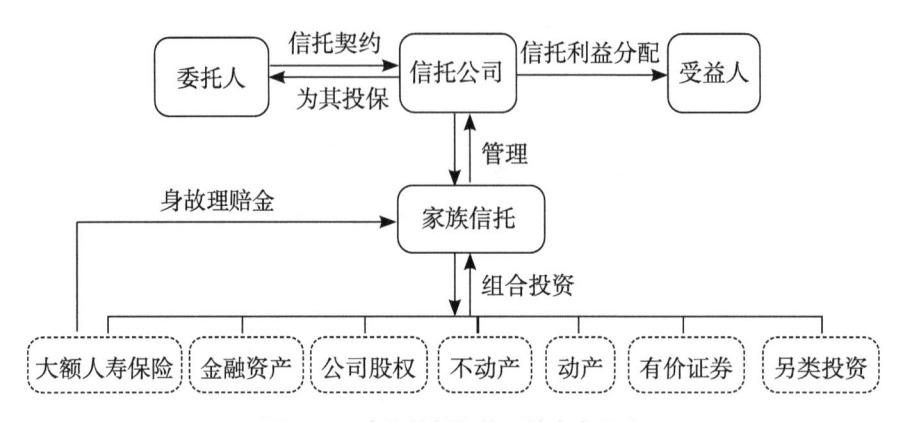

图10-2 家族信托架构下的人寿保险

这种操作方式对委托人的资金要求较高，适用于财富总量大、流动资金量大的超高净值人士的财富传承规划。

人寿保单加家族信托的组合模式，结合了两大财富传承工具的优势，有助于实现财富的完整传承；但财富人士也要留取少量的现金以方便继承人处理相关事务，同时需要整理账户、预留密码，方便后人取用。

总之，家族财富传承是一件关乎子孙后代的大事，不容疏忽与纰漏，不仅需要提前制定财富传承规划，还需要综合运用各种传承工具，方能实现家族荣耀的延续。

总结

私人财富法律风险管理的核心目的是家族财富的保护与传承，是一项系统工程，涉及婚姻财富保护、家庭与企业债务风险隔离、家族财富传承规划、企业治理与经营规划、家族企业的传承规划、境外资产配置、税务筹划、杠杆融资、人寿保险的系统规划等多个方面。私人财富法律风险管理，要求高净值人士树立风险意识，前瞻性地进行财富规划，增强家族财富的抗风险能力，在增加私人财富总量的同时尽早制定财富传承规划，以实现"富过三代"的目标。

遗嘱、赠与、协议、人寿保险、家族信托，都是有助于实现家族财富保护与传承的有力工具。人寿保险的优势，不在于短期的投资理财收益，而在于长期的财富保障与传承，其风险隔离、保值增值、税务筹划、定向给付、杠杆融资等功能已在前述章节多次提及与阐述。保单架构不同，可实现的目的也不相同，高净值人士需要结合自身及家庭的实际需求，在专业人士的协助下综合配置适合自己家庭的境内外人寿保单；但人寿保险也有其局限性，比如，仅限现金投入导致可筹划的资产形态单一，特定时期保单现金价值低、流动性差，保单争议时有发生，保险理赔金一次性给到未成年人或者年老的人手中难以实现财富的有效管理，等等。故而，需要借助遗嘱、代持、赠与、协议、家族信托等工具的综合运用来弥补人寿保险单一工具的局限性，制定出完美的财富保护与传承方案。

鉴于高净值人士家庭资产量庞大，家庭资产投资形式多样化，家庭成员的税务身份、婚姻状况及继承人身份较为复杂，高净值人士对家族财富保护与传承的具体需求不尽相同，对家族财富保护与传承的方案提出了个性化、多元化的要求，需要考虑公司、金融、证券、投资、家族信托、移民、保险、税收、婚姻、继承甚至刑事风险防控等各项因素。对于高净值人士而言，一次事前的良好规划，胜过十次事后救济，故而在制定家族财富保护与传承方案时需要寻求律师、税务师、财富管理师等专业人士的帮助，让专业的人做专业的事，才能少走弯路。

家族财富保护与传承作为一项复杂全面的系统工程，绝不是一朝一夕可以完成的，也绝不是迫在眉睫时才需要考虑的，更不是风险降临后的亡羊补牢，而是要未雨绸缪，提前设计。这就要求高净值人士不要一味地着眼于财富的增值累积，而应该立即着手，将已有的资产进行合理的配置，从中划出一部分资金用于损失规避的策划方案，并长期坚持。

总而言之，高净值人士除了对家族财富保护与传承给予足够的重视和合理的时间安排以外，还需要在专业人士的指导下综合运用各种传承工具做完善的财富传承规划，才能将财富更完整、更长久地传承给子孙后代。

第三部分
家族信托实务操作

第十一章　家族信托概述

第一节　信托的概念

一、英美法系下的信托定义

"双重所有权"是英美法系下信托理论的基础与特色。第一重所有权是指普通法下的信托财产所有权,即信托财产的受让人享有名义上和法律上的所有权;第二重所有权是指衡平法下的信托财产所有权,即信托财产的受益人享有实质上的所有权。从外观上看,受益人不实际占有信托财产,不具有随意支配信托财产的权利,但有权要求受托人履行信托义务,享受信托收益,是信托财产所有权的最终所有者;而受托人具有支配和控制信托财产的权利,但只能为了受益人的利益管理和处分信托财产,不得利用信托财产谋取私利。

英国作为判例法国家,将信托定义为一项衡平法义务,具体而言,"衡平法义务"是衡平法院出于追求正义的目的,施加给受托人的一项强制性义务。受托人作为信托财产的所有人,当其不按照委托人的意愿处理信托财产时,普通法院也无从救济。此时,受托人的有权处分就会造成不公正的结果。因此,为了避免不公正结果的出现,衡平法院在承认受托人信托财产所有权的同时,规定其必须遵照委托人的意愿,依照信托文件的规定处分信托财产。美国法律协会组织编纂的《美国信托法重述(第二版)》第二条给出了较为权威的信托定义:"信托,在没有'慈善''归复''推定'等限制词的情况下,是指一种有关财产的信义关系,产生于一种设立信托的明示意图,一个人享有财产的法定所有权并负有衡平法义务,为另一个人的利益处分该财产。"可见,英、美两国在对信托的定义中都强调了"衡平法义务",这也反映出英美信托定义的基本特征。

二、大陆法系下的信托定义

大陆法系的民法理论奉行的"一物一权"原则强调绝对所有权,认为在同一物上只能有一项所有权,不得存在多重所有权。可见,大陆法系的财产所有权与

英美法系的财产权截然不同。20世纪后，随着经济全球化的发展，本是英美法系特有的信托制度，因其灵活性受到越来越多的国家的关注，一些大陆法系国家和地区也先后引入信托制度。

日本作为亚洲最早引入信托法的大陆法系国家，早在1922年制定的《信托法》中就对信托做出明确的定义："本法所称信托者，谓实行财产权转移及其他处分而使他人依一定目的管理或处分财产。"此定义涵盖了信托的根本要素和主要法律关系，但未明确信托关系中的主体。

韩国《信托法》第一条第二款中也对信托进行了定义："本法中的信托，是指以信托指定者（以下称信托人）与信托接收者（以下称受托人）间特别信任的关系为基础。信托人将特定财产转移给受托人，或经过其他手续，请受托人为指定受益人的利益或目的，管理和处分其财产的法律关系。"韩国信托法在日本信托法的基础上，明示了信托法律关系的主体，同时指出信托是以信托人与受托人间特别信任的关系为基础。[①]

我国台湾地区《信托法》第二条将信托定义为："称信托者，谓委托人将财产权转移或为其他处分，使受托人依信托本旨，为受益人之利益或为特定之目的，管理或处分信托财产之关系。"与日本、韩国的信托定义相比，该定义中首次出现了"信托财产"一词。

我国澳门地区《信托法》对信托的定义为："信托是指委托人将其财产权转移于受托人，由受托人以自己名义，为受益人利益，管理或处分信托财产的法律关系。"

大陆法系的信托定义有以下两个方面的含义。

其一，明确信托财产的转移不单是将财产转移占有，而是法律上所有权的转移；同时强调信托财产具有很强的独立性，并从法律层面对信托财产的独立性做了规定。

其二，受托人作为信托财产名义上的所有权人，有权以自己的名义管理和处分信托财产，但受托人管理和处分信托财产必须是为了受益人的利益或特定信托目的，不能是为自己谋取利益。

三、国际公约对信托的定义

两大法系的制度差异导致不同国家和地区对信托概念的理解不同。为了解决

---

① 胡大展. 论信托法的源流 [J]. 法学家, 2001 (4): 74-82+60.

不同国家的信托法之冲突，海牙国际私法会议于1985年订立《关于信托的法律适用及其承认的公约》(以下简称《公约》)，规定了没有确立信托制度的国家承认外国信托的冲突法规则，并在《公约》的第二条给出了信托的定义，构成定义所示的几个方面的条件者，被视为信托，即"第一，由信托财产构成一个单独的基金，它区分于受托人的自有财产，不是受托人自有财产的一部分；第二，信托财产的所有权置于受托人或者足以代表受托人的其他人的名下；第三，受托人拥有权利和职责，按照信托条款和法律施加给他的特殊义务，管理、使用或处分信托财产，并对此负有说明的义务。"这一信托定义的组成条件适用于自愿且有书面凭证依法设立的信托。[①]

四、我国信托法的定义

我国《信托法》第二条规定："本法所称信托，是指委托人基于对受托人的信任，将其财产权委托给受托人，由受托人按委托人的意愿以自己的名义，为受益人的利益或者特定目的，进行管理或者处分的行为。"该定义主要包括四个方面的含义。

第一，信任是信托关系建立的基础。在信托发展的早期，受托人通常是委托人的亲友或贤达之士，委托人与受托人之间主要是基于信任建立并维持信托关系的。而后发展起来的商业信托，受托人是具有专业知识和技能的专门机构。委托人基于对受托人的信任，将信托财产委托给受托人管理和处分，以实现其特定目的。受托人一旦接受信托，就应当履行忠实义务，根据委托人的意愿尽职地管理和处分信托财产。因此，委托人对受托人的信任是信托关系产生的基础。

第二，信托财产是信托成立的核心。委托人设立信托，必须将一定的信托财产委托给受托人，由受托人依据委托人的意愿管理、处分。财产以及可以用货币估价的财产权均可作为信托财产，对于无形财产，比如著作权、专利权、商标权等知识产权中的财产权部分，也属于其范畴。通常来讲，民事信托中信托财产的范围要比营业信托中信托财产的范围更为广泛，营业信托中的信托财产的范围要受到一些限制。我国《信托法》第十四条也对信托财产的范围做出规定，法律、行政法规禁止流通的财产，不得作为信托财产。法律、行政法规限制流通的财产，依法经有关主管部门批准后，可以作为信托财产。

第三，受托人以自己的名义管理和处分信托财产。我国《信托法》回避了信

---

① 吴弘，贾希凌，程胜，等.信托法论——中国信托市场发育发展的法律调整[M].上海：上海立信会计出版社，2003.

托财产的所有权转移问题，而是用"委托"一词揭示出信托成立的基础。委托人以其财产设立信托后，受托人以自己的名义管理和处分信托财产，委托人和受益人均不能自行行使信托财产上的权利，这是信托的重要特征之一。

第四，受托人为受益人的利益或特定目的管理和处分信托财产。我国《信托法》第二十五条规定："受托人应当遵守信托文件的规定，为受益人的最大利益处理信托事务。受托人管理信托财产，必须恪尽职守，履行诚实、信用、谨慎、有效管理的义务。"《信托法》第二十六条规定："受托人除依照本法规定取得报酬外，不得利用信托财产为自己谋取利益。受托人违反前款规定，利用信托财产为自己谋取利益的，所得利益归入信托财产。"因此，受托人管理和处分信托财产，必须是为了受益人的利益或特定信托目的。以上两条是受托人管理和处分信托财产的前提条件，违背者应承担相应的责任。

第二节 家族信托的概念及特征

一、家族信托的概念

国务院直属信托业监管机构[①]在其下发的银保监规〔2023〕1号文对家族信托的定义为：信托公司接受单一自然人委托，或者接受单一自然人及其亲属共同委托，以家庭财富的保护、传承和管理为主要信托目的，提供财产规划、风险隔离、资产配置、子女教育、家族治理、公益慈善事业等定制化事务管理和金融服务。家族信托初始设立时实收信托资金应当不低于1000万元。受益人应当为委托人或者其亲属，但委托人不得为唯一受益人。家族信托涉及公益慈善安排的，受益人可以包括公益慈善信托或者慈善组织。单纯以追求信托财产保值增值为主要信托目的、具有专户理财性质的信托业务不属于家族信托。[②]这一定义虽然是从信托业角度做出的，但也较为恰当地概括了家族信托。以此为基础，可以将家族信托定

---

① 下发该文件时为中国银保监会，后于2023年3月调整为国家金融监督管理总局。

② 关于家族信托的界定，银保监规〔2023〕1号文与信托函〔2018〕37号文相比，在委托人、受益人范围、是否具有资产管理属性等方面有所变化。信托函〔2018〕37号文对家族信托的界定为："信托公司接受单一个人或者家庭的委托，以家庭财富的保护、传承和管理为主要信托目的，提供财产规划、风险隔离、资产配置、子女教育、家族治理、公益（慈善）事业等定制化事务管理和金融服务的信托业务。"家族信托财产金额或价值不低于1000万元，受益人应包括委托人在内的家庭成员，但委托人不得为唯一受益人。家族信托涉及公益慈善安排的，受益人可以包括公益慈善信托或者慈善组织。单纯以追求信托财产保值增值为主要信托目的，具有专户理财性质和资产管理属性的信托业务不属于家族信托。

义为：受托人接受单一自然人委托，或者接受单一自然人及其亲属共同委托，以家庭财富的保护、传承和管理为主要信托目的，进行财产规划、风险隔离、资产配置、子女教育、家族治理、公益慈善事业等事务的法律关系。①

二、家族信托的特征

一般认为，家族信托具有以下基本特征。

（1）家族信托主要为私益信托。

根据信托目的是不是为了特定个人的利益，信托可以分为私益信托和公益信托。私益信托是指为某个或某些特定个人的利益而设立的信托，受益人通常是委托人及其亲友，设立信托时受益人就是确定或者可以确定的。公益信托则是为整个社会或者社会公众中符合一定条件人的利益而设立的信托，如为了宗教、教育、济贫等而设立的信托，不是为了特定个人的利益，受益人是不特定的社会公众。②根据我国《信托法》第六十条的规定，公益信托是指为了救济贫困，救助灾民，扶助残疾人，发展教育、科技、文化、艺术、体育事业，发展医疗卫生事业，发展环境保护事业、维护生态环境或发展其他社会公益事业的目的所设立的信托。除此之外一般属于私益信托。

委托人通常是为了整个家族的利益而设立家族信托，以达到传承家族财富、税务筹划、子女教育、隔离风险等目的，且信托受益人是以委托人的家族成员为主。因此，家族信托主要属于私益信托。随着社会的发展，家族与社会之间的关系日益密切，人们越来越注重家族利益与社会公共利益之间的关系，因而家族信托的设立中逐渐出现了公益信托的目的。国务院直属信托业监管机构在前述信托函〔2018〕37号文、银保监规〔2023〕1号文中均明确，家族信托的受益人可以包括公益慈善信托或者慈善组织；但相比之下，其私益部分仍然占据主导地位，明显区别于以公益为主导的慈善信托或公司信托。③

---

① 一般意义的家族信托，不存在1000万元门槛的问题。当然，结合本书定位，本章主要讲述以持牌信托公司作为受托人的营业类家族信托。

② 何宝玉.信托法原理研究[M].2版.北京：中国法制出版社，2015.

③ 银保监规〔2023〕1号文中，公益慈善信托系与资产服务信托、资产管理信托并列的大类信托业务。公益慈善信托按照信托目的分为慈善信托和其他公益信托2个业务子类。其中，慈善信托的定义为，委托人基于慈善目的，依法将其财产委托给信托公司，由信托公司按照委托人的意愿以受托人的名义进行管理和处分，开展慈善活动的行为。其他公益信托，是指除慈善信托以外，信托公司依据《信托法》开展，经监管部门认可的其他公益信托业务。

案例

家族信托

某地知名企业家，在国内某头部信托公司设立了一单家族信托。初始信托财产主要包括1亿元人民币和商业地产公司的股权。在信托合同附件中，其本人、配偶、父母、子女被指定为受益人，当地获慈善组织认定的养老机构也被指定为受益人。养老机构每年可从家族信托中获得50万元。

慈善信托

著名实业家、慈善家邵逸夫先生成立的邵逸夫慈善信托基金，受托人是在百慕大注册的私人信托公司 Shaw Trustee (Private) Limited，通过在瑙鲁共和国注册的 Shaw Holdings Inc. 控制邵氏兄弟（香港）有限公司（已经于2011年被收购）、邵氏基金（香港）有限公司以及邵逸夫奖基金会有限公司等资产。信托基金的受益人是根据信托契约选择的个人或组织，包括邵逸夫的家人和一些慈善机构。[①]

（2）家族信托为意定信托。

根据信托是否为依据当事人的意愿设立，信托可分为意定信托、法定信托、推定信托。意定信托是指依委托人的意思表示而设立的信托，它是当事人主动设立的，亦称为"设定信托"。法定信托是指依照法律规定而非委托人或其他信托当事人的意愿而成立的信托，当法律明确规定在某种情况下应当成立信托时，该类信托即为法定信托。推定信托是法院在某些情况下推定成立的信托，要求当事人作为推定受托人而承担责任，防止当事人获得不正当利益，以此实现正义。[②]

我国《信托法》第八条规定："设立信托，应当采取书面形式。书面形式包括信托合同、遗嘱或者法律、行政法规规定的其他书面文件等。采取信托合同形式设立信托的，信托合同签订时，信托成立。采取其他书面形式设立信托的，受托人承诺信托时，信托成立。"据此，签订书面形式的信托文件是在我国成立有效信托的要件之一。这意味着家族信托的设立需要委托人做出明确的意思表示，相应的文件内容完全出于委托人的意愿，故家族信托属于意定信托。

（3）家族信托为他益信托。

依据信托利益的归属以及委托人和受益人是否为同一人，信托又可以被划分为自益信托和他益信托。委托人将自己设为唯一受益人的信托是自益信托，即信

[①] 秦伟. 邵逸夫家族信托化繁为简 家庭、慈善二合一 [N]. 21世纪经济报道，2014-01-13.

[②] 何宝玉. 信托法原理研究 [M]. 北京：中国法制出版社，2015.

托只是为了委托人的个人利益。他益信托是指委托人不以自己为唯一受益人而设立的信托，而是以委托人以外的人为受益人或者以委托人自己和他人同时为受益人而设立的信托。

我国《信托法》中虽未明确提及他益信托，但在多处条款中都提到了委托人之外的受益人。信托函〔2018〕37号文、银保监规〔2023〕1号文等监管机构所发文件更是明确要求，家族信托的受益人可以包括委托人，但委托人不得为唯一受益人。

（4）家族信托可以是积极信托也可以是消极信托。

根据受托人义务是积极的还是消极的，信托可以分为积极信托和消极信托。积极信托是指受托人对信托财产及信托事务有积极的管理和处分义务。消极信托是指受托人仅充当信托财产的名义所有人，不具有对信托财产积极管理和处分的义务，而是完全根据委托人或者受益人的指示，被动地对信托财产管理处分行为予以承认。[①]

根据我国《信托法》中信托之定义可知，受托人对信托财产的管理和处分义务，是建立在依照委托人意愿的前提之下，同时《信托法》第二十五条明确规定了受托人应当遵守信托文件，为争取受益人的最大利益处理信托事务。因此，我国《信托法》并未否认消极信托的合法性；同时，由于家族信托的定制化特征，委托人可以通过信托合同对受托人管理家族信托事务的方式和权限等做出具体约定。由此可见，家族信托兼具积极信托和消极信托的特性。

（5）家族信托为长期信托。

家族信托往往致力于对家族财富的长期规划，所以期限较长。家族信托的期限经常设定为30~50年，有些甚至设定为永久。这比其他大多数信托类型的期限要长很多。

第三节　国内外家族信托的发展

一、英美法系家族信托的发展

（一）英国

英国是现代信托制度的起源地，家族信托由来已久。英国于1893年颁布《受托人法》，对受托人如何处分、转移信托财产等加以规范。不过该法后来被《1925

[①] 张军建．信托法基础理论研究[M]．北京：中国财政经济出版社，2009．

年受托人法》取代,该法更为全面地规范了受托人的权利与义务。其中,对于受托人的投资义务更是以制定目录清单的办法做出规定,即只能投资于法律列明的投资目录清单内包含的项目,该规定严重限制了受托人的自由裁量权。英国议会又于1961年制定了《受托人投资法》,对受托人的投资行为进行了更为细致的规定,并在一定程度上拓宽了受托人的投资范围。2000年年初,英国议会通过《2000年受托人法》,主要从五个方面进行了改革:第一,明确了受托人的审慎义务;第二,授予受托人广泛的投资权;第三,确立了受托人行使投资权时应当遵守的投资准则;第四,要求受托人在做出投资决策时必须征求并考虑专业人士的意见;第五,要求受托人在进行投资时必须公平地对待不同的受益人。[①]

英国通过对受托人法的不断改革来平衡信托受托人的权利与义务,适应了家族信托实践的发展要求。大部分英国富裕阶层选择通过设立家族信托来管理财富。英国戴安娜王妃就是通过设立家族信托管理其私有财产,实现了财富的有效传承。

(二)美国

18世纪末至19世纪初,美国从英国引进信托制度。在美国,最初设立家族信托主要是为了家族财富保值以及家族财富的有效传承。随着美国法律的不断发展和完善,其信托制度越来越灵活,完成了由个人信托向法人信托的过渡,成为当今世界信托制度最为发达的国家。[②]家族信托之所以可以在美国腾飞,其中很重要的一个原因是家族信托的节税功能凸显。在美国,以遗产税为例,从2013年至2018年的五年间,美国联邦遗产税率保持在最高40%左右。此外,高净值人士还需面临赠与税、财产税、跨代传递税等多项税赋。在此背景下,美国的高净值人士更青睐于通过家族信托等资产管理方式来合理节税、避税。

美国早期的家族信托受相同的法律法规监管,设立家族信托的方式较为单一,随着社会和经济的发展,许多州的法律变得更加灵活,设立和运营家族信托也变得更加容易,财富人士因此更容易实现其财富规划和传承的目标。洛克菲勒家族、肯尼迪家族、班克罗夫特家族等全球资产大亨都是通过信托的方式来管理家族财产,以此来实现家族财富的基业长青。

(三)中国香港地区

我国香港地区的法律制度属于英美法系。有关信托的法规主要包括1934年制定的《受托人条例》、1970年制定的《财产恒继及收益累积条例》《信托法例》《信

[①] 何宝玉.信托法原理与判例[M].北京:中国法制出版社,2013.

[②] 刘金凤,许丹,何燕婷,等.海外信托发展史[M].北京:中国财政经济出版社,2009.

托基金管理规则》《受托人规则》《信托变更法例》等。其中大部分条例自颁布以来并未经过重大修改。随着香港经济的高速发展，部分条款已不符合现代信托的需求。

2013年12月1日，修改后的信托法正式生效。新信托法在以下方面做出重大改革：①厘清了信托当事人的权利、义务关系；②废除了反财产恒继和反收益过度累积两项普通法原则；③引入反强制继承权规则。此次对信托法的修订在很大程度上促进了香港信托业的发展。

二、大陆法系家族信托的发展

（一）日本

日本是大陆法系中引入信托法比较早的国家。日本最早的一部有关信托的法律是1905年制定的《附担保公司债信托法》，并于1922年同时颁布了《信托法》《信托业法》，旨在对信托业进行全面的整顿与规范。[①]

1922年《信托法》在其颁布后的八十多年内未进行实质性的修改，直到2006年，才对原《信托法》进行了全面的修改。2006年新《信托法》的制定理念主要从三个方面发生了变化：其一，一改旧法"重商轻民"的立法理念，新法的确立贯穿民事、商事两方的信托法理；二是从强制性规范向任意性规范的转变，使得受托人义务更为合理化；三是扩大了信托的利用范围，创立了许多新型的信托，促进了以家族信托为代表的民事信托的发展。[②]

（二）德国

德国信托业的起源可追溯到19世纪50年代，其工业化的迅速发展使得对长期资金的需求大幅增加，从而产生了"全能银行制度"，使银行业务从传统业务迅速向证券、保险等新兴业务拓展，但其信托业并没有像英美国家那样此发展起来。直到19世纪末，德国才开始效仿英美等国建立信托制度。最初，德国信托公司主要从事海外投资业务。1949年由18家金融机构共同设立了"全德意志有价证券投资信托公司"，次年起正式开展业务。1957年，德国颁布了《投资公司法》，其金融信托业务才真正地发展起来。到了20世纪90年代初，随着经济全球化的发展，德国也采取了当时受发达国家热捧的商业银行混业经营的模式，实行"全能银行制度"，信托业务也多由银行内部的专门部门负责，主要从事金融投资类业务，因而德国没有设立专门的信托机构。

---

① 赵立新. 日本信托法的修改及启示 [J]. 学理论，2010(23):157-158.
② 赵廉慧. 日本信托法修改及其信托观念的发展 [J]. 北方法学，2009(4):154-160.

德国提供服务的金融机构根据客户的不同需求,将信托业务划分为个人信托业务和法人信托业务。德国的家族信托属于个人信托业务范畴。其个人信托业务主要包括财产监护信托、退休养老信托、子女保障信托、有价证券信托、不动产信托、保险金信托等,主要是为了满足客户获取税收减免、国际投资、保护财产、规划不动产、保障未成年子女生活、防止受益人挥霍家产等需要。德国信托业务的涉及面十分广泛,且其信托产品具有贴近普通民众、灵活性强等特点。[1]

(三)中国台湾地区

20世纪60年代,我国台湾地区经济发展逐渐由"进口替代"转向"出口扩张"。为了吸收长期资金,引导民间资本流向,以此提高出口能力和生产技术水平,台湾地区开始核准民间设立信托投资公司。台湾地区分别于1996年和2000年制定了《信托法》和《信托业法》,为台湾地区信托业的发展提供了法律支持。2001年通过的七大信托相关税法修正案,更是为信托的多重税务筹划功能提供了政策支撑。基于台湾地区较为完备的信托法律体系,尤其是对税收制度的规定较为明确,信托机构在开展家族信托业务时,就可以针对不同的税收规定设计不同的方案,以实现综合筹划的目的。

我国台湾地区的信托机构主要为混业经营的商业银行。银行以其拥有大量营业网点和客户群体的优势,为其业务的开展提供了有利条件。为迎合市场需要,各种形式的标准化家族信托产品被不断开发出来。对于初次接触家族信托的客户来说,标准化信托产品更容易理解和接受;而有复杂投资需求的客户,可以通过产品组合运用的方式来满足其特殊需求。[2]

三、我国家族信托的发展

我国的信托制度发展较晚,家族信托业务更是处于起步阶段。我国于2001年颁布的《信托法》中虽并未单独界定"家族信托"的概念,但为家族信托的发展提供了法律基础。2014年4月8日,国务院直属信托业监督管理机构[3]发布的《关于信托公司风险监管的指导意见》(银监办发〔2014〕99号)中明确提出了信托业转型发展的目标和路径,并指出"探索家族财富管理,为客户量身定制资产管理方案"是信托公司业务转型的一个方面。自此,我国信托业开始从融资信托中心主义转向融资

---

[1] 刘金凤,许丹,何燕婷,等.海外信托发展史[M].北京:中国财政经济出版社,2009.
[2] 同上。
[3] 当时为中国银行业监督管理委员会。

信托、投资信托、事务管理信托多头并进。2018年8月17日，国务院直属信托业监督管理机构发布了信托函〔2018〕37号文，其中明确了家族信托的定义，并明确指出家族信托区别于其他资产管理业务。2023年3月20日，国务院直属信托业监督管理机构发布了《关于规范信托公司信托业务分类的通知》，进一步明确了家族信托的基本要求。

2013年年初，平安信托有限责任公司（以下简称平安信托）根据客户的委托，为其设立以家族财富传承为取向的信托，合同期为50年。业内普遍认为，这是1949年以来由我国金融机构设立的第一单家族信托。由于平安信托在业务开展过程中居于主导地位，故也被称为"信托公司主导型"家族信托的首倡者。2013年5月，招商银行股份有限公司（以下简称招商银行）联合中国对外经济贸易信托有限公司推出家族信托产品，并有了第一位家族信托客户。由于招商银行在整个家族信托产品结构中处于主导地位，故该单业务被认为是境内首单"私人银行主导型"家族信托。2013年9月，北京银行股份有限公司（以下简称北京银行）与北京国际信托有限公司（以下简称北京信托）合作推出家族信托产品，两家金融机构以共同组建项目团队的方式，共同为客户提供家族信托服务，被认为开启了"私人银行与信托公司合作"的新型模式。2014年，中信信托有限责任公司（以下简称中信信托）、上海国际信托有限公司（以下简称上海信托）、中融国际信托有限公司（以下简称中融信托）等信托公司成立了各自的家族信托业务部门；中信保诚人寿保险有限公司与中信信托共同推出了国内首单终身寿险信托；国际家族基金协会（IFOA）也在北京正式设立了中国地区办公室。由此，各家金融机构纷纷发力家族信托，业务开展逐成星火燎原之势。

截至2023年一季度末，国内有50多家信托公司开展了家族信托业务，家族信托存续规模约5000亿元，存续家族信托约2.6万个。

平安信托首单家族信托

客户是一位40多岁的企业家，信托资金为5000万元。根据约定，在产品存续期间，可以根据委托人的实际情况和风险偏好来调整资产配置方式和运作策略。信托公司会定期或不定期将信托财产运作情况以正式报告或邮件等方式与委托人或受益人沟通。委托人通过指定继承人为受益人来实现财富传承，并根据自己的意愿选择不同的信托利益分配方式。信托公司的管理费用分为固定管理费和浮动管理费两部分，固定管理费年费率为信托资金的1%，年信托收益率高于4.5%以上的部分，收取50%作为浮动管理费。

招商银行首单家族信托

客户是在境内拥有多处不动产、物业、股权及金融资产的一位男士,信托期限为50年,受益人为其三个子女,信托收益以定期与终局两种形式进行分配,子女可定期领取薪金,遇到婚嫁、买房、买车、创业、医疗等大事,也可从信托基金中申请资金。招商银行和信托公司的合作方式如下:招商银行承担财务顾问和托管人的角色;信托公司则提供辅助性的事务管理服务,参与信托设计并与委托人签订信托合同。在信托费用方面,其年费比例主要根据信托的复杂程度确定。委托人可以就信托财产的投资及期待收益率提出要求,超出委托人预期收益的部分,招商银行按照20%的比例提取信托费用。此外,信托公司作为受托人,也将按照一定比例收取信托管理费用。[1]

北京银行私人银行与北京信托合作单一定制家族信托产品

受托资产门槛为3000万元,信托关系存续期限为5年以上,为不可撤销信托。家族信托产品由北京信托作为受托人,负责信托事务管理,北京银行担任财务顾问和托管人。初期受托的资产类型限于现金存款,到了2014年,北京银行与北京信托又共同引入了以房产为主题的家族信托服务。受益人及信托收益方式由委托人决定。年固定信托报酬率为1%,浮动信托报酬为每年超额收益的30%。[2]

第四节 家族信托的分类

一、按信托设立地分类

根据家族信托的设立地不同,可以将其分为在岸家族信托和离岸家族信托。

(一)在岸家族信托

在岸家族信托,是指委托人在其身份或居住所在国设立的,信托关系人及信托行为均在国内进行的家族信托。例如,一个中国委托人在中国境内设立的家族信托,或者一个英国委托人在英国境内设立的家族信托,都可称之为"在岸家族信托"。在岸信托依据本国的法律而设立。

---

[1] 孙怡娇. 抢滩家族信托 [J]. 财富管理, 2015(3,4).
[2] 朱紫云. 北京银行试水3000万门槛家族信托 [2019-02-15]. http://www.cb.com.cn/finance/2013_1012/1016513.html.

（二）离岸家族信托

离岸家族信托，是指委托人为达到特定目的，选择一些法律环境较为宽松的境外国家或地区设立的信托。一些特殊的司法管辖区通过宽松的金融法律制度，吸引外来投资，带动本地经济。作为离岸家族信托设立地的司法管辖区通常具有完备的信托法律制度、宽松的税收条件，还会给予客户信息更高程度的信息保密服务。开曼群岛、泽西岛、毛里求斯共和国、英属维尔京群岛等都是我国高净值人士比较喜欢的离岸家族信托设立地。

二、按信托生效时间分类

根据家族信托的生效时间不同，可以将其分为生前家族信托和遗嘱家族信托。

（一）生前家族信托

生前家族信托，即委托人在其在世时设立且生效的信托。委托人在生前和受托人签订信托契约，把其合法享有的财产转移给受托人，由受托人依照信托文件管理和处分，并通过信托协议设定自己或家庭成员为受益人。生前信托的优势包括：委托人可以亲自促成信托的成立，解决信托设立中碰到的问题，也避开了遗嘱信托必然要产生的遗嘱认证问题；受托人可以及时地接管信托财产，而不用像遗嘱信托那样须等委托人死亡。

（二）遗嘱家族信托

遗嘱家族信托，是指委托人通过遗嘱文件将自己死亡后遗留的财产委托给受托人，由受托人接受委托并按遗嘱文件要求为受益人的利益或者特定的信托目的管理和处分财产的行为。遗嘱信托于委托人身故后开始生效。需要注意的是，国务院直属信托业监管机构在其下发的银保监规〔2023〕1号文中，将遗嘱信托作为与家族信托并列的业务类型，是从营业信托业务开展、统计角度做出的，并非法律适用层面的分类。

三、按是否可由委托人任意终止分类

根据委托人在信托设立时是否保留了撤销权，可以将其分为可撤销家族信托和不可撤销家族信托。

（一）可撤销家族信托

可撤销家族信托，是指委托人在信托文件中为自己保留了随时终止信托的权利的信托。可撤销信托的委托人实际上保留了对信托财产的最终控制权。我国现

行法律框架内的可撤销家族信托,是指委托人保留了任意解除信托并取回信托财产权利的信托。例如,在股权家族信托中,委托人可以在信托文件中保留终止家族信托的权利,以在委托人认为有必要时取回股权。

(二)不可撤销家族信托

不可撤销家族信托,是指家族信托的委托人在信托文件中未附有随时撤销条款或明确规定该信托为不可撤销信托。通常来说,在不可撤销家族信托中,允许增加信托财产,但是不得减少信托财产。依照各国信托法的规定,当事人可以自由选择成立可撤销家族信托还是不可撤销家族信托。如委托人未在信托文件中明确为自己保留任意终止信托的权利,则法律上一般默认该家族信托为不可撤销信托。

四、按受托人在信托利益分配中的地位分类

根据受托人在信托利益分配中的地位,可以将家族信托分为自由裁量家族信托和固定家族信托。

(一)自由裁量家族信托

自由裁量家族信托,是指委托人在设立家族信托时没有明确受益人及各受益人所获得的受益权份额,由受托人根据委托人制定的参考标准或原则,根据自己的判断独立决定信托利益分配的信托。自由裁量信托,又有完全自由裁量信托和部分自由裁量信托之分,前者的利益授予基本上都由受托人做主,后者则仅是部分由受托人做主。受托人自由裁量权的行使主要表现在受益人的选任及信托权益分配两个方面。在大多数法律体系下,允许有固定数量的受益人,由受托人决定每个受益人所获得信托权益的数额;或者根据固定的信托收益,由受托人根据一定的标准决定具体的受益人。自由裁量信托赋予受托人更多的权利,以便其更灵活地处分信托利益。

(二)固定家族信托

固定家族信托,是指在设立家族信托时,受益人及各受益人所享有的信托利益已被确定的信托。一般情况下,受益人须满足一定的条件才有权获得固定信托中的信托利益。例如,委托人可以在信托文件中明确受益人为其子女,同时设置其子女在年满18周岁后可享有信托收益。此外,当委托人指定多名受益人时,可以在信托文件中确定每名受益人应获得的收益的具体金额。例如,委托人指定其母亲、妻子及儿子作为受益人,并明确母亲和妻子各享有25%的受益权,儿子享有50%的受益权。此类型的家族信托可以限制受托人的自由裁量权,使信托收益更有效地按照委托人的意愿进行分配。

五、按信托主要内容分类

按家族信托中财产管理和事务管理的地位对比，可以将其分为财产管理型家族信托、事务管理型家族信托和财产管理、事务管理并重型家族信托。

（一）财产管理型家族信托

财产管理型家族信托，是指以管理信托财产为主要内容的家族信托。即委托人将信托财产委托给受托人，受托人从事的信托活动主要围绕投资、理财等财产管理活动进行，以实现委托人财富增值的目的，但单纯以追求信托财产保值增值为主要信托目的、具有专户理财性质的营业信托除外。比如，委托人以资金作为信托财产设立家族信托，信托文件的重心是就投资经营，以达到信托财产保值增值的目的。该类型家族信托虽然有事务管理因素，但所占比重较低，往往意味着委托人对家事安排尚缺乏清晰规划或者有意留待日后补充。

（二）事务管理型家族信托

事务管理型家族信托，是指以家族事务的管理为主要内容的家族信托，即委托人将信托财产委托给受托人，受托人通过从事事务管理以实现委托人财富保值增值之外的特定目的。事务管理型家族信托主要是利用信托财产独立性、风险隔离等信托制度的优势，帮助委托人实现愿望。

事务管理型家族信托又可根据其具体目的进一步区分为财富保护型家族信托和财富传承型家族信托。财富保护型家族信托，是指委托人为了使财富免受因债务、婚变、税务、不当监护等风险造成的损失而设立的家族信托。该类家族信托的法律要点是，信托财产具有实质意义上的独立性——区别于委托人保留较多实质权利的信托。财富传承型家族信托，是指委托人通过设立家族信托实现其家族财富有效传承的目的的信托。委托人在信托文件中将家人设定为受益人，同时对不同受益人的受益份额或数额及分配方式等进行规定，以实现家族财产的安全、有序传承。

（三）财产管理、事务管理并重型家族信托

财产管理、事务管理并重型家族信托，是指委托人为了实现财富增值、财富保护及财富传承等多重目标而设立的家族信托。委托人可能既希望通过受托人的专业服务让财富不断增值，又希望能隔离自己或家庭成员的债务、婚变等风险，此外还希望通过家族信托实现财富的有序传承。

六、按委托人的数量分类

根据委托人是单个自然人还是多个家庭成员，可将家族信托分为单个自然人

委托的家族信托和家庭成员共同委托的家族信托。

（一）单个自然人委托的家族信托

单个自然人委托的家族信托，即由单一自然人独立向受托人提出委托，受托人接受委托设立的家族信托。通常情况下，家族信托均由单个自然人委托设立。

（二）家庭成员共同委托的家族信托

家庭成员共同委托的家族信托，即由两位或多位家庭成员共同向受托人提出委托，受托人接受委托设立的家族信托。在信托函〔2018〕37号文中，家族信托可由单一家庭委托设立，但在我国现行法律体系下家庭并不具有民事主体资格。银保监规〔2023〕1号文对此进行了修正，修改为可由单一自然人委托，或者单一自然人及其亲属共同委托。

七、按信托财产类型分类

根据信托财产的类型不同，可将家族信托分为资金家族信托、不动产家族信托、股权家族信托、文物艺术品家族信托、保险金家族信托等。

（一）资金家族信托

资金家族信托，是指以资金作为信托财产的家族信托，即委托人将其合法拥有的资金委托给信任的受托人，由受托人按照委托人的意愿以自己的名义，为受益人的利益进行管理和处分的家族信托。资金家族信托是家族信托中最主要的一种类型，具有家族信托的基本特性，信托目的往往比较综合，包括家族财富的管理与传承，保障家族成员的生活，资金保值增值，等等。

（二）不动产家族信托

不动产家族信托是指委托人将自己的不动产作为信托财产设立的家族信托。受托人按照委托人的意愿，为了受益人的利益，根据信托文件中对不动产管理方式的规定，对作为信托财产的不动产进行管理和处分。例如，北京银行的一位客户将自己名下的十几套房产用于设立家族信托，并将受益人定为"直系血亲后代非配偶继承人"。[1]

（三）股权家族信托

股权家族信托，是指以股权作为信托财产的家族信托。委托人将自己持有的股权委托给受托人，由受托人作为名义股东，同时可以通过信托文件规定受托人

---

[1] 黄斌.亿元个人房产"传内不传外"　北京银行家族信托试水房产传承[J].21世纪经济报道，2015(11)。

不参与企业经营管理，也可以授权信托公司参与企业的经营管理。例如，雅居乐集团控股有限公司的陈氏家族将分散的家族股权集中后用于设立家族信托，陈氏五兄弟及陆倩芳作为受益人。陈氏家族通过家族信托的方式始终保持着股权集中。

（四）文物、艺术品家族信托

文物、艺术品家族信托，是指以文物、艺术品作为信托财产的家族信托。委托人通过将其藏品设立家族信托，一方面可以防止家庭成员间因藏品而产生的财产之争，另一方面可以避免子孙后代对其藏品做出变卖、抵债、损毁等违背其意愿的行为。委托人将其持有的文物、艺术品委托给受托人，进行专业的保管、维护、估值、投资等，使家族成员能够共享文物、艺术品传承带来的收益，同时实现艺术品价值的最大化。

（五）保险金家族信托

保险金家族信托，又称为"保单权益家族信托"。广义的保险金家族信托是指以投保人及被保险人、受益人项下保单权益及据此领受的资金作为主要信托财产的家族信托，狭义的保险金家族信托是指主要以保险公司给付的保险金作为主要信托财产设立的家族信托。保险金家族信托综合了保险与加家族信托的优势，有利于综合保险的杠杆功能以及家族信托的风险隔离、资产管理、财富传承功能，帮助当事人达成心愿。需要指出的是，根据银保监规〔2023〕1号文，（营业）家族信托与保险金信托属于相互独立的财富管理服务信托类型，并且在中国信托登记有限责任公司的信托登记业务予以体现；当前实操的保险金信托，信托财产中除了保单权益外，还可包含续缴保费所需资金，但不能包含其他资金及财产。所以保险金信托尚无法通过追加财产，直接变更为家族信托。但该文件系从信托公司当前业务角度所作的分类，并非严格意义的法律分类，否则侧重功能视角的家族信托和侧重信托财产视角的保险金信托以及侧重信托设立方式的遗嘱信托，无法成为相互并行的类型。本章论述，除了适用于主要包含保单权益的家族信托之外，原则上也适用于当前信托登记中的保险金信托。

案例

甲女士离异后独自抚养六周岁的女儿。甲女士担心自己万一发生意外，女儿的抚养成问题，于是打算购买以自己为被保险人的终身寿险。但是甲女士又想到，假如自己真的发生不测，女儿领到的保险费可能会被前夫控制甚至挥霍。甲女士决定设立家族信托。甲女士投保后，将信托公司指定为保单受益人，并将投保人变更为信托公司，又将部分储蓄存款及理财产品置入信托。甲女士把父母和女儿指定为家族信托的受益人，并在信托合同中明确了信托财产的分配方案。

（六）其他财产类型的家族信托

前列五类财产之外的其他财产，原则上也可以作为家族信托的财产。比如知识产权家族信托，在实务中也比较容易见到。

第十二章　家族信托的设立、治理与终止

第一节　家族信托的设立

家族信托的设立须满足两个方面的要求：一是实质内容符合法律规定，二是设立形式达到法律要求。

一、家族信托设立的实质要求

在英美信托法中，信托的成立必须满足三个确定性原则，即委托人信托意愿的确定性、信托财产的确定性以及受益人及其受益权的确定性。[1]大陆法系国家和地区引入信托制度的情况虽有所不同，但对设立信托所应满足的条件也提出了类似的要求。根据我国《信托法》的规定，设立信托须具备三个实质要件，即适格的信托主体、确定且合法的信托财产及合法的信托目的。

（一）适格的信托主体

1. 委托人的适格性

其一，家族信托的委托人应为自然人。我国《信托法》第十九条规定："委托人应当是具有完全民事行为能力的自然人、法人或者依法成立的其他组织。"家族信托作为一种特殊的信托，强调的是家族利益，是委托人为了家庭成员或者整个家族的利益而设立的。因此，家族信托的委托人的范围应与营利性信托有所区别。原则上来说，法人或依法成立的其他组织不属于家族信托的适格委托人。银保监规〔2023〕1号文要求，营业家事信托仅可由单一自然人委托，或者接受单一自然人及其亲属的共同委托。

---

[1]　孙书元. 信托探究[M]. 北京：中国经济出版社，2012.

案例

张先生名下有多家公司，且经营状况都不错。张先生在听人介绍过家族信托之后，打算自己也设立一个，并想好了家族信托的名称"张氏奋斗在杭州"。张先生想到，自己个人名下的钱都已经向国家缴纳了相当金额的个人所得税，于是希望由自己100%持股的A公司作为委托人，设立资金类家族信托。信托经理得知张先生的诉求后，告诉张先生不能以公司名义委托设立家族信托，委托人只能为自然人。至于张先生提出的税务优化的愿望，可以依照法律法规予以适当考量。

其二，家族信托委托人应为完全民事行为能力人。委托人在设立家族信托时应为完全民事行为能力人，且在设立家族信托时应具有正常的精神认知能力。在实践中，会遇到受益人以委托人设立家族信托时精神认知能力较弱为由要求法院判令信托无效的情况。

案例

2001年我国香港一名歌手身患重病以后，于2003年年末由汇丰国际信托有限公司设立家族信托来管理其名下的巨额资产，其母作为主要信托受益人之一，通过信托规定每月可领取固定的一笔7万元的生活费，直至其去世。然而，从2004年年初开始，其母不断地要求法院判定该家族信托无效，声称是信托公司设局诈骗，使其女在身患重病神志不清的状态下设立了家族信托，因此该家族信托应属无效，而其母应通过继承得到所有的遗产。这场遗产之争直到2011年才以其母被判定终极败诉结束。

家族信托的委托人常为拥有不菲资产的中老年人或身患疾病的财富拥有者，希望在其无能力或去世后可以对家族财富做出妥善安排。为了避免日后第三人质疑信托的有效性，受托人在与委托人对设立家族信托事宜进行协商时，最好是在委托人神志清晰、健康状况恶化之前完成，并根据现实情况要求委托人出具司法民事行为能力的鉴定文件。

其三，家族信托委托人的资产状况达到一定程度。委托人的资产状况虽非信托法规定的明确要求，但结合现行监管意见将营业性家族信托的资金门槛设定为1000万元的实际情况，委托人的资产状况达到一定程度是应有之要求。

2. 受托人的适格性

其一，对任何家族信托来说，受托人均应当具有相应的民事行为能力。自然

人受托人应当具备完全民事行为能力，机构受托人应当具备从事信托活动的资质，否则不具备充当受托人的主体资格。限制民事行为能力、无民事行为能力的个人，不得担任信托受托人。经营范围未包括担任受托人的经营机构、业务范围不包括担任受托人的非营利性机构，原则上均不能充当受托人。在我国，营业性家族信托的受托人，目前应限于信托公司。

其二，针对具体委托人的信托目的，受托人应当具有处理受托事务的必要知识和能力，并拥有一定的责任财产。尽管我国《信托法》没有对受托人提出具体要求，事实上很多司法管辖区都未对受托人的主体资格做出特别要求，但不同的受托人在帮助委托人实现信托目的的能力和信誉上存在显著差异。

从安全性和可操作性方面考虑，选择信托公司作为受托人优势明显。信托公司拥有营业信托牌照，在从事家族信托业务中，因取得法律和监管机构的支持而具有更高的安全性和可操作性；同时信托公司往往拥有强大的资金实力，使其具有较强的风险抵御能力。

从家族财富管理方面考虑，具有从事财富管理资质的金融机构，更能满足委托人渴望家族财富被有效保护和传承的要求。家族信托财产的投资管理，一般遵循风险低、安全性高的投资理念，因此，金融机构所推出的固定收益型产品经常受到家族信托投资的青睐。事实上，金融机构具有财富管理的资质与能力，也拥有服务高净值客户的理念。

在考虑受托人相应资质和能力的同时，还应选择信誉度高的信托机构。受托人应在信托运行过程中，定期与委托人联系，及时向委托人披露信托的投资方向及收益情况等信息。此外，值得关注的是，个人担任家族信托受托人时，在受益人的知情权被无视的情况下，需要警惕受托人损害受益人利益的情况发生。例如，澳大利亚矿业巨头朗·汉考克在1988年设立家族信托，并指定其唯一的女儿吉娜·莱茵哈特担任受托人，吉娜的四个孩子为受益人，信托期限至2011年。就在信托期限届满之前，吉娜秘密更改了家族信托的期限，将其延续至2068年，同时吉娜已数年未向受益人支付信托收益。①

3. 受益人的适格性

受益人本身不是家族信托的设立人，而是家族信托文件中不可缺少的内容。在信托设立时，受益人的适格性要件也不可或缺。我国《信托法》未对受益人的资格做出明确限制，这并不意味着委托人可以指定任何人成为家族信托的受益人，因为

---

① 中国新闻网. 澳洲女首富与子女争产败诉　失去240亿基金控制权 [2019-03-13]. 资料来源：https://news.china.com/international/1000/20150529/19765217.html.

对受益人的指定还须受到《中华人民共和国反洗钱法》（以下简称《反洗钱法》）等其他法律的限制。银保监规〔2023〕1号文要求，受益人应当为委托人或者其亲属，但委托人不得为唯一受益人；家族信托涉及公益慈善安排的，受益人可以包括公益慈善信托或者慈善组织。实务中，家族信托的受益人通常为委托人及其近亲属。信托有效成立后，受益人依据信托文件的约定取得相应的受益权。实践中，胎儿是否可以成为家族信托受益人的主体存在一些争议。我国《民法典》第十六条规定："涉及遗产继承、接受赠与等胎儿利益保护的，胎儿视为具有民事权利能力；但是胎儿娩出时为死体的，其民事权利能力自始不存在。"因此，胎儿在作为受益人接受信托利益时，具有法定民事权利能力，故其可以作为家族信托的受益人。

在家族信托纠纷中，较为常见的就是受益人因不满其分配到的信托收益而产生一系列纠纷；但如果信托框架的构建合法且周密，即使受益人对一些信托条款不满，也很难对此做出改变。因此，委托人在确定受益人及其受益额度时，应考虑受益人的各种情况，可通过信托条款对受益人进行相应的设定，从而满足委托人的要求。

（二）确定且合法的信托财产

委托人设立家族信托的财产必须是确定的，否则将无法明确受托人管理、处分信托财产的权利与义务，同时无法确定受益人的信托受益权，致使信托难以实施；此外，信托财产必须具有合法性，否则会存在家族信托无效的风险。

1. 设立家族信托的财产必须是确定的

信托财产的确定性无论是对受托人还是受益人来说，都至关重要。信托财产的不确定使得受益人的信托利益也无法确定；同时，对于受托人来说，也无法明确管理、处分信托财产的范围，进而无法对受托人的权利、义务进行确认。因此，委托人以不确定的财产作为信托财产设立的家族信托，无法有效成立；同时，设立家族信托的财产必须是现实存在或确定可以取得的财产，将来可能取得的财产不能作为设立家族信托的财产。

2. 设立家族信托的财产必须是合法的

委托人必须合法拥有设立家族信托的财产，否则将会直接影响受益人、受托人的利益。委托人以其非法取得的财产以及我国《信托法》规定的不得作为信托财产的财产设立的家族信托无效。例如，武器、弹药等都是法律、行政法规禁止流通的财产，不得作为信托财产；同样，委托人通过盗窃、抢劫、非法侵占等非法手段获得的财产，也不得作为信托财产。

3. 设立家族信托的财产必须权属明确且系委托人有权处分的财产

委托人设立家族信托的财产应当确属于委托人合法拥有的财产，权属不明、

存在争议的财产不得用来设立家族信托。实践中，由于目前国内家族信托的委托人为自然人，而用以设立家族信托的财产多为委托人的夫妻共同财产，根据《民法典》的相关规定，夫妻共同财产的重大处置需要征得另一方的同意。因此，委托人以夫妻共同财产设立家族信托的，需要取得配偶的书面同意，以明确委托人对用以设立家族信托的共同财产有处置的权利。

（三）合法的信托目的

信托目的是委托人设立一项家族信托的出发点。在信托运行过程中，受托人管理和处分信托财产和信托事务的所有信托行为都必须围绕信托目的展开。设立信托的目的应当合法，否则设立的家族信托归于无效。我国《信托法》第十一条对信托无效情形的规定表明，信托目的违反法律、行政法规或者损害社会公共利益的信托无效，专以诉讼或者讨债为目的设立的信托无效。为了避免滥诉，日本、韩国等许多国家也对以诉讼或者讨债为目的设立的信托加以限制。此外，我国《信托法》也明确规定，信托目的不能损害他人的合法利益，该法第十二条规定："委托人设立信托损害债权人利益的，债权人有权申请人民法院撤销该信托。人民法院依照前款规定撤销信托的，不影响善意受益人已经取得的信托利益。"

对于家族信托而言，委托人一般不会专以诉讼或者讨债为目的设立家族信托。家族信托应具有合法目的，主要是不得违反法律、行政法规或者损害社会公共利益，以及不得损害债权人利益。

1. 不得违反法律、行政法规或者损害社会公共利益

我国《信托法》第十一条第一款规定，信托目的违反法律、行政法规或者损害社会公共利益的信托无效。例如，委托人不得为了独占本属夫妻共有的财产而设立家族信托，进行财产转移、隐匿，也不得以限制受益人结婚或者诱使受益人离婚为信托目的设立家族信托。婚姻当事人享有的财产权和婚姻自主权受法律保护。

2. 不得损害债权人利益

委托人以其所持有的一定财产设立信托，同时意味着其责任财产减少，从而使得委托人的偿债能力降低。在委托人明知其财产不足以清偿债务，或者其有大量债务不能得到清偿的情况下，仍实施必然减少其责任财产的家族信托设立行为，显然是在损害债权人的利益。该家族信托将不能获得完全效力。例如，某企业家负债累累，明知已面临资不抵债的局面，却仍设立家族信托，试图利用信托财产独立于委托人的规定逃避法院的执行。此种情况下，根据我国《信托法》第十二条之规定，该企业家的债权人有权申请人民法院撤销该信托。

二、家族信托设立的形式要求

（一）书面形式

就英美法系的传统而言，委托人可以通过遗嘱、合同、口头、行为等多种形式设立有效信托。比如，对于以价值较低的动产设立的信托，明确以口头的形式向他人表明设立意图的，在判例中承认该信托的有效设立。多数情况下，委托人都会以书面形式设立信托。英国的有关法律，特别是《财产法》中强调，委托人以衡平法权益设立信托时，因涉及信托的权益分离问题，必须采取书面形式或遗嘱形式才可有效成立。

大陆法系信托法大多承认以合同、遗嘱等形式设立的信托。我国台湾地区《信托法》第二条规定："信托，除法律另有规定外，应以契约或遗嘱为之。"明确了设立信托的一般形式。韩国《信托法》中也明确规定："信托可根据信托人与委托人签订的契约，或信托人的遗嘱而设立。"日本《信托法》第二条规定，"信托可以依遗嘱实行"，同时在第三条中强调委托人以财产权或有价证券设立的信托须进行公示，否则无法对抗第三人。[1]

我国《信托法》对设立信托采取要式主义。《信托法》第八条第一款规定："设立信托，应当采取书面形式。"我国信托法只承认以书面形式设立的明示信托，且对书面形式规定为三种，即信托合同、遗嘱或者法律、行政法规规定的其他书面文件等。

1. 信托合同

合同是设立家族信托的主要形式。信托合同属于专业性合同的一种，总体上须遵守合同法的原则，内容上则突出信托的特点。对于家族信托来说，受托人多为信托公司等信托经营机构，采取书面形式的信托合同作为信托的设立方式，一方面有利于通过合同条款明确突出委托人的特殊信托目的，另一方面有利于规范信托公司等信托经营机构的运作，便于监督管理，保护受益人的利益。根据《信托法》第八条的规定，采取信托合同形式设立信托的，信托合同签订时，信托成立。再结合《民法典》的相关规定，家族信托合同采用合同书形式订立的，自双方当事人签字或者盖章时起，家族信托成立；家族信托采用信件、数据电文等形式订立合同，要求签订确认书的，签订确认书时家族信托成立；家族信托采用数据电文形式订立合同，未约定签订确认书的，要约人（通常为委托人）指定特定系统接收数据电文的，自受要约人（通常为信托公司）承诺信托的相关数据电文进入该特定系统时起，家族信托成立；要约人未指定特定系统的，该承诺信托的数据电文进入要约人的任何系统时，家族信托成立。

---

[1] 孙书元. 信托探究 [M]. 北京：中国经济出版社, 2012.

2. 遗嘱

遗嘱属于法律所允许的设立信托的民事法律行为的一种。银保监规〔2023〕1号文中，将遗嘱信托界定为"单一委托人（立遗嘱人）为实现对遗产的计划，以预先在遗嘱中设立信托条款的方式，在遗嘱及相关信托文件中明确遗产的管理规划，包括遗产的管理、分配、运用及给付等，并于遗嘱生效后，由信托公司依据遗嘱中信托条款的内容，管理处分信托财产"，并在形式上将遗嘱信托与家族信托并列。需要澄清的是，银保监规〔2023〕1号文的信托业务分类，是站在当前国内信托公司信托业务开展及其监管角度做出的，并非严格的法律分类。民法意义上，遗嘱信托作为一个类别，应当是基于设立信托的民事法律行为进行分类的结果，与用协议及其他方式设立的信托相对应。

遗嘱是遗嘱人在生前按法律规定处分其遗产，在其死亡时发生法律效力的单方意思表示，其设立形式包括书面遗嘱和口头遗嘱两种。我国《信托法》第八条排除了以口头遗嘱设立信托的方式，即只能以书面遗嘱设立信托。结合《民法典》的相关规定，自书遗嘱、代书遗嘱、打印遗嘱和公证遗嘱可用于设立家族信托，录音录像遗嘱和口头遗嘱不能设立家族信托。[①]

此外，我国《信托法》第八条规定，以其他书面形式设立信托的，受托人承诺信托时，信托成立。在此背景下，该如何看待用遗嘱设立家族信托情形下受托人承诺信托的地位，目前存有较大争议。从《信托法》第八条规定的字面意思出发，受托人承诺当属遗嘱类家族信托的成立要件；但本章作者更倾向于认为，《民法典》施行后，基于《民法典》第一千一百三十三条的规定，将设立信托与指定继承、遗赠等并列作为遗嘱处分的类型，应认为受托人承诺不再属于遗嘱信托的成立要件。这与《信托法》第十三条"遗嘱指定的人拒绝或者无能力担任受托人的，由受益人另行选任受托人"的规定也更加协调统一，也即遗嘱类家族信托因遗嘱生效而成立，受托人不能就任时，受益人可以继续选任新的受托人。

3. 其他书面文件

委托人除以信托合同和遗嘱两种书面形式设立信托外，也可以通过法律、行政法规规定的其他书面文件等设立信托。"其他书面文件"主要是指，只要法律、行政法规允许，也可以通过法律、行政法规规定的其他书面形式设立信托；但有些须经过有关主管部门批准，并在设立信托的书面文件中载明。

---

① 对此也有不同看法。有观点认为，《民法典》颁行于《信托法》之后，属于新法。根据新法优于旧法的原则，应认为《民法典》规定的六种遗嘱形式均可用于设立家族信托。本章作者倾向于，当前的法律规定应解释为，仅可用书面遗嘱设立家族信托。

（二）家族信托登记

信托登记是信托公示的方式。实行信托登记，有利于明确包括重要信托财产、信托受益权等在内的信托关键信息，方便交易相对方进行必要的查询，从而保障当事人的合法权益，维护交易安全。

1. 作为信托生效要件的登记

我国《信托法》第十条规定："设立信托，对于信托财产，有关法律、行政法规规定应当办理登记手续的，应当依法办理信托登记。未依照前款规定办理信托登记的，应当补办登记手续；不补办的，该信托不产生效力。"这里明确把特殊财产的登记作为信托的生效要件。至于哪些财产非经登记信托不生效，《信托法》未予以明确，须视其他法律、行政法规的规定确定。

我国《民法典》规定，不动产物权的设立、变更、转让和消灭，经依法登记，发生效力；未经登记，不发生效力，但是法律另有规定的除外。不动产物权的设立、变更、转让和消灭，依照法律规定应当登记的，自记载于不动产登记簿时发生效力。因此，以不动产作为信托财产设立的家族信托，应当进行登记，否则该家族信托不产生法律效力。

我国《公司法》规定，有限责任公司应当置备股东名册；记载于股东名册的股东，可以依股东名册主张行使股东权利；股权转让的，受让人自记载于股东名册时起可以向公司主张行使股东权利。同时又规定，有限责任公司股东属于公司登记事项；公司登记事项发生变更的，应当依法办理变更登记；公司登记事项未经登记或者未经变更登记，不得对抗善意相对人。我国《民法典》规定，动产物权的设立和转让，自交付时发生效力，但是法律另有规定的除外；船舶、航空器和机动车等的物权的设立、变更、转让和消灭，未经登记，不得对抗善意第三人。据此，股权及大型交通工具物权变动时须依法进行登记，但该登记系对抗要件而非生效要件。那么，以股权及船舶、航空器、机动车作为信托财产，登记是否属于信托的生效要件呢？实务中对此存有争议。从实现信托的隔离功能来看，无法对抗第三人很大程度上意味着隔离功能没有发挥作用。实务操作中，从谨慎的角度出发，以船舶、航空器和机动车设立家族信托应当及时办理相应的权利转移或变更登记。

当然，我国当前法律并未将信托作为物权或公司股权相关登记的单独依据。现阶段设立家族信托，办理物权或公司股权登记，实际上是完成信托财产从委托人向受托人转移的法律步骤。至于完整意义上的信托财产登记，即同时实现财产转移公示和信托性公示的登记，尚有待国家立法予以补充完善。

2. 不作为信托生效要件的登记

2006年6月20日，中国银行业监督管理委员会（以下简称中国银监会或银监

会）会批复同意在上海浦东建立上海信托登记中心，该中心所涉及的信托登记内容包括信托产品的登记和信托财产的登记。2016年12月26日，在上海信托登记中心的基础上，经国务院同意，由中国银监会批准并设立中国信托登记有限责任公司，可经营下列业务：①集合信托计划发行公示；②信托产品及其信托受益权登记，包括预登记、初始登记、变更登记、终止登记、更正登记等；③信托产品发行、交易、转让、结算等服务；④信托受益权账户的设立和管理；⑤信托产品及其权益的估值、评价、查询、咨询等相关服务；⑥信托产品权属纠纷的查询和举证；⑦提供其他不需要办理法定权属登记的信托财产的登记服务；⑧国务院银行业监督管理机构批准的其他业务。其中，第七项明确将不动产、股权等存在法定权属登记规则的权利排除在外。再结合2017年中国银监会发布的《信托登记管理办法》第二条"本办法所称信托登记是指中国信托登记有限责任公司（简称信托登记公司）对信托机构的信托产品及其受益权信息、国务院银行业监督管理机构规定的其他信息及其变动情况予以记录的行为"的规定，可以发现，依《信托登记管理办法》进行的登记，主要是一种针对信托机构的管理性服务措施，而不能影响信托的效力。

根据《信托登记管理办法》的规定，信托机构应当在家族信托成立日两个工作日前申请办理信托产品预登记（简称信托预登记），并在信托登记公司取得唯一产品编码。申请办理信托预登记的，应当提交下列文件：①信托预登记申请书，包括信托产品名称、信托类别、拟发行或者成立时间、预计存续期限、拟发行或者成立信托规模、信托财产来源、信托财产管理或者运用方向和方式、交易对手、交易结构、风险提示、风险防控措施、清算方式、异地推介信息、关联交易信息、保管人信息等内容；②法律、行政法规、国务院银行业监督管理机构要求的其他文件。信托机构应当在家族信托成立或者生效后10个工作日内申请办理信托产品及其受益权初始登记（简称信托初始登记）。申请办理信托初始登记时，应当提交下列文件：①信托初始登记申请书；②加盖公章的信托文件样本；③法律、行政法规、国务院银行业监督管理机构要求的其他文件。家族信托存续期间，信托登记信息发生重大变动的，信托机构应当在相关事项发生变动之日起10个工作日内就变动事项申请办理信托产品及其受益权变更登记（简称信托变更登记）。家族信托终止后，信托机构应当在按照信托合同约定解除受托人责任后10个工作日内申请办理信托产品及其受益权终止登记（简称信托终止登记）。

第二节　家族信托的治理

一、家族信托的治理架构

根据《信托法》的规定，信托是指委托人基于对受托人的信任，将其财产委托给受托人，由受托人按照委托人的意愿以自己的名义，为受益人的利益或特定目的进行管理和处分的行为。因此，一项家族信托的基本要素包括委托人、受托人、受益人、信托目的及信托财产。

委托人是通过信托行为将自己的财产委托给受托人，指令受托人为指定的受益人和其他特殊信托目的对信托财产进行管理和处分，并以此设立信托的人。作为信托的创立者，委托人在信托关系中的地位至关重要；同时，信托的实质是委托人资产或财富的一种托付，受托人作为被托付的对象，是对信托财产负有按照信托文件的规定进行管理和处分的人；而受益人是委托人通过信托文件指定的、享有信托利益的人。信托的三方当事人，围绕着信托文件与信托财产，各自开展相应的活动，行使相应的权利并履行相应的义务，形成一种合力，以保证信托目的的实现；同时，委托人考虑到终将到来的衰老和死亡、不得不正视的意外以及自己无暇顾及等特殊情况，在信托架构中嵌入新元素——监察人或保护人，后者加入信托之后，成为家族信托治理架构中的重要一方，并与受托人、受益人相互制衡，成为实现信托目的的重要保障力量。其中，信托文件扮演着枢纽性的角色，除了确定信托目的、围绕信托目的对信托运行设定具体要求外，还要就委托人的特别权利、受益人的确定及其特别权利与义务、监察人或保护人等问题做出安排。

二、委托人的权利

（一）委托人的法定权利

我国《信托法》赋予委托人多项权利，对于家族信托的委托人来说，主要有以下几种权利。

1. 知情权

委托人有权了解其信托财产的管理运用、处分及收支情况，并有权要求受托人做出说明。委托人有权查阅、抄录或者复制与其信托财产有关的信托账目以及处理信托事务的其他文件。

2. 信托财产管理方法的调整权

因设立信托时未能预见的特别事由，致使信托财产的管理办法不利于实现信

托目的或者不符合受益人的利益时，委托人有权要求受托人调整该信托财产的管理办法。

3. 信托财产损害的救济权

受托人违反信托目的处分信托财产或者因违背管理职责、处理信托事务不当致使信托财产受到损失的，委托人有权申请人民法院撤销该处分行为，并有权要求受托人恢复信托财产的原状或者予以赔偿；该信托财产的受让人明知是违反信托目的而接受该财产的，应当予以返还或者予以赔偿。

4. 受托人解任、辞任的决定权及新受托人的选任权

受托人违反信托目的处分信托财产或者管理运用、处分信托财产有重大过失的，委托人有权依照信托文件的规定解任受托人，或者申请人民法院解任受托人。受托人因故主动辞任的，委托人有同意权。受托人职责终止的，信托文件未就选任新受托人做出规定的，委托人有选任新受托人的权利。

5. 解除信托的权利

信托一旦有效成立，原则上委托人不得随意解除；但在一些特殊情形下，法律仍赋予委托人任意解除权，以保护委托人。

（1）纯自益状态下的任意解除权。当因为某种原因，家族信托的受益人仅有委托人一人时，除非信托文件另有约定，否则委托人或者其继承人随时有权解除信托。

（2）因受益人行为导致的任意解除权。首先，如果受益人对委托人有重大侵权行为，委托人有权解除信托；其次，经受益人同意，委托人有权解除信托。

6. 委托人决定权

共同受托人共同处理信托事务，意见不一致时，信托文件未就如何处理做出规定的，委托人有决定权。

7. 对非法强制执行信托财产的异议申诉权

除因信托前的原因发生的权利或者因处理信托事务而发生的权利以及其他法定情形外，信托财产不得被强制执行。如信托财产被非法强制执行，委托人（受托人、受益人）有权向人民法院提出异议。

（二）委托人的意定权利

委托人除了享有以上法定权利之外，还可以通过信托文件为自己保留其他权利。最重要的有以下三项权利。

1. 解除信托并取回剩余信托财产的权利

根据我国《信托法》第五十一条的规定，具备信托文件规定的其他情形的，委托人可以解除信托。因此，委托人可以通过信托文件为自己保留单方面解除信

托的权利。不过值得注意的是，信托解除后剩余信托财产并非当然退回委托人，而是优先给信托文件约定的权利人，没有约定的情况下给受益人。所以，委托人通过信托文件为自己保留解除权的同时，需要约定信托解除后剩余信托财产由委托人取得。经过这样的设置，便成立了所谓的可撤销信托（对境外同类信托的直译，在我国法律上称为"保留任意解除权的信托"更合适）。在这种信托中，委托人保留了对信托的任意解除权和信托终止后的剩余财产取回权，使得委托人在情况发生变化后，可以拥有更多余地来实现自己的内心愿望。

2. 对信托财产的管理权

当家族信托财产为有限责任公司股权等特定财产，或者存在一些特殊情况委托人不想把放入家族信托的财产完全托付给受托人控制时，委托人可能需要维持对信托财产的部分甚至接近全部的管理权。信托的设立，意味着委托人已将信托财产的所有权转移给受托人，受托人为信托财产的名义所有权人，所以委托人不能以信托财产所有权人的身份对信托财产进行管理，只能根据信托文件约定的方式进行管理。我国现行法未对委托人通过信托文件保留管理权的问题做出规定，从意思自治的角度来看应该具有可行性，实务中也为不少信托文件所采用。

3. 受益相关权利

委托人把财产放入家族信托后，不能再以使用或处分自己财产的方式对待信托财产。通常而言，委托人会在信托文件中预先设定信托利益流向，确定受益人。当委托人把自己设定为受益人时，委托人便享有受益权。此外，实务中委托人还可能保留对受益人及其受益数额的调整权，从而将信托利益控制权抓在自己手上。

三、受托人在家族信托中的地位

（一）受托人的义务

我国现行《信托法》对受托人的义务做出明确规定，包括忠实、尽职、保密义务等。具体内容如下。

（1）受托人应当遵守信托文件的规定，依据委托人的信托目的和信托合同的约定条款，为受益人的最大利益处理信托事务。受托人管理信托财产，必须恪尽职守，履行诚实、信用、谨慎、有效管理的义务。

（2）受托人不得利用信托财产为自己谋取利益。受托人利用信托财产为自己谋取利益的，所得收益归入信托财产。此外，受托人应当保证信托财产独立于受托人的财产，不得将信托财产转为受托人的固定财产，也不得将信托财产和受托人的固有财产进行交易，或者将不同委托人的信托财产进行相互交易，但信托文

件另有规定或者经委托人或受益人同意，并以公平的市场价格进行交易的除外。

（3）受托人必须将信托财产与其固有财产分别管理、分别记账，并将不同委托人的信托财产分别管理、分别记账。

（4）信托是委托人基于对受托人的信任而设立的，因此受托人应当亲自处理信托事务，但信托文件另有规定或者有不得已事由的，可以委托他人代为处理。受托人依法将信托事务委托他人代理的，应当对他人处理信托事务的行为承担责任。

（5）受托人必须保存处理信托事务的完整记录，并定期将信托财产的管理运用、处分及收支情况，报告委托人和受益人。

（6）受托人对委托人、受益人以及处理信托事务的情况和资料负有依法保密的义务。

（7）受托人负有以信托财产为限向受益人支付信托利益的义务。

（二）受托人的权利

概括来说，家族信托的受托人具有以下权利。

1. 管理信托财产、处理信托事务的权利

受托人接受委托后，便成为信托财产的名义所有权人。如果信托文件没有特别约定，原则上对信托财产的日常管理，包括为保值增值所做的投资理财，均由受托人负责。换言之，管理信托财产是受托人的默认权利。即便根据信托文件的约定，管理权被大部分保留给委托人或交给了第三方，受托人仍因占有信托财产而必然享有一定的管理权。受托人也当然地享有根据信托文件约定处理信托事务的权利（准确地说是职责）。为明晰受托人的权利范围，委托人和受托人应当尽可能在信托成立之初便进行协商，并在信托文件中予以体现。

2. 优先受偿权

受托人因处理信托事务所支出的费用、对第三人所负的债务，以信托财产承担。受托人以其固有财产先行支付的，对信托财产享有优先受偿的权利。因此，当发生资金短缺等紧急情况时，受托人以其固有财产先行支付信托事务处理费用的，其补偿权应当优先于信托财产的一般债权人，为此受托人可以留置信托财产。

3. 报酬请求权

受托人有权依照信托文件的约定取得报酬。信托文件未做事先约定的，经信托当事人协商同意，可以做补充约定；但未做事先约定和补充约定的，不得收取报酬。信托当事人协商一致后可在信托文件中约定具体数目的报酬或者报酬率；同时，当出现客观因素（如货币贬值、信托财产价值发生变化等）导致先前约定的报酬不符合实际情况时，信托当事人可协商调整约定的报酬。当信托终止后，受托人有留置信托财产或者请求信托财产的权利归属人给付报酬的权利。

4. 辞任权

在委托人和受益人同意的情况下，受托人有请求辞任的权利；但在新受托人选出前原受托人仍应履行管理信托事务的职责。

5. 代表信托提起诉讼的权利

受托人作为家族信托财产的名义所有人或者实际管理者，当信托财产受到侵害时，有权行使基于信托财产名义所有人身份而具有的法定权利。例如，当信托财产被非法强制执行时，受托人有权（委托人、受益人也有此权利）向人民法院提出异议。

（三）共同受托人

一项家族信托可以存在两个以上的受托人，同一信托的受托人有两个以上的，为共同受托人。共同受托人应当共同处理信托事务，但信托文件规定对某些具体事务由受托人分别处理的，从其规定。当共同受托人共同处理信托事务，意见不一致时，按信托文件的规定处理；信托文件未规定的，由委托人、受益人或者其利害关系人决定。

《信托法》第三十二条规定："共同受托人处理信托事务对第三人所负债务，应当承担连带清偿责任。第三人对共同受托人之一所作的意思表示，对其他受托人同样有效。共同受托人之一违反信托目的处分信托财产或者因违背管理职责、处理信托事务不当致使信托财产受到损失的，其他受托人应当承担连带赔偿责任。"这一方面强化了对信托财产的保护，另一方面也增加了受托人的风险。当部分共同受托人因能力欠缺、主观过失等原因造成信托财产遭受损失或者恶意侵吞信托财产时，其他受托人须对此承担连带责任，担任共同受托人的风险明显增加。

（四）受托人职责终止与接替

根据《信托法》的规定，受托人有下列情形之一的，其职责终止：①死亡或者被依法宣告死亡；②被依法宣告为无民事行为能力人或者限制民事行为能力人；③被依法撤销或者被宣告破产；④依法解散或者法定资格丧失；⑤辞任或者被解任；⑥法律、行政法规规定的其他情形。受托人职责终止并不意味着信托终止。受托人职责终止后，还有其他（共同）受托人的，信托财产由其他受托人管理和处分。没有其他受托人的，应该选任新的受托人。新受托人的选任，依照信托文件进行；信托文件未规定的，由委托人选任；委托人不指定或者无能力指定的，由受益人选任；受益人为无民事行为能力人或者限制民事行为能力人的，依法由其监护人代行选任。受托人职责终止时，其继承人或者遗产管理人、监护人、清算人应当妥善保管信托财产，协助新受托人接管信托事务。

在家族信托实务中，为了更好地实现委托人设立信托的目的，最好在信托文件中指定替补受托人或设定新受托人选任规则。当原受托人职责因故终止时，可以及时通知替补受托人接任，或者按照委托人的意愿选任适格的新受托人，以保证信托的正常运行。

四、受益人的权利

家族信托的受益人是信托关系中不可或缺的一方，是享有信托受益权的人。在信托文件没有特别安排的情况下，受益人自信托生效之日起享有受益权。《信托法》赋予了受益人与委托人并存的五项法定权利，即对信托财产管理和处分的知情权、信托财产管理办法的调整权、有关受托人事项的同意权、信托财产损害的救济权以及对非法强制执行信托财产的异议申诉权。除此之外，受托人还享有以下权利。

（一）受益权

1. 受益权的转让和继承

受益权是一项独立的权利，根据《信托法》第四十八条的规定，在信托文件没有限制性规定的情况下，受益权可以依法转让和继承。首先，信托受益权的转让不会改变信托受益权的性质和内容，信托受益权转让给受让人后，受让人成为新的信托受益人，享有相应的信托受益权。在信托文件没有特殊规定的情况下，受益人转让信托受益权原则上是一项自由的权利，不需要经过委托人和受托人同意，但应当通知受托人。其次，与保险和遗嘱中的受益权不同，信托受益权可以依法继承。在信托文件对受益权继承没有限制性规定的情况下，受益人身故后，其信托受益权可以列入其遗产被依法继承。在保险情形下，当受益人先于被保险人死亡、受益人丧失受益权或放弃受益权时，保险金将作为被保险人的遗产，而不能被列为受益人的遗产；在遗嘱情形下，遗嘱受益人先于遗嘱人死亡的、遗嘱受益人放弃继承或者丧失继承权的，遗产中有关部分按照法定继承继续办理。

2. 受益权的放弃

受益权是受益人的一项权利而非义务，可以依法享有，也可以依法放弃。当全体受益人均放弃信托受益权时，信托终止。一项信托中的部分受益人放弃信托受益权时，被放弃的信托受益权按下列顺序确定归属：①信托文件规定的人；②其他受益人；③委托人或者其继承人。

（二）和委托人并存的权利

受益人享有以下同时由委托人享有的权利。

1. 知情权

受益人有权了解其信托财产的管理运用、处分及收支情况，并有权要求受托人做出说明。受益人有权查阅、抄录或者复制与其信托财产有关的信托账目以及处理信托事务的其他文件。

2. 信托财产管理方法调整权

因设立信托时未能预见的特别事由，致使信托财产的管理办法不利于实现信托目的或者不符合受益人的利益时，受益人有权要求受托人调整该信托财产的管理办法。

3. 信托财产损害的救济权

受托人违反信托目的处分信托财产或者因违背管理职责、处理信托事务不当致使信托财产受到损失的，受益人有权申请人民法院撤销该处分行为，并有权要求受托人恢复信托财产的原状或者予以赔偿；该信托财产的受让人明知违反信托目的还接受该财产的，应当予以返还或者赔偿。

4. 受托人解任、辞任的决定权及新受托人的选任权

受托人违反信托目的处分信托财产或者管理运用、处分信托财产有重大过失的，受益人有权依照信托文件的规定解任受托人，或者申请人民法院解任受托人。受托人因故主动辞任的，受益人有同意权。

此外，受托人职责终止的，信托文件未就选任新受托人做出规定的，选任新受托人的权利由委托人享有。委托人死亡或者拒绝或无能力做出选任指示的，则受益人有选任新受托人的权利。

5. 受益人决定权

共同受托人共同处理信托事务，意见不一致时，信托文件未就如何处理做出规定的，受益人有决定权。

6. 对非法强制执行信托财产的异议申诉权

除因信托前的原因发生的权利或者因处理信托事务而发生的权利以及其他法定情形外，信托财产不得被强制执行。如信托财产被非法强制执行，受益人有权向人民法院提出异议。

五、信托监察人

（一）信托的监督与保护

对于以传承为目的的家族信托而言，信托期限往往会跨越委托人的生命周期，甚至长达几代人。一旦委托人因为年老、疾病等失去行为能力甚至去世，作为家族信托重要监督者的委托人的突然离场，对受托人的监督和制约可能因此严重弱化。对此，委托人可能希望提前确定一个监督者或信托保护者。事实上，不论是哪种家族信托，即便委托人一切正常，委托人也可能不愿意或者没有办法在信托监督上投入太多精力，因而希望找到一个更专业的监督者或信托保护者，以保障信托按预先设置的轨道运行。我国《信托法》第六十四条规定，公益信托应设置信托监察人，但未就家族信托的监察人问题做出明确规定。在比较法上，韩国、日本信托法规定在私益信托中，在无特定受益人或尚没有受益人的情形下，法院须根据相关利害关系人的申请，或依职权选定信托监察人。可以认为，当事人根据意思自治的原则，通过信托文件设定信托监察人应当得到法律的认可。

在法律定位上，信托监察人并非设立家族信托的要件。信托监察人的首要定位是对受托人从事信托活动的监督以及对受托人权力的制衡。有些委托人可能出于种种原因，希望将信托财产管理权甚至信托利益分配权的全部或部分交给自己信任的人，这个被信任的人可能被信托文件标注为信托监察人或者保护人。

（二）信托监察人的职责

如前所述，现行信托法没有对家族信托的监察人做出规定，所以原则上说监察人的职责主要由信托文件来确定。一般而言，家族信托监察人具有以下职责。

其一，信托事务知情权。信托监察人应有与委托人相同的知情权，即有权了解其信托财产的管理运用、处分及收支情况，并有权要求受托人做出说明；有权查阅、抄录或者复制与其信托财产有关的信托账目以及处理信托事务的其他文件。

其二，对受托人过失行为的救济权。当受托人因违反信托目的或其管理职责等给信托财产带来损失时，信托监察人可行使申请撤销权、损害赔偿请求权等救济性权利。

其三，对信托事务处理报告的认可权。在两种情况下可行使该权利：一是在新旧受托人进行职务移交时，原受托人所需出具的信托事务报告应得到信托监察人的认可；二是在信托终止时，受托人所需制作的信托清算报告应得到信托监察人的认可。

其四，解任受托人的建议权。当受托人有严重违背职责的行为时，可向委托人或受益人建议解任该受托人。

除此之外，委托人还可以通过信托文件赋予信托监察人其他权利，以保障其信托目的的实现。至于监察人能否被信托文件授予影响信托存续、管理信托财产及事务的权利，实务中已有实例，其法律评价还有待权威机关明确。

第三节 家族信托的变更与终止

家族信托设立后，受托人依照信托文件对家族财富与家族事务进行管理，以实现家族信托的特定目的，使家族信托的财富传承、风险隔离等功能得以发挥；但在家族信托设立后的信托存续期间，可能由于各种客观因素，或是信托当事人自身的原因，使家族信托面临变更甚至终止。我国《信托法》对信托的变更、终止以及信托终止后的信托财产清算、返还等事项也有较为明确的规定。

一、家族信托的变更

（一）家族信托财产管理方法的变更

家族信托财产的管理方法是家族信托中的一项重要内容，直接关系到信托目的的实现以及受益人的利益。各国信托法通常把信托财产的管理方法作为信托文件的选择性内容，可由信托当事人自行约定。我国《信托法》第九条明确规定信托文件中可以载明信托财产的管理方法。

在设立家族信托时，委托人通过信托文件对信托财产的管理方法做出具体规定的，受托人应按照信托文件所规定的方法管理信托财产，信托财产管理方法是受托人实施管理、处分信托财产行为的重要依据，一般情况下应当严格遵守。对于信托期限较长的家族信托而言，在信托存续期间可能出现社会经济形势发生重大改变的情况，使信托文件约定的信托财产管理办法无法适应新形势，从而影响信托目的的实现。我国《信托法》第二十一条规定："因设立信托时未能预见的特别事由，致使信托财产的管理方法不利于实现信托目的或者不符合受益人的利益时，委托人有权要求受托人调整该信托财产的管理方法。"同时，根据该法第四十九条的规定，受益人同样拥有调整信托财产管理办法的权利。如果出现委托人和受益人意见不一致的情况，可申请法院予以裁断。

此外，委托人可以通过信托文件预先为自己保留调整信托财产管理方法的权利，也可以通过信托文件授予信托监察人或保护人该项权利。对信托文件能否为委托人保留前列权利，我国现行信托法没有明确规定，一般认为可基于意思自治

的原则予以设定。除此之外，委托人还可以在信托文件中赋予受托人调整信托财产管理方法的权利。

（二）家族信托受益人及受益额度的变更

家族信托是委托人为了受益人的利益而设立的，家族信托有效成立后，受益人即享有信托利益。为了保证信托的稳定性，信托一经生效，除非出现法定情形或信托文件中另有规定的，一般不得随意变更受益人。家族信托中受益人的变更要么基于信托文件的约定，要么基于法律的规定。

1. 委托人要求变更

根据我国《信托法》第五十一条的规定，设立信托后，有下列情形之一的，委托人可以变更受益人或者处分受益人的信托受益权：①受益人对委托人有重大侵权行为；②受益人对其他共同受益人有重大侵权行为；③经受益人同意；④信托文件规定的其他情形。委托人通过信托文件，除可以明确规定受益人获取信托收益的前提条件之外，还可以在信托文件中保留重新指定受益人的权利。当原受益人的某些行为已严重影响信托目的实现时，委托人可根据信托文件要求变更受益人。家族信托委托人设立信托一般是为了更好地让家族财富得到有效传承，委托人保留对受益人及其受益额度的变更权，有利于保障家族信托目的的实现。

2. 受益人原因发生变更

根据我国《信托法》的规定，信托受益权可以被转让和继承。一旦转入或继承完成后，受益人便可能发生变更。不过，委托人可通过信托文件对此进行限制。具体而言，委托人可在信托文件中禁止受益人转让受益权或对转让行为设定严格的条件；对于受益权的继承，委托人可对继承人的资格加以限制，以防止家族成员以外的人获得受益权。

（三）受托人的变更

根据我国《信托法》的规定，存在以下情形时可能导致受托人的职责终止：①受托人违反信托目的处分信托财产或者管理运用、处分信托财产有重大过失，委托人、受益人要求解任受托人；②受托人因故主动辞任，并经委托人、受益人同意。原受托人职责终止，便会进入选任新受托人的环节。在新受托人产生并同意接任的情况下，家族信托将迎来新的受托人，受托人变更得以完成。

二、家族信托的终止

家族信托的设立以及其存续期间的一系列信托行为，都是为了实现委托人的家族信托目的。当信托目的已经实现或者确已无法实现，又或是出现相关法律及信托文件规定的信托终止的情形，则信托终止，信托关系消灭。

（一）家族信托终止的情形

《信托法》第五十三条规定："有下列情形之一的，信托终止：（一）信托文件规定的终止事由发生；（二）信托的存续违反信托目的；（三）信托目的已经实现或者不能实现；（四）信托当事人协商同意；（五）信托被撤销；（六）信托被解除。"

1. 信托文件规定的终止事由发生

根据意思自治原则，家族信托委托人可在信托文件中约定信托终止的事由。在该约定不违反相关法律法规的前提下，当约定的信托终止事由发生时，家族信托应予以终止。实践中，常见的家族信托终止事由可大致概括为两种情形：一是信托期限届满，二是信托文件中规定的信托终止条件满足。委托人可预先在信托文件中设定信托存续期限，家族信托于信托期限届满时终止。实务中，一些家族信托的存续期限设定为30年或50年，也有一些家族信托未设定固定期限或设定为永久信托。无论期限如何设定，家族信托文件都可以就信托终止的条件明确做出规定。例如，委托人为了保障其子女的生活而设立家族信托，以其子女的死亡为信托终止的条件。再如，信托文件中约定，信托存续期间如发生违背委托人意愿的特定情形，信托终止。

2. 信托的存续违反信托目的

委托人在设立家族信托时，未在信托文件中规定信托终止的条件，但信托继续存续将违反信托目的时，信托依法应当终止。例如，委托人为了财富传承设立家族信托，在信托文件中明确设立信托的目的是避免后人发生遗产纷争，但未规定信托终止事由及时间。委托人去世后，因为信托文件的内容设置不合理导致家庭陷入持久纷争，尝试多种途径仍无法解决，可认为信托继续存续违反了信托设立的目的，该信托应予以终止。

3. 信托目的已经实现或者不能实现

当信托目的已经实现或者不能实现时，信托就失去了存续的意义，应即告终止。例如，委托人为身患疾病的子女设立家族信托以保障其生活，并在信托文件中规定其受益权不得转让或继承，当该子女死亡时，则意味着该特定信托受益人不能继续享有信托利益，因此，该家族信托因信托目的不能实现而应予以终止。

4. 信托当事人协商同意

信托有效成立后，信托当事人提出终止信托的，属于民事法律行为。根据私法自治原则，经信托当事人协商一致达成终止信托协议后，该信托即告终止。

5. 信托被撤销

《信托法》第十二条明确规定，委托人设立的信托损害其债权人利益的，债权人有权申请人民法院撤销该信托。故设立损害债权人利益的家族信托应予以终止。

6. 信托被解除

家族信托通常属于他益信托。《信托法》第五十一条对他益信托被解除的情形明确做出规定。其一，受益人对委托人有重大侵权行为时，委托人可解除信托。例如，委托人以其子女为受益人设立家族信托，而后子女因挥霍无度不满信托利益的获得方式，为逼迫委托人交出其他财产对委托人大打出手，使委托人的人身权益严重受到侵害，此情形下委托人有权解除该家族信托。其二，经受益人同意。家族信托正常运行过程中，委托人因为某种原因需要解除信托并取得受益人同意，则信托可被解除。其三，信托文件规定的情形。除上述两种情形外，委托人还可以通过信托文件保留单方解除信托的权利，或在信托文件中设置自己可以单方要求解除信托的条件，又或是设定信托自动解除的条件。这样，一旦委托人依法行使解除权或者信托自动解除的条件具备，信托将被解除。

7. 全体受益人放弃信托受益权

根据《信托法》第四十六条的规定，受益人可以放弃信托受益权。全体受益人放弃信托受益权的，信托终止；但在存在多位受益人的情形下，如只有部分受益人放弃受益权，不会导致信托终止。

（二）家族信托终止时的财产归属

家族信托有效成立后，受托人成为信托财产名义上的所有人，并为实现信托目的及受益人的利益，以自己的名义管理和处分信托财产，所产生的信托收益归受益人享有。信托一经终止，原有的信托关系即告消灭，受托人不再享有信托财产上的权利，因而需对剩余的信托财产进行处分。根据《信托法》第五十四条的规定，信托终止后，信托财产归属于信托文件规定的人；信托文件未规定的，按照下列顺序确定财产归属：第一顺序为受益人或者其继承人，第二顺序为委托人或其继承人。

1. 依据信托文件的规定确定剩余信托财产归属权利人

根据私法自治原则以及出于对委托人意愿的尊重，信托终止后，首先按照信托文件中的规定确定剩余信托财产归属权利人。通常而言，委托人在设立家族信托时会在信托文件中确定信托终止后信托财产的归属人为信托受益人；但也可能委托人出于其他考虑，指定与信托受益人范围部分或完全不同的人作为信托终止情形下的剩余财产归属人。无论哪种情况，信托终止后，信托财产都应归属于信托文件设定的财产归属人。

2. 依据法定顺序确定剩余信托财产归属权利人

委托人在设立信托时，未在信托文件中对信托终止后的剩余信托财产归属权利人做出规定的，则应依照法定顺序确定剩余信托财产归属权利人。

根据《信托法》第五十四条的规定，剩余信托财产第一顺序的法定归属权利人为受益人或者其继承人。委托人设立信托的目的就是使受益人获得受益权，因而当委托人未在信托文件中指定其他剩余信托财产归属权利人，将受益人确定为财产归属权利人应最符合委托人的意愿。尤其是对于家族信托来说，受益人多为委托人的家族成员，应是适格的剩余信托财产归属权利人。受益人死亡的，其继承人为剩余信托财产归属权利人。在部分受益人放弃受益权的情形下，被放弃的受益权按下列顺序移转：①信托文件规定的人；②其他受益人；③委托人或者其继承人。在信托终止的情形下，承受被放弃的受益权的人属于前述剩余财产归属权利人。

剩余信托财产第二顺序的法定归属权利人为委托人或其继承人，也即当受益人死亡且无任何继承人时，信托财产归属于委托人；此情形下如果委托人也死亡了，则信托财产归属于委托人的继承人。

与我国信托法不同，英美法系信托法中规定，如果信托文件中没有明确规定剩余信托财产归属权利人，首先由法院根据信托文件的规定，对委托人处理信托财产的意图进行推断，以此来确定剩余信托财产归属权利人。如果法院无法推断出委托人的意图，则默认在信托终止后，将剩余的信托财产以委托人为受益人成立一项归还信托，使信托财产归还至委托人手中。[1]

（三）家族信托终止后的信托清算

我国《信托法》第五十八条规定："信托终止的，受托人应当做出处理信托事务的清算报告。受益人或者信托财产的权利归属人对清算报告无异议的，受托人就清算报告所列事项解除责任。"该条明确信托清算程序是信托终止之后的法定程序。通常而言，信托清算事务包括清理信托财产，清偿债务、清缴税费，分配剩余信托财产，解除受托人的责任，等等。

1. 清理信托财产

信托终止后，需要对信托财产进行全面清理。对信托账户中的存款、理财产品、

---

[1] 潘修平，侯太领，等．中国家族信托：原理与实务[M]．北京：知识产权出版社，2017．

不动产、股权、债权及其他财产进行全面盘点，对尚欠债务、税款及其他应缴行政费用进行清算，核查信托账簿记录，编制信托财产资产负债表和财产清单。

2. 清偿债务、清缴税费

对信托财产进行清算过程中，应当清算的债务包括以下几类：①设立信托前债权人已对该信托财产享有优先受偿的权利，并在信托清算阶段依法行使该权利的债务。例如，委托人用以设立信托的财产之前已为第三人之债设立抵押，抵押权人在信托清算期间对该信托财产行使抵押权的，该信托财产应当优先用于清偿担保权人的债权。[①]②受托人处理信托事务所产生的债务，债权人要求清偿该债务的。比如，受托人为管理作为信托财产的房产，与物业管理公司签订了合同，尚欠物业管理公司管理费。在信托清算期间，物业管理公司要求支付管理费的，受托人应从信托财产中予以支付。③受托人报酬。《信托法》第三十五条规定："受托人有权依照信托文件的约定取得报酬。信托文件未作事先约定的，经信托当事人协商同意，可以做出补充约定；未作事先约定和补充约定的，不得收取报酬。"因此，受托人享有依信托文件或补充约定取得信托报酬的权利。《信托法》第五十七条规定："信托终止后，受托人依照本法规定行使请求给付报酬、从信托财产中获得补偿的权利时，可以留置信托财产或者对信托财产权利归属人提出请求。"可见，受托人的报酬请求权不因信托的终止而消灭。信托终止后，受托人尚未获得的信托报酬，继续由信托财产负担。

至于信托财产本身应承担的税费，包括法律规定就信托财产的持有、管理、处分须向国家缴纳的税款或相应行政费用，依法应由受益人或其他人负担的除外。比如，信托财产中有商业地产在出租，为此需要向国家纳税。虽然税务机关核定的纳税义务人可能被表述为作为受托人的信托公司，但该税款应从信托财产中支出。在信托清算时仍有未缴税款的，用信托财产缴付。

3. 分配剩余信托财产

委托人在设立家族信托时，可通过信托文件规定信托终止后剩余信托财产的分配方式、分配顺序等。例如：委托人可规定，在家族信托终止后，其配偶及子女按照不同的比例享有信托财产；根据信托财产的类型来确定剩余信托财产归属权利人；委托人还可以赋予受托人一定的自由裁量权，在信托终止后，由受托人依照适当的方式处置非资金形态的信托财产，将所得价款在扣除相应费用后，按比例分配给指定的剩余信托财产归属权利人。受托人应当在信托终止后，按照信

---

① 周小明. 信托制度：法理与实务 [M]. 北京：中国法制出版社，2014.

托文件规定的分配比例、分配方式、分配顺序等将剩余信托财产分配给不同的归属权利人。如剩余信托财产归属权利人未按照受托人的通知办理信托财产移交手续，可由受托人将相应财产划付至权利人留存的银行账户中或者进行提存。该财产存放在银行期间所产生的收益，由剩余信托财产归属权利人享有，而因此所产生的费用，也由其承担。

4. 解除受托人的责任

在信托存续期间，受托人应当谨慎、有效地管理信托财产。信托终止时，受托人有做出清算报告以及说明信托财产处分情况的义务。根据我国《信托法》第五十八条的规定，受托人完成信托清算工作并提交清算报告，且受益人或信托财产权利归属人对清算报告无异议的，受托人可就清算报告中所列的事项解除责任。一般来说，清算报告的内容应当包括信托的基本情况、处理信托事务的基本情况、信托财产的管理和处分情况，以及剩余信托财产的分配情况等；同时，受托人可在信托文件中规定对清算报告提出异议的期限，受益人或剩余信托财产归属权利人未在信托文件中规定的有效异议期内提出异议的，受托人责任视为当然解除。

受益人或剩余信托财产归属权利人对受托人的清算报告无异议的，受托人就清算报告所列的事项解除责任。为了保护受益人和剩余信托财产归属权利人的利益，以下两种情况不能解除受托人的责任。

其一，受托人存在不正当行为。如果受托人在做出信托清算报告的过程中故意歪曲、虚假陈述管理信托事务和处分信托财产的情况，未在清算报告中如实披露因其过失导致信托财产损失的事实，使受益人和剩余信托财产归属权利人无法得知事实真相的，即使受益人和剩余信托财产归属权利人未对清算报告提出异议，受托人也不会因此免除责任。受益人及剩余信托财产归属权利人可就该事项要求受托人承担相应的责任；也可在受托人采取相应的补救措施后，重新确认清算报告，以免除受托人的责任。

其二，清算报告未列明事项。受益人、剩余信托财产归属权利人对清算报告进行确认的，只能就清算报告中所列明的事项解除受托人的责任。即使受益人及财产归属人未在有效异议期对清算报告未列明的事项提出异议，事后得知清算报告未列明的受托人不当行为，仍然可以请求受托人承担相应的法律责任。

第十三章　家族信托财产

第一节　家族信托财产概述

一、信托财产的定义

信托财产是信托法律关系中的对象，在信托法律关系中占据重要地位。站在信托成立的角度，信托意思表示的内容必须包括信托财产；站在信托生效的角度，委托人将信托财产转移给受托人是信托生效的要件；站在信托运行的角度，信托财产是信托行为的核心，受托人围绕信托财产来实施管理和处分等信托行为，受益人所有的受益期待都针对信托财产。我国《信托法》第十四条前款规定："受托人因承诺信托而取得的财产是信托财产。受托人因信托财产的管理运用、处分或者其他情形而取得的财产，也归入信托财产。"

委托人将信托财产委托给受托人设立信托，由受托人按照委托人的意愿为受益人的利益和信托目的进行管理和处分。信托设立后，信托财产成为一项独立财产，只服务于信托目的，独立于信托当事人的固有财产。委托人丧失对信托财产的所有权，受托人取得管理和处分信托财产的权利，受益人取得信托财产的受益权。

二、信托财产的种类

我国《信托法》中针对信托财产仅对法律、行政法规禁止流通的财产，以及法律、行政法规限制流通的财产做出限制性规定，但未对信托财产的具体种类提出要求。实践中可作为家族信托财产的，主要有以下几种。

1. 资金

现金、银行存款等货币类资产可以置入家族信托。

2. 不动产

土地使用权、房屋所有权等具有经济价值，以及与特定空间不可分离的财产可以置入家族信托。我国土地的所有权分属于国家和集体，不能自由转让，无法成为信托财产。经出让取得的国有建设用地使用权可以自由流转，能作为信托财产。农村土地使用权的流转受限较多，能否成为信托财产须结合有关政策、村民自治文件等做进一步区分，实务操作中须慎重。根据房随地走的原则，合法建造在可自由流转土地上的房屋等建筑物的所有权，一般可以成为信托财产。

3. 股权、股份、合伙财产份额

有限责任公司的股权、股份有限公司的股份、合伙企业的财产份额可以成为信托财产。至于个人独资企业中的出资，原则上须转换为上述出资权利，否则不宜直接放入家族信托。

4. 保险金

人寿保险的保险金可以作为信托财产。当保险理赔条件具备或期间届至，保险金作为信托财产置入信托中。人寿保单的现金价值也可以作为信托财产。

5. 动产

具有一定经济价值、不具有空间固定特性的财产可以置入家族信托。实践中用于信托的动产主要为艺术品、贵金属制品、文物等一些能够长期保存且价值较高的物品。

6. 其他财产

知识产权、有价证券、收益权等也可以作为信托财产。

三、信托财产的独立性

（一）信托财产独立性的内涵

独立性是信托财产最主要的特征。委托人基于其特定的信托目的，将信托财产从其固有财产中分离出来设立信托，受托人基于信托文件赋予的权利对信托财产进行管理和处分，而受益人基于其信托受益权享有信托利益。信托财产独立于委托人、受托人、受益人三方信托当事人的固有财产。

1. 信托财产独立于委托人的固有财产

委托人以自己全部或部分私有财产作为信托财产设立信托，该部分信托财产自信托生效时起便与委托人的固有财产分离，不再属于委托人。委托人对该部分财产的所有权主要转变为监督权，原则上不再享有直接管理和处分信托财产的权利，而只能对受托人的管理和处分行为进行监督。基于此，该信托财产原则上不能再作为委托人的偿债财产，也不属于委托人的遗产。[1]

---

[1] 周小明.信托制度：法律与实务[M].北京：中国法制出版社，2012.

2. 信托财产独立于受托人的固有财产

委托人将信托财产委托给受托人设立信托后，受托人成为信托财产的所有权人，并以自己的名义对信托财产进行管理和处分；但是受托人对信托财产的所有权仅为名义上的所有权，且是为了信托目的以及受益人的利益而管理和处分信托财产。信托财产与受托人的固有财产完全独立，需要受托人进行分别管理；同时，受托人管理运用信托财产所产生的信托利益仍属于信托财产，受托人不得将信托利益归于自己的固有财产。此外，信托财产也不得作为受托人的偿债财产、遗产或者破产财产。

3. 信托财产独立于受益人的固有财产

信托文件中通常约定，在信托存续期间受益人只享有信托财产的受益权，而没有信托财产物权上的权利。信托终止后，如果信托文件规定信托终止时信托财产归属于受益人之外的其他人，则受益人也无法获得剩余信托财产的所有权。因此，信托财产区别于受益人的固有财产。应当注意的是，受益人享有的财产和享有的信托财产受益权是不同的，信托受益人不能直接享有信托财产，但可以根据信托文件的规定支配信托受益权。信托财产独立于受益人的固有财产主要表现为，信托财产不能作为受益人的固有财产而直接被债权人追索，也不能作为其固有财产而直接被继承或者破产清偿。

（二）信托财产独立性的消极效力

1. 继承和清算的禁止

我国《信托法》第十五条规定，委托人死亡或者依法解散、被依法撤销、被宣告破产时，信托财产不作为遗产或清算财产，但委托人是唯一受益人的除外。也就是说，在委托人作为信托唯一受益人的情况下，委托人死亡时，信托终止后的信托财产可以作为遗产。家族信托多具有他益信托的属性，委托人一般不将自己设定为唯一的受益人，委托人死亡时，家族信托财产不作为遗产或清算财产。

对于受托人来说，《信托法》第十六条第二款规定："受托人死亡或者依法解散、被依法撤销、被宣告破产而终止，信托财产不属于其遗产或者清算财产。"此外，第三十九条中还规定，受托人职责终止时，其继承人应当妥善保管信托财产，协助新受托人接管信托事务。由此可知，受托人的继承人也不能在受托人死亡后直接继承受托人对信托财产的管理和处分权。

信托财产独立于受益人的财产，不得作为其可直接被继承的遗产和清算财产，但根据《信托法》第四十七条、第四十八条的规定，在法律、行政法规及信托文件没有限制性规定的情况下，受益人在信托关系中的受益权可以用于清偿其债务，也可以被依法继承。

2. 抵销的禁止

信托财产虽在受托人名下，但实际利益归受益人享有。如果允许信托财产的债权抵销受托人固有财产的债务，受益人的利益将受到损害。各司法管辖区的信托成文法通常会明确规定，信托财产的债权与受托人名下不属于信托财产的债务不能相互抵销。我国《信托法》第十八条规定："受托人管理运用、处分信托财产所产生的债权，不得与其固有财产产生的债务相抵销。受托人管理运用、处分不同委托人的信托财产所产生的债权债务，不得相互抵销。"对于受托人管理、处分信托财产所产生的债务能否与其固有财产相抵销的问题，《信托法》第三十七条做出规定："受托人因处理信托事务所支出的费用、对第三人所负债务，以信托财产承担。受托人以其固有财产先行支付的，对信托财产享有优先受偿的权利。"也就是说，在信托财产可以受益的前提下，受托人管理、处分信托财产产生的债务可以与其固有财产相抵销，抵销后可对信托财产享有优先受偿的权利。

3. 诉讼保全及强制执行的限制

信托有效成立后，信托财产虽然形式上属于受托人，但实质上是受委托人的委托为了受益人的利益而持有的，应当与受托人的固有财产相区别。另外，信托财产也不属于委托人及受益人的财产。因此，为了维护信托财产的独立性，委托人、受托人及受益人的债权人均不得申请法院强制执行信托财产。不过，信托财产强制执行的排除并非绝对禁止，我国《信托法》第十七条第一款规定："除因下列情形之一外，对信托财产不得强制执行：（一）设立信托前债权人已对该信托财产享有优先受偿的权利，并依法行使该权利的；（二）受托人处理信托事务所产生债务，债权人要求清偿该债务的；（三）信托财产本身应担负的税款；（四）法律规定的其他情形。"在《最高人民法院关于在执行工作中进一步强化善意文明执行理念的意见》（法发〔2019〕35号）中明确要求："信托财产在信托存续期间独立于委托人、受托人各自的固有财产，并且受益人对信托财产享有的权利表现为信托受益权，信托财产并非受益人的责任财产。因此，当事人因其与委托人、受托人或者受益人之间的纠纷申请对存管银行或信托公司专门账户中的信托资金采取保全或执行措施的，除符合《中华人民共和国信托法》第十七条规定的情形外，人民法院不应准许。"《全国法院民商事审判工作会议纪要》（法〔2019〕254号）第九十五条要求："信托财产在信托存续期间独立于委托人、受托人、受益人各自的固有财产。委托人将其财产委托给受托人进行管理，在信托依法设立后，该信托财产即独立于委托人未设立信托的其他固有财产。受托人因承诺信托而取得

的信托财产，以及通过对信托财产的管理、运用、处分等方式取得的财产，均独立于受托人的固有财产。受益人对信托财产享有的权利表现为信托受益权，信托财产并非受益人的责任财产。因此，当事人因其与委托人、受托人或者受益人之间的纠纷申请对存管银行或者信托公司专门账户中的信托资金采取保全措施的，除符合《信托法》第十七条规定的情形外，人民法院不应当准许。已经采取保全措施的，存管银行或者信托公司能够提供证据证明该账户为信托账户的，应当立即解除保全措施。对信托公司管理的其他信托财产的保全，也应当根据前述规则办理。当事人申请对受益人的受益权采取保全措施的，人民法院应当根据《信托法》第四十七条的规定进行审查，决定是否采取保全措施。决定采取保全措施的，应当将保全裁定送达受托人和受益人。"

第二节　资金类家族信托财产

一、资金类家族信托财产概述

资金类家族信托财产，也即作为家族信托财产的资金。资金类家族信托财产的原始来源为委托人合法持有的资金。家族信托设立后，由受托人按照信托文件的要求以自己的名义管理、处分，从而帮助委托人实现家庭（家族）财富的保护、传承和管理的目的。资金是最常见的一种家族信托财产。

二、资金类家族信托财产的特点

资金类家族信托财产有以下几个特点。

（1）用资金设立家族信托和追加信托财产的程序简便。

委托人将资金作为信托财产委托给受托人，只需完成资金的划转即可；而以股权、不动产等其他类型的财产设立的家族信托，在进行财产权利变更时，需要办理的手续相对烦琐，同时需要向有关部门缴纳相关税费。可见，资金类家族信托在设立时具有程序简便、成本较低的优势。

（2）管理方式灵活。

资金作为信托财产，具有更高的灵活性及流通性，受托人可以通过灵活的资产组合管理办法，寻求风险性较低、流动性较好的稳健收益，以保障资金的保值与增值；也可以在符合信托目的的前提下，适当进行高风险、高收益的投资。例如，受托人在进行资产配置时，可依照委托人的个性化需求，将部分资金作为定期存款或是用来购买国债、稳健型理财产品等,还可以将部分资金用于股权类投资。

(3) 对受托人的要求高。

其一,对受托人的专业管理能力要求高。

委托人设立资金类家族信托,将大额资金委托给受托人进行管理和处分。这么多钱放进信托,其保值增值是受托人必然要面对的问题。消极的管理方式,可能使信托财产因通货膨胀缩水;而一旦投资不慎或管理不当,又可能导致信托财产受到损失。这就对受托人的投资水平及管理能力提出了较高的要求。

其二,对受托人的业务操守要求高。

从法律层面来看,受托人作为信托财产名义上的所有人,虽然享有管理和处分信托财产的权利,但不能违背委托人的信托目的,随意处分信托财产;但在实践中,委托人将资金委托给受托人时便失去了对资金的控制能力。因资金具有较高的流动性,一旦受托人为了自身利益而违背信托目的,资金的这一特点使受托人更容易进行恶意操作,从而造成信托财产损失。故受托人应具有相当的业务操守。

三、用资金设立家族信托的基本流程

资金类家族信托可依合同设立,也可依遗嘱设立。现阶段的家族信托主要系用合同设立。以下就合同方式设立家族信托做简单介绍。[①]

(一) 资金类家族信托受托人的选择

资金类家族信托对受托人的资金管理能力有着较高的要求,所以资金类家族信托的受托人一般为具有专业资金管理能力的金融机构。目前,在我国的金融机构中,只有信托公司能担任受托人。故资金类家族信托主要由信托公司担任受托人。

受托人在使用信托资金进行投资时,应履行审慎投资义务。在资金类家族信托中,信托公司作为受托人应当具有比个体投资者更专业的投资能力,谨慎对待每一项投资活动。

(二) 委托人需求分析与尽职调查

受托人接受委托人的委托,应全面了解委托人的需求并进行深入且严谨的分析,以设计出满足委托人需求的信托方案。

---

① 本章关于信托设立的内容,除非特别说明,否则仅针对通过合同设立的家族信托。

首先，应了解委托人设立家族信托的主要目的。资金类家族信托的主要信托目的是家族财富的保护与传承，保障家族成员的生活，资金保值和增值，等等。受托人需要与委托人进行沟通，了解其特定目的，如对信托收益的分配要求、投资需求等。其次，受托人应对委托人拟转入的资金来源及合法性进行调查，确保资金属于委托人合法拥有的财产。如果委托人已婚，应告知委托人提供可表明信托财产为其个人财产的证明材料，或者要求提供配偶同意委托人设立家族信托或放弃财产共有权的材料。此外，受托人还应了解并评估委托人设立信托是否会侵害债权人等第三人的利益。只有经过详尽的尽职调查，才能保证后续设立的家族信托可以实现委托人的信托目的，避免嗣后信托因种种原因被非正常终止。

（三）受托人设计具体的信托方案

信托方案应当包括委托人、受益人、信托期限、信托目的、信托财产管理方式、信托收益分配方案等内容，主动信托还需明确受托人拟采取的信托财产管理手段、关于信托投资对象的选择等内容。

（四）委托人与受托人签订信托合同

受托人根据委托人的意愿，制定好信托管理方案后，双方签订资金类家族信托合同。该合同应具体列明委托人、受托人、受益人的权利与义务，体现出委托人的信托目的、受托人管理信托的方法及权限、受益人享有的受益比例及受益权获得条件，同时应确定受托人的信托管理费用。此外，信托合同还可根据委托人的要求设置一些特殊条款。委托人还可以根据自己的意愿在信托文件中规定变更或撤销受益人的规则，比如，当出现受益人损害委托人利益、未取得一定学位等条件时，可由受托人根据信托文件的规定撤销该受益人的资格；此外，受托人和委托人还可约定出现法律纠纷时的解决方式。依照《信托法》第八条的规定，信托合同一经签订，信托即成立。

（五）信托资金的划转

信托合同签订后，受托人在银行开设信托专门账户，委托人将约定的资金划转到受托人名下的信托专用账户下，资金类家族信托正式生效。

（六）信托登记

《信托登记管理办法》第三条规定："信托机构开展信托业务，应当办理信托登记，但法律、行政法规或者国务院银行业监督管理机构另有规定的除外。"没有法律、行政法规规定家族信托属于信托登记除外的信托，资金类家族信托的受托人应向中国信托登记有限责任公司办理信托登记手续。

资金类家族信托及其产品案例——"鸿承世家"信托计划

2013年年初，平安信托在深圳推出了国内首单家族信托产品。该产品是家族信托模式在国内的首次应用。该信托是一位40岁的高净值企业家，将其持有的5000万元货币资金委托给平安信托，信托期限为50年，约定平安信托与委托人共同管理信托财产，并按照合同约定将信托收益分配给委托人的家庭成员。

"鸿承世家"信托是通过多个委托人的投资形成一个集合资金池，平安信托作为集合资金池的受托人对资金进行管理。"鸿承世家"信托具有集合信托的性质，但与之不同的是，平安信托会依据与不同委托人签署的信托合同对单一客户提供一对一的服务。当投资标的资金量需求较小时，可以以单一资金信托方式帮助投资人配置信托资金；当投资标的资金量需求较大时，受托人可以将多个投资人的资金以集合资金信托的方式共同配置。

第三节　股权类家族信托财产

一、股权类家族信托财产概述

股权类家族信托财产，也即作为家族信托财产的股东权益。这里的股东权益，包括我国《公司法》中所说的股权和股份。在这个意义上，本章所称的"股权类家族信托"，其实是股东权益家族信托。根据《公司法》的相关规定，股东权益包括投资收益权、公司经营管理权、管理者选择权、股份或出资转让权、剩余财产分配权等。

将股权置入家族信托，对家族企业管理和传承而言价值是多方面的。首先，委托人将其所有的家族企业股权作为信托财产设立家族信托，使家族企业的股权不至于因夫妻离婚或子女传承等而分散，有利于维持家族企业股权的集中性和稳定性。其次，委托人可在信托文件中预先选定家族企业的管理者或设定遴选机制，避免不适合的家族成员接管企业。最后，可以通过信托文件设置一些特殊条款，比如规定股权不可转让，信托不可撤销，等等，以避免家族企业脱离家族控制。此外，我国《公司法》规定，公司章程可对股东会、董事会的职权进行相对自由的分配和设计。基于此，委托人还可以根据自身情况通过信托文件对信托财产的管理方法进行约定，结合公司章程相关条款的设置，维持委托人对公司管理的灵

活参与。比如，信托文件中可以约定，由委托人或者委托人指定的人担任公司董事，参与甚至负责公司的日常管理。

股权置入家族信托有两种基本模式：一是直接将股权转移给受托人，二是将股权置于专用于信托持股的平台之下。在股权直接转移给受托人的情形下，目标股权直接为信托财产；而在存在持股平台的情况下，仅平台自身的股权或财产份额为直接的信托财产，目标股权视情况由家族信托控制、管理、受益。无论采用哪种模式，股权置入家族信托都有两条基本路径：一条是直接由委托人委托给受托人并办理相应的权利转移手续；另一条是先将资金置入家族信托（典型者为先用资金设立家族信托），再通过受让方式将相应股权置入家族信托。

我国的家族信托尚处于起步阶段，股权作为信托财产目前还存在一些限制性因素。股权类家族信托的发展任重道远。

二、股权类家族信托财产登记与公示

（一）股权类家族信托财产登记与公示的意义

如前所述，家族信托登记分为作为信托生效要件的登记和不作为信托生效要件的登记两种类型。后者为所有类型的信托计划所共有，故不予专门讨论。此处仅探讨前一层意义上的股权类家族信托登记。作为信托生效要件的登记，重点在于实现信托财产公示。完整的信托财产公示应当包括两层内容：其一是股权转移公示，其二是股权信托公示。目前,我国有关法律法规对股权转移公示有明确规定，对股权信托公示则缺乏相应的规定。

股权转移公示是指委托人将其所持有的企业的股权作为信托财产转移给受托人时所应进行的公示，由此使信托财产区别于委托人的其他财产。此种意义上的公示，与日常的股权转让并无本质差异。股权信托公示，是指在信托设立时，应将相应的权利凭证或登记簿上的股权权属状态记载为"信托"。对于信托登记公示的效力，很多国家和地区遵循的是"登记对抗主义"。例如，韩国《信托法》第三条规定："关于需登记或注册的财产权，其信托可因登记或注册而与第三人对抗。对于有价证券，信托可根据内阁令的规定，对证券表明信托财产的实际情况；对于股票证券和公司证券，信托则可在股东名册簿或公司债券簿上，表明信托财产的实际情况,从而与第三人对抗。"我国《信托法》第十条的规定采取了"登记生效主义"，只是将该"登记生效主义"的适用范围限定为"有关法律、行政法规规定应当办理登记手续"的情况。

（二）股权类家族信托财产的登记与公示方式

如前所述，股权类家族信托财产中，直接组成信托财产的既可能是目的股权，也可能是持股平台的股权、股份或财产份额。就其登记及公示而言，也需以此区分。

1. 有限责任公司股权直接作为信托财产

如前所述，根据我国《公司法》第三十二条、第三十四条、第六十五条的规定，记载于股东名册的股东，可以依股东名册主张行使股东权利；有限责任公司股东属于公司登记事项，应当依法办理变更登记；未经登记或者未经变更登记，不得对抗善意相对人。实务操作中，对以什么作为股权变动的依据存在一定争议。从该法条的文义来看，应该是以记载于股东名册作为权利变动的依据，以在公司登记机关办理相应变更登记作为获得对抗第三人效力的条件。

前述规定针对股权在不同主体之间变动的公示问题，而没有解决信托公示的问题。从《信托法》第十条的规定来看，以有限责任公司股权设立信托的，仍应通过登记实现信托公示。鉴于我国尚无明确的股权信托登记规则，结合《公司法》的相关规定，目前以有限公司股权设立信托的，应当在股东名册上载明"股权信托"相应内容，并在公司章程中予以体现。《中华人民共和国公司登记管理条例》（以下简称《公司登记管理条例》）第三十六条规定："公司章程修改未涉及登记事项的，公司应当将修改后的公司章程或者公司章程修正案送原公司登记机关备案。"对体现了股权信托事宜的公司章程，应在公司登记机关办理备案。至于在公司登记机关的登记过程中体现股权信托登记的问题，尚有待相关部门进一步完善规则。在当前的法律环境下，借鉴证券登记机关可将信托计划名称登记为股东的做法，通过将股权归属直接指向家族信托的方式来实现信托公示，是不错的方案，但需要得到公司登记机关的支持。

2. 股份有限公司的股权（股份）直接作为信托财产

《公司法》规定，股东转让其股份，应当在依法设立的证券交易场所进行或者按照国务院规定的其他方式进行。上市公司的股票，依照有关法律、行政法规及证券交易所的交易规则上市交易。《中华人民共和国证券法》（以下简称《证券法》）规定，证券登记结算机构为证券交易提供集中登记、存管与结算服务，履行证券账户和结算账户的设立、证券的存管和过户、证券持有人名册登记、证券交易的清算和交收等业务。证券登记结算机构应当根据证券登记结算的结果，确认证券持有人持有证券的事实，提供证券持有人登记资料。证券在证券交易所上市交易的，证券登记结算机构应当根据证券交易的交收结果办理证券持有人名册的变更登记。《证券登记结算管理办法》规定，证券登记结算机构根

据证券账户的记录，确认证券持有人持有证券的事实，办理证券持有人名册的登记。证券登记结算机构出具的证券登记记录是证券持有人持有证券的合法证明。证券在证券交易场所交易的，证券登记结算机构应当根据证券交易的交收结果办理证券持有人名册的变更登记。证券以协议转让、继承、捐赠、依法进行的财产分割、强制执行、行政划拨等方式转让，或因证券增发、配股、缩股等情形导致证券数量发生变化的，证券登记结算机构根据业务规则变更相关证券账户的余额，并相应办理证券持有人名册的变更登记。我国当前的证券登记结算机构为中国证券登记结算有限责任公司。

此外，《非上市公众公司监督管理办法》规定，非上市公众公司（以下简称公众公司）是指有下列情形之一且其股票未在证券交易所上市交易的股份有限公司：①股票向特定对象发行或者转让导致股东累计超过200人。②股票公开转让。公众公司公开转让股票应当在全国中小企业股份转让系统（以下简称全国股转系统）进行，公开转让的公众公司股票应当在中国证券登记结算有限责任公司集中登记存管。《全国中小企业股份转让系统有限责任公司管理暂行办法》规定："全国股份转让系统的登记结算业务由中国证券登记结算有限责任公司负责。"

基于上列规定，股份有限公司的股份直接作为信托财产，按是否为公众公司而存在差异。上市公司及非上市公众公司的股权信托，经中国证券登记结算有限责任公司登记便可实现股份由委托人转移至受托人的公示；同时，通过将信托计划登记为股东，实现信托公示。至于非公众股份有限公司的股权信托，目前没有统一的登记机构及机制，可通过公司股东名册的记载并将相关内容写入公司章程及办理章程备案手续，以实现股东权利的转移及公示，同时一定程度上实现其信托性公示。

3. 合伙企业财产份额直接作为信托财产

根据我国法律，将合伙企业财产份额置入信托，相应的合伙人身份应变更至信托名下。实务操作中，信托一般仅持有有限合伙人的财产份额，普通合伙人仍由委托人或其信任的人担任。这样既可以实现经营资产及其后续收益置入信托的目的，又避开了经营风险的连带责任风险，还能够保持经营管理者的稳定。故此，如目标企业系普通合伙企业，需先转变为有限合伙企业；如委托人系有限合伙企业的普通合伙人，则需修改合伙协议，财产份额转让至受托人后仅使受让人成为有限合伙人。

《合伙企业法》规定，申请设立合伙企业，应当向企业登记机关提交合伙协议书、合伙人身份证明等文件。合伙企业登记事项发生变更的，应向企业登记机关申请办理变更登记。《中华人民共和国市场主体登记管理条例》(以下简称《市场主体登记管理条例》)规定,合伙企业的合伙人名称或者姓名、住所、承担责任方式属于市场主体的一般登记事项,合伙协议、合伙企业合伙人认缴或者实际缴付的出资数额属于应当向登记机关办理备案的事项,由此,合伙企业财产份额置入信托,应办理相应的登记及备案手续。此外,为实现信托性公示,可在合伙协议中载明相应的信托关系并予以备案。

三、股权作为家族信托财产需考量的其他问题

由于我国有关信托的法律法规尚不完善,除信托登记在实践中无明确的操作标准外,以股权设立家族信托,在实施方面还面临其他一些因规则的不确定性所带来的问题。

(一)股权作为家族信托财产的税务问题

根据《信托法》的要求,委托人以其持有的股权作为信托财产设立信托的,在实际操作中,需要将股权从自然人名下转移至信托公司名下,因而会涉及征缴个人所得税问题。2006年,国家实施股权分置改革,实现企业股份的全流通,非流通股也可以上市进行交易;但为了控制股权分置改革导致的市场上股票供应剧增的情况,避免造成股价大跌,于是限制了这部分股份的上市时间,即在一定时期内不上市流通或对在一定时期内出售的股票数量进行限制。如果委托人拟设立信托的股权是限售股解禁后的,比如是在2006年股权分置改革新老划断后,首发上市形成的限售股设立信托,除缴纳印花税外,还应以限售股转让所得减去股票原值和合理的税费后的余额为应纳税所得额,缴纳20%的个人所得税;纳税人未能提供完整、真实的限售股原值凭证,不能准确计算限售股原值的,就按限售股转让收入的15%核定限售股原值及合理税费。如果委托人拟设立信托的股权不是限售股解禁的,而是从二级市场购入,目前在没有资本利得税的情况下,还不需要缴纳个人所得税,但需要缴纳0.1%的印花税。[①]

委托人以解禁后的限售股设立家族信托的,委托人作为纳税义务人,将其所持有的股权转让给受托人时将面临巨额所得税的税负。这也是实践中造成以股权设立信托的情况相对较少的原因之一;但委托人以股权设立家族信托后,可以通过信托架构设计减少其他税务性支出,同时可在家族财富传承、防范婚变风险、

---

① 《财政部、国家税务总局、证监会关于个人转让上市公司限售股所得征收个人所得税有关问题的通知》(财税〔2009〕167号)。

企业经营风险隔离等方面发挥作用，所以股权类家族信托设立的税负问题并不构成根本性困扰。

（二）股权作为家族信托财产所涉及的信息披露与保密问题

家族信托具有一定的保密性功能，能够较好地保护家族的隐私；但是以上市公司股权设立信托，尤其是股份比例较大的情形，需要进行公开市场披露，这难免会削弱信托的保密性。证监会发布的《公开发行证券的公司信息披露内容与格式准则第2号——年度报告的内容与格式（2017年修订）》中第四十八条第三款规定："公司应当比照本条第二款有关控股股东披露的要求，披露公司实际控制人的情况，并以方框图及文字的形式披露公司与实际控制人之间的产权和控制关系。实际控制人应当披露到自然人、国有资产管理机构，或者股东之间达成某种协议或安排的其他机构或自然人，包括以信托方式形成实际控制的情况。对实际控制人为自然人的，应当披露其过去10年曾控股的境内外上市公司情况。如实际控制人通过信托或其他资产管理方式控制公司，应当披露信托合同或者其他资产管理安排的主要内容，包括信托或其他资产管理的具体方式，信托管理权限（包括公司股份表决权的行使等），涉及的股份数量及占公司已发行股份的比例，信托或资产管理费用，信托资产处理安排，合同签订的时间、期限及变更、终止的条件，以及其他特别条款等。"因此，上市公司股东以其所持有的股权设立家族信托时，其家族信托的私密性会受到影响。如果因设立家族信托导致上市公司的实际控制人发生变更，还会引发一些其他方面的问题；即便实际控制人未发生变更，也需依法依规进行披露。

四、离岸股权家族信托

实践中，部分高净值人士会选择在一些离岸地设立家族信托，即设立离岸股权家族信托。在这些离岸金融中心设立股权类家族信托，具有以下优势：其一，相关法律法规较为完善，且会适时地进行法律更新，可以为股权家族信托提供更好的法律保障；其二，许多离岸地的信托法都对受托人的保密义务做出严格的法律规定，在保护客户隐私方面比国内家族信托更有优势；其三，为家族企业海外上市提供灵活的信托架构安排；其四，为家族企业搭建便利的投资通道。

在实践中，委托人可以通过设置投资公司架构的方式，达到将其所持有的股权成功注入信托并仍实际控制企业的目的，如私人信托公司模式（Private Trust Company，PTC）。具体而言，可先由委托人选择合适的离岸地设立控股公司，再由该控股公司收购境内公司的股份，通过在离岸地设立私人信托公司，将控股公司的股权委托给私人信托公司，设立家族信托。同时，委托人及其家族成员可担任私人信托公司的董事会成员，从而实现间接控制持有家族资产的控股公司的目的。该信托架构一方面可以使委托人及其家庭成员间接地实际掌控家族资产，另一方面便于对已经在海外有投资的股权资产或者将要进行的海外投资股权信托架构进行整合或筹划。

股权类家族信托案例——潘石屹、张欣家族信托

潘石屹和张欣家族信托是典型的离岸股权类家族信托。2002年，SOHO中国为了在海外上市，搭建了红筹架构。潘石屹、张欣夫妇通过私人公司控制了SOHO中国（Cayman）股权。再由SOHO中国（Cayman）设立了7家BVI（海外离岸投资中心）公司，控制其境内7家地产项目公司。其中，潘石屹透过Boyce（BVI）控制SOHO中国（开曼）47.39%的股权，张欣透过Capevale（BVI）控制SOHO中国（Cayman）47.39%的股权，夫妻二人的股权共计94.78%。2005年11月14日，潘石屹将其在Boyce（BVI）的全部股份以馈赠的方式转让给张欣。

SOHO中国的信托持股设计模式如下：张欣把Boyce（BVI）及Capevale（BVI）的全部股份转让给Capevale（Cayman）（为成立信托而特意注册的公司）；紧接着，张欣把Capevale（Cayman）的全部股份授予汇丰信托。该笔信托属于私人信托，最大的好处就是紧锁股权。比如，张欣在信托条款中设计了信托财产不可撤销条款，而张欣是该笔信托的授予人、保护人及全权受益人。潘石屹、张欣夫妇作为Boyce（BVI）及Capevale（BVI）的董事，通过对其控制，实现了对SOHO中国的控制。[①]

潘石屹、张欣夫妇充分利用离岸股权家族信托的灵活性，通过信托架构设计，实现了股权集中，并间接地掌握了SOHO中国的控制权。此外，夫妇二人在离岸地设立的7家BVI公司，大多是免税的，且业务和债务彼此独立，起到了风险隔离的作用。

第四节　不动产类家族信托财产

一、不动产类家族信托财产概述

不动产类家族信托财产，也即家族信托财产中的不动产。不动产是指土地

---

① 中国家族信托成功案例解析 [2019-04-18]. https://www.sohu.com/a/123808069_481666.

及土地附着物。在我国,土地的所有权属于国家,禁止自由买卖,但土地的使用权以及农村集体土地的土地承包经营权可以进行流转。根据《信托法》第十四条的规定,法律、行政法规禁止流通的财产,不得作为信托财产。法律、行政法规限制流通的财产,依法经过有关主管部门批准后,可以作为信托财产。因此,土地以及地面固定物、土地使用权、土地经营权等可以作为信托财产设立信托。不动产作为家族信托财产,在运作方面有其自身的一些特征,具体表现在以下几个方面。

(1)信托行为以不动产为中心。

严格意义上的不动产类家族信托关系中,信托行为均是围绕不动产开展的。无论是不动产资产家族信托,还是不动产投资家族信托,受托人均是以不动产为中心进行管理或处分的。以其他类型的财产设立的信托,则无此特征。例如,资金类家族信托的投资对象可以是国债、企业债券、银行理财产品或者多元化的投资等。

(2)管理方式具有特殊性。

基于不动产类家族信托的信托财产类型的特殊性,受托人需要根据不动产的特性及委托人的意愿,严格按照信托文件进行管理和处分,而不能像资金类家族信托一样,将作为信托财产的资金直接用于投资;同时,受托人虽然在名义上拥有不动产的物权,但不得任意处分信托财产。此外,不动产的经营与管理对专业能力有着较高的要求,而信托公司作为一种金融机构往往缺乏这样的专业能力,因此需要外聘专门的顾问或将部分工作外包给专业的房地产相关机构,以更好地实现信托目的。

(3)设立信托面临地域限制。

家族信托委托人所拥有的不动产可能位于不同地区甚至不同国家,而不动产法律制度具有较强的地域特色。在此背景下,如希望将不同地域的不动产放入同一个信托当中,可能会面临来自不同国家或地区对不动产处分的不同限制,从而使不动产家族信托的设立与运营变得困难。

二、不动产类家族信托财产的分类

从不同的角度,可以将不动产类家族信托财产分成不同的类型。

(一)房产和非房产

按该不动产是否属于房产,可分为房产和非房产。无论是普通收入群体还是高净值人士,拥有的房产往往比其他不动产多且常见。故作为家族信托财产的不动产，主要是房产。房产又可进一步区分为居住类房产、商业类房产和工业类房产。实务中，想把居住类房产置入信托的委托人比较多，但作为营业受托人的信托公司往往对有一定规模且能带来持续现金流的商业类房产更感兴趣。

（二）委托人原有不动产和信托新购不动产

根据不动产的来源不同，作为家族信托财产的不动产可分为委托人原有不动产和信托新购不动产。前者适用的情形为，委托人将其合法拥有且可以处分的不动产或不动产相关权利委托给受托人，以此作为家族信托财产。后者适用的情形为，委托人将其合法拥有的资金委托给受托人，以此作为家族信托财产，再由受托人用该资金购入不动产。

（三）不动产物权和不动产投资相关权益

受托人可能根据信托文件的要求，直接持有并管理不动产，也可能用信托财产进行不动产投资。这种投资可能直接购置不动产，也可能仅获得与不动产投资紧密相关的财产权益。后者不构成典型的不动产类家族信托财产，但也值得关注。比如，受托人根据信托文件的要求，通过以信托资金向房地产开发商提供信托贷款的方式赚取利差。

三、不动产置入家族信托的登记与公示

不动产置入家族信托，需要将不动产或者不动产相关权利由委托人或第三方名下转移到受托人名下。严格来说，以不动产设立的家族信托的登记公示涉及两个方面：其一是不动产权属由委托人转移至受托人的登记公示，其二是受托人作为不动产新的所有人系信托（非自有）的登记公示。

（一）不动产物权作为家族信托财产

1. 不动产权属转移的登记公示

根据我国《民法典》的规定，不动产物权的设立、变更、转让和消灭，应当依照法律规定登记。不动产物权的设立、变更、转让和消灭，依照法律规定应当登记的，自记载于不动产登记簿时产生效力。由此可知，我国对不动产的权属转移采取的是"登记生效主义"。我国《信托法》第十条明确规定："设立信托，对于信托财产，有关法律、行政法规规定应当办理登记手续的，应当依法办理信托登记。未依照前款规定办理信托登记的，应当补办登记手续；不补办的，该信托不产生效力。"也即不动产家族信托的设立以不动产的所有权转移为生效要件。所以，在我国以不动产设立家族信托，必须办理不动产权属由委托人转移至受托人

的登记，否则不发生法律效力。

2. 受托人拥有不动产的权属状态系信托的登记公示

我国当前的法律制度没有把信托作为不动产权利转移的依据，不动产登记系统中不能体现信托状态。当前要实现受托人针对相应不动产的信托持有的法律状态，须借助于特殊目的机构（以公司为主）的股权或其他出资。

（二）不动产类信托财产的转换与替代

1. 资金与不动产的转换

委托人首先通过设立一个资金类家族信托，受托人依据信托文件的约定或委托人的指示，运用该笔信托资金购买指定不动产，从而对不动产进行管理、运用和处分。这种方式借助信托资金账户的独立性，可以在一定程度上解决现阶段无法实现不动产信托公示的问题。以信托公司的名义购买不动产，无须受自然人限购政策的约束，当然如后所述会产生额外税费负担。

2. 股权信托与不动产信托的转换

委托人可通过设立公司来持有相应的不动产，在以公司股权设立股权类家族信托，从而使受托人通过持有公司股权而间接地持有不动产，对不动产进行管理、运营和处分。通过股权信托的方式，可以降低因不动产转移产生的交易成本。将持有不动产的公司的股权置入信托，因不动产仍在公司名下，原则上可认为只是进行公司股东的变更，而不涉及不动产权利人的变更，故可以节省因不动产所有权转移而产生的税费支出。当然，还需遵守中华人民共和国财政部（以下简称财政部）和国家税务总局关于此类股权转让的特别规定。

四、用不动产设立家族信托的基本流程

（一）需求分析和尽职调查

委托人向受托人提出设立不动产类家族信托的要求后，受托人首先应对委托人的需求进行进一步分析，包括用以设立信托的不动产的属性、想要实现的财产传承目的、受益人范围等，从而确定信托管理的总体原则。

其次，受托人应对委托人及其不动产的权属进行尽职调查。委托人用以设立信托的不动产应属其合法所有的财产，且不存在权属争议。如委托人已婚，为了避免夫妻共同财产分割纠纷导致不动产类家族信托的无效或撤销，应由其配偶出具同意设立该信托的书面意见；委托人坚持不让配偶出具相关意见的，则须提供其有权单独处分该财产、该财产与现配偶无涉的证明材料。当前的实务操作中，

此类证明材料一般由律师事务所或公证处等专业机构在委托人提供相应证据的基础上出具。

（二）设计具体信托方案

在完成尽职调查后，受托人与委托人协商，设计具体的信托方案。由于不动产的特性，委托人应通过信托文件对受托人的管理、经营和处分的方式做出明确具体的规定。受托人与委托人还应协商是否聘请专业的顾问或将部分工作外包给专业机构（比如出租及物业管理）。

此外，在家族信托设立后，未来可能会出现不动产的拆迁置换、后续维护等问题。因此，受托人在设计信托方案时，应对信托运行过程中会出现的各种法律问题做出预判，并做出相应的安排。

（三）确定并订立信托合同或遗嘱

信托方案完成后，委托人与受托人应签订书面信托合同，或者订立书面遗嘱。结合《信托法》的规定，合同或遗嘱应包括以下内容：①家族信托目的；②家族信托委托人、受托人、受益人的权利与义务及个人信息；③家族信托不动产的种类、范围、状况等信息；④受益人取得信托利益的形式、条件及方法；⑤受托人管理不动产的方法及报酬；⑥信托终止或其他特殊情况下，信托财产的归属。

五、不动产类家族信托财产的管理

不动产的管理情况复杂多样，家族信托中不动产的管理方式因此也非常多样。

（一）不动产的出租

受托人可以根据信托文件的要求及相关法律规定，将信托不动产对外出租，以获得持续的信托收益。将不动产用于出租是不动产类家族信托最常见也是最稳定的管理方式。在此过程中，受托人可以直接操作不动产的出租，也可以聘请专业的房地产中介机构协助出租。

（二）不动产的开发、经营

委托人以其所持有的土地使用权或相关权利作为信托财产设立不动产类家族信托的，可通过信托文件约定受托人对该土地进行开发。信托公司作为金融机构的一种，一般不具有土地及房产开发的能力与资质，因此，委托人可与受托人在信托文件中进行约定，由受托人聘请专业的开发商对该土地进行特定的开发，土地开发所得收益属于信托收益，受托人应根据信托文件的规定将其分配给受益人。

受托人在选择开发商时，应尽到善良管理人的注意义务，谨慎选择，以实现受益人利益最大化的信托目的。

此外，受托人还可以利用信托不动产进行其他经营活动，以获得相应的信托收益。

（三）不动产的处分

委托人可以通过信托文件约定，受托人除对不动产进行开发、租赁、经营外，还可以选择在适当的时机对不动产进行处分，从而发挥该信托财产的最大价值；但不动产的处分需要信托文件的明确规定，受托人虽为不动产名义上的所有人，但绝不能任意处分信托财产。处分不动产所获得的资金应根据信托文件约定，由受托人分配给受益人、用于其他信托投资或进行信托文件规定的其他事项。

不动产类家族信托案例——国内首例房产家族信托试水

2014年，步入花甲之年的北京居民宋女士在北京拥有多套房产，现已价值过亿元。宋女士已过世，生前她希望这些房产可以顺利地传承给儿女。因此，宋女士对北京银行提出需求：如何对总估值已经超过亿元的十几套房产进行有效传承，同时在传承过程中要避免儿女婚姻出现问题时产生的财产分割问题。

北京银行设计的信托方案如下：北京银行与北京信托金信托合作，由宋女士先出资设立一个单一资金信托，然后该信托再出资购入宋女士的房产，最后将该信托受益人指定为"直系血亲后代非配偶继承人"。从该家族信托的法律关系上来看，宋女士本人为信托的委托人，北京信托为受托人，而包括其儿女在内的"直系血亲后代非配偶继承人"为信托受益人，之后由该信托对宋女士指定的房产发出购买要约，实现该信托对房产的控制。

虽然从表面上来看，这个信托的设计不过是"左手转右手"，但是通过信托架构的设计解决了很多法律关系上的合规问题。首先，通过设立一个单一资金信托，将房产置入信托，使信托拥有这些房产的所有权。这就避免了直接以不动产作为信托财产设立信托所必须面临的信托登记问题。其次，通过信托实现了对财产的隔离保护。如果未来子女出现婚姻风险，这些房产也不会被当作夫妻共同财产被分割，从而直接满足了宋女士对风险隔离的要求。

该信托虽规避了不动产类家族信托的登记问题，却要面临高额的税费。在这个信托设计架构中，宋女士需要以一笔巨额资金先设立资金信托，再由该资金信托收购其房产；但在购买房产时，需要按北京当地的要求缴纳二手房交易费用。由于信托持有这些房产应按照公司持有房计征房产持有税，所以对于宋女士的家族信托所持有的上亿元的房产来说，每年0.84%的房产持有税意味着其每年要承担上百万元的税负。因为在我国现有的信托法律关系下，信托财产的转移仍被视为交易行为，所以需要依法纳税。

这是我国第一个不动产类家族信托案例，虽然该信托需要承担高额的税费成本，但对于委托人来说，设立家族信托的首要目的是保障家族财富在家庭成员之间的有效传承。因此，在我国目前的信托法律环境下，税收成本不应成为在国内设立不动产类家族信托的主要障碍。[①]

第五节 保单权益类家族信托财产

一、保单权益类家族信托财产概述

（一）保单权益类家族信托财产的含义

保单权益类家族信托财产，即家族信托财产中的保单权益。保单权益依照权利主体不同，分为投保人权益、被保险人权益和受益人权益。保单权益作为家族信托财产，其典型者为保险金。根据银保监规〔2023〕1号文，保单权益类家族信托不同于保险金信托，前者需满足实收信托应当不低于1000万元的要求。如前所述，这种分类是站在信托公司开展信托业务及监管部门统计分类的角度做出的，而法律适用的角度。该文件将保险金信托界定为："信托公司接受单一自然人委托，或者接受单一自然人及其家庭成员共同委托，以人身保险合同的相关权利和对应利益以及后续支付保费所需资金作为信托财产设立信托。当保险合同约定的给付条件发生时，保险公司按照保险约定将对应资金划付至对应信托专户，由信托公司按照信托文件管理。"其重心，是保险金作为信托财产，而对信托财产的管理、分配仅表述为"按照信托文件管理"。实务运行中的保险金信托，与含保单权益的家族信托，并无本质差别。[②]就当下的

[①] 黄斌. 亿元个人房产"传内不传外" 北京银行家族信托试水房产传承[J].21世纪经济报道，2015(11).

[②] 银保监规〔2023〕1号文实施之前，不少信托公司将保额达到1000万元的保险金信托作为家族信托看待。而保险有金融杠杆功能，其未来注入信托的保险金金额会明显大于所交纳的保费；同时，分期缴纳保费还能大大缓解当事人的即期资金压力。这使得保险金信托在营业信托展业中，经常被作为入门前或者低门槛的家族信托。换言之，当事人设立保险金信托，即可以实现家族信托的财富规划、传承等功能，但又无需立即支付1000万元的家族信托门槛资金。也正因如此，银保监规〔2023〕1号文实施之前的家族信托统计，存在一定的失真。

金融实操而言，保险金信托被认为仅能包含保单权益及用于支付该保单续保保费的资金，不能包括其他财产；故保险金信托无法直接追加续保保费以外的财产，要在同一信托中置入其他财产原则上需要终止原保险金信托重新设立家族信托。

保单权益作为家族信托财产，兼具保险保障、信托财富传承、财产隔离和财产管理功能，无论是从满足高净值人士财富保护和传承需求的角度，还是从信托业及保险业的发展角度来说，都具有重要意义。对客户而言，将投保人变更至信托公司名下，或由信托投保，都将极大地提高保单的稳定性及隔离效果；后续理赔的保险金进入信托，则可以实现保险金的有效管理与合理分配，最大限度地满足委托人的心愿、保障受益人的利益，满足客户家族财富保护及传承方面的需求。对保险公司而言，保单权益置入家族信托，可以带来更多的高端客户，成交更高额度的保单，拓展投资顾问服务（后续）。对信托行业而言，保单权益置入家族信托，能够给信托公司带来更多的高净值客户，扩大家族信托规模。

（二）保单权益类家族信托财产的特征

置入保单权益的家族信托，系保险和信托两大财富管理工具的结合。与常规保单和常规信托相比，保单权益类家族信托具有以下特点。

1. 与单纯的保单权益相比

与单纯的保单权益相比，保单权益类家族信托财产具有以下特点。

（1）风险隔离功能得到加强。投保人拥有法定的单方面解除保险合同（俗称"退保权"）并取回现金价值的权利，这在方便投保人的同时也使保险的风险隔离功能变弱。无论是对投保人的配偶、继承人还是债权人来说，保单价值都难以保持足够的独立性。一旦将投保人变更为信托公司，其风险隔离功能会显著增强。即便不把投保人变更为信托公司，进入信托后的保险金也具有独立性，从而发挥其风险隔离功能。总之，无论通过何种方式进入信托，成为信托财产的保单价值，原则上都可以排除投保人、受益人或信托公司的债权人等关系人的直接权利主张及强制执行请求，从而使其具备较强的风险隔离功能。

（2）利益授予更加灵活，能更好地实现财富人士的愿望并保护受益人的利益。相比保险的身故金一次性领取及受益人的设定，通过将保险金置入家族信托之中，借助信托可以制定个性化信托方案的特征，可以实现更为灵活的家族财富传承。委托人可以根据自己的意愿，通过在信托文件中设置特别条款，多方面保障受益人的利益。例如，当受益人为因心智障碍缺乏妥善管理、支配保险金能力的家庭成员或有肆意挥霍的恶习时，为避免保险金被他人恶意侵占或被肆意挥霍的情况发生，委托人可设立保险金家族信托，并在信托文件中对信托收益的分配做出具体规定，同时限定受托人仅能将信托财产用于特定目的，以此保障受益人最大限度地享受保险金利益；此外，委托人还可以根据自己的意愿在信托文件中指定受益人和分配方案，以避免多个受益人之间因利益冲突而发生继承纠纷。

2. 与其他家族信托财产相比

与其他家族信托财产相比，保单权益类家族信托财产具有以下特点。

（1）可以在一定程度上获得保单的金融杠杆功能、收益固定功能等。保单具有金融杠杆功能，其固定的保险金实质上有固定收益的作用。这些功能，在其与家族信托结合时得以继续发挥。家族信托经由这种保单功能的加成，具有更高的运用价值。

（2）不确定性增加。保单权益源自保单，保单自身的效力及履行问题都会对后续进入信托的资金带来影响，从而使该类信托财产具有一定的不确定性。比如，仅保险金请求权置入信托的情形下，保单无效、失效、被撤销、被解除（退保）都将导致没有资金成为信托财产；而资金、不动产等作为信托财产，原则上没有这个问题。

二、保单权益置入家族信托的路径

（一）保单权益置入家族信托的模式

在实践中，保单权益置入家族信托有多种模式，主要体现在保险合同和信托合同设立的先后顺序不同以及信托委托人身份不同。目前，保单权益置入家族信托主要有三种典型模式。

1. 仅保险金置入信托

在这种模式下，在投保人购买保险后，再由投保人以保险金作为信托财产（之一）与受托人订立信托合同，将保险受益人变更为受托人，并通过信托合同根据自己的意愿对受益人、收益分配方式、财产管理方式等做出具体规定。根据我国《保险法》的规定，保险受益权的决定权在被保险人手上，所以实践中又以投保人和被保险人为同一人的情形最为典型。

这一模式，根据保险金的类型不同又可进一步区分为身故保险金信托模式、生存保险金信托模式及复合模式。此外，保险金信托成立后、保险金产生之前，又有保单的投保人不变更为信托和变更为信托之分。

2. 投保人权益和保险金均置入信托

在这种模式下,在投保人购买保险后,把投保人、保险受益人均变更为受托人。如保单尚有未交保险费,由信托财产继续支付。这种模式下,因保单的现金价值被置入家族信托,与投保人(委托人)的个人财产进行了隔离,故原则上不受投保人(委托人)债务的影响。如信托财产中已备好后续保险费,也可以确保保单不至于因未交保险费失效,最终较好地保证了后续保险金进入信托。

3. "资金信托 + 保险 + 信托"

"资金信托 + 保险 + 信托"的模式是由投保人以其合法持有的资金设立一项资金信托,再由受托人作为投保人,以信托资金购买保险,并将受托人作为保单受益人。[①]未来理赔保险金付至信托名下,成为信托财产的一部分。

(二)保单权益置入家族信托的基本流程

根据不同的模式及情况,保单权益置入家族信托存在一定差异。常规而言,可按下列步骤进行。

(1)选择保险公司和信托公司组合。

理论上而言,保单权益作为家族信托财产,其信托受托人可以是任何自然人及具有相应行为能力的组织;但在我国当前的制度环境下,保险公司等其他组织不能从事信托业务,自然人担任受托人又存在多重障碍,所以信托公司担任含保单权益的家族信托的受托人成为当然选择。鉴于保险金信托涉及保险机构和信托机构的衔接,各机构对保单权益作为信托财产相关法律规则的理解以及自身风控要求并不完全一致,所以目前落地的保单权益置入家族信托实际上要在具有合作关系的"保险公司+信托公司"组合中进行选择。投保人根据自身需求,选择可以满足其目的的保险公司和信托公司组合(相互无合作协议的保险公司和信托公司,可能导致保险金信托最终无法成功设立)。

(2)选择保险产品并完成投保。

保险金信托涉及保险和金融两种金融工具,因而包含两种法律关系。保险金信托的典型形态,是"前端保险+后端信托",是保单得来的钱再放入信托,而保单的资金来源于投保人。从财富管理的角度来看,保险金信托是投保人为管理财富采取的措施,所以信托端的委托人,宜同时为保险的投保人。[②]按照保险规划方

---

① 具备此项安排的保险金信托通常被称为保险金信托的 3.0 版本,监管口径等原因目前未能充分落地。另有观点,认为保险金信托的 3.0 版本指家庭(成员)保单权益置入信托的情况。

② 此外,根据我国《保险法》的规定,保险金原则上属于被保险人,并且受益权的最终决定权在被保险人手上。所以,保险金信托需要通过一个专门的法律安排,来避免投保人和被保险人之间的冲突,以保证信托的平稳设立。

案购买大额人寿保险或者年金型保险,并指定保险受益人,完成保险合同的签订。

(3)协商制定信托方案。

根据前文所述,在我国目前的法律环境下,应选择专业的信托公司担任保险金家族信托的受托人。受托人对委托人所投保的保险、信托期限、信托目的、信托受益人及收益分配方式等进行充分的调查与分析,与委托人协商制定信托方案。

(4)签订信托合同。

信托方案确定后,委托人与受托人就合同内容达成一致,并签订信托合同。信托合同应当包含信托当事人的身份信息、保险金范围、种类、受托人管理信托财产的方式、受益权人的信托利益的方式及受托人报酬等内容。

(5)变更保险受益人。

保险金信托合同签订后,委托人(投保人)应到保险公司办理保险受益人变更手续,将保险受益人变更为信托公司。此时需要注意的是,如果投保人与被保险人不相同。《保险法》第三十九条规定:"人身保险的受益人由被保险人或者投保人指定。投保人指定受益人时须经被保险人同意。"第四十一条规定:"被保险人或者投保人可以变更受益人并书面通知保险人。保险人收到变更受益人的书面通知后,应当在保险单或者其他保险凭证上批注或者附贴批单。投保人变更受益人时须经被保险人同意。"因此,如投保人与被保险人非为同一人,在设立保险金信托前,应与被保险人进行协商,确保被保险人配合变更保险受益人,且后续不会因为被保险人行使受益人变更权导致目标落空。

三、保单权益作为家族信托财产需要关注的几个重点问题

保险金信托涉及保险和信托两种法律关系,结构比较复杂,随之而来的是要受到更多法律法规的限制。目前,我国《信托法》及《保险法》等相关法律尚未对保险金信托做出特别规定,没有实体法及程序法上的明确指导,一些问题还存在模糊之处,不同机构对不同模式的保险金信托的接受度不同,从而影响了保险金信托的发展。

(一)保险合同解除问题

《保险法》第十五条规定:"除本法另有规定或者保险合同另有规定外,保险合同成立后,投保人可以解除合同。"对典型的"保险+信托"模式来说,因为投保人的权利并没有放进信托,后续投保人"退保"将使信托无法真正设立。即便通过合同预先排除投保人的合同解除权,其能否对抗投保人的债权人尚存疑问,依然可能因投保人的债权人主张债权被法院要求强制解除并执行现金价值。另外,

《保险法》还规定了当出现法定情形时，保险公司可解除保险合同。不论保险合同被投保人还是保险公司解除，保险合同不存在了保险金自然也就消失了，没有保险金可放入信托，最终导致信托设立失败。

（二）保险金信托生效时间问题

对于典型的"保险+信托"保险金信托而言，在达到保险合同约定的赔偿或保险金给付条件前，保险金没有到位，意味着信托财产尚不存在，委托人与受托人即使签订了家族信托合同，该家族信托仍处于成立但未生效的状态，必须等到保险金进入家族信托专户时，该保险金家族信托才正式生效。这就使家族信托生效的时间具有不确定性，甚至会出现上文所述的保险合同被解除的情况，由此所产生的信托账户管理成本和等待成本也是造成很多信托公司开展保险金信托业务积极性不高的原因之一。

（三）受益人的适格性

如前所述，保单权益置入信托的重心，是保单受益权转移到受托人名下，也即将保险的受益人变更为作为受托人的信托机构；在此基础上，委托人再通过信托文件，指定原来保险关系中的保险受益人为信托受益人，由受托人将运行保险金信托所得收益分配给信托受益人，以更好地帮助委托人实现家庭财富管理及传承的目标。可以看出，把信托受托人作为保险受益人是其中非常关键的一环；但在保险实践中，保险公司为管控风险，往往要求受益人同样要有可保利益，所以可以被指定的受益人经常被限定为投保人本人、其配偶、子女以及与投保人有抚养、赡养或者扶养关系的家庭其他成员、近亲属等。所以，保险公司负责风险控制的人往往习惯性地会认为，信托公司不适合被指定为保险受益人。这也是一度困扰保险金信托发展的重大问题。事实上，《保险法》并没有规定保险受益人需要有可保利益。《保险法》第三十九条规定："人身保险的受益人由被保险人或者投保人指定。投保人指定受益人时须经被保险人同意。投保人为与其有劳动关系的劳动者投保人身保险，不得指定被保险人及其近亲属以外的人为受益人。被保险人为无民事行为能力人或者限制民事行为能力人的，可以由其监护人指定受益人。"经被保险人指定或同意投保人指定，信托公司成为保险受益人并不存在法律障碍。所以，越来越多的保险公司开始跳出惯性思维，同意将信托公司作为人寿保险合同的受益人。

保险金信托产品案例——中信"托富未来"保险金信托

2014年5月4日，中国中信集团有限公司金融板块旗下的中信信托和信诚人寿合作推出了国内首款保险金信托产品——"托富未来"。该产品的目标客户是净资产量达到600万元的中高端人群。该款保险金信托产品的起点门槛是保险投保额不低于500万元，保险费的交纳方式分为一次性交清、分三次交清和分十年交清。以保险费较高的57岁中年女性做投保人为例，如按3次交款计算，该投保人总计需要交纳保险费300万元，杠杆约为60%。客户通过选用该产品，在享受保险的保障及杠杆功能的同时，还享受到家族信托在财富管理和传承方面的功能。

该产品的运作方式如下：首先由投保人购买一款大额终身寿险，该寿险产品以被保险人残疾或死亡为给付条件。投保人在购买保险产品的同时，与信托公司签订信托协议，以对保险金的请求权作为信托财产。在发生理赔前，投保人的保险金在保险公司，一旦达到保险合同约定的保险金给付条件，保险理赔金就进入信托公司转化为信托资金，信托公司再按照信托合同的规定，管理和处分该笔信托资金，且在保险事故发生前，投保人可以按照自己的意愿修改信托协议。

第十四章　家族信托的功能

第一节　家族信托的功能概述

一、家族信托的功能分类

（一）财富传承功能

财富积累的过程大致遵循创造财富、管理财富、传承财富的路径，而如何使家族基业长青是财富拥有者特别关心的问题。财富能否完整地传承到后代手上，家庭财富是否会因为子女婚变外流或被挥霍损失，"富不过三代"的魔咒会不会降临到自己的家族，让几乎所有高净值人士感到焦虑。目前常见的财富传承工具包括遗嘱、赠与、保险、家族信托等，在解决财富传承风险上各有长短，相比之下，家族信托的财富传承功能最强。通过家族信托，可以更好地实现家族财富的有效传承。

首先，家族信托具有很强的灵活性。家族信托通过信托架构设计，可以实现

灵活的权利机制安排。委托人可通过信托文件，预先规划好家族财富的分配方案，包括确定受益人的范围、受益权取得的前提条件等。利用信托合理地分配财产，可以避免其他财产继承方式的烦琐手续，同时能有效防止后代子孙挥霍家产，或因管理不善造成家族财富的流失，从而保障财富的有效传承。

其次，家族信托具有综合管理功能，可以根据委托人的具体目的对信托进行不同的架构设计。例如，可以在家族信托中设立家族成员教育基金、家族成员创业基金、慈善基金等，以满足委托人对财富传承的不同目的。家族信托成立后就实现了资产所有权和受益权的分离，信托财产具有独立性，因此可以防范家族成员因家庭关系的变化而负担债务的风险。

最后，家族信托的期限较长，通过对家族信托进行合理的框架设计，可以实现对财富更长久的传承。

案例

小洛克菲勒将其从父亲处继承而来的石油股票资产，分别于1934年、1952年为其妻子与6个子女及祖辈设立了两个不可撤销信托，并通过信托文件规定，受益人在30岁之前不能动用本金，只分享收益，30岁之后可在信托委员会的同意下动用信托本金。在继承其父巨额的石油股票资产之后，小洛克菲勒为其妻子与6个子女设立了信托，又于78岁时为其孙辈设立信托。受益人亡故后，信托受益权自动传承给受益人的子女。小洛克菲勒除赋予信托受托人管理信托财产的部分权力外，还另行指定其亲信成立了信托委员会，并赋予其处置信托资产的绝对权力。该信托委员会作为实际受托人使得小洛克菲勒对其设立的信托拥有间接的控制权，在家族财富的传承中起到了关键作用。

（二）财富保护功能

财富保护功能，是基于信托财产的独立性而实现资产隔离，最终使家族财产避开受到损失的风险。对于高净值人士来说，伴随高收入的是高风险。尤其是作为企业实际控制人，其个人资产与企业资产难以界定时，企业的债务危机往往会波及企业实际控制人的个人财产。此时，信托财产的独立性将赋予家族信托完美的财富保护功能。委托人通过设立信托，将信托财产与其固有财产有效隔离。在一般情况下，委托人遭遇的任何变故都不影响信托的存续，不会波及信托财产。对于受托人而言，如受托人破产，信托财产也不能成为被追偿的对象。与此同时，在信托存续期间，受益人享有的是信托财产的受益权以及信托文件指定的其他权限，而不是信托财产本身，因而受益人的债权人也无权对信托财产进行追偿。如此一来，信托财产的隔离保护机制，可以通过家族信托架构设计，将打算保留为家族所用的财产从个人财产中隔离出来，使其不因个人或企业所遇到的风险而遭受损失，实现对家族财富的保护。

此外，信托的风险隔离功能还常常被高净值人士用于规避婚变带来的家族财富损失风险。婚姻对个人财富的影响是巨大的，比如，婚前财产很容易被混同为夫妻共同财产，夫妻共同财产可能被某一方转移，婚姻关系存续期间一方举债可能由双方负担；同时，离婚股权分割还可能影响家族企业的稳定。通过设立家族信托，可将关键财产置入信托之中，家族经济支出通过信托受益权来满足，从而使关键财产与家庭成员的婚姻完全隔离。当发生婚变时，家族信托充当了"防火墙"的角色。

案例

世界传媒大亨默多克通过GCM信托公司设立并运作家族信托。默多克家族持有新闻集团近40%的有投票权的股票，其中38.4%由默多克家族信托基金持有。家族信托的受益人为默多克的6个子女，默多克与前两任妻子的4个子女是信托的监管人，拥有对新闻集团的投票权；而与后来的妻子的两个女儿有受益权但没有投票权。这样，新闻集团的控制权就牢牢掌握在默多克家族手中。在默多克与后来妻子的离婚案中，其妻只分得2000万美元的资产，离婚之事并未影响新闻集团的资产与股权。

（三）家族治理功能

家族治理在保证家族的延续及家族企业的持续性经营方面有着至关重要的作用。成功的企业拥有优越的制度架构和企业文化，而对于一个想要长久繁荣的大家族来说，同样需要完善的家族治理结构和优秀的家族文化。最好的财富传承不应只是金钱的传承，而应包括精神与能力的传承。家族治理的途径主要有，通过制定家族宪章明确家族的价值观与使命感，以及通过设立家族治理机构，如家族大会等，用以商讨和决策家族重大事项。家族信托可以作为进行家族治理的重要载体，通过具体的家族事务管理工作来完成家族治理机构及家族宪章所提出的要求。

对家族企业来说，如何配置企业的控制权和经营管理权，是家族企业治理的关键。对于家族企业的创始人而言，在家族企业面临传承时其所担心的问题往往有以下两个：一是家族企业继承人的选任。当有多个家庭成员想要继承家族企业时，如何做出选择？如果其子女缺乏对企业管理的兴趣和能力，又如何保障家族

企业的基业长青？二是在企业传承过程中，股权逐渐稀释分散到多个继承人手中，容易削弱家族对企业的控制权。企业家可以通过以企业股权作为信托财产设立家族信托，将股权与家族成员相剥离，从而避免无谓的股权结构变动，影响家族对企业的控制权；同时，委托人可以通过信托文件对家族企业的治理方式进行具体约束，防止因继承而导致不合格的股东进入企业，从而影响家族企业的运营。此外，为了进一步保障家族对企业的有效控制，可以在家族信托中设立信托保护委员会。该委员会除包括家族成员代表外，还可以包括企业运营中所需要的专业人士，如税务会计、资产管理和法律方面的专才，以充分发挥家族企业的治理功能。

（四）税务筹划功能

税务筹划的重点，是通过一定的统筹安排避免多交冤枉税，从而降低个人或其家族企业的税负。委托人通过将信托财产转移给受托人，使信托财产成为独立的财产，再根据当地的税收法律辅之以适当的信托架构设计，可以发挥一定的递延纳税乃至节税功能。

一般而言，利用信托财产的独立性可以有效地解决高遗产税率带来的财富困扰，通过设立较长期限甚至永久期限的信托更是能帮助解决家族财富多代传承的赋税问题。我国台湾地区富豪蔡万霖去世后留下巨额遗产，按照当地的法律规定，其继承人需要缴纳782亿元（新台币）的遗产税，但由于蔡万霖购买了数十亿元（新台币）的巨额人寿保险并将其放置在家族信托中，最终该家族实际只缴了5亿元（新台币）的遗产税。

此外，家族企业也可以通过信托优化税务架构，合理降负。通过信托架构设计，将家族企业股权置入信托之中，通过将企业所有权转移而只保留对企业的控制权的方式，可以起到对流转税及个人所得税等的降负作用；同时，通过设立离岸家族信托进行灵活的跨区域配置，运用特定区域的税收优惠政策进行结构优化，也可以起到降负的效果。

（五）信息保密功能

我国《信托法》第三十三条第三款规定："受托人对委托人、受益人以及处理信托事务的情况和资料负有依法保密的义务。"虽然中国银保监会于2017年发布了《信托登记管理办法》，规定信托机构开展信托业务，应当依法办理信托登记；但其中第二十六条第二款同样规定了，信托登记公司和信托受益权账户代理开户机构应当对所知悉的委托人或者受益人开户信息以及信托受益权账户信息依法保密。因而只有受益人可以依法查询自己信托受益权账户中记载的信息，但受益人无权查询同一信托下他人信托受益账户中记载的信息。此外,许多高净值人士选择设立离岸信托,在许多国家的立法下,信托相关文件不必对外进行登记或者公示。如英属维尔京群岛的信托法明确规定,无须就信托契约及相关附随信托文件在政府部门或管理部门进行登记。

设立家族信托后,信托财产的管理和处分都是以受托人的名义进行的,受托人对相关信息负有保密义务,从而可以避免信息公开可能带来的一些风险。信托的信息保密功能能够有效降低财产外露引发的风险,保护家族成员的个人隐私,同时避免不必要的家庭内部矛盾。

案例

在我国香港商人庞鼎文家族诉香港遗产署一案中,因诉讼的需要,庞鼎文生前所设立的家族信托相关信息才得以披露。庞鼎文在20世纪80年代末将其经营的钢铁公司迁出香港,并在马恩岛设立了5个单位信托,受益人是他的妻子和7个子女,唯一受托人是庞鼎文在马恩岛设立的私人信托公司。通过一系列复杂交易,庞鼎文将巨额财产隐秘低调地做了转移,避开了信息公开可能带来的各类风险。

二、家族信托与其他财富管理工具的功能比较

(一)家族信托与遗嘱

遗嘱是自然人于生前对自己死后事务进行安排的行为。就财富传承管理而言,遗嘱是自然人生前对个人财产进行处分,并于遗嘱人死亡时发生法律效力的单方民事法律行为。遗嘱与家族信托同为财富传承的重要法律工具,二者结合最紧密的地方是,可以通过遗嘱来设立家族信托。与常规遗嘱(非设立家族信托)相比,家族信托有它的优势与局限。

1. 与常规遗嘱相比,家族信托的优势

与常规遗嘱相比,家族信托主要有以下优势。

(1)家族信托可以实现对家族财富的持续管理。常规遗嘱一般只能解决对现实财产的分配问题,不能实现对财产的持续管理。在遗嘱人死亡后,继承开始,在缺乏监管的情况下,遗产转移到被继承人手中后,可能会出现一些继承人对继承所得的财产挥霍无度的情况,使家族财富的传承难以得到保障。相比之下,家族信托可以实现对家族财富的个性化分配与传承,达到对家族财富持续管理的目的。家族信托的委托人可以根据自己的意愿,通过信托文件灵活设置受益人以及

信托利益的分配方式、数额、取得条件等内容。相比针对现实财产进行一次性给付的遗嘱继承而言，家族信托更有利于实现家族财富的有效管理与传承。

（2）家族信托具有更全面的风险隔离功能。常规遗嘱不具有家族信托的风险隔离功能，如规避婚变风险、避免债务追索，等等。当被继承人负有债务和欠缴税款时，继承人只能继承债务清偿、税款缴清后余下的遗产。相对于常规遗嘱而言，家族信托具有独特的风险隔离功能，基于信托财产的独立性，家族信托可以有效地隔离信托当事人的债务，从而避免了因信托当事人的财产混同、债务追索以及婚变带来的财产分割等给家族财富带来的损失，从而发挥比常规遗嘱继承更为全面的风险隔离功能。

（3）家族信托具有更高的稳定性。遗嘱设立的形式多样，且属于遗嘱人单方的设立行为。法律规定中也着重体现了对遗嘱人真实意愿的保护，但在实践中，遗嘱的有效性容易受到继承人质疑，从而引发纠纷。例如，遗嘱人在弥留之际以合法形式立下遗嘱，部分继承人因为遗嘱授予的利益低于其法定应继份额，便以遗嘱人设立遗嘱时已不能完全辨认自己的行为为由，要求确认遗嘱无效。这样一来，遗嘱相关利益人容易陷入纠纷之中。相比之下，家族信托通常是委托人于生前设立的，其个人财产进入信托的过程基本上是由委托人亲手掌握，即便是在委托人身故之后，受托人也仍将继续按照信托文件的约定管理和处分信托财产；同时，家族信托的受托人通常为具有专业能力的信托机构，在很大程度上能够保证委托人的财富保护和传承目的得到贯彻实施。

2. 与常规遗嘱相比，家族信托的局限

与常规遗嘱相比，家族信托的局限表现为以下几点。

（1）家族信托的设立门槛较高。如前所述，监管部门要求营业类家族信托的信托财产不低于1000万元人民币；而通过常规遗嘱处分的财产，无论何种形式的遗嘱，均没有关于遗产数量及价值的限制性要求。

（2）通过家族信托管理的财产类型受到一定限制。通过常规遗嘱处分财产，没有财产类型的限制，各类财产都可以。相比之下，因为信托涉及信托性公示的问题，故以股权、不动产等财产设立家族信托受到一定限制。此外，通过信托公司设立家族信托，还要受到信托公司的金融属性及各公司内部控制的限制。

（二）家族信托与常规民事协议

民事协议是实践中最具普适性的财富管理工具。严格意义上来说，家族信托合同也属于民事协议的一种。在财富管理实务中，赠与协议、夫妻财产协议、离婚协议、遗赠扶养协议等常规民事协议运用得非常广泛。与常规民事协议相比，家族信托有它的优势与局限。

1. 与常规民事协议相比，家族信托的优势

与常规民事协议相比，家族信托主要有以下优势。

（1）家族信托可帮助委托人采取私密及单边行动来做出财富安排。家族信托是委托人单方与受托人之间的协议，因而不需要经过其他家庭成员的同意，并且可以按照委托人的意愿不让家庭成员提前知晓信托的相关安排，受托人也依法对信托资料和运行情况负有保密义务。民事协议往往需要作为财富关联人的家庭成员签字认可，才可生效。这就使得当事人在通过协议对个人财产做出安排时会在一定程度上受到家庭成员的影响。例如，尽管婚前财产协议是很好的个人婚前财富保护工具，但这一安排实务中并不多见，原因在于落实该安排的前提是取得对方的同意。如果通过家族信托来保护个人婚前财富，就不存在这样的问题。

（2）家族信托可以同时发挥对多种常规民事协议的功能替代作用。家族信托受《信托法》的调整，委托人可以通过信托文件中的条款设置，避开《民法典》等法律法规中与委托人意愿背离的财产规则的约束，并且可针对不止一项规则发挥作用。例如，婚姻关系存续期间设立的家族信托，通过一定的结构设计让夫妻双方都能获得有保障的相当收益，便可以替代后续离婚时的财产分割协议；该家族信托中向子女给付利益的条款，实际上同时替代了每次向子女赠与财产的协议。

2. 与常规民事协议相比，家族信托的局限

与常规民事协议相比，家族信托具有以下局限。

与常规民事协议得到普遍运用相比，家族信托小众化的关键在于，其设立门槛及成本较高，且架构设计更加专业化。常规民事协议，基本上没有设立门槛，几乎对任何合法财产都适用；并且法律规则明确，相关司法案例也非常多，所以当事人在很大程度上自己可以直接运用，比如，使用频率非常高的赠与协议、离婚协议。相比之下，家族信托如以信托公司为受托人，待管理的财产额低于1000万元便无法设立，很多财产目前还无法置入信托或者置入成本很高；如果得不到专业人士的支持，当事人可能根本不知道该从何入手。

（三）家族信托与保险

与营业类家族信托相似，当保险作为财富管理工具时，是以专业金融机构作为平台来推动的。因其具有高度的专业性，且产品种类多样，在高净值人士中的接受度也比较高。与保险相比，家族信托有它的优势与局限。

1. 与保险相比，家族信托的优势

与保险相比，家族信托主要有以下优势。

（1）家族信托具有更强的风险隔离功能。保险的风险隔离功能受限较多。比如，就债务风险来说，根据《保险法》第四十二条的规定，如果没有明确的受益人，在被保险人死亡后，保险金将被作为被保险人的遗产进行分配。因此，如果被保险人突然死亡且未在保单中指定受益人，当被保险人有未清偿债务时，保单的现金价值可能会作为被保险人的财产被追偿，剩余的保单现金价值作为遗产再进行分配。家族信托财产的独立性使信托财产与信托当事人的自有财产隔离开来，不属于其遗产或清算财产，有关第三人也不得就信托财产主张权利，从而实现债务隔离功能。

（2）家族信托对受益人的安排更为灵活。保单的利益授予，基本上无法附条件，在分期支付设置上也受到较多限制，比如，被保险人身故后的保险金分期支付只能得到少数产品的支持。相比之下，家族信托的授予无论是在条件还是期限设置上，都具有非常大的弹性。虽然在实务中各家机构把握不尽相同，但操作空间确实很大。此外，在保险存续期间，变更受益人会受到《保险法》的一系列约束。如投保人变更受益人需要征得被保险人的同意。对家族信托而言，只要信托文件设置了变更受益人的相关条款，依该条款操作原则上无须经过其他人同意。

（3）家族信托可以实现对多种类家族财产的管理。对于保险而言，只限于传承资金是其作为财富管理工具主要的缺陷。保险所能管理的财富仅限于货币资产。对于财富类型多样的高净值人士而言，保险不能满足他们对于股权、不动产等非资金类财产的管理需求；但在家族信托中，可以将资金、不动产、股权等多种类型的资产置入信托架构中，实现对多种类家族财产的管理。

2. 与保险相比，家族信托的局限

与保险相比，家族信托有以下局限。

（1）家族信托的设立门槛及成本较高。保险基本上是零门槛，各大公司有丰富的产品供当事人选择。相比之下，营业类家族信托的1000万元人民币筑造了较高的门槛；同时，保险无论是在成立阶段还是在运行阶段，基本上都无须承担额外的税费支出；而家族信托在各个阶段都有较高的成本费用。在家族信托设立阶段，在我国目前的税收政策下，不动产、特殊动产、股权等财产的转让将不可避免地产生较高的税务成本。在运行阶段，家族信托还需要承担付给受托人的管理费用，以及一些特殊信托财产的税费支出和维护费用。

（2）不具备保险的杠杆功能。对于人寿保险来说，投保人向保险公司交纳的

保险费，会低于保险公司最后赔给受益人的保险金，这就是人寿保险的保障杠杆功能。保险能够实现以低费用撬动高保障的目的。利用这一功能，保险可以放大传承的财富。相比之下，家族信托不具有这样的杠杆功能。

（四）家族信托与家族基金会

根据国务院发布的《基金会管理条例》的规定，基金会是指利用自然人、法人或者其他组织捐赠的财产，以从事公益事业为目的的非营利性法人。家族基金会则重在家族的共同和持续参与。

1. 与家族基金会相比，家族信托的优势

与家族基金会相比，家族信托具有以下优势。

（1）家族信托的架构设计更为灵活。家族信托的设置只要不违反相关法律规定，原则上受托人与委托人协商一致即可，灵活性强；基金会则受到较多限制。

（2）家族信托具有更高的私密性。家族信托可以较好地保护家族财富的相关秘密，基金会则需面临更多的信息公开问题。

2. 与家族基金会相比，家族信托的局限

与家族基金会相比，家族信托具有以下局限。

（1）家族基金会与家族信托最大的区别，就是家族基金会有独立的法人资格，且没有"股东"，不需要存在一个"受托人"作为存续和运行的前提，也无须通过立法创新在受托人责任与委托人控制权的平衡中做出取舍；而家族信托需要依靠受托人进行管理，并满足严格的受托人的注意义务及财产隔离要求。因此，家族基金会相比家族信托具有更为彻底的独立性，可以更好地避免被关联方的风险所波及。

（2）家族信托委托人的管理权限相对受限。与家族信托不同，家族基金会按照发起人制定的章程运作，发起人也可以担任基金会的理事，继续对财产进行管理、控制；而在信托中，委托人将信托财产委托给受托人设立信托后，受托人成为对信托财产进行管理和处分的义务人与权利人，而委托人虽然可以通过一定的架构继续管理信托财产，但其权限会面临更多的不确定性及限制。

第二节　家族信托与财富传承

在目前金融市场的不确定性提升的情况下，财富传承的重要性和紧迫性进一步凸显，"保证财富安全"和"财富传承"依旧是最重要的两个财富目标。招商银行和西安贝恩管理顾问有限公司（以下简称贝恩管理顾问公司）联合发布的《2019

中国私人财富报告》指出，2019年已经开始准备或者正在进行财富传承相关安排的高净值人群首次超过50%。与此同时，财富传承观念逐渐向年轻化发展，提前进行财富传承安排逐渐成为新的趋势。家族信托作为财富传承的重要工具，其功能可谓强大且全面。随着家族信托服务逐渐完善，成功案例不断增加，家族信托的提及率已从2015年的16%提升至2019年的20%。

一、家族信托架构下的财富传承

财富传承是几乎所有家庭都面临的问题。一般认为，家族信托最有价值的功能是财富传承。经由家族信托进行的财富传承，委托人是财富的拥有人和传出者，受益人是接受财富传承的人，受托人则是委托人和受益人之间的桥梁。委托人把财产转移给受托人，受托人成为该财产的所有人但又无权享受其最终利益，受托人必须根据委托人设定的方式将最终利益交给受益人。这样的安排，使家族信托获得了区别于传统的遗嘱和民事协议的特别优势。委托人对家族及子孙后代的种种心愿都可以借受托人之手，慢慢地实现。在将财富最终交给家人的同时，委托人可以针对家庭成员（主要是后代）可能的挥霍，要求受托人控制向受益人授予利益的节奏，避免受益人短时间内获得太多财产后挥霍一空；也可以针对家庭成员可能面临婚恋生活多变的风险，将利益授予设定为排除受益人配偶，避免家庭财富因后代婚变流出家族；还可以把跨代传承、依法节税、家族治理等种种考量嵌入其中，并长时间保持。尤其是对常规安排下难以予以法律强制力保障的家族精神传承、祭祀安排等特殊心愿，经由恰当的家族信托安排可得到较高程度的保障。家族信托显然并不完美，但不失为家族财富传承的法律重器。

二、财富传承的多样化目标与信托设置

通过家族信托将财富传承给后代，其目标可能是多重的。这些目标大致可以分为生活保障、学业和事业发展、纪念及家族声望等。通常来说，前两个目标更为常见，尤其是第一个。保障性传承的关键，在于确保后代子孙得到必要的资金支持，以维持一定标准之上的生活水平，接受一定标准之上的教育和医疗。生活保障类传承的条款，利益授予的标准应结合信托财产及受益人数量等情况由委托人决定，并按照经济发展或通货膨胀水平保持一定的增长率（购买力维持）；利益授予的期限或条件要求则以定期为原则，在特定时间及情况发生时增加金额为补充。例如，如果只是为了防止子女突然得到大笔财产后挥霍无度，基本上定期支付加上每年随当地人均收入增长率同步调整的利益授予标准便可；但当受益人为未成年人时，则在其达

到一定年龄（通常是成年）后利益授予标准通常会有比较大的调整，结婚及生育时往往会有一笔金额较大的专项资金授予（往往还需就再婚能否再次授予及其次数等问题进行细化设定）。教育和医疗保障，原则上以实际发生为利益授予的条件，对不能从社保和保险报销的部分按实际花费承担，也可根据信托财产及受益人数量等情况设定支付限额。发展性传承的重心，是对后代求学、创业等积极行为予以经济支持，并由委托人事先通过信托文件设定利益授予标准。

纪念性传承主要包括维持特定物品的原状及促使后代子孙从事某些特定纪念活动两个方面。前者的路径，主要是将具有特定纪念意义的财产放入信托，仅供后代无偿使用但不损害其所有权，并由受托人自行或聘用专业机构或人员保管；后者的路径，主要是针对后代子孙设定附条件的受益，比如，去特定场所参与祭祀活动的可获得受益金若干。就当前境内的信托实务而言，由信托公司担任受托人的信托，此两者都不多见，尤其是后者，目前还缺乏有效的实施机制（主要制约因素是实施成本偏高），有待进一步发展完善。家族声望目标，主要通过在家族信托中置入慈善内容来实现。

案例

现年62岁的王先生早年下海经商，积累下不少资产。王太太是家庭主妇，大事都由王先生做主。王先生和太太育有一儿一女。女儿36岁，在一家外资企业工作；结婚10年，和丈夫生育了两个男孩，分别为9岁和6岁。儿子32岁，在王先生的公司任部门副总经理，打算自己创业；结婚3年，和太太育有一个女孩，刚满1周岁。王先生以7000万元资金作为信托财产设立家族信托，由某信托公司担任受托人。信托财产管理事宜全部委托给信托公司，按照风险高、中、低15%：30%：55%的比例进行资产配置。针对家庭实际情况，王先生确定基本分配方案如下（具体条款由顾问律师和信托公司协商确定）。

第一，儿子和女儿，每月各可从信托中领取生活费2万元，支付标准每年都在前一年的基础上增长5%。

第二，在两个外孙上大学之前，女儿每月可领取养儿补贴1万元；在孙女上大学之前，儿子每月可领取养育补贴1万元。之后再有孙子女或外孙子女出生，按前述标准追加。以上费用及补贴支付标准，每年都在前一年的基础上增长5%。

第三，儿子两年之内离开现工作单位创业的，不给任何补助。两年后创业的，提供100万元作为创业启动资金，第二年由信托保护委员会视情况决定是否追加资助，金额根据需要决定，累计不超过500万元。创业失败的，三年后方可再次

申请创业资助。

第四，子女以及孙子女、外孙子女中的任何人，取得大学本科及以上学历教育录取通知书的，每次可领取10万元的助学金。获得毕业证和学位证后，可领取10万元的学业有成奖励金。如系信托保护委员会认定的名牌大学，在前列费用的基础上增加50%。本科、硕士研究生、博士研究生阶段的学历教育，各个阶段每人只有一次领取助学金和奖励金的机会。

第五，子女以及孙子女、外孙子女中的任何人及其配偶，每年医疗支出超过5000元的部分，都由家族信托承担。孙子女、外孙子女结婚的，给予100万元的祝福金（每人仅限一次）。

三、家族信托与家族企业传承

2018年上榜《胡润百富榜》的1893位企业家，平均年龄为55岁，我国第一代企业家正处于家族财富交接的高峰期，代际传承已成为企业家普遍关注的问题。《2019中国家族财富可持续发展报告》指出，企业代际传承中所面临的困难，一是一代企业家与子女之间因价值观、事业观的差异产生了代际传承意愿的矛盾；二是子女管理能力弱，没有足够的专业知识及企业管理经验，因此并不适合做企业的管理者。面对家族企业代际传承的困局，从长远发展来看，选择专业机构协助管理家族企业将会成为实现家族财富可持续发展的重要选择。

通过设立家族信托，将家族企业股权置于信托之中，使家族成员与企业所有权进行有效剥离，避免股权在传承的过程中被分散，避免了不愿或不能胜任家族企业管理工作的家族成员因继承而进入家族企业，从而影响企业的决策及运营；同时，通过信托架构设计，在保证家族对家族企业控制权的同时，隔离来自家族成员婚变、债务等各个方面的风险。此外，家族信托可以建立参与管理激励计划，积极参与家族企业治理的家族成员，除获得一般的受益权之外，还可以根据其参与企业治理的情况给予相应的额外受益权。

第三节　家族信托与债务隔离

得益于信托财产具有独立性的制度优势，家族信托产生了债务隔离这一独特的功能。委托人设立一项家族信托，需要将其合法持有的财产转移给受托人，委托人对该信托财产丧失直接权利。受托人成为信托财产名义上的所有人，有权根据信托文件对信托财产进行管理和处分，但法律规定信托财产不属于其固有财产。受益人享有信托受益权以及信托文件中规定的其他权利，但并非信托财产的直接所有人。由此，信托财产的独立性使得信托财产与信托当事人的自有财产相互隔离，不会成为信托当事人的责任财产或遗产，有关第三人也不得就信托财产直接主张权利，从而使其具有一定的债务隔离功能。

一、与委托人的债务隔离

家族信托通常是委托人基于其对家族财富保护与传承的目的而设立的，一般情况下，委托人以其家庭成员作为受益人设立信托。实践中，委托人多为企业家、影视明星等高净值人士，高收入往往伴随着高风险，一旦委托人因为某种原因背上较大金额的债务，家族财富可能迅速被吞噬，从而让整个家族陷入困境。为此，债务风险隔离成为许多财富家族需要考虑的重要问题。

我国《信托法》第十五条规定："信托财产与委托人未设立信托的其他财产相区别。设立信托后，委托人死亡或者依法解散、被依法撤销、被宣告破产时，委托人是唯一受益人的，信托终止，信托财产作为其遗产或者清算财产；委托人不是唯一受益人的，信托存续，信托财产不作为其遗产或者清算财产；但作为共同受益人的委托人死亡或者依法解散、被依法撤销、被宣告破产时，其信托受益权作为其遗产或者清算财产。"可以看出，信托成立后，信托财产独立于委托人的自有财产。家族信托原则上为他益信托，受益人以委托人之外的家族成员为主。在纯他益信托情形下，家族信托财产就会和委托人脱离关系，当委托人死亡、破产或解散时，完全为他人设立的家族信托的信托财产不作为其遗产或者清算财产，非委托人的信托受益人的受益权不受影响。如果委托人也将自己设置为受益人之一，委托人主体资格的消灭，仅会导致其自己那部分受益权被作为遗产或清算财产，但是并不会影响整个信托法律关系的存续以及其他受益人的受益权。

家族信托的债务隔离功能须在信托不存在效力瑕疵时才能实现。家族信托存在效力瑕疵的原则上没有隔离功能。第一，家族信托无效的，不能隔离。《信托法》第十一条规定："有下列情形之一的，信托无效：（一）信托目的违反法律、行政法规或者损害社会公共利益；（二）信托财产不能确定；（三）委托人以非法财产或者本法规定不得设立信托的财产设立信托；（四）专以诉讼或者讨债为目的设立信托；（五）受益人或者受益人范围不能确定；（六）法律、行政法规规定的其他情形。"第二，被撤销的家族信托不能隔离。《信托法》第十二条第一款规定："委托人设立信托损害其债权人利益的,债权人有权申请人民法院撤销该信托。"比如，

家族信托成立时委托人已资不抵债，设立家族信托将会进一步削弱债务人的偿债能力，最终危及债权人的债权，此情形下债权人可申请撤销该信托。此外，根据《民法典》第五百三十八条、第五百三十九条的规定，债务人以放弃其债权、放弃债权担保、无偿转让财产等方式无偿处分财产权益，或者恶意延长其到期债权的履行期限，影响债权人的债权实现的，债权人可以请求人民法院撤销债务人的行为；债务人以明显不合理的低价转让财产、以明显不合理的高价受让他人财产或者为他人的债务提供担保，影响债权人的债权实现，债务人的相对人知道或者应当知道该情形的，债权人可以请求人民法院撤销债务人的行为。因此，债权人也可以基于《民法典》的规定，对债务人侵犯其合法权益的信托行为行使撤销权。

此外，根据《信托法》第十七条的规定，债权人对信托财产已经享有优先权，并依法行使该权利的，债权人可申请强制执行信托财产。此情形下的家族信托，对该特定债权也无债务隔离功能。另外，如家族信托因某种原因仅存委托人作为唯一受益人，该家族信托原则上无法隔离委托人的债务；委托人经由信托文件为自己保留了解除信托并取回剩余信托财产的权利，或者其他实质上可以支配信托财产的权利，均可能导致该家族信托无法隔离委托人的债务。

案例

刘先生经商多年，积攒下不少家业。数年前，刘先生的生意下滑得厉害，连续两年出现亏损。平常主要负责照顾孩子的王女士（刘太太），担心万一刘先生生意失败导致家庭生活困难，遂决定设立家族信托以隔离风险。王女士经刘先生同意，从夫妻共同财产中拿出2000万元，委托给A信托公司设立"王刘氏××家族信托"。双方签订的信托合同（包括补充协议）约定，该信托存续期间为长期，王女士不得以任何理由提前终止该信托，王女士、刘先生、双方共同的子女、各方父母为受益人。后来刘先生因生意失败欠下债务，债权人甲公司获得胜诉判决后要求执行王刘氏××家族信托中的财产。法院经审查认为，王刘氏××家族信托设立时刘先生尚未与甲公司发生债权债务关系，也不存在无效事由，相应的信托财产不属于可被执行的财产。

二、与受托人的债务隔离

委托人将其合法持有的财产委托给受托人设立家族信托后，受托人成为信托财产名义上的所有人，但该信托财产相对于受托人的固有财产而言也是独立的。

《信托法》第十六条明确规定："信托财产与属于受托人所有的财产（以下简称固有财产）相区别，不得归入受托人的固有财产或者成为固有财产的一部分。受托人死亡或者依法解散、被依法撤销、被宣告破产而终止，信托财产不属于其遗产或者清算财产。"受托人对于信托财产必须单独管理、分别记账，不得与其固有财产混同管理；同时，受托人须严格依照信托文件的约定对信托财产进行管理、处分。信托财产除了独立于受托人固有财产以外，在受托人管理、处分信托财产的过程中所产生的债权也具有独立性，受托人不得将这些债权与其固有财产产生的债务相抵销。

《信托法》允许受托人是法人或自然人，实践中，家族信托的受托人一般由专业的信托机构担任。当前持牌的信托公司只有60多家，管理相对比较规范。所以，尽管有些财产在由委托人转移至信托公司名下之后无法实现信托性公示，但只要信托公司严格遵守有关规定分别记账，其隔离效果基本上能得到法院认可。如信托机构被依法解散、依法撤销或被宣告破产，家族信托财产不会被列入清算财产，而受托人自身债务的债权人也不得申请强制执行信托财产。信托机构作为受托人时，其被依法解散、宣告破产也是导致其受托人职责终止的原因之一，但其责任的终止不会影响家族信托的存续，清算人应当妥善保管信托财产，并协助新受托人接管信托事务。

对自然人担任受托人的家族信托来说，虽然根据法律规定信托财产可以隔离其债务，但因为其缺乏必要的公示机制以及容易引发"借信托之名逃债"的争议，其债务隔离效果不易得到法院认可，风险系数较高。

三、与受益人的债务隔离

受益人在家族信托中享有受益权，但对于信托财产本身而言，受益人并不享有所有权。受益人不得对信托财产进行直接管理与处分，其债权人也不得申请强制执行信托财产。

《信托法》第四十七条、第四十八条规定，受益人的受益权可以用于清偿债务，也可以依法转让和继承，但这些权利受到法律、行政法规及信托文件的限制。因此，委托人可通过在信托文件中设置特殊条款，对受益人对其受益权的处分权限进行限制，以达到将信托财产与受益人债务隔离的目的。

此外，《信托法》第五十四条规定："信托终止的，信托财产归属于信托文件规定的人；信托文件未规定的，按下列顺序确定归属：（一）受益人或者其继承人；（二）委托人或者其继承人。"信托终止后，为了防止信托财产被信托权

利归属人用于偿还债务或者被强制执行,委托人可在信托文件中确定信托财产权利归属人的范围,如把无债务风险的受益人设置为信托权利归属人,或者规定信托终止时,无债务负担的受益人可参与信托财产的分配。由此,在信托的整个运行过程中充分发挥家族信托的债务隔离功能,以最大限度地保护家族财富的安全。

案例

刘老先生和梁女士共育有三个子女:刘一、刘二、刘三。刘一、刘二生活习惯较好,二老都比较放心;但刘三生活作风散漫,还喜欢赌博。刘老先生和梁女士商量之后,将共同积蓄的一半用于设立家族信托。刘老先生在信托合同中指定自己、梁女士及三个子女为受益人,并明确受益权不得用于清偿受益人的债务。

第四节 家族信托与婚姻财富管理

婚姻带来的财产问题多种多样,一段婚姻从婚前到婚内,或是以离婚告终,会涉及各类财产问题。通过设立家族信托,许多问题都会迎刃而解。

一、家族信托与婚前财富保障

一方的婚前财产,可能会因为婚后主动或被动地处分等情况,全部或部分转化为夫妻共同财产。其中的被动处分,典型者如使用婚前个人存款婚后购房,因当地住房及不动产登记部门把另一方出具所谓的"权利放弃声明"或"同意仅登记在一方名下的声明"作为婚内购房登记在一方名下的前置条件,该方为了不影响夫妻感情只得将房产登记在双方名下。此外,一方的婚前财产会因为婚姻关系存续期间的流动、使用、投资收益等情况,导致财产所有权界限模糊,从而很难证明是婚前个人财产,以致被推定为夫妻共同财产。比如,一方婚前的存款,婚后多次被和婚后所得一起用于购买理财产品、出借给亲朋好友,在这一过程中还发生了多次消费行为,实际上已经很难从全部财产中辨认出这笔婚前个人存款了。一旦婚姻关系出现问题,拥有较多婚前财产的一方可能会因财产分割而遭受损失。婚前财产保障因此成为诸多拟进入婚姻的高净值人士的需要。

家族信托的优势在于,通过将个人婚前财产置入信托,使该部分财产与委托人的其他财产及后续的所得保持隔离,并且界限清晰。因为委托人也无权直接动用信托财产,所以前述因为主动或被动处分受到损失的风险会大大降低;又因为信托财产由受托人管理并严格记账,所以前述混同的风险也基本上消除。

案例

某企业高级管理人员W女士和前夫离婚时,分得价值约5000万元的财产,直接抚养双方五岁的女儿。W女士和公司同事L先生走到了一起。两人处了一段时间之后,L先生向W女士求婚。W女士想和L先生结婚,但又担心L先生日后变心。因为L先生比W女士小3岁,在公司的职务和收入都比W女士低,也没什么财产。W女士担心L先生是因为自己的经济条件才向自己求婚,以后他有钱了可能会抛弃自己。W女士希望将自己的婚前财产保护起来,同时又不影响其保值增值及自己正常的开支。分析意见:W女士名下的两套房屋按揭贷款已经还清,只要结婚后不卖,无须担心婚后财产混同问题。W女士在结婚之前,将银行存款、理财产品等用于设立家族信托。信托生效后,该部分财产成为信托财产,不在W女士名下。此部分财产相关信息除W女士外只由信托公司掌握,可以对L先生保密。信托公司收到财产后,会按照W女士的要求进行资产配置,实现该部分财产的保值增值。在此过程中,该部分财产及其增值、收益等始终独立于W女士,更与L先生无关,不用担心婚后财产混同问题。W女士可以在信托合同中,将自己和女儿指定为受益人,并明确该部分利益授予受益人个人(排除与配偶共有的可能)。W女士的日常生活,优先从工资薪金收入及那套出租房的租金中支出,不足的再去行使受益权。这样一来,W女士的婚前财富便得到了强有力的保障,但又不影响其保值增值及正常利用。

二、家族信托与婚内财富保全

根据我国现行婚姻法的有关规定,婚姻关系存续期间所得原则上属于夫妻共同财产。所以但凡结婚年数比较长的,基本上各方名下的财产都属夫妻共有。只是这样的共有,在实践中并不意味着利益必然真正共享。很多时候,一方作为法律上的财产共有人,只能支配极少部分的财产,因为对方擅长投资理财,或者长期以来都是由对方在掌握运用财产。在这样的情况下,不掌握财产的那一方会感到不安,因为万一对方变心,悄悄地转移财产,可能等到自己发现时为时已晚。另外,即便对方没有异心,只是对财产的态度发生变化,比如冒险

投资或者挥霍,因为自己不掌握财产所以不能及时发现对方的这种情况。这样的问题,有时候会引发家庭内部大战,如果没有找到好的解决方案,问题很难得到很好的处理。显然,一方不放心对方虽然可以理解,但由长期不掌管财产或不善投资理财的那一方来掌握财产,也确实不合适。

把财产放入家族信托,通过架构设计切断任何一方单方解除或撤销信托的可能,然后对信托财产的管理和分配做出合理约定,协调双方的立场,是解决前述夫妻共同财产管理难题的有效方法。夫妻共有财产被转移给受托人之后,不再归属夫妻任何一方,彼此不放心,担心对方转移财产的问题基本上迎刃而解。接下来的关键,是不让任何一方可以单方终止信托或者调整受益权,这一点只要信托合同不做特别保留原则上就可以实现。至于信托财产的管理,可以为擅长投资理财的那方保留一些参与的权利,以便其发挥专长。在此基础上,对受益权做公平分配,首先把双方需承担的义务通过受益权的方式予以分解,比如对父母的赡养、对子女的抚养等都通过受益权来解决;其次,根据双方的情况,设定利益授予条款,使双方平等地从家族信托中受益。经过这种操作,夫妻共同财产得以固定,任何一方都不会因为对方的不当行为遭受损失,并且对家庭责任及双方生活都做出较好的安排。

三、家族信托与离婚财产分割

在离婚过程中,双方经常会为财产分割争执不下,因为就财产在彼此间的分配问题难以达成一致,有些案件只得将财产赠与子女作为破局之举;而过早地把大量财产转移给子女,显然存在相当大的风险。这种风险,包括子女可能因此丧失奋斗动力、任意挥霍等,也包括当事人本人后续可能陷入无钱养老的尴尬境地。此外,对企业家来说,其婚变风险不仅体现在企业家的个人财产方面,还可能因股权分割或离婚诉讼影响企业的发展。现实中,不乏因企业家婚变而导致公司运行出问题或支付巨额"分手费"的例子。可见,若夫妻双方在离婚时无法在股权分割上达成一致意见,企业家的婚变将给企业的运营带来一定的冲击。尤其是对于上市公司来说,控股股东或实际控制人婚变会影响公众对公司盈利能力的判断,导致上市公司股价下跌。针对上述问题及困扰,除了在具体处理过程中严格依法办事、通过配套相关措施堵住漏洞之外,家族信托作为一种替代性方案也有其重要价值。

拟离婚的双方当事人,可用拟分割的夫妻共同财产设立家族信托,并通过架构设计切断任何一方单方解除或撤销信托的可能,并且不让任何一方可以单方终止信托或者调整受益权,由此保证该部分财产全部进入信托,真正独立于任何一方当事人。然后根据双方的情况,对信托财产的管理做出合理约定,在可能的情况下考虑全部委托给信托公司。最后对家族信托的受益权进行合理分配,使各方当事人公平地获得相关利益。

案例

企业家梁某与妻子吴某婚姻走到尽头。此时,梁某作为大股东和法定代表人的公司正在和新的投资人洽谈入股事宜。在离婚过程中,就如何分割公司股权,双方产生了较大争议。梁某认为,应当按公司净资产来估算股权价值,梁某支付吴某相应折价款获得双方共有的全部股权;但吴某认为,公司受到投资者青睐,发展前景广阔,以公司净资产对股权进行估价明显低估了公司股权的价值,对自己不公。吴某提出对公司股权进行分割,但受到梁某的反对。梁某反对的理由之一是,直接分割股权将会导致投资者对公司的未来发展产生疑虑,甚至会导致公司融资失败。梁某不同意直接分割股权的另一个理由是,股权分割将导致梁某失去对公司的控股地位,不利于后续公司的及时决策。梁某认为,正在洽谈的公司新投资者的负责人是自己的好友,其入股一方面是因为自己行事比较稳健,投资风险不大;另一方面是为了支持自己,按双方谈的价格确定折价款自己根本付不起。双方因此争执不下,会消耗彼此的精力,影响各自的工作和生活,并对公司经营及其价值产生不利影响。如果将该部分股权置入家族信托,并设置成不可撤销(解除)、不可终止且受益权完全固定,梁某的经营行为按职业经理人待遇获得独立报酬,梁某、吴某各自通过受益权公平分享股权利益,则基本上可消除各方顾虑。当然,如果该公司后续打算上市,比如,投资人入股的条件就是公司将来要上市,考虑到当前信托计划持股会影响IPO(首次公开募股)的实际情况,原则上不宜采用前述家族信托安排。

第五节 家族信托与税负

税负作为一种必须承担的财富负担,是财富管理中的重要考量因素。家族信托自身的税负及作为财富管理工具的涉税问题,值得关注。下文根据目前国内的税收法律法规,对家族信托设立、运行阶段所涉及的主要税收问题进行初步介绍。

一、家族信托设立阶段的税收问题

（一）资金

在家族信托设立阶段，以资金作为信托财产设立信托，委托人无须就此缴税。

（二）不动产

委托人将自己名下的不动产直接用于设立家族信托的，现行法律法规未就此设定专门税收政策，原则上按交易性过户缴税。

1. 增值税及其附加税费

委托人可能需要缴纳增值税，系以全部价款和价外费用减去该项不动产购置原价或者取得不动产时的作价后的余额按照5%的征收率缴纳增值税。对于不动产是否为普通住房以及是否购入住房满两年，有一定的税收优惠政策。将购买不足两年的住房置入信托，按照5%的征收率全额缴纳增值税。将购买两年以上（含两年）的住房置入信托，在北京市、上海市、广州市和深圳市之外的地区一律免征增值税；在北京市、上海市、广州市和深圳市，如系普通住房，免征增值税，如系非普通住房，则以销售收入减去购买住房价款后的差额按照5%的征收率缴纳增值税。此外，委托人需按增值税的一定比例缴纳城市维护建设税、教育费附加和地方教育附加。目前，依据相关政策规定，在特定条件下增值税附加免征或减半。

2. 个人所得税

委托人按房产转让核定的收入减去原购房价及相关扣除税费，按照20%的税率缴纳个人所得税。无法取得房屋原值凭证的，可按核定征收标准缴纳，目前多数地区住房按转让核定收入全额的1%的征收率缴纳个人所得税，部分区域对非住房实行同样的政策。置入信托的不动产，系委托人自用5年以上并且是家庭唯一生活用房的，免征个人所得税。

3. 印花税

委托人与信托公司各自需按产权转移书据所列金额（不包括列明的增值税税款）的0.5‰税率缴纳印花税，信托公司缴纳的税费从信托财产中列支。目前，依据相关政策规定，在特定条件下印花税免征或减半。委托人将住宅置入信托的，对委托人免征印花税。

4. 契税

以不含增值税购买价款作为计税依据，适用3%~5%的税率，具体税率由各地规定。契税系由信托公司缴纳，从信托财产中列支。

5. 土地增值税

将住宅置入信托，无须缴纳土地增值税；将非住宅置入信托，委托人需缴纳土地增值税。土地增值税实行30%~60%的四级超率累进税率，以房产转让核定的收入减除准予扣除项目的金额后的余额作为应纳税增值额。

（三）股权

委托人将自己名下的股权直接用于设立家族信托的，现行法律法规未就此设定专门税收政策，原则上按交易性过户缴税。

1. 增值税

将委托人名下股权置入信托，对其不征收增值税；将委托人名下上市公司股票置入信托，对其免征增值税。

2. 印花税

将委托人名下股权置入信托，委托人和信托公司均需按股权转让核定收入的0.5‰的税率缴纳印花税，信托公司缴纳的印花税从信托财产中列支。

3. 个人所得税

委托人将个人名下股权置入信托，依法按照20%的税率缴纳个人所得税。

二、家族信托存续阶段的税收问题

（一）信托财产管理

1. 增值税及其附加

根据《关于资管产品增值税有关问题的通知》（财税〔2017〕56号）文件的规定，信托公司运营过程中发生增值税应税行为，按照3%的征收率缴纳增值税。信托财产中的资金，用于购买理财产品、基金等获取保本收益的，需要缴纳增值税、城市维护建设税、教育费附加和地方教育附加，从信托财产中列支。信托公司将信托财产中的不动产出租或者转让的，信托公司应缴纳相应的增值税、城市维护建设税、教育费附加和地方教育附加，从信托财产中列支；以资金信托收购委托人名下不动产的，委托人需要缴纳出让不动产所产生的增值税（参照设立阶段）。

信托公司将信托财产中的股权对外转让的，需要缴纳增值税及城市维护建设税、教育费附加和地方教育附加，从信托财产中列支。

2. 企业所得税

因对信托财产经营管理获得的收益尚无明确征税规定，目前不缴纳企业所得税。以资金信托收购委托人名下不动产或股权的，由委托人按不动产或股权有偿转让缴纳相应的个人所得税（参照设立阶段）。

3. 印花税

受托人对外转让信托财产中的股权或不动产的，须按0.5‰的税率缴纳印花税。信托公司以信托财产中的资金收购委托人名下不动产的，需按房产转让核定收入的0.5‰的税率缴纳印花税，从信托财产中列支。该不动产系住宅的，对委托人暂免征印花税；为非住宅的，委托人还需按房产转让核定收入的0.5‰的税率缴纳印花税。

4. 契税

信托财产中的不动产，在持有期间不发生契税负担。信托存续期间由外部受让不动产，无论是无偿的还是以既有信托财产作为对价收购，均需缴纳契税，由信托公司支付，从信托财产中列支。契税税率为3%~5%。

5. 土地增值税

以不动产直接设立信托的方式，信托公司将不动产出租、对外转让并取得收益的，应缴纳土地增值税，从信托财产中列支；以资金信托收购委托人名下不动产（非住宅）时，由委托人缴纳转让不动产所产生的土地增值税。

6. 房产税

信托财产中有房产的，信托公司需按规定缴纳房产税，从信托财产中列支。

（二）向受益人分配

受益人从家族信托中获得的财产，是否及如何缴纳个人所得税在当前法律法规中尚无明确规定。原则上，受益人从家族信托无偿得到的财产应缴纳个人所得税。目前信托实践中，受托人在对受益人财产进行分配时鲜有代扣代缴个人所得税的情况。

第四部分
财富管理与资产配置

第十五章　财富管理与资产配置

一、从三个维度理解财富管理

什么是财富管理？按照百度百科的定义，"财富管理是指以客户为中心，设计出一套全面的财务规划，通过向客户提供现金、信用、保险、投资组合等一系列金融服务，对客户的资产、负债及其流动性进行管理，以满足客户不同阶段的财务需求，帮助客户达到降低风险、实现财富保值增值和传承等目的"。从这个定义出发，我们至少可以从三个维度去理解财富管理。

（一）财富管理是一件专业性很强的事情

1.财富管理事关收益与风险

财富，泛指一切具有经济价值的东西。"财"者，储备金、银行存款、有价证券等皆是；"富"者，意指"家屋充实"；"财"与"富"合在一起，表示"拥有有价值的东西，且多而有余"。财富是需要流动的，财富流动起来就能创造增量的财富。比如，一个人有一筐苹果，另一个人有一筐梨子，他们都吃腻了自己的水果，这时候让他们用各自的水果进行交换，使得吃腻了苹果的人能够吃到梨子，吃腻了梨子的人能够吃到苹果，这两个人的整体财富价值水平就都得到了提高。让"多而有余"的财富流动起来，就是财富管理。

财富的流动有着多种多样的形式，可以是财富形态的转化，比如用现金购买股票；可以是财富属性的调整，比如将显性资产调整为隐性资产；可以是财富使用权的让渡，比如将房屋出租以获取租金；可以是不同人财富的聚合，比如项目众筹、共享超额收益等。正确的财富流动安排能够带来增量的财富，这就是财富的增值。

通过财富管理实现财富增值，是每个财富拥有者的基本需求，因为每个人的生命周期都需要各种开支，来保证生活目标的实现，未来的开支数量也存在着较大的不确定性，让"多而有余"的财富在暂时不需要使用时发挥保值增值的作用，显然是一个正确的策略。

财富管理一定能带来财富的增值吗？不一定。比如，股票价格下跌导致市值

缩水，房屋失火以至于不动产灭失，众筹项目失败发生资产损失，等等，财富管理失败导致财富损失也是一种可能性，这种可能性就是风险。

财富管理的目标是获得收益，财富管理的重点却在风险控制。

2. 财富管理事关长期与短期

说到财富管理，人们往往会想到投资方法和投资工具，这些投资方法和工具就像一个魔术箱，输入的是本金，输出的是本金加收益。当然，在这里我们希望每一位财富拥有者都是一位技艺高超的"魔术师"，深谙财富管理的法门，或者至少能够在专业的财富管理者的帮助下做出正确的判断和取舍，从而确保每一次实战的成功。

在财富管理这门"技艺"里，有大量的关于收益获取和风险管控的理念与技术，但是有一个要素往往会被忽视且实际上至关重要，那就是"时间"。比如，资产配置往往强于静态时点上的考量，而弱于动态衍变上的预案；投资规划往往重于有限时间内直接收益的获取，而轻于更长时间维度上权益的规划。同样的财富，如果在时间维度上赋予其"长钱"或"短钱"的不同属性，从某种角度上来看，这就是两笔截然不同的财富了，换言之，所有的财富管理都应该有一个默认的前提，即这是一个长期的规划还是一个短期的规划。

3. 财富管理事关技术与哲学

财富管理呈现在大众面前的往往是其技术性的一面，比如现金、信用、保险、投资组合等，但如何运用这些财富管理专业技术，以及通过这些技术达到哪些人生规划的目标，又充满了辩证与哲学。深刻理解财富的本质，是可以抵达财富哲学高度的，而运用对财富管理的哲学思辨，又可以不断拓宽财富管理的边界与深度，提升财富管理的效用与效率。比如，家族信托就充分利用了信托制度体系里财产所有权的转移，实现了"你名下的财富不一定是你的，但你能控制的一定是你的财富"的辩证逻辑。

回望中国经济的发展，最大的特点之一就是发展的速度，从1978年改革开放以来，用短短的40余年的时间，成长为世界第二大经济体。在这个过程中，民众的私人财富伴随着经济环境的变化也在快速地积累和增长，不断地跨越到新的量级并呈现出加速之势。如前所述，财富量级的变化会衍生出一系列深刻的影响，其中就包括对高净值人士财富理念的影响。相对而言，在低财富量级阶段，人们对财富的管理是目标有限、低风险意识、失败了可以"东山再起"，但在现在这样的高财富量级上，做好收益与安全的平衡，做好发展与传承的规划，构建起能够自我保护、自我管理进而达到家族基业长青、百年传承之目的的有效机制，显

然比单纯的财富追逐更有意义。这样的背景与诉求，也为构建和完善以价值投资为核心的中国私人财富哲学体系创造了条件和机遇。

（1）私人财富的增长，引致对财富哲学的迫切需求。财富的增长，为财富拥有者的人生规划开创了很大的可能性。例如，实现财务自由，终极目标是实现对自己的掌控，对自己的时间与生活的掌控，进而是对自己生命的掌控。再如，家族的规划是理性地认识到，在每一代人的发展都充满变数的前提下，用好已经获得的财富来保障子孙后代良好的生存条件，同时发挥财富的正面激励作用和负面约束作用，最大限度地保持家族整体的基业长青以及对不可预测风险的对抗能力。又如，慈善的本质是在回馈社会的同时对财富进行管理，通过保持财富规模及提升社会声望，保障甚至加强家族财富的传承。所有这些对财富的管理与规划，都需要拥有者具备对财富深刻的洞见和理解力，用能够穿透时光的远见，实现对财富的长期驾驭；而所有这些，都需要站在哲学思辨的高度达成有效的理解。一套完整的财富哲学才是为财富管理与财富传承保驾护航的"守护之神"，是财富管理持续成功的必要因素。

（2）私人财富的增长，引致不同的财富管理诉求。对风险的防范与管控，成了核心的诉求。在安全投资的前提下，财富拥有者承认自己有着知识和能力所及的能力圈，进而将对财富的管理牢牢地控制在自己的能力圈之内，不去冒然追逐虽然充满诱惑但是处于自身能力圈之外的所谓机会。比如，在投资领域，就是要求财富拥有者在自己的能力圈内行动并减少投资的次数，因为频繁的操作意味着自我否定，这不仅否定了由于自己考虑不周密导致的错误，也否定了自己正确的选择，并全部代之以新的不确定性选择。面对不可预测的市场，合理的方式是用谨慎保守的方式进行投资，最大化地保证决策的质量而坚决地降低决策的次数，同时对所定下的决策给予足够的执行时间，这其实就是价值投资和财富风险控制的另一个角度的表达。

（3）私人财富的增长，强化了对"价值投资"的深刻理解。在"市场先生"的寓言中，作为市场人格化的"市场先生"是一个喜怒无常、惊慌失措的"疯子"，无人能对其未来的行为做出持续而准确的预测，因此人们所要做的不是去预测或顺应"市场先生"的情绪，而是彻底无视他的情绪和举动。这里必然的选择就是"价值投资"。价值投资模式下的核心要素是安全边际、集中投资、复利收益和长期持有。李嘉诚经常打一个比方：一个人从现在开始，每年存1.4万元，并全部投资到各个领域，每年获得平均20%的投资回报率，40年后财富就会增长为10 281万元。这就是复利的概念和力量，但细算还会发现，按这种方式操

作，第 10 年仅能够累积 36 万元，第 20 年也只能累积到 261 万元，到了第 30 年，积累的财富可以达到 1930 万元，到了第 40 年，财富总量会迅速增长为 10 281 万元。这就是时间复利的概念和力量，也就是所谓"时间的玫瑰"。上面这个例子和数据演变，对于财富的拥有者，从长期投资的角度来看，就更容易理解"价值投资"对风险的厌恶、对财富安全的极度关注以及对复利与时间的高度信任了。

把对财富的理解从对增长的追逐延伸至对传承的重视，从对收益的关注转移到对价值的追随，这必然是一个逐步的、渐进的过程，但是高净值人士财富量级的提升，使这一群体具备了构建和完善适当的财富哲学的自发需要和内生动力，整体上能够在正确的财富观的方向上先行一步，这也为高净值人士财富的稳健、持续发展奠定了稳固的基础。

（二）财富管理是一件涉及"关系"的事情

1. 财富管理是一种社会分工

财富管理的主角是谁？是财富拥有者，还是财富管理领域的专业从业者？这是一个界限略显模糊的问题。这是因为在很多的场景下，财富拥有者似乎拥有更多的话语权和决策权，而财富管理者往往又不具备足够的经验和专业技能，在这种情况下，财富管理更像是财富拥有者个人所主导的事情，而财富管理者更像是金融产品的提供者或者推销者。

必须指出的是，这种情况更多只是反映出中国的财富管理领域在各种因素的影响下，目前还处于尚未成熟的早期阶段，需要完善和提高的地方还有很多。从某种角度而言，财富拥有者更主要的能力在于其财富创造能力，正是由于其具备了独特的资源禀赋，才使其可以划拨出进行财富管理的"第一桶金"或者持续的"可投资资产"，站在社会化分工的角度，将自己的时间和精力放在创造财富效率最高的领域无疑是财富拥有者的最佳策略。

这个时候，财富拥有者对高水平的财富管理者的需求就体现出来了。前者负责"创富"和"享富"，包括对财富的规划使用，后者利用自身的综合专业能力和资源平台帮助前者"守富"或者"传富"，由此完成了财富"创、守、传、享"的闭环。社会化的专业分工是财富管理者应有的定位，也是财富管理者的发展空间，更是中国财富管理领域的一个需要不断强化的发展趋势。

2. 财富管理是一种平等对话

在实践中，财富拥有者往往因为其在某一特定领域的成功，而具备相对较高的社会地位，在各种交流中往往呈现出比较主动的状态；而目前阶段财富管理者往往会以"产品推荐"作为客户切入点，在与客户的交流中呈现出一种比较被动的状态，由此也给很多财富管理者带来了不能和客户平等对话的困扰。

正如前文所述，财富拥有者和财富管理者之间本质上其实是社会分工、互相支持的关系，要点在于财富管理者要不断地提升自己的专业能力和交流能力，把向客户"卖产品"的思维转换成帮客户"买产品"，把为客户提供"产品"的思维转换成为客户提供"需求解决方案"。事实上，在专业化社会分工的前提下，财富拥有者和财富管理者之间应该是平等对话的关系，正如著名的管理学家乔·吉拉德所言："销售，绝不是降低身份去取悦客户，而是像朋友一样给予合理的建议。你刚好需要，我刚好专业，仅此而已。"

3. 财富管理的"1+1+N"

在财富管理领域有一个普遍的模式叫作"1+1+N"，即"一个客户关系经理+一个投资顾问+N类综合资源"，它揭示的流程是，财富管理机构通过一个客户关系经理触达客户，了解和收集客户需求，并在中台投资顾问的支持下形成初步的客户需求解决方案，以此获得客户相对确定的合作意向，在此基础上，整合N类综合资源及背后的专家团队，形成最终的落地方案。

在这里，客户关系经理中的"关系"实质上讲的是"信任关系"，而非其他关系。从某种角度而言，财富管理的过程包括两个阶段：第一个阶段是在专业的基础上赢得客户的信任，第二个阶段是在赢得客户信任的基础上实现客户的专业需求解决方案。财富管理的底层基础是"信任的关系"。

（三）财富管理是一件非常个性化的事情

智能手机是一种非常有趣的东西，它的出厂设置和基本配置是一样的，但是当它归属于某一个人并使用一段时间后，就显现出极大的差异，每部手机上配置的App及其使用频率都不一样，当你借用别人的同型号手机的时候，更像是在使用一部完全不同的手机，这就是个性化。

财富管理也是如此。每个财富拥有者的起点都是"可投资资产"，但是不同人的需求及对需求的理解具有极大的差异，虽然财富管理是一个关系交互的过程，其最终都将指向资产配置，但具体配置的资产类别及各自比例又因人而异，呈现出明显的个性化特征。个性化也是我们强调在财富管理中"信任的关系"重要性的原因，客户需求是一个循序渐进、逐步挖掘、动态完善的过程，需要有专业的财富管理者的专业协助和保驾护航。

二、财富管理与资产配置

了解了什么是财富管理，那么什么是资产配置呢？我们参考一下百度百科的

定义,"资产配置是根据投资需求将投资资金在不同资产类别之间进行分配,通常是将资产在低风险、低收益资产与高风险、高收益资产之间进行分配"。可见,资产配置是实现财富管理的方法和手段。

应该说,资产配置是财富管理的一部分,但是单就以上定义而言,更加需要注意的是定义之外的内涵。

(一)资产配置不仅仅是资产分散

"不要把鸡蛋放在一个篮子里"是对资产配置最常见的表述和概括,这个比喻很符合上述百度百科的定义,也非常形象和贴切地描述出了资产配置通过大类资产的分散来对抗市场的波动性和不确定性进而控制风险的特征,并且这种"鸡蛋不放在一个篮子里"的情况的确也是绝大多数人在绝大部分时间里的主要资产配置状态,因此某种程度上,在很多人的观念里,资产配置等同于资产分散。在财富管理的世界里,有很多辩证的事物是同时存在的,比如规避风险和经营风险,杠杆的超额收益和加倍风险,资产的分散和集中,等等。对于资产配置而言,资产的分散仅仅是它的一面,是财富拥有者面对他不能驾驭的市场的不确定性时候的最佳策略选择,但是,当市场出现客户能够掌握的相对确定性的机会的时候,再一味地强调资产分散显然就是对机会或机遇的巨大浪费了。这个时候的最佳策略应该是资源向"机会"的相对集中,通过对机会的把握来实现财富的突破性增长。为什么绝大多数的人从财富角度看都停留在中产阶层阶段,而只有一小部分人能够进入富人阶层呢?在很多情况下,这两类人一个重要的差别就在于,他们是否有过对重大机遇,哪怕仅仅一次的重大机遇的把握。资产配置不仅仅是资产分散,还包括相对确定的机会来临时的资产集中。

(二)资产配置不仅仅是投资规划

我们先来看看一对在财富管理领域常见的概念:"产品"和"需求解决方案"。"产品"是财富管理者常常向客户推荐的东西,但客户,尤其是高净值客户,需要的其实不是一个简单的"产品",而是一套适合他的"需求解决方案",但最终的"需求解决方案"又必然会以"产品"的形式体现出来。换言之,客户需要的是"需求解决方案",而不是"产品",但"需求解决方案"最终还是会以"产品"的形式呈现。"产品"和"需求解决方案"之间最大的不同在于,是否真正地以客户为中心,从客户的个性化需求出发。

类似的,如果仅仅从定义的字面出发,我们能够很容易地看到资产配置技术层面的东西,却容易忽略资产配置在技术层面之外的东西,由此将资产配置狭义地理解为投资规划。事实上,"投资规划"更多的只是财富管理者从资产收益率的角度向客户提交的理财方案,但客户,尤其是高净值客户,需要的其实不是一个简单的"投资规划",而是一套适合他的全方位需求的"资产配置方案",而最终的"资产配置方案"又必然会以"投资规划"的形式体现出来。换言之,客户需要的是"资产配置方案",而不是"投资规划",但"资产配置方案"最终还是会以"投资规划"的形式呈现。"投资规划"和"资产配置方案"之间最大的不同在于,是否真正地以客户为中心,从客户的全面而不仅仅是收益率的需求出发。

(三)资产配置不仅仅是"有形"配置

在多数情况下,资产配置之所以被狭义地理解为投资规划,是因为收益率是资产配置最直观和外在的结果体现,各类技术性的方法和技巧也是大众理解资产配置最大的接触面,但由此产生的一些"日用而不知"的概念混淆恰恰提示了资产配置中面对的最大挑战,即在国内目前尚处于初级阶段、距离成熟阶段还相去甚远的财富管理市场领域里,对许多基本概念的理解其实是不完整的,基本概念的"失之偏颇"与主流金融机构以产品为导向而非以需求为导向开展财富管理业务的现状叠加,其结果可能会"差之毫厘,谬以千里"。

对完整的资产配置的理解应该不仅仅包括这些"有形"的技术层面的配置,还应该包括那些看不见的"无形"的财富理念,乃至财富哲学层面的配置。被评为过去100年共同基金行业最有影响力的25位基金管理人之一的理查德·德里豪斯的一段话,较好地说明了财富哲学的重要意义:"有一套核心哲学是长期交易成功的根本要素。没有核心哲学,你就无法在真正困难时期坚守你的立场或交易计划。你必须彻底理解、坚决信奉并完全忠实于你的投资哲学。"这种对核心哲学的理解也适用于资产配置的方方面面。

三、什么是资产配置

对于资产配置,从不同的角度可以归纳出不同的定义。如前所述,我们从具有代表意义的百度百科的相关定义出发,归纳了财富管理和资产配置的特点及注意事项,也试图指出这些为相当一部分大众所认可的观点的不完善之处。也是基于此现状,在本书中,我们将尝试在现有的对这些相关概念理解的基础上,增加一些不同的视角,尤其是客户的视角,以更加全面、更加完善地理解什么是财富管理,什么是资产配置。

其实,如果我们改变一些"习以为常"的观点和看法,把我们对资产配置常规理解中的那些显见的信息置后一点,而把那些隐含的信息"请"出来,我们就能得到另一个完全不同的资产配置定义。比如，在本书后续章节中我们将探讨的资产配置的目标，应该对应于财富拥有者的整个生命周期的财富管理规划，大类资产在时间和空间上的安排其根本的依据应该是，如何保障自身那些重要的生活规划目标能够实现，资产配置的决策因素不仅包括专业、精准的理性人假设，还包括行为经济学要素的影响等。所以，本书后续的所有关于资产配置的讨论都将基于以下定义。

资产配置是基于财富拥有者个体的生命周期或家族成员的长生命周期中的相关目标，包括但不限于基本保障、事业进取、安全保障、财富传承、社会责任等，在正确的财富理念指引下，利用有效的财富管理方法，对现有及未来可支配财富在时间和空间上进行有效分配，从而实现对个体、家族、社会都具有积极意义的人生规划的过程。

"资产配置"是一个框架性的概念，财富哲学是它的骨架和底蕴，财富技术是它的外在和呈现。两者都很重要，但它们之间的关系是，每一位财富拥有者和财富管理者都应该首先构建起对财富管理和资产配置的正确理解的框架，然后在这个框架内不断地深入把握其中的具体知识，从而构建起一个完整的资产配置理念，并在实践中不断地完善和改进。

第十六章　以客户思维看资产配置

一、资产配置现实中的种种悖论

在现实的财富管理实践中，人们往往是从美好的愿景出发，对现有的资产尽可能地做出合理的规划，以期获得较高的财产性收入，增强财富实力，提升生活品质。与此同时，很多人包括部分财富管理行业的从业人员都将资产配置的目标过多地放在了收益率这个点上，并没有恰当地做好财富拥有者的预期管理，以至于我们经常看到大量的理论与现实脱节的现象。当然，这也恰恰反映出，没有对资产配置的正确理解，确实很难获得良好的预期效果。

（一）平均收益与个体感受的差异

2023年年中，中国公募基金行业经过25年的持续发展，规模达到27.7万亿

元，首次超越银行理财规模，公募基金规模和产品数量实现跨越式增长。此前，在公募基金发展20周年之际，证监会公布了一组数据：公募基金行业偏股型基金的年化收益率平均为16.5%，超出同期上海证券综合指数（以下简称上证综指）平均涨幅8.8个百分点，远远跑赢大盘；债券型基金的年化收益率平均为7.2%，超出三年定期存款利率4.5个百分点。

上述收益水平是在一个足够长的时间段内的年化平均收益，可以代表市场所能提供的平均机会收益，但该数据公布之后，得到的主要反馈是这组数据和大部分个人投资者的主观感受极不相符。事实上，国内股票市场的统计结果是，个人投资者的战绩长期以来一直是"七亏两平一盈利"。市场提供了很好的收益机会，但不能被投资者所把握的悖论也长期存在。

（二）财富"明星"与被忘却的大多数

说到"财富故事"，这可能又是一个被不自觉地片面化的词，因为很多人会把"财富故事"等同于"成功的财富故事"，所以，几乎人人都知道"股神"巴菲特的故事，而那些"失败的财富故事"，往往在人们的一声叹息之后，便烟消云散了。

在财富管理领域，这是一种常见的"幸存者偏差"，即只看到一部分被筛选过的结果，而自觉或不自觉地忽略了更多、更全面的信息。"幸存者偏差"的存在与期望值相关，每个人都希望自己就是那个成功故事中的主角，对财富成功的渴望与期望也因此成为我们筛选哪些信息、忽略哪些信息的潜意识中的判断标准。无论如何，当投资失败的案例被大量忽略时，人们对财富管理或资产配置的成功率的预期就会被十倍甚至成百上千倍地放大，随之而来的，将会是现实与预期的巨大差距与悖论。

（三）聪明人的失败

牛顿，被称为百科全书式的"全才"，他仅凭一己之力便帮助整个人类跨越了蒙昧到文明的界限，在经济上基础的金本位制度也是由他提出来的。可以说，怎么评价牛顿的伟大都不过分，但他在18世纪时的投资经历又形成了一个巨大的悖论。

1711年，有着英国政府背景的英国南海公司成立，并发行了最早的一批股票，其股票价格从1720年1月的每股大概128英镑迅速攀升，涨幅惊人。当年4月，牛顿用自己大约7000英镑的资金购买了南海公司的股票。仅仅两个月左右的时间，当牛顿把这些股票以250英镑的价格卖掉时就赚了7000英镑！刚卖掉股

票，牛顿就后悔了。因为到了 1720 年 7 月，股票价格达到了 1000 英镑，几乎涨了 8 倍。牛顿加大投入，重新买入南海公司的股票。

此时南海公司却出现了经营困境，股票的真实价格与市场价格严重脱钩，并且在 1720 年 6 月，英国国会通过了《反泡沫公司法》，对南海公司等公司进行政策限制。没过多久，南海公司的股票价格一落千丈，到了 1720 年 12 月最终跌至 124 英镑，南海公司总资产严重缩水，许多投资者血本无归，聪明绝顶的牛顿也未及脱身，亏了整整 2 万英镑！

这对于牛顿来说是一笔巨款。牛顿做过英格兰皇家造币厂厂长，这一高薪职位的年薪也不过 2000 英镑。事后，牛顿慨叹："我能计算出天体运行的轨迹，却难以预料到人们的疯狂。"

其实，类似的案例还有很多，所有案例反馈出来的信息都是，财富管理和资产配置是一件"知易行难"的事情，是一件底层逻辑很朴素但过程坚持很艰难的事情，以至于这是一个理论上成功率很高但事实上并没有太多人能做得很好的悖论。

二、资产配置悖论背后的原因探究

客观而言，国内的财富管理领域尚处于初级阶段，距离成熟阶段还相去甚远，很多现象的存在不能简单地归结为投资者的不成熟或非理性，因为一旦站在客户的视角来看，就能发现投资者的财富管理理念和认知是受周边大环境的引导和影响的，内外部大环境的不完善以及我们对某些新兴领域包括行为经济学等的重视不足，是目前阶段我们更应该重视及思考应对之策的着眼点。

（一）卖方投资顾问占据主导

在目前的市场里面，财富管理服务供给侧更多的是一个"卖方投资顾问"的概念，也就是说机构提供产品，然后整个社会服务体系更多的是为机构来摇旗呐喊，说它的东西很好，欢迎投资者来认购。卖方投资顾问通过产品销售后的卖方佣金来获得自己的收益。

卖方投资顾问模式使产品发行机构能够比较快速地实现规模的扩张，但其不足之处也是显而易见的，比如，卖方投资顾问模式下机构的考核导向和规模导向占据了主导地位，当理财经理面临销售"好卖的"还是"该卖的"的产品选择时，最终还是会趋同性选择"好卖的"产品。销售难度具备逆周期特征，即"牛市"中后段的销售难度低而"熊市"后段的销售难度高，赚钱效应却恰好相反。这就造成"牛市"末段通过理财经理和投资顾问向市场引入巨量的资金来推高

"泡沫","熊市"末段资金持续离场加剧股票价格下跌。在此过程中,投资者往往会亏损离场,究其根本,还是所销售的产品与客户需求的匹配度大打折扣,客户端很难形成真正的资产配置结构,长期来看投资者很难形成抗波动抗周期能力;同时,"售后压力"导致销售端存在引导客户压低风险偏好的现象。部分理财经理和投资顾问为增加客户持有产品的舒适度体验,减轻所销售和推荐产品的波动风险带来的潜在"售后压力",更倾向于引导客户购买低波动、低风险的产品。与此同时,机构往往依据"考核不达标"等表面因素调配更换理财经理,难以为客户提供稳定的、长期陪伴的投资顾问服务,客户也很难判断投资效果不佳的真正原因到底是市场大势不佳还是机构服务理念偏差。在某些存在潜在利益冲突的场景下,部分理财经理利用信息不对称对客户进行投资误导而损害投资者利益的情况也就在所难免了。因此,卖方投资顾问模式在市场达到一定规模,进入更激烈的竞争阶段后,其优势呈现出边际效应递减的趋势,市场对买方投资顾问的需求日益显现。

随着金融和社会的发展,机构投资者产生且规模不断壮大,机构投资者更多的是处于买方的地位,通过买方的视角去评审和评价整个市场上的金融产品。机构投资者的存在增强了买方的力量,但是在整个金融市场里面,作为个体投资者则仍然处于相对的弱势地位。从发展趋势的角度来看,市场需要增强金融服务的人民性,需要以广大的老百姓、广大的个体投资者为中心,围绕着个体投资者的利益去考量供给侧的服务,这就是"买方投资顾问"的概念。所谓的买方投资顾问是投资者提出自己的问题和需求,然后将解决方案的制定权和执行权交给被委托的专业人士,并充分尊重专业人士的专业意见,在信任和密切配合的基础上共同追求最佳的结果。买方投资顾问关心的核心问题是客户的信任而不是产品。买方投资顾问展现的是财富管理市场未来的一个发展方向,它一定是以客户为中心,以客户的利益为中心,去构建金融机构所有的行为模式。

一个比较接近于买方投资顾问的例子是目前金融行业大力推行的家族信托。家族信托的核心,一个是委托人,另一个是受益人,委托人基于受益人的利益与受托人签订信托合同,而信托合同就是一个商业协议,让受托人承担了受托责任。信托所有的目标都围绕着如何去执行这份合同,维护受益人的最终利益展开,家族信托的底层逻辑就反映了受托责任和买方投资顾问的定位的趋势性发展。

国际财富管理市场也呈现出从卖方投资顾问向买方投资顾问转化的趋势。美国第三方财富管理机构早期以代销业务为主,而后逐步转向以咨询服务为主,这极大地提高了机构的独立性。由于对资本和产品渠道的依赖程度不高,与客户利

益保持高度一致，这类机构逐渐成为高端财富管理市场的主流。为保障这一细分行业的投资者利益，美国证券交易委员会（United States Securities and Exchange Commission，SEC）设立了RIA（注册投资顾问）牌照，只有持牌者才能提供证券类产品的投资分析建议和投资报告，以收取服务费。持牌者对客户负有受托责任，不得以不正当的手段欺骗客户；同时，明确从业人员资质和跟踪考核标准。在新加坡，提供投资建议及投资计划的机构也必须持有金融顾问执照（Financial Advisor License）。新加坡金融管理局（The Monetary Authority of Singapore，MAS）要求金融顾问机构具备独立性，将客户的利益放在首位，并加强对欺诈、误导、不正当竞争等损害投资者利益行为的监管。

（二）金融监管中的分业经营

在中国的金融监管过程中一直存在着分业经营和混业经营的探讨，这两种模式没有绝对的对错、优劣之分，而是各有各的特点与不足。比如，分业经营的优势在于，为各行业创造了一个相对稳定且封闭的环境，避免了竞争摩擦问题，有利于提高各行业的专业技术和专业管理水平，有利于保证各行业自身及客户的安全，有利于抑制金融危机的产生；但它的不足之处在于，以法律形式所构造的行业分离的运行系统，使各类业务难以开展必要的竞争，具有明显的竞争抑制性，不利于各行业的优势互补，也不利于长期的国际竞争，等等。

从行业的角度来看，分业经营有利于提升从业者的专业水平，其影响有两个方面：一方面，分业经营使从业者需要聚焦专业深度，达到更高的专业水准；另一方面，站在财富管理的角度，客户的需求一定是综合和多元的，分业经营使从业者在知识广度以及换位思考、跨界思维上受到一定的影响，未必能够很好地匹配客户的需求。比如，基金行业特别擅长权益投资，而权益投资又是一个技术性很强的领域，所以很多所谓的"基金行业专业人才"，大体指的就是那些权益投资技术能力很强的人，他们在这个专业技术领域不断学习与精进，但在面对客户的综合性需求的时候，其所在的机构因为分业经营而带来的服务功能上的限制，以及其自身的专业知识结构，使他们给出的资产配置方案，可能更多的是从其自身能力出发的"权益投资的资产配置方案"，而不是真正从客户需求出发的"全面的资产配置方案"。类似的，一个保险机构的专业人员更倾向于给出一个"保险的资产配置方案"，一个信托机构的专业人员更有可能给出一个"固收类的资产配置方案"。

从某种程度上来说，中国的金融机构在现有的监管体制下所处的分业经营状态，客观上割裂了财富管理市场的产品与服务供给，形成了一支支行业属性过强、本位主义严重、跨界资源受限、综合能力不足的理财经理队伍。财富拥有者尤其是普通的老百姓，很难在这种割裂的市场上自行整合相关资源，为自己构建合理的资产配置方案，因此很难真正体会到资产配置的力量。由此形成了这样一个观点，即"中国目前并没有真正的财富管理行业，而只有资产管理行业"。

正如任何一枚硬币都有两面一样，现实中存在的任何不足，既是问题也是机遇，金融监管中的分业经营所带来的影响提醒我们，在财富管理市场上需要的是能够满足客户综合需求的专业人员，这既是现状的不足，也是完善的方向。

（三）投资者的认知偏差

本杰明·格雷厄姆是"股神"巴菲特的老师被称为"华尔街教父"，《证券分析》《聪明的投资者》是其著名的代表作；但在美国大萧条期间，格雷厄姆在1930年投资损失了20%的情况下，继续贷款抄底股市，其后发生的事情，用格雷厄姆自己的话来说就是："所谓的底部一再被跌破，那次大危机的唯一特点是一个噩耗接着一个噩耗，糟的越来越糟。"1932年，其账户跌掉了70%之多，格雷厄姆实质上已经破产。这些经历使格雷厄姆对投资与财富管理有了更深刻的理解和把握。

格雷厄姆对投资与财富管理有很多深刻的发现和论述，他也注意到了财富管理中的一个不太被重视的现象：投资艺术有一个特点不为大众所知。门外汉只需做出些许努力，便可以取得令人尊敬（即使并不可观）的结果；但是，如果想在这个容易获得的标准上更进一步，就需要更多的实践和智慧。

这句话揭示出资产配置所面对的一个挑战，即资产配置面对的第一个门槛并不是来自财富，而是来自财富拥有者的认知。在很多情况下，财富拥有者的认知并不见得完善或者正确，但是其过往的经验可能给予其"固执己见"的动力，因此，理解和重视财富拥有者在这点上的不足，并以此作为与其交流的先决条件，这是十分重要的。

实际上，财富拥有者存在认知偏差是一种十分普遍的现象，前述的"幸存者偏差"也是一种认知偏差，承认并正视客户存在的认知偏差，并将这些认知偏差作为资产配置必须纳入考量的因素，就是我们所提倡的"客户思维"。

三、资产配置背后的行为经济学

如果路边的树上有很多李子，你觉得这些李子能不能吃呢？这个问题的背后，其实蕴含着传统经济学的基本观点，那就是人都是趋利避害的，会通过成本—收益原则来对其所面临的一切机会和目标以及实现目标的手段进行优化选择。

因此，树上的李子可以免费吃但剩了很多，就反映出前面的人已经验证过这些李子其实是不好吃或不能吃的，这就是"理性经济人"的假设。《世说新语·雅量》中有个故事："王戎早慧，七岁尝与诸小儿游。见道边李树多子折枝，诸儿竞走取之，唯戎不动。人问之，答曰：'树在道边而多子，此必苦李。'取之，信然。"这个故事也印证了"理性经济人"的假设。

亚当·斯密关于传统经济学的"经济人"假设有一段经典的描述："每个人都力求运用自己的资本，生产出最大的价值。一般而言，他不会是为了促进公共利益，也不知道促进多少。他只考虑自己的安全，自己的所得。真是这样，他由一只看不见的手引导着，实现他自己并不打算实现的目标。与有意地促进相比，在追求他自己的利益的过程中，往往能更加有效地促进社会的公益。""理性经济人"也成了市场经济下诸多金融理论的前提与基础，深刻地影响了人们对于经济和金融的理解与感受。在很大程度上，金融机构在财富管理领域的种种行为，如大量代理和发行金融产品，为客户进行资产配置，等等，从宏观上来看，其底层逻辑就是"理性经济人"假设。

在现实中，有大量现象是"理性经济人"假设所无法解释的，比如，按照有效市场假说，在均衡的市场条件下，我们在任何时刻观察到的金融资产价格都是那个时刻所有信息的准确反映，在股票市场上，一只股票的价格反映的就是市场上各种观点和信息的汇总，正面的信息会通过"买入"的行为进入价格，而负面的信息会通过"卖出"的行为进入价格，最后均衡的股票价格会包含所有的信息。现实中，总有一部分人会呈现出过于乐观的状态，股票价格的持续上涨作为最直接的、最明显的信息会对他们产生非常明显的影响，而价格持续上涨带来的价格对价值的偏离越来越大的效应往往会被他们忽视，所以会造成一只股票价格偏高的现象。更为重要的是，在"牛市"的时候，投资者群体会呈现出预期一致的倾向，更容易跟风买入，所以即使有部分理性的投资者认为该股票估值过高，股票价格的"泡沫"还是会被越吹越大，乐观派的观点会不断地被强化，更加强烈地刺激股票市场投资者的情绪，很多在这个点位进入的散户于是就成了"接盘侠"，"牛市"套牢一大片人的那个尖尖的顶峰往往就是由此而来。这种现象，在行为经济学中被称为"估值偏高假说"。

2013年10月，瑞典皇家科学院将诺贝尔经济学奖同时颁发给美国经济学家尤金·法马教授、芝加哥大学拉尔斯·皮特·汉森教授和耶鲁大学的罗伯特·席勒教授，获奖者的成就在于，法马教授证明了市场是有效的，而席勒教授证明了市场的无效。换言之，诺贝尔经济学奖被同时颁发给了两种截然相反的观点。诺贝尔经济学奖评选委员会表示,获奖者的研究成果奠定了人们目前对资产价格理解的基础,资产价格一方面依赖波动风险和风险态度,另一方面与行为偏差和市场摩擦相关。这些成果有两种解释:一种是理性投资者对资产价格的不确定性,因为资产价格风险越大,回报率越高;另一种则侧重于理性投资者行为的偏离,因为行为经济学需要考虑到制度限制,比如限制聪明的投资者就错误的定价进行市场交易。这些看似矛盾却又令人惊喜的发现,正是基于法马、汉森和席勒的研究贡献。

即便是诺贝尔经济学奖也没有纠结于这两种相反的观点谁对谁错,那我们更应该立足于传统经济学与行为经济学的辩证关系,充分理解其各自的定位与特点,从中找到对资产配置最有实践指导意义的关键点所在,提升我们财富管理的效率与效益。我们不妨先来建立如下认知框架:人们无法预期资产在接下来三五天内的价格,但可以预测更长期如未来三年至五年内的价格走势,因为从长期来看,价格总是会向真实的价值回归,这就由传统经济学建立了一个基于市场均衡的"正确"标准,能够做出"正确"决策的人就是所谓的"理性人"。与此同时,无论是生物学还是心理学的研究都表明,人有理性的一面,又有非理性的一面,正是这种非理性,导致人会出现行为经济学所研究的种种偏离"正确"的路径,正是因为有"偏离",我们才能够预测价格相对于"正确"来说是高了还是低了。所以,传统经济学和行为经济学并不矛盾,它们是短期和长期的关系。传统经济学讲的是长期价格最终应该如何,行为经济学讲的是在短期的不确定性中经常会出现何种偏差和错误,人们可以利用这些偏差和错误进行反向操作来获取利益,但这种反向操作又会引导价格向理性方向收敛。

现实中的问题是,在包括财富管理在内的大部分领域里,金融机构和金融从业者更多是沿循传统经济学"理性经济人"的逻辑和理论在指导自己及其他客户的具体资产配置等行为,而这种行为模式下,人们的预期和现实的结果之间往往存在较大的偏差。其中的很大一部分原因就在于,对行为经济学相关观点认识不足,所以,学会从行为经济学的视角观察和理解资产配置,无疑是一个非常具有现实意义的方向和课题。

(一)行为经济学概述

20世纪70年代,美国普林斯顿大学的丹尼尔·卡尼曼教授和斯坦福大学的阿莫特·特沃斯基教授认为,金融市场上,买什么、卖什么的决策都是由人做出的,所以他们开始关注和研究如何从人的角度理解经济问题。2002年,诺贝尔经济学奖因"把心理学研究和经济学研究有效地结合,从而解释了在不确定性条件

下如何决策",而将奖项授予丹尼尔·卡尼曼教授和乔治梅森大学的弗农·史密斯教授,这标志着行为经济学正式受到学术界的认可。业界普遍认可行为经济学是由卡尼曼教授和特沃斯基教授创立的。此后,耶鲁大学的罗伯特·席勒教授、芝加哥大学的理查德·塞勒教授又因为在行为经济学研究领域取得的卓越成就先后荣获2013年和2017年的诺贝尔经济学奖,使行为经济学的理论体系更加完善。

行为经济学相对于经济学研究市场"应该是"什么样的定位,更重视真实的市场"实际是"什么样的定位,因而也更加接近实务。比如,行为经济学认为,监管者在面对市场时,不能因为认为市场从长期来看总是对的,就可以不管它;如果能早点适当干预市场,就能够避免经济危机的发生。有趣的是,在高等学府里,传统经济学的学者大多醉心研究,很少转行实务(事实上,一些传统经济学理论派学者的投资实战效果可以说非常不好,最为典型的就是股神巴菲特的老师,被称为"华尔街教父"的本杰明·格雷厄姆,在美国大萧条期间他贷款抄底股市,结果在1932年其账户市值亏损70%之多,实质性破产),而很多行为经济学家,后来都进入金融市场,直接实践其交易策略,成为战绩非常不错的投资实战派。如今,金融市场上常见的"量化交易策略",大多数是以行为经济学理论为基础的。

行为经济学的构建主要来自两个领域:一个是经济学,另一个是心理学。行为经济学从实证研究的角度出发,从人的心理特质、行为特征揭示了影响选择行为的非理性心理因素,它的核心理论是卡尼曼教授和特沃斯基教授所提出的"前景理论(prospect theory)"。前景理论通过一系列实验观测,发现人的决策选择取决于结果与预期的差距,而非结果本身。人在决策时会在心里预设一个参考点,基于参考点的不同,人会衡量每个结果是高于还是低于这个参考点,从而产生不同的风险态度。对于高于参考点的收益型结果,人们往往会表现出风险厌恶,偏好确定的小收益;对于低于参考点的损失型结果,人们又表现出风险喜好,寄希望于好运气来避免损失。社会心理学中指出,人的行为有随机性和系统性两个方面的特点。当个体的非理性决策随机性发生时,随机的结果就意味着结果可以互相抵消,因此最后的均衡结果不变,就能得出传统经济学中的价格涵盖一切因素的结果;但更多的时候,个体的非理性决策会受其他因素的影响而倾向于统一,这就是系统性,而系统性是同方向的。大量案例显示,当群体非理性的一面被统一时,心理群体的智商甚至比单个理性人的智商还要低,非理性的心理群体会产生系统性合力。比如,"熊市"中股票价格跌得很惨时,大家会产生恐慌情绪,都不愿意买入而是抢着卖出,使股票价格不会像传统经济学预期的那样迅速修复，而是持续下跌，哪怕最后股市崩盘。

前景理论揭示了人们的决策不是按照期望效用最大化来做出的，而是通过对所掌握信息的"编辑"和"判断"来完成的。人们做出的选择也未必是最优的，却是当事人最满意的。

在决策过程中，人们在"编辑"阶段按照一定的决策程序对信息进行编辑，这里就会存在所谓的各类"偏差"，同时在"判断"阶段依靠相应的"偏好"来决策。这些"偏差"与"偏好"的存在，与传统经济学的理性假设有着明显的不同，但"反常"其实也是一种正常，可以体现出行为经济学所独有的魅力。

（二）不确定性条件下行为经济学的规律与应用

前景理论探索了决策中各种"偏差"与"偏好"产生的原因。根据心理学研究成果，人的大脑中有两个思维系统：一个是直觉思维系统（非理性的），另一个是理性思维系统。直觉思维系统反应迅速，很多时候是无意识的，人类面对环境的刺激，会直接在自己的过往经历和记忆中选取相关联的内容，它不用经过理性的推导或计算，就通过直觉直接得出结论。例如，有个人向你丢石头，你想都不用想就会蹲下身体躲闪。直觉系统的缺陷是不够理性。理性思维系统具有计划性和自觉性，它运用刻意的推导或计算，通过一定的方法得出结论，思考和决策的质量更高，能够对不同选项做出更加精准的比较，但它的问题是需要主动控制，需要刻意启动，会占用更多的思考资源。在人类决策的过程中，两个系统都会发挥作用，每一个人的思考过程都是两个系统合作的结果。当人清醒、精力旺盛的时候，两个系统都处于活跃状态，直觉系统不断给理性系统提供信息，比如印象、感觉等，正常状态下，理性思维系统只是稍微调整，或者按照直觉思维系统的建议来做判断，当直觉思维系统的运行遇到阻碍时，便会向理性思维系统求助，这也就是卡尼曼所说的，直觉遇到麻烦，理性会出面解决，但是，由于理性思维系统懒惰且理性思考成本高，往往是直觉思维系统占据主导地位，这样一来，人的决策很大部分都是"在不确定性条件下"完成的，因而这些决策会受到"偏差"与"偏好"的影响。换言之，在很多情况下，人并不是理性的，"偏差"与"偏好"是人与生俱来的缺陷。

一直以来，传统经济学都把人假设为绝对理性的决策主体，认为人会理所当然地做出理性决策，并且在此基础上推导出一系列理论和论断；但是行为经济学的研究表明，这种假设是有缺陷的，人在做决策时并不是完全理性的。只不过人们往往会在主观上觉得自己是理性的，是理性在掌控自己的决策，而实际上，人的很多行为都是在直觉系统的指引下，在非理性中完成的。

人的决策都是在对信息的"编辑"和"判断"之中完成的,各种"偏差"与"偏好"也就蕴含其中。

1. 决策信息"编辑"过程中的四大偏差

"在不确定性条件下进行决策",首先需要在内在的期望之下对相关信息进行编辑处理。在行为经济学中,人们期望的主要变量则是参照系。最终形成决策的均衡状态,并不取决于最优结果,而是取决于相对结果,可见决策的结果与参照水平密切相关。于是,参照点就成为决定决策结果的重要变量,而参照点的形成又取决于很多因素,包括一个人的历史记忆,接受外部刺激的范围额度,等等。

在信息编辑阶段,人们主要对不同的"前景"进行简化和重新整合。从认知心理学的角度来说,对信息的编辑整合又可以分为四个阶段,即信息获取、信息加工、信息输出、信息反馈,并且在每个阶段,人们都呈现出一些非理性的认知偏差。

当单纯研究投资行为的时候,"偏差"可以被看作一种对正确结果的偏离,但是从成功营销的角度来看,这些所谓的"偏差"恰恰是投资者做出决策的方式和必经过程,只有沿着这些"偏差"的路径才能找到理性和感性的契合点。

(1)信息获取阶段。

在信息获取阶段,很多认知偏差来源于记忆方面出现的偏误以及工作环境上出现的偏误。认知心理学认为,人性天然的弱点是,贪婪和恐惧对信息的获取存在影响;同时,人类的信息获取也存在生理限制——记忆的容量有限,只有部分信息能够受到关注,具体表现在以下几个方面。

①易记性。易记性即对具体信息的获取多于抽象信息。例如,对市场规则的掌握大部分是通过反复尝试而不是依赖指标说明书实现的。在大多数情况下,人的情感对于显眼的数据反应最快,也会根据这些数据做出有效率的判断和决策,从而省略力所不能及的复杂计算或判断。

②易得性。易得性即人们总是偏向于依据自己熟悉或者容易提取的信息来对某事进行决策。例如,如果媒体大肆报道某上市公司的正面信息,大众就很容易高估与该事件相关的一些事情发生的概率,进而影响人们的判断。

③次序性。次序性即刚刚发生的事情更容易从记忆库里被提取出来,从而影响人的决策。例如,刚刚盈利的投资者更容易忽略风险,继续买入;而刚刚亏损的投资者更容易产生悲观情绪,因而不敢再轻易尝试。

人们在获取信息的过程中,会自然选择更容易被记忆、被理解和时间上占有优势的信息,而不是非常理性地选择那些逻辑上更有价值的信息。

在财富管理领域，金融机构其实是非常注重利用上述特点来吸引客户注意力，提升客户黏性的。例如，证券公司的证券分析报告非常注重形式，其目的就是利用"易记性"来吸引人的关注，从而影响人的决策，扩大自身影响。在某种意义上，形式与内容同等重要。金融机构培训理财经理"如何经营自己的微信朋友圈"，也是希望自己成为客户的一个"易得性"的、"先入为主"的信息来源。与此同时，投资者要避免落入"信息不完善"的陷阱之中。

（2）信息加工阶段。

信息加工阶段最常见的偏差是框架效应。框架效应是指同一个事物在一种框架下，可能显示出它是处于盈利的状态，但是放在另外一个框架下，可能显示出它是损失的状态，对同一个问题，两种在逻辑意义上相同的说法却导致不同的决策判断。换言之，就是当人们描述同一件事情的时候，不同的表达方式会给倾听者不一样的感觉，从而可以引导倾听者给出两种截然相反的决策。具体到投资决策上，当投资者感觉某一方案带来的是"损失"而不是"收益"时，他会更加敏感且难以接受这个方案。对框架效应的利用在资产配置业务中很常见。比如，建议客户投保期缴型重大疾病保险时，如果建议客户每月支出一定金额来完成投保，并建议客户每月用理财或基金的收益配置一份保障，客户接受的效果会完全不同。

框架效应揭示出，人的决策依赖于参考点，而参考点会受到多种因素的影响。首先，参考点与历史水平有关，在金融领域，投资中的历史水平里最重要的参考点就是成本价，投资者总是会将现在的价格与成本价相比较，这被称为"往回看"，是与历史水平相比，而理性人只会"往后看"，不看沉没成本，只看未来。历史水平的参考点还有最高价、最低价等，如投资者在股价下跌时倾向于做补仓操作，以期摊薄成本，这种摊薄成本的观点就是人们将参考点定位在近期的股价高点而做出的决策。其次，参考点与期望水平相关，如投资者以 10 元的价格买入某只股票，但他预期该股票能涨到 15 元，那么他的卖出价格的参考点就是 15 元，而不再是买入价 10 元。再次，参考点与周边人的决策有关，这也叫作"决策的同群效应"，我们可以看到有不少的投资者，在投资前即使对投资对象进行了一定的研究，在决策时也很容易根据专家意见或者周边朋友的决策做出决定。最后，参考点是可以控制的，在中国股市庄家比较流行的时候，庄家操纵股价的一种做法就是将股价拉高到一个绝对高点，从而形成一个参考点，使散户在股价下跌时受此高点的影响而不愿卖出股票，庄家自己则趁机"出逃"。

框架效应的效果如此显著，影响如此广泛，因此呈现出多种形式的认知偏

差，包括妨碍效果与引诱效果、讨厌两级、沉没成本和沉锚效应等。

①妨碍效果与引诱效果。在已经有两个选项的情况下，如果增加与某个既有选项非常类似的选项，就会产生"妨碍效果"，促使决策人选择那个与新选项完全不同的既有选项；如果新选项明显不如某个既有选项，那么新选项就如同"饵"一样，会产生"引诱效果"，使那个明显优于新选项的既有选项吸引力大增，进而提高其被选择的概率。妨碍效果与引诱效果常被用来引导客户做选择。

②讨厌两级。讨厌两级是指无论是正面的还是负面的，只要增加了具有极端性质的选项，就会提高那些具有"中间"性质的选项胜出的概率。当选项变多之后，人们往往偏向于选择性质居中的那个选项，这是因为我们找到了证明自己的选择是最好的理由——中间的选项在其他两个选项的衬托下显得最合理。

③沉没成本。沉没成本是指以往发生的，但与当前决策无关的费用。人们在决定是否去做一件事情的时候，不仅要看这件事对自己有没有好处，而且要看过去是不是已经在这件事情上有过投入。这些已经发生不可收回的支出，如时间、金钱、精力等统称为"沉没成本"。在不得不进行抉择的时候，很多人只注意到自己已经投入的成本，不想白白浪费它们，却忽视了真正的重点，无法冷静思考自己的选择会额外耗费多少成本，以及其对将来利益有何影响。

④沉锚效应。沉锚效应是指人们在对某人某事做出判断时，会先估计一个参考答案，这叫"锚定值"，然后再来调整，而理性人决策是没有锚定值的。这个锚定值就像沉入海底的锚一样把人们的思想固定在某处。问题是，人们在估计参考答案的时候会受到各种外部因素的影响，其结果往往并不准确，即便再怎么调整，也会出现巨大的评估误差。

框架效应的种种表现说明，人类的直觉系统是一个具有"先入为主"特性的系统，先输入的信息在判断中能够占据优势地位，不管这种信息是第一印象，还是描述时的词语和修辞，都会极大地影响人们的判断。

（3）信息输出阶段。

在信息输出阶段，投资者将加工过的信息输出为参与投资决策的信息。这时的一个常见认知偏差是过度自信——认为自己知识的准确性比事实上程度更高，因而赋予自己的信息的权重要大于事实上的权重。

心理学认为，过度自信大概是最经得起检验的认知偏差了，也就是说，人们普遍都会过度自信。过度自信跟人特别喜欢做因果关系推断的本性相关，因为人看到一个统计规律，就觉得这是一个因果关系，因为只有因果关系，人才觉得这个东西有道理、前后一致，那就自然会对这个东西过度自信。此外，过度自信的形成，还与信息积累有关。典型的场景是，如果一个人对投资一无所知，他在此领域肯定不会呈现出自信状态；但随着信息收集得越来越多，比如通过对股市相关知识的系统学习，他的能力相应获得提升，自信就会同步增强；接着他进入实战，取得了经验积累，能力进一步提升，自信进一步增强……信息、能力、自信是同步增长的。需要注意的是，信息积累没有上限，能力提升却有上限。一个人可以不断增加各种信息的积累，但能力会封顶，到了一定程度后，之后积累的信息已无法使能力获得提升，但还在不断增强自信，最终，人的自信程度会超过自身的实际水平，这就是人一定会过度自信的原因。

对金融市场来说，"过度自信"是一个中性的概念，它的影响是深远的。按照传统经济学的观点，理性人对资产价格的判断终将趋向一致，因此均衡的时候应该没有什么交易量，但实际情况是，市场上每时每刻都有大量的成交，原因就在于投资者都是过度自信的，每一笔成交的背后都是两位过度自信的投资者在完全一样的市场环境下做出的截然相反的判断；而基金经理尤其是以获取绝对收益为目标的主动管理的基金经理，其实就是一群典型的过度自信的人。从某种程度上来说，每年基金业绩排行榜上前面的获胜者和后面的失败者，从本质上来讲是完全相同的一类人，只是他们玩了一个典型的"成王败寇"的游戏而已。客观来说，过度自信放大了市场的成交量，提高了市场的流动性。

另外，由于过度自信的普遍存在，当人们期望一种结果，而这种结果确实发生时，过度自信会更明显地体现出来，人们往往会高估自己的能力在理想结果中的作用；而当人们高估自己的判断力时，很容易低估风险，误以为自己能操控局面。

自我认知的重点在于了解自己知道什么，不知道什么。人不一定要和自己的过度自信对抗，人也不需要成为"万事通"，不过最好认清自己的知识范围。在判断自己的选择是否恰当时，人们正是以自己的认知为参考点的；但是，正所谓"当局者迷"，学会从第三方的立场，以一个置身事外的角度去评判问题，或者站在一个更高的视角看待问题，都是很有效的规避过度自信的思维方式和办法。

（4）信息反馈阶段。

在信息反馈阶段，人们对于输出的信息所带来的结果进行自我反馈。在前三个阶段，人们在了解信息对象时都会产生认知偏差，那么人能不能通过不断学习和反思来纠正这些偏差呢？对于主张理性经济人假设的传统经济学，在面对质疑和挑战的时候，最常见的解释是"误差"。他们也承认，在现实生活中，完全做出理性经济决策的理性经济人，其实是不存在的；但他们坚持认为，通过反复学

习和决策实践，就可以不断接近理性。行为经济学发现，无论是在投资中还是在生活中，人们即便发现了自己的问题，也很难通过学习和反思进行纠正，人们对踩过的"坑"总是逃不过再踩，其原因就是人们在信息反馈阶段仍然容易陷入一些认知偏差，包括正向归因、后见之明、后悔厌恶、认知失调、确认偏差等。

①正向归因。在信息反馈阶段，人们需要将失败或成功归结于某种原因。正向归因是指人们在进行这种归因时，一般会首先寻找外部因素，如投资环境恶劣，遭遇"黑天鹅事件"等不可控因素，而不愿反省自己的内部原因。概括而言，成功了是自己了不起，失败了是因为别人不好。在个人投资上，正向归因导致人们找不到盈利或亏损的真正原因，人们在下一次投资时并不会变得更聪明，而是会继续重蹈覆辙。

②后见之明。当一件重大的事情已经发生，在事后来看，我们总是很容易就能找到事情发生的缘由，而且显得特别合理、贴切、清晰，即俗语所说的"事后诸葛亮"。这种现象在股市收盘之后非常常见。很大程度上，后见之明源于人们对"因果关系"的特殊偏好——如果寻找不到因果关系及一定"规律"，人们很容易觉得自己生活在未知当中，从而会感到极度不安全。所以，人们习惯赋予已经发生的事情某种意义，认为这是必然的结果，并自以为事先已经知道某些信息，并能据此预测后来发生的事情。在投资中，后见之明会使人们在估计风险时过度乐观，从而容易导致投资失败。

③后悔厌恶。后悔厌恶是指当人们做出错误决定之后往往会后悔不已，感到要为损失承担责任，导致内心十分痛苦。人们都不喜欢懊悔的滋味，下定决心改变现状比下定决心维持现状更难，因为前者总会让当事人感到责任更加重大。如果某种决策方式能够减少投资者后悔的可能，投资者会倾向于采用这样的决策方式。典型的表现是为等待某些不必要的信息而推迟决策，从众行为，等等。总体上，人们经常因为不想后悔而无法当机立断，因为缺乏自信而畏缩不前，即使能够改变现状也不付诸行动，但很少人注意到，其实"不做决策"也是一种决策。

④认知失调。在就几乎所有包含多种可能结果的事情做出决策之后，人们在认知上都会发生冲突，表现为人们常常会问自己是否做出正确的决策，决策的选择是否能让结果更好，等等。出现这种现象的原因是，人们所选择的那个决策结果常常包含着消极的一面，而人们未选择的那个决策却包含着积极的一面。这与相信自己做出最好决策的观点相矛盾。这种矛盾在心理学上被称为"认知失调"。认知失调的一个基本假设是，冲突使人感到不愉快，人们总是试图尽可能快地解决在感知和思考之间的任何冲突因素。

⑤确认偏差。确认偏差指的是一旦人们形成一种较强的观念，就会有意识地寻找利于证实自身观念的证据，而不倾向于从否定该观念的一面寻找证据。在金融市场上，如果投资者买了一只股票，那么他满眼看到的都会是支持买入的好消息；如果投资者卖掉了一只股票，那么他满眼看到的就都是支持卖出的消息。实际上，正面的消息和反面的消息是同时存在的，只是投资者会有意识地选择对自己有利的信息而已。确认偏差会导致投资者坚持错误的交易策略，甚至造成市场长期定价错误。

2.决策信息"判断"过程中的五大偏好

完成信息的"编辑"，下一步就是要进行信息的"判断"，进而做出最终的选择。决策信息"判断"是对决策的实际结果和预期目的的符合程度进行分析与判断。决策产生时，决策的目标与方案还只是人们所预期的结果与过程，而不是实际的结果与过程。预期与实际之间是有矛盾与差别的。决策判断就是对决策的这种差别做出客观的分析与预计。决策信息"判断"的过程如下：①决策实施前的评价，这里主要需要明确决策预期在多大程度上有多大可能与现实系统相符；决策方案实施的潜在问题有哪些，会对决策实施产生什么影响，影响程度如何；等等。②决策实施过程中的评价，这里评价的是决策预期与实际情况的符合程度，以作为决策修正或追踪决策的依据与基础。③实施结果的评价，包括对决策实施产生的效果的全面客观评估以及对实际结果与决策预期符合程度的分析判断。

在这个阶段里，行为经济学与传统经济学最大的不同在于，前者用偏好理论代替了效用理论来评价得失，在具体的参数上也用决策权重代替了概率。

行为经济学提出了"确定效应""反射效应""损失厌恶""小概率迷惑""参照依赖"五大偏好概念。

（1）确定效应。

所谓确定效应，就是当在确定的收益和"赌一把"之间做抉择时，多数人会选择确定的收益，用一句话来打比方就是"二鸟在林，不如一鸟在手"。一个经济学实验的结果体现了确定效应，该实验让一群人分别做如下选择：A选项是直接获利3万元，B选项是以80%的概率获利4万元，20%的概率什么也得不到。实验结果是，大部分人选择了A选项。这与传统经济理论得出的结论明显不符，因为4万元×80%=3.2万元，B选项的数学期望要大于3万元。

这个实验结果是对"确定效应"的印证，即大多数人在处于收益状态时，往往小心翼翼且厌恶风险，害怕失去已有的利润。换言之，在稳赚的时候人们会变得保守。在金融市场上，尤其是"牛市"的时候，股票价格普遍上涨，投资者通

常处于盈利状态,但是,绝大部分股民在"牛市"里都赚不到头,而是在一定涨幅之后就赶紧落袋为安了。

(2)反射效应。

与确定效应相反,所谓反射效应,就是当在确定的损失和"赌一把"之间做抉择时,多数人会选择"赌一把"。另一个经济学实验的结果体现了反射效应。该实验让一群人分别做如下选择:A选项是确定亏损3万元,B选项是80%的概率亏损4万元,20%的概率没有任何损失。实验结果是,大部分人选择B选项。这与传统经济学理论得到的结果明显不符,因为 -4 万元 $\times 80\% = -3.2$ 万元,B选项承担损失的数学期望要大于3万元。

这个实验结果是对"反射效应"的印证,即多数人处于亏损状态时,会极不甘心,宁愿承受更大的风险来"赌一把"。也就是说,处于损失预期时,大多数人会变得甘冒风险。这种非理性偏差在投资决策上的典型表现就是多数人会选择继续持有赔钱的股票,"为了小损失,甘冒大风险",统计数据证实,投资者持有亏损股票的时间远长于持有获利股票的时间。在金融市场上,尤其是"熊市"的时候,股票价格普遍下跌,投资者通常处于亏损状态,"熊市"里的股价一般是缓慢下行的,但是很多股民在"熊市"里会一亏到底,迟迟不愿意离场,其手中亏损的股票会一直伴随着漫漫"熊市",等待着回本的那一天。

传统经济学认为,人都是厌恶风险的,但行为经济学中的确定效应和反射效应显示,人厌恶风险的这个特征只在面对盈利时显现,在面对亏损时,人会表现为喜欢风险,更倾向于"赌一把",看看有没有机会绝处逢生。

(3)损失厌恶。

在面对盈利和亏损时,投资者除了风险偏好会产生反转之外,他们对待两者的心态也是不对称的。人们在决策时,内心对利害的权衡不均衡,赋予"避害"因素的权重要远大于赋予"趋利"因素的权重,这被称为"损失厌恶"。

损失厌恶是行为经济学最重要也是最有用的发现之一。这个认知偏差说明,人们对财富的减少比对财富的增加更加敏感,损失的痛苦远大于获得的快乐。在金融市场上投资者有一个普遍的感受,当买入一只股票,如果股票涨停了,他会很高兴,但是如果它跌停了,他感受到的痛苦值可能要两倍于从盈利中感受到的喜悦值。损失厌恶深深地影响着人们的投资决策。由于人们对一定数量的损失要比对相同数量的收益敏感得多,因此即使事先向投资者讲明了某基金的下行风险,一旦真的发生亏损,投资者还是会很容易情绪激动。很多人因为知道产品有亏损的风险,即便自身具备一定的风险承受能力,也不愿投资该产品,这就是很多人因为损失厌恶而放弃本可以获利的投资机会的原因。

损失厌恶会让投资者尽量避免做出可能让自己遭受损失的决定，如投资者委托他人投资、投基金，或者将决策权交给自己信任的人，在遭受损失时就可以将责任推给他人，减轻自己决策失败并为此负责带来的内疚心理。投资者也有可能会结伴投资，这样当大家一起亏损时，心里就不会那么难受了。与他人决策一致并不代表一定不对，但是如果将此作为决策的考量因素，就会陷入非理性，而理性的投资行为只看投资对象，不会参考其他人的决策或将错误归于他人。另外，损失厌恶会使投资者在发生损失时难以及时止损。止损就是让浮动亏损得以实现，这会让投资者非常痛苦。很多人在遭受亏损时会选择视而不见，最后变得麻木，所以投资者也将止损称为"割肉"，形容止损像割肉一样疼。事实上，止损不果断只会加重损失。

由损失厌恶又衍生出两个典型的认知偏差表现：禀赋效应与棘轮效应。

①禀赋效应。禀赋效应是指当个人一旦拥有某项物品，他对该物品价值的评价要比未拥有之前大大增加，或者说，拥有再失去，比从来没有过更令人痛苦。

由于禀赋效应，人们倾向于避免失去所拥有的东西，在决策过程中，对于"利害"的权衡并不均衡，对于"避害"的考虑，要远远超过对于"趋利"的考虑。禀赋效应在投资上的典型体现就是，由于害怕损失，股票拥有者在遭遇股价下跌时，往往会变得风险偏好，为了避免损失而甘愿冒价格进一步下跌的风险继续持有股票，希望有朝一日股价能重新上涨。这就产生了一种奇怪的现象：股票或房地产的价格越低，其成交量越低，这与传统经济学的需求曲线是相悖的。禀赋效应甚至可以解释赖账的心理，借入的时候，可能很开心，但还钱时的痛苦一定超过这种开心。

禀赋效应也有更加宏观的应用。传统经济学中有一个非常有名的观点，叫作"科斯定理"。它说的是，对一个经济体来说，只要产权明确，同时交易成本为零或者很小，无论将产权给谁，通过市场交易，最终都能够实现效益最大化。举个例子来说，假设一个国家正在分配产权，将矿山分给了擅长打鱼的张三，将渔场分给了擅长采矿的李四，按照科斯定理，只要交易成本够低，张三和李四总能找到一个双方都能接受的均衡价格，完成交换，张三去经营渔场，李四去经营矿山，实现效益的最大化。考虑到禀赋效应的存在，张三尽管不擅长采矿，还是会觉得自己的矿山很值钱，没到手的渔场不值钱。李四正好相反。两人估价的差异巨大，这个看上去"双赢"的交易，极有可能始终无法完成。这种情形，比科斯定理所描述的理想状态更接近现实。这个例子说明，在产权分配的问题上，政府

不能偷懒，不能认为产权明晰、降低交易成本就万事大吉了，最初的产权分配也是至关重要的。因为在禀赋效应的影响下，初始状态可能很难通过后面的市场调节来改善，如果一开始便很糟糕，效率极低，很可能到最后也是效率极低。这个例子说明不能完全迷信市场，不能过分相信市场对资源配置的调节能力，正如不能迷信经济人的理性一样。

②棘轮效应。棘轮效应是指人的消费习惯形成后具有不可逆性，即易于向上调整，而难以向下调整。尤其是在短期内消费习惯是不可逆的，其习惯效应较大。这种习惯效应，是消费取决于相对收入，即相对于自己过去的高峰收入。消费者通常会随收入的提高而增加消费，但很难随收入的降低而减少消费。传统经济学认为消费是可逆的，即绝对收入水平变动必然立即引起消费水平的变化；但行为经济学认为消费决策不可能是一种理想的计划，它还取决于消费习惯。这种消费习惯受许多因素影响，如生理需要、社会需要、个人的经历、个人经历的影响等；特别是个人在收入最高期所达到的消费标准对消费习惯的形成有很重要的作用。人们往往用一句古话来解释棘轮效应，就是"由俭入奢易，由奢入俭难"。在财富人士的财富传承过程中，二代所拥有的物质条件与一代是完全不一样的，一代对二代的培养和要求，其实是需要理解和顾及棘轮效应的影响的。

（4）小概率迷惑。

中国的股市投资者很喜欢打新股，因为打新股是按一个折扣价格买入新股，其收益率比较高且基本无风险，但是正因为打新股的人太多，要通过摇号决定中签者，中签率就变得很低。投资者没有意识到的是，打新股这种投资方式的平均收益是按收益率乘以中签率来计算的，这个平均收益率其实非常低；但在投资者心目中，低折扣这个因素的权重在决策时被放大了，所以打新股就变得非常吸引人。

喜欢打新股是人们所具有的强调小概率事件倾向的典型例子之一。人们的这种"小概率迷惑"偏差，反映的是人们对于概率的反应是非线性的，对于小概率会反应过敏，对大概率则会估计不足，反映在决策上时，就是内心给予一件事情的权重并不等于它的实际概率，人们会放大突出事件的权重，这和理性人根据概率进行决策的做法完全不同。这种使人产生"小概率迷惑"偏差的事件的特点是具有很高的绝对损益，所以即使概率很低，投资者往往也会被那个绝对收益吸引，在心目中放大概率。比如彩票，很多人都买过，甚至有相当一批"彩民"。虽然从理论上来看，买彩票赢大奖的可能性微乎其微，可还是有人心存侥幸，试图博取小概率事件（中彩）的收益。再如保险，虽然遭遇风险事件的概率非常

小，可人们还是希望能够通过经济手段来规避风险，哪怕付出的保险费比公平保险费要高很多。人们的这种倾向，是保险公司开展经营并获得利润的心理学基础。

在前述确定效应和反射效应中，人们在涉及收益时是风险厌恶者，在涉及损失时，是风险喜好者；但在小概率事件面前，人们的风险偏好又发生了逆转，面对小概率的盈利，多数人是风险喜好者，而面对小概率的损失，多数人是风险厌恶者。

（5）参照依赖。

参照依赖指的是人们对得失的判断往往根据参照点决定的。投资者对一个决策结果的评价，是通过计算该结果相对于某一参照点的变化而形成的。人们看的不是最终的结果，而是最终结果与参照点之间的差距。

有一项调查结果就是对参照依赖这种偏好的有力验证。假设某人在同样的环境下面临两种工作选择：第一种情况是其他同事年收入10万元，而其年收入为12万元；第二种情况是其他同事年收入15万元，而其年收入为13万元。这项调查的结果显示，大部分人选择了前者。实验证明，经济交易的公平与否不仅取决于客观数值，还受到比较、正当化、诱发动机、呈现方式等诸多因素的影响。人们对于自己薪资的满意程度不止取决于薪资金额的高低，还有与同事比较的结果。

这一偏好严重影响着人们对投资结果的评价：当市场下行、"哀鸿遍野"的时候，投资者对自己所持股票型基金遭遇亏损的不满就会有所减弱；而当市场上行时，如果自己所持股票基金的盈利比别人低，投资者也会产生不满。

当投资者做出最终决策的时候，就是按照上述五点来判断的，先形成一个决策权重，然后逐一排序并做出选择。

（三）行为经济学视角下的资产配置

传统经济学家假设各类经济活动的参与主体不是真实的普通人，而是虚拟的、完全理性的经济人。这种理性经济人的特征就是明确知道自己喜欢什么，知道如何按照自己的喜好得到自己最想要的结果。就好比给人一百元钱，让他去超市买东西，他每次都有能力找到一个最令人满意的购物组合。总之，理性经济人做选择的时候，总是会遵循最优化的原则。传统经济学发展到现在，体系日益庞大、复杂，各种模型层出不穷，但这一切的背后，其实是一个非常简单的假设，那就是"理性经济人"假设。

"理性经济人"假设，其实最初只是为了研究方便，就好像物理学家研究力学，要假设一个不受任何干扰的理想状态一样；但是，就是因为它用起来太方便了，传统经济学家越用越上瘾，对它产生了巨大的依赖，甚至是"迷信"。从西

方经济学教科书中都有的供求关系曲线，到华尔街那些令人眼花缭乱的资本市场模型，今天我们能看到的传统经济学成果，大都建立在"理性经济人"假设的基础上。在这个基本前提下，传统经济学设计了各种经济模型。这些模型对现实经济活动的解释和预测，却遭到越来越多的质疑和挑战，甚至无法解释生活中的很多反常现象。

行为经济学是近年来经济学发展最快、最有活力的一个分支，它引入了心理学和其他社会科学的方法，关注那些传统经济学关注不多的因素，比如人们的行为、认知、情感、心理效应、人格特质，甚至是偏见和错误，如何对个人和群体的经济决策产生作用，从而对整个经济系统造成影响，进而对传统西方经济学的"理性经济人"假设提出挑战。行为经济学认为，由于人的时间、精力和能力有限，人们通过不断学习、不断积累经验来提高理性程度的成效是有限度的，而且理性本身的标准也存在问题，所以传统经济学的"理性经济人"假设存在比较明显的缺陷，经济活动中的主体，不是理性的经济人，而是受各种情绪甚至偏见影响的普通人，由此形成了很多关于经济活动、经济决策和经济解释的全新观点。这些发现和观点，在资产配置角度也有着非常现实的意义。

1. 偏差的普遍存在及影响

中国的资产配置有一个明显的特点，就是权益资产在整体配置中占比偏低，这与投资者以散户化的方式参与股票市场的形式有关，但更与源自人性深处的各种行为偏差相关。

从长期统计学的结果来看，国内个人投资者在股票市场上的战绩基本都是"七亏两平一盈利"，但每一位市场参与者都认为，自己能够进入10%盈利的那个部分，这就是"过度自信"效应的影响；在投资过程中，一旦买入股票，未来的买卖决策其实都应该只取决于投资标的本身，但绝大部分投资者总免不了要把价格与买入的成本进行比较，这就是"框架效应"的影响；当投资进入盈利区域，"确定效应"就开始发挥作用，投资者倾向于落袋为安，正因如此，很难积累出真正的价值投资者；而如果投资者在追涨杀跌过程中被套牢，进入亏损区域，"反射效应"又会发挥效用，于是投资者开始长期"捂"股；在此过程中，最大的风险是投资者产生流动性需求，也就是需要使用现金，这时候"损失厌恶"开始发挥效用，投资者往往会"售盈持亏"，卖掉表现相对好（盈利中或亏损少）的股票，留下表现相对较差（亏损或亏损多）的股票。研究显示，投资跌幅在20%以内，投资者通常可以接受；跌幅达20%~40%，人们会觉得损失惨重，如果跌掉40%~50%甚至更多，大部分人的心理防线基本被击破，这时候"损失厌恶"效应会影响他们选择"割肉"离场，把账面上的亏损变成真正的亏损。有些投资者会遵循资产配置理论进行组合投资，在这个框架下，决定整个组合的风险不再是单只股票价格的起伏涨跌，而是组合中股票与股票之间的相关性，单一资产的波动会被其他资产平衡掉，对风险没有影响，理性投资者只需要关心资产之间的协同变化有没有发生变化，而不需要关注单个资产的涨跌。现实中，绝大部分投资者在"参照依赖"效应影响下，总是在关注某只股票亏了，某只股票赚了，那只亏的股票还是想等它回本，其实两只股票放在一起是赚了，但是投资者在意识中还是会把它们分开处理，进而影响自己的操作决策，没有达到分散风险的目的。

事实上，按照证监会在公募基金行业设立20周年之际公布的数据显示，在这20年中，中国偏股型基金的年化收益率平均为16.5%，超过同期上证综指平均涨幅8.8个百分点，远远跑赢大盘。这个收益水平是在一个足够长的时间段内的年化平均收益，可以代表市场所能提供的平均机会收益，但该数据公布之后，得到的反馈是这组数据和大部分个人投资者的主观感受很不相符。市场提供了很好的收益机会却不能够被投资者所把握的悖论长期存在。由此导致权益资产这个整体收益最高的大类资产在投资者资产配置中整体占比偏低的反常现象。

2. 偏差中的亏损与盈利

偏差影响了投资者在金融市场上的投资效率，那谁是这种现象的获益者呢？在金融市场上，有一种非常典型的"涨停板敢死队"现象。

"涨停板敢死队"策略的一般做法是，在看到股票涨停后迅速买入，这是利用公开信息的交易行为，是正常的，然后在第二天卖出。然而，"涨停板敢死队"要想最终获利，还需要满足其他条件：一是要能够买到涨停的股票，那么涨停的股票是谁卖出的呢？二是要能将股票在第二天卖出去，那接盘买入的人又是谁呢？

对于第一个问题，我们发现是"框架效应"和"确定效应"在发挥作用。在理性条件下，投资者应该忘掉自己的买入成本，非常客观地"向前看"去判断股价的走势，但在"框架效应"作用下，持股者会不自觉地将涨停板的价格与自己的成本价进行比较，这是一种"回头看"的做法；同时，在"确定效应"影响下，当股价上涨时，风险偏好占据主导地位，落袋为安的冲动发挥作用，从而使投资者过早地售出盈利资产。对于第二个问题，我们发现是"框架效应""过度自信""信息易得""小概率迷惑"等效应在发挥作用。在股票涨停之后，交易所和各大榜单会公布信息，这时就会吸引一部分投资者的关注（信息易得），对

于这些"追涨"买入者,买入决策还是在"往回看",他们总是以为历史会重演,涨的还会再涨(框架效应),同时,投资者之所以对涨停这类市场热点产生关注,深层次原因还是受到这类现象背后的"高收益、低概率"特性的吸引(小概率迷惑),进而做出买入的判断(过度自信)。问题是,个人投资者的追涨行为往往慢人一拍。换言之,"涨停板敢死队"将自己前一天吸收的筹码有效出售给了慢他们一拍且关注力有限的普通投资者。此外,中国市场的投资者呈现典型的"二八"结构,即个人投资者数量超过投资者总数的80%,但资金量并不大,也就是以散户为主,但是能够控制市场的是数量占比不足20%的投资机构,这样的投资者结构有利于形成"羊群效应"。在这样的市场结构下,一些机构或者上市公司仅仅依靠引导投资者形成"羊群效应",就可以达到自己的目的。例如,2015年国内特别火的概念是P2P(点对点网络借款),上市公司上海多伦实业股份有限公司(以下简称多伦股份)就直接把公司的名称改成"匹凸匹",结果公司股价连续多个涨停。"涨停板"也是一种非常有效的短期吸引个人投资者注意力的手段。有专门的统计数据显示,"涨停板敢死队"账户的平均日收益率为1.16%;但是普通个人投 资者在该策略中大多受损,第一个涨停时卖出的,损失了后面股价可能上涨带来的收益,而买入慢一拍的个人投资者,由于未来股价回归,平均将遭受0.88%的损失。

在"涨停板敢死队"这一行为模式里,同样的买入操作结果却天差地别。"涨停板敢死队"的行为是有意识的,而普通投资者的行为是无意识的,普通投资者与"涨停板敢死队"完全是反向操作。这就是专业投资者或者专业机构的行为金融交易策略——预测别人的错误,并且利用他们的错误盈利。如前所述,传统经济学和行为经济学是短期和长期的关系。传统经济学讲的是长期价格最终将会如何,行为经济学讲的是在短期内经常会出现什么偏离,人们可以利用这些偏离进行反向操作以获取利益,但这种反向操作会引导价格向理性方向收敛。在真实的市场中,行为经济学交易策略的主要运作原理就是,一部分投资者会犯错,专业投资者或者专业机构则利用这种错误来盈利。

3.行为经济学的获利因子与传统经济学的对冲方法

与传统经济学认为"价格包含一切市场信息,所以必然会达成均衡"的观点不同,行为经济学认为,受投资者偏差和偏好的影响,价格会出现高估或者低估现象。例如,在同等情况下,一家好公司的股票价值为20元,一家差公司的股票价值为10元,好公司比差公司的业绩好,所以其股票价值更高。投资者会追捧好公司的股票,造成好公司的股票价格被高估,涨至30元,而差公司的股票无人问

津，股价跌至 5 元。行为金融策略成功的基本原理是反向操作——买入别人都不喜欢的，卖空别人都喜欢的。由此，行为经济学发现市场上存在着一种可以带来稳健获利的因子——价值因子，所以价值因子的投资策略就是买入差公司的价值股，因为它的价格被低估，未来等到价格向价值收敛，价值股将能取得高收益。类似的，因为小盘股的流动性不够，大型机构不太喜欢持有流动性较差、业绩较差的小盘股，造成市场错误估计了小盘股的价值，形成小盘股溢价，这就是"规模因子"。这些获利因子背后的市场逻辑也验证了投资是反直觉的观点。

如何利用因子获利呢？这时候行为经济学家使用了传统经济学的经典方法——分散与对冲。基本的做法是，首先按"市值"特征将市场上的所有股票进行排序；然后将排好序的股票分成若干个分组，比如 10 组；接着构建对冲组合，买入价值被低估的股票，即未来收益好的分组，卖空价值被高估的股票，即未来收益差的分组。以"规模因子"为例，既然判断认为小公司股票收益更好，就买入 1/10 最小规模的公司的股票，卖空 1/10 最大规模的公司的股票。最后，再对这个组合进行检验。数据显示，在美国的三大交易所股票市场上，通过"规模因子"对冲策略构建的投资组合，其年化收益率超过 8%。类似的，通过"价值因子"对冲策略构建的投资组合，其年化收益率超过 10%。当然，必须同时指出的是，这些获利因子的有效性是动态变化的，获利因子有效性会吸引市场资金涌入其中，导致获利空间被逐渐压缩以至于失效，资金就会去寻找其他的获利因子，这也是一些顶级对冲基金从不对外公布其投资策略的主要原因。所以，利用行为经济学的偏差是可以在市场上获利的。重点是，个人投资者或者在这个维度上不能存在认知"死角"，要理解"在别人恐惧的时候我要贪婪，在别人贪婪的时候我要恐惧"其实是一个经济学的观点，在自己的投资过程中注意努力克服人性的偏差。当然，还有另外一个更简洁的选择，就是将自己的投资委托给机构投资者。当我们深刻地认识到市场上存在着这些投资逻辑、投资机会及投资路径的时候，就能有效地解决我们资产配置的结构合理性问题。

综上所述，行为经济学虽然对传统经济学提出了挑战，但至少从目前来看，行为经济学并不是对传统经济学的否定和全盘颠覆。虽然行为经济学认为人的理性存在欠缺，应该用助推的方法适度干预个人决策过程，但它并不会颠覆个人有权自由选择的基本价值观。它所追求的，仍然是对原有体系的完善和修补，是在承认个人自由选择和决策权利的前提下，用助推的方式改进决策环境，提高个人决策质量。行为经济学不是对主流经济学的否定，而是对主流经济学的扬弃，也就是抛弃不好的一面，发扬好的一面。一方面，行为经济学弥补了主流经济学的

不足，改正了主流经济学的失误；另一方面，行为经济学用到的很多概念和分析方法，还是从主流经济学来的。行为经济学不能替代主流经济学，但是这个学科分支能让经济学更贴近现实，能够帮助我们更好地决策，更好完成我们的资产配置。

四、资产配置未来的变化趋势探寻

近年来，有一个隐喻越来越多地被提及，它就是"硅谷攻占华尔街"，它的源头是说摩根大通集团的工程师开发了一款名为"COIN"的金融合同解析软件，原先律师和经济师们每年需要花费36万小时才能完成的工作，COIN只需几秒钟就能完成，而且错误率大大降低。实际上，人工智能正在以越来越快的速度进入越来越多的领域，对原有的竞争秩序形成了巨大的冲击，包括财富管理领域。

（一）智能投资顾问与AI应用加速

先进技术的不断发展正在改变人们的工作与生活方式。2022年年末至2023年年初，ChatGPT（一款聊天机器人程序）以势不可当的态势席卷全球互联网市场，市场影响力不断提升，上线仅两个月，月活跃用户达到1亿人次。ChatGPT是一个由OpenAI开发的基于GPT-3.5的人工智能模型，其通过自然语言处理（Natural Language Processing，NLP）技术实现与用户的智能对话，开启了全新的AI时代。ChatGPT的智能程度引起了业界的广泛关注，引发了用户的热议，使用户对AI的未来有了更多的期待。在ChatGPT的热度尚未减弱之时，2023年3月14日OpenAI又发布了新一代多模态大语言模型GPT-4，持续在该领域深耕，实现自我突破。ChatGPT和GPT-4能够获得巨大的热度，离不开其出众的能力：能够通过理解、分析用户的语言与用户对话，从多个维度带来内容生产的变革，包括文本生成（"对话生成+文章摘要+机器写作"）、音频生成（"语音生成+歌曲创作"）、图像生成（"图像编辑+设计生成"）、视频生成（打造高质量短视频）、游戏生成（"游戏场景+游戏剧情"）、代码生成（助力开发者智能编程）和3D生成（生成3D模型）等，可谓全能。

随着ChatGPT的应用范围不断拓展，其在金融行业的应用价值也逐渐凸显出来。如今，ChatGPT已经成为金融机构探索金融AIGC（人工智能生成内容）的重要工具，能够帮助金融机构撰写优美的文案，提升金融产品的宣传效果。同时，智能客服成为提升金融业务办理效率的关键应用，大幅提升了金融行业的客户服务效率。智能投资顾问成为金融机构服务客户的好帮手，给客户带来更好的服务体验。ChatGPT成为推动金融行业智能化发展的重要工具，改善了传统的金融服

务和投资模式，为金融行业带来创新和颠覆，帮助金融机构创造更高的收益。

例如，2023年2月6日，招商银行使用ChatGPT撰写了一篇名为《ChatGPT首秀金融界，招行亲情信用卡诠释"人生逆旅，亲情无价"》的文章，亲情之于人生的意义在ChatGPT的笔下娓娓道来。此后，招商银行采用与ChatGPT对话的形式，诠释了亲情的价值和意义，生成了极具感染力的品牌推广文案。作为一个接受过大量系统的文本数据训练的大语言模型，ChatGPT对亲情的思考与诠释让人感到无比惊喜。此外，招商银行与ChatGPT进行了多轮趣味性互动，询问ChatGPT是否与招商银行的AI助手"小招"相识，并就资产分配、个人养老金管理等问题进行了探讨。

随着金融市场的不断变化，客户投资需求的不断升级，以及ChatGPT与金融行业的深度融合，智能投资顾问逐渐成为财富管理智能化的助推器。智能投资顾问可以自动进行投资分析并做出投资决策，帮助客户规划并执行投资策略。智能投资顾问能够通过分析各种投资数据，解答客户投资过程中的疑惑和问题，优化客户的决策过程，为客户制定最佳的投资方案。同时，智能投资顾问能够定期调整投资策略，让客户获得更多收益。在部分人工介入模式下，ChatGPT可以在人工介入之前提供初步的投资建议，在之后的人工服务环节获取更多信息，进而给出最终的投资建议。部分人工介入模式可以提高客户投资的信心，帮助他们深入地了解金融市场的规则和风险。智能投资顾问将传统顾问服务模式下的精英化服务转化为普惠式服务，将服务受众拓展为大众客户群体，满足大众客户的投资需求，践行普惠金融的整体战略目标。伴随着AI的深度应用以及大数据技术的快速发展，智能投资顾问呈现出多样化的发展趋势。发展模式倾向于面向理财经理的辅助决策模式以及面向客户的智能推荐模式，以传统金融机构、互联网巨头、财经门户为代表的成熟型智能投资顾问平台以及以金融科技企业为代表的初创型智能投资顾问企业相继布局智能投资顾问业务版图。

（二）买方投资顾问加速发展

2019年10月24日，证监会下发《关于做好公开募集证券投资基金投资顾问业务试点工作的通知》，买方投资顾问业务试点正式拉开帷幕。经过近三年的积累，获得基金投资顾问试点资格的机构达到61家，包括3家银行（中国工商银行、招商银行、平安银行）、3家第三方独立销售机构（珠海盈米基金销售有限公司、蚂蚁杭州基金销售有限公司、腾安销售〈深圳〉有限公司基金）、27家券商（国泰君安股份有限公司、华泰证券股份有限公司、申万宏源证券有限公司、中信建投证券股份有限公司、中国银河证券股份有限公司等）、28家基金公司及其子公司（易方达基金、南方基金管理股份有限公司、嘉实基金管理有限公司、华夏基金管理有限公司、中欧基金管理有限公司等）。基金投资顾问业务，是指拥有相关资质的基金投资顾问机构，接受客户的委托，在客户授权范围内，按照协议约定为客户进行投资基金具体品种、数量和买卖时机的选择，可代替客户开展基金产品申购、赎回、转换等交易申请的业务。基金投资顾问业务的推出，顺应了中国财富管理行业的变革趋势，对促使公募基金行业从销售导向转向客户资产保值增值导向，促进资本市场持续稳定健康发展以及泛资管行业的净值化转型具有重要意义。基金投资顾问业务的有效运作，有赖于优秀的组合投资策略开发。投资者的资产保值增值需求，决定了买方投资顾问的绝对收益属性。在美国，基金投资顾问市场经过70余年的发展已非常成熟，居民采取投资顾问方式购买基金成为主流。区别于以往单向推荐基金产品的模式，基金投资顾问机构根据客户的风险收益目标订立个性化的资产配置方案，同时，专业化基金投资顾问机构代替客户开展投资操作，更具有时效性；更为重要的是，基金投资顾问机构向投资者收取投资顾问费，而非代销费用，以避免产生利益冲突。买方投资顾问模式将投资和投资服务配合，将不同客户的现实需求与各类投资策略相匹配，将资产配置的风险分散作用与基金产品的收益获取能力相结合，以规避非理性投资和销售，引导投资者进行长期投资，既具有时代意义也具有现实价值。

（三）高净值客户将成为未来财富管理行业的"决胜之地"

如前所述，随着智能投资顾问与ChatGPT等FinTech（金融科技）技术的应用加速，客户将会被清晰地划分为"普通客户"和"高净值客户"。在长尾客户的需求被技术满足的同时，高端客户的需求则是个性化、多样化和定制化的，这就一定需要与财富管理者进行面对面的交流和方案讨论，此时，综合专业性强的财富管理者的不可替代性就能得到充分的体现。"个人理财"这个词在不同的场景下是有不同含义的，对于普通客户而言，"个人理财"重在"理财"，但对于高端客户而言，"个人理财"重在"个人"。高净值客户将会成为未来财富管理行业的"决胜之地"。

（四）财富管理者将进入个体品牌化建设阶段

在分业监管的中国财富管理领域里，有一个非常有意思的现象：在证券基金行业，是非常重视团队和品牌建设的，比如每年的"新财富最佳分析师奖""水晶球奖""金牛奖"等，都是业内团队和个人一展风采的大舞台，而获奖者的职业发展和收入待遇也与这些评选结果息息相关；但在银行业，团队和个人的品牌形象是不突出的，没有专门的评选活动，大众能看到和感知到的只有机构的品牌，如果要请老百姓说出几个著名银行理财师的名字，大众就会发现，这其实是一个完全空白的领域。

1.品牌建设现状背后的逻辑

品牌建设现状背后隐藏着以下逻辑。

（1）从银行的角度而言，作为金融职能基础的、金融网络最发达、关系国计民生和金融安全的金融机构，其最大的竞争力可能还在于建立在垄断地位基础上的获客能力。正因为银行具备可以坐堂等客的资本，其对所管辖的理财经理的要求其实更在于标准化，即批量的服务与批量的服务方式，更直接一点来说，至少在过往很长的一段时期里，银行体系对于个性化、品牌化的财富管理者的需求并没有那么迫切。

（2）站在证券基金行业的角度来看，其所提供的服务是高度不确定性、高竞争性的，所以能否做好"投资者教育"，能否帮助客户建立正确的投资理念，能否与客户建立起良好互信的关系，就变得至关重要了。在这个过程中，财富管理者是否具有一定的辨识度和知名度，就成了一个非常关键的参数，由此回溯，我们就能够理解证券基金行业不断通过各类评选活动帮助从业者进行品牌建设的逻辑所在了。

（3）两相比较，无疑后者的选择是更加市场化的，伴随着中国经济的高速持续发展，国富民强发展进程的持续深入，私人领域的财富管理需求已经并且必将持续增长，对财富管理者尤其是高水平的财富管理者的需求只会是越来越大，在这个过程中，具备品牌建设意识，既是财富管理团队或个人的机遇，也是应当抢占的先机。

2.财富管理需要品牌建设

财富管理领域里的品牌建设不仅仅是外部竞争的需要，更是其内在持续发展的必然。必须认识到，即便是与若干年前相比，中国的财富管理市场也已经发生了深刻的变化，体现在整体的财富量级在不断地增长；"二八定律"下高净值人群的财富增长更加迅速；量变引起质变，财富管理的需求变得更加多元；外部环境也在不断地发生着动态的变化，财富管理的技术要求也变得更加复杂；等等。这些变化在需求端，就反映为对财富管理者包括"品牌度"在内的更高、更综合的要求。

（1）在财富管理领域，普通客户的常规需求，将被FinTech技术批量化实现，这是一个不可阻挡的趋势。对于高净值客户而言，其财富管理决策所需要的信息是不可能透过FinTech技术来简单传递的，客户需要对资产配置方案有足够深刻

的理解才能启动其决策机制,财富管理者与客户之间的交流互动这种人与人之间的沟通极其关键,且是任何人工智能(AI)都不可替代的。

(2)对于高净值人士而言,因为财富数量和财富量级巨大,其财富决策往往事关重大,需要深谋远虑,所以此类财富决策需要极其小心、慎重地做出。除了对专业知识的理解之外,对品牌的要求也随之而来,因为品牌即信用,是社会整体对品牌所有者的认可,是历史业绩的体现与沉淀。对于客户而言,品牌即安全,品牌即效率。

(3)无论具体的路径为何,高净值人士的成功经验告诉我们,这是一个高认知的群体,所以他们才能敏锐地把握住过往的财富机遇,从而达到其目前的财富地位。从社会分工的角度而言,财富拥有者是负责"创富"的,而财富管理者是负责帮助其"守富"或"传富"的,这是两者能够平等对话的社会基础,换言之,高净值人群对财富管理者也是有着"匹配度"的要求的,而品牌是两者之间高效匹配的桥梁。

3.财富管理者的品牌打造

诚然,品牌建设能够给财富管理者带来巨大的效益,这件事也就绝然不会是一件简单、容易实现的事情。品牌建设需要有底蕴,也需要有实践;需要有沉淀,也需要有突破。财富管理者的品牌打造是一场永远没有尽头的修行。

(1)专业为基。

品牌的根基一定是专业,但专业一定不是知识的堆砌。一个专业的人,不仅是一个掌握了大量"知识"的人,而且应该是一个在知识、方法论、认知三个方面都极富经验的人,他与客户的交流面是认知,但认知的基石一定是知识。优秀的财富管理者与客户交流时,不能是"半桶水响叮当"的展示,而应是"恍然大悟"式的提点与启示。

近年来,一些比较具有战略意识的商业银行乃至国有大行,都以综合专业素养的提升为抓手,大力培养FC(财富管理投资顾问)团队,并取得了显著的效果,这些理财投资顾问作为一线理财经理的中台支持力量,主要负责协助后者共同开发客户,这个群体以专业为底,极大地提升了所在机构的客户拓展和维护能力,其中不乏特别优秀者,辅之以著书立说、开通个性化自媒体平台等方式,逐步树立起比较鲜明的个人形象,整体上,这一群体在业绩考核、职务晋升、职业拓展等方面都明显具备更强的竞争力。

(2)价值为本。

财富管理者需要对财富拥有者具有价值,这种价值不应该仅仅是个体的价值，而应该是一种基于价值网络的综合价值。行业里常常讲，理财师不要做一个"卖产品"的金融"民工"，而要做一个需求方案的提供者，这里所说的需求方案的提供，就是前述的价值网络。当然，在中国目前的分业监管、分业经营的背景下，财富管理者所能提供的综合服务一定是本位主义的，是不完备的，但作为财富管理者，如何站在个体的角度上构建更完善的价值网络，既是一个现实的课题，也是其品牌真正的价值所在。

从个人的专业塑造到价值网络的构建，再到"1+1+N"团队的前后呼应与配合，这个过程实现了团队与个人的有机结合。实际上，在财富管理的过程中，既离不开个体的充分发挥，也离不开团队的密切配合，"品牌建设"是团队与个体需要共同完成的统一命题。在团队打造方面，我国香港的财富领域领先一步，在友邦保险控股有限公司及其附属公司（AIA）、英国保诚集团等机构里，都构建了非常完整和强大的培训及后台支持体系。在这个体系中，以团队为单位，以队长为中心，机构平台在以密集的培训不断提升成员的专业水平的同时，也将法律、税务、医疗、教育等与客户需求高度相关的外部资源进行统一整合，这样一来，不仅业绩优良的团队将获得以个人名字命名专门工作室的荣誉，当客户提出任何需求的时候，团队成员也能各施所长，对接各类平台资源，以团队服务的形式，共同实现客户的开发。

（3）品牌打造，杠杆提升。

在财富管理领域，大家都知道，适当的杠杆是获得超额收益的重要方式，同样的道理，品牌就是财富管理团队实现和发挥其自身价值的杠杆。因为品牌的本质就是信任，品牌意味着低成本、高效率的客户触达，与品牌伴随而来的是财富管理领域中最宝贵的客户关系，在大众客户领域，客户关系可以通过金融机构的垄断获得，但在高净值客户领域，客户关系离不开人和人之间的沟通，商业关系中对速度和效率的需要，注定了品牌在其间的重要意义。

在我国香港财富机构的上述实践中，构建了相对庞大且复杂的荣誉体系，通过对成员和团队不断授予各种层级的荣誉奖励的方式，既实现了内部正向激励，又向外部展现了良好的品牌形象，达到了为团队赋能的效果。在我国内地，很多保险机构也开始借鉴这种有效的做法，一些商业银行也开始尝试性地选择优秀员工以设立个人理财工作室的方式进行市场拓展，凡此种种，都是财富管理品牌建设时代来临的迹象，相信谁能更早地构建起自身的团队品牌优势，谁就能在未来竞争市场中获得更好的先发优势。

第十七章　专业视角看资产配置

一、理解资产配置的三个角度

论及专业视角看资产配置，首先必须提及马科维茨（Harry M. Markowitz）。1952 年，马科维茨在《金融杂志》上发表题为《资产选择：有效的多样化》的学术论文，该文堪称现代金融理论史上的里程碑，标志着现代组合投资理论的开端。该论文最早采用风险资产的期望收益率（均值）及用方差（或标准差）代表的风险来研究资产组合与选择问题。

尽管投资管理人和经济学家早就意识到同时考虑收益和风险的必要性，然而他们忽略了投资多样化和预期收益最大化之间的矛盾。马科维茨提出"均值—方差"模型，通过均值方差分析来确定最有效的证券组合，在某些限定的约定条件下确定并求解投资决策过程中资金在投资对象中的最优分配比例问题。马科维茨继承传统投资组合关于收益—风险权衡的原则，通过对证券收益率分布的分析，合理假设证券收益率服从正态分布，因而能够以均值、方差这两个数字特征来定量描述单一证券的收益和风险，进而考察投资组合收益率的均值和方差。组合收益率的均值是成分证券收益率均值的简单加权平均，但是组合收益率的方差不再是成分证券收益率方差的简单加权平均。正是组合方差形式的巨大变化，使他发现了投资组合可以"减小方差、分散风险"的奥秘。马科维茨在均值—方差分析框架下，推导出证券组合的上凸的有效边界，也就是决策所需的机会集。有了有效边界，结合效用分析中下凸的无差异曲线，即决策所需的偏好函数，最优组合就被确定在两条曲线的切点处了。

在马科维茨的组合投资理论的基础上，被称为"全球资产配置之父"的加里·布林森给出了他那句著名的概括："做投资决策，最重要的是要着眼于市场，确定好投资类别。从长远看，大约90%的投资收益都是来自成功的资产配置。"他对91只大型退休基金长达10年的投资数据进行了实证研究，研究结果显示，资产配置决定了91.5%的盈利（股票选择4.6%，买卖时点1.8%，其他因素2.1%）。

资产配置的重要意义不言而喻，对资产配置的理解却不是那么理所当然，对于财富管理的不同角色，资产配置需要有不同角度的理解与解读。

（一）从投资者利益的角度理解资产配置

在中国，无论是绝对值还是相对于其他市场，单一资产的波动率都是比较大的，配置起来具有较大的投资风险，而且具有非常大的不确定性；但是不同的资产间存在一定负相关性，数据和实证都显示，通过多个资产间的合理配置，可获得确定性更高的合理收益。除了风险收益特征需要考虑之外，投资的收益率和流动性之间也存在矛盾。资产具有流动性溢价，因此高流动性资产的收益率较低，低流动性资产则具有较高的收益率。例如，股票和债券具有较高的流动性，其预期回报率要低于房地产和PE（私募股权投资）股权投资。投资于低流动性资产，能够获得相应的流动性补偿，因此其回报率更高。资产配置在充分考虑投资者流动性需求的基础上，将部分资产配置于低流动性标的，能相应地提高组合的总体回报率；同时，中国资本市场出现过各种风险收益不对称的优质资产，比如，刚性兑付收益率超过10%的信托，有政府背景的高收益、低风险的城投债，抵押充分的分级A，等等。随着经济的增速放缓和转型升级，优质收益的项目数量变少，高收益非标资产发展受政策限制，资产收益率全面下滑，房地产由于人口结构变化发展的黄金十年终结，单个资产投资占优势的情形不复存在，资产的风险收益特征越发明显。对过往这种情况的依恋和依赖也要及早打破。

在这样的背景下，国内的投资者普遍不专业，偏好择时和追涨杀跌，缺乏宏观基本面和估值等专业分析能力，其整体结果基本上就是机构可以赚钱，但投资者个人很难赚钱，所以，将投资者引导到资产配置的方向上可谓是当务之急。从投资者利益角度来看，资产配置在强化资产抗风险能力的同时，能让投资者保持投资情绪稳定，使投资的时间更长一些，避免追涨杀跌的损耗，最终真正实现投资盈利。

（二）从投资过程的角度理解资产配置

在投资的过程中，有一种模式被称为"绝对式投资"，指的是有一部分人专注于一种资产或者一个行业，甚至少数几个投资标的，从专业视角对其做了深入研究，长期来看对其跟踪的投资目标非常有把握，因此他敢于长期坚守，敢于越跌越买，敢于高抛低吸。无疑，能够驾驭"绝对式投资"的人，只是能力超群的极少数人，且这种投资方法很难延展到大众投资者的层面。

对大众投资者而言，因为知识积累或能力边际的原因，对单一资产、单一行业或单一投资目标是无法做到极致而又有深度的研究的，因此也没有绝对的投资

把握，这个时候有意义的就是"相对式投资"了，即以相对思维，比较各种资产的吸引力，考虑与目标或基准的适度偏离，立足长期，进行多元资产配置，这样，即便发生偏差，修正成本和难度也不大。"相对式投资"从本质上而言，就是大类资产配置。

（三）从营销服务的角度理解资产配置

如前所述，资产配置事关"关系"，是财富管理者与财富拥有者在社会化分工的前提下进行的一种合作。站在财富管理者营销服务的角度，资产配置还有着更多的技术层面之外的意义。比如，资产配置有利于打造跨资产、跨区域和跨策略的全天候顾问式营销队伍，减少长期客户投诉。在市场情况不好时同样能销售金融产品与服务，因为客户相信财富管理者会帮他们通过比较寻找低估资产，而不是给他们这样的印象，即所谓的财富管理者只是在市场下行时才想到资产配置，一旦市场平稳，就很容易切换到"搭短期业绩便车"的模式，很难形成良性循环，也很难有实质性效果。

对于财富管理者而言，资产配置考验的是自身的投资哲学，是对长期利益和短期利益的把握，更重要的是对机构考评机制的考验。

二、理解资产配置的关键理念

资产配置的基础首先是理念，其次才是方法。如果不能形成正确的资产配置理念，那么财富管理过程中的各类问题就会不断地"春风吹又生"。

（一）长期信心的问题

资产配置的核心是风险管理，风险管理的核心是波动性和不确定性的管理，这一点，在股市投资里尤其明显。股市的特点用一句话来概括，即"股市是一个长期收益丰厚，但短期波动也十分巨大的市场"。从宏观上看，在趋势没有发生巨大逆转的前提下，股市的曲线总是从左下方向右上方延伸，如果把股市整体看作一只股票的话，那它的盈利就是一个极大概率的事件；但从微观上看，股市在每一个点上向上或向下的方向都让人无所适从，波浪式起伏成为常态，任意两个时点之间股市的走向以及是否能够让投资者获得盈利，总是充满了不确定性。这恰恰是对投资者最大的考验。

如何理解和应对股市巨大的波动性？有多种角度和方法，但基础的也是最朴素的一条，便是投资者的"信心"。在股票市场中，说"信心比黄金更重要"一点都不为过。作为"经济晴雨表"的股市，在经济低迷时走出独立行情，依靠的是投资者对未来的信心支撑；股市在经济形势一片大好时却逆转向下，往往也是投资者的信心出了问题。

无论是在哪个阶段，中国股市投资者的信心都会受到巨大的考验，每个时期都有"坏消息"，比如"百年未有之大变局"下的周期律动，国际关系充满变数，市场群体性信心跌入底谷。对于投资者个体而言，"信心"的含义与群体性"信心"的含义又是不一样的，群体的信心更大程度上会受到情绪的扰动，个体的信心更应该接受理性的控制，所以股市的逆转需要市场群体的信心，但投资机会的把握需要的是少数个体的信心。当群体的情绪拉动股票价格偏离价值中枢的时候，个体对股市的长期趋势是否具有"前途是光明的，道路是曲折的"这样的信心判断就成为投资者把握机遇的信仰支撑了。正如巴菲特所说的，真正的投资者需要的是"众人贪婪时我恐惧，众人恐惧时我贪婪"，这句话的背后，就是对"信心"问题的深刻理解和果断执行。

（二）逆周期操作问题

财富管理过程中总是充满了悖论，其中之一就是大部分投资者总是在投资行情火爆的阶段带着资金冲进市场，但在市场低迷的"熊市"，即便大批的投资标的价格"腰斩"，依然很少有人敢于出手入市，而每一次的"牛熊"周期过后，统计数据又总是会告诉大家，真正给投资者带来收益的，往往就是那些在"熊市"时买入的筹码。

当然，这个问题不能简单地归结为投资者的理念不够成熟，重点在于投资是需要对抗人性的，人性总是驱使人们做看起来更安全的选择，从众、随大溜，就是这种追逐安全感的心理体现。"行情总是在绝望中启动，在犹豫中爆发，在疯狂中死亡"，背后体现的也是对抗人性的艰难。

每一轮的行情都在反复验证着这样的规律，在市场和经济有着长期支撑的前提下，"熊市"时反而是风险得到充分释放，资产价格向下偏离价值中枢因而蕴含了大量投资机会的阶段，这个时候也正是投资者需要克服人性中的"恐惧"，进而驱动自己的理性"贪婪"去大胆买入的时候，对抗人性，其实就是敢于"逆周期"。理解了这一点，其实也就把所谓的"人性"问题转化成了投资理念与操作方法的问题。

（三）以长期投资和价值投资对抗不确定性的问题

在投资中有一个有趣的现象，叫作"往后看黄金遍地，往前看悬崖峭壁"。因为过去的事情是已经发生了的，是确定的，做一个"事后诸葛亮"很容易，无

论股市涨跌都很容易找到理据;但是,站在当下考虑未来,尤其是考虑自己真金白银的投资决策时,所面对的就是巨大的不确定性,每一个决定其实都"如履薄冰"。择时,是股市投资中的一大难题。

对抗股市不确定性最好的办法,就是拉长投资期限。拉长投资期限最重要的含义,就是在股市"门前冷落鞍马稀"的"熊市"阶段,也要待在市场里。如前所述,这需要我们对未来有坚定的信心,并以此来化解我们内心深处的"恐惧",此时大数据给我们提供了支撑。据统计数据显示,以平衡型投资组合为例,过去十年,投资者任意一天进入市场,如果投资期限为一年、两年、三年,其获得正收益的概率是72%、82%、91%;投资期限超过五年,其正收益概率就会超过99%。你的投资收益和什么时候入场关系并不大,和持股多长时间比较匹配。时间,也是投资的核心要素。

当然,上面的统计结果给出的只是胜率,而不是收益率,提升收益率,则应该坚持价值投资。从本质上来讲,价值投资就是一种提高盈利确定性的方法,与长期投资相结合,说的就是"我们不和你比谁跑得快,我们和你比谁活得久",尤其是在我国当前需进一步规范、短期波动巨大的股票市场里。股票投资从长期来看,盈利是确定性的;从短期来看,盈利是不确定性的。关键在于,这个长期,可能是长到投资者的整个生命周期;这个短期,可能也会是一个跨越5~10年的时间区间。

三、理解资产配置的前提

资产配置是万能的吗?答案是否定的。资产配置也存在着一定的局限性。一方面,资产配置的目的是将多种资产组合,以降低任意一种单一资产的风险,资产配置可以有效分散非系统性风险或非市场风险,但它并不能降低系统性风险或市场风险,比如利率风险。另一方面,当资产的相关性失灵的时候,资产配置的效果也会受到限制。比如,2003年8月12日,国务院发布《关于促进房地产市场持续健康发展的通知》,第一次明确将房地产行业定位为"国民经济的支柱产业",由此启动了中国城镇化的进程,直至一些调控政策出台之前,中国房价除了2008年的短暂调整和2016年的宏观调控阶段之外,绝大部分时间是快速上涨的,期间如果把资产分散到过多的资产类别当中,客观上就不能最大化地捕捉到房地产市场的单边上涨机会。再如,在2008年和2015年"股灾"的最恐慌阶段,股票、债券、黄金、商品等的价值几乎全线下跌,资产之间并没有起到很好的风险分散和对冲作用。这些都是资产相关性失灵的表现。

要做到资产配置，事实上是有一定的"门槛"的，这些门槛，也就是资产配置的基本前提。

（1）资产配置有资产量级的前提要求。资产配置需要构建一个跨市场、跨币种甚至跨国别的资产组合，再加上非相关性条件限制，因此资产配置是需要达到一定的资产量级才能够成立的。当然，对于低资产量级人士来说，对自身人力资源能力的投资，也属于广义的资产配置范畴，同时，在有限范围内的适当配置，建立起正确的资产配置理念，也是非常重要的。

（2）资产配置有专业水平的前提要求。在资产配置的落实中，"知其然，知其所以然"是配置方案得以较好实现的一个有利保障，而面对资产配置方案中不同大类资产的风险收益属性，财富拥有者需要对其中的专业信息具有基本的理解甄别能力，从而对资产配置方案的合理性有基本的判断，在此基础上，形成对资产配置方案提供方的信任和理解，以及在资产波动期间的良性信息互动，为资产配置方案的长期、持续运行奠定信心基础。

（3）资产配置有时间的前提要求。资产配置对于时间有两个层面的要求：一方面，很多投资市场都是 7 × 24 小时的市场，对于一个普通投资者而言，要在全球范围内或是在多个市场范围内持续跟踪，并做好实时的产品配适和选择，如果不依靠专业团队，这就是一项不可能完成的任务，也难以持续保证资产的最优化组合；另一方面，对投资者而言，要理解在时间维度上的资产配置，并对资产配置短期内的波动及长期投资的不同有足够的了解并接受。

（4）资产配置有投资者素质的前提要求。诺贝尔经济学奖得主罗伯特·席勒曾明确指出，人是情绪性生物，很难在市场当中保持足够的理性，让市场达到一个完全透明、有序、有效的状态。尤其是羊群效应、过度自信等内在行为偏差的存在，在市场陷入狂热或恐慌的时候，人们即便知道某些行为是对的，也可能不会去执行，而可能会忍不住去进行一些不正确的操作，这也就是所谓的"人们贪婪时更贪婪，人们恐惧时更恐惧"。这个时候，就需要通过资产配置来解决这个难题，也就是用资产的分散或集中来对抗这种情绪和人性，虽然这绝非易事。换言之，资产配置需要财富拥有者具有基本的财富管理理念或者对正确的财富管理理念的基本理解力。

第十八章 资产配置的 CMS 模型

一、资产配置的若干常用模型

每一位财富主体都需要进行资产配置，但具体的资产配置方法是多种多样的，需要依据每一位财富主体的需求目标、风险偏好、财富观念以及是否能够理解接受等因素来选定或组合。比如，买入并持有股票就是一种资产配置策略，根据盈利目标动态调整资产组合比例也是一种资产配置策略，各种策略和模型之间没有绝对的好坏、优劣之分，只有是否适合的差别。下面我们将介绍若干常见的资产配置模型。

（一）美林时钟模型

美林的投资时钟是一种将经济周期与资产和行业轮动联系起来的方法。根据经济增长状况和通货膨胀（以下简称通胀）情况，美林时钟模型将经济周期划分为四个阶段，在每个阶段，某些大类资产和行业的表现倾向于超过大市，而处于对立位置的大类资产及行业的收益会低过大市。

（1）"经济上行，通胀下行"构成复苏阶段。在此阶段，由于股票对经济的弹性更大，其相对债券和现金具备明显的超额收益。

（2）"经济上行，通胀上行"构成过热阶段。在此阶段，通胀上升增加了持有现金的机会成本，可能出台的加息政策降低了债券的吸引力，股票的配置价值相对较高，而商品将明显走好。

（3）"经济下行，通胀上行"构成滞胀阶段。在此阶段，现金收益率提高，持有现金最明智，经济下行对企业盈利的冲击将对股票构成负面影响，相对股票的收益率，债券收益率是提高的。

（4）"经济下行，通胀下行"构成衰退阶段。在此阶段，通胀压力下降，货币政策趋松，债券表现最突出，随着经济即将见底的预期逐步形成，股票的吸引力逐步增强。

投资时钟的分析框架有助于投资者识别经济中的重要拐点，在周期的变换中更好地进行资产配置。

（二）成本平衡模型和时间分散模型

成本平衡模型，主要是指财富拥有者在做资产配置时，按照预先制订的计划，根据资产的分布和不同的价格，分批买进，以备在资产出现无法预测的风险时摊薄成本，从而规避一次性投入可能带来的较大风险。

时间分散模型，主要是指投资市场的风险会随着投资期限的延长而降低，因此，要做到在时间上分散资产配置。

成本平衡模型和时间分散模型的一个应用场景就是投资者应该尽早开始资产配置，且在资产配置的初期，可加大权益资产的比例，因为权益资产具有高风险、高收益的属性，随着年龄的增长，则可以不断减少权益资产的占比，保存投资成果，降低投资组合风险。

（三）杠铃投资模型

杠铃是举重运动中的器械，中间一个横杠，两侧有杠铃片，重量集中在两侧，举重运动员除了有力量，还要掌握好平衡才能将杠铃举起来。杠铃投资模型也是如此，就是避开中间平均部分，用两端的低相关性甚至是负相关性的投资组合来平衡杠铃，比如价值—成长、主动—被动、股票—债券等。

使用一个比喻来说明，追求平均收益就是将鸡蛋全部放在一个篮子里，看好它。杠铃投资模型则是将鸡蛋分为两部分，将大部分鸡蛋放在一个篮子中，以保证安全，将少量鸡蛋放在另一个篮子里，拿去孵小鸡，利用机会成本获得更大收益。第二个篮子中的鸡蛋如果孵不出小鸡，那就成了臭蛋；但如果孵出了小鸡，小鸡长大后就能生蛋，从而获得丰厚收益。这有点像对初创企业的风险投资，失败没关系，但如果成功一个，可能就有几十、几百倍的收益。

二、资产配置的 CMS 模型

资产配置的 CMS 模型又称"核心—卫星"投资策略（Core-Satellite Strategy），其发轫于 1990 年，现在已经成为成熟市场上资产配置的主流策略之一，全球著名的资产管理机构，如先锋资产管理有限公司、瑞银资产管理（上海）有限公司、西安巴克莱资产管理有限公司等，都在应用这一策略为客户配置资产。在众多的资产配置模型中，我们对 CMS 模型做单独的介绍，是因为这种资产配置理念特别符合人生规划以及客户思维中的资产配置的逻辑。

人生的困扰，大多源于财富匮乏或者资产处置不当，有效的资产配置以追求高品质的生活为主要目标，它在财务管理基础上需要充分考虑生活的管

理和安排。站在生命周期的角度，放眼未来三年、五年、十年的家庭财务安排；放眼全国市场，洞悉将会发生轮动的资产类别；放眼全球环境，了解能够保值、更值得持有的货币；放眼投资市场，先辨别是秉承积极风格还是保守风格的市场，然后才涉足。基于这样的判断，家庭应该如何配置资产。这种先分析、后选择的资产配置方法，采取的都是自上而下的思考模式。要避免"先上路，再决定目的地"，而要"根据目的地选择交通工具"。比如，去我国香港坐飞机，去本市的其他区坐地铁，去超市骑共享单车。人生中诸如教育、养老、医疗等都是生活中必然要面对的主题。财富管理的成败关乎生活：成功了，就能过上高品质、安心的生活；失败了，可能孩子的留学梦会破碎，或者自己的养老金就没有了。财富人群要根据自己家庭的风险偏好、财富水平去设立合理化的目标，要基于生活目标来决定选择什么类别的资产。财富人群要从追求绝对回报或相对回报转变为追求最优回报。所谓最优回报，就是与自身风险承受能力相匹配的回报。追求最优回报的核心精神就是追求与自身风险承受能力相匹配的回报，而不是把这种比较的基准建立在他人的观点之上。这对于财富人群不仅有利于对抗风险、积累财富，还有利于从纷扰的投资世界里解放出来，用简洁的逻辑去理解和分配所创造的以及一生所需要的财富，拥有富足自由的生活。

在 CMS 模型里，资产配置考虑的不完全是收益和风险的最优配比，而主要是人们在不同阶段的生活或事业的需求及目标。比如，在财富的初始积累阶段，人们面对的是住房、食物、医疗等基本需求，对应的是流动性较好、定价频率较高的比较简单的资产种类，如固定收益类资产、高流动性资产等。在财富的巩固阶段，人们面对的是教育提升、生活方式提升、资产升级等需求，对应的是房产或 REITs（不动产投资信托基金）、跨境投资、大宗商品等资产。在财富的实现阶段，人们面对的是家族、企业、地产、慈善等需求，对应的是股权、私人地产、风险投资等资产。从生活或事业的需求出发进而理解和建立相应的资产配置方案，其实能够更接近人们的真实需要。

从资产配置的角度，我们可以基于自身财富水平与财富阶段，根据特定风险承受能力与投资偏好，对资产做"战略—战术"配置。战略性原则包含资产配置总的方向和目的，而战术性原则设计在金融市场上是投资者意图的具体执行。从实务层面来看，战略性原则是依据财富拥有者的生活事业目标和风险偏好将资产分为核心（Core）资产和卫星（Satellite）资产，而战术性原则涉及具体资产的选取标准、比例设定及调整准则。

（一）资产配置CMS模型的结构

1.财务安全、财务独立与财务自由

人们追求财务上的成功，主要可以分为三个阶段：第一阶段是财务安全阶段，第二阶段是财务独立阶段，第三阶段是财务自由阶段。

（1）财务安全。

财务安全需要解决马斯洛需求理论中基础的生理需要，即衣食住行。它的挑战在于，即便我们现在达到了这个标准，也并不能确认我们可以一直维持这个水准，会有一定的风险存在。这种风险包含自身的风险，比如生老病死、家庭离散，以及来自外部社会的风险，比如资本市场的变化、经济危机等。

此外，在家庭资产负债表中，资产是弹性的，不能保证其价值会持续上涨，甚至可能会缩水；但负债是刚性的，当危机来临时，负债不会因为外部环境的变化而变化。例如，投资者拥有1000万元资产，500万元负债。当危机来临时，其负债依然是500万元，而其资产价值降至800万元，净资产变为300万元。此时，负债的贷款利息依然存在，如果现金流不够充沛，资产本身（如房产、股票资产）就存在被迫折价变卖或被抵押机构收回的可能，甚至会对家庭生活造成影响。因此，家庭资产负债表的健康非常重要。

整体上，财务安全的标准是，当外部金融市场甚至是整个社会的经济周期发生重大变化时，家庭及家庭成员不需要依赖别人或社会的救助，就能保证基本的生活，且能够完成那些必要的中长期项目，如受教育、养老、居住等。

（2）财务独立。

"财务独立"的概念是靠自己丰衣足食。大环境好时，我们好；大环境差时，我们也不至于流离失所。比如，有的人关心社会保险水平的升降，而这些都与财务独立的人没有太大的关系，因为其根本不依赖社会保险。比如，政策规定要延迟退休，有些人对此并不关心，因为他们已经做了必要的养老金储备。实现财务独立，不能单纯依靠工薪性收入，在适当的时候着手建立财务性收入的来源和渠道是十分关键的。

（3）财务自由。

财务自由是指能够让自己的财富各自分工，各司其职，发挥各自的作用，从而构建起自己的财务自由王国。我们可以不依赖职业来对抗极端风险，并且保持时间自由、选择权自由、生活自由。更重要的是，财务自由能让我们真正体会生活的真谛：诚实地面对自己，面对那些烦琐却又是你必须驾驭的理财之道，以独立的姿态、宽松的心境，享受一直变化着的生活。

财务成功者是要经过以上所述的三个阶段的。这就决定了我们在进行资产配置的时候，不是想要什么，而是需要什么。首先保证财务安全，其次是财务独立，最后尽量追求财务自由。这三个不同的阶段对应着不同的资产类别。

2. 核心资产、中场资产和卫星资产

从财务安全到财务独立，再到财务自由，对应的资产配置犹如足球比赛，后卫球员需要防守球门，核心资产就好比后卫球员。人的健康、职业、自住房是不可动摇的核心资产。

中场球员，进可攻、退可守。中场资产是可进可退的现金资产、专项储蓄、商业保险，它们是幸福生活的有力保障。在特殊情况下，也具有一定的灵活性，但一般不会轻易大量挪用。

前锋球员担负着为整个球队争取战绩的重任，在确保后方安全的情况下，积极进攻很有必要。卫星资产就好比前锋球员，包括另类投资、衍生品等，能帮助我们在不同的趋势中获得收益。

（1）核心资产。

资产类型：人力资本、自住房产、职业收入。

理财功能：夯实家庭的财务基础，实现财务安全。

配置解读：对于家庭而言，财富不仅是指金融资产，还包括人力资本（可以带来现金流），以及安居乐业、家庭和睦的精神财富。因此，我们将自住房产、职业带来的现金流（职业收入），以及家庭成员的健康与平安，视作家庭的核心资产。核心资产是理财活动的坚实基础，也是生活的基础。在物理学中，三角形最具稳定性，所以这三种核心资产意义重大。无论什么时候，我们都要努力保护家庭的核心资产。

（2）中场资产。

资产类型：现金类资产、保险类资产（保障型）、专项储蓄资产。

理财功能：进退有度，实现财务独立。

配置解读：中场是足球比赛中一个重要的位置，主要是审时度势，组织进攻或协助防守。考虑到幸福生活的持续性，我们将现金类资产、保险类资产（保障型）及专项储蓄资产（保障家庭刚性的需求，如子女教育与养老）作为既可保护核心资产又可灵活转化的中场资产，用以实现生活与财务的动态平衡。

（3）卫星资产。

资产类型：高收益债、私募股权、另类投资等。

理财功能：把握趋势，实现财务自由。

配置解读：卫星资产以短期的、风险相对集中的投资为主，主要是把握市场热点机会，博取风险收益。当前阶段的卫星资产包括股票市场（股票二级市场及各类基金）、高收益债（固定收益类信托、集合资产管理、分级基金优先级等）、另类投资（艺术品等）、衍生品、外汇、私募股权（私募股权投资/风险投资）、大宗商品（原油、黄金等）、房地产等主流投资资产。卫星资产可以在全球市场进行配置，利用不同资产的周期性表现，对风险进行组合化管理，最终实现家庭资产在长周期里稳健成长。

核心资产、中场资产、卫星资产共同构成了中高净值家庭资产配置 CMS 模型。

（二）资产配置 CMS 模型的配置方法

在 CMS 模型的资产配置中，有一定的优先顺序，但又没有绝对固定的配置约束，实际业务中，有时中场资产与卫星资产是同步进行配置、分阶段进行补充的，并非一蹴而就的。

1. 配置核心资产"篮子"

（1）人力资本。

对人力资本的价值，可以用"贴现思维"来理解。"贴"是"折扣"，"现"是"现在"，贴现就是未来价值和现在价值之间的折算。比如，第二年的100元，现在的价值为95元，贴现率就是5%；第二年的100元，现在的价值为90元，贴现率就是10%。贴现率越高，现在的市场价格越低；反之，贴现率越低，现在的市场价格越高。人力资源的价值体现为对低折旧、低贴现率能力的培养，比如知识、技能、智慧等。谚语所谓"书中自有黄金屋"，反映的就是知识资本的折旧率很低，甚至可能是负的，所以，以知识为核心能力的人，在更长的时间维度上，面对的实际贴现率就更低，他们的市场价格即收入或者创富能力，就会更高。知识资本在时间维度上是可以累积的，如果知识资产累积的速度超过知识、技能的更新速度，知识资产不但不会折旧损耗，反而可能增值。家族对人力资本的重视和培养，就是在降低家族成员的人力资本折旧率和贴现率，提高家族成员的长期市场价格及人力资源价值。家庭成员是很重要的人力资本，家庭核心资产中最重要的一项是家庭成员的长期人力资源价值。

（2）自住房产。

房产在任何国家、任何时期都是一类特殊的商品。自住房产有两个属性：一是使用功能，可以为家庭成员提供栖身之所，实现安居；二是金融属性，它可以融资，在遇到特别好的机会或者遭遇重大困难时，可以利用房产抵押贷款或者变

现。它既是一种生活资料，又是一种生产资料。

不管经济周期好与坏，投资创业失败与否，在任何时候，家庭成员都是需要自住房的。因此，除非人生遇到特别明确的机会或是极其困难的状况，否则我们都要慎重考虑卖房投资或者创业。

房子的使用功能决定了其在社会上注定被需要，它可以被出售，甚至被溢价卖出，所以房产有非常强的保值功能。此外，房产不像艺术品那样，二级市场太小而有可能卖不掉，且无法定价，房产是广受欢迎的、可定价的、有广泛流通市场的一种商品。正是因为房产的这两种属性，其在长周期里才属于非常安全的资产。

（3）职业收入。

安居之后是乐业。职业能为家庭带来现金流，现金流稳定才能保证家人的衣食住行，对于绝大多数非创业者而言，职业收入是理财当中非常重要的部分。

同企业经营一样，家庭既要保证资产和负债之间的平衡，也要保证现金流稳定，这样才能很好地应对生活中的各种风险，不因资金链断裂而导致家庭陷入困顿、窘境。资产变现需要周期，有资产但没有现金流的时候，生活品质往往会大打折扣。尤其是在投资回报率低迷的时期，拥有一份稳定、良好的职业收入，其效应等同于拥有一笔巨大的可投资资产。

2. 配置中场资产"篮子"

中场资产的作用是"进可攻、退可守"，因此相应资产应具有很高的流动性与安全性。

（1）现金类资产。

尽管职业收入一般来说是相对稳定的，但也有可能因遭遇特殊情况而导致其中断，这个时候家庭就需要有现金类资产来过渡。

现金类资产既可以应对一般财务风险，也可以用于捕捉转瞬即逝的市场机会。这类资产应具有完全的流动性，可随时取用，品种包括活期存款、货币型基金、理财型保险等。

现金类资产主要用来保证生活的稳定以及提供安全感。非保守的人，可能需要准备3~6个月的日常支出资金量；保守的人，可能需要准备6~12个月的日常支出资金量。

在极端经济周期，拥有较高比例的现金类资产，既可以用于自我保护，也是抄底市场廉价资产的重要前提。

（2）保险类资产（保障型）。

这类资产能为家庭核心资产提供安全保障。

生活中风险无处不在,我们无法预测。要想规避风险,主要依靠事前的主动防范、事中的主动控制及事后的损失转移。比如,锻炼健身,是事前的主动防范;按时体检,是事中的主动控制;购买补充商业保险,是事后的损失转移。

商业保险通过杠杆功能可以转移巨额风险损失,不仅包括人身风险,还包括财产风险和责任风险。

众所周知,人生的"第一桶金"是最难积累的,几乎全靠人力资本和时间来换取,因此要悉心加以保护。利用保险做好充分的保障,即使发生极端事件,也不至于生活困顿,还有东山再起的机会。

(3)专项储蓄资产。

教育、养老、医疗,甚至必要的改善性住房等,可能都不是当下正在发生的事情,却是未来生活中必然要发生的事情。这些项目因发生的必然性而容不得特别重大的社会风险,比如股灾、创业失败、金融危机等。

对于这些人生中非常重要的、不可改变的生活目标,需要做好专项储蓄,这种储蓄可能收益并不高,但是非常必要。这类资产的使用目的是特定目标,比如子女教育金与养老金储蓄,因此要求资产安全,收益稳定,易于变现。

专项储蓄资产不仅具有多重规划功能,还具有对抗市场极端风险的重要特性,比如应对金融市场的波动、经济的长周期衰退以及人生的极端事件。

这种专项储蓄资产包括银行的定期存款、保险公司的理财年金、实物黄金或核心地区的商铺等。这类资产在经济环境好时可以变现用于投资,在经济环境差时可以用于防范风险。

配置好核心资产与中场资产后,就能实现财务独立。这个时候,人就会变得意志坚定、心态从容,不容易患得患失,对风险投资有耐心。即使市场没有像自己预期的那样快速发展,投资者也能够比以往更有耐心地等待自己的判断得到验证。

3.配置卫星资产"篮子"

卫星资产的作用是捕捉周期性的战术资产的投资机会,让资产更快增值,追求一定风险水平下的收益最大化。

所谓的战术资产是指那些可以追逐热点,审时度势追求超额收益的资产,以实现增量财富,让财富人群获得财富上的增长。此时的战术资产要做跨市场的选择,要实现资产类别的多元化。当前,任何单一资产的风险收益特征都已经变得不稳定。在任何一个市场,都很难轻松地实现既安全又灵活、收益又高的投资成果。财富人群应该追求不同市场之间的平衡,在股票、债券、现金、外汇、另类

资产和不动产中进行综合配置，追求稳健的组合回报率。战术资产的多元化配置有两大目的：一是增加资产的安全边际，在逆周期下，对抗可能的危机来临的极端风险；二是在市场轮动加快的市场环境下，捕捉转瞬即逝的结构性热点机会。有时候，财富管理的成功很大程度上源于严格的纪律，而严格的纪律一方面来自投资者的良好理念，另一方面受制于投入资金的属性。投资最可怕的遭遇不是在高点进入，而是在低点因为情绪不稳或急用资金而被迫退出。

由于有了核心资产与中场资产的坚实保障，投资时心里有底，投资者就会意志坚定。在确认好投资方向后，即便结果没有及时按预期实现，投资者也可以安心继续持有，甚至增持，而不会轻易地追涨杀跌，从而提高投资的胜算和成功概率。

（三）资产配置CMS模型的动态调整

财富的价值也是动态变化的，不同的场景、不同的时空，事物的重要性会发生转化。"十年河东，十年河西""失之东隅，收之桑榆"等表达都是一种基于周期循环的转换思维。

资产配置方案并非一经确定就再无更改余地，资产配置的动态调整与再平衡是实现有效资产配置的重要因素。资产配置的再平衡需要基于社会环境观察、市场周期分析，对于潜在的严重后果进行预测，及时针对极端环境做好保护策略与方案。如果涉及的投资品类较多，动态调整实践起来会非常复杂，对专业知识、管理经验及交易条件的要求就很高。财富管理者需要注意不断提升此方面的专业能力，并积累相应的技术与经验。

经济总是处于不断循环的周期变化之中。在周期的不同阶段，商品、现金、股票、债券等不同类别的资产表现不同，其市场特征会发生变化，风险和收益呈现出明显的不对称性。持有由不同类型资产构成的资产组合，通过心态调整，方可适应快速变化的市场环境。

在经济复苏期，利率上升，股市表现较好，宜增持股票；在经济繁荣期，股票仍有吸引力，但是要减持股票，同时增加现金和债权类资产；在经济衰退期，则应增加现金类资产，减少股票；在经济萧条期，利率会继续下降，这时候债券市场的表现会比较好。

全球经济进入再平衡周期，市场随时会出现"黑天鹅事件"，我们要清醒地意识到"变迁时代"的来临，资产配置平衡随时会被打破，所以检视周期也需相应调整。资产再平衡成功的重要因素是心理状态，遵守理财纪律，对环境变化有洞察力，能细致入微地审察潜在的风险及资产收益的特征，保持审慎而又果敢的投资风格，你就会发现，财富管理开始变成一种训练，甚至是人生的修炼。

第十九章　大类资产的理解与分析

一、资产收益的来源

财富管理是为了"帮助客户达到降低风险,实现财富保值、增值和传承等目的",而资产配置是实现财富管理的方法和手段,资产配置的对象是资产,资产是财富增值的源头;或者说,资产是提供收益基本的载体,同时有符合经济规律的收益来源。

资产有很多种,如现金、债券、股票、房地产、商品等。现金类资产的收益来源于货币的时间价值。货币的时间价值是指当前所持有的一定量的货币比未来获得的等量货币具有更高的价值。货币之所以具有时间价值,是因为货币可以满足当前的消费需求或用于投资而产生投资回报,因此货币占有具有机会成本,同时投资可能产生投资风险,需要提供风险补偿,叠加通货膨胀可能造成的货币贬值弥补的因素,形成了现金类资产的收益。

从财富管理业务的角度来看,投资者日常接触最多、资金容量最大、对资产增值贡献度最高的资产是债券和股票,一般专业领域所称的标准化的资产也主要是债券和股票,剩下的非标准化的资产,是股权投资和传统非标债权融资。这些资产的共性是收益来源都有两个部分,即"息"和"价",区别只是着眼点不同。债券是债权类资产的主要资产,债权类资产主要赚"息","价"基本是平的,最典型的例子是一级市场买入债券并持有到期。债权类资产的收益来源是还本付息,即在这类资产上赚取的核心收益是利息,同时本金要能安全收回,这是投资者从债权类资产获利的本质,这也是中长期配置资产的根本原因。债权类资产的价格相对稳定,所以资产价格不是收益来源的重点。

股票是股权类资产的主要资产,其本质是分红,但是大多数投资者还是想"炒股",而不是"买公司"来追求长期股权价值的增长。所以,大多数投资者更关注股权类资产的股价变化带来的"价"的收益,而不是分红带来的"息"的收益。这里面也有辩证转换的关系,比如,长期价值投资者、中长期战略投资者会关注到在银行股或者金融股跌到"地板价",基本没有下跌空间时,分红比例相对于股价来说已经比债券的票息要高了，这个时候，"息"这个部分跟债券差不多，而一旦市场上行，"价"这个部分就比债券强太多了，所以，这些机构投资者从构建投资组合的角度，会觉得熊市的时候如果想做防御，配置银行股比减仓拿债券要划算得多。

房地产这类资产介于债权类资产和股权类资产之间。拥有房子的所有权，即持有房地产资产，既可以获得类似债权类资产利息的房租，这是个相对稳定的现金流，又可以获得类似股权类资产价格的房价上涨回报，这是个比较强烈的未来预期。随着房价的上涨，投资者可以选择把房子卖掉来获利。

商品类资产，比如黄金、原油等，其收益特点主要在于只有"价"，没有"息"，获取收益只能靠买卖而不能靠持有。这类资产投资者只能赚价差，没有"息"，所以并不具备中长期的价值增长逻辑。买的人越来越多，需大于供，"价"就上涨；卖的人越来越多，供大于需，"价"就下跌。

拥有中长期价格上涨的资产可以是好公司的股票，能提供安全稳定的现金流的资产可以是好的债券，两者兼而有之的资产是位置好的房地产。从价值与价格的差额获得收益指的是赚波动的钱，总之，投资者只有把每一类资产属性都想清楚，把每种收益来源都看明白，才能更好地去理解进而配置它们。

资产配置要以控制风险、降低风险为前提，控制风险、降低风险的有效防范之一就是加大标准化资产在投资中所占的比重。标准化资产是一种在特定交易市场上交易的标准化债权类金融产品，或权益类建设产品，具有较高的透明度和流动性，适合大规模投资和交易。标准化资产的特点包括：等分化可交易（以票面金额或其整数倍作为最小的交易单位），信息披露充分（投资者能够获得关于此类产品的详细信息），集中登记（通过独立的第三方进行登记和管理），公允定价（资产的价格受到市场认可，且具备较好的流动性，便于交易），在特定的交易市场中交易（如银行间市场、证券交易市场等，这些市场往往由官方批准设立）。与标准化资产相对的是非标准化资产，主要指不在银行间市场和证券交易市场交易的债权类资产，包括但不限于信贷资产、承兑汇票、信用证券、应收账款、信托受益权、附回购条款的股权融资等。这些资产的范围更加广泛，一般不公开发行，风险高，流动性低，缺乏标准化的证券特征。从投资的角度来看，因为承担了更大的风险敞口，投资非标资产有机会带来更多的收益。

资产的时间价值是"息"的本质来源，各种相关因素对资产时间价值的影响带来"价"的波动，"息"和"价"的共振提供了资产的收益，我们以债权类资产和股权类资产为例来进一步了解资产的收益与波动。

(一)债权类资产的收益来源与波动

债券是一种契约,是政府、企业等机构直接从社会筹措资金时,向投资者发行,承诺按一定利率支付利息,并按约定条件偿还本金的债权债务凭证。债券是一种表明债权债务关系的凭证,证明持券者有按约定的条件(如面值、票面利率和偿还期等)向发行人取得利息及到期收回本金的权利。具体地说,持券者就是债权人,债券的发行者,包括国家、地方政府、公司或金融机构,是债务人。事实上,债务关系是人类社会最古老的金融关系,一个社会的本质就是形形色色债务关系的总和。

债券向投资者提供两种收益,即票息收益和资本利得。票息收益一般来源于债券发行人向投资者定期支付的利息,这基本上在债券发行时就确定了,因此,债券又被称为"固定收益证券"。资本利得来源于债券买卖差价,一般是由市场利率变化引起的。如果市场利率上升,债券价格将下跌,因此,债券投资也有可能造成投资者的资本损失。我们通过一个具体的场景来理解上述关系。

假如某上市公司为了融资,发行了一款债券A,约定收益率是每年4%,按年付息,三年后还本。在发行人信用绝对可靠的情况下,投资100元购买了该债券的投资者张三所拥有的权利就是,未来3年每年在约定时间可以拿到4元、4元、104元的现金流。在持有到期的情况下,张三获得的现金流是固定的。因此,与收益不确定的股票投资相比,债券投资又被称为"固定收益投资"。然而,债券的固定收益是有条件的,那就是发行人不赖账,遵照约定按时支付本息,以及张三在这三年里一直维持和发行人的债权债务关系。

一年后,市场上的贷款利率降低了,不用付上一年那么高的利息就可以获得融资,于是该上市公司又发行了一款债券B,约定收益率是每年3.5%,按年付息,三年后还本。这时候,另一位投资者李四出现了。对于李四而言,他如果现在拿出100元买债券B,一年能得到3.5元的利息;如果从投资者张三手里买债券A,一年就能得到4元的利息。对于李四来说,肯定是买债券A划算。对于张三来说,如果不卖债券A,拿在手里直到其到期,每年4%的利息,一年就是4元,三年就是12元,等到债券到期他一共能拿回112元;而如果把债券A卖给李四,再去市场上买债券,目前只能买到债券B了,一年给3.5%的利息,三年累计利息是10.50元,少了1.5元,不划算。如果李四非要买,那就得用高一点的价格把债券A卖给他,否则张三就吃亏了。那张三卖多少钱才不吃亏呢?当然得把刚才算的少赚的1.5元加回来才不吃亏。也就是说,张三手里面值100元的债券A,得卖101.5元。如果能成交,从李四那儿赚1.5元,加上张三之前一年收到的4元票息,

一共就是5.5元的收益了——100元的本金，一年时间赚得5.5%的回报，是很不错的投资！所以张三与李四协商："我手里这个债券现在值101.5元，你持有后续的两年，把每年4%的利息拿到，跟你现在去买债券B的收益是一样的。现在我给你便宜一点，卖你一张101元，这样你的收益也会多一点，你买不买？"

李四算了算账，发现买债券A比买债券B还是划算一些的，于是付了张三101元买入债券A。一笔债券交易就这样形成了。现在我们算一下张三一共赚了多少钱吧，分别是4元的利息收入和1元的买卖价差。利息收入就叫"票息收益"，价差就叫"资本利得"。票息是在买债券的时候合同确定好的利息，不会多，也不会少；而资本利得是由买卖交易价格的价差决定的，有时候高，有时候低。市场每天都会对债券给出不同的买卖价格，虽然起伏不大，但是既然有报价，就会有价差，就会有盈亏。

在另一个场景下，如果一年后整体贷款利率上涨了，企业想融资，得支付每年5%的利息才能融到钱，于是企业发行了一个债券C，每年支付5%的利息，两年到期，这时债券A的价格又会怎么样呢？对于投资者李四来说，买新的债券C给5%的利息，买债券A一年只给4%的利息，那肯定要买债券C。这时张三的债券A要么就拿在手里等到期，得到每年4%的利息；要么就变现卖出去，那样的话债券A就得打折。买100元的债券C，持有到期，连本带息会拿到110元；如果此时买100元的债券A，持有到期，只有108元。债券A此时只有打折卖，别人才有可能愿意买，这时债券A的交易价格就会从高变低，看起来就会"亏钱"。就如同投资者张三之前花100元买了债券A，而其他债券A的持有者今天以98元的价格将其卖出，那么债券A今天的收盘价就是98元。虽然张三没有将其卖出，但其账面也会出现浮亏，因为债券A的买入价格是100元，收盘价是98元。不过，张三对此并不在乎。因为债券持有到期，不仅每张债券都会归还其票面价值100元，还能拿到票息，期间的涨跌在他看来都没有关系。这个过程告诉我们，有固定利息的债券中途也会亏钱，这是债券的报价机制所导致的。

上面的场景包含了很多债券投资的基本原理，债券市场本质上反映的是市场参与者对未来利率的猜测与预期，市场参与者根据对经济周期的判断、资金的供需、政策利率的变化、宏观调控的松紧做出债券的买卖决策，债券交易的价格反映了市场参与者的一致预期，以当时看来最理性的价格将资金从供给方转移给需求方。

作为市场参与者，除非永远采用成本计价的会计方式进行核算，并对每笔债券都持有到期，否则固定收益投资并不意味着固定的投资回报率。在投资者买入债券后，经济周期、资金供需、宏观政策的变化都会影响债券在市场上的交易价格。

以上讨论的都是不涉及信用风险的利率产品。在我国，只要债券的发行人不是中国人民银行或者国家政策性金融机构，都被视为存在信用风险的债券。在上面的例子中，对发债企业所发行债券的违约可能性，市场在交易过程中会做一个评估，因此收益率会在利率产品之上产生一个信用风险溢价；而且信用债的发行主体众多，其流动性也远不如利率债，因此也存在流动性溢价。信用债投资毫无疑问需要基于信用评级和基本面分析进行，事实上信用分析是历史非常悠久的一项技术，核心是考察发行人的公司治理，核心竞争力，风险控制能力，独立的自由现金流创造能力与波动性，相对现金流创造能力而言的债务的总量、结构、期限。合格的信用分析应全面覆盖发行人所有可能影响其还款能力的重大方面。

（二）股权类资产的收益来源与波动

股票是股份公司为筹集资金而发行给股东作为持股凭证，也是证明股东享有资产收益、参与重大决策及选择管理层等权利的凭证。股票是一种出资证明，对于公司的股东而言，股票的作用主要体现在以下几个方面：当一个自然人或法人向公司投资入股时，通过获得股票作为出资凭证；股票的持有者凭借其拥有的股票来证明自己的股东身份，参加股东大会，对公司的经营、财务状况发表意见；股东凭借持有的股票数额参加公司的利润分配，享有对公司现金流的剩余索取权。由此，股票具有了以下特征：①收益性。收益性是股票的基本特征，是指股票可以为持有人带来收益的特性。②风险性。其内涵是指股票投资收益的不确定性，或者说是实际收益与预期收益之间的偏离。股票价格除了受制于企业经营状况之外，还受经济、政治、社会与人为等诸多因素的影响，处于不断变化的状态中。③流动性。流动性是指股票可以通过依法转让而变现的特性，即在本金保持相对稳定、变现的交易成本较小的条件下，股票很容易变现的特性。④永久性。股票的有效期与股份公司的存续期间是并存的关系。股票代表着股东的永久性投资，由于股东不能要求退股，所以对于公司来说，通过发行股票募集到的资金在公司存续期间是一笔稳定的自有资本。

股份制是经济发展过程中的一种极其重要的制度安排，自1750年工业革命以来，经济的进步就高度依赖于技术创新的落地，而技术创新的落地必须依靠大规模的生产应用，由此需要大量的资金支持。换言之，任何技术创新的落地都需要长期的、大量的资金作为支撑，而在股份制公司出现之前，整个社会经济是很难筹集到稳定的、大规模的、可供长期使用的资金，实现规模化生产的，用英国著名经济学家约翰·希克斯的话来说，即"工业革命不得不等待一场金融革命"，这种困境一直持续到18世纪末，股份制公司制度取得突破性进展。股份制公司让不同个体在一致性经济利益的制度安排下，通过股票获得这种风险承担和利益分配方案的凭证，通过二级市场的股票转让交易，进一步创造了股票的巨大流动性，使人类社会实现了频繁和大规模的"资金筹集"，帮助企业进行技术创新和产业落地，从而成为改变人类社会的重要力量。过去几百年的人类发展历程和"股"密切相关。从工业革命到信息革命，在现代社会经济增长模式的变化以及社会财富积累方式的变化中，技术进步、规模生产和资金配置由此形成了一个完整的闭环，促进了社会经济的高速发展，在200多年的时间里，全球经济总量提升了近170倍。

股票资产的收益来自两个方面：一是企业的分红，这从本质上类似于股东将资金借给公司，从而获得债权意义上的收益，只不过股东的借款是不用归还的，是永续的；二是股票价格的变化，反映的是市场对股票背后的公司价值的预期，换言之，股票的价格体现的是股票未来价值的现值，反映了人们对其未来效用的预期。一棵苹果树，如果将来每年都能结苹果，那么人们认为这些果子有多大的现值，这颗苹果树就有多大的现值。需要特别注意的是，不是能结多少苹果，苹果树就有多大的现值，而是人们认为它将来结出的苹果有多大的价值，苹果树就有多大的现值，不是苹果树的真实产量决定了苹果树的现值，而是人们预期产量的现值决定了苹果树的现值。简言之，市场对公司价值的预期是建立在人们对未来的主观估算的基础上的，这种估算发生变化，企业的现值就随之发生变化，进而产生股价的波动。为了把握企业股票价格的变化可能带来的收益，市场努力尝试用各种方法预测企业的估值。

对股票进行估值，通常使用两种方法，即绝对估值与相对估值。

绝对估值是指根据股份公司历史与现在的一系列相关信息，对未来股份公司的财务状况及股东可能获得的股利等相关数据的现金流特征进行预测和估计，然后选择恰当的贴现率将这些现金流进行贴现并求和，从而得到股份公司或股票的内在价值。绝对估值的优点在于比较直观，便于理解，但是股份公司或者股东未来可能获得的相关现金流难以确定，现金流量的预测主观性很强，且选择恰当的贴现率具有较强的主观性，不同评估者将得到不同的预测结果。

相对估值就是将股份公司的某种比率指标，如市盈率、市净率与市销率等，与可比标准进行对比，以判断与估算该股份公司投资价值的一种估值方法。其特点是以其他公司的价格作为目标公司定价的依据，相对于绝对估值法来说，相对

估值复杂程度低,可以在较短时间内得出评价结论。相对估值法的优点是简单明了,容易计算。其缺点在于,可比标准的选择具有较强的主观性与片面性,且使用的相关财务数据周期性波动较大,会影响评价结果的合理性。常用的相对估值法包括市盈率估值法、市净率估值法和市销率估值法。

市盈率估值法关注的是股票的当前市价与公司的每股收益的比率,即P/E。其经济含义在于按照公司当前的经营状况(E),投资者通过公司盈利需要用多少年才能收回自己的投资(P)。在不考虑其他因素的条件下,如果仅仅比较公司的市盈率,那么其数值越小,公司就越具有相对投资价值。市盈率倍数法在估值实践中得到了广泛的应用。其原因有以下几个:首先,市盈率是一个将股票价格与公司盈利状况联系在一起的直观的统计比例;其次,对大多数股票来说,市盈率倍数易于计算,并且很容易得到,这使股票之间的比较变得十分简单;最后,市盈率能作为公司一些其他特征(包括风险性和成长性)的代表。其局限性在于,如果市盈率的数值小于零,那么它就失去了进行相对估值的比较价值。因此,如果公司正在亏损,会导致该公司每股收益为负,这样的公司不适合用市盈率作为相对估值的比率指标。

市净率估值法关注的是股票的当前市价与公司的每股净资产的比例,即P/B。在市净率估值法中,所使用的净资产数值只是公司的账面价值,是资产负债表里的相关数据(B)。其经济含义在于按照公司现在的净资产状况,投资者付出多少价格成本可以得到1元的公司净资产。在不考虑其他因素的情况下,如果仅比较公司的市净率,那么其数值越小,公司就越具有相对投资价值。市净率倍数反映了股权的市场价值和账面价值之间的比率关系。资产的市场价值反映了资产的盈利能力及预期未来现金流,而账面价值反映的是它的初始成本。因此,市场价值通常会与账面价值有显著差异。账面价值往往被看作市场价值的一个底线,虽然这个底线更准确来讲应该是清算价值。在市场持续上涨或经济基本面较好时,投资者更关心市盈率;而在市场持续下跌或经济基本面较差时,投资者往往更愿意使用市净率进行相对估算。由于会计处理的关系,公司净资产的实际价值或者说是市场价值往往要高于其账面价值。对那些市盈率为负的公司可以使用市净率来进行相对估值。对于尚处于起步阶段与成长初期的如创业板与"新三板"市场中的股份公司,或者是属于"轻资产"行业的如移动互联网、文化传媒等领域的股份公司,其账面净资产"天然"就较少,因此市净率不太适用于对这类公司进行相对估值。

市销率估值法关注的是股票当前市价与公司每股销售收入的比率,即P/S。其

经济含义在于按照公司现在的销售状况，投资者付出多少价格成本可以获得公司1元的销售收入。在不考虑其他因素的条件下，如果仅仅比较公司的市销率，那么其数值越小，公司就越具有相对投资价值。对于那些处于起步阶段与成长初期或者是属于"轻资产"行业与领域的，具有未来发展潜力与高成长性的股份公司，如果其当前盈利能力不强，或者目前暂时处于"烧钱"的亏损状态，在市盈率与市净率"同时失效"的情况下，那么可以考虑使用市销率来对其进行相对估值。利用市销率进行相对估值，仅仅考虑了公司的营业收入，并没有涉及营业成本及其他的相关税费。发展成熟、销售收入增速平稳的公司，相对于正处于快速发展期且销售收入增速较快的公司而言，不太适合用市销率作为比率指标对其进行相对估值。

如前所述，市场对公司价值的预期是建立在人们对其未来价值的主观估算的基础上的，一旦这种估算发生变化，企业的现值就会发生变化，进而产生股价波动。各种估值方法都在追求无限靠近公司的真实价值，但似乎还没有哪种方法能够切实做到精准反映企业的价值，所以市场更多的是在各种估值方法的交叉验证中去把握企业投资"模糊的正确"，这种"模糊的正确"的要点在于，要理解财富增值的本质，是要把财富通过可生息资产与价值增长建立密切的关联。

二、银行理财的理解及配置

作为信用等级最高、最擅长风险投资的金融机构，银行所发行的理财产品，必然会成为保证资产配置的安全性与稳健性的"底仓"品种。在过往的"刚性兑付"背景下，大众对银行理财的理解是遥远而模糊的。同样是银行理财，不同时期不同阶段的理财产品的底层资产和运行逻辑却是不一样的。

（一）银行理财的发展与变革

1. 从银行间市场到银信合作

2004年2月和10月，中国光大银行先后推出了第一只外汇结构性理财产品"阳光理财A计划"和第一只人民币理财产品"阳光理财B计划"，"蝴蝶"的翅膀扇动，商业银行由此进入了理财业务时代。从本质上看，前者是将大额外币结构化存款通过产品拆分发售给拥有小额外汇的普通零售客户，后者则担当了帮助个人投资者参与银行间市场投资实现跨市场套利的"中介"和"桥梁"的角色。在此后的一段时期，除结构性理财产品外，银行理财产品主要投向央票等无风险资产，定位于帮助个人投资者获得银行间市场投资带来的跨市场套利。2005年以后，面对逐渐收窄的套利空间，银行理财一方面拉长投资期限，另一方面寻找其他高收益资产来应对。理财产品期限以 6 个月以下为主，拉长投资期限至 1 年以上便形成了最初的期限错配和资金池运作雏形。信托产品因投资范围广泛且收益高，成为银行理财提高收益的重要产品投向——2006 年 3 月，首只银信合作理财产品诞生。其后，面对日益旺盛的客户需求及存款市场的激烈竞争，各大银行纷纷加大理财产品的发行和创新力度，相继推出投资于新股申购、公募基金、港股类的理财产品。随着 2008 年金融危机的爆发和股市萎靡，诸多结构性理财产品出现较大亏损，理财资产配置重点重新回到货币市场工具和债券等低风险资产。

2. 资金池运作模式兴起

最初的银信合作理财产品资金均投向单一信托项目，并对投资者详细披露。随着理财规模逐渐增大，产品与项目一一对应的操作模式需要占用大量精力；同时，每笔理财投资一个"非标"产品也存在集中度风险，需要集约化运作。不管是从降低操作难度还是集中度风险的角度来看，银行均开始从事理财产品的集合管理，逐步形成资金池管理模式，并成为主流。

2008 年年底，政府出台"四万亿"经济刺激方案，银行大量放贷，但受制于资本充足率，以及存贷比、存款准备金、合意贷款规模等监管指标，贷款规模的增速仍受到限制。这时，银行发行理财产品募集资金，然后用所募集的资金认购信托产品或信托产品收益权，信托公司再将资金投向目标企业或项目的银信合作模式价值凸显，迎来蓬勃发展，其背后的理财资金池模式也开始壮大，逐渐成为我国商业银行理财业务的主流运作模式。在资金池运作模式下，理财产品的资金募集和运用开始形成"滚动发售、混合运作、期限错配、分离定价"等特点。2009 年，国家出台一系列政策抑制"两高一剩"行业（高污染、高能耗及产能过剩行业），2010 年，为了调控房价，出台了"新国十条"（《国务院关于坚决遏制部分城市房价过快上涨的通知》），进一步拉动了对银信合作资金池模式的需求。

"银信合作"是一种典型的"影子银行"，为银行体系积聚了巨大的隐性风险。当时中国银监会对银信合作资金池模式背后的"影子银行"风险很快有所觉察，在 2009—2011 年，连发数文监管银信合作业务。就在银行与监管反复博弈时，2012 年，证监会鼓励券商、基金公司创新改革，陆续颁布"一法两则"（《证券公司客户资产管理业务管理办法》《证券公司集合资产管理业务实施细则》《证券公司定向资产管理业务实施细则》），为银行理财资金投资非标资产提供了新的通道。银行理财投资非标模式从"银信合作"扩展到"银证""银基""银证信"等合作方式。在此阶段，银行理财慢慢转变为将非标纳入投资范围，以资金池模式运作，并一直保持刚性兑付的"影子银行"。

3. 委外与同业理财兴起

资管规模的过快增长，尤其是"影子银行"中蕴含的风险引发了监管层的强烈担忧，2013年3月，当时的中国银监会出台《关于规范商业银行理财业务投资运作有关问题的通知》（银监发〔2013〕8号）（以下简称银监发〔2013〕8号文），对银行理财资金的投向和规范运作等提出了明确要求，首次明确"非标准化债权资产"的定义，同时再次明确要实现"三单管理"。此后部分银行开始逐步将超额非标资产由券商、信托等资管产品接手，再用表内资金以同业投资的形式承接，在不穿透核查底层资产的情况下，利用同业投资降低风险资本计提并绕开授信集中度等监管指标。银监发〔2013〕8号文并未实质性解决银行及理财体系内的"影子银行"、资金池等运作风险。

进入2015年以后，实体经济回报率降低，货币政策开启一轮宽松周期，流动性充裕杠杆走高。在此过程中银行表内外加速扩张，并以中小银行的势头最为迅猛。2015年以来，部分股份行、城商行、农商行通过加大发行同业存单实现表内资产负债的扩张，同时表外发行同业理财进行主动负债，彼时银行发行同业存单及理财的规模还未受监管。手握巨额理财及自营资金的银行，在低利率环境下，寻求风险收益比较高的资产的难度明显加大，快速增长的高成本负债却找不到合适的资产配置来消化，"资产荒"由此形成。部分银行为解决自身投资能力约束问题，持续增加委外投资需求，受托方以证券、公私募基金等非银行机构为主，推动整体资产管理规模的快速扩张。

以同业负债和投资驱动的银行委外行为拉长了同业链条，增加了投资环节对利率变动的敏感性，并提高了资金运用的风险偏好，造成整个金融体系高杠杆、高风险的局面，并提升了实体经济的实际融资成本。

4. 从强监管到资管新政

从2004年到2017年，银行理财业务中累积的风险点越来越多，风险再难忽视。结合中国人民银行发布的《中国金融稳定报告》，总体来看主要有以下风险点。

（1）资金池操作存在流动性风险隐患。通过资金池模式运作，银行将募集的低价、短期资金投放到长期的债权或股权项目上，以寻求收益最大化，到期能否兑付依赖于产品的不断发行能力，一旦难以募集到后续资金，就可能会引发流动性紧张，并通过产品链条向对接的其他资产管理机构传导。如果产品层层嵌套，杠杆效应将不断放大，容易造成流动性风险的扩散。

（2）产品多层嵌套导致的风险传递。银行理财拥有大量的资金来源，投资范围基本局限于债权，股权投资受到一定限制，且不能做分级产品设计。在不愿放弃优质项目的情况下，一些银行理财以信托、证券、基金、保险等资产管理产品为通道，将资金投向股权、国家限制领域等方向。嵌套产品结构复杂，底层资产难以穿透，一旦发生风险，将影响各参与机构，增加风险传递的可能性，加剧市场波动。

（3）"影子银行"面临监管不足问题。银行信贷面临较为严格的资本充足率、合意贷款管理、贷款投向限制等监管要求，银行借助表外理财及其他类型资产管理产品实现"表外放贷"。银行表外理财以及银信合作、银证合作、银基合作中投向非标资产的产品，具有"影子银行"特征。这类业务透明度低，容易规避贷款监管要求，部分投向限制性领域，而大多尚未纳入社会融资规模统计。

（4）刚性兑付使风险仍停留在金融体系之中。银行理财产品到期时一直以预先设定的收益率进行兑付，刚性兑付问题显著。刚性兑付不但使风险在金融体系内部累积，也抬高了无风险收益率水平，扭曲了资金价格，影响了金融市场的资源配置效率，加剧了道德风险。

（5）投资者适当性不匹配。刚性兑付预期下，投资者风险意识缺乏，银行在发行和销售理财产品时在投资者适当性管理方面亦存在不足，最终投资者真实的风险承受能力与银行理财产品风险等级出现错位。不适当的投资者参与了风险级别不匹配的投资活动，潜在风险叠加，加剧了风险爆发的可能性。

理财规模越滚越大，风险层层叠加，自2016年8月底开始，监管环境已经开始发生变化。10月，中央明确指出，要坚持稳健的货币政策，在保持流动性合理充裕的同时，注重抑制资产泡沫和防范经济金融风险。2017年11月，国务院金融稳定发展委员会正式成立后，会同"一行三会一局"联合下发《关于规范金融机构资产管理业务的指导意见（征求意见稿）》；2018年4月27日，《关于规范金融机构资产管理业务的指导意见》正式发布；2018年7月20日，《关于进一步明确规范金融机构资产管理业务指导意见有关事项的通知》（以下简称资管新规）正式发布。

资管新规在整体思路上"非保本""净值化""破刚兑"，引导资管业务回归资产管理本质的方向非常明确。其提出的许多规定都对资管业务的产品形态、投资运作、组合管理、人员组织架构等多个方面产生了深刻的影响。资管新规核心的影响主要有两个：一是打破刚兑，向净值型转化；二是投资非标禁止期限错配。具体而言，在打破刚兑方面，要求银行不得以任何形式对理财产品进行保本保收益，刚兑行为一旦经认定存在就将受到处罚；在净值型转化方面，要求理财产品实行净值化管理，净值的确认和计量应当符合《企业会计准则》等关于金融工具估值核算的相关规定，及时反映基础金融资产的收益和风险；在严控期限错配方面，要求投资非标的终止日不得晚于封闭式理财产品的到期日或者开放式理财产品的最近一次开放日，也就是说投资非标必须期限匹配。

5. 从资管新规过渡到全面净值化

3年8个月的资管新规过渡期内，我国资产管理总规模实现了稳定增长，增幅达12.6%。结构上，各类资管产品有增有减，规模格局重构。2018年6月至2021年12月，六类主要的资产管理产品中，三类实现了规模增长，分别为公募基金（增长12.86万亿元，增幅101.3%）、银行理财（增长8.12万亿元，增幅38.9%）、私募基金（增长7.16万亿元，增幅58.8%）；三类出现显著下降，分别为券商资管（减少7.05万亿元，降幅46.1%）、基金专户（减少4.94万亿元，降幅40.1%）、信托计划（减少3.83万亿元，降幅15.8%）。上述规模的结构性变化主要源于资管新规的两个核心的监管内涵以及由此引发的市场需求变化。受益于过渡期摊余成本法计价红利的现金管理类理财产品和1.5倍定开型理财产品规模也持续增长，理财子公司也因此获得平稳发展。

严格的会计处理方法使用规则下，绝大部分在运行的或符合投资者需求的银行理财产品难以满足摊余成本法的使用条件，因此在2022年，净值能够稳定增长的产品停止供给，资管行业真正进入全面真净值时代，金融市场、资管机构、投资者也将进入全新的学习阶段，经历新的变化：短期内基础资产波动加大，银行理财将面临一次大考，面对市值法计价的理财产品，其客户对波动较低的容忍度会引发理财公司在产品净值回撤时的集体抛售行为，并造成基础资产波动加大；真正的投资者适当性管理成考验，净值波动将成为资产管理产品所必然具备的属性，如果想做大产品和市场，就必须做好精准的投资者风险偏好识别和匹配。

6. 银行理财业务的战略定位

在后资管新规阶段，银行理财业务的战略定位应该包括并限于以下几个：①成为稳健收益型资管产品的主要提供者。从投资的角度来看，银行理财投资人员做固定收益投资及稳健型产品有相对丰富的经验。在债券投资、非标债权项目获取及筛选、信用风险研究体系等方面都有一定的优势。因此，综合资金需求及资产投资能力两方面因素来看，理财子公司应成为稳健型产品的主要发行方。②成为宏观资产配置能力的输出者。银行理财子公司的潜在产品规模和客户规模，在当前整个资产管理市场中理应是偏大的。如何实现稳健的投资，其实就是如何控制好产品的回撤和波动率。产品的回撤和波动率的控制可以从三个方面来加强，即资产选择、风险分散与风险管理。越是大体量的资金，越适合通过多资产配置来分散风险。③成为风险管理能力的经营者。商业银行母行是专业的信用风险经营与管理者。在整体经济增速下行背景下，信用风险管理的重要性显著提升。目前我国资本市场全面深化改革，未来我国基础资产市场中各类资产的标的丰富度及投资的复杂度一定会显著提升，衍生品市场的发展也会为风险管理提供更加丰富的工具。一方面，依托于母行风控资源的共享及风控能力建设的互相支持；另一方面，稳健收益型产品对于风险管理和风险对冲的要求逐步提升。因此，未来银行理财子公司会在风险管理能力上持续发力，成为全市场风险管理的核心，承袭好资管市场风险管理能力经营者的角色。④成为财富管理业务转型的承载者。金融供给侧结构性改革及社会财富积累为财富管理市场发展提供了历史机遇。从资金供给端来看，居民财富积累相伴而生的资产配置需求为财富管理提供了强大内驱动能；从资金需求端来来看，我国经济深化供给侧结构性改革为财富管理市场发展壮大提供了优厚的土壤环境，财富管理行业也面临着资本总量、结构优化、普惠金融等方面的新需求。商业银行具有最庞大的客户经理群体，也是储户最容易直接接触到的专业金融从业人员。因此，理财子公司通过与母行的联动，可以天然地成为财富管理转型、买方投资顾问转型过程中的承载者。

（二）银行理财的宏观特点

银行理财具有以下宏观特点。

（1）与宏观经济周期的波动密切相关。理财产品的格局变化在一定程度上是对当期宏观经济热点的反映，是对经济周期的前瞻反映。

（2）与金融监管和金融市场的变化密切相关。每当某类金融制度出现空缺或变化时，便会有理财产品帮助客户去追逐无风险的收益率，并随着市场的变化去把握低风险的获利机会。

（3）与商业银行的变革和转型密切相关。银行资金仍然是市场资金的主要源头，商业银行的投行化发展趋势，不断调整着资金的流向与效率。

结合资管新规发布以来的市场发展情况可以看到，2019年市场呈现股债"双牛"的特点，权益基金规模几乎增长了三倍，银行理财也发力布局含权产品；2020年市场呈现"股牛债熊"的特点，银行理财发力"固定收益+产品"，理财子公司新发"固定收益+产品"1154只，募集资金1.1万亿元；2021年市场呈现"股熊债牛"的特点，银行理财布局短债产品，规模几近翻番；2022年市场呈现"股债双熊"的特点，银行理财转战低波策略产品，加强摊余成本法、混合估值法产品，帮助投资者保证财富安全，体现了理财产品对宏观经济周期

的把握能力。

三、信托产品的理解及配置

信托以其独特的、有别于其他金融机构的智能,牢固地在现代各国金融机构体系中占据着重要的位置,并因其功能丰富而被称为"金融百货公司"。

（一）信托的作用

信托具有以下作用。

(1) 信托拓宽了投资者的投资渠道。

对于投资者来说,存款或购买债券较为稳妥,但收益率较低;投资股票有可能获得较高收益,但对于投资经验不足的投资者来说,投资股票的风险很大,而且在资金量有限的情况下,很难做到组合投资、分散风险。此外,股市变幻莫测,投资者缺乏投资经验,加上信息条件的限制,难以在股市上获得很好的投资收益。

信托作为一种新型的投资工具,把众多投资者的资金汇集起来进行组合投资,由专家来管理和运作,经营稳定,收益可观,可以专门为投资者设计间接投资工具,投资领域可以涵盖资本市场、货币市场和实业投资领域,大大拓宽了投资者的投资渠道。信托之所以在许多国家受到投资者的欢迎,发展如此迅速,都与信托作为一种投资工具所具有的独特优势有关。

(2) 信托通过把储蓄转化为投资,促进了产业发展和经济增长。

信托吸收社会上的闲散资金,为企业筹集资金创造了良好的融资环境,实际上起到了把储蓄资金转化为生产资金的作用。这种把储蓄转化为投资的机制为产业发展和经济增长提供了重要的资金来源,特别是对于某些基础设施建设项目来说,个人投资者因为资金规模的限制无法参与,但通过信托方式汇集大量的个人资金投资于实业项目,不仅拓宽了个人投资的渠道,也为基础设施融资提供了新的资金来源。随着信托业的发展壮大,信托的这一作用将越来越突出。

(3) 信托促进了金融市场的发展和完善。

证券市场是信托重点投资的市场之一,信托业的发展有利于证券市场的稳定。信托由专家来经营管理,他们精通金融专业知识,投资经验丰富,信息资料齐备,分析手段先进,投资行为相对理性,客观上能起到稳定市场的作用;同时,信托一般注重资本的长期增长,多采取长期的投资行为,不会在证券市场上频繁进出,能减少证券市场的波动。信托有利于货币市场的发展。《信托投资公司管理办法》中规定,信托投资公司可以参与同业拆借,信托投资公司可以采用贷款的方式管理运用资产，同时可以用自有资产进行担保，这些业务不仅是银行业务的重复，还是对于中国货币市场的补充。商业银行作为货币市场的主要参与者，有其运作的规模效应，但也限制了其灵活性。信托虽没有商业银行的资金优势、网络优势，但可以直接联系资本市场和实业投资领域，加上其自有的业务灵活性，能够针对企业的不同融资需求和理财需求设计个性化的方案，丰富货币市场的金融产品。

（二）信托业发展的背景

中国经济在过去40年的时间里保持高速增长，使国民财富迅速积累，居民的投资理财需求迅速增加。在诸多大类资产中，过往的固定收益以及资管新规下的类固定收益信托产品受到投资者的追捧。

在分业经营、分业监管的金融体制下，信托公司相比其他各类金融机构，投资范围最为广泛，投资方式最为灵活。在持续的银行信贷规模管控环境下，信托公司满足了企业的融资需求。

近年来复杂严峻的内外部环境，给我国经济带来了巨大的下行压力。此前推出的"三道红线"（剔除预售款项后资产负债率不超过70%，净负债率不超过100%，现金短债比大于1）等系列监管政策，叠加疫情影响及居民房地产需求转弱，许多房地产企业陷入经营困难，一些房地产企业甚至进入破产重整等程序。外部环境的恶化给信托行业带来较大的压力。信托公司也面临着较大的转型压力，压降融资类业务在持续进行。在内外部压力下，传统信托产品发行和成立减少。各家信托公司越来越重视创新业务布局，新业务模式、方向不断涌现。从目前来看，投向金融机构、房地产、基础产业的资金占比呈现持续下降势头，而绿色发展、银发经济、科技创新已经成为信托公司的重点破局方向；家族信托、慈善信托、保险金信托等服务信托亦具有较大发展潜力。新业务的布局一定程度上对冲掉传统业务规模压缩的压力，保持着信托行业资产规模的整体稳定。

2023年，信托业务分类调整政策逐步实施，将信托业务分为资产管理信托、资产服务信托、公益慈善信托三大类，体现了对信托服务功能的重视以及对行业转型发展方向的引导。伴随着资产管理信托、资产服务信托、公益慈善信托三足鼎立新分类格局的形成，信托行业将正式进入新的发展阶段。从分类框架来看，旨在进一步限制乃至叫停信托公司的融资功能，侧重鼓励信托公司开展回归受托本源的投资、服务类信托业务。可以预见，以净值化为主导的资产管理信托和资产服务信托将成为监管鼓励的主要业务类型。

四、债券产品的理解及配置

债券是重要的金融工具之一,债券市场为我国经济建设提供了大量资金。与我国股票市场相比,在时间上,债券市场起步更早;在规模上,债券市值与股票市值相当;在波动上,债券市场与股票市场的波动方向大多相反,有一定的负相关性。债券市场的存在对我国的经济发展和金融稳定有着重要意义。

一般的投资者是不会直接参与债券投资的,但只要是投资者,基本都会以间接的方式投资债券。接下来我们从投资者相关的几个角度来了解债券产品。

(一)债券市场概览

根据债券性质是单纯还是复合,可以将其划分为一般债券和类固定收益产品;根据发行主体的信用程度不同,一般债券又分为利率债和信用债。从规模上来看,债券市场规模扩大,与品种的扩充和市场制度变迁紧密相关;从品种上来看,信用债发展晚于利率债,创新产品出现得更晚,但均发展势头迅猛。

1. 利率债

利率债包括国债、地方政府债、政策性银行债。

(1)国债。其发行历史基本上引领了我国债券市场的发展历史。国债流动性较佳,投资者以商业银行为主。

(2)地方政府债。经历了禁止发行、代发代还、自发代还和自发自还几个发展阶段。地方政府债的规模由限额决定,期限以 5 年期为主,投资者绝大部分为商业银行。

(3)政策性银行债。目前已是我国债券市场上发行量和存量规模最大的利率债品种。政策性银行债的质押式回购交易比例最高;投资者以商业银行和广义基金为主,基金持仓比逐步增加。

2. 信用债

信用债主要有企业债和公司债。

(1)企业债。企业债跨市场交易较多,因收益率高而受基金偏好。根据发行主体是否属于城投平台类公司,企业债可以细分为城投债和产业债。城投债发行主体中,东部省市平台余额较多;产业债发行主体中,公用事业、综合产业、采掘和交通运输产业占比较大。

(2)公司债。公司债发行要求放宽后出现爆发式增长,发行人以地方国有企业、非上市公司为主,金融和工业两个行业的公司债无论数量还是规模都非常大。

3.类固定收益产品

类固定收益产品主要包括资产支持证券和可转债。

（1）资产支持证券。信贷资产证券化的发起人以商业银行为主，基础资产为银行债权，而券商专项资产证券化和资产支持票据的基础资产为企业债权；整体交易活跃度不高；上海清算所托管的信贷资产支持证券持有机构主要是商业银行和广义基金，商业银行的持有占比逐渐减少，广义基金的持有占比逐渐增加，市场关注度日益提升。

（2）可转债。可转债发行门槛高、规模不大，但热度较高；从发行人所属行业来看，在数量上材料和工业行业发行较多，在规模上金融行业占比较大；债权集中度较高，以基金和国有商业银行为主。

（二）债券投资的收益来源

债券投资的收益一般分为三个部分，即利息收益、资本利得和再投资收益。

（1）利息收益。利息收益是指债券具有的票面利息，这是发行时就定好的，基本不会改变，不违约的情况下视同为持有到期可以实现的收益。

（2）资本利得。资本利得是指在债券的持有期内，低买高卖，博弈收益。不过，收益和损失是对等的，有收益就有损失。

（3）再投资收益。再投资收益是指债券付息后，用利息继续买入持有其他更多的债券。

（三）债券与信用创造

债券的重要意义可以从它的信用创造功能以及与经济的相互关系中体现。举个例子，张三觉得某个项目一定会有回报，但他自己没钱，就需要借钱做这个项目。这个时候他可以向银行贷款100万元。在他贷款100万元的过程中，对应银行的资产端贷款就多了100万元；同时，张三用这个钱做项目，钱转到李四那儿——因为他向李四购买原材料和设备。钱转到李四处之后，李四再把钱存回银行。这个过程中钱并没有离开银行体系，它反映在资产端，贷款是100万元，存款是100万元。

这就反映了信用创造的一个基本过程：对于银行来说，它如果要满足张三的融资需求，必须一开始就存在一个基础货币。也就是说，一开始的时候如果中国人民银行给了该银行100万元的基础货币，那么在该银行的资产负债表上它的资产体现的是现金100万元，负债端体现的是向中国人民银行借款100万元——这就是基础货币。当张三借钱的时候，现金就变成信贷100万元，这个钱又以存款的形式回到该银行，所以在该银行的负债端又有存款100万元。有了存款之后，

银行需要缴纳法定存款准备金，假定法定存款准备金率是10%，银行就需要缴纳10万元的法定存款准备金，剩下的现金即超额准备金就只剩下存款的90%了。我们可以与一开始的情况进行比较。

在张三没有借钱的时候，银行的资产负债表上现金是100%。在张三借钱之后，银行的资产负债表扩大了一倍；但是，它的现金即超额准备金只剩下了90%。这是因为张三信贷的需求导致银行体系的超额准备金变少了。本来银行拿着100万元钱可以去配债，可以用来拆借，由于张三有了借贷需求，现金这一端就由100万元变为90万元。张三的融资需求越强，他产生的信贷就越多；张三产生的信贷越多，他派生出来的存款就越多，相应的，缴纳的法定存款准备金也就越多，对应的超额准备金，就是银行体系中的现金就会越来越少，也就是配债资金越来越少。所以在信用比较宽松的时候，债券市场往往是"熊市"；当信用比较紧张、货币政策比较宽松的时候，债券市场往往是"牛市"。

因为利率反映的是货币的价格，所谓的价格都是由供需关系决定的。简单来说，就是在信用比较宽松的时候，所有的经济主体可能都有借钱的需求，这个时候大家都需要钱，所以钱的价格自然就水涨船高，利率自然而然就上去了。在信用比较紧张的时候，就是大家可能都没有强的融资需求的时候，货币政策是宽松的。由于资金的需求比较小，供给比较多，利率自然就下来了。所以，在信用比较紧张、货币政策比较宽松的时候容易出现债券市场的"牛市"。

对于我国的债券市场分析而言，融资需求非常重要。因为中国经济是一种典型的融资驱动增长的模式。首先，对于地方政府而言，过去的GDP考核使地方政府有动力去做大当地的经济，条件就是土地财政。地方政府在分税制之后收入是较少的，收入少又要发展经济，就会产生强烈的融资需求。所以，地方政府搞基础建设基本上都是以融资的形式进行，而且是以土地抵押的融资进行，就是把土地抵押给银行，以换取流动性，再用流动性投资诸如广场、铁路、基础建设、地铁等项目。所以中国经济增长的核心模式主要是以融资形式进行，融资对中国的债券市场尤为重要。

（四）债券市场的配置

重视债券的根本原因，并不是简单地追逐市场价格的涨跌，而是回顾其他国家金融市场的发展历史，标准化资产成为投资者主流配置是大势所趋。在标准化资产的配置地位越来越重要的大进程中，债券的地位无可替代，也是未来很长一段时间内客户中低风险配置的主流品种。

债券的避险属性较强，是在收益下行周期中市场相对稳健的主要投资品种。

和股市一样，债券投资也有涨跌，也有风险。随着市场发展的逐步完善，国债期货、远期互换等品种的应用，以及各家机构对利率走势、不同企业信用分析能力的差异，会带来投资结果的分化。债券投资将从产品同涨同跌逐步进入比拼主动管理能力的时代。

五、权益产品的理解及配置

权益投资，是一个内涵和外延都极其丰富的领域，尤其是关于权益投资的各种投资方法和技巧，可谓是"八仙过海，各显其能"，百花齐放，"门派"众多；但对于权益投资，更重要的是它的几个底层逻辑。

（一）权益投资的机会

有数据对美国自1801年至今200多年以来的大类资产回报表现进行了统计，假设从1801年起，在股票市场的初始投资为1万美元，并且所有的股利全部进行再投资，不考虑税收因素，其投资的终值为56亿美元，而且这还是扣除通货膨胀因素之后的结果，而如果同样的初始资金投资于美国政府长期国债，所有的利息收入均再投资，到期终止只略高于800万美元。在所有的投资品种中，股票市场是收益率最高的大类资产，其收益也是远高于其他大类资产的。

在中国的A股发展历史上，市场提供的财富机会也是非常多的。有数据对进入21世纪之后的20年中的中国优秀企业的情况进行了统计，排在第一位的是格力电器，在这20年的时间里其股票提供了94倍的收益，复合年化收益率达到了惊人的28.6%；万科A股提供了58倍的收益和25.24%的复合年化收益率。中国证监会公布的数据则显示，公募基金行业成立以来，所管理的偏股型基金在进入21世纪之后的20年来年化收益率平均为16.5%。在这些涵盖了历史与现在、国内与国外的数据之下，在叠加考虑长期通货膨胀的影响之后，一个必然要思考的问题就是：我们能不去把握权益投资这样的投资机遇吗？

（二）权益投资面临的挑战

如前所述，在财富管理实践中，我们经常能看到大量的理论与现实脱节的现象。比如，平均收益与个体感受的差异，财富明星与被忘却的大多数，聪明人的失败，等等。一方面，是一个个充满着诱惑和鼓动性的财富故事，甚至对于有些人而言，股市就是实现其从中产阶层向富裕阶层那一跃的机会；另一方面，这些股票市场里的成功故事又存在着"幸存者偏差"的问题，"一将功成万骨枯"，每一个成功故事的背后都有着无数"韭菜"的牺牲。面对股市所提供的巨大的实现财富增值的机会，连牛顿、格雷厄姆、费雪这些顶尖的、高智商的高知分子都折

载于此,更何况一般的大众呢?那么权益投资到底能不能参与?

(三)权益投资的理解

1. 股市与经济

对于股市,有一个非常精练的概括:股市是一个长期收益非常丰厚,但短期波动也十分巨大的市场。股市的长期收益丰厚,是因为股市是经济的晴雨表,它一定会反映出企业的盈利增长和经济的长期增长,但可以肯定的是,这种成长带来的收益一定是比较缓慢的,是与GDP的增速等外部因素相关的;股市的收益肯定远不止于此,否则的话,股市就和债市没有太大的区别了,股市的收益还有一部分来源于投资者对优质企业的价值发现产生的估值收益。

2. 股市的波动性

股市既然有估算,就会有估值发现和估值回归,这是一种非匀速的变化,再叠加以市场的情绪、各种突发事件等因素的影响,就会产生巨大的波动,而波动,尤其是短期波动,其实是无法预测的,这样一来,股市就会产生巨大的不确定性。这也就是我们说股市无法预测的原因。股市的波动会有多么严重,可以参考一组数据,从1991年以来的大约30年的时间里,上证综指的涨幅是2286%,翻了大约22倍,但在这22倍涨幅的背后,是其高达4512%的震幅。在同一时期,美国标准普尔500指数,涨幅是594%,震幅达到657%;法国CAC40股票指数、德国DAX指数、日本日经指数,都呈现出同样的规律。可见,波动性就是股市的一个天然的、如影相随的属性。这种高波动性说明了,如果在股市里持股集中过高,就可能面临较大风险。

另外一组数据显示,过去十年,上证50指数的年化波动率是31%,其最大回撤幅度是72%,中小板的年化波动率和最大回撤幅度也分别达到了32%和67%。A股权益资产的高风险溢价就源于其价格的高波动性,从A股波动分解来看,估值波动贡献远大于业绩驱动的贡献,但长期而言收敛于业绩驱动,这为拉长持有期限以获取权益资产风险溢价提供了充分的理论依据。

股市的现实就是在经济长期向好的背景下,以一种非常不明显的方式提供了一个长期向上的、确定性其实很高的收益机会,但是,这种机会被短期的巨大波动性所遮挡。70%的投资者因为不够专业、不够了解这个市场而做着情绪化的操作,也就是我们所说的追涨杀跌、高买低卖,最后亏损累累,股市也就此背上了"高风险市场"的名声。

3. 股市的轮动

轮动性是股市波动的另一个来源。轮动也是股市的一个天然属性,因为股市

有着价值发现的功能,价值发现对应着估值,估值就是有空间的,但任何一个领域的估值都不会无限上升,当估值达到顶部区域的时候,资本就会像水一样流向低估值的领域,去进行下一轮的价值挖掘。复杂的股市还有着宏观变化、事件驱动、多空博弈等各种情况,因此,轮动的动因就更加复杂了。

轮动代表着盈利点的切换,那么这种切换可以预测吗?答案依然是不可精确预测,这就意味着除巨大的波动外,股市上资金的时间效率也是非常不确定的。

4."黑天鹅"与"灰犀牛"

什么是"黑天鹅"?凡是在原有的逻辑架构和认知体系之外,忽然就发生的给你一个"意外之喜"的事情就是"黑天鹅"。比如,2014年8月的光大证券的突发事件,其上证指数突然大幅拉升对很多短线技术派投资者产生了巨大干扰和误导,进而使部分投资者遭受损失。再如,在前期的股市背景下,医疗健康板块被很多机构看作一个相对安全的板块,投资医疗健康板块也是一种不错的投资策略;但是,忽然之间,长春长生股票事件使其股票直接ST(特别处理),并连续跌停,甚至面临退市的风险,长春长生股票的投资者的财富瞬间被锁住,并且不断缩水,甚至灰飞烟灭。

"黑天鹅"带来的短期内的巨大波动和不确定性,给投资者带来巨大的风险与损失。在光大证券的案例中,其主角光大证券的持有者如果拉长持有期限,还有东山再起的机会,但是在长春长生股票的案例中,后续不确定性就非常大了。

"灰犀牛"就是一个巨大的"黑天鹅",略有不同的是,"黑天鹅"事件发生得很突然,"灰犀牛"事件却会有迹可循。"灰犀牛"的可怕之处在于,即便你发现了它的迹象,由于它是一个巨大的体系,作为"灰犀牛"的影响对象,个体其实是没有能力改变它的。

比如,在资管新规实施之前,金融大资管业务中的刚性兑付、多层嵌套、期限错配等,加起来就是一个"灰犀牛"。要应对这只"灰犀牛",不是那么简单的事,这将是一个漫长的过程。那着眼于权益市场,"灰犀牛"是什么呢?"灰犀牛"就是所谓的系统性风险,它默默地、慢慢地积累,而一旦形成就很难纠偏,最后给投资者带来巨大的危害。

5.权益投资基金化

基金是什么?

第一,基金就是一堆股票,但它不是随随便便的一堆股票,而是对一堆股票的权益增强。那么,什么又是权益增强呢?我们可以借助指数增强来说明这一概

念，指数就是一个选择标准的体现，但在基本规则的基础上，把判断为最不好的那10%去掉，把对应的资源分配给判断为最好的那10%，就大概率能获得比基准指数更好的收益。所以，基金是股市投资的一种增强。

第二，基金就是概率提升。权益投资是一种不确定性投资，没有人能够在股市里抓到100%的机会，只能说某个投资方案有多大的盈利把握，这就是概率。股市投资的各种方法中，基本上都有技术因素，而所有的这些技术，无论是量化，还是CTA（期货投资基金）等，其实都是用技术方法去提升成功的概率，而基金，就是这些技术方法的载体。

第三，基金就是专业的人做专业的事。掌握有效的技术方法是一件有门槛的事情，或者说，掌握着能够帮助人们提高投资胜算的技术方法的必然是少数人，所以，基金背后的操作者是一群专业的人。为什么基金能实现权益增强？为什么基金能提升胜算？因为基金是专业的人做专业的事。

6. 指数化思维

什么是指数？从某个角度来看，指数就是某项规则下的市场均值，比如上证综指、深圳证券综合指数（以下简称深证综指），可以理解为是其中的成分股的平均表现，并可以近似地理解成股市的平均表现；但是，指数可不只是这几个综合指数，还有很多行业指数、主题指数。比如，投资者如果能很好地理解医疗健康行业并有意进行投资，这时优化的策略就是买行业指数，行业指数已经帮投资者把资产配置、风险分散的事情做完了，并且给投资者提供了一种非常简单、清晰的投资逻辑。

从宏观上对某一个行业或者某一个主题进行研究和把握，从微观上将资金投入相应的指数上，就是一种很好的投资策略。

当然，指数还有一个非常重要的含义。从专业投资者的角度来看，有数据对基金经理的年化业绩与其任职年限之间的关系进行了分析，据统计数据显示，基金经理的任职时间越长，其收益越贴近市场指数收益。这对于长期投资来说不是一个好消息，相当于投资者辛辛苦苦选中了一支优质基金，但较长时期以后，它的收益率不可避免地趋向于指数均值。与此同时，能够长期跑赢市场的偏股基金太少了。有数据显示，长期来看，年收益高于沪深300指数收益率的基金只有不到60只；若以中证500为基准，该数据更会减少到40只；而从几千只基金中选出这40只来投资，将是一项难以完成的巨大工程。所以，从长期投资的角度来看，筛选基金不仅难度太大，而且效果很差。所以，权益投资、基金投资其实可以化繁为简，通过指数化思维来实现。

六、保险产品的理解及配置

无论是在日常生活中还是经济活动或财富管理中，风险都是无处不在的，资产配置的一个核心诉求就是控制风险，而无论是风险规避、损失控制，还是风险隔离、风险对冲，保险都是最重要的风险管理工具之一，同时，在相应的规则体系之下，保险产品还可以通过合同关系和法律关系的架构，实现特定的财富管理目标。整体上来看，在资产配置中，保险具有诸多独特、必备且其他金融产品所无法替代的作用，一个没有保险维度的资产配置方案，可以说，就是一个不完整的资产配置方案。

（一）客户交流维度的保险理解

保险有一些比较特别的特点，比如，保险首先是要交保险费的；保险费所保障的风险事件的发生存在较大的不确定性；而对保障内容的实现在时间上又间隔很久，终身寿险的给付甚至要在被保险人身故之后完成；等等。因此，保险首先是一种理念，财富拥有者接受保险首先需要在理念上接受它。这也是财富管理者与客户之间交流的重点。关于保险，财富管理者可以和客户交流的理念非常多，下面仅摘选若干为例。

1. 保险不是在花钱而是在赚钱

在很多场景下，客户将保险视同花钱，所谓的"买保险"就是这种观念的一种表现。以医疗保险为例，常见的场景是：因为没钱，所以不买保险，生病了没钱治疗，还可能会丧失资格不能再买保险。如果重视保险，那么可能就是另外一种景象：因为没钱，所以省钱也要买份保险，生病了可以报销，医疗险报销、大病险理赔，留着自己的钱继续供自己或者家人使用。

看起来是在花钱的保险其实是在赚钱，同时，保险的保险费和保险金之间是有杠杆的，在很多情况下，保险费花的是小钱，是我们可以赚到的钱，而保险金是大钱，有时候是我们赚不到的钱，比如终身寿险，100万元的保险费是大部分中产阶层能够拿出来的，但1000万元的保险金就不是每一个中产阶层都能一次性挣到的了。

2. 保险是现金流规划

随着我国经济水平和人民生活水平的不断提升，中国人的人均寿命也在不断地提升，大家都觉得这是一件好事，但很少有人会考虑到长寿背后所需要的财务规划。中国是人口大国，社会保障体系还有待完善，社会保险的养老账户金额不足是这几年的热点话题，大家都知道这不是一件好事，但很少有人会想到这对自

己退休后的生活会产生怎样的影响。

以上两件事情的背后反映的其实是财富管理最大的需求之一，即如何做到老有所养，老有所尊。资产配置需要解决的就是现金流的规划问题，将投资者有盈余的高峰期收入现金流转移到以支出为主的低峰期，并在期间有效地对抗通货膨胀。

长期的资产配置在执行中面临的最大挑战就是配置及其收益的稳定性，在这种情况下，保险及其背后的整个保险体系，为这种长期的资产配置的相对稳定性提供了有力的保障，从而为客户在未来现金流的确定性方面提供了有效的保证。

3. 保险是增强型的价值投资

保险产品的收益是否能够长期、相对稳定地实现，是很多保险客户的另一个常见的疑虑，其实这恰恰是保险产品的优势所在。我们多次强调过时间在资产配置中的重要意义，同样金额的"长钱"和"短钱"从本质上完全是两种不同的资源。保险资金背后的资产管理恰恰就能够契合长期投资、价值投资的需求，从而为保险资金盈利性的实现提供了相当有力的保障。

除了长期投资、价值投资、保险是"长钱"之外，在资产配置中还有一个容易被忽视的财富挑战，那就是"纠错能力"。

作为一般的投资主体，投资者的资金总归是有限的；但在财富市场上，其实机会是无穷无尽的。对每一个机会的追逐，对资本金的需求是最为直接的；但是，市场又是充满不确定性的，没有谁能保证每一次投资决策的百分百正确。当我们的投资决策出现失误的时候，就需要进行"纠错"了。这时候同样的逻辑又出现了，谁又能保证"纠错"决策百分百正确呢？正如股票市场中常见的"是底不反弹，反弹不是底"现象，很多人的失败都发生在他"纠错"的过程中。

反过来说，所谓的"纠错"抄底没抄对，其实是常态，对于这种局面，反映的就是面对一个判断时，该如何投入，判断错了，资金投入太大，就没有后续摊薄成本的余地；判断对了，资金投入太小，其实际意义也不大，所以说起来，投资，必须在明白大部分主体的资金是有限的这个前提下进行，这样就能理解为什么要不断提高安全边际了。

在此种情况下，保险资金的特殊性就体现出来了，保险资金不仅是"长钱"，而且是源源不断的"长钱"，一般情况下，保险公司每年收入的保险费都会远远超过其给付出去的保险金，这就给保险公司提供了源源不断的"纠错"能力，进而有效地提高了其投资的胜率。

回头再看"股神"巴菲特，其成功的重要原因之一，其实就在于他背后的伯克希尔·哈撒韦公司的源源不断的长线资金支持，巴菲特从不忌讳谈他在投资中所犯的错误，但是，巴菲特的资金实力使他比别人具有更大的回旋余地和成功概率。

（二）财富管理维度的保险理解

保险，是一种保障，但其实更是一种财富管理工具。在《保险法》的支持和保障下，保险在一定的条件下可以有效满足财富拥有者的某些特殊的财富管理需求。

1. 保险的债务相对隔离功能

首先需要明确的是，任何事物都是有前提的，所谓的"债务隔离"一定不是恶意逃债，而是在合理范围内的财富规划。保险是一份特殊的合同，投保人将保险费交给保险公司，以被保险人的身体为保险标的，订立保险合同。保险公司依据法律和保险合同的约定，在不同的条件下将保险金给付指定或法定受益人。保险合同的履约过程，实现了财产在投保人和受益人之间的合法转移，当财产的所有权发生转移时，就产生了可以对抗原财产所有人的债务的效果；同时，因为保险合同很容易涉及第三人的利益，所以当保险合同面临债务追索时，也具备了一定的财产保全作用。

2. 保险的婚姻财富规划功能

婚姻财富规划面临的主要挑战之一在于婚姻财产极易混同，在漫长的婚姻生活中保持财富的清晰界限几乎是一项不可能完成的任务，但保险在防止财富混同的问题上有着天然的优势。在界定婚后财产属于夫妻一方婚内个人财产方面，保险也具有清晰的保障作用，比如，保险的死亡理赔金属于个人财产等。

婚后以父母为投保人、子女为被保险人的保单，保单赔付的钱属于投保人的财产，不属于子女婚内的夫妻共同财产，这充分利用了保险合同的特殊结构，从而起到了婚内财产隔离的作用。

3. 保险的财富传承功能

保险的投保人和被保险人可以在法律规定的范围内，灵活指定保险的受益人及其受益比例，且在保单赔付之前，投保人和被保险人具有更改受益人及其收益比例的权利，从而实现财富的有效传承，甚至代际之间的精准传承。

（三）保险配置中的若干重要概念

1. 规划好投保人、被保险人和受益人

（1）保险相关人的重要意义。

人寿分红保险中，大家一般认为投保人按期取得分红，这种理解对吗？对，但是不完整,这只是最常见的基本情况而已。完整的情况如下。

分红保险可以获得合同规定的各种保障和保险可分配盈余,以保单是否到期和被保险人是否身故这两个时点为界,其利益分配分为以下情况:①在保单期限未到且被保险人未身故时,由投保人获得每年分配的保单红利;②如被保险人身故,由受益人获得投保时约定的保额,同时,获得未领取的累计保单红利;③保单期满且被保险人未身故时,由被保险人获得投保时约定的保额,同时,获得未领取的累计保单红利。

透过这个简单的例子,可以窥见保险的基本概念背后的专业性和复杂性。在实务中,一方面是很多客户或者财富管理者自认为了解"投保人""被保险人""受益人"等概念,所以普遍不重视;另一方面在很多情况下,尤其是在涉及重大利益的保单中,如果没有正确地安排好保险相关人,是会有很大的风险隐患的。在实务中,不正确的保险相关人安排,轻则使保单效用偏离投保人的初始意愿,重则影响保单的正常理赔,客观上也加深了大众对保险业务和财富管理行业的误解,影响了大众对保险这一重要的财富管理工具的应用。

(2)保险相关人的基本概念。

保险相关人包括投保人、被保险人和受益人。

①投保人。投保人即交付保险费的人,也就是保单持有人。保单是投保人的,类似于房产证上写的谁名字,房产就是谁的。

②被保险人。被保险人其实是保险合同的标的,人身保险合同是以被保险人的身体、生命和健康情况作为约定条件的。被保险人享受保险金请求权。生存受益人只能是被保险人本人。

③受益人。受益人是指人身保险合同中由被保险人或投保人指定,当保险合同规定的给付条件实现时有权领取保险金的人。投保人指定受益人时需经被保险人同意。被保险人或者投保人可以变更受益人并书面通知保险人。

投保人与被保险人可以同属一人;投保人、被保险人可以为受益人。受益人可以有多位,并注明顺位。

在人寿保险中,从家庭的角度考虑,被保险人的选择其实非常重要,其本质是当被保险人发生意外时,通过保险提供该被保险人未来所能创造的财富的替代,从而尽量减少意外事故对家庭的未来规划和福利水平的影响。

投保人是保险费的支出人,也是保单的所有人和控制人。保单因具备保单价值,也是一种有价证券,具备质押融资的金融功能。因此,投保人一般应从家庭财富管理人的角度设定。

受益人，往往就是投保人和被保险人心里最牵挂的人，是未来最需要被照顾的那个人。

（3）相关权利。

保险涉及以下权利。

①投保人。投保人即保单持有人，在约定风险事件发生前，是保单价值的拥有者。保单的所有权，类似其他的财产，在保单保险费交纳完毕后，可以进行转让。

②被保险人。《保险法》第十二条规定，人身保险是以人的寿命和身体为保险标的的保险；被保险人是指其财产或者人身受保险合同保障，享有保险金请求权的人。由此可知，保险事故一旦发生，直接遭受损害的就是被保险人的生命、身体、健康，事故发生后的"保险金请求权"本质上属于被保险人，被保险人可以通过指定的方式转让（让渡）于其他人，如受益人，被保险人也可以采取不指定受益人的方式，将理赔金作为自己的遗产，由继承人继承。因此，指定谁为受益人，是被保险人对自己权利的处分，其他人无权干涉，不经被保险人同意的指定，属于无效指定，不产生指定的法律效果。

③受益人。根据我国《保险法》的相关规定，"受益人"的概念只出现在人寿保险中，受益人享有独立的保险金请求权。受益人的设定要注意两点：一是受益人应尽量在保险合同中明确约定，若投保时没有约定，则保单受益人为法定受益人，在此情况下，被保险人身故之后，保险金就作为被保险人的遗产处理，要优先偿还债务，剩余部分按《继承法》的有关规定继承；二是根据《最高人民法院关于适用〈中华人民共和国保险法〉若干问题的解释（三）》的有关规定，受益人的约定包括姓名及与被保险人的关系，保险事故发生时身份关系发生变化的，认定为未指定受益人。典型的例子是夫妻离婚没有变更受益人且原来注明受益人与被保险人关系为夫妻的，因为离婚之后夫妻关系不再成立，认定为未指定受益人，原受益人丧失受益资格。

（4）典型应用。

以下是一些典型的保单保险相关人的设置案例。实务中，根据客户的具体需求，还会有各种各样的变化。

①夫妻双方均是家庭收入来源，则应根据家庭保障需求及保险费投入预算，分别以夫妻二人为被保险人进行投保。投保原则如下：如果预算充足，可以增加终身寿险的保险金额，降低定期寿险的保险金额；如果预算不足，则降低终身寿险的保险金额，增加定期寿险的保险金额；如果预算仍然不够，则缩短定期寿险

的保险年度，但尽量不要减少保险额度；如果家庭保险费预算非常低，可以用保障范围受限制的意外险来替代寿险。

②家庭财富的把控者以自己为投保人和被保险人，以子女为受益人投保高额终身寿险，实现财富的避税和无争议传承。这是充分利用了保险的非遗产属性，使保险金不需要用来偿还被保险人的生前债务和税款，从而避免遗嘱继承可能遇到的烦琐程序或挑战，也不用担心因法定继承的顺序和份额问题引起纷争。

在上述场景中，如果直接以孙子女为受益人，则可以实现财富的隔代传承。

③家庭主妇没有工作，缺乏独立性和安全感，为增强保障，可以以丈夫为投保人，以子女为被保险人和年金领取人，以自己为身故受益人投保年金型保险。年金型保险的缴费期不宜太长，比如不超过5年。在此场景下，由丈夫为子女投保，合情合理，易于达成同意见；考虑到离婚风险，由于受益人为子女，且如果中途退保保单现金价值较低，能最大限度地规避退保风险；假设出现离婚情况且女方成为子女监护人，则年金型保险为其未来的长期生活提供了保障，监护人可与子女一起享有后续的保险利益。

④某人有婚外子女，从家庭关系处理和社会影响等角度，无法直接将财产分配给非婚生子女，可以以自己为投保人和被保险人，以非婚生子女为受益人投保终身寿险，在自己身故后为非婚生子女留下一份保障。这个例子也充分阐释了保险是"坟墓中伸出的一只手"这个关于保险在投保人身故后仍然可以控制财富的使用功能与作用。

2. 财富所有权的规划与转移

从某种角度而言，"隔离"是财富拥有者的刚需。比如，某高净值人士作为企业经营者，其企业经营规范，税务安排合理，公私账务分明，有效地规避了常见的公私混同风险，一旦其在企业发展过程中需要进行融资，那么融资方往往会要求其及配偶进行连带责任担保，而这种担保其实就将企业的有限责任延伸成为个人的无限责任，而这种风险的延伸，对于达到一定量级的财富拥有者而言，其实是毫无必要的，所以说，对于这类财富拥有者，"隔离"是一种刚需。

在一定条件之下，保单的合同架构可以起到一定的"隔离"作用，如在保险事件发生之前，保单的价值体现为保单的现金价值，这种保单价值是属于投保人的，这个保单本身就可以对抗债权人的代位权，同时，投保人是可以变更的，当保单的投保人由具有高债务风险的原投保人变更为低债务风险的新投保人时，实际上就实现了财富所有权的转移，进而达到了"隔离"效果；在保险事件发生之后，保单的价值体现为保险金，这种保单价值是属于受益人的，但只要保险金没有给付，就可以实现债务隔离的效果，而受益人有五年的时间来决定是否领取这份保险金财产，这就为其提供了一个比较大的资产筹划空间；此外，在保单存续期间，部分产品在设计上特意直接将保单设计为低保单价值产品，用这种结构为财富拥有者提供了财富保护的空间。

3.中产阶级崛起的机会

正如保险的起源是为了分散风险，以此为起点形成了保险领域相关的法律法规体系，但在此规则体系之内，又形成了保险的财富管理应用一样，很多保险产品的设计初衷是为了做好财富管理，但在初始目标之外，加上合理的其他应用，就可以达到更高的目标。保险的大时间跨度、复利生息的机制，使其具备了更多的财富哲学的意味。

之前有一款保险产品，从技术层面来看，它的基本设计是这样的：假设0岁的孩子，父母为其每年投保10万元，10年共投入100万元，自保单生效次日即返还生存保险金28150元，此后逐年给付，合计共返还80次；如果每年返还的金额均不领取，自动进入复利账户不断累积，按照当时的账户中档利率进行日计息月复利，被保险人80周岁时可领取的数额约为：本金100万元+返还部分累积复利增值2146万元，共计2246万元（如按高档利率测算，预计将达到约2970万元）。这样，孩子无论是十余岁大学教育、二十余岁出国深造，还是三十余岁自主创业，四五十岁医疗保健，抑或六七十岁退休养老，都多了一份额外的保障。

换个角度来考虑，中产阶层的第二代在经历了家族的精心培养、社会的良好教育的基础上，大概率将继续以白领精英的姿态进入社会，并凭借自身的实力与努力，完成自我的价值实现。当第二代作为被保险人抵达人生的80岁且完全没有使用该产品的保险金时，保险的实际受益人将成为家族的第三代（或者第四代）。这时，前述复利账户中的约2200万元资金的意义就发生了非常有意思的变化：作为中产阶层，第二代在其一生中创造并累积千万级的财富虽然并非不可能，但在群体整体上也是一件很有挑战性的事情；但通过该产品的复利积累，这种结果对购买了保险的个体成了大概率事件；这份巨额的财富，便由一份保障型的资金变成了第三代的创业基金，大大地提高了家族振兴的可能性。要知道，即便对于"股神"巴菲特来说，人生的"第一桶金"也是最难获得的。

作为第一代，家族振兴、事业有成应该是大部分中产阶层内心深处的一个需求痛点。从现在的100万元投入，带来未来家族获得巨大成功的可能这个角度，保险所能发挥的作用，就从技术层面提升到了中产阶层家族振兴的高度了。

第二十章　理解需求，理解资产配置

在社会化、专业化分工的基础上，我们假设财富管理和资产配置的工作主要是由财富管理者协助财富拥有者完成，那么两者之间最主要的桥梁就是"需求"，这里的需求一定不是仅仅局限在收益率这样的单一目标上的，而应该是涵盖了财富拥有者的生活、家庭、家族、企业、时间等的综合性的需求。所以，从需求的角度来理解资产配置，也就是从客户的角度来理解资产配置。

一、财富人生的四大阶段

从一般财富的角度来看，绝大部分人都处于以下四个阶段之中，即初始阶段、中产阶段、富裕阶段、家族阶段。从这些阶段的特点出发，又呈现出不同的需求特点。

（一）初始阶段

初始阶段典型的代表就是刚刚步入职业生涯的年轻人，他们拥有充沛的精力和发展前景，但收入处于起步阶段，在财务上最大的特点就是金钱严重不足，"月光"一族，很难有所积蓄。这一阶段最主要的需求是职业的发展规划、个人能力的提升以及对成长机遇的把握。

（二）中产阶段

中产阶段是指具有了稳定的、比较可观的收入，有较强的消费能力，有受人尊重的职业，摆脱了缺钱的状态，但又常常处于"有钱但不够"的状态。事实上，大部分人只要努力工作，不断学习、不断进步，就能抵达中产阶段。这一阶段最主要的需求是承担相应的职业责任和家庭责任，处理好工作，照顾好老人，培养好孩子，并与另一半共同成长。当然，绝大部分的中产人士也往往止步于这个阶段，而并没有在财富量级上实现持续的进阶。

（三）富裕阶段

富裕阶段是通过努力和把握机遇实现了财富自由，建立了财务性收入的来源

和机制,即所谓的"税后收入",同时形成了相当程度的财富积累。处于富裕阶段的人的类型也很多,比如民营企业家、职业"金领"等。这一阶段最主要的需求是处理好与方方面面的关系,维护和提升其主要财务性收入来源的体系。

(四)家族阶段

与富裕阶段相比,家族阶段并不仅仅是财富数量上的更进一步,更多的是"财富资本"和"人力资本"上得到了进一步的扩展,需要纳入考量的因素更多,能够承担的责任也更大。这一阶段最主要的需求是对现有财富成果的保持与长远规划,资源在家族成员间的分配与传承,更大范围的社会责任承担,等等。

虽然从财富的角度可以将人的状态划分为以上四个阶段,但我们也可以清晰地看到,站在任意一个财富阶段的人,其主要的需求又绝对不是仅仅受制于财富状况,而是超越于财富的。

二、财富家族的六大深层次需求

能力越大,责任越大;责任越大,需求就有可能越抽象。作为处于家族阶段的财富拥有者,他们的需求必然与个体化的财富人士有很大的不同,也必然会超越诸如财富收益率这样具体的需求,所以,财富家族的典型的深层次需求恰恰给我们提供了一个非常独特的理解用客户思维看资产配置的角度。

(1)财富家族更需要稳定的政治经济环境。

家族三代就可以过百年,百年就是大历史。天下大势,跌宕起伏,国运变迁、经济周期和产业周期等对家族财富的影响都是巨大的。受政治经济环境变化的影响,中国的财富家族史是有过几十年的中断的,自改革开放以来,在中国民营经济不断发展及其产权体制逐步完善、民营企业主财富量级增长到一定水平的前提下,中国的家族财富才开始萌芽发展并渐具规模。以经济所有制为前提,财富家族主体多为民营经济企业主家族,家族企业也往往是家族财富的根本来源。财富家族对政治经济大环境的稳定性的需求比一般群体更加强烈。

(2)财富家族更需要厘清家族财富的分类与属性。

首先要厘清"创富"资产和"守富""传富"资产。我国当下处于财富家族一、二代交接的时间节点,家族一代依然把握着最主要的"创富"能力,在此背景下,将"创富"资产向"守富""传富"资产转换,就意味着财富创造能力的减弱。对于很多财富家族而言,财富的家族传承是一件"重要但尚不紧急"的事项,这就导致尽管其有着"守富""传富"的强烈客观需求,但在实际的推进过程中,许多与家族财富传承相关的长期安排往往会一延再延。在这里,"创富"

资产主要是家族的企业资产，"守富""传富"资产主要是家族置于个人名下的可投资资产。

其次要厘清企业资产和个人可投资资产。受历史发展历程因素的影响，中国的财富家族普遍存在着产权不清、公私不分的状况，产权相对模糊在我国的家族企业成长过程中几乎是普遍存在的现象，很少有企业在创立之初就对家族成员之间的产权进行清晰的界定。此外，国内家族企业的创始人及其家人习惯持有公司大部分的股份，这就使他们极易把公司资产与家庭资产混同起来。一些家族在企业出现问题的时候，会习惯性地采取无条件、不计成本的非理性支持策略，而不去区分哪些是企业责任，哪些是家庭利益，往往会将企业的有限责任变成家庭的无限责任，这种现状都蕴含了巨大的不确定性风险。

（3）财富家族更需要资产的全球配置。

作为顶端财富拥有者，财富家族在对社会资源的合理统筹利用上更有优势。在经济全球化的背景下，"地球村"也是财富家族可以合理统筹利用的战略性的社会优势资源。

一方面，家族企业的产权梳理及正确的产权架构对财富的创造和保值增值影响巨大，这也是财富拥有者最大的需求痛点之一。金融的核心环节是投融资、红筹上市、VIE（可变利益实体）架构等，使企业在现有规则体系下可以通过产权交易和企业发展需要实现更灵活的资产出入境调度；可以更灵活地实现产权的流转与继承，以及结合市场现状选择最优的上市路径，现实意义重大。另一方面，对财富家族的可投资资产进行全球配置，可以把握全球投资机会、分散风险、合理筹划税负，也成为财富家族越来越重视的事项。

无论是企业资产还是个人可投资资产的全球资产配置，其更重要的意义是将资产从单一的法律体系管辖调整为多国法律体系管辖，将财产纳入国际法的体系下，从而实现更好的财产保护。

（4）财富家族需要进行产业化投资和金融化投资。

对于财富家族，其投资应主要包括两个方面的含义：一是家族企业之外的投资性多产业运营，二是家族的金融化投资公司。

复星国际有限公司的创始人提出了一个非常深刻的观点："一个企业如果要做多个产业的运营，其实就已经是在做投资了。"财富家族除了自己的主业之外，还应当对未来5年到10年的产业发展机会进行梳理，以前瞻性和战略性的眼光，采用相对小投入、不控股、布局新的商业模式，构建一道对主业的"护城河"，以应对时代的剧烈变化及产业的转型压力，在时势发展到必要的时候，还可以进行家族主业与投资性产业的相互转化，实现家族产业的永续经营。如前述的复星国际有限公司，它起步于市场调研行业，随后进入医药和房地产销售领域，在把握了钢铁、矿产行业的发展机遇之后，又转型成为全球性投资公司，布局大健康、大物贸、大文化、大金融。此外，家族拥有的投资公司是目前常见的财富管理形态之一，这些投资公司承载了家族的投资功能，为家族寻找各种投资机会并打理资产。例如，美的集团何享健家族旗下的盈峰投资，杉杉集团郑永刚家族旗下的杉杉创投，七匹狼集团周少雄家族旗下的移山资本，等等。以投资公司的形式管理家族的巨额可投资资产，既是对当下时代投资机遇的把握，也是很多家族二代的兴趣所在和自主选择。

对于前者，其本质是家族企业资产的发展需求，需要在包括并不限于法律、税务、家族成员国籍等综合筹划的基础上有更宏观的视野和战略洞察力；对于后者，其本质是家族的可投资资产的发展需求，需要将其纳入更高层面的产业组合的顶层设计之中。

（5）财富家族需要从根本上做好家族教育规划。

在过往的实践中，二代教育往往被当作家庭事务而不是家族规划，但实际上，二代教育的意义远不止于此。

从财富传承的角度来看，子女是家族传承的核心，家族传承不仅是血缘的传承、财富的传续，而且是责任、精神、文化和价值观的传递，这个传递是一个长期的过程，也是一个不断演化的过程。现实中，当家族发展到第二代、第三代的时候，家族成员的个人自由发展往往和家族企业对继承者的要求不尽相符，如果等到家族企业不得不进行继承的时候，再对家族成员的个性进行塑造，毫无疑问会收效甚微。合理的方式应当是未雨绸缪，从小就对家族成员进行教育规划，通过教育规划培养家庭成员的爱好、兴趣、性格和能力，对下一代家族成员的正式高等教育、实习和工作需要、国籍身份等进行系统化规划，并结合战略目标、家族结构、产业特征、地域布局等因素进行前瞻性的传承设计，让他们更顺利地继承"创一代"的开拓创新精神、为人处世之道，以及实现家族社会价值。

当然，在现实中，下一代不适合或不愿意接班的情况普遍存在，这时候，财富家族通过建立由精英商界人士、行业专家组成的专业团队来协助接班人治理企业，或放权给职业经理人来管理企业，这也是被越来越多财富家族接受的选项之一。无论如何，财富家族都需要从更高的层面来理解、看待和规划家族教育服务。

（6）财富家族需要有做好"千年大计"的顶层战略设计的能力。

中国近现代史上有一个著名的海宁查氏家族，曾被康熙皇帝御笔赐字"唐宋

以来巨族，江南有数人家"，其近代分支中南查有著名的武侠小说大家金庸（查良镛），北查有现代诗歌的代表人物穆旦（查良铮）。查氏家族其中一支查济民（1914—2007），其事业起步于上海，但该家族及其决策团队善于把握大势，1947年移步香港地区创办中国染厂，继而拓展到房地产等领域；1969年，创办了具有家族办公室性质的CM（资本市场）资本；1970年，在美国硅谷开展风险投资和PE投资业务；改革开放后投资内地，1997年荣获香港特别行政区政府颁发的"大紫荆勋章"。在半个多世纪的动荡中，查氏家族从上海到香港，再到硅谷，最后又回到内地，做出自己的选择。

查氏家族的这个大跨度的变迁过程，从某种角度上讲，就是家族最大的资产配置决策。家族需要关注战略性风险，在重大的社会变迁当前，甚至需要面临生与死的考验。可以看到，中国历史上一些不幸消失的名门望族，他们完全有财富实力选择在世界的任何一个地方生活和开拓事业，但他们致命的失败原因只在于没有在必要的时候做出果断的决策，这就是财富家族最需要的顶层战略设计能力。

以上这些需求描述给财富家族画出了一幅图，也构建出一个完全不同的语境，当财富管理者面对这样的服务群体的时候，便会发现，如果仅仅从传统的角度切入，几乎找不到合适的平等对话的立足点，而唯有深入财富拥有者的深层次需求之中，去体会，去理解，去换位思考，去感同身受，才能与之产生共鸣，才能发现真正的需求解决方案，才能真正成为这些财富人士的陪伴者和意见参考者。

本部分开篇即提及，财富管理与资产配置事关收益与风险，事关短期与长期，事关技术与哲学，站在财富人士的境界之上，可以体会到收益、短期、财富技术不过是财富的表象，风险、长期、财富哲学方是财富的本质。财富管理中，最重要的并不是资产配置，而是人生的规划，或者说，人生规划大于财富规划！

第五部分
高净值人士涉税问题及应对策略

第二十一章　逃税和虚开发票的法律责任

第一节　设置"两套账"逃税的法律责任

一、内外"两套账"

有些企业经营中会设置内外"两套账"。内账，即企业内部管理账，是能够真实反映公司经营状况的账目，仅企业负责人可以查阅，不向外界或者企业普通员工公开。外账，即对外公开工商税务账，是经会计人员"加工"而成，用于向税务机关申报纳税，向企业员工、投资者公开的账目。

企业对于取得的不开发票或现金收款收入，计入外账；对于取得的所有收入，计入内账。内账的金额比外账的金额要大。当然，有的企业为了贷款或吸引投资的目的，也有在外账上虚增收入的情况。

二、企业设置"两套账"的主要目的

企业设置内外"两套账"的目的如下。

（1）少缴税款。

少缴纳税款，是设立"两套账"的主要目的。部分企业主认为，企业税负比较重，又不能准确把握和享受相应的税收优惠政策，索性直接以设立"两套账"的方式逃避缴纳税款的义务。

（2）少缴社保。

如果在账面上不体现较高的工资费用，则社会保险费用支出就可以相应减少。这也是部分企业设立"两套账"的原因之一，即在工资表上减少员工人数，降低工资总额，将每个人的工资额做到当地社会保险最低缴费标准或个税起征点上下，以达到少缴社会保险费用的目的。

（3）吸引投资。

部分企业通过在外账上虚增收入和配比一定的成本，来美化财务报表，供特定的投资者查看，以便吸引更多的外部投资。

三、企业设置"两套账"的法律责任

（一）违反《会计法》的行政法律责任

《中华人民共和国会计法》（以下简称《会计法》）第十六条规定："各单位发生的各项经济业务事项应当在依法设置的会计账簿上统一登记、核算，不得违反本法和国家统一的会计制度的规定私设会计账簿登记、核算。"若不依法设置会计账簿，根据《会计法》第四十二条的规定："由县级以上人民政府财政部门给予警告、通报批评，可以并处二十万元以上一百万元以下的罚款；情节严重的，可以并处一百万元以上五百万元以下的罚款；属于公职人员的，还应当依法给予处分；构成犯罪的，依法追究刑事责任。"

（二）违反《税收征收管理法》的行政法律责任

《中华人民共和国税收征收管理法》（以下简称《税收征收管理法》）第六十三条规定："纳税人伪造、变造、隐匿、擅自销毁帐簿、记帐凭证，或者在帐簿上多列支出或者不列、少列收入，或者经税务机关通知申报而拒不申报或者进行虚假的纳税申报，不缴或者少缴应纳税款的，是偷税。对纳税人偷税的，由税务机关追缴其不缴或者少缴的税款、滞纳金，并处不缴或者少缴的税款百分之五十以上五倍以下的罚款；构成犯罪的，依法追究刑事责任。"

（三）构成刑事犯罪的风险

1. 构成隐匿、故意销毁会计凭证、会计帐簿、财务会计报告罪

设立"两套账"的企业，为了避免留下做假账的证据或痕迹，有可能将部分不能用或不需要的会计凭证资料加以销毁或隐藏。情节严重的，构成隐匿、故意销毁会计凭证、会计账簿、财务会计报告罪。根据《刑法》第一百六十二条之一规定："隐匿或者故意销毁依法应当保存的会计凭证、会计帐簿、财务会计报告，情节严重的，处五年以下有期徒刑或者拘役，并处或者单处二万元以上二十万元以下罚金。单位犯前款罪的，对单位判处罚金，并对其直接负责的主管人员和其他直接责任人员，依照前款的规定处罚。"

2. 构成逃税罪

如果采用"两套账"的方式隐匿收入，造成不缴或少缴税款的后果，达到一定数额和比例的，还构成逃税罪。

根据《刑法》第二百零一条规定："纳税人采取欺骗、隐瞒手段进行虚假纳税申报或者不申报，逃避缴纳税款数额较大并且占应纳税额百分之十以上的，处三年以下有期徒刑或者拘役，并处罚金；数额巨大并且占应纳税额百分之三十以

上的，处三年以上七年以下有期徒刑，并处罚金。"

根据《最高人民法院、最高人民检察院关于办理危害税收征管刑事案件适用法律若干问题的解释》（法释〔2024〕4号）第一条规定："纳税人进行虚假纳税申报，具有下列情形之一的，应当认定为刑法第二百零一条第一款规定的'欺骗、隐瞒手段'：（一）伪造、变造、转移、隐匿、擅自销毁账簿、记账凭证或者其他涉税资料的；……（四）提供虚假材料，骗取税收优惠的；（五）编造虚假计税依据的……"

因此，设置"两套账"根据不同的实际情况有可能属于前述第（一）（四）（五）的情形，用该手段不缴或少缴税款达到一定数额和比例的情况下，构成逃税罪。

前述解释第二条规定了逃税罪的数额和比例标准，即纳税人逃避缴纳税款十万元以上五十万元以上的，应当分别认定为《刑法》第二百零一条第一款规定的"数额较大""数额巨大"。

此外，前述解释第三条规定，纳税人有《刑法》第二百零一条第一款规定的逃避缴纳税款行为，在公安机关立案前，经税务机关依法下达追缴通知后，在规定的期限或者批准延缓、分期缴纳的期限内足额补缴应纳税款，缴纳滞纳金，并全部履行税务机关做出的行政处罚决定的，不予追究刑事责任；但是，五年内因逃避缴纳税款受过刑事处罚或者被税务机关给予二次以上行政处罚的除外。因此，如果符合前述条件，虽然纳税人构成逃税罪，但可不予追究刑事责任。

四、企业设置"两套账"如何被发现

企业设置"两套账"，是如何被发现的呢？

（1）被人举报。

"天下没有不透风的墙"，即使采取了非常严格的保密措施，也可能出现"城堡被从内部攻破"的情况，比如，被内部知情人举报至税务机关或其他政府部门。

（2）中国税收征管信息系统识别。

作为国内唯一的涉税信息交换和集中处理平台，中国税收征管信息系统集中了范围广泛的海量涉税信息，通过对开票信息、银行收款信息、申报信息等信息的综合分析，很容易发现企业或个人不符合常规的隐藏收入、账外经营的情况。

"金税工程"是"中国税收征管信息系统"的简称，是我国电子政务工程重点建设的"十二金工程"之一。我国税收信息化建设发端于20世纪80年代初期，历经金税一期、金税二期、金税三期建设，从无到有、从小到大、从功能单一到全面覆盖，目前已进入金税四期建设的新阶段，开启税收治理现代化建设的新征程。

（3）案中案牵连。

"两套账"只是实现诸多非法目的的一种手段，若其他违法行为被相关政府部门查获，那么"两套账"也可能会被"牵连"出来。

第二节 购买发票的法律责任

有些企业或个人，为了少缴企业所得税、个人所得税或增值税，购买发票直接使用，这种方式看上去似乎能简单、直接和高效达到少缴税款的目的。但是直接触犯了法律规定，情节严重甚至构成刑事犯罪。

一、购买发票和虚开发票

（一）相关规定

1.《中华人民共和国发票管理办法》（2023修订）

《中华人民共和国发票管理办法》（以下简称《发票管理办法》）第二十条规定："不符合规定的发票，不得作为财务报销凭证，任何单位和个人有权拒收。"根据《发票管理办法》第二十一条的规定，开具发票应当按照规定的时限、顺序、栏目，全部联次一次性如实开具，并加盖发票专用章。

任何单位和个人不得有下列虚开发票行为。

（1）为他人、为自己开具与实际经营业务情况不符的发票。

（2）让他人为自己开具与实际经营业务情况不符的发票。

（3）介绍他人开具与实际经营业务情况不符的发票。

2.《最高人民法院、最高人民检察院关于办理危害税收征管刑事案件适用法律若干问题的解释》（法释〔2024〕4号）

《最高人民法院、最高人民检察院关于办理危害税收征管刑事案件适用法律若干问题的解释》（法释〔2024〕4号）第十条规定，具有下列情形之一的，应当认定为刑法第二百零五条第一款规定的"虚开增值税专用发票或者虚开用于骗取出口退税、抵扣税款的其他发票"：（一）没有实际业务，开具增值税专用发票、用于骗取出口退税、抵扣税款的其他发票的；（二）有实际应抵扣业务，但开具超过实际应抵扣业务对应税款的增值税专用发票、用于骗取出口退税、抵扣税款的其他发票的；（三）对依法不能抵扣税款的业务，通过虚构交易主体开具增值税专用发票、用于骗取出口退税、抵扣税款的其他发票的；（四）非法篡改增值税专用发票或者用于骗取出口退税、抵扣税款的其他发票相关电子信息的；（五）

违反规定以其他手段虚开的。为虚增业绩、融资、贷款等不以骗抵税款为目的，没有因抵扣造成税款被骗损失的，不以本罪论处，构成其他犯罪的，依法以其他犯罪追究刑事责任。

第十二条规定，具有下列情形之一的，应当认定为刑法第二百零五条之一第一款规定的"虚开刑法第二百零五条规定以外的其他发票"：（一）没有实际业务而为他人、为自己、让他人为自己、介绍他人开具发票的；（二）有实际业务，但为他人、为自己、让他人为自己、介绍他人开具与实际业务的货物品名、服务名称、货物数量、金额等不符的发票的；（三）非法篡改发票相关电子信息的；（四）违反规定以其他手段虚开的。

3. 法理分析

可以从《发票管理办法》与《刑法》两个角度进行法理分析。

（1）《发票管理办法》角度

购买发票，肯定没有发生相应的实际经营业务，所以符合《发票管理办法》规定的让他人为自己开具与实际经营业务情况不符的情况，属于虚开发票行为。

（2）《刑法》角度

没有实际经营业务而购买发票并直接使用，构成刑法角度的"没有实际业务，开具增值税专用发票、用于骗取出口退税、抵扣税款的其他发票的"或者"没有实际业务而为他人、为自己、让他人为自己、介绍他人开具发票"，即常说的"无货虚开"。

（二）法律责任

1. 违反《发票管理办法》的法律责任

《发票管理办法》第三十五条做了如下规定。

违反本办法的规定虚开发票的，由税务机关没收违法所得；虚开金额在1万元以下的，可以并处5万元以下的罚款；虚开金额超过1万元的，并处5万元以上50万元以下的罚款；构成犯罪的，依法追究刑事责任。

非法代开发票的，依照前款规定处罚。

2. 触犯《刑法》的法律责任

《刑法》第二百零五条规定，虚开增值税专用发票或者虚开用于骗取出口退税、抵扣税款的其他发票的，处三年以下有期徒刑或者拘役，并处二万元以上二十万元以下罚金；虚开的税款数额较大或者有其他严重情节的，处三年以上十年以下有期徒刑，并处五万元以上五十万元以下罚金；虚开的税款数额巨大或者有其他特别严重情节的，处十年以上有期徒刑或者无期徒刑，并处五万元以上

五十万元以下罚金或者没收财产。

单位犯本条规定之罪的，对单位判处罚金，并对其直接负责的主管人员和其他直接责任人员，处三年以下有期徒刑或者拘役；虚开的税款数额较大或者有其他严重情节的，处三年以上十年以下有期徒刑；虚开的税款数额巨大或者有其他特别严重情节的，处十年以上有期徒刑或者无期徒刑。

虚开增值税专用发票或者虚开用于骗取出口退税、抵扣税款的其他发票，是指有为他人虚开、为自己虚开、让他人为自己虚开、介绍他人虚开行为之一的。

第二百零五条之一规定，虚开本法第二百零五条规定以外的其他发票，情节严重的，处二年以下有期徒刑、拘役或者管制，并处罚金；情节特别严重的，处二年以上七年以下有期徒刑，并处罚金。

单位犯前款罪的，对单位判处罚金，并对其直接负责的主管人员和其他直接责任人员，依照前款的规定处罚。

3.《最高人民法院、最高人民检察院关于办理危害税收征管刑事案件适用法律若干问题的解释》（法释〔2024〕4号）

《最高人民法院、最高人民检察院关于办理危害税收征管刑事案件适用法律若干问题的解释》（法释〔2024〕4号）第十一条规定，虚开增值税专用发票、用于骗取出口退税、抵扣税款的其他发票，税款数额在十万元以上的，应当依照刑法第二百零五条的规定定罪处罚；虚开税款数额在五十万元以上、五百万元以上的，应当分别认定为刑法第二百零五条第一款规定的"数额较大""数额巨大"。具有下列情形之一的，应当认定为刑法第二百零五条第一款规定的"其他严重情节"：（一）在提起公诉前，无法追回的税款数额达到三十万元以上的；（二）五年内因虚开发票受过刑事处罚或者二次以上行政处罚，又虚开增值税专用发票或者虚开用于骗取出口退税、抵扣税款的其他发票，虚开税款数额在三十万元以上的；（三）其他情节严重的情形。具有下列情形之一的，应当认定为刑法第二百零五条第一款规定的"其他特别严重情节"：（一）在提起公诉前，无法追回的税款数额达到三百万元以上的；（二）五年内因虚开发票受过刑事处罚或者二次以上行政处罚，又虚开增值税专用发票或者虚开用于骗取出口退税、抵扣税款的其他发票，虚开税款数额在三百万元以上的；（三）其他情节特别严重的情形。

第十三条规定，具有下列情形之一的，应当认定为刑法第二百零五条之一第一款规定的"情节严重"：（一）虚开发票票面金额五十万元以上的；（二）虚开发票一百份以上且票面金额三十万元以上的；（三）五年内因虚开发票受过刑事处罚或者二次以上行政处罚，又虚开发票，票面金额达到第一、二项规定的标准

60%以上的。具有下列情形之一的，应当认定为刑法第二百零五条之一第一款规定的"情节特别严重"：（一）虚开发票票面金额二百五十万元以上的；（二）虚开发票五百份以上且票面金额一百五十万元以上的；（三）五年内因虚开发票受过刑事处罚或者二次以上行政处罚，又虚开发票，票面金额达到第一、二项规定的标准60%以上的。

二、购买发票如何被发现

当前及未来相当长的一段时间内，我国仍是"以票控税"的国家。发票是落实增值税政策和企业所得税法的重要工具，是实现财政收入的重要手段。所以，国家花费了大量精力、财力、人力，加强对发票的监督管理。比如，中国税收征管信息系统中，发票模块是最重要的部分之一。实务中，购买发票常通过以下途径或原因被发现。

（1）内部举报。

内部人员举报的情况时有发生，比如，开票人员或财务人员举报。例如，新三板上市公司某电热材料有限责任公司参与虚开的会计到公安机关主动投案自首，上演了一部"迷途知返—无间道"的大戏。结果是，该公司被判处罚金12万元并被没收抵扣的税款234 669.02元。

（2）财务人员私自虚开发票。

2015年6月，某县公安局接到县国税局稽查局报案，称该县某水泥有限公司财务人员张某虚开增值税专用发票。后查明：该公司税务会计张某与二级经销商李某、赵某等人通过虚开增值税专用发票套取增值税税款牟利，自2014年8月以来，张某等人将该水泥有限公司的增值税专用发票开往多家实际上并没有货物流通和资金往来的客户公司，并从中收取票面金额1.2%或0.75%的返点。截至2015年6月案发时，张某等人共开出236张增值税专用发票，涉案公司60余家，涉案人员70余人，涉案资金达7000余万元。

（3）银行账户资金交易异常。

2015年11月，中国人民银行A市中心支行工作人员在日常监管中发现，B市有5家企业在当地3家银行开设的对公账户资金交易异常，该行随即向A市公安局经济犯罪侦查（以下简称经侦）支队报警。这5家才成立两个月的公司，在不到一个月的时间内有10多亿元的资金交易不合常规。面对数额庞大的涉案资金，公安机关、国家税务机关、银行启动了三方联动机制，联手对这起特大虚开增值税发票案进行调查。最终于2016年8月，A市公安机关成功侦破了这起由公安部挂牌督办的特大虚开增值税发票犯罪团伙案件，价税合计超过136.9亿元。

（4）交易及发票不合常规。

2015年，C市4亿元虚开增值税发票案告破。该案中，税务机关发现：①某水泥厂的水泥绝大多数流向上海，不符合水泥销售不超过半径200千米的行业常规；②每份增值税发票的价税合计金额都接近10万元，甚至部分金额价税合计为10万元整，不符合交易常规；③受票买方企业大多只经营几个月就被注销或"蒸发"。

（5）案中案牵连。

一般来说，破获一起虚开增值税发票案，不会仅以抓获虚开方当事人为最终结局，还存在案里有案的情况。例如，2015年11月，在全国经侦信息系统指挥调度平台上，湖南省A县公安局经侦民警收到线索：山东省B市公安局侦查的一起虚开增值税专用发票案中，查获A县某轧花厂虚开增值税专用发票百余份，票面金额达1000万余元。经侦民警立即介入调查，查实A县某轧花厂负责人杨某虚开增值税专用发票108份，开票金额合计1188万余元，从中获得好处费20余万元。杨某落网，对自己的犯罪事实供认不讳。杨某被依法刑事拘留。

（6）大数据识别。

一个企业"从生到死"，从最初的注册登记，到领票、开票、申报、注销等一系列行为，其实每一步都走在国家税务机关等部门的监控之下，且这个监控系统是不断完善且全面覆盖的。

安徽省安庆市税务部门通过税收大数据分析研判，发现张某控制的5家公司涉嫌虚开增值税专用发票，遂与公安部门密切配合，对其进行立案侦查。经查，张某在无实际货物交易的情况下，利用其实际控制的5家公司向深圳等地的公司虚开增值税专用发票1200份，价税合计金额达1.31亿元，并从中非法牟利。2022年3月，安庆市迎江区人民法院依法做出判决，被告人张某以虚开增值税专用发票罪被判处有期徒刑10年8个月，并处罚金50万元。

（7）虚开后失联。

金华市税务局稽查员在工作中发现，市区有两家企业在领取增值税专用发票后，企业法人代表就失去了联系。稽查员进行排摸后，发现在金华还有三家企业与这两家企业有关联。由此，一场虚开增值税发票大案侦破拉开了序幕。

（8）"三无"企业。

2013年下半年至2014年上半年，武汉市税务局在税务稽查过程中，发现有70多个企业登记有法定代表人、经营地点，而实地走访却发现均是无生产场地、无办公人员、无经营账目的"三无"企业。经侦介入后，涉案金额达3.7亿元的虚开增值税发票大案由此曝光。

三、虚开发票风险防范

虚开发票的风险如何防范呢？

（1）合法经营，合规取票。

对于发票，只有主观上不愿意开具（取得），没有客观上不能开具（取得）的问题。只要有实际的经营业务发生，就一定可以取得合法合规的发票入账。

（2）坚持转账，避免现金。

银行转账，流水有痕，可以有效避免办事人员从非交易对方取得发票的情况。现金付款，就不具备这样的功能。

（3）"三流"一致。

资金流、货物流、发票流，"三流"一致，可以有效降低取得虚开发票的风险，且有利于企业建立科学的内部控制机制，避免其他法律风险发生。

第三节 利用"阴阳合同"逃税的法律责任

一、"阴阳合同"逃税及案例

"阴阳合同"是指合同当事人就同一事项订立两份以上的内容不相同的合同，一份对内，一份对外，其中对外的一份并不是双方真实意思表示，而是以逃避国家税收等为主要目的；对内的一份则是双方真实意思表示，可以是书面或口头形式。利用"阴阳合同"逃税，主要集中在影视娱乐明星、房屋买卖、股权转让等领域。

2022年7月25日，最高人民法院发布《关于为加快建设全国统一大市场提供司法服务和保障的意见》。该意见提出，要研究制定审理涉税犯罪案件司法解释，依法惩处逃税、抗税、骗税、虚开增值税专用发票等违法犯罪行为，加大对利用"阴阳合同"逃税、文娱领域高净值人群逃税等行为的惩处力度。

2024年3月20日起施行的《最高人民法院、最高人民检察院关于办理危害税收征管刑事案件适用法律若干问题的解释》（法释〔2024〕4号），首次将通过阴阳合同隐匿收入的方式作为逃税罪的手段明确列举。

案例一

某公司转入股权、土地等资产签订"阴阳合同"逃税

某公司在转让其控股公司股权、土地等资产过程中，为逃避税款，采取欺骗、隐瞒手段与资产受让方签订"阴阳合同"，将其中的巨额资产转让收入既不

入账，也不申报纳税，逃避企业所得税千余万元，收到税务机关处理决定后，仍未缴交税款、罚款及滞纳金，构成逃税罪，最终法院判决对该单位和单位直接责任人卢某某和黄某某追究逃税罪的刑事责任。

案例二
某明星就拍摄电影的报酬签订"阴阳合同"逃税

某明星在拍摄电影时取得片酬3000万元，其中1000万元申报纳税，其余2000万元以拆分合同方式逃漏个人所得税618万元，少缴营业税及附加112万元，合计730万元，被查处后，补缴税款、滞纳金，并被处以罚款。

案例三
明星谭某就拍摄电影报酬签订"阴阳合同"逃税

2021年4月初，上海市税务局第一稽查局依法受理了关于谭某涉嫌偷逃税问题的举报。国家税务总局对此高度重视，指导天津、浙江、江苏、北京等地税务机关密切配合上海市税务局第一稽查局，针对谭某利用"阴阳合同"涉嫌偷逃税问题，以及2018年规范影视行业税收秩序以后谭某参加的演艺项目及相关企业和人员涉税问题，以事实为依据，以法律为准绳，依法依规开展全面深入检查。

经查，谭某于2019年主演一部电视剧，与制片人约定片酬为1.6亿元，实际取得1.56亿元，分为两个部分收取：第一部分4800万元，将个人片酬收入改变为企业收入进行虚假申报、偷逃税款；第二部分1.08亿元，制片人与谭某实际控制公司签订虚假合同，以"增资"的形式支付，规避行业监管获取"天价片酬"，隐瞒收入进行虚假申报、偷逃税款。在电视剧项目中，根据谭某的违法事实认定为偷税4302.7万元，其他少缴税款1617.78万元。同时查明，2018年规范影视行业税收秩序后，谭某另有其他演艺收入3507万元，同样存在以企业收入名义改变个人收入性质、进行虚假申报的问题，根据谭某的违法事实认定为偷税224.26万元，其他少缴税款1034.29万元。以上合计，谭某2019年至2020年未依法申报个人收入1.91亿元，偷税4526.96万元，其他少缴税款2652.07万元。

上海市税务局第一稽查局依据《税收征收管理法》第三十二条、第六十三条等规定，以及《个人所得税法》第二条、第十条、第十一条和《中华人民共和国增值税暂行条例》（以下简称《增值税暂行条例》）第一条、第十九条等规定，对谭某追缴税款、加收滞纳金并处罚款共计2.99亿元。其中，依法追缴税款7179.03万元，加收滞纳金888.98万元；对改变收入性质偷税部分处以4倍罚款，计3069.57万元；

对收取所谓"增资款"完全隐瞒收入偷税部分处以5倍"顶格"罚款，计1.88亿元。

二、"阴阳合同"的法律责任

（一）行政法律责任

1.法律规定

《税收征收管理法》第六十三条规定："纳税人伪造、变造、隐匿、擅自销毁帐簿、记帐凭证，或者在帐簿上多列支出或者不列、少列收入，或者经税务机关通知申报而拒不申报或者进行虚假的纳税申报，不缴或者少缴应纳税款的，是偷税。对纳税人偷税的，由税务机关追缴其不缴或者少缴的税款、滞纳金，并处不缴或者少缴的税款百分之五十以上五倍以下的罚款；构成犯罪的，依法追究刑事责任。扣缴义务人采取前款所列手段，不缴或者少缴已扣、已收税款，由税务机关追缴其不缴或者少缴的税款、滞纳金，并处不缴或者少缴的税款百分之五十以上五倍以下的罚款；构成犯罪的，依法追究刑事责任。"

2.法理分析

（1）利用"阴阳合同"避税，符合上述"进行虚假的纳税申报，不缴或者少缴应纳税款"的规定，构成偷税行为。根据上述规定，偷税的，由税务机关追缴其不缴或者少缴的税款、滞纳金（每日万分之五），并处不缴或者少缴的税款百分之五十以上五倍以下的罚款。

（2）关于代扣代缴问题。对于个人所得税，根据《个人所得税法》第九条规定，由付款方代扣代缴个人所得税。若未履行代扣代缴义务，根据《税收征收管理法》第六十九条的规定，由税务机关向纳税人追缴税款，对扣缴义务人处应扣未扣、应收未收税款百分之五十以上三倍以下的罚款。对于增值税及应缴纳的增值税附加，因无相关法规明确规定，付款方无法定代扣代缴义务。

（二）刑事法律责任

1.法律规定

《刑法》第二百零一条规定："纳税人采取欺骗、隐瞒手段进行虚假纳税申报或者不申报，逃避缴纳税款数额较大并且占应纳税额百分之十以上的，处三年以下有期徒刑或者拘役，并处罚金；数额巨大并且占应纳税额百分之三十以上的，处三年以上七年以下有期徒刑，并处罚金。扣缴义务人采取前款所列手段，不缴或者少缴已扣、已收税款，数额较大的，依照前款的规定处罚。对多次实施前两款行为，未经处理的，按照累计数额计算。有第一款行为，经税务机关依法下达追缴通知后，

补缴应纳税款，缴纳滞纳金，已受行政处罚的，不予追究刑事责任；但是，五年内因逃避缴纳税款受过刑事处罚或者被税务机关给予二次以上行政处罚的除外。"

《最高人民法院、最高人民检察院关于办理危害税收征管刑事案件适用法律若干问题的解释》（法释〔2024〕4号）第一条，纳税人进行虚假纳税申报，具有下列情形之一的，应当认定为刑法第二百零一条第一款规定的"欺骗、隐瞒手段"：……（二）以签订"阴阳合同"等形式隐匿或者以他人名义分解收入、财产的。

2. 法理分析

利用阴阳合同偷税，达到刑事立案追诉标准的，构成逃税罪。

根据《最高人民法院、最高人民检察院关于办理危害税收征管刑事案件适用法律若干问题的解释》（法释〔2024〕4号）第二条，纳税人逃避缴纳税款十万元以上、五十万元以上的，应当分别认定为刑法第二百零一条第一款规定的"数额较大""数额巨大"。根据前述司法解释第三条规定，在公安机关立案前，经税务机关依法下达追缴通知后，在规定的期限或者批准延缓、分期缴纳的期限内足额补缴应纳税款，缴纳滞纳金，并全部履行税务机关做出的行政处罚决定的，不予追究刑事责任。但是，五年内因逃避缴纳税款受过刑事处罚或者被税务机关给予二次以上行政处罚的除外。

注意：纳税人在公安机关立案后再补缴应纳税款、缴纳滞纳金或者接受行政处罚的，不影响刑事责任的追究。

三、总结

在国家加强金融机构大额交易和可疑交易报告管理，以及税务机关利用中国税收征管信息系统获取涉税信息的能力不断加强的背景下，税务机关识别出利用"阴阳合同"逃税行为的可能性加大。另外，不得不考虑被知情人甚至合同当事人举报的风险。

第二十二章　几种避税方式的风险评价

第一节　利用"一元年薪"避税

"一元年薪"，顾名思义，是指用一元钱作为年度薪水。这种避税方式多是在企业陷入经营危机,或者金融危机时为救企业而采用,对象通常是该企业的高级管理人员。拯救克莱斯勒汽车公司的艾科卡拿过"一元年薪",重振苹果公司的史蒂夫·乔布斯一直在拿"一元年薪"。因此,"一元年薪"更多的是用于展现管理层与企业共克时艰的态度,表明带领企业走出困境的信心;但是"一元年薪"也是一种重要的避税手段,特别是所在国家股息分红的个人所得税率小于工资薪金所得最高税率时,"一元年薪"有明显的避税效果。

一、利用税率差避税

(一)综合所得税率

根据《个人所得税法》的规定,居民个人取得工资、薪金所得,劳务报酬所得,稿酬所得,特许权使用费所得四项所得,属于综合所得。综合所得适用3%~45%的七级累进税率,如表22-1所示。

表22-1 综合所得的七级累进税率

级数	全年应纳税所得额	税率(%)
1	不超过36 000元的	3
2	超过36 000元至144 000元的部分	10
3	超过144 000元至300 000元的部分	20
4	超过300 000元至420 000元的部分	25
5	超过420 000元至660 000元的部分	30
6	超过660 000元至960 000元的部分	35
7	超过960 000元的部分	45

举例:若某企业高级管理人员张总经理2019年取得1200万元年薪,扣除费用6万元以及专项扣除、专项附加扣除和依法确定的其他扣除后的余额,假设为1000万元,则2019年张总经理应纳个人所得税额 = 10 000 000 × 45% − 181 920 = 4 318 080(元)。

(二)股息红利所得税率

根据《个人所得税法》的规定,股息红利所得适用比例税率,税率为20%。

举例:若某企业高级管理人员张总经理2019年取得"一元年薪",但取得公司分红1200万元。根据《个人所得税法》的规定,以每次收入额为应纳税所得额,

即不得扣除任何费用，2019年张总经理应纳个人所得税额=12 000 000×20% = 2 400 000（元）。

综合上述两个例子，可以看出：即使在新《个人所得税法》背景下，发放"一元年薪"，也可以有效降低个人所得税税负。如加以推演便会发现：年收入越高，"一元年薪"的避税效果越显著。

二、"一元年薪"的税法风险

2017年3月，全国人大财经委的一位领导指出："有的企业高管拿一元工资，这样就可以避免缴纳个人所得税，然后把个人开销算在了企业的费用上。"这从侧面说明"一元年薪"的税法风险主要集中在个人费用企业开销上。

（一）企业多缴所得税

《中华人民共和国企业所得税法》（以下简称《企业所得税法》）第八条规定："企业实际发生的与取得收入有关的、合理的支出，包括成本、费用、税金、损失和其他支出，准予在计算应纳税所得额时扣除。"若"一元年薪"高级管理人员，将个人费用在企业报销，就属于企业发生"与取得收入无关的其他支出"，根据《企业所得税法》第十条的规定，不得税前扣除，进而企业多缴企业所得税。

（二）个人少缴个人所得税

根据《中华人民共和国个人所得税法实施条例》（以下简称《个人所得税法实施条例》）的规定，工资、薪金所得是指个人因任职或者受雇取得的工资、薪金、奖金、年终加薪、劳动分红、津贴、补贴以及与任职或者受雇有关的其他所得。若企业高级管理人员在企业报销个人费用，会被认定为高级管理人员取得与任职或者受雇有关的其他所得，要求补缴个人所得税；同时，企业会被认定为少代扣代缴个人所得税，根据《税收征收管理法》第六十九条的规定，作为扣缴义务人的企业将被处以应扣未扣、应收未收税款百分之五十以上三倍以下的罚款。

第二节　利用关联交易避税

一、关联交易的概念

（一）定义

顾名思义，关联交易是指发生在关联方之间的交易。利用关联交易避税，主要发生在企业集团内部，特别是跨国或跨地区经营企业。总公司与其各分支机构、母公司与子公司之间以及各分支机构、各子公司之间,通过人为订立内部交易结算价格,转移利润,逃避或减少特定地区的纳税义务。纳税人往往人为抬高或压低关联企业之间的交易价格,通过资产、货物销售等渠道把高税率国(或地区)的利润转移到低税率国(或地区),以减轻其税收负担,最大化税后利润。

注意:一般来讲,利用关联交易避税主要集中在跨国企业,但一国内部若存在低税率(或免税)地区,国内企业也会加以利用,转移利润至低税率(或免税)地区,以达到集团层面税负最低的目的。

（二）举例

我国某合资公司为了利用香港地区少征所得税、免征财产税以及不征资本利得税等优惠,在我国香港设立子公司。母公司把成本1000万美元,原应按1500万美元作价的一批货物,按1100万美元作价销售给香港子公司,再由子公司以1500万美元的价格对外出售该批货物。

若由母公司直接销售该批货物,则需缴纳企业所得税额=(1500－1000)×25%=125(万元)。

若经由子公司将货物销售给国际买家,则

(1)母公司缴纳企业所得税额=(1100－1000)×25%=25(万元)。

(2)子公司缴纳企业所得税额=(1500－1100)×16.5%=66(万元)。

合计缴纳企业所得税额=25+66=91(万元)。

两种销售方式,后者比前者少缴纳企业所得税26万元。这就是通过关联交易手段,借香港低税率地区优势,成功减少缴纳企业所得税的一种应用。

二、关联交易避税的主要手段

（一）压低售价,转移利润至低税率国家(或地区)

比如,某高税率产品企业,为减轻产品税负,将自制半成品以低价卖给了执行较低产品税率的联营企业。虽然减少了本企业的销售收入,却使联营企业获得了更高的利润,企业从中反而多得联营利润,从而实现了减轻税负的目的。

（二）抬高进价,压低高税率企业利润

比如,有些实行高税率的企业,在向其低税负的关联企业购进产品时,有意抬高进货价格,将利润转移给关联企业。这样既可以减少本企业增值额,降低所得税负;还可以从低税负的关联企业多留的企业留利中获得一定的其他利益补偿。

（三）无偿借款或支付预付款，转移利息负担避税

比如，有些资金比较宽裕或贷款资源较多的企业，由于其税负相对较重，可能会无偿借款或支付预付款给其关联企业使用。这样，这部分资金所支付的利息全部由提供资金的企业负担，增加了成本，减少了所得税负。

（四）关联企业间劳务提供不计报酬或不合常规计报酬避税

比如，某些企业在向其关联企业提供销售、管理或其他劳务时，不按常规计收报酬，采取不收、少收或多收报酬的策略相互转移收入进行避税，当对哪一方有利时就向哪一方转移。

（五）不合常规价格转让或使用资产避税

比如，将持有的固定资产或无形资产以不合常规的低价销售或处理给某些关联企业，其损失部分由本企业负担，可以有效减轻所得税负。

三、关联交易避税的税务风险

关联交易避税，从本质上来看，就是利用企业的定价自主权，在关联企业之间人为调节利润，以实现利润向低税率国家（或地区）转移，进而少缴税的目的。所以，税法对这种避税手段，主要是从挑战其定价的合理性入手。

（一）税法规定

1.《企业所得税法》

《企业所得税法》做了如下规定。

（1）第四十一条规定："企业与其关联方之间的业务往来，不符合独立交易原则而减少企业或者其关联方应纳税收入或者所得额的，税务机关有权按照合理方法调整。企业与其关联方共同开发、受让无形资产，或者共同提供、接受劳务发生的成本，在计算应纳税所得额时应当按照独立交易原则进行分摊。"

（2）第四十三条规定："企业向税务机关报送年度企业所得税纳税申报表时，应当就其与关联方之间的业务往来，附送年度关联业务往来报告表。税务机关在进行关联业务调查时，企业及其关联方，以及与关联业务调查有关的其他企业，应当按照规定提供相关资料。"

（3）第四十四条规定："企业不提供与其关联方之间业务往来资料，或者提供虚假、不完整资料，未能真实反映其关联业务往来情况的，税务机关有权依法核定其应纳税所得额。"

（4）第四十五条规定："由居民企业，或者由居民企业和中国居民控制的设

立在实际税负明显低于本法第四条第一款规定税率水平的国家（地区）的企业，并非由于合理的经营需要而对利润不作分配或者减少分配的，上述利润中应归属于该居民企业的部分，应当计入该居民企业的当期收入。"

（5）第四十六条规定："企业从其关联方接受的债权性投资与权益性投资的比例超过规定标准而发生的利息支出，不得在计算应纳税所得额时扣除。"

（6）第四十七条规定："企业实施其他不具有合理商业目的的安排而减少其应纳税收入或者所得额的，税务机关有权按照合理方法调整。"

（7）第四十八条规定："税务机关依照本章规定做出纳税调整，需要补征税款的，应当补征税款，并按照国务院规定加收利息。"

2.《企业所得税法实施条例》

《中华人民共和国企业所得税法实施条例》（以下简称《企业所得税法实施条例》）做了如下规定。

（1）第一百零九条规定："企业所得税法第四十一条所称关联方，是指与企业有下列关联关系之一的企业、其他组织或者个人：（一）在资金、经营、购销等方面存在直接或者间接的控制关系；（二）直接或者间接地同为第三者控制；（三）在利益上具有相关联的其他关系。"

（2）第一百一十条规定："企业所得税法第四十一条所称独立交易原则，是指没有关联关系的交易各方，按照公平成交价格和营业常规进行业务往来遵循的原则。"

（3）第一百一十一条规定："企业所得税法第四十一条所称合理方法，包括：（一）可比非受控价格法，是指按照没有关联关系的交易各方进行相同或者类似业务往来的价格进行定价的方法；（二）再销售价格法，是指按照从关联方购进商品再销售给没有关联关系的交易方的价格，减除相同或者类似业务的销售毛利进行定价的方法；（三）成本加成法，是指按照成本加合理的费用和利润进行定价的方法；（四）交易净利润法，是指按照没有关联关系的交易各方进行相同或者类似业务往来取得的净利润水平确定利润的方法；（五）利润分割法，是指将企业与其关联方的合并利润或者亏损在各方之间采用合理标准进行分配的方法；（六）其他符合独立交易原则的方法。"

（二）法理解释

（1）企业与其关联方之间的业务往来，不符合独立交易原则，并不一定会被税务机关进行纳税调整，只有在同时使企业或者其关联方应纳税收入或者所得额减少时，税务机关才会按照合理方法进行调整。

（2）企业在向税务机关报送年度企业所得税纳税申报表时，应当就其与关联

方之间的业务往来，附送年度关联业务往来报告表。这是法定义务，不得拒绝或延误。这些关联交易报告是税务机关对企业进行纳税调整的主要信息来源之一。

（3）税务机关启动关联交易纳税调整时，按照"没有关联关系的交易各方，按照公平成交价格和营业常规进行业务往来遵循的原则"对相关关联交易进行审查，以评判其是否符合税法规定的独立交易原则。

（4）审查是否符合独立交易原则时，主要适用可比非受控价格法、再销售价格法、成本加成法、交易净利润法、利润分割法等法定方法进行评估。

（5）若认定关联交易不符合独立交易原则，则税务机关会做出纳税调整，需要补征税款的，应当补征税款，并按照税款所属纳税年度中国人民银行公布的与补税期间同期的人民币贷款基准利率加5个百分点计算加收利息。

四、注意

不仅企业所得税角度有对关联交易的纳税调整规定，自2019年1月1日起实施的《个人所得税法》也有对个人关联交易的纳税调整规定。

（一）税法规定

（1）《个人所得税法》第八条规定："有下列情形之一的，税务机关有权按照合理方法进行纳税调整：（一）个人与其关联方之间的业务往来不符合独立交易原则而减少本人或者其关联方应纳税额，且无正当理由；（二）居民个人控制的，或者居民个人和居民企业共同控制的设立在实际税负明显偏低的国家（地区）的企业，无合理经营需要，对应当归属于居民个人的利润不作分配或者减少分配；（三）个人实施其他不具有合理商业目的的安排而获取不当税收利益。税务机关依照前款规定做出纳税调整，需要补征税款的，应当补征税款，并依法加收利息。"

（2）《个人所得税法实施条例》第二十三条规定："个人所得税法第八条第二款规定的利息，应当按照税款所属纳税申报期最后一日中国人民银行公布的与补税期间同期的人民币贷款基准利率计算，自税款纳税申报期满次日起至补缴税款期限届满之日止按日加收。纳税人在补缴税款期限届满前补缴税款的，利息加收至补缴税款之日。"

（二）法理解释

（1）个人与其关联方之间的业务往来也可能不符合独立交易原则，但只有在因此造成本人或者其关联方应纳税额减少且无正当理由时，税务机关才有权启动纳税调整。这与《企业所得税法》的相关规定不甚相同。

（2）税务机关做出纳税调整，需要补征税款的，应当补征税款，并按照税款所属纳税申报期最后一日中国人民银行公布的与补税期间同期的人民币贷款基准利率计算，自税款纳税申报期满次日起至补缴税款期限届满之日止按日依法加收利息。

五、总结

利用关联交易避税，是一种常见的避税手段。企业所得税和个人所得税角度，都有被启动纳税调整的情形及程序规定，所以在利用关联交易避税时，不能忽略这种税法风险。

第三节　利用"税收洼地"避税

"税收洼地"是指在特定的行政区域，地方政府通过区域性税收优惠、简化税收征管流程和税收地方留成返还等政策，降低在其税务管理辖区内注册企业的税负的税收优惠政策。

一、"税收洼地"避税途径

（一）享受税收优惠政策

税收优惠政策是指中央或地方政府制定的为符合条件的纳税人减免税负的税收法律和法规。地方政府可以在规定的税收权限内，制定区域性税收优惠政策，来调整当地企业的增值税和所得税税负。享受区域性税收优惠政策是企业选择"税收洼地"最直接的目的。

比如，根据《财政部、国家税务总局关于新疆困难地区及喀什、霍尔果斯两个特殊经济开发区新办企业所得税优惠政策的通知》（财税〔2021〕27号）的规定，2021年1月1日至2030年12月31日，对在新疆喀什、霍尔果斯两个特殊经济开发区内新办的属于《新疆困难地区重点鼓励发展产业企业所得税优惠目录》范围内的企业，自取得第一笔生产经营收入所属纳税年度起，五年内免征企业所得税。

（二）地方财政留成返还

为了促进当地的经济增长，地方政府会把属于地方留成的税收资金拿出来对企业进行税收返还。"税收洼地"往往给予企业较高的税收返还奖励，如新疆维吾尔自治区霍尔果斯市，不仅对在当地缴纳一定额度税收企业的增值税、企业所

得税和附加税给予税收返还奖励，还对在当地缴纳的个人所得税给予地方留成部分税收返还奖励。

（三）核定征收

核定征收是指税务部门在税收管理中，简化了税收征管方式，通过核定利润率等方法来计算企业的应纳所得税税额，主要适用于财务制度建设不完善、财务水平较低及账簿设置不齐的企业。有些地方政府为了招商引资，往往默许园区企业通过核定征收少缴税款。根据《企业所得税法》第三十五条的规定，满足特定条件的纳税人，税务机关可以核定其应纳税额。国家税务总局还据此制定了《企业所得税核定征收办法（试行）》（国税发〔2008〕30号）、《个体工商户税收定期定额征收管理办法》（国家税务总局令〔2006〕第16号）等核定征收相关规定。一般来说，核定征收依据应税所得率来核定，而公布的应税所得率，根据行业不同，从3%至30%不等。计算下来，大多会较正常查账征收少缴税。

二、"税收洼地"的税法风险

（一）虚开发票风险

对于普通地区，"税收洼地"的税收优惠力度较大，能够吸引大量企业在当地注册；但是一般来说，税收优惠力度越大的地区，经济发展水平也越低。因此，受制于交通、经营成本等客观条件，很多企业在"税收洼地"并没有实际工作人员入驻办公、从事生产经营，属于典型的"空壳公司"。比如，A企业为了避税，在"税收洼地"注册成立了企业B，用来给A企业开具费用发票。虽然A企业可以因利润减少降低企业所得税税负，B企业享受了优惠政策却没有进行实质性运营，涉及虚开发票的风险。

（二）财政返还违法被取消的风险

近些年经济增速放缓，地方为了促进当地经济发展，更加重视招商引资。一些地方通过不规范的税费优惠政策来吸引企业入驻，比如税收先征后返等，实质造成"税收洼地"，有违公平，破坏了全国统一大市场。中央越来越注重规范地方税费优惠政策，以加快全国统一大市场建设，着力破除各种形式的地方保护和市场分割。

2022年5月29日，国务院办公厅发布《关于进一步推进省以下财政体制改革工作的指导意见》（国办发〔2022〕20号），要求逐步清理不当干预市场和与税费收入相挂钩的补贴或返还政策。最近各地的财政改革方案中，均落实了这一规定。

2024年1月11日，全国审计工作会议在北京召开。首次提出要"深入揭示一些地方招商引资中违规出台'小政策'、形成'税收洼地'等问题，严肃查处违规返税乱象"。财政奖励、财政返还作为各地招商引资的主要政策抓手，近年来面临着合理性及合法性等诸多方面的挑战，一些深度依赖财政奖补政策的行业和新兴业态将会受到巨大影响。

2024年1月30日，江苏博迁新材料股份有限公司（605376.SH）（以下简称博迁新材）发布的《关于退回政府补助的公告》显示，2023年该公司获得两笔宿迁高新技术开发区财政局拨付的总计2400万元的奖励资金。该公告称，近日，公司收到宿迁高新技术开发区管理委员会送达的《退回奖励通知书》，因不符合相关政策要求，为规范财政支出行为，公司应于2024年2月29日前将上述两笔奖励资金汇入其指定账户。本次政府补助退回事项，将减少公司2023年度净利润2040万元。

（三）关联交易被纳税调整的风险

任何避税手段都是"双刃剑"，可能会给企业带来一定的税务风险。例如，C企业为了减轻税负，在"税收洼地"注册成立了一家个人独资企业D。C企业将货物以较低的价格销售给D企业，D企业再按照正常价格将其销售给客户。在这一过程中，C企业因为销售收入减少，可以少缴企业所得税。D企业在"税收洼地"可以选择按照核定征收的税收征管方式，综合税率较低。虽然关联交易本身并不能构成税收风险，但是C、D企业之间的关联交易价格明显偏低，有失公允，且无商业实质，属于故意逃避税款，存在被纳税调整的风险。

（四）核定征收风险

基于核定征收的方式在实务中被不法分子滥用导致国家税收损失严重，近几年税务部门不断收紧核定征收的口子，对核定征收方式采取严格控制措施。

2021年12月21日，中华人民共和国审计署发布了《国务院关于2020年度中央预算执行和其他财政收支审计查出问题整改情况的报告》，该整改报告中提到"关于涉税涉票的问题"，提出对高收入人员套用核定征收方式逃税问题，国家税务总局将符合一定情形的个人独资企业、合伙企业调整为查账征收。

2021年12月31日，财政部、国家税务总局发布《关于权益性投资经营所得个人所得税征收管理的公告》（财政部、税务总局公告2021年第41号）（以下简称《公告》）称，自2022年1月1日起，持有股权、股票、合伙企业财产份额等权益性投资的个人独资企业、合伙企业（以下简称独资合伙企业），一律适用查账

征收方式计征个人所得税。

2022年3月25日，国家互联网信息办公室、国家税务总局、国家市场监督管理总局印发《关于进一步规范网络直播营利行为促进行业健康发展的意见》的通知（税总所得发〔2022〕25号），提出"网络直播发布者开办的企业和个人工作室，应按照国家有关规定设置账簿，对其原则上采用查账征收方式计征所得税"。

2021年年底，浙江省杭州市税务部门公布了对网络主播黄某偷逃税案件的处理情况。经查，黄某在2019年至2020年期间，通过隐匿个人收入、虚构业务转换收入性质虚假申报等方式偷逃税款6.43亿元，其他少缴税款0.6亿元。杭州市税务局稽查局依据相关法律法规，对黄某追缴税款、加收滞纳金并处罚款，共计13.41亿元。原因是2019年至2020年期间，黄某通过隐匿其从直播平台取得的佣金收入虚假申报偷逃税款；通过设立多家个人独资企业、合伙企业虚构业务，将其个人从事直播带货取得的佣金、坑位费等劳务报酬所得转换为企业经营所得进行虚假申报偷逃税款；从事其他生产经营活动取得收入，未依法申报纳税。

黄某直播取得的是劳务所得，最后确实按照个人经营所得征收，并且利用国家的税收优惠政策中的核定征收政策，只需要按照很少的税率征收，给国家税收带来损失。事后，黄某的丈夫董某某发表长文致歉，表示其聘用了所谓的专业机构进行税务统筹合规，但后续发现所谓合法合规的税务统筹均存在问题。

因此，基于核定征收制度在立法上的逐步完善以及实践中的严控措施，采取核定征收方式违规进行税务筹划的节税效果将大幅下降，成本及风险却大幅提升。

三、风险防范

（一）依法谨慎进行税务筹划

企业在进行税务筹划时，一是必须遵循税收法律法规，保证筹划的合法性；二是要全面分析企业的经营情况，做好整体性的长远规划，制定切实可行的筹划方案；三是企业要谨慎选择适用的税收优惠政策，尽量选择由中央出台的较为稳定的税收优惠政策。

（二）增强经营的实质性

2021年3月，中共中央办公厅、国务院办公厅发布《关于进一步深化税收征管改革的意见》，明确提出要加强税收领域的风险防控和监管，对逃税、避税问题多发的行业、地区和人群，根据风险程度的不同，相应提高"双随机、一公开"抽查比例；同时，完善税收风险防控制度，加大监督检查力度，严厉打击隐瞒收入、虚列成本、转移利润以及利用"税收洼地""阴阳合同"和关联交易等进行逃税的行为。种种情况说明，我国政府正在不断完善"税收洼地"政策，企业必须打消利用"税收洼地"逃税的侥幸心理。因此，对于在"税收洼地"注册的企业来说，必须增强"实质性经营"：一是在"税收洼地"设立办公场所，并为办公人员缴纳社会保险；二是切实开展生产经营活动，合法进行各项商务活动，规范财务票据的使用，提高企业的税务管理水平。

第四节 利用"避税天堂"避税

一、"避税天堂"

"避税天堂"是指那些为吸引外国资本流入，繁荣本国或本地区经济，在本国或本地区确定一定范围，允许境外人士在此投资以及从事各种经济、贸易和服务活动，获取收入或拥有财产而又不对其征直接税，或者实行低直接税税率或特别税收优惠的国家和地区，如英属维尔京群岛、开曼群岛等。

二、避税方式

（一）设立离岸公司

离岸公司泛指在离岸法区内依据其离岸公司法规范成立的公司。当地政府对这类公司不征收任何税项，只收取少量的年度管理费，同时，所有的国际大银行都承认这类公司，并为其设立银行账号及财务运作提供方便。离岸公司具有高度的保密性、减免税务负担、无外汇管制三大特点。这类公司多为外国股东实际控制，是富豪阶层利用"避税天堂"进行国际避税的主要手段之一。通过设立离岸公司，富豪阶层将避税地的境外财产和所得汇集在离岸公司的账户内，从而逃避其应向所得来源国缴纳的税款。

（二）开展中介业务

通过在"避税天堂"建立的离岸公司开展的业务，一般称为"中介业务"。开展中介业务，一般是母公司先将自己的产品和劳务卖给离岸公司，然后离岸公司再将这些产品和劳务销售给其他国家的子公司。这样一来，企业可以把一大部分收入转移到避税地，以此避开需要在高税率国家缴纳的税款。其实就是通过关联交易进行避税的行为。

三、税收风险

（一）关联交易被纳税调整

《企业所得税法》第四十一条第一款规定："企业与其关联方之间的业务往来，不符合独立交易原则而减少企业或者其关联方应纳税收入或者所得额的，税务机关有权按照合理方法调整。"与离岸公司开展相关业务，存在被税务机关认定为关联交易的风险，进而启动关联交易纳税调整调查。若经查实关联交易价格不公允，会被要求补税，并依法加收利息。

（二）视同股息分配，征收国内税

根据《企业所得税法》第四十五条规定："由居民企业，或者由居民企业和中国居民控制的设立在实际税负明显低于本法第四条第一款规定税率水平的国家（地区）的企业，并非由于合理的经营需要而对利润不做分配或者减少分配的，上述利润中应归属于该居民企业的部分，应当计入该居民企业的当期收入。"因此，开展中介业务，在"避税天堂"归集和留存利润，如果不对股东做股息分配或者减少股息分配，国家税务机关可以对此启动纳税调整，认定已经做出股息分配，进而要求缴纳相应的所得税。《个人所得税法》第八条中也有类似规定。

（三）国外金融账户被调查

随着共同申报准则，又称"统一报告标准"（CRS）的陆续落地，境外账户所在国相关金融机构开始实施金融账户持有人纳税人身份识别程序。据报道，新西兰、我国香港等地的金融机构，暂时冻结了部分金融账户，要求确认开户人是否属于外国纳税人。通过"避税天堂"避税的高净值人士，一般都在境外注册有金融账户，以便接收相关公司支付或转移的收益资金。在此期间，自己仍居住在中国境内或属于依法在中国成立的企业，根据《企业所得税法》《个人所得税法》的相关规定，属于税收居民（企业），在中国境内有纳税义务。

第五节　利用移民避税

部分高净值人士认为，通过移民成为其他国家公民，取得其他国家政府颁发的护照，即可以规避中国内地规定的纳税义务。比如，成为香港地区居民，而香港实行"地域来源"征税原则，移民后的高净值人士就可以不就中国内地所得在香港缴税。其实，单就这一想法，就有以下两种税法风险。移民其他国家避税的风险，请读者自行思考。

一、内地税收居民个人风险

我国《个人所得税法》第一条第一款规定:"在中国境内有住所,或者无住所而一个纳税年度内在中国境内居住累计满一百八十三天的个人,为居民个人。居民个人从中国境内和境外取得的所得,依照本法规定缴纳个人所得税。"即我国《个人所得税法》实行"居住地"和"居住时间"双重征税原则。只要在内地有住所或在一个纳税年度内在内地居住满183天,即构成中国内地的税收居民个人,有在中国内地就全球所得缴纳个人所得税的法定义务。

二、CRS识别金融账户信息风险

根据CRS信息交换基本规则,金融机构需要识别账户开户人的税收居民身份,进而将金融账户相关信息传递给税收居民身份国税务机关。一般来说,移民至中国香港的高净值人士,仍在中国内地居住或常驻,根据《个人所得税法》的相关规定,仍属于中国内地税收居民个人。CRS信息交换时,仍会将相关金融账户信息交换至中国内地税务机关。如此一来,借由移民我国香港规避中国内地纳税义务的做法就行不通了。

第二十三章 涉税信息全透明时代

第一节 "金税工程"

"金税工程"是经国务院批准的国家级电子政务工程,是国家电子政务"十二金工程"之一,是税收管理信息系统工程的总称。"金税工程",自1994年开始,历经金税一期、金税二期、金税三期三个发展阶段,目前正在建设以智慧税务为特征的"金税四期"。

一、金税一期

1994年我国推行新税制,核心内容之一是建立以增值税为主体税种的税制体系,并实施以专用发票为主要扣税凭证的增值税征管制度。为有效防止不法分子利用伪造、倒卖、盗窃、虚开专用发票等手段进行偷、骗、逃国家税款的违法犯

罪活动，国家决定在纸质专用发票物理防伪的基础上，引入现代化技术手段强化增值税征收管理，金税工程一期正式启动。

金税一期聚焦增值税专用发票，部署应用增值税专用发票"交叉稽核"系统，探索"以票管税"新做法。金税一期有3个子系统，即增值税专用发票交叉稽核系统、增值税税控收款机管理系统及增值税防伪税控系统，但需要手工采集数据，错误率高，覆盖面窄。

金税一期1995年在全国50个试点单位上线，但由于当时电子化水平很低，手工采集数据工作量大，数据采集不全，且只在试点城市建立了稽核网络，对其他地区的专用发票无法进行交叉稽核。

针对金税一期存在的问题，国家税务总局又对"金税工程"重新进行优化，推出金税工程二期。

二、金税二期

金税二期聚焦增值税发票开票、认证、报税和稽核等环节，探索实施全链条监管体系，构建增值税"以票管税"新机制。金税二期有4个子系统，即增值税防伪税控开票子系统、防伪税控认证子系统、增值税稽核子系统、发票协查信息管理子系统，于2001年7月1日在全国全面开通。

2003年，所有增值税一般纳税人必须通过增值税防伪税控开票子系统开票（手写增值税专用发票退出历史舞台），这意味着我国"以票控税"的格局初步形成。

三、金税三期

金税一期、金税二期主要围绕发票开具、认证、稽核、协查等工作展开，主要解决纸质发票的电子化及相关征管问题；但仍未解决全税种、跨部门协作、监控高效等问题。为此，金税三期工程应运而生。

金税三期的总体目标是要建立"一个平台，两级处理，三个覆盖，四个系统"，即基于统一规范的应用系统平台；依托计算机网络，在总局和省局两级集中处理信息；覆盖所有税种及国、地税局的所有工作环节；设置征管业务、行政管理、外部信息、决策支持四大系统。

2013年在广东、山东、河南、山西、内蒙古、重庆6个省级国、地税局先行试点。2016年10月，金税三期在全国上线，建成了税收业务处理"大平台"，处理全部税收业务服务90%以上，着力打造大数据云平台，首次实现了税收征管数据的全国集中。2018年6月国地税正式合并。2019年3月金税三期并库版正式上线，所有的国税、地税、工商、银行、海关等部门信息数据实现共享。

四、金税四期

2021年3月，中共中央办公厅、国务院办公厅印发《关于进一步深化税收征管改革的意见》，将"智慧税务"作为新发展阶段进一步深化税收征管改革的主要着力点。金税四期的核心是全面数字化的电子发票（以下简称"数电票"）。正在试点推进的数电票就是金税四期的重要抓手，它推动了企业财务处理流程从开具、报销、入账、档案到存储等环节全部电子化。此外，金税四期的一大特点是强化对非税收入的管理以及加强与非税主管部门的信息协作沟通。

2023年金税四期陆续在全国各大省市试点实施。2024年全面实施金税四期，从"以票控税"升级到"以数治税"。

五、金税四期对企业和个人的影响

（一）金税四期对个人纳税的影响

金税四期将会影响到每一个人的纳税情况，对个人的影响包括以下几个方面。

（1）税收信息更加透明，降低了逃税和虚假报税的可能性。

（2）反避税措施加强，个人需更加重视合规纳税。

（3）个人财产状况更透明，对于高净值人群来说，伴随着自然人纳税识别号的建立，以及新个人所得税法中首次引入反避税条款并进入征信，海内外资产收支更加透明，能够有效防止虚假申报和逃税行为。

（4）社会保险缴纳和个人征信加强，避免不缴纳社会保险或者通过社会保险挂靠或代缴社会保险等逃避缴纳社会保险费。

（二）金税四期对企业纳税的影响

金税四期上线后对企业纳税有以下影响。

（1）税收监管走向大数据化，企业透明度会更高。企业更多的数据将被税务机关掌控，金税三期是"以票控税"，而金税四期是"以数治税"，也就是说，国家将运用大数据、人工智能等新一代信息技术对企业税务进行监管。

（2）企业发票管理需要升级，在纸、电发票共存的过渡期，企业既要保证对外快速且准确无误地开具各类发票，也要从企业内部加强受票端的内控管理，保障发票使用合规，避免潜在税务风险。

（3）在技术层面的迭代，利用大数据、区块链、云计算实现相关部门的数据共享和透明化，进一步提升系统的数据分析能力。

第二节 FATCA 和 CRS

一、FATCA的背景及模式

（一）背景

FATCA（海外账户税收合规法案）是美国国会于2010年颁布的《雇佣激励恢复就业法案》的部分条款（涵盖了《美国联邦税法典》第四章第1471—1474条的内容），旨在打击美国税收居民的跨国避税问题，要求位于美国国外的金融机构将其管理的美国税收居民持有的金融账户信息申报给美国联邦税务局。对于不遵守FATCA合规要求的外国金融机构，对于其来源于美国的某些特定收入征收30%的预提所得税。FATCA是在欧洲联盟《储蓄指令》的基础上，意图摧毁类似瑞士银行等银行客户信息保密制度。

（二）模式

模式一

外国金融机构依据其本国FATCA实施法规将其管理的美国税收居民持有的金融账户信息申报给该金融机构所在国政府机构，然后交换至美国联邦税务局。同样的，美国的金融机构和美国联邦税务局也会将该伙伴国的税收居民的金融账户信息申报和交换给伙伴国的政府机构。

模式二

外国金融机构直接与美国联邦税务局签订《外国金融机构协议》，将其管理的美国税收居民持有的金融账户信息申报给美国联邦税务局，而不需要经所在国政府机构"中转"。这种模式效率高，但非双边交换模式，受制于金融机构所在国政府的态度，执行中存在一定变数。

（三）中国与FATCA

中美双方自2012年已开始就FATCA政府间协议展开磋商，在博弈两年后于2014年6月实现"草签"，即仅"实质性达成FATCA的政府间协议"，仍未签订正式的FATCA政府间协议，只是签署了FATCA模式一的政府间替代性正式协议。自2017年1月1日起美国政府向中国政府交换中国居民个人在美信息，但仅限于利息信息，且为一类存款账户信息。所以，尚不必为美国政府向中国政府交换更多账户信息而慌张。因为向其他国家交换除一类存款账户信息外的其他信息，在美国还存在法律障碍，无法实现。作为一直以来强调对等履行协约义务的中国政府来讲，预计中国政府也不会主动向美国政府提交更多的账户信息。

二、CRS简介

（一）CRS的由来

2014年2月，经济合作与发展组织（OECD）向二十国集团（G20）提交了《统一报告标准》（Common Reporting Standard，CRS）文本，并得到二十国集团的批准，成为金融账户涉税信息自动交换的全球标准。CRS通过双边或多边信息交换提升税收透明度，使各国税务机关能够更深入地掌握本国税收居民的海外金融资产及相关收益情况，从而精准打击跨境避税行为。

（二）CRS在中国

我国是第二批加入CRS的国家。2014年9月，我国在二十国集团会议中承诺将实施CRS，并约定首次交换金融账户涉税信息的时间为2018年9月。2015年7月，第十二届全国人民代表大会常务委员会第十五次会议表决批准了《多边税收征管互助公约》，为CRS在我国的实施奠定了多边国际法基础。2017年5月9日，国家税务总局、中国人民银行、保监会、证监会、银监会和财政部正式发布《非居民金融账户涉税信息尽职调查管理办法》，明确了我国交换金融账户涉税信息的时间，这是中国版CRS的主要规范文件，标志着我国迈入了全球金融账户涉税信息自动交换的新时代。2017年12月8日，中国人民银行、国家税务总局和国家外汇管理局联合发布了《银行业存款类金融机构非居民金融账户涉税信息尽职调查细则》，细化了尽职调查程序，并明确了金融机构的年度执行情况报告的合规要求。

2018年5月31日前，金融机构向国家税务总局或其他金融主管部门报送金融账户涉税信息。2018年9月国家税务总局与其他国家税务主管当局进行第一次CRS下的金融账户涉税信息自动交换。

（三）CRS最新进展

2022年11月9日，OECD发布了《2022年金融账户涉税信息自动交换同行评审报告》（以下简称《2022年同行评审报告》）。

根据《2022年同行评审报告》披露的信息，已有110多个国家和地区参与实施CRS并实际进行了金融账户涉税信息交换，另外有10个国家和地区承诺将在未来几年开始实施CRS。目前也有尚未参与CRS的国家和地区，比如美国、菲律宾、迪拜酋长国等。

随着税收征管改革的不断深化，国内跨部门跨区域的涉税信息联动日益加

强。CRS框架下的跨境涉税信息自动交换，为税务机关获取中国税收居民的境外涉税信息提供了有力的支持。在向"以数治税"目标迈进的过程中，将逐步实现更加全面的自然人"一人式"税费信息智能归集。

三、CRS框架下税收居民的判定

CRS框架下涉税信息交换就是将对方国家的税收居民在本国金融机构设立的金融账户相关信息交换给对方国家税务主管当局，用于征税之目的。所以，有必要了解主要国家的"税收居民"的判断标准这一基础概念。

从所得税角度来看，大多数国家的税法都将纳税人分为税收居民与非税收居民，并规定不同的纳税义务。一般规定，前者有无限的纳税义务，后者仅就来源所得缴税。

（一）中国内地税收居民的判断标准

1. 企业所得税

居民企业是指依法在中国境内成立，或者依照外国（地区）法律成立但实际管理机构在中国境内的企业。

非居民企业是指依照外国（地区）法律成立且实际管理机构不在中国境内，但在中国境内设立机构、场所的，或者在中国境内未设立机构、场所，但有来源于中国境内所得的企业。

2. 个人所得税

居民个人是指在中国境内有住所，或者无住所但一个纳税年度内在中国境内居住累计满183天的个人。

非居民个人是指在中国境内无住所又不居住，或者无住所且一个纳税年度内在中国境内居住累计不满183天的个人。

（二）美国税收居民的判断标准

1. 企业所得税

居民企业是指根据美国50个州的其中一个或华盛顿哥伦比亚特区的法律而成立，并向各州（特区）政府注册设立的企业，即只要依据美国法律在美国注册设立，即为美国税收居民企业，不论其是否在美国开展经营活动或拥有财产，也不论其股权是否为美国企业或个人所持有。

非居民企业是指根据外国法律而成立，并通过外国政府注册的企业，即不论其是否在美国开展经营活动或拥有财产，只要股权的全部或部分为美国企业或个人所持有，都属于美国联邦税法规定的非税收居民企业。

2.个人所得税

居民个人包括：美国人；持有美国绿卡的外国人；于本年度在美国居留达183天的外国人；本年度在美国居留至少31天，且在本年及上溯两年的时间里在美国累计居留达183天的外国人。

（三）加拿大税收居民标准

1.企业所得税

居民企业是指依法在加拿大境内成立或者主要管理及控制机构在加拿大境内的企业。

2.个人所得税

居民个人包括在加拿大有住所或通常居住在加拿大的个人，或者在某一日历年度中在加拿大境内停留至少183天的个人。

四、CRS信息交接机制

比如，中国和新加坡采纳CRS后，某中国税收居民在新加坡金融机构拥有账户，则该居民的个人信息及账户收入所得会被新加坡金融机构收集并上报新加坡税务机关，并与中国税务机关进行信息交换，这种交换每年进行一次。理论上讲，中国税务部门将掌握中国税收居民海外资产的收入状况。

五、CRS覆盖的海外机构类型

CRS覆盖以下几种海外机构。

（1）存款机构。各种接受存款的银行或类似机构。

（2）托管机构。如果机构替他人持有金融资产并且金融资产和服务的相关收入超过总收入的20%，即符合CRS关于托管机构的认定，时间前提是过去的三年，如果机构存续不足三年则以存续时间为准。

（3）投资实体。如果某机构在过去三年（存续时间不满三年以存续时间为准）主要的经济活动（相关收入超过总收入50%）是为客户或代表客户进行以下一种或者几种业务，则会被认定为"投资实体"。

①交易货币市场工具（支票、汇票、存单、衍生品等），外汇，汇率、利率、指数工具，可转让证券，商品期货。

②个人和集体投资组合管理。

③代表他人对金融资产进行投资管理。

如果某机构受其他CRS中规定的托管机构、存款机构、特定保险公司等投资实体的专业管理，并且收入主要来源于金融资产的投资、再投资、交易，则该机构也会被认定为"投资实体"。

④特定保险机构，即从事有现金解约价值的保险业务和年金业务的保险公司或者控股公司。

六、CRS交换资产信息类型

CRS交换以下几类资产信息。

（1）存款账户。

（2）托管账户。

（3）现金价值保险合约。

（4）年金合约。

（5）所持有金融机构的股权/债权权益。

七、CRS交换的账户信息

CRS交换以下账户信息。

（1）账户及账户余额。对于公司账户，需要看公司是积极所得类型的公司还是消极所得类型的公司。如果是消极所得类型的公司（投资所得占50%以上），需要将控制人作为情报交换的对象。对于控制人，则要根据金融行动特别工作组关于反洗钱的行动建议来判定。

另外，对于已有的个人账户，没有门槛，即无论金额多少，均在情报交换的范围。对于已有的公司客户，金额在25万美元以下的可以不在情报交换的范围之内。对于新开设的个人或者公司账户，无论金额大小均需进行情报交换。

（2）相关账户的利息收入、股息收入、保险产品收入、相关金融资产的交易所得。

（3）账户基本信息，包括姓名、出生日期、国别等。

（4）年度付至或记入该账户的总额。

八、CRS影响群体

CRS影响的群体包括以下几类人。

（1）已经移民的中国人。

取得了他国移民永居权身份的中国人，大多低调，不习惯全面申报资产，更没有如实向移民国家缴所得税。可移民国要求税收居民每年都要披露其全球资产，并且每年都要进行税务申报。CRS实施背景下，税收居民在中国境内隐藏的金融资产很可能被披露给移民国，同时极有可能面临税务补缴及各种罚金，甚至需要负刑事责任。

（2）海外有金融资产配置的人。

中国人在境外（包括我国香港）的金融资产（包括存款账户、托管账户、现金价值保单、年金合同、证券账户、期货账户、所持有金融机构的股权/债权权益等），金融资产存放的国家或地区会依据CRS将其所持有金融资产情况披露给中国内地税务局，用于征税之目的。

（3）在海外持有壳公司投资理财的人。

在境外"税收洼地"设立公司，通过该公司在银行等金融机构开户持有资产，也通过公司账户进行理财或消费。那么，这类企业在CRS框架下，可能被认定为"消极非金融机构"（我们通常说的壳公司），施行穿透披露，交换至中国内地税务机关，用于核查征税。

（4）在海外藏钱的境内公务员。

CRS交换得到的金融账户信息，可能直指境内贪污腐败，至少会触犯巨额财产来源不明罪。根据《刑法》的规定，国家工作人员在境外的存款，应当依照国家规定申报。数额较大、隐瞒不报的，处二年以下有期徒刑或者拘役；情节较轻的，由其所在单位或者上级主管机关酌情给予行政处分。

（5）在海外买了大额人寿保单的人。

我国香港的保险公司也需要将境内居民纳税人的大额保单资产信息交换给中国内地税务机关，且不仅涉及2017年新买的保单还涉及历史上已经购买的保单，都需要进行数据交换。这一点可能是一些人不愿意看到的。

（6）设立了海外家族信托的人。

大部分家族信托法域都成为这次CRS的签约国，而且CRS的内容规定：已设立的家族信托的有关信息也要披露，包括家族信托的委托人（财产授予人）、保护人、受托人（通常是信托机构）、受益人，各方当事人都在披露范围之内。

（7）在境外设立公司从事国际贸易的人。

在境外开立的个人金融账户资产被披露，那么在中国税务局稽查的时候，就会查到这些钱不是从境内换汇出境的，而是开户人在境外直接从自己公司分红所获得的收入。根据我国《个人所得税法》第二条的规定，居住在中国境内的股东，需要在中国境内申报缴纳股息红利所得的个人所得税。

九、高净值人士应该关注的税务合规问题

高净值人士应该关注以下税务合规问题。

（1）充分了解自己的税收居民身份状态。

持有外国护照或永居身份不等同于该国或地区的税收居民身份。在税收协定下判定税收居民身份的加比规则中，国籍往往是排在最后的衡量条件。家庭、利益中心等定性条件以及居住天数等定量条件会优先被评估。厘清自身税收居民身份状态可以在很大程度上帮助个人解决在哪里应税的问题，通过充分利用税收协定进行合理安排，避免重复征税。

（2）充分了解并区分哪些资产或账户属于涉税信息自动交换的范围。

金融机构需对非居民金融账户涉税信息进行尽职调查，金融账户包括存款账户、托管账户及其他账户（比如信托）。涉及的资产可能是投资机构的股权或者债权权益，以及具有现金价值的保险合同或者年金合同等。因此，个人需审视所持有资产的存在形式，了解其是否在披露范围内。

（3）充分评估海外安排的税务合规程度。

我国有住所的税收居民个人需要就其境内外所得纳税的原则始终未发生变化，且CRS将有助于进一步提升税收监管力度。针对取得的海外收入，纳税人需要在次年6月30日前完成自行申报。鉴于此，个人应当及早审视自己的海外资产安排，包括收入来源、收入性质、海外公司的实质，并结合税务身份的判定，详细分析自己的税务合规程度和潜在风险，以及可能的解决方案。

第三节　资金监控与反逃税

2017年6月，中国四川省眉山市地方税务局基于税银金融情报交换平台，利用眉山市某商业银行依照《金融机构大额交易和可疑交易报告管理办法》向中国人民银行眉山市反洗钱中心提交的一份有关自然人黄庆（化名）的重点可疑交易报告，成功追缴了4000万元的个人所得税。

2017年8月29日，国务院办公厅发布《关于完善反洗钱、反恐怖融资、反逃税监管体制机制的意见》（国办函〔2017〕84号），明确提出健全监管合作和数据信息共享机制，依法打击洗钱、恐怖融资、逃税等违法犯罪活动。在此背景下，各地税务机关与当地人民银行开展深度协作，挖掘金融大数据中的涉税信息，利用金融情报开展针对高收入、高净值自然人的反逃税工作，并取得一定成效。特别是瞄准反洗钱、反恐怖融资、反逃税（以下简称"三反"）目标，税警银搭建的情报交换平台上，汇集的涉税信息越来越多，越来越精准，为从源头上截击逃税行为奠定了基础。

目前，自然人税收管理的"瓶颈"在于，税务机关很难准确掌握自然人纳税人的收入数据。作为自然人账户管理和金融服务机构，金融管理部门则掌握着自然人的交易数据，其金融大数据能够有效解决自然人税收管理中征纳双方信息不对称的问题。因此，准确掌握自然人收入，加强自然人税收管理，税务机关从金融大数据中获取涉税信息是一个可靠的途径。

根据《金融机构大额交易和可疑交易报告管理办法》（中国人民银行令〔2016〕第3号）的规定，金融机构负有向中国人民银行反洗钱中心报告大额交易和可疑交易的义务。在税务机关与人民银行反洗钱中心之间建立金融情报交换平台，可以让税务机关准确获取关系到自然人收入的金融数据，也将金融机构的大数据分析能力整合到反自然人逃税工作中来。

其实，这项工作早于2016年已有苗头，《中国人民银行关于加强支付结算管理防范电信网络新型违法犯罪有关事项的通知》（银发〔2016〕261号）规定，自2016年12月1日起，银行业金融机构为个人开立银行结算账户的，同一个人在同一家银行（以法人为单位）只能开立一个Ⅰ类户，已开立Ⅰ类户，再新开户的，应当开立Ⅱ类户或Ⅲ类户。这份文件名称虽为"防范电信网络新型违法犯罪"，但减少不必要的开户数量，将有利于更加准确、高效地获得特定纳税人的资金交易信息，也为做好纳税评估做了一定准备。

可以预见的是，中国内地税收征管正在从"以票控税"向"资金查税"转变，特别是所得税领域，跟踪资金流向以倒查纳税情况，在不久的将来，将成为税收征管，特别是税务稽查的常态工作之一。

第四节 跨部门涉税信息协作

一、大规模信息协作从"三证合一"开始

所谓"三证合一"，就是将企业依次申请的工商营业执照、组织机构代码证和税务登记证三证合为一证，通过"一口受理、并联审批、信息共享、结果互认"，实现由一个部门核发加载统一社会信用代码的营业执照。"三证合一"结束了过去工商行政管理局登记信息、国家质量技术监督局组织机构代码、税务局税务信息之间的"孤岛"现象，为下一步全国范围内的信用信息整合打下基础。

一直以来，税务机关都希望获取更多政府部门、行业机构等掌握的涉税信息，自然人的涉税信息基于一个身份证件归集的原则，获取较为简单、容易；但非自然人纳税人的涉税信息归集面临非常多的困难。最大的困难之一就是，身份识别标志不统一。比如，将纳税人识别号应用到工商行政管理局，就行不通，因为工商行政管理部门识别管户的标志是工商营业执照号码。在与其他政府部门交换信息时，也常常出现这类操作障碍。所以，仅从税收征收管理来看，迫切需要统一商事主体的识别标志。当然，方便税收征收管理，仅仅是"三证合一"（包括后续的"五证合一""多证合一"）的一个目的，从社会管理角度出发，全国范围内的信用信息库的建立，更是必须实现"三证合一"。

二、跨部门涉税信息协作实践与发展

（一）房地产领域

跨部门涉税信息协作较为集中在涉及房产、土地的领域。较早明确提出涉税信息跨部门协作要求的是1997年10月1日起实施的《中华人民共和国契税暂行条例》（以下简称《契税暂行条例》）。该条例第十一条规定："纳税人未出具契税完税凭证的，土地管理部门、房产管理部门不予办理有关土地、房屋的权属变更登记手续。"2021年9月1日起施行的《中华人民共和国契税法》（以下简称《契税法》）第十一条也明确规定："纳税人办理纳税事宜后，税务机关应当开具契税完税凭证。纳税人办理土地、房屋权属登记，不动产登记机构应当查验契税完税、减免税凭证或者有关信息。未按照规定缴纳契税的，不动产登记机构不予办理土地、房屋权属登记。"

《国家税务总局、住房和城乡建设部关于加强信息共享深化业务协作的通知》（税总发〔2017〕114号）规定，全面推进房地产涉税信息共享，积极推行跨部门业务联办，将房地产领域的跨部门信息共享与协作进一步推向高潮。

（二）股权转让领域

《税收征收管理法》第十六条规定："从事生产、经营的纳税人，税务登记内容发生变化的，自工商行政管理机关办理变更登记之日起三十日内或者在向工商行政管理机关申请办理注销登记之前，持有关证件向税务机关申报办理变更或者注销税务登记。"所以，在办理股权转让时，税务变更登记安排在工商变更登记后面。

为解决工商税务关于纳税人股权变动信息不对称的问题，《国家税务总局、国家工商行政管理总局关于加强税务工商合作实现股权转让信息共享的通知》

（国税发〔2011〕126号）明确提出，工商行政管理部门、税务部门相互提供股权转让信息共享内容、共享方式和共享时限的要求。

实务中，因无上位法规定，股权转让时工商行政管理部门一般不予查验完税凭证。2019年1月1日起实施的新《个人所得税法》才弥补了这一缺陷，其第十五条第二款、第三款明确规定："个人转让不动产的，税务机关应当根据不动产登记等相关信息核验应缴的个人所得税，登记机构办理转移登记时，应当查验与该不动产转让相关的个人所得税的完税凭证。个人转让股权办理变更登记的，市场主体登记机关应当查验与该股权交易相关的个人所得税的完税凭证。有关部门依法将纳税人、扣缴义务人遵守本法的情况纳入信用信息系统，并实施联合激励或者惩戒。"

至此，亟须跨部门协作进行涉税信息交换的两个重点领域：房地产过户和股权转让，都有了明确具体的操作要求。此前不理会税务登记以及是否有完税手续的现象，会得到极大遏制。

第二十四章　财富传承工具的税法考量

高净值人士都会遇到巨额财富传承的问题。在财富传承过程中，常用的工具有赠与、大额保单、信托、基金及股权代持。以下即为运用这五种工具时，需要关注的税法问题。

第一节　赠与

财富传承赠与，主要是赠与房产、股权、车辆、金银首饰等。车辆在赠与方为企业时，有视同销售、缴纳增值税和企业所得税的问题，但因增值额一般为负数，所以基本无影响。赠与金银首饰时，赠与方一般为个人，我国尚未开征赠与税，所以也可不予考虑。

一、赠与房产

（一）个人赠与房产

个人无偿赠与房产，虽无现金交易发生，但并不意味着不用承担纳税义务。根

据相关法规的规定，不同的赠与情形，赠与人与受赠人会产生不同的纳税义务。

1. 增值税

个人无偿赠与房产，根据不同的赠与情形，适用不同的增值税征管规定。

（1）一般规定。

《财政部、国家税务总局关于全面推开营业税改征增值税试点的通知》（财税〔2016〕36号，以下简称财税〔2016〕36号文）附件一《营业税改征增值税试点实施办法》第十四条规定，个人向其他单位或者个人无偿转让不动产，除用于公益事业或者以社会公众为对象的外，应视同销售不动产，即个人无偿赠与不动产除用于公益事业或者以社会公众为对象的外，即使没有取得任何经济利益，也应当视同发生销售行为，需缴纳增值税。

（2）免税规定。

财税〔2016〕36号文附件三《营业税改征增值税试点过渡政策的规定》第一条第十五款规定，个人销售自建自用住房免征增值税。第一条第三十六款规定，涉及家庭财产分割的个人无偿转让不动产、土地使用权，免征增值税，即个人无偿赠与的自建自用住房以及家庭财产分割的行为均可以免征增值税。

何为"家庭财产分割"？包括下列情形：离婚财产分割；无偿赠与配偶、父母、子女、祖父母、外祖父母、孙子女、外孙子女、兄弟姐妹；无偿赠与对其承担直接抚养或者赡养义务的抚养人或者赡养人；房屋产权所有人死亡，法定继承人、遗嘱继承人或者受遗赠人依法取得房屋产权。

综合上述法律规定可知，个人无偿赠与房产适用以下规定。

（1）将房产赠与他人，除用于公益事业或者以社会公众为对象的外，税法上视同销售，需要缴纳增值税。

（2）若受赠人是配偶、父母、子女、祖父母、外祖父母、孙子女、外孙子女、兄弟姐妹，以及对其承担直接抚养或者赡养义务的抚养人或者赡养人，则免征增值税。

注意：免征增值税时，城市维护建设税、教育费附加和地方教育附加也一并免征。

2. 土地增值税

个人无偿赠与房产，根据不同的赠与情形，适用不同的土地增值税征管规定。

《中华人民共和国土地增值税暂行条例》（以下简称《土地增值税暂行条例》）第二条规定："转让国有土地使用权、地上的建筑物及其附着物（以下简称转让房地产）并取得收入的单位和个人，为土地增值税的纳税义务人（以下简称纳税人），应当依照本条例缴纳土地增值税。"《中华人民共和国土地增值税暂行条例实施细则》（以下简称《土地增值税暂行条例实施细则》）第二条规定："条例第二条所称的转让国有土地使用权、地上的建筑物及其附着物并取得收入，是指以出售或者其他方式有偿转让房地产的行为。不包括以继承、赠与方式无偿转让房地产的行为。"

《财政部、国家税务总局关于土地增值税一些具体问题规定的通知》（财税〔1995〕48号，以下简称财税〔1995〕48号文）第四条规定："细则所称的'赠与'是指如下情况：（一）房产所有人、土地使用权所有人将房屋产权、土地使用权赠与直系亲属或承担直接赡养义务人的。（二）房产所有人、土地使用权所有人通过中国境内非营利的社会团体、国家机关将房屋产权、土地使用权赠与教育、民政和其他社会福利、公益事业的。"

综上，财富传承时，将房产赠与直系亲属或承担直接赡养义务人，不征收土地增值税。对于赠与其他人，比如，张总经理将一处别墅赠与一位友人，是否征收土地增值税？根据《财政部、国家税务总局关于调整房地产交易环节税收政策的通知》（财税〔2008〕137号，以下简称财税〔2008〕137号文）的规定，自2008年11月1日起，对个人销售住房暂免征收土地增值税。所以，只要赠与的不动产是住房的，即使赠与非直系亲属或非承担直接赡养义务人，同样免征收土地增值税。

3. 契税

个人无偿赠与房产，根据不同的赠与情形，适用不同的契税征管规定。

（1）一般规定。

《契税法》第一条规定："在中华人民共和国境内转移土地、房屋权属，承受的单位和个人为契税的纳税人，应当依照本法规定缴纳契税。"《契税法》第二条规定："本法所称转移土地、房屋权属，是指下列行为：（一）土地使用权出让；（二）土地使用权转让，包括出售、赠与、互换；（三）房屋买卖、赠与、互换。"因此，对于无偿赠与不动产的行为，应当征收契税。

《国家税务总局关于加强房地产交易个人无偿赠与不动产税收管理有关问题的通知》（国税发〔2006〕144号）规定，对于个人无偿赠与不动产的行为，应对受赠人全额征收契税。

（2）免税规定。

根据《契税法》第六条的规定，法定继承人通过继承承受土地、房屋权属的，免征契税。非法定继承人根据遗嘱承受死者生前的土地、房屋权属，属于赠与行为，应征收契税。

综上，财富传承时，只要是法定继承人（包括配偶、子女、父母、兄弟姐妹、祖父母、外祖父母）来承受土地、房屋权属，即不征收契税，但实务中，税务机关要求必须提供被继承人的死亡证明和亲属关系证明等资料，所以若只是生前赠与，未发生死亡事实，则需要征收契税。

4. 印花税

个人无偿赠与房产，根据不同的赠与情形，适用不同的印花税征管规定。

（1）一般规定。

《中华人民共和国印花税法》（以下简称《印花税法》）第二条规定："本法所称应税凭证，是指本法所附《印花税税目税率表》列明的合同、产权转移书据和营业账簿。"根据《印花税税目税率表》的规定，土地使用权、房屋等建筑物和构筑物所有权转让书据为应税凭证，税率为价款的万分之五，转让包括买卖（出售）、继承、赠与、互换、分割。由此可见，个人赠与不动产所立的书据属于印花税的征收范围，赠与、受赠双方均应缴纳印花税。

（2）免税规定。

财税〔2008〕137号文规定，自2008年11月1日起，对个人销售或购买住房暂免征收印花税。

综上，财富传承时，若房产为住房，则赠与、受赠双方都免征印花税。若为非住房，则需要缴纳房产价款万分之五的印花税。

5. 个人所得税

个人无偿赠与房产，根据不同的赠与情形，适用不同的个人所得税规定。

（1）一般规定。

《财政部、国家税务总局关于个人取得有关收入适用个人所得税应税所得项目的公告》（财政部、税务总局公告2019年第74号）第二条规定，房屋产权所有人将房屋产权无偿赠与他人的，受赠人因无偿受赠房屋取得的受赠收入，按照"偶然所得"项目计算缴纳个人所得税，并规定前述受赠收入的应纳税所得额按照《财政部、国家税务总局关于个人无偿受赠房屋有关个人所得税问题的通知》（财税〔2009〕78号，以下简称财税〔2009〕78号文）第四条规定计算，即"对受赠人无偿受赠房屋计征个人所得税时，其应纳税所得额为房地产赠与合同上标明的赠与房屋价值减除赠与过程中受赠人支付的相关税费后的余额。赠与合同标明的房屋价值明显低于市场价格或房地产赠与合同未标明赠与房屋价值的，税务机关可依据受赠房屋的市场评估价格或采取其他合理方式确定受赠人的应纳税所得额"。

(2) 免税规定。

财税〔2009〕78号文第一条规定："以下情形的房屋产权无偿赠与，对当事双方不征收个人所得税：（一）房屋产权所有人将房屋产权无偿赠与配偶、父母、子女、祖父母、外祖父母、孙子女、外孙子女、兄弟姐妹；（二）房屋产权所有人将房屋产权无偿赠与对其承担直接抚养或者赡养义务的抚养人或者赡养人；（三）房屋产权所有人死亡，依法取得房屋产权的法定继承人、遗嘱继承人或者受遗赠人。"

综上所述，财富传承时，将房屋产权无偿赠与上述规定明确的个人时，以及房屋产权所有人死亡，依法取得房屋产权的法定继承人、遗嘱继承人或者受遗赠人，当事双方均不征收个人所得税。

6.提示

财富传承时，虽然大多数情况下都不涉及相关纳税义务，但特定情况下还是会有纳税义务发生。所以，建议比照上述规定，结合传承房产及受赠方情况，准备对应资金，以供过户前缴税使用。

（二）企业赠与房产

财富传承时，有时候会发现，当时取得房产时是以企业的名义取得的，此时可能会产生将房产从企业直接过户至被赠与方的情况。因为企业与个人之间不存在个人之间的亲属或继承关系，所以上述针对个人的大部分免税规定，都将不适用。

1.增值税

财税〔2016〕36号文附件一《营业税改征增值税试点实施办法》第十四条规定，单位或个人向其他单位或者个人无偿转让不动产，除用于公益事业或者以社会公众为对象的外，应视同销售不动产。也就是说，企业将房产赠与（传承）给其他单位或个人时，企业需要就赠与房产计算相应的增值税销项税额；但无偿赠与不动产用于公益事业或者以社会公众为对象的不视同发生销售行为，不计算缴纳增值税。

2.土地增值税

《土地增值税暂行条例》第二条规定："转让国有土地使用权、地上的建筑物及其附着物（以下简称转让房地产）并取得收入的单位和个人，为土地增值税的纳税义务人（以下简称纳税人），应当依照本条例缴纳土地增值税。"《土地增值税暂行条例实施细则》第二条规定："条例第二条所称的转让国有土地使用权、地上的建筑物及其附着物并取得收入，是指以出售或者其他方式有偿转让房地产的行为。不包括以继承、赠与方式无偿转让房地产的行为。"

财税〔1995〕48号文第四条规定:"细则所称的'赠与'是指如下情况:(一)房产所有人、土地使用权所有人将房屋产权、土地使用权赠与直系亲属或承担直接赡养义务人的。(二)房产所有人、土地使用权所有人通过中国境内非营利的社会团体、国家机关将房屋产权、土地使用权赠与教育、民政和其他社会福利、公益事业的。"

因此,企业赠与(传承)给中国境内非营利的社会团体、国家机关用于教育、民政和其他社会福利、公益事业的,不征土地增值税。除此之外的情况,都需要缴纳土地增值税。

3. 契税

《契税法》第一条规定:"在中华人民共和国境内转移土地、房屋权属,承受的单位和个人为契税的纳税人,应当依照本法规定缴纳契税。"即财富传承时,承受的单位和个人需要缴纳契税。

4. 印花税

根据《印花税法》第十二条的规定,财产所有权人将财产赠与政府、学校、社会福利机构、慈善组织书立的产权转移书据,免征印花税。因此,若企业将房产赠与(传承)给政府、学校、社会福利机构、慈善组织,则所立产权转移书据免征印花税。

5. 企业所得税

企业赠与房产,根据不同的赠与情形,适用不同的企业所得税征管规定。

(1)《企业所得税法》。

本法第九条规定:"企业发生的公益性捐赠支出,在年度利润总额12%以内的部分,准予在计算应纳税所得额时扣除;超过年度利润总额12%的部分,准予结转以后三年内在计算应纳税所得额时扣除。"

本法第十条规定:"本法第九条规定以外的捐赠支出,在计算应纳税所得额时不得扣除。"

(2)《企业所得税法实施条例》。

本法第五十一条规定:"企业所得税法第九条所称公益性捐赠,是指企业通过公益性社会团体或者县级以上人民政府及其部门,用于《中华人民共和国公益事业捐赠法》规定的公益事业的捐赠。"

(3)《公益事业捐赠法》。

《中华人民共和国公益事业捐赠法》(以下简称《公益事业捐赠法》)第二十四条规定:"公司和其他企业依照本法的规定捐赠财产用于公益事业,依照法律、行政法规的规定享受企业所得税方面的优惠。"

综上所述,财富传承时,若企业将房产通过公益性社会团体或者县级以上人民政府及其部门,用于《公益事业捐赠法》规定的公益事业的捐赠,则在年度利润总额12%以内的部分,准予在计算应纳税所得额时扣除。除此之外的房产赠与,都不得扣除,即赠与在税法上得不到"承认",不能扣除相应成本,会变相导致当期多缴企业所得税。

二、赠与股权

(一)增值税

一般来讲,赠与非上市公司股权不涉及增值税。因为根据《增值税暂行条例》及财税〔2016〕36号文的规定,一般企业的股权非增值税应税对象,转让该企业股权不涉增值税;但若是赠与上市公司股票,则根据财税〔2016〕36号文附件一《营业税改征增值税试点实施办法》的规定,即为赠与金融商品。根据前述介绍,涉及视同销售问题,应按照转让金融商品缴纳增值税。

所以,若将上市公司股票以赠与的方式传承给其他人,除赠与用于公益事业或者以社会公众为对象外,都需要缴纳增值税。若赠与非上市公司股权,则无增值税纳税义务。

(二)所得税

1. 赠与方是否缴纳个人所得税

根据《个人所得税法》第二条、第三条的规定,财产转让所得应按20%的税率计算征收个人所得税。根据《个人所得税法实施条例》第六条的规定,财产转让所得,是指个人转让有价证券、股权、合伙企业中的财产份额、不动产、机器设备、车船以及其他财产取得的所得。因此,个人将持有的公司股权转让他人,属于"财产转让所得"项目,应按20%的税率计算征收个人所得税。

根据《股权转让所得个人所得税管理办法(试行)》(国家税务总局公告2014年第67号,以下简称"67号公告")第十一条的规定,申报的股权转让收入明显偏低且无正当理由的,主管税务机关可以核定股权转让收入。根据该办法第十二条的规定,不具合理性的无偿让渡股权或股份视为股权转让收入明显偏低。根据该办法第十三条的规定,继承或将股权转让给其能提供具有法律效力身份关系证明的配偶、父母、子女、祖父母、外祖父母、孙子女、外孙子女、兄弟姐妹以及对转让人承担直接抚养或者赡养义务的抚养人或者赡养人的,如果股权转让收入

明显偏低,视为有正当理由。

因此,通过股权赠与方式实现财富传承,受赠人符合"67号公告"规定情形的,赠与方虽未取得收入,但属于"有正当理由",主管税务机关不再核定收入,不需要缴纳个人所得税。如果受赠人是前述规定以外的个人或受赠人为单位,主管税务机关将依法核定赠与人的股权转入收入,赠与人需要缴纳个人所得税。

2.受赠方是否需要缴纳所得税

受赠获得的股权是否需要缴纳所得税需要视受赠方是个人还是企业来定。

(1)受赠方为个人。

受赠方为个人,受赠获得的股权是否需要缴纳个人所得税,目前没有明确规定。

部分地方的税务机关认为,个人无偿受赠股权的,以赠与合同上标明的赠与股权价格减除赠与过程中受赠人支付的相关税费后的余额为应纳税所得额,按照20%的税率征收个人所得税,比如广东省、河北省税务机关。

(2)受赠方为企业。

若受赠方为企业,根据《企业所得税法》第六条的规定,取得的股权属于接受捐赠收入,需要计入应税所得额缴纳企业所得税。

(三)印花税

根据《印花税法》第六条的规定,赠与非上市公司股权签订的相关协议,会被认定为产权转移书据,赠与方和受赠方都需要依法缴纳万分之五的印花税。

根据《印花税法》第三条的规定,证券交易印花税对证券交易的出让方征收,不对受让方征收,税率为成交额的千分之一。《印花税法》第七条规定:"证券交易无转让价格的,按照办理过户登记手续时该证券前一个交易日收盘价计算确定计税依据;无收盘价的,按照证券面值计算确定计税依据。"因此,企业赠与上市公司股票的,应由赠与方按照千分之一的税率征收印花税,对受赠人不征收印花税。

第二节 大额保单

根据通说(此处取法律出版社出版的《大额保单操作实务》一书中的定义),所谓的"大额保单"是保险公司专门为高净值客户量身定制的,保险费特别高、保额特别大,能有针对性地满足高净值客户某些特定财富管理需求的人寿保险单。

通过上述定义可以看出,大额保单是人寿保险单,基本与所在企业无直接法律关系;但实务中,也有企业出资"帮"股东、高级管理人员购买大额保单。所以,关于大额保单,我们需要关注如下三个税法问题。

（一）保险费支出是否允许税前扣除

购买大额保单时，资金主要有两个出处：一是高净值人士"自掏腰包"，二是所在企业"帮忙买单"。对于前者，若是税后收入，是国家鼓励的做法；若是税前收入，大额保单保险费肯定不属于《个人所得税法实施条例》规定的可税前扣除的"个人购买符合国家规定的商业健康保险、税收递延型商业养老保险的支出"，所以不得扣除该项保险费支出。对于后者，根据《企业所得税法》第十条的规定，此为"与取得收入无关的其他支出"，在计算企业应纳税所得额时，该项支出不得扣除。另外，根据《国家税务总局关于单位为员工支付有关保险缴纳个人所得税问题的批复》（国税函〔2005〕318号）的规定，对企业为员工支付各项免税之外的保险金，应在企业向保险公司缴付（该保险落到被保险人的保险账户）时并入员工当期的工资收入，按"工资、薪金所得"项目计征个人所得税，税款由企业负责代扣代缴。所以，若企业为股东或高级管理人员购买大额保单，有较高的税法风险。

（二）境外保险，是否受CRS规制

受国内保险产品收益及相关法规限制，大多数高净值人士会在境外配置大额保单资产。那么，这些境外保单信息，会否经CRS机制交换至中国内地税务机关，进而引发其他税法风险？这要看大额保单是否有现金价值或是否属于年金合同，若有（是），则很可能会被交换（披露）；若没有（不是），则不会被交换（披露）。大额保单一般都有较高的现金价值，即使是储蓄分红类大额保单，在三四年后保单现金价值增长得也较快。所以，若在境外CRS交换国家（地区）购买大额保单，保单信息也会交换（披露）回来，受其规制。

（三）保险理赔，是否免税

根据《个人所得税法》第四条的规定，保险赔款属于免征个人所得税的收入项目；但购买大额保单，除了有保险赔款收益以外，还有保险年金、分红等收益。根据我国香港的税制，这类收益不需要缴纳个人所得税。目前《个人所得税法》框架下，尚未明确规定对此收益征收个人所得税。

需要特别强调的是，根据《企业所得税法实施条例》第三十六条的规定，除企业依照国家有关规定为特殊工种职工支付的人身安全保险费和国务院财政、税务主管部门规定可以扣除的其他商业保险费外，企业为投资者或者职工支付的商业保险费，不得扣除。实务中，企业为股东或高级管理人员购买大额保单用以避税，在企业所得税率25%和股息红利分红个人所得税率20%的前提下，是得不偿失的。

第三节 信托

一、信托简介

现代信托起源于中世纪的英格兰，经过几百年的发展和演变，已经成为全球私人财富管理领域最有效的资产配置和税收筹划工具之一。

（一）定义

信托是指委托人基于对受托人的信任，将其财产权委托给受托人，由受托人按委托人的意愿以自己的名义，为受益人的利益或者特定目的，进行管理或者处分的行为。

（二）当事人

信托当事人一般包括委托人、受托人、受益人。

（1）委托人。委托人是指具有完全民事行为能力的自然人、法人以及依法成立的其他组织。

（2）受托人。受托人通常是指接受委托人委托，管理和运用信托财产的人；但能够从事资金信托业务的受托人必须是经中国人民银行批准成立的信托投资公司。

（3）受益人。受益人是指在信托中享有受益权的自然人、法人以及依法成立的其他组织。受益人可以是委托人自己，也可以是委托人指定的自然人、法人以及依法成立的其他组织。

除了上述当事人以外，信托法律关系中还可能存在信托保护人，即信托监察人。信托监察人主要履行监督信托受托人忠于委托人的利益或意愿行事的职责。

（三）离岸信托

离岸信托是指在离岸属地成立的信托。

二、中国信托税收制度

目前，中国还没有单独的信托税收制度，并且每个税种的实体法规基本上未涉及信托业务的税务处理。在实务中，税务机关出于自身执法风险的考虑，会倾向于对信托业务强行套用现行的税收法律法规。

（一）所得税

1.信托设立环节

如果信托财产是非货币型资产，那么委托人可能需要在将信托财产委托给受托人时做视同销售处理。对于视同销售产生的所得，需要按规定缴纳企业所得税。根据《国家税务总局关于企业处置资产所得税处理问题的通知》（国税函〔2008〕828号，以下简称国税函〔2008〕828号文）的规定，企业将资产移送他人的下列情形，因资产所有权属已发生改变而不属于内部处置资产，应按规定视同销售确定收入。

（1）用于市场推广或销售。

（2）用于交际应酬。

（3）用于职工奖励或福利。

（4）用于股息分配。

（5）用于对外捐赠。

（6）其他改变资产所有权属的用途。

从企业所得税法角度来看，若企业持有的资产所有权属发生改变，就视同取得销售收入，需要并入当期收入，计算缴纳企业所得税。具体视同销售收入金额，根据《国家税务总局关于企业所得税有关问题的公告》（国家税务总局公告2016年第80号）的规定，按照被移送资产的公允价值确定。

从个人所得税法角度来看，尚无视同销售概念，信托设立时的非货币资产转移，不属于《个人所得税法》明确的应税所得类型，所以暂无个人所得税风险。在财政部、国家税务总局发布的《中华人民共和国个人所得税法实施条例（修订草案征求意见稿）》中提到"个人发生非货币性资产交换，以及将财产用于捐赠、偿债、赞助、投资等用途的，应当视同转让财产并缴纳个人所得税"，但正式发布的《个人所得税法实施条例》中将该条删除，所以从个人所得税法角度来看，无类似企业所得税法上的视同销售（转让）财产概念。

2.信托存续环节

所得税纳税义务主要由受托人和受益人承担。在信托业务中，受托人一般应就其自身取得的信托业务报酬收入缴纳企业所得税；但对归属于信托财产的信托收益，是由委托人、受托人还是受益人缴纳（代扣代缴）企业所得税或个人所得税，目前仍未有明确规定。这是我国信托税制不健全、其他基本税法不明确导致的。实务中，一般需要与所主管税务机关进行沟通确认。

3.信托终止环节

信托资产将由受托人主体转移至委托人或受益人，所有权属发生再次转移，根据国税函〔2008〕828号文的规定，受托人需要做视同销售处理；但对于视同销售产生的所得，是由委托人还是受托人缴纳（代扣代缴）企业所得税，目前仍未有明确规定。此外，如果信托的受益人与委托人不是同一人（如他益信托），受益人取得信托财产时，可能还需要按接受捐赠缴纳企业所得税。

至于是否产生个人所得税法角度的视同销售问题，前面已有介绍，应无个人所得税纳税义务发生。

（二）增值税

1. 信托设立环节

当委托人设立信托并将信托财产委托给受托人时，信托财产的名义所有权已经发生了转移。此时，如果信托财产属于增值税应税货物，那么该项转移可能需要做视同销售处理，根据《中华人民共和国增值税暂行条例实施细则》中视同销售的相关规定，委托人会被要求计算增值税销项税额。

2. 信托存续环节

受托人对运用信托财产发生的提供增值税应税商品和服务，同样需要按照规定计算增值税销项税额。

3. 信托终止环节

受托人将信托财产归还委托人或受益人，此时受托人会被要求就名义所有权的移转做视同销售处理，并按照规定计算增值税销项税额。

（三）契税等其他税项

信托各方在信托不同环节可能涉及的税务事项如下。

（1）当信托财产属于应税不动产时，信托业务的财产受让方负有缴纳契税的义务。

（2）在信托设立环节，委托人将应税不动产委托给受托人时，作为信托财产名义承受人的受托人可能需要按其市场价格缴纳契税。

（3）在信托存续环节，受托人在运作信托项目过程中购入其他应税不动产时，也需要按照规定计算缴纳契税。

（4）在信托终止环节，受托人将信托财产（如不动产）归还给委托人或受益人时，委托人或受益人可能需要就所取得的信托财产缴纳契税。

（5）与契税类似，信托各方在信托设立、存续及终止环节还可能涉及印花税等其他税务事项。

根据上面的介绍，中国内地信托在设立、存续及终止环节，最大的问题是，存在较为严重的重复征税。

三、离岸信托与税收

离岸信托最具诱惑力之处在于它是位于低税地的一个不透明的税收实体。例如，中国内地税收居民 A 设立以自己为受益人的离岸信托，通过离岸信托等中间架构向中国内地投资；投资回报最终会回到离岸信托，并被分配给受益人 A。根据中国内地税收法律的规定，A 需要向中国内地税务机关就其海外收入申报缴纳个人所得税，但由于离岸信托是一个不透明税收实体，中国内地的税务机关无法知悉离岸信托取得收入并向 A 分配的行为，因此也就无法向 A 征缴个人所得税。

在 CRS 框架下，中国以及绝大多数的离岸地、低税地都参与了税务信息自动交换体系。作为消极金融机构，大多数离岸信托账户所在银行需要向离岸地税务机关申报如下信息：委托人、受托人、受益人（包括取得收益的自由裁量受益人）、保护人的身份信息，账户余额和账户金额变动信息。如上例中，在 CRS 框架下，A 通过离岸信托取得了向中国内地投资的收益，只要中国内地为税务信息自动交换缔约国，该离岸地税务机关就会自动将信托利益相关人的身份信息、信托账户的余额和金额变动情况向中国内地税务机关交换，进而成为中国内地税务机关向 A 征缴年度所得税的依据之一。

离岸信托可以一直不向受益人分配收益吗？如上例中，离岸信托不向受益人 A 分配收益。根据 2019 年 1 月 1 日起施行的《个人所得税法》第八条的规定，居民个人控制的，或者居民个人和居民企业共同控制的设立在实际税负明显偏低的国家（地区）的企业，无合理经营需要，对应当归属于居民个人的利润不做分配或者减少分配，税务机关有权按照合理方法进行纳税调整，需要补征税款的，应当补征税款，并依法加收利息。所以，即使离岸信托在相当一段时间里不对受益人分配收益，也可能会被中国内地税务机关直接认定为已经做了分配，要求缴纳相应的个人所得税，并加收法定利息。

所以，综合来看，中国境内高净值人士搭建离岸信托用于避税，至少要突破 CRS 信息披露的"瓶颈"以及规避《个人所得税法》第八条纳税调整的"魔咒"，才能达到避税之目的。为此，我们认为，将财富管理重新定位回到离岸信托所真正具有的功能和优势——严密的保护隔离功能、灵活的权益结构安排、健全的保护与救济措施上来，是较为明智的做法。

四、慈善信托在中国

根据《中华人民共和国慈善法》（以下简称《慈善法》）的规定，慈善信托属

于公益信托,是指委托人基于慈善目的,依法将其财产委托给受托人,由受托人按照委托人的意愿以受托人的名义进行管理和处分,开展慈善活动的行为。《慈善法》还规定,未按规定将相关文件报民政部门备案的,不享受税收优惠;但慈善信托在我国并无直接的、专门的适用税收优惠。

(一)慈善信托的税务困境

1. 所得税

根据《慈善法》第四十七条的规定,慈善信托的受托人,可以由委托人确定其信赖的慈善组织或者信托公司担任,即可作为合格受托人的,只有慈善组织和信托公司。若信托公司作为受托人,会面临信托公司作为受托人不能为委托人开出捐赠票据的难题。这一难题,延伸至所得税领域,会导致以下问题:①企业以资金设立慈善信托,不能在计算应纳税所得额时扣除年度利润总额12%以内的部分。②个人以资金设立慈善信托,无法比照慈善捐赠扣除应纳税所得额30%的部分。

2. 增值税和土地增值税

若以土地、房产、无形资产、货物设立慈善信托,将其转移至信托公司名下时,根据《增值税暂行条例》及财税〔2016〕36号文的规定,有视同销售的问题。将房产、土地使用权过户至信托公司设立慈善信托,根据《国家税务总局关于印发〈土地增值税清算管理规程〉的通知》(国税发〔2009〕91号)的规定,也有视同销售进而缴纳土地增值税的问题。

(二)慈善信托税务困境的出路

慈善信托要走出税务困境,有以下出路。

(1)长久之计:尽快出台促进、发展慈善信托的专门税收优惠政策。

既然《慈善法》规定,未按照规定将相关文件报民政部门备案的,不享受税收优惠,作为税务机关,也应尽快予以落实,出台相关税收优惠政策,以供慈善信托相关主体适用。

(2)权宜之计:基金会做委托人开具捐赠发票。

在这种模式下,财产所有人先将财产捐赠给慈善基金会,并由慈善基金会作为委托人,就捐赠财产设立慈善信托。信托公司作为受托人,根据慈善基金会的意愿使用信托财产。信托公司的加入增加了慈善资金运用的监督环节,提高了资金使用的透明度和专业水平。慈善基金会在财产所有人向其捐赠的同时开出捐赠发票,以解决捐赠者的合规扣除凭证问题。

第四节 基金会

高净值人士利用基金会做财富保全，特别是精神财富传承，越来越常见。通常来说，做财富保全和物质财富传承时，会选择做股权投资基金；做精神财富传承时，会选择做慈善基金会。

一、股权投资基金

作为财富保全的股权投资基金，一般为私募股权投资基金，且分为公司型、合伙型和契约型三种类型。私募股权投资基金会运作过程中，需要注意以下税收问题。

（一）增值税

1. 股权（股票）转让收入

若转让的是上市公司（包括新三板上市企业）股票，则根据财税〔2016〕36号文的规定，需要按照金融商品转让的增值税目来计算、缴纳增值税。若转让的是非上市公司股权，则无增值税纳税义务。

2. 管理费收入

作为一个基金的管理人，其主要收入为募集总金额2%的管理费。对于公司型基金和合伙型基金，需要缴纳增值税，一般纳税人按照6%的税率缴纳，小规模纳税人按照3%的税率缴纳；个人作为管理人，统一按照小规模纳税人3%的税率来缴纳增值税。

至于契约型基金的税务问题，在税法上采用的是纳税主体征税原则，因其是多方通过基金合同的形式组成，按照目前的政策来讲，暂时没找到征收增值税的法律依据。注意，不包括管理人和投资者的增值税问题。

（二）所得税

1. 公司型基金的所得税

和一般公司一样，按照《企业所得税法》的规定计算缴纳企业所得税即可。

（1）合伙制基金层面。

《合伙企业法》第六条规定："合伙企业的生产经营所得和其他所得，按照国家有关税收规定，由合伙人分别缴纳所得税。"其中，合伙企业包括普通合伙企业和有限合伙企业。这就意味着合伙制私募基金在基金层面无企业所得税纳税义务。《企业所得税法》第一条"个人独资企业、合伙企业不适用本法"的规定，也说明了这一点。

（2）投资者层面。

根据《财政部、国家税务总局关于合伙企业合伙人所得税问题的通知》（财税〔2008〕159号）的规定，合伙企业以每一个合伙人为纳税义务人。合伙企业合伙人是自然人的，缴纳个人所得税；合伙企业合伙人是法人和其他组织的，缴纳企业所得税。该通知还规定，合伙企业生产经营所得和其他所得采取"先分后税"的原则。

2. 税收优惠

根据《财政部、国家税务总局关于将国家自主创新示范区有关税收试点政策推广到全国范围实施的通知》（财税〔2015〕116号，以下简称财税〔2015〕116号文）的规定，全国范围内的有限合伙制创业投资企业采取股权投资方式投资于未上市的中小高新技术企业满2年（24个月）的，该有限合伙制创业投资企业的法人合伙人可按照其对未上市中小高新技术企业投资额的70%抵扣该法人合伙人从该有限合伙制创业投资企业分得的应纳税所得额，当年不足抵扣的，可以在以后纳税年度结转抵扣。

另外，部分地区地方政府为吸引投资，针对股权投资基金颁布相应规定，针对上缴税款的一定比例，给予财政返还，比如西藏自治区、江西省、江苏省等地。

二、慈善基金会

慈善基金会既受《慈善法》规制，也受《基金会管理条例》管辖。根据后者要求，成立基金会必须经民政部门注册登记，成立非营利法人。因此，慈善信托面临的税务问题，慈善基金会一般都遇不到。在此特别说明，慈善基金会如何保持"免征企业所得税"和"公益性捐赠税前扣除"等资格的问题。

（一）企业所得税免征资格

关于企业所得税免征资格的税法规定如下。

（1）《企业所得税法》第二十六条规定，"符合条件的非营利组织的收入"为免税收入。

（2）《企业所得税法实施条例》第八十四条规定，企业所得税法第二十六条第（四）项所称"符合条件的非营利组织"，是指同时符合下列条件的组织。

①依法履行非营利组织登记手续。

②从事公益性或者非营利性活动。

③取得的收入除用于与该组织有关的、合理的支出外，全部用于登记核定或者章程规定的公益性或者非营利性事业。

④财产及其孳息不用于分配。

⑤按照登记核定或者章程规定，该组织注销后的剩余财产用于公益性或者非营利性目的，或者由登记管理机关转赠给与该组织性质、宗旨相同的组织，并向社会公告。

⑥投入人对投入该组织的财产不保留或者享有任何财产权利。

⑦工作人员工资福利开支控制在规定的比例内，不变相分配该组织的财产。

（3）《财政部、国家税务总局关于非营利组织企业所得税免税收入问题的通知》（财税〔2009〕122号）规定，非营利组织的免税收入包括以下几类。

①接受其他单位或者个人捐赠的收入。

②除《企业所得税法》第七条规定的财政拨款以外的其他政府补助收入，但不包括因政府购买服务取得的收入。

③按照省级以上民政、财政部门规定收取的会费。

④不征税收入和免税收入孳生的银行存款利息收入。

⑤财政部、国家税务总局规定的其他收入。

（4）《财政部、国家税务总局关于非营利组织免税资格认定管理有关问题的通知》（财税〔2018〕13号，以下简称财税〔2018〕13号文）规定，符合条件的非营利组织，必须同时满足以下条件。

①依照国家有关法律法规设立或登记的事业单位、社会团体、基金会、社会服务机构、宗教活动场所、宗教院校以及财政部、国家税务总局认定的其他非营利组织。

②从事公益性或者非营利性活动。

③取得的收入除用于与该组织有关的、合理的支出外，全部用于登记核定或者章程规定的公益性或者非营利性事业。

④财产及其孳息不用于分配，但不包括合理的工资薪金支出。

⑤按照登记核定或者章程规定，该组织注销后的剩余财产用于公益性或者非营利性目的，或者由登记管理机关采取转赠给与该组织性质、宗旨相同的组织等处置方式，并向社会公告。

⑥投入人对投入该组织的财产不保留或者享有任何财产权利，本款所称投入人是指除各级人民政府及其部门外的法人、自然人和其他组织。

⑦工作人员工资福利开支控制在规定的比例内，不变相分配该组织的财产，其中，工作人员平均工资薪金水平不得超过税务登记所在地的地市级（含地市级）以上地区的同行业同类组织平均工资水平的两倍，工作人员福利按照国家有

关规定执行。

⑧对取得的应纳税收入及其有关的成本、费用、损失应与免税收入及其有关的成本、费用、损失分别核算。

综上，慈善基金会享受企业所得税免征的税收优惠，必须按照上述规定提交相关资料，向主管税务机关申请企业所得税免税资格。得到批准后，才可就上述规定收入免征企业所得税。

注意，根据财税〔2018〕13号文的规定，已认定的享受免税优惠政策的慈善基金会有下述情形之一的，应自该情形发生年度起取消其资格。

①登记管理机关在后续管理中发现非营利组织不符合相关法律法规和国家政策的。

②在申请认定过程中提供虚假信息的。

③纳税信用等级为税务部门评定的C级或D级的。

④通过关联交易或非关联交易和服务活动，变相转移、隐匿、分配该组织财产的。

⑤被登记管理机关列入严重违法失信名单的。

⑥从事非法政治活动的。

所以，取得非营利组织免征企业所得税资格后，并不是一劳永逸，持续地合规运作基金会是基础和关键。

（二）公益性捐赠税前扣除资格

基金会的有效运营，不仅依赖设立基金会的高净值人士的捐赠，也有赖于社会各界的大力支持。根据《企业所得税法》的规定，企业通过公益性社会团体或者县级以上人民政府及其部门，用于《公益事业捐赠法》规定的公益事业的捐赠支出，不超过年度利润总额12%的部分，准予扣除。根据《个人所得税法》的规定，个人将其所得对教育、扶贫、济困等公益慈善事业进行捐赠，捐赠额未超过纳税人申报的应纳税所得额30%的部分，可以从其应纳税所得额中扣除。向慈善基金会进行捐赠，捐赠方并不天然可以税前扣除应纳税所得额，还依赖于基金会是否有公益性捐赠税前扣除资格。

根据《财政部、国家税务总局、民政部关于公益性捐赠税前扣除有关事项的公告》（财政部、税务总局、民政部公告2020年第27号）的规定，公益性社会组织包括依法设立或登记并按规定条件和程序取得公益性捐赠税前扣除资格的慈善组织、其他社会组织和群众团体。公益性群众团体的公益性捐赠税前扣除资格确认及管理按照现行规定执行。依法登记的慈善组织和其他社会组织的公益性捐赠税前扣除资格确认及管理按本公告执行。

1. 公益性群众团体的公益性捐赠税前扣除资格

具备公益性捐赠税前扣除资格的公益性社会团体是指依据国务院发布的《基金会管理条例》和《社会团体登记管理条例》的规定，经民政部门依法登记、符合以下条件的基金会、慈善组织等公益性社会团体。

（1）符合《企业所得税法实施条例》第五十二条第一项到第八项规定的条件。

（2）申请前3年内未受到行政处罚。

（3）基金会在民政部门依法登记3年以上（含3年）的，应当在申请前连续2年年度检查合格，或最近1年年度检查合格且社会组织评估等级在3A以上（含3A），登记3年以下1年以上（含1年）的，应当在申请前1年年度检查合格或社会组织评估等级在3A以上（含3A），登记1年以下的基金会具备本款第一项、第二项规定的条件。

（4）公益性社会团体（不含基金会）在民政部门依法登记3年以上，净资产不低于登记的活动资金数额，申请前连续2年年度检查合格，或最近1年年度检查合格且社会组织评估等级在3A以上（含3A），申请前连续3年每年用于公益活动的支出不低于上年总收入的70%（含70%），同时需达到当年总支出的50%以上（含50%）。

2. 依法登记的慈善组织和其他社会组织的公益性捐赠税前扣除资格

根据《财政部、国家税务总局、民政部关于公益性捐赠税前扣除有关事项的公告》第四条的规定，在民政部门依法登记的慈善组织和其他社会组织（以下统称社会组织），取得公益性捐赠税前扣除资格应当同时符合以下规定。

（1）符合企业所得税法实施条例第五十二条第一项到第八项规定的条件。

（2）每年应当在3月31日前按要求向登记管理机关报送经审计的上年度专项信息报告。报告应当包括财务收支和资产负债总体情况、开展募捐和接受捐赠情况、公益慈善事业支出及管理费用情况（包括本条第三项、第四项规定的比例情况）等内容。

首次确认公益性捐赠税前扣除资格的，应当报送经审计的前两个年度的专项信息报告。

（3）具有公开募捐资格的社会组织，前两年度每年用于公益慈善事业的支出占上年总收入的比例均不得低于70%。计算该支出比例时，可以用前三年收入平均数代替上年总收入。

不具有公开募捐资格的社会组织，前两年度每年用于公益慈善事业的支出占上年末净资产的比例均不得低于8%。计算该比例时，可以用前三年年末净资产

平均数代替上年末净资产。

（4）具有公开募捐资格的社会组织，前两年度每年支出的管理费用占当年总支出的比例均不得高于10%。

不具有公开募捐资格的社会组织，前两年每年支出的管理费用占当年总支出的比例均不得高于12%。

（5）具有非营利组织免税资格，且免税资格在有效期内。

（6）前两年度未受到登记管理机关行政处罚（警告除外）。

（7）前两年度未被登记管理机关列入严重违法失信名单。

（8）社会组织评估等级为3A以上（含3A）且该评估结果在确认公益性捐赠税前扣除资格时仍在有效期内。

公益慈善事业支出、管理费用和总收入的标准和范围，按照《民政部、财政部、国家税务总局关于印发〈关于慈善组织开展慈善活动年度支出和管理费用的规定〉的通知》（民发〔2016〕189号）关于慈善活动支出、管理费用和上年总收入的有关规定执行。

按照《慈善法》新设立或新认定的慈善组织，在其取得非营利组织免税资格的当年，只需要符合本条第一项、第六项、第七项条件即可。

根据上述公告第五条规定，公益性捐赠税前扣除资格的确认按以下规定执行。

（1）在民政部登记注册的社会组织，由民政部结合社会组织公益活动情况和日常监督管理、评估等情况，对社会组织的公益性捐赠税前扣除资格进行核实，提出初步意见。根据民政部初步意见，财政部、国家税务总局和民政部对照本公告相关规定，联合确定具有公益性捐赠税前扣除资格的社会组织名单，并发布公告。

（2）在省级和省级以下民政部门登记注册的社会组织，由省、自治区、直辖市和计划单列市财政、税务、民政部门参照本条第一项规定执行。

（3）公益性捐赠税前扣除资格的确认对象有以下几个。

①公益性捐赠税前扣除资格将于当年末到期的公益性社会组织。

②已被取消公益性捐赠税前扣除资格但又重新符合条件的社会组织。

③登记设立后尚未取得公益性捐赠税前扣除资格的社会组织。

（4）每年年底前，省级以上财政、税务、民政部门按权限完成公益性捐赠税前扣除资格的确认和名单发布工作，并按本条第三项规定的不同审核对象，分别列示名单及其公益性捐赠税前扣除资格起始时间。

根据前述公告第六条规定，公益性捐赠税前扣除资格在全国范围内有效，有效期为三年。

公告还规定了取消其公益性捐赠税前扣除资格的情形。为了将慈善基金做大、做久,保持其公益性捐赠税前扣除资格,尤为重要。

三、公益股权捐赠的税务问题

改革开放40多年来,中国内地积累了大批高净值人士,他们不仅手握大量现金,更多的资产还是自己持有的股权。在进行财富传承时,他们也希望以股权捐赠的形式投身慈善事业,这样既可以省去股权变现的高额成本,又有利于保持被持股公司在金融市场的稳定性。对于受赠的慈善组织来讲,企业的股权不但能够产生持续的分红,而且随着企业规模的不断扩大,股权价值也将不断增长,慈善组织可以通过被投资公司股权红利或变卖股权收入在较长时间内获得稳定的现金流,以支持慈善活动的开展。股权捐赠也有绕不开的难题,比如,视同销售产生的高额税负成本。

根据国税函〔2008〕828号文的规定,企业将所持股权捐赠给其他法律主体(如慈善基金会),应视同销售确定收入,需要缴纳企业所得税。因为股权的所有权属已经发生改变,并且《国家税务总局关于贯彻落实企业所得税法若干税收问题的通知》(国税函〔2010〕79号)第三条规定:"企业转让股权收入,应于转让协议生效且完成股权变更手续时,确认收入的实现。转让股权收入扣除为取得该股权所发生的成本后,为股权转让所得。"在多方面的努力下,2016年4月20日财政部、国家税务总局发布《关于公益股权捐赠企业所得税政策问题的通知》(财税〔2016〕45号,以下简称财税〔2016〕45号文)规定,企业向公益性社会团体实施的股权捐赠,应按规定视同转让股权,股权转让收入额依企业所捐赠股权取得时的历史成本确定。自此,企业股权捐赠迎来"零税负"时代。

遗憾的是,个人股权捐赠仍面临较大的个人所得税款缴纳困难,至今未见有全国性税收政策对此有明确规定。参照财税〔2016〕45号文的规定,制定类似制度,以推动股权捐赠及慈善事业的发展,是公益股权捐赠的必然要求。

第五节 股权代持

财富保全和传承过程中,常用的手段还包括代持。比较常见的是,基于各种原因,委托他人代持股权。在选择股权代持时,必须做好税收筹划,以控制税法风险。

股权代持又称"委托持股""隐名投资"或"假名出资",是指实际出资人

（隐名股东）与他人（显名股东）约定，以该他人（显名股东）的名义代实际出资人（隐名股东）履行股东权利与义务的一种股权或股份处置方式。

股权代持最大的税法风险就是，可能被双重征税，即隐名股东要求解除代持协议，办理工商变更登记时，根据《个人所得税法》第十五条的规定，会被要求先完税，后办理过户手续。此时，会被要求按照财产转让所得缴纳个人所得税（税率为20%）。例如，2007年甲委托公司员工乙代持公司股权，公司名下有两套房产。2017年，甲欲解除代持协议，将公司股权变更到自己名下，公司所在地税务机关以房屋升值为由核定股权转让收入，要求员工乙缴纳1200多万元的税款。其实，这时只是将本属于甲的股权，从法律上确认其为甲所有而已。这时，就产生了重复征税的问题。

实务中，虽然代持的法律关系和事实客观存在，但纳税人往往因为缺乏充足的证明材料而无法说服税务机关按照经济实质课税，最终被迫接受按照公允价格计税的补税决定。在此，建议隐名股东重视有关材料的收集（如出资的支付凭证、参与公司股东会的决议、参与公司利润分配的凭证等），并加强与税务机关的交流和沟通，争取实质课税，以尽可能地维护自身的合法涉税权益。另外，因存在不被实质课税的风险，建议在委托代持时，就谨慎选择显名股东，若能选择"67号公告"规定的能提供具有法律效力身份关系证明的配偶、父母、子女、祖父母、外祖父母、孙子女、外孙子女、兄弟姐妹以及对转让人承担直接抚养或者赡养义务的抚养人或者赡养人的，则可以在解除股权代持时，按照低价股权转让的方式进行处理，不用实质缴纳财产转让的个人所得税。

第二十五章　税收筹划原理及应用

第一节　税收筹划原理

关于税收筹划的定义，学术界的观点各异，有强调利用好税收优惠的，有突出缴纳最低的税收的，还有追求税收利益最大化的。我们理解的税收筹划，即在纳税行为发生前，在合法的前提下，通过对纳税主体经营活动或投资活动等涉税事项做出提前安排，以实现优化纳税、减轻税负或递延纳税等目标的一系列活动。

一、合法性

合法性是税收筹划与逃避税收行为的根本标志。在多种可选方案中，选择一种既可以实现自己的商业目的，又可以降低税负（包括递延纳税）的方案，并加以实施，但不能违反法律的禁止性规定。

二、计划性

筹划有"规划、计划"之意，这也是税收筹划的本质特性之一。在纳税行为发生前，自己综合所持资源和拥有的机会，反复测算后做出最有利于自己的商业安排，是每个"理性经济人"最常用的方式。

三、专业性

在各国税制越来越复杂、商业模式越来越超前的大背景下，依靠纳税人自身力量进行税收筹划，已经显得力不从心了，作为第三产业的税务咨询、代理应运而生。税收筹划业务，越来越需要借助专业机构的力量来完成。

第二节 税收筹划的应用

本节介绍多个案例，供读者了解、思考，以便建立对税收筹划的初步认识。

案例一

张三计划成立一家贸易公司，预计招聘员工30人，资产50万元，年销售额为400万元（不含增值税）。问：怎样进行税收筹划可以使其综合税负最低？

1. 增值税

根据《财政部、国家税务总局关于统一增值税小规模纳税人标准的通知》（财税〔2018〕33号）的规定，增值税小规模纳税人标准为年应征增值税销售额500万元及以下，该贸易公司可以作为小规模纳税人计算缴纳增值税。根据《增值税暂行条例》的规定，小规模纳税人会计核算健全，能够提供准确税务资料的，可以向主管税务机关申请资格认定，不作为小规模纳税人，而按照一般纳税人有关规定计算缴纳增值税。

假设该贸易公司购进货物时，能从上家取得合规增值税专用发票，用于抵扣进项税，则需要比较一般纳税人与小规模纳税人的税负，结合该贸易公司预计增值率来选择纳税人身份。

一般纳税人应缴增值税额＝销项税额－进项税额＝销售额×增值税税率－成本价×增值税税率

小规模纳税人应缴增值税额＝销售额×征收率

假设使一般纳税人应缴增值税额与小规模纳税人应缴增值税额相等时的购成本价为Y，则

销售额×增值税税率－购进价×增值税税率＝销售额×征收率

400×13%－Y×13%＝400×3%

52－Y×13%＝12

Y＝307.69（万元）

即成本价维持在307.69万元时，作为一般纳税人和小规模纳税人，增值税税负无差异。

成本价高于307.69万元时，作为一般纳税人，税负较低。

成本价低于307.69万元时，作为小规模纳税人，税负较低。

所以，张三需要就可能的采购价（不含税）进行预测，以便供公司财务人员综合考虑选择纳税人的身份。

2. 企业所得税

假设经计算，2023年该贸易公司应纳税所得额为240万元，则不做税收筹划时，需要缴纳企业所得税＝240×25%＝60（万元）。

根据《财政部、国家税务总局关于实施小微企业普惠性税收减免政策的通知》（财税〔2019〕13号）、《国家税务总局关于实施小型微利企业普惠性所得税减免政策有关问题的公告》（国家税务总局公告2019年第2号）的规定，自2019年1月1日至2021年12月31日，对小型微利企业年应纳税所得额不超过100万元的部分，减按25%计入应纳税所得额，按20%的税率缴纳企业所得税；对年应纳税所得额超过100万元但不超过300万元的部分，减按50%计入应纳税所得额，按20%的税率缴纳企业所得税。若直接设立两个贸易A、B公司，承接相关业务，将100万元应纳税所得对应的业务装入A贸易公司，将240万元应纳税所得额对应的业务装入B贸易公司，则

A贸易公司应缴企业所得税额＝100×25%×20%＝5（万元）

B贸易公司应缴企业所得税额＝140×50%×20%＝14（万元）

合计应缴企业所得税额 = 5 + 14 = 19（万元）

所以，税收筹划节省税额 = 60 – 19 = 41（万元）。

上述优惠政策到期之后，财政部、国家税务总局又多次发布有关小型微利企业所得税优惠政策文件，根据现行有效的《财政部、国家税务总局关于进一步实施小微企业所得税优惠政策的公告》（财政部、税务总局公告2022年第13号）、《财政部、国家税务总局关于小微企业和个体工商户所得税优惠政策的公告》（财政部、税务总局公告2023年第6号）、《财政部、国家税务总局关于进一步支持小微企业和个体工商户发展有关税费政策的公告》（财政部、税务总局公告2023年第12号）的规定，目前小型微利企业享受的所得税方面的税收优惠政策如下。

（1）对小型微利企业年应纳税所得额不超过300万元的部分，减按25%计入应纳税所得额，按20%的税率缴纳企业所得税。

（2）该优惠政策延续执行至2027年12月31日。

案例二

A公司（非房地产公司）账面上有现金1000万元，不动产（房屋及土地使用权）2000万元（公允价值7000万元），负债2000万元（同公允价值及计税基础），所有者权益（实收资本）1000万元。现B公司欲以7000万元购买该房屋及土地使用权。

方案一：直接出售房地产

1. 增值税

假设选择一般计税方法，则应缴增值税 = 7000 × 9% = 630（万元）。

2. 增值税附加

应缴增值税附加税费 = 630 × (7%+3%+2%) = 75.6（万元）。

3. 土地增值税

（1）计算增值额 = 7000 – 75.6 – 2000 = 4924.4（万元）。

（2）计算增值率 = 4924.4/(2000+75.6) × 100% = 237%。

（3）应缴土地增值税 = 4924.4 × 60% – 2075.6 × 35% = 2954.64 – 726.46 = 2228.18（万元）。

4. 企业所得税

企业所得税 = 应纳税所得额 × 25% = (7000 – 75.6 – 2228.18) × 25% =

1174.06（万元）。

5. 契税

契税 = 7000 × 3% = 210（万元）

合计：A、B公司缴纳各项税费金额 = 630 + 75.6 + 2228.18 + 1174.06 + 210 = 4317.84（万元）。

方案二：转让股权

1. A公司新设C公司

以1000万元现金以及价值3000万元的房屋、土地使用权及资产相关负债、劳动力成立C公司。在设立过程中，根据财税〔2016〕36号文的规定，不征增值税。根据《财政部、国家税务总局关于继续实施企业改制重组有关土地增值税政策的通知》（财税〔2018〕57号）的规定，暂不征收土地增值税；但根据《企业所得税法》的规定，需要计算缴纳企业所得税，应缴税额 =（3000－2000）× 25% = 250（万元）。

2. A公司转让C公司股权

以8000万元的价格转让所持C公司股权，A公司需要缴纳企业所得税额 =（8000－4000）× 25% = 1000（万元）。

合计：A公司共缴纳税款 = 250 + 1000 = 1250（万元）。

对比方案一、方案二可知，方案二中节税金额 = 4317.84 － 1250 = 3067.84（万元）。

案例三

2013年，上海甲公司（适用税率25%）投资2000万元，取得A公司30%的股权；2015年，以5000万元的价格转让给关联公司——西藏乙公司（适用税率9%）；次年又以2.1亿元的价格转让给无关联的第三方。

案例分析如下。

（1）若直接以甲公司的名义转让该股权，需要缴纳企业所得税额 =（21000－2000）× 25% = 4750（万元）。

（2）经由乙公司转让，则

①甲公司缴纳企业所得税额 =（5000－2000）× 25% = 750（万元）。

②乙公司缴纳企业所得税额 =（19000－5000）× 9% = 1260（万元）。

合计缴纳企业所得税额 = 1260 + 750 = 2010（万元）。

两种股权转让方式，企业所得税额相差 = 4750 － 2010 = 2740（万元）。

注意：9%的企业所得税税率，出自西藏自治区人民政府关于印发《西藏自治区企业所得税政策实施办法》的通知（藏政发〔2014〕51号），其中规定西藏自治区的企业统一执行西部大开发战略中企业所得税15%的税率，且自2015年1月1日起至2017年12月31日止，暂免征收本区企业应缴纳的企业所得税中属于地方分享的部分，所以2015年1月1日至2017年12月31日西藏自治区的企业实际适用9%的企业所得税税率。

第二十六章 个人投资涉税问题

对于高净值人士而言，最重要的是确保已经取得的资产保值增值，而要让已经取得的资金实现增值，把资金存入银行显然不可取。银行仅有的存款利息连通货膨胀都无法追平，连保值都谈不上，更谈不上增值了。

选择适合的投资渠道，用资金对外投资便是高净值人士的不二选择。

第一节 个人用货币投资设立公司的涉税问题

一、货币出资涉税问题

按照《公司法》（以下所称《公司法》均为2023年修订版）的规定，有限责任公司的注册资本为在公司登记机关登记的全体股东认缴的出资额。全体股东认缴的出资额由股东按照公司章程的规定自公司成立之日起5年内缴足。

如果高净值人士投资设立公司，且用货币出资，依法要在公司成立之日起5年内缴足。有的投资人在自有资金无法满足投资需求的情况下，可能寻找中介"垫资"。凡是通过中介的帮助"垫资"设立的公司，公司成立后，中介机构必然会把资金从公司抽走。对于投资人设立的公司，就只能将该笔抽走的资金在会计上计入"其他应收款"，且通常会将该其他应收款挂在投资人个人名下。

其他应收款长期在股东个人名下，必然会给投资人和公司带来不可忽视的税收风险。这种风险主要体现在以下两个方面。

（1）投资人的个人所得税风险。

按照《财政部、国家税务总局关于规范个人投资者个人所得税征收管理的通

知》(财税〔2003〕158号)的规定,纳税年度内个人投资者从其投资的企业(个人独资企业、合伙企业除外)借款,在该纳税年度终了后既不归还,又未用于企业生产经营的,其未归还的借款可视为企业对个人投资者的红利分配,依照"利息、股息、红利所得"项目计征个人所得税。

其他应收款长期挂在投资人个人名下,就相当于投资人个人从被投资公司借款,在借款当年没有归还,也没有用于公司的生产经营,按照上述政策的规定,投资人个人需要按照"利息、股息、红利所得"项目缴纳20%的个人所得税。

《税收征收管理法》(2015年修正)第三十二条规定:"纳税人未按照规定期限缴纳税款的,扣缴义务人未按照规定期限解缴税款的,税务机关除责令限期缴纳外,从滞纳税款之日起,按日加收滞纳税款万分之五的滞纳金。"因此,对于投资人个人而言,被投资公司在"其他应收款"会计科目上长期挂账在投资人名下,一旦被税务稽查,投资人不仅要缴足个人所得税,还要按照规定按日加收滞纳税款万分之五的滞纳金。

(2)被投资公司的增值税和企业所得税风险。

投资人个人从被投资公司将资金借出,实质上相当于被投资公司将资金无偿提供给投资人个人使用。按照财税〔2016〕36号文附件一《营业税改征增值税试点实施办法》的规定,单位向个人无偿提供服务,视同销售,但用于公益事业或者以社会公众为对象的除外。

被投资公司将资金借给投资人个人使用,显然不是用于公益事业或以社会公众为对象,应视同销售,计算缴纳增值税。

按照《财政部、国家税务总局关于明确养老机构免征增值税等政策的通知》(财税〔2019〕20号)的规定,自2019年2月1日起至2020年12月31日止,对企业集团内单位(含企业集团)之间的资金无偿借贷行为,免征增值税。

对该政策的适用,实务中需要注意只有满足企业集团条件的单位之间才可以在上述特定期间享受增值税免税优惠。被投资公司将资金无偿借给投资人个人,即便在上述特定期间,也不适用增值税免税优惠。

《企业所得税法》(2018修正)第四十一条第一款规定:"企业与其关联方之间的业务往来,不符合独立交易原则而减少企业或者其关联方应纳税收入或者所得额的,税务机关有权按照合理方法调整。"

依据该条规定,若被投资公司将资金无偿借给投资人个人,该交易属于不符合独立交易原则的关联交易,税务机关有权按照合理方法调整。也就意味着,被投资公司需要就该行为应产生的利息收入计算缴纳企业所得税。

无论是增值税还是企业所得税，若被投资公司未按时足额缴纳，按照《税收征收管理法》的规定，纳税人未按照规定期限缴纳税款且扣缴义务人未按照规定期限解缴税款的，税务机关除责令限期缴纳外，从滞纳税款之日起，按日加收滞纳税款万分之五的滞纳金。

二、注册资本金额是否越大越好

有的投资人在设立公司时会把公司的注册资本金额定得比较大。注册资本是否越大越好呢？

（一）投资人未实缴注册资本是否需要对债权人承担责任

很多高净值人士在投资设立公司时，往往会有这样一种误解：如果注册资本还没有全部实缴，未来公司经营不善而破产，个人也不需要就未实缴的注册资本承担责任。

案例一

张某和妻子拟共同投资设立A有限责任公司，公司主要从事节能、环保技术的研发以及配套产品的生产和销售。2024年7月1日公司设立时，张某夫妇将注册资本确定为1000万元，全部认缴。根据法律规定，认缴的注册资本在2029年6月30日前缴足。

2028年3月，公司基于生产经营需要，从其他企业和个人共借入资金500万元。2029年2月，由于市场环境恶化，公司已经资不抵债，生产经营无法持续。

债权人了解这一信息后，纷纷要求张某还款。

张某称，公司已经资不抵债，正在申请破产清算，因为公司是有限责任公司，各债权人只能就账面上剩余的资产经拍卖后按规定的程序获取相应补偿。

张某还坚称，夫妻两人当下没有富余资金（但有多处房产和证券资产），并且对公司的注册资本还未到实缴期限，现在公司要破产，剩余注册资本已经无须再缴纳，自己也不会再拿出任何资金去偿还债务。

张某的说法能得到法院的认可吗？债权人能得到赔偿吗？

按照《公司法》第四条的规定，有限责任公司的股东以其认缴的出资额为限对公司承担责任。因此，张某夫妇需要对认缴的1000万元出资承担责任，即便没有现金，也需要用自己的其他资产承担责任。

本案中，张某夫妇在设立公司时，若将注册资本设定为50万元，后续的亏损属于正常经营造成的，则张某夫妇需要承担的责任仅为注册资本50万元。

（二）投资人未按期足额缴纳注册资本是否需要承担责任

注册资本缴纳期限到期，有的股东按期足额缴纳，有的股东没有按期足额缴纳，或者完全不缴纳。在这种情况下，未按期足额缴纳或未缴纳注册资本的股东是否需要对公司承担责任呢？

《公司法》第四十九条第三款规定："股东未按期足额缴纳出资的，除应当向公司足额缴纳外，还应当对给公司造成的损失承担赔偿责任。"

（三）投资人未实缴出资是否可以参与分红

公司经营过程中产生了盈利，未足额缴纳注册资本的股东是否可以参与分红呢？

按照《公司法》第二百一十条的规定，有限责任公司按照股东实缴的出资比例分配利润，全体股东约定不按照出资比例分配利润的除外。

通过上面的规定可以看出，如果公司章程中对股东分红没有做特殊约定，在分红时只有实缴注册资本的股东才可以参与分红，而且只能按该股东实缴资本额占全部实缴资本的比例参与分红。

如果公司章程中对股东分红有特殊约定，就按章程约定的方式分红。如章程约定按各股东认缴资本比例参与分红，则无论股东是否实际出资，均可以正常参与分红。

因此，对于高净值人士而言，在投资设立公司，尤其是和他人共同投资设立公司时，一定要在公司章程中对于各类可能发生的争议事项或有损自身利益的事项提前做好约定。

第二节　个人用非货币投资设立公司的涉税问题

《公司法》第四十八条规定："股东可以用货币出资，也可以用实物、知识产权、土地使用权、股权、债权等可以用货币估价并可以依法转让的非货币财产作价出资；但是，法律、行政法规规定不得作为出资的财产除外。对作为出资的非货币财产应当评估作价，核实财产，不得高估或者低估作价。法律、行政法规对评估作价有规定的，从其规定。"

根据《公司法》第四十九条的规定，股东以非货币财产出资的，应当依法办理其财产权的转移手续。

一、技术所有权的法律障碍

股东用技术进行投资的，股东首先要拥有技术。这里所说的"拥有"不是很多人想当然的"公司拥有就是投资人拥有"的概念，而必须是技术的所有权在投资人的个人名下。

在实务中，经常出现个别投资人使用公司名下的知识产权进行投资的情况。蹊跷的是，评估机构竟能对此视而不见，堂而皇之地指鹿为马，把本属于公司的知识产权生生地按投资人个人拥有的知识产权进行评估，个别会计师事务所甚至针对此种入资行为随着评估机构违规出具投资人已经入资的《验资报告》。

在投资人根本就没有技术所有权的情况下，利用公司的知识产权入资公司，这种行为属于典型的虚假出资。

《公司法》第二百五十二条规定："公司的发起人、股东虚假出资，未交付或者未按期交付作为出资的货币或者非货币财产的，由公司登记机关责令改正，可以处以五万元以上二十万元以下的罚款；情节严重的，处以虚假出资或者未出资金额百分之五以上百分之十五以下的罚款；对直接负责的主管人员和其他直接责任人员处以一万元以上十万元以下的罚款。"

此外，《刑法》第一百五十九条规定："公司发起人、股东违反公司法的规定未交付货币、实物或者未转移财产权，虚假出资，或者在公司成立后又抽逃其出资，数额巨大、后果严重或者有其他严重情节的，处五年以下有期徒刑或者拘役，并处或者单处虚假出资金额或者抽逃出资金额百分之二以上百分之十以下罚金。单位犯前款罪的，对单位判处罚金，并对其直接负责的主管人员和其他直接责任人员，处五年以下有期徒刑或者拘役。"

对于出具虚假评估报告和验资报告的机构与个人，《公司法》第二百五十七条规定："承担资产评估、验资或者验证的机构提供虚假材料或者提供有重大遗漏的报告的，由有关部门依照《中华人民共和国资产评估法》《中华人民共和国注册会计师法》等法律、行政法规的规定处罚。承担资产评估、验资或者验证的机构因其出具的评估结果、验资或者验证证明不实，给公司债权人造成损失的，除能够证明自己没有过错的外，在其评估或者证明不实的金额范围内承担赔偿责任。"

二、技术类型对入资的影响

在涉及投资人技术入资的增值税优惠政策中，按照财税〔2016〕36号文的规

定，技术转让增值税免税政策中的技术包括专利技术和非专利技术。

在涉及投资人技术入资的企业所得税优惠政策中，按照《财政部、国家税务总局关于完善股权激励和技术入股有关所得税政策的通知》（财税〔2016〕101号，以下简称财税〔2016〕101号文）的规定，投资人用技术入资可享受所得税暂免征收的优惠。这里的技术是指专利技术（含国防专利）、计算机软件著作权、集成电路布图设计专有权、植物新品种权、生物医药新品种，以及科技部、财政部、国家税务总局确定的其他技术成果。

三、技术入资的增值税优惠

个人将技术投资到公司，实质上发生了技术转让和投资两项业务。按照财税〔2016〕36号文附件三《营业税改征增值税试点过渡政策的规定》的规定，纳税人提供技术转让、技术开发以及与之相关的技术咨询、技术服务，免增值税。

如果纳税人希望享受免税优惠，须持技术转让、技术开发的书面合同，到纳税人所在地省级科技主管部门进行认定，并持有关的书面合同和科技主管部门审核意见证明文件报主管税务机关备查。

若纳税人未履行上述认定和备查程序，则无法享受增值税优惠。

如某省人张某在北京设立了一家科技公司，张某将自己的一项评估价值500万元的专利技术（请中介机构出具了评估报告）投资到公司中，履行有关登记手续后完成公司设立。

张某若要享受增值税优惠，需要履行如下程序。

首先，张某需要从北京回到户籍地某省，到该省科技主管部门对该技术入资协议进行技术合同认定。技术合同是否能认定成功完全取决于认定机构是否熟悉此类业务。如果认定机构不熟悉此类业务（经济越不发达的地区，对此类业务越陌生），则技术合同是否能被认定，何时能被认定，就成了"谜"一样的事项。如果该认定无法完成，后续的税收优惠也就无从谈起。

如果张某顺利完成了技术合同认定，那么他是在户籍所在地税务机关进行免税备案，还是要到被投资公司所在地税务机关申请免税备案呢？

按照财税〔2016〕36号文的规定，非固定业户应当向应税行为发生地主管税务机关申报纳税。

由于技术入资行为发生在被投资公司所在地，所以张某在完成技术合同认定后需要到被投资公司所在地税务机关申请增值税免税备案。

四、技术入资的所得税优惠

按照财税〔2016〕101号文的规定，个人以技术成果投资入股境内居民企业，被投资企业支付的对价全部为股票（权）的，个人选择技术成果投资入股递延纳税政策的，经向主管税务机关备案，投资入股当期可暂不纳税，允许递延至转让股权时，按股权转让收入减去技术成果原值和合理税费后的差额计算缴纳所得税。

如上例中张某完成了增值税免税备案程序后，同时履行了个人所得税暂免税备案手续。未来张某转让股权时，仍然要按全部增值额计算缴纳个人所得税，只不过纳税时间递延至股权转让当时。

未来张某在纳税时，用于投资的技术成果原值该如何确定呢？

按上述文件规定，个人因技术成果投资入股取得股权后，非上市公司在境内上市的，处置递延纳税的股权时，按照现行限售股有关征税规定执行{按照《财政部、国家税务总局、证监会关于个人转让上市公司限售股所得征收个人所得税有关问题的通知》（财税〔2009〕167号，以下简称财税〔2009〕167号文）的规定，按转让收入的15%核定原值及相关税费}。

五、被投资企业税前列支的涉税风险

被投资企业取得投资人投入的技术，计入无形资产。按《企业所得税法》的规定，通常会在10年内摊销。被投资公司在各年发生的无形资产摊销额，在计算缴纳企业所得税时，是否可以正常列支呢？

按照财税〔2016〕36号文的规定，增值税按次征收的，起征点最高不超过500元。

个人将技术投入公司，公司向个人支付的是股权，该行为属于增值税应税项目。以技术入资时，个人按次计算缴纳增值税，技术评估后的价格会远远超过500元。所以，个人以技术入资公司后，取得了被投资公司支付的对价——股权，需要同时向被投资公司开具发票（由被投资公司主管税务机关代开）。否则，公司发生的无形资产摊销，会由于未取得合法有效的扣除凭证而无法在企业所得税前列支。

第三节　个人债权投资的涉税问题

公司设立后，仅靠实际缴纳的注册资本可能无法满足日常经营的需要。

在公司注册资本不增加的情况下，注册资本缴足后，投资人继续投入的资金通常会按公司向个人借款处理。投资人个人将自有资金借给所投资的公司，可能是无偿借款，也可能是有偿借款。

一、个人无偿借款给公司

当公司股东只有投资人个人或者是投资人的直系亲属时，该借款通常是无偿的。这种无偿借款行为是否存在风险呢？

（一）合法性风险

自然人股东将资金无偿借给自己投资的公司，签订无偿借款合同，这种合同中的关于公司不支付利息的约定，受法律保护吗？

按照《最高人民法院关于审理民间借贷案件适用法律若干问题的规定》（2020第二次修正）的规定，个人和非金融机构之间发生的借贷，如果借贷双方没有约定利息，出借人主张支付借期内利息的，人民法院不予支持。

（二）所得税风险

自然人股东将资金无偿借给自己投资的公司，属于关联交易，该关联交易会对所投资公司的企业所得税产生哪些影响呢？

股东将资金无偿提供给A公司使用，显然不符合独立交易原则。如果要进行纳税调整，由于A公司未支付利息，所以要调减A公司的应纳税所得额，需要退还A公司原来多缴纳的企业所得税。既然是退税，又不是补税，对A公司而言，自然不存在所得税风险。

张某和李某将资金无偿提供给A公司使用，张某和李某是否需要缴纳个人所得税？在2018年12月31日前，我国有关个人所得税的税收政策中没有对于个人无偿提供资金要按视同销售缴纳个人所得税的规定；但是，从2019年1月1日起，修订后的《个人所得税法》正式实施。按照新修订的法律规定，个人与其关联方之间的业务往来不符合独立交易原则而减少本人或者其关联方应纳税额，且无正当理由的，税务机关有权按照合理方法进行纳税调整。因此，从理论上讲，2019年1月1日之后，个人将资金无偿提供给公司使用，就存在个人所得税的风险。

（三）增值税风险

股东张某和李某将资金提供给A公司使用，对于张某和李某而言，属于贷款行为，张某和李某是增值税纳税主体，A公司对该业务无须缴纳增值税。

那么张某和李某将资金无偿提供给自己的公司使用，张某和李某是否需要缴纳增值税呢？

按照《营业税改征增值税试点实施办法》的有关规定，单位或者个体工商户向其他单位或者个人无偿提供服务，视同销售，但用于公益事业或者以社会公众为对象的除外。

上述政策并未规定其他个人（自然人）对外无偿提供服务也要做视同销售处理。因此，张某和李某将资金无偿提供给自己的公司使用，张某和李某无须缴纳增值税。

二、个人有偿借款给公司

当公司股东人数超过一人，且各股东之间并非直系亲属关系，某一投资人将资金借给公司使用，通常会收取一定的利息。

投资人个人从公司收取利息，对个人、对公司都涉及哪些税收风险呢？

（一）个人所得税

按照《个人所得税法》及《个人所得税法实施条例》的规定，个人取得利息所得，应按利息全额缴纳20%的个人所得税。该税款由支付利息的公司履行代扣代缴义务。

按照《税收征收管理法》第六十九条的规定，扣缴义务人应扣未扣税款的，由税务机关向纳税人追缴税款，对扣缴义务人处应扣未扣税款50%以上3倍以下的罚款。

按照《国家税务总局关于贯彻〈中华人民共和国税收征收管理法〉及其实施细则若干具体问题的通知》（国税发〔2003〕47号）的规定，扣缴义务人违反征管法及其实施细则规定应扣未扣税款的，税务机关除按征管法及其实施细则的有关规定对其给予处罚外，还应当责成扣缴义务人限期将应扣未扣的税款补扣。

在实务中，由于缺乏对税收政策的了解，很多企业向投资人借款后，在向投资人个人支付利息时，往往忽略了代扣代缴个人所得税的义务，从而不可避免地为投资人个人及支付利息的公司带来税收风险。

实务中最常见的"法人贷"，也是上述情况的典型表现。

企业日常经营中，靠企业自身的实际情况向商业银行申请贷款，由于各种条件的限制，导致企业无法正常获得经营所需的资金。在这样的背景下，很多商业银行为了扩大贷款业务，纷纷推出了"法人贷"产品，即银行以信用贷款或消费贷款的形式将资金贷给投资人个人，个人再将从银行获取的资金借给所投资的公司使用，从而间接实现公司的资金需求。

在"法人贷"模式下，公司并未向银行贷款，而是向个人借款。公司支付的利息也不是给银行的贷款利息，而是支付给投资者个人的贷款利息。若公司未履行代扣代缴个人所得税义务，就会给公司和投资者个人带来涉税风险。

（二）增值税

按照财税〔2016〕36号文附件一《营业税改征增值税试点实施办法》的规定，个人发生应税行为的销售额未达到增值税起征点的，免征增值税；达到起征点的，全额计算缴纳增值税。

按照财税〔2016〕36号文附件一《营业税改征增值税试点实施办法》的规定，个人发生应税行为增值税起征点幅度为：按期纳税的，为月销售额5000~20 000元（含本数）；按次纳税的，为每次（日）销售额300~500元（含本数）。

个人将资金提供给公司使用并取得利息，相当于提供了贷款服务，该行为属于增值税应税项目。

按照上述规定，如果企业支付金额超过增值税起征点，则个人需要全额缴纳增值税；如果支付金额未超过增值税起征点，则个人无须缴纳增值税。

对于个人提供增值税应税行为，目前只在《国家税务总局关于小规模纳税人免征增值税征管问题的公告》（国家税务总局公告2021年第5号）中，对个人提供不动产租赁确定为按月计算销售额；而对于个人提供劳务服务或特许权使用服务，实务中通常会按次计算销售额。

这也就意味着，只要公司每次向个人支付利息超过500元，个人就需要缴纳增值税及附加税费（不需要支付方代扣代缴）。个人未及时办理税款缴纳的，按照《税收征收管理法》的规定，同样面临补缴税款和滞纳金的处罚。

（三）企业所得税风险

按照《企业所得税税前扣除凭证管理办法》（国家税务总局公告2018年第28号）的规定，企业在境内发生的支出项目属于增值税应税项目，对方为从事小额零星经营业务的个人，其支出以税务机关代开的发票或者收款凭证及内部凭证作为税前扣除凭证，收款凭证应载明收款单位名称、个人姓名及身份证号、支出项

目、收款金额等相关信息。

小额零星经营业务的判断标准是个人从事应税项目经营业务的销售额不超过增值税相关政策规定的起征点。

按照《个人所得税法》的规定，个人取得的利息收入，按次计算缴纳个人所得税。

公司向个人支付贷款利息，只要每次金额超过500元，就超过了个人增值税起征点的标准，个人不满足小额零星经营业务的要求，公司支付的该款项需要取得个人向税务机关代开的发票才可以税前列支。

实务中，很少有企业能按照上述规定取得发票，但很多公司都在税前列支了。这对使用资金的公司而言，又是一个潜在的税收风险。

（四）适合的方案

实务中，当投资者个人确实需要将资金提供给公司使用，又需要象征性地收取利息时，该如何操作呢？

在目前的金融和财税政策下，"大额存单质押贷款"是对各方都非常有利的选择。

大额存单质押贷款通常的操作方法是：投资人个人在银行存入一笔确定金额的资金并取得大额存单。公司向银行贷款取得所需资金，个人将大额存单质押给银行提供连带保证。

在这种模式下，个人取得的利息属于存款利息，而不是贷款利息。按照财税〔2016〕36号文的规定，纳税人取得银行的存款利息，不征收增值税。

按照《财政部、国家税务总局关于储蓄存款利息所得有关个人所得税政策的通知》（财税〔2008〕132号）的规定，储蓄存款在2008年10月9日后（含10月9日）滋生的利息所得，暂免征收个人所得税。

公司使用资金支付利息不再是向个人支付，而是向银行支付。银行收取贷款利息并向使用资金的公司正常开具发票是完全正常的经济业务。公司向银行支付利息并取得发票后，就可以正常在企业所得税前列支。

在目前的金融政策下，中国人民银行对商业银行的存款利率和贷款利率大小不再做强制性限制，只是基于正常的窗口指导。因此，当投资人个人需要向公司出借的资金较多，且期限较长时，就可以就存款利率和贷款利率与银行进行谈判，以争取个人能获得较高的存款利率，公司获得一个较低的贷款利率。

通过该模式的应用，既不违反国家的财税和金融政策，又实现了个人、公司、银行的"三赢"局面。

三、投资人借款给公司后被投资公司注销

投资人将资金借给自己投资的公司，公司可能会正常运营并在后续经营中逐渐偿还所借资金，也可能因经营不善而不得不注销。在公司注销环节，如果投资人借给公司的借款尚未收回，会有哪些涉税风险呢？

案例二

张某投资设立A公司，注册资本300万元，张某全额实缴。A公司经营过程中，由于开展业务需要，张某还额外借给公司200万元。由于市场拓展没有太大起色，A公司在经历第一年的亏损后，以后各年仅勉强做到盈亏平衡。经营8年后，张某决定将A公司注销。

注销时，由于A公司没有可弥补的亏损额，税务机关要求A公司对未偿还的200万元转为营业外收入，并缴纳50万元企业所得税。

税务机关做出如此判定的依据是《企业所得税法实施条例》第二十二条的规定。该规定明确，企业确实无法偿付的应付款项属于企业所得税法第六条第九项所称其他收入。

出现这样的情况，无论是对于投资人个人还是对于被投资公司来说，都是一个非常"尴尬"的状况。本来公司就已经入不敷出，想把公司注销之后再另起炉灶，重打鼓另开张，谁承想还要再缴纳50万元税款才行。

遇到这种问题，很多人的第一个想法就是：这不公平！

其实这不是不公平，本来法律就已经明确规定，自己还非要往"枪口"上撞，怨不得别人，只能怪自己学艺不精、用人不当，缴了不该缴的冤枉税。

到底该怎么操作才能规避这样的风险呢？

有人提议可以通过"债转股"来实现，就是将债权人对公司的债权转为持有公司的股权。

按照《公司注册资本登记管理规定》（国家工商行政管理总局令第64号）第七条的规定，债权人可以将其依法享有的对在中国境内设立的公司的债权，转为公司股权。

转为公司股权的债权应当符合下列情形之一。

（1）债权人已经履行债权所对应的合同义务，且不违反法律、行政法规、国务院决定或者公司章程的禁止性规定。

（2）经人民法院生效裁判或者仲裁机构裁决确认。

（3）公司破产重整或者和解期间，列入经人民法院批准的重整计划或者裁定认可的和解协议。

上述案例中，张某对A公司的债权符合上述规定（1）的情形，可以通过债权变更为股权的形式将A公司应付张某的债务消除，从而达到注销时无须对此缴纳企业所得税的目的。

上述方案在理论上不存在任何障碍，而问题的关键在于，实务中很多地方的机构根本就不允许这么操作。

除了债转股之外，还有其他更好的方法吗？

当然有。在公司注销前，可以考虑采取以下筹划方案。"曲线救国"，同样可以达到"债转股"的效果。

第一步，张某对A公司增资，增资额200万元。A公司在工商和税务部门办理正常增资手续，张某完成200万元注册资本的实缴。

第二步，A公司收到200万元资金后，再把200万元还给张某。

第三步，A公司正常办理注销。这时再注销公司，A公司就不存在未偿付的应付款项，也就不存在因为无法支付的应付款项而补税的问题了。

第四节 公司和个人财产混同的涉税问题

公司的就是老板的，老板的也是公司的。这种观点在很多企业，尤其是民营企业普遍存在。持有这种观点的高净值人士也不在少数。

把公司和老板个人的财产混同，在实务中存在较大的涉税风险。

一、投资者个人以公司的名义炒股

为了提高公司闲置资金的使用效率，或者为了满足投资者个人的风险偏好，实务中很多企业的投资人会要求公司财务人员以公司名义开设证券账户，由投资人个人具体操作股票买卖。

如果是以个人名义在金融市场买卖上市公司股票，国家有一系列的税收优惠政策；而以公司名义买卖股票，对个人的优惠无法直接适用于公司。在投资人将个人和公司财产混同的情况下，就非常容易产生涉税风险。

（一）个人持有和买卖股票的涉税政策

个人买卖上市公司股票，获取的收益包括两种形式：一种是持股期间取得的股息收入，另一种是买卖股票取得的资本利得。

两种收入涉及的税种包括增值税及附加税费、个人所得税和印花税。

1. 增值税及附加税费

（1）持股期间取得的股息收入。

个人在持股期间取得上市公司分配的股息，不属于增值税征税的范围，个人无须缴纳增值税及附加税费。

（2）买卖股票取得的资本利得。

按照财税〔2016〕36号文附件三《营业税改征增值税试点过渡政策的规定》的规定，个人从事金融商品转让业务免征增值税。

按照《销售服务、无形资产、不动产注释》的规定，金融商品转让，是指转让外汇、有价证券、非货物期货和其他金融商品的转让。

股票属于有价证券的一种表现形式。因此，个人通过证券市场买卖上市公司股票，可以享受免征增值税的优惠。

增值税免征，附加税费自动享受免税优惠。

2. 个人所得税

（1）持股期间取得的股息收入。

如果投资人个人持有的是上市公司流通股，按照《财政部、国家税务总局、证监会关于上市公司股息红利差别化个人所得税政策有关问题的通知》（财税〔2015〕101号，以下简称财税〔2015〕101号文）的规定，个人从公开发行和转让市场取得的上市公司股票，根据持股期限不同，税收政策有所差异。

①持股期限超过1年的，股息红利所得暂免征收个人所得税。

②持股期限在1个月以上至1年（含1年）的，暂减按50%计入应纳税所得额，适用20%的税率计征个人所得税（也就是按10%的比率计算缴纳个人所得税）。

③持股期限在1个月以内（含1个月）的，其股息红利所得全额计入应纳税所得额，适用20%的税率计征个人所得税。

投资者个人在持股期间取得上市公司的分红，根据持股期间，可以自行判定是否可以享受上述减免税优惠政策。

如果投资人个人持有的是上市公司的限售股，按照《财政部、国家税务总局、证监会关于实施上市公司股息红利差别化个人所得税政策有关问题的通知》（财税〔2012〕85号，以下简称财税〔2012〕85号文）的规定，对个人持有的上市公司限售股，解禁后取得的股息红利，按照上述流通股利息的税收政策执行，持股时间自解禁日起计算；解禁前取得的股息红利继续减按50%计入应纳税所得额，适用20%的税率计征个人所得税。

（2）买卖股票取得的资本利得。

按照财税〔2009〕167号文的规定，对个人在上海证券交易所、深圳证券交易所转让从公开发行和转让市场取得的上市公司股票所得，继续免征个人所得税。

如果投资者个人持有的是上市公司的限售股，在出售时，按照财税〔2009〕167号文的规定，对个人转让限售股取得的收益，按照"财产转让所得"，适用20%的比例税率征收个人所得税。

如果投资者个人同时持有限售股及该股流通股，其股票转让所得，按照限售股优先原则，即转让股票视同先转让限售股，按规定计算缴纳个人所得税。

3. 印花税

按照《印花税法》第三条的规定，证券交易印花税对证券交易的出让方征收，不对受让方征收。根据《印花税法》所附《印花税税目税率表》的规定，证券交易印花税税率为成交金额的千分之一。

按照上述规定，投资人个人在证券市场上买卖股票，只在卖出时按千分之一缴纳印花税，买入时无须缴纳印花税。

此外，根据《财政部、国家税务总局关于减半征收证券交易印花税的公告》（财政部、税务总局公告2023年第39号），为活跃资本市场、提振投资者信心，自2023年8月28日起，证券交易印花税实施减半征收。

（二）公司持有买卖股票的涉税政策

投资人个人以公司名义买卖上市公司股票，获取的收益也是两种形式：一种是持股期间取得的股息收入，另一种是买卖股票取得的资本利得。

两种收入涉及的税种包括增值税及附加税费、企业所得税和印花税。

1. 增值税及附加税费

（1）持股期间取得的股息收入。

公司在持股期间取得上市公司分配的股息，不属于增值税征税范围，公司无须缴纳增值税及附加税费。

（2）买卖股票取得的资本利得。

财税〔2016〕36号文附件三《营业税改征增值税试点过渡政策的规定》中，对于公司从事金融商品转让业务免征增值税的情形仅限于"证券投资基金（封闭式证券投资基金、开放式证券投资基金）管理人运用基金买卖股票、债券"。对于实务中存在的个人以公司名义炒股的情形，基本不符合上述免税规定。

因此，投资者个人以公司名义炒股，发生增值的，公司需要对增值部分缴纳增值税及附加税费。

如果发生亏损，原来缴纳的增值税及附加税费可以申请退还吗？当然不可以。

按照财税〔2016〕36号文附件二《营业税改征增值税试点有关事项的规定》的规定，金融商品转让，按照卖出价扣除买入价后的余额为销售额。

转让金融商品出现的正负差，以盈亏相抵后的余额为销售额。若相抵后出现负差，可结转下一纳税期与下期转让金融商品销售额相抵，但年末时仍出现负差的，不得转入下一个会计年度。

从上述规定可以看出，如果公司买卖股票，在一个会计年度的前半段挣钱了，需要对增值部分缴纳增值税及附加税费；在一个会计年度的剩余期间不仅把上半年所赚的都亏进去，甚至连本金都亏了一些，这时候的亏损就是"白亏"。因为这些亏损不仅无法将之前已经缴纳过的税费退还，而且该亏损不能结转到下一年度继续使用。

2. 企业所得税

（1）持股期间取得的股息收入。

在公司持股的情况下，无论持有的是上市公司的流通股还是限售股，在持股期间取得的股息收入，按照《企业所得税法》的规定，符合条件的居民企业之间的股息、红利等权益性投资收益，免征企业所得税。

按照《企业所得税法实施条例》的规定，免税的股息、红利等权益性投资收益，不包括居民企业连续持有居民企业公开发行并上市流通的股票不足12个月取得的投资收益。

上述政策表达的意思就是，居民企业持有上市公司股票，如果持股时间不足12个月，其取得的股息不能享受企业所得税免税优惠。

这里需要注意的是，如果公司在取得分红时，持股期尚不足12个月，但在次年5月31日汇算清缴前仍一直持有，且到汇算清缴时持股期已经满12个月，公司取得上市公司的股息仍然可以享受免税优惠。

（2）买卖股票取得的资本利得。

对于公司买卖上市公司股票取得的资本利得，在企业所得税上没有任何减免税优惠。该所得需要并入公司收入总额计算缴纳企业所得税。

和个人买卖上市公司股票相比，一个较大的优势在于，当买卖股票出现大额亏损时，对于个人而言，就是"白亏"；但对于公司，该亏损就可以抵减公司其他项目的盈利，从整体上减少公司当年的应纳税所得额，如果亏损额特别大，还可以递延至以后年度继续弥补。

这里还有一个需要特别注意的事项。如果公司购买股票达到了大宗交易的标准，就无法在证券市场直接买卖，买卖双方需要通过交易所签订协议后再进行交易。

在这种交易模式下，买卖双方都是确定的，交易的对象是股票。按照《企业所得税税前扣除凭证管理办法》（国家税务总局公告2018年第28号）的规定，企业在境内发生的支出项目属于增值税应税项目的，对方为已办理税务登记的增值税纳税人，其支出以发票（包括按照规定由税务机关代开的发票）作为税前扣除凭证；对方为依法无须办理税务登记的单位或者从事小额零星经营业务的个人，其支出以税务机关代开的发票或者收款凭证及内部凭证作为税前扣除凭证，收款凭证应载明收款单位名称、个人姓名及身份证号、支出项目、收款金额等相关信息。

股票转让属于增值税征税范围，按照《国家税务总局关于增值税发票管理若干事项的公告》（国家税务总局公告2017年第45号公告）的规定，协议转让方如果属于公司的，需要自行开具发票；协议转让方如果是个人的，个人需要到税务机关代开发票。

在购买方未取得发票的情况下，购买股票的计税成本无法得到税务机关的认可，未来公司再销售股票时，只要再销售价格超过交易过程中的税费，就一定存在盈利；而实际上，在交易价格低于当时协议购买价时，持股公司是不可能盈利的。

所以，当投资者个人以公司名义进行股票交易，在协议转让这种特定交易模式下，一定要取得销售方开具的或到税务机关代开的股票转让发票。

3. 印花税

按照《印花税法》第三条的规定，证券交易印花税对证券交易的出让方征收，不对受让方征收。根据《印花税法》所附《印花税税目税率表》的规定，证券交易印花税税率为成交金额的千分之一。

按照上述规定，公司在证券市场上买卖股票，只在卖出时按千分之一缴纳印花税，买入时无须缴纳印花税。

此外，根据《财政部、国家税务总局关于减半征收证券交易印花税的公告》（财政部、税务总局公告2023年第39号），为活跃资本市场、提振投资者信心，自2023年8月28日起，证券交易印花税实施减半征收。

二、投资者个人的家庭费用在公司报销

公司和个人财产混同的另一个常见表现形式就是投资者个人将家庭日常各项消费支出在公司报销；但是公司是一个独立的法人主体，而不是投资者个人的附属物。将本属于投资者个人或家庭的消费在公司报销，严重侵犯了公司以及公司股东、公司债权人的利益。

（一）企业所得税风险

按照《企业所得税法》的规定，企业经营中发生的与取得收入无关的其他各项支出，不得在企业所得税前列支。各项支出包括哪些，在税收政策中没有逐一列举；但对于投资者个人及家庭消费支出，本属于应由投资者个人及家庭负担的支出，放在公司进行报销，明显属于和公司取得的收入无任何关联。此类支出自然无法在企业所得税前列支。

典型的案例是，青岛市国家税务局稽查局查处的青岛市某自动化有限公司偷税一案。该企业通过隐匿收入的方式逃避缴纳相关税收，已构成偷税行为。

案例三

根据工作安排，国税稽查人员对青岛市某自动化有限公司纳税和发票使用情况进行了纳税检查。

经查，该单位法定代表人陶某购买家用电器、家装材料、家居用品用于个人消费，购买时直接支付现金，取得青岛市某商业有限公司开具的普通发票25份，计入单位账簿管理费用－办公费30万元。事后陶某把发票交与财务人员报销，进行税前扣除，未做纳税调整，其明知道购进的物品是用于自己消费，还开具办公用品发票到单位报销，构成主观故意偷税。

由于该公司2012年偷税数额达8.46万元，除了被要求补缴税款和滞纳金以外，还被税务机关处以偷税额50%的罚款4.23万元，同时，由于该公司偷税比例达12.14%，被移送公安机关做进一步处理。

（二）个人所得税风险

按照《财政部、国家税务总局关于企业为个人购买房屋或其他财产征收个人所得税问题的批复》（财税〔2008〕83号）的规定，企业出资购买房屋及其他财产，将所有权登记为投资者个人、投资者家庭成员或企业其他人员的，对于个人投资者或其家庭成员取得的上述所得，视为企业对个人投资者的红利分配，按照

"利息、股息、红利所得"项目计征个人所得税；对于企业其他人员取得的上述所得，按照"工资、薪金所得"项目计征个人所得税。

投资者个人将自己或家庭发生的支出在公司报销，实质上就相当于公司为个人投资者或其他家庭成员购买财产，按照上述规定，投资者个人需按"利息、股息、红利所得"项目缴纳20%的个人所得税。

三、将公司收入转入投资者个人账户

要求购买方将本属于公司的各项收入资金直接打入个人账户，这种情况在实务中比比皆是。投资人投资设立的公司以个人为服务对象的，这种情况就更加明显，如饭馆、各类中小学生课外培训机构、娱乐场所等。

（一）银行监管风险

按照《金融机构大额交易和可疑交易报告管理办法》（中国人民银行令〔2016〕3号令）的规定，从2017年7月1日起，对于下列常见的交易，金融机构应当及时向中国人民银行反洗钱监测分析中心报送大额交易和可疑交易报告，接受中国人民银行及其分支机构的监督、检查。

（1）当日单笔或者累计交易人民币5万元以上（含5万元）、外币等值1万美元以上（含1万美元）的现金缴存、现金支取、现金结售汇、现钞兑换、现金汇款、现金票据解付及其他形式的现金收支。

（2）自然人客户银行账户与其他银行账户发生当日单笔或者累计交易人民币50万元以上（含50万元）、外币等值10万美元以上（含10万美元）的境内款项划转。

（3）自然人客户银行账户与其他银行账户发生当日单笔或者累计交易人民币20万元以上（含20万元）、外币等值1万美元以上（含1万美元）的跨境款项划转。

将上述规定进行总结，对于个人账户当日单笔或累计发生下列任一情形，个人账户就很容易被监控：5万元以上的现金收支（提现或存现）、50万元以上的境内资金划转（境内转账）、20万元以上的跨境资金账户划转（跨境转账）。

按照《国家税务总局、中国银行保险监督管理委员会关于深化和规范"银税互动"工作的通知》（税总发〔2019〕113号）的规定，各省应结合本地实际情况，加快推进税务和银行之间"省对省"数据直连工作机制。国家税务总局不再扩大与银行总行数据直连试点范围。税务部门不再与第三方签订新的"银税互动"合作协议（单纯为税务部门提供平台开发和技术运维服务的协议除外），已经与第三方签订相关合作协议的，要尽快转换为与银行或银保监部门数据直连模式，积

极稳妥地与当地银行或银保监部门做好转换期间的业务对接，确保正常业务不脱节、不中断。

在"银税互动"越来越紧密的环境下，任何可疑的银行交易都可能会被及时共享到税务机关核实是否存在逃避税款的风险。

（二）刑事风险

按照《最高人民法院、最高人民检察院关于办理非法从事资金支付结算业务、非法买卖外汇刑事案件适用法律若干问题的解释》（法释〔2019〕1号）的规定，非法为他人提供单位银行结算账户套现或者单位银行结算账户转个人账户服务的，非法为他人提供支票套现服务的均属于"非法从事资金支付结算业务"。

非法从事资金支付结算业务，非法经营数额在500万元以上或违法所得数额在10万元以上的，应当认定为非法经营行为"情节严重"。按照《刑法》的规定，对违法行为人可处5年以下有期徒刑或者拘役，并处或者单处违法所得一倍以上5倍以下罚金。

（三）涉税风险

要求客户将本属于公司的收入汇入个人账户，无法改变该款项属于公司收入的事实，一旦被税务稽查，公司还会面临补缴税款、滞纳金甚至罚款的风险。

案例四

公司收入进入实际控制人和法定代表人个人账户

2017年，北京市通州区国家税务局稽查局向北京某电子股份有限公司出具《税务行政处罚决定书》（通国税稽罚〔2017〕47号），主要内容如下。

通州区国税稽查局对该公司实际控制人、法定代表人李某在中国工商银行和兴业银行开立的个人账户进行检查，发现，以上两个账户均是用于收取客户汇入的购货款。

在2013—2015年，收取金额共计4 197 447.08元（不含税金额为3 587 561.61元）。其中，1 368 229.53元已经在2013—2014年确认收入纳税申报，剩余2 219 332.08元应在2013年度申报而未申报，应追缴增值税税款共计377 286.46元。公司2013年度应申报而未申报收入2 219 332.08元，确认成本1 813 269.08元，应调增当年应纳税所得额406 063元，应追缴2013年度企业所得税101 515.75元。

处罚决定：对公司少缴增值税377 286.46元、企业所得税101 515.75元分别处以0.5倍的罚款，金额合计239 401.11元。

案例五

公司收入进入股东、法定代表人以为的其他个人账户

安徽省宣城市M工程机械有限公司将本应属于公司的部分销售收入打入法定代表人陆某姐姐（不是M公司股东）的个人账户，稽查人员检查中发现有24笔流水在交易备注上标注有"沥青搅拌机""沥青拌合楼预付款"等字样，从交易对方账户信息来看，有个人账户，也有标注为"某沥青商砼公司""某路桥公司"等的企业账户，这些疑似销售款的资金累计金额达1570万元之多。

安徽省宣城市税务机关经过深挖细查，确认M工程机械有限公司采用销售收入不入账等方式少计营业收入1887万元，共计少缴增值税320.8万元、企业所得税76.6万元，少缴各类地方税及附加32.8万元。针对该企业上述违法行为，税务机关依法对其做出补缴税款、加收滞纳金314.8万元，并处罚款207.1万元的处理决定。

四、合法的安排

公是公，私是私，公私一定要分明。属于公司的资金，就不要直接往自己腰包里装。"君子爱财，取之有道。"守法经营，合法筹划，才是企业安全运营的根本！

实务中，很多投资人设立公司后，股东往往都是义务劳动，公司根本不给股东发工资，股东需要钱就直接从公司拿或找发票报销。这种方式非常不可取。

股东参与公司经营，也是公司的员工，公司给股东个人发放工资，天经地义。股东个人的家属参与公司经营，同样可以正常发放工资。

至于工资的金额定多少，国家没有任何禁止性规定，只要正常申报个人所得税即可。理论上讲，在公司所得税率25%，个人股东取得分红20%的情况下，只要个人从公司取得工资的综合税率不超过40%，就非常合适。

案例六

张某和妻子共同投资设立A公司，两人平时不从公司取得工资收入，只在公司盈利的时候，从公司取得分红收入。假设A公司当年实现利润200万元。A公司适用的企业所得税税率为25%，不考虑纳税调整，A公司和张某及其妻子共同负担的税款如下。

A公司缴纳企业所得税

$=200 \times 25\%$

=50(万元)

张某和妻子取得分红缴纳个人所得税

=(200-50)×20%

=30(万元)

总纳税额=50+30=80(万元)

整体税负=80÷200=40%

如果张某和妻子每月从公司领取工资收入,年度分别为100万元,除了基本扣除6万元之外,不考虑其他扣除事项。张某和妻子在当年也没有工资以外的其他综合所得。

张某取得工资收入应纳个人所得税

=(1 000 000-60 000)×35%-85 920

=243 080(元)

张某和妻子合计缴纳个人所得税

=243 080×2

=486 160(元)

由于张某和妻子合计取得工资收入200万元,A公司当年盈亏平衡,无须缴纳企业所得税。

整体税负=486 160÷2 000 000=24.31%

张某和妻子通过正常、合法领取工资的方式获取资金,可以比分红模式下少缴纳313 840元的税款。如果再考虑年终奖、张某和妻子的"三险一金"扣除、专项附加扣除等因素,整体税负会更低。

第五节 个人从公司分红的涉税问题

个人投资于公司,取得分红的形式既包括现金股利,也包括非现金形式的股利。针对不同类型的公司,在向个人支付股利时,涉税政策会有所差异。

一、个人股东收到公司支付的现金分红

(一)个人取得上市公司支付的现金股利

1.个人持有上市公司流通股

按照财税〔2015〕101号文的规定,个人从公开发行和转让市场取得的上市公司股票,根据持股期限不同,税收政策有所差异。

（1）持股期限超过1年的，股息红利所得暂免征收个人所得税。

（2）持股期限在1个月以上至1年（含1年）的，暂减按50%计入应纳税所得额，适用20%的税率计征个人所得税（也就是按10%的比率计算缴纳个人所得税）。

（3）持股期限在1个月以内（含1个月）的，其股息红利所得全额计入应纳税所得额，适用20%的税率计征个人所得税。

需要注意的是，这里的持股期限并非从购买日至派息日的期间，而是从购买日至个人转让股票日的期间。

所以，上市公司在实际派发股息红利时，对个人持股1年以内（含1年）的，上市公司暂不扣缴个人所得税；待个人转让股票时，证券登记结算公司根据其持股期限计算应纳税额，由证券公司等股份托管机构从个人资金账户中扣收并划付证券登记结算公司，证券登记结算公司应于次月5个工作日内划付上市公司，上市公司在收到税款当月的法定申报期内向主管税务机关申报缴纳。

2. 个人持有上市公司限售股

按照财税〔2012〕85号文的规定，对个人持有的上市公司限售股，解禁后取得的股息红利，按照上述流通股利息的税收政策执行，持股时间自解禁日起计算；解禁前取得的股息红利继续减按50%计入应纳税所得额，适用20%的税率计征个人所得税。

依据上述政策，对于个人持有上市公司限售股取得的分红，可以得出如下结论。

（1）限售股未解禁，个人需要缴纳10%的个人所得税。

（2）限售股已解禁，从解禁之日开始计算，时间超过1年的，免征个人所得税；时间在1个月以上至1年（含1年）的，按10%计算缴纳个人所得税；时间在1个月以内（含1个月）的，按20%计算缴纳个人所得税。

（二）个人取得挂牌公司支付的现金股利

按照《财政部、国家税务总局、证监会关于继续实施全国中小企业股份转让系统挂牌公司股息红利差别化个人所得税政策的公告》（财政部、国家税务总局、证监会公告2019年第78号）的规定，对于个人持有挂牌公司的股票，无论是原始股还是非原始股，取得挂牌公司支付的股息时，一律执行如下纳税政策。

（1）个人持有挂牌公司的股票，持股期限超过1年的，对股息红利所得暂免征收个人所得税。

（2）个人持有挂牌公司的股票，持股期限在1个月以内（含1个月）的，其

股息红利所得全额计入应纳税所得额。

（3）个人持有挂牌公司的股票，持股期限在1个月以上至1年（含1年）的，其股息红利所得减按50%计入应纳税所得额。

（4）上述所得统一适用20%的税率计征个人所得税。

这里的持股期限是指个人取得挂牌公司股票之日至转让交割该股票之日前一日的持有时间。

挂牌公司派发股息红利时，对截至股权登记日个人持股1年以内（含1年）且尚未转让的，挂牌公司暂不扣缴个人所得税；待个人转让股票时，证券登记结算公司根据其持股期限计算应纳税额，由证券公司等股票托管机构从个人资金账户中扣收并划付证券登记结算公司，证券登记结算公司应于次月5个工作日内划付挂牌公司，挂牌公司在收到税款当月的法定申报期内向主管税务机关申报缴纳，并应办理全员全额扣缴申报。

（三）个人取得非上市、非挂牌公司支付的现金股利

自然人持有公司股权，当公司有盈利直接向个人分红时，个人需要按照《个人所得税法》的规定缴纳20%的个人所得税，该税款由支付股息的公司履行代扣代缴义务。

二、个人股东尚未收到公司的现金分红

实务中，当公司给个人的分红尚未直接现金支付时，会有什么涉税风险呢？

常见的表现形式是，股东已经召开股东会，决定将公司的未分配利润对股东进行分配，并形成股东会决议。财务部门按照股东会决议进行如下会计处理。

借：未分配利润

贷：其他应付款——应付股利——股东

在向股东支付股利前，公司遭遇一些突发事件，急需资金。股东紧急决定暂停股利支付，待后续经营稳定后再视情况确定何时支付。

于是，应付股东的股利就这样一直处于挂账状态。

按照《个人所得税法实施条例》的规定，扣缴义务人向个人支付应税款项时，应当依照《个人所得税法》的规定预扣或者代扣税款，按时缴库，并专项记载备查。

前款所称"支付"，包括现金支付、汇拨支付、转账支付以及以有价证券、实物或其他形式支付。

在上述股利并未实际支付给股东个人的情况下，满足《个人所得税法实施条

例》所规定的"支付"标准吗？如果不满足，公司就不需要为股东个人代扣代缴个人所得税。

按照《国家税务总局关于利息、股息、红利所得征税问题的通知》（国税函〔1997〕656号）的规定，扣缴义务人将属于纳税义务人应得的利息、股息、红利收入，通过扣缴义务人的往来会计科目分配到个人名下，收入所有人有权随时提取，在这种情况下，扣缴义务人将利息、股息、红利所得分配到个人名下时，即应认为所得的支付，应按税收法规规定及时代扣代缴个人应缴纳的个人所得税。

依据上述政策，即便公司并未向个人实际支付股息，但由于已经在会计科目中分配到个人名下，公司仍然要将股东个人的股息收入正常代扣代缴个人所得税。

三、外籍个人股东从境内公司取得的分红

当投资者是外籍人士时，境内公司向该外籍人股东分配股息时，是否需要代扣代缴20%的个人所得税？

按照《财政部、国家税务总局关于个人所得税若干政策问题的通知》（财税字〔1994〕20号）的规定，外籍个人从外商投资企业取得的股息、红利所得，暂免征收个人所得税。

在中国境内投资设立的外商投资企业在实务中有外商独资企业、中外合作企业和中外合资企业三种存在形式。

依据上述政策，境内外商投资企业在向外籍个人股东分红时，无须代扣代缴个人所得税。该外籍个人是否需要在其所在国补缴个人所得税，取决于其所在国的税收政策，不是我们讨论的范围。

2013年国务院发布《国务院批转发展改革委等部门关于深化收入分配制度改革若干意见的通知》（国发〔2013〕6号），该文件规定，加强个人所得税调节。加快建立综合与分类相结合的个人所得税制度。完善高收入者个人所得税的征收、管理和处罚措施，将各项收入全部纳入征收范围，建立健全个人收入双向申报制度和全国统一的纳税人识别号制度，依法做到应收尽收。取消对外籍个人从外商投资企业取得的股息、红利所得免征个人所得税等税收优惠。

依据该政策，上述文件发布后，外籍个人再从境内外商投资企业取得股息、红利，就无法享受免征个人所得税的优惠了；但上述文件发布后，财政部和国家税务总局并没有出台相应的跟进文件，也没有出台要将《财政部、国家税务总局关于个人所得税若干政策问题的通知》（财税字〔1994〕20号）中该条款废止的文件。

不仅如此，2018年在国家修订《个人所得税法》后，财政部和国家税务总局发布《关于继续有效的个人所得税优惠政策目录的公告》（财政部、国家税务总局公告2018年第177号），明确说明《财政部、国家税务总局关于个人所得税若干政策问题的通知》（财税字〔1994〕20号）继续有效。

在实务工作中，对于具有外籍身份的高净值个人而言，如果要在中国境内投资设立公司，站在国内税法的角度考虑，该高净值个人以自然人名义投资是最合适的。

四、被投资公司直接将部分权益转增股本

实务中常见的表现形式是不给股东分红，但将公司的未分配利润、盈余公积、资本公积转增实收资本或股本，股东虽然没有拿到分红，但所持有公司的股权（份）数量和金额相应增加，间接达到了分红的效果。这种操作模式，针对不同性质的公司转增，涉税风险略有差异。

按照《国家税务总局关于股权奖励和转增股本个人所得税征管问题的公告》（国家税务总局公告2015年第80号）的规定，上市公司或在全国中小企业股份转让系统挂牌的企业转增股本（不含以股票发行溢价形成的资本公积转增股本），按现行有关股息红利差别化政策执行。

非上市及未在全国中小企业股份转让系统挂牌的中小高新技术企业以未分配利润、盈余公积、资本公积向个人股东转增股本，并符合财税〔2015〕116号文有关规定的，纳税人可分期缴纳个人所得税；非上市及未在全国中小企业股份转让系统挂牌的其他企业转增股本，应及时代扣代缴个人所得税。

对于上述政策的理解，可归纳如下。

（一）上市公司将权益转增股本

按照《国家税务总局关于原城市信用社在转制为城市合作银行过程中个人股增值所得应纳个人所得税的批复》（国税函发〔1998〕289号）的规定，上市公司将股份制企业股票溢价发行收入所形成的资本公积金转增股本，由个人取得的数额，不作为应税所得征收个人所得税。

上市公司将未分配利润、盈余公积及其他资本公积转增股本，根据个人股东持有的股票类型（流通股或限售股）及持股时间不同，税收政策亦不同。具体参看本节第一部分（一）项"个人取得上市公司支付的现金股利"。

（二）挂牌公司将权益转增股本

按照《国家税务总局关于原城市信用社在转制为城市合作银行过程中个人股增值所得应纳个人所得税的批复》（国税函发〔1998〕289号）的规定，挂牌公司将股份制企业股票溢价发行收入所形成的资本公积金转增股本，由个人取得的数额，不作为应税所得征收个人所得税。

挂牌公司将未分配利润、盈余公积及其他资本公积转增股本，根据个人股东持有的股票类型（流通股或限售股）及持股时间不同，税收政策亦不同。具体参看本节第一部分（二）项"个人取得挂牌公司支付的现金股利"。

（三）非上市、非挂牌公司将权益转增股本

1. 正常情况下权益转增股本

从2016年1月1日开始，非上市、非挂牌公司将未分配利润、盈余公积、资本公积（包括各种情况下形成的资本公积）向个人转增股本，如果该公司不满足中小高新技术企业的认定条件，个人股东需要缴纳20%的个人所得税，税款由该公司代扣代缴。

非上市、非挂牌公司将未分配利润、盈余公积、资本公积（包括各种情况下形成的资本公积）向个人转增股本，如果该公司满足中小高新技术企业的认定条件，个人股东也需要缴纳20%的个人所得税，只不过可以分5年期限缴纳，税款由该公司代扣代缴。

什么样的企业符合中小高新技术企业的要求？

按照财税〔2015〕116号文的规定，中小高新技术企业是指注册在中国境内实行查账征收、经认定取得高新技术企业资格，且年销售额和资产总额均不超过2亿元、从业人数不超过500人的企业。

2. 特殊情况下权益转增股本

案例七

张某和李某共同投资设立A公司，注册资本100万元，张某和李某均在公司设立时完成资本实缴。经过几年的发展，A公司净资产达到500万元（实收资本100万元，未分配利润、盈余公积和资本公积合计400万元）。张某和李某将其持有A公司100%的股权以500万元的价格全部卖给王某和赵某，张某和李某对股权转让的增值部分正常缴纳了个人所得税。

A公司在工商和税务部门分别办理了股权变更手续。王某和赵某成为公司股

东后，将A公司的未分配利润、盈余公积、资本公积400万元转增股本。

在这种情况下，王某和赵某是否需要针对该转增股本的400万元缴纳个人所得税？

按照《国家税务总局关于个人投资者收购企业股权后将原盈余积累转增股本个人所得税问题的公告》（国家税务总局公告2013年第23号）的规定，1名或多名个人投资者以股权收购方式取得被收购企业100%的股权，在股权收购前，被收购企业原账面金额中的"资本公积、盈余公积、未分配利润"等盈余积累未转增股本，而在进行股权交易时将其一并计入股权转让价格并履行了所得税纳税义务。股权收购完成后，企业将原账面金额中的盈余积累向个人投资者转增股本，新股东以不低于净资产价格收购股权的，企业原盈余积累已全部计入股权交易价格，新股东取得盈余积累转增股本的部分，不征收个人所得税。

依据上述规定，由于原股东张某和李某已经对400万元增值部分缴纳了个人所得税，所以王某和赵某就不需要再对后续400万元转增股本的行为缴纳个人所得税。

上述案例中，如果王某和赵某分别是张某和李某的特定关系人，符合"67号公告"所规定的可以低价转让股权的情形，张某和李某将其持有的A公司100%的股权以300万元的价格（低于净资产500万元）卖给王某和赵某。张某和李某针对该增值部分计算缴纳了个人所得税。王某和赵某成为公司股东后，将A公司的未分配利润、盈余公积、资本公积200万元转增股本。

在这种情况下，王某和赵某是否需要针对该转增股本的200万元缴纳个人所得税？

按照《国家税务总局关于个人投资者收购企业股权后将原盈余积累转增股本个人所得税问题的公告》（国家税务总局公告2013年第23号）的规定，新股东以低于净资产价格收购股权的，企业原盈余积累中，对于股权收购价格减去原股本的差额部分已经计入股权交易价格，新股东取得盈余积累转增股本的部分，不征收个人所得税；对于股权收购价格低于原所有者权益的差额部分未计入股权交易价格，新股东取得盈余积累转增股本的部分，应按照"利息、股息、红利所得"项目征收个人所得税。

新股东以低于净资产价格收购企业股权后转增股本，应按照下列顺序进行，即先转增应税的盈余积累部分，再转增免税的盈余积累部分。

依据上述政策，王某和赵某在将200万元的权益转增股本时，需要先转尚未纳税的部分，也就意味着，王某和赵某需要对该转增股本的200万元按照20%计算缴纳个人所得税。

在这种情况下，王某和赵某将权益转增200万元股本和转增400万元股本，纳税额是一样的。

第六节　个人转让公司股权（票）的涉税问题

高净值个人成为公司的股东，其持有公司权益的表现形式可能是股权（针对非上市公司、非挂牌公司），也可能是股票（针对上市公司和挂牌公司）。个人再转让股权或股票时，涉及的税收政策不尽相同。

一、个人转让上市公司股票

（一）个人转让流通股

1. 流通股的范围

个人从公开发行和转让市场取得的上市公司股票通常被称为"流通股"，按照财税〔2012〕85号文的规定，该类股票的范围如下。

（1）通过证券交易所集中交易系统或大宗交易系统取得的股票。

（2）通过协议转让取得的股票。

（3）因司法扣划取得的股票。

（4）因依法继承或家庭财产分割取得的股票。

（5）通过收购取得的股票。

（6）权证行权取得的股票。

（7）使用可转换公司债券转换的股票。

（8）取得发行的股票、配股、股份股利及公积金转增股本。

（9）持有从代办股份转让系统转到主板市场（或中小板、创业板市场）的股票。

（10）上市公司合并，个人持有的被合并公司股票转换的合并后公司股票。

（11）上市公司分立，个人持有的被分立公司股票转换的分立后公司股票。

（12）其他从公开发行和转让市场取得的股票。

2. 个人转让流通股的增值税问题

按照财税〔2016〕36号文附件三《营业税改征增值税试点过渡政策的规定》的规定，个人从事金融商品转让业务免征增值税。

按照《销售服务、无形资产、不动产注释》的规定，金融商品转让，是指转让外汇、有价证券、非货物期货和其他金融商品的转让。

股票是有价证券的一种表现形式。因此，个人通过证券市场买卖上市公司股票，可以享受免征增值税的优惠。

增值税免征，附加税费自动享受免税优惠。

3.个人转让流通股的所得税问题

按照财税〔2009〕167号文的规定，对个人在上海证券交易所、深圳证券交易所转让从上市公司公开发行和转让市场取得的上市公司股票所得，继续免征个人所得税。

依据上述政策，个人转让上市公司流通股，无论增值多少，都不需要缴纳个人所得税。

（二）个人转让限售股

1.限售股的范围

按照财税〔2009〕167号文的规定，限售股包括以下三种情形。

（1）上市公司股权分置改革完成后股票复牌日之前股东所持原非流通股股份，以及股票复牌日至解禁日期间由上述股份滋生的送、转股（以下统称"股改限售股"）。

（2）2006年股权分置改革新老划断后，首次公开发行股票并上市的公司形成的限售股，以及上市首日至解禁日期间由上述股份滋生的送、转股（以下统称"新股限售股"）。

（3）财政部、国家税务总局、政府法制办公室和证监会共同确定的其他限售股。

2.个人转让限售股的增值税问题

个人转让上市公司股票，无论是流通股还是限售股，都属于个人转让金融商品。和个人转让流通股免税一样，个人转让上市公司限售股，增值税同样免税。

3.个人转让限售股的所得税问题

按照财税〔2009〕167号文的规定，对个人转让限售股取得的所得，按照"财产转让所得"，适用20%的比例税率征收个人所得税。

如果个人同时持有限售股及该股流通股的，其股票转让所得，按照限售股优先原则，即转让股票视同先转让限售股，按规定计算缴纳个人所得税。

二、个人转让挂牌公司股票

（一）个人转让非原始股

1. 非原始股的范围

按照《财政部、国家税务总局、证监会关于个人转让全国中小企业股份转让系统挂牌公司股票有关个人所得税政策的通知》（财税〔2018〕137号，以下简称财税〔2018〕137号文）的规定，非原始股是指个人在新三板挂牌公司挂牌后取得的股票，以及由上述股票滋生的送、转股。

2. 个人转让非原始股的增值税问题

个人转让挂牌公司的非原始股，也属于转让金融商品，同样可以享受增值税免税优惠。

3. 个人转让非原始股的所得税问题

按照财税〔2018〕137号文的规定，自2018年11月1日（含）起，对个人转让新三板挂牌公司非原始股取得的所得，暂免征收个人所得税。

如果个人在2018年11月1日前转让挂牌公司非原始股，已经缴纳了个人所得税，是否可以退还？如果还没有缴纳个人所得税，是否就不需要缴纳了？

对此，文件进一步规定，2018年11月1日之前，个人转让新三板挂牌公司非原始股，尚未进行税收处理的，无须征税，已经进行相关税收处理的，不再进行税收调整。

通俗地讲，之前已经交过的，就是"做贡献"了；之前没有交的，以后也不用交了。

（二）个人转让原始股

1. 原始股的范围

按照财税〔2018〕137号文的规定，原始股是指个人在新三板挂牌公司挂牌前取得的股票，以及在该公司挂牌前和挂牌后由上述股票滋生的送、转股。

2. 个人转让原始股的增值税问题

个人转让挂牌公司的原始股，也属于转让金融商品，同样可以享受增值税免税优惠。

3. 个人转让原始股的所得税问题

按照财税〔2018〕137号文的规定，对个人转让新三板挂牌公司原始股取得的所得，按照"财产转让所得"，适用20%的比例税率征收个人所得税。

实务操作中，个人如何缴纳该税款呢？

2019年9月1日之前，个人转让新三板挂牌公司原始股的个人所得税，以股票受让方为扣缴义务人，由被投资企业所在地税务机关负责征收管理。

自2019年9月1日（含）起，个人转让新三板挂牌公司原始股的个人所得税，以股票托管的证券机构为扣缴义务人，由股票托管的证券机构所在地主管税务机关负责征收管理。

三、个人转让非上市、非挂牌公司股权

（一）个人转让认缴股权

对于个人转让非上市、非挂牌公司的股权，目前普遍适用的是"67号公告"。如果个人转让的是已经实际出资的股权（以下简称实缴股权），适用该政策没有任何问题。

对于非上市、非挂牌公司而言，由于新公司法对公司注册资本的缴纳期限未做强制性规定，大量的投资人在设立公司时并不会实缴全部注册资本，在这种情况下，个人转让认缴资本对应的股权（以下简称认缴股权），该如何适用税收政策呢？包括所得额如何计算，公允价值如何计量，目前尚无统一的政策予以规范。

案例八

A公司注册资本100万元，甲和乙两个自然人分别认缴60万元（已实缴45万元）和40万元（已实缴25万元）。甲和乙拟将未实际出资的30万股以0元价格全部转让。股权转让上月A公司净资产140万元，A公司账面不存在土地使用权、房屋、房地产企业未销售房产、知识产权、探矿权、采矿权、股权等资产。

这个案例涉及的几个实务问题需要大家引起重视。

1. 实缴股权和认缴股权并存的情况下，优先转让哪项股权

如果转让方个人的股权都是实缴股权，或者都是认缴股权，不存在这个问题。在既存在实缴股权又存在认缴股权的情况下，个人转让股权是否要优先转让实缴股权，然后才能转让认缴股权？

关于这个问题在国家税收法律、法规及规章中没有明确规定。

所以，实务中在发生类似转让时，一定要在股权转让合同中明确，转让的股权到底是实缴股权还是认缴股权，以及对应的股数是多少。

2.认缴股权的公允价格该如何确定

如果该0元转让价格低于公允价格，则税务机关会按照公允价格界定股权转让收入，并以此为基础计算缴纳个人所得税。

针对上述案例，甲和乙转让认缴股权的公允价格该如何界定？

（1）观点1：公允价格为60万元。

此观点认为，A公司净资产140万元，对应的股数为70万股，按照"67号公告"的规定，每股公允价格就是2元。将转让的股数30万股（无论是实缴股权还是认缴股权）与每股价格相乘，即可计算得出公允价格为60万元。

该观点的致命弱点就在于，将实缴股权和认缴股权混为一谈，错误地将实缴股权的每股价格生搬硬套到认缴股权。按此观点，如果甲和乙转让100%的股权，则公允价格就应该为200万元（100×2）；而A公司的净资产才不过140万元，按照"67号公告"的原则，就A公司的实际情况，所有股东的全部股权公允价格最多也不可能超过140万元。

因此，观点1不可取。

（2）观点2：公允价格51万元。

该观点认为，如果要套用"67号公告"的精神，就需要把认缴的股数按1元的价格先计入净资产额。这样A公司的净资产就是170万元，而不是140万元；对应的股数是100万股，而不是70万股，则

转让30万认缴股权的公允价格

=30×（140+30）÷（70+30）

=51（万元）

该观点看似合理，但也存在一定缺陷，就是认缴的股数为什么要按1元价格先计入净资产额，而不是其他价格。在理论上缺乏合理的解释。

3.实务中的认定方法

个人转让注册在北京的公司股权时，被投资方公司需要向主管税务机关提交一张《个人股东变动情况报告表》。该表附件说明如下。

被投资企业股东出资有待缴（注：认缴）部分且待缴部分参与利润分配的，转让方股东转让股权对应的净资产额=个人实缴出资额+（资本公积+盈余公积+未分配利润）×转让比例。

注：这里的个人实缴出资额应为个人转让的股权中，实缴股权所对应的实际出资额。

按照上述原则，针对案例8中的情况，如果甲和乙转让认缴的股权参与利润

分配，则甲和乙转让的认缴股权对应的净资产额（公允价格）为

甲和乙转让认缴股权的公允价格

=0+（140－45－25）×30%

=21（万元）

如果甲和乙转让认缴的股权不参与利润分配，则甲和乙转让的认缴股权对应的净资产额（公允价格）为

甲和乙转让认缴股权的公允价格

=0+0

=0（元）

上述只是北京市的要求，其他地区对于该种情况如何规定，还需要在办理时咨询当地税务机关。

（二）个人平价或低价转让实缴股权

1.个人不希望增值的股权转让

什么情况下个人在转让股权时不希望增值呢？实务中比较常见的情形包括以下几种。

（1）被代持人希望显名。在这种情况下，代持人需要将代持的股权变更到被代持人名下，通常会按0元或平价转让。

（2）公司实施股权激励，老股东要把激励部分的股权以较低的价格转让给被激励对象或持股平台。

（3）向朋友转让股权。自然人股东以较低的价格将股权转让给自己的朋友。

（4）向亲属或特定关系人转让股权。自然人股东以较低的价格将股权转让给自己的亲属或其他有抚养或赡养关系的人。

2.税务对平价或低价转让股权的要求

在上述情形中，股权转让的价格明显偏低，按照"67号公告"的规定，符合下列情形之一，视为股权转让收入明显偏低，税务机关可以核定股权转让收入。

（1）申报的股权转让收入低于股权对应的净资产份额的。其中，被投资企业拥有土地使用权、房屋、房地产企业未销售房产、知识产权、探矿权、采矿权、股权等资产的，申报的股权转让收入低于股权对应的净资产公允价值份额的。

（2）申报的股权转让收入低于初始投资成本或低于取得该股权所支付的价款及相关税费的。

（3）申报的股权转让收入低于相同或类似条件下同一企业同一股东或其他股

东股权转让收入的。

（4）申报的股权转让收入低于相同或类似条件下同类行业的企业股权转让收入的。

（5）不具合理性的无偿让渡股权或股份。

（6）主管税务机关认定的其他情形。

实务操作中，税务机关通常按照每股净资产或股权对应的净资产份额核定股权转让收入。当被投资企业的土地使用权、房屋、房地产企业未销售房产、知识产权、探矿权、采矿权、股权等资产占企业总资产的比例超过20%时，主管税务机关可参照纳税人提供的具有法定资质的中介机构出具的资产评估报告核定股权转让收入。

"67号公告"又列举了几种即便低价转让也不需要重新核定股权转让收入的情形，具体情形如下。

（1）能出具有效文件，证明被投资企业因国家政策调整，生产经营受到重大影响，导致低价转让股权。

（2）继承或将股权转让给其能提供具有法律效力身份关系证明的配偶、父母、子女、祖父母、外祖父母、孙子女、外孙子女、兄弟姐妹以及对转让人承担直接抚养或者赡养义务的抚养人或者赡养人。

（3）相关法律、政府文件或企业章程规定，并有相关资料充分证明转让价格合理且真实的本企业员工持有的不能对外转让股权的内部转让。

（4）股权转让双方能够提供有效证据证明其合理性的其他合理情形。

3.不属于低价转让的法定情形，但也不希望溢价转让

在上面列举的个人股东希望低价转让的几种情形中，除了向符合条件的亲属、有抚养或赡养关系的人进行转让能被认可以外，在被投资单位净资产大于实收资本的情况下，其他情形的平价或低价转让都会被税务机关调整。

如果按照上述办法核定，意味着转让方需要缴纳较多的税款。在这种情况下，转让方该如何操作才能规避涉税风险？

可行的方法有以下几种。

（1）被投资公司增资。

案例九

A有限责任公司注册资本90万元，工商资料显示张某是唯一股东，且其注册资本已经全部实缴。实际情况是，张某所持有的A公司股权中，10%属于代李某持有，李某希望显名。张某拟将其代李某持有的10%股权转让给李某。A公司目前净资产990万元。A公司账面不存在土地使用权、房屋、房地产企业未销售房产、知识产权、探矿权、采矿权、股权等资产。

如果直接转让，张某需要缴纳较多的个人所得税。计算方法如下（不考虑转让过程中的印花税及其他费用）。

张某转让股权应缴纳个人所得税
=（990-90）×10%×20%
=18（万元）

如果张某不希望缴纳该税款，而又要达到李某显名的目的，该如何操作？
可以考虑如下实施方案。

第一步，A公司增资，注册资本从90万元增加至100万元，新增加的10万元由李某认缴。

第二步，张某将原来代李某入资的9万元（90×10%）资金还给李某，李某再拿出1万元，共计10万元实缴到A公司。

通过上述操作，李某成为A公司股东，持有A公司10%的股权，达到了显名的目的。张某也未发生股权转让，无须缴纳个人所得税。

（2）转让少量股权，增加分红比例和表决权比例。

案例十

A有限责任公司注册资本90万元，工商资料显示公司股东是张某（持股60%）和王某（持股40%），且注册资本已经全部实缴。实际情况是，张某持有的A公司股权中，10%属于代李某持有，李某希望显名。张某拟将其代李某持有的10%的股权转让给李某。A公司目前净资产990万元。

如果仍然通过上述方式增资至100万元来实现，增资完成后各股东持股比例如下。

张某持股比例=（90×60%－10）÷100=44%

王某持股比例=90×40%÷100=36%

李某持股比例=10÷100=10%

增资完成后，张某和王某的持股比例同时下降。实际上，在征求王某意见时，王某就明确表示，不反对李某显名，但自己的持股比例不能增加，且自己不参与A公司的增资和减资。

在这种情况下,通过增资和减资无法实施,但李某要求显名的结果不能改变,该如何操作呢?只能寻求其他的替代路径。

张某和李某需要事先沟通确定,在李某显名后,在持股比例、分红比例、表决权比例和剩余财产分配比例中,李某更看重哪个比例?

通常情况下,在公司持续经营的前提下,股东更看重的是分红比例和表决权比例。

按照《公司法》的规定,有限责任公司股东按照实缴的出资比例分取红利;但是,全体股东约定不按照出资比例分取红利或者不按照出资比例优先认缴出资的除外。股东会会议由股东按照出资比例行使表决权;但是,公司章程另有规定的除外。

依据上述规定,对于有限责任公司而言,持股比例和分红比例、表决权比例不一致。

基于上述规定,张某可以转让1%的股权给李某,同时修改公司章程。章程约定,李某虽然持有A公司1%的股权,但可按10%的比例参与分红,按10%的比例参与公司重大事项表决。张某的持股比例减少了1%,但分红比例减少了10%,表决权比例也减少了10%。

按照此方案操作,张某转让1%的股权需要缴纳的个人所得税如下。

张某需要缴纳的个人所得税

=(990－90)×1%×20%

=1.8(万元)

该方案比直接转让10%的股权可少缴纳个人所得税16.2万元(18万元－1.8万元)。

(三)个人溢价转让实缴股权

实务中,更多的情况是个人溢价转让股权。

案例十一

A公司注册资本100万元,张某持有A公司40%的股权(初始投资成本40万元),李某持有A公司60%的股权(初始投资成本60万元)。目前净资产1000万元。A公司账面不存在土地使用权、房屋、房地产企业未销售房产、知识产权、探矿权、采矿权、股权等资产。

B公司经过深入了解,认为A公司对自己的未来发展可以提供很大帮助。经过多轮谈判，B公司和张某、李某达成协议，B公司出资5000万元收购张某和李某持有的A公司全部股权。

在直接交易模式下，张某和李某需要缴纳较多的个人所得税。计算方法如下。

张某和李某正常转让全部股权缴纳个人所得税

=（5000－100）×20%

=980（万元）

面对缴纳如此高额的个人所得税，张某和李某自然希望能通过合理的方式进行税收筹划，以达到合理纳税的目的。

目前常见的税收筹划方案如下。

第一步，由张某和李某在"税收洼地"设立合伙企业C。股权转让不属于增值税的征税范围，不需缴纳增值税。该交易只需要缴纳个人所得税和印花税。按照《财政部、国家税务总局关于印发〈关于个人独资企业和合伙企业投资者征收个人所得税的规定〉的通知》（财税〔2000〕91号）的规定，对合伙企业投资人的个人所得税可以核定征收。在"税收洼地"核定后，个人所得税率通常不会超过3.5%，再加上整个交易过程中的其他税费，综合税费负担一般不超过7%。

第二步，张某和李某将99%的股权按照净资产价格转让给合伙企业C。不考虑转让过程中的印花税。

张某和李某需要缴纳的个人所得税

=（1000－100）×99%×20%

=178.2（万元）

第三步，张某、李某、合伙企业C将持有A公司100%的股权以5000万元的价格全部转让给B公司，按综合税负7%测算。

张某和李某对合伙企业B转让股权需要缴纳的税款

=5000×99%×7%+（5000×1%－100×1）×20%

=346.5－10

=336.5（万元）

第四步，转让完成后，合伙企业C注销，张某和李某获取自己的股权转让款。

上述交易税费合计

=336.5+178.2

=514.7（万元）

该模式比直接股权转让节省税额

=980-514.7

=465.3（万元）

按照"67号公告"的规定，6个月内再次发生股权转让且被投资企业净资产未发生重大变化的，主管税务机关可参照上一次股权转让时被投资企业的资产评估报告核定此次股权转让收入。

按照上述操作模式，第二次股权转让价格明显高于第一次股权转让价格，原则上不属于上述规定规范的范围；但从谨慎的角度考虑，实务操作时建议第二步和第三步的间隔最好控制在6个月以上。

第二十七章　融资涉税问题

对于高净值人士而言，当出现资金短缺需要融资时，常见的融资方式包括从银行贷款、从所投资的公司借款、从其他个人或机构借款三种。

个人从银行贷款属于常规业务，不是我们讨论的范围。本章我们重点讨论个人从所投资公司借款的涉税问题。

第一节　个人从所投资公司借款的涉税问题

一、个人从所投资公司无偿借款

基于"公司是自己的就可以任性而为"的朴素理念，投资人个人从公司借款，往往是不会给公司支付利息的。作为被投资公司，由于有资金流出，必然会将该笔资金进行挂账，计入"其他应收款"。

如果投资人个人迟迟不予还款，则该笔挂账就会长期存在。长期挂账的自然人股东借款涉税风险表现在以下两个方面。

（1）投资人的个人所得税风险。

（2）被投资公司的增值税和企业所得税风险。

二、个人从所投资公司有偿借款

如果个人从所投资公司有偿借款，按期支付利息。对于个人而言，向公司还款时就不只是本金，还包括相应的利息。

对于公司而言，由于提供了贷款服务，所以需要对收到的利息计算缴纳增值税和企业所得税。

在这种情况下，个人向公司的借款合同中约定的利率越高，个人需要支付的利息越多，公司需要缴纳的税款就越多，最终还是会使投资者个人的利益受到损害。

个人向所投资公司的借款合同中约定的利率越低，个人需要支付的利息越少，公司需要缴纳的税款就越少。投资者个人的利益就能得到更多的保障。

由于公司和个人是关联方，按照《增值税暂行条例》的规定，纳税人发生（增值税）应税销售行为的价格明显偏低并无正当理由的，由主管税务机关核定其销售额；按照《企业所得税法实施条例》的规定，企业与其关联方之间的业务往来，不符合独立交易原则，或者企业实施其他不具有合理商业目的安排的，税务机关有权在该业务发生的纳税年度起10年内，进行纳税调整。

所以，个人和所投资的公司之间签订借款协议，利率也不可能太低。

借款利率低了对自己合适，但对国家不合适，如何把握不高不低的度呢？

最简单的方式，就是按照中国人民银行公布的相应借款期限的贷款利率确定自己和关联公司之间的借款利率水平，完全符合政策的要求。

第二节　个人向其他个人或机构借款的法律风险

个人向其他个人或机构借款，借贷双方没有关联关系，不存在由于关联交易导致价格被调整的问题。也就是说，个人向其他个人或机构借款，无论利率约定多少（只要不是0），都属于公允价格。

因此，在个人向其他个人或机构借款的情况下，我们需要着重关注的是约定利率的合法性问题。

一、借贷合同的有效性问题

个人向其他个人或机构借款，在什么情况下会导致该借款合同无效？

按照《最高人民法院关于审理民间借贷案件适用法律若干问题的规定（2020第二次修正）》的规定，具有下列情形之一的，人民法院应当认定民间借贷合同无效。

（1）套取金融机构贷款转贷的。

（2）以向其他营利法人借贷、向本单位职工集资，或者以向公众非法吸收存款等方式取得的资金转贷的。

（3）未依法取得放贷资格的出借人，以营利为目的向社会不特定对象提供借款的。

（4）出借人事先知道或者应当知道借款人借款用于违法犯罪活动仍然提供借款的。

（5）违反法律、行政法规强制性规定的。

（6）违背公序良俗的。

只要借款合同不属于上述情形，高净值人士发生借款，就应该遵守合同约定按时支付本息。

二、民间借贷利率的政策要求

（一）未约定利息和对利息约定不明时法院的处理

按照《最高人民法院关于审理民间借贷案件适用法律若干问题的规定（2020第二次修正）》第二十四条的规定，未约定利率或利率约定不明的处理情况如下。

（1）借贷双方没有约定利息，出借人主张支付利息的，人民法院不予支持。

（2）自然人之间借贷对利息约定不明，出借人主张支付利息的，人民法院不予支持。

（3）除自然人之间借贷的外，借贷双方对借贷利息约定不明，出借人主张利息的，人民法院应当结合民间借贷合同的内容，并根据当地或者当事人的交易方式、交易习惯、市场报价利率等因素确定利息。

也就是说，自然人之间的借贷，如果对利息约定不明，一旦发生纠纷，出借人要求借款人支付利息，不会获得法院的支持；但是如果借贷双方的任何一方是单位，在利息约定不明的情况下，人民法院会结合具体情况确定利息。

（二）约定的高利率的法律效力

《最高人民法院关于审理民间借贷案件适用法律若干问题的规定（2020第二次修正）》第二十五条规定："出借人请求借款人按照合同约定利率支付利息的，人民法院应予支持，但是双方约定的利率超过合同成立时一年期贷款市场报价利率四倍的除外。前款所称"一年期贷款市场报价利率"，是指中国人民银行授权全国银行间同业拆借中心自2019年8月20日起每月发布的一年期贷款市场报价利率。"

也就是说,借贷双方约定的利率超过合同成立时一年期贷款市场报价利率四倍的,超过部分的利息法院不予支持。

对于高净值人士而言,一旦发生此类借款行为,签订了借款合同后,一定要熟知相关政策或寻求专业人士的帮助,确保自身的合法权益不受侵害。

第二十八章 综合所得涉税问题

对于高净值人士而言,有的人的收入主要来源于综合所得(工资、劳务、稿酬和特许权使用费);有的人的收入主要来源于其他所得,如股息、利息所得、财产转让所得、财产租赁所得或经营所得。

第一节 个人专项附加扣除的实务问题

按照新《个人所得税法》的要求,从2019年1月1日起,个人在取得工资收入时,除了延续每月5000元的基本扣除费用、个人负担的"三险一金"以及符合条件的由个人负担的补充养老、商业健康险和递延型商业保险以外,还新增子女教育、继续教育、住房贷款利息、房屋租金、大病支出、赡养老人六项专项附加扣除,可以在各月工资中正常扣除。从2022年1月1日起,又增加了一项3岁以下婴幼儿照护的专项附加扣除。

对于七项专项附加扣除,在实务操作中有诸多细节问题需要引起足够的重视。

一、子女教育

《国务院关于印发个人所得税专项附加扣除暂行办法的通知》(国发〔2018〕41号,以下简称国发〔2018〕41号文)第五条第一款规定:"纳税人的子女接受全日制学历教育的相关支出,按照每个子女每月1000元的标准定额扣除。"根据《国务院关于提高个人所得税有关专项附加扣除标准的通知》(国发〔2023〕13号),自2023年1月1日起,子女教育专项附加扣除标准,由每个子女每月1000元提高到2000元。

(一)子女的界定

国发〔2018〕41号文规定,子女是指婚生子女、非婚生子女、继子女、养子女。

国发〔2018〕41号文并未将超生子女排除在外。因此，对于超生子女，只要正常接受全日制学历教育，纳税人就可以享受附加扣除。

（二）教育的界定

1. 国内教育

国发〔2018〕41号文规定，学历教育包括义务教育（小学、初中教育）、高中阶段教育（普通高中、中等职业、技工教育）、高等教育（大学专科、大学本科、硕士研究生、博士研究生教育）。

年满3岁至小学入学前处于学前教育阶段的子女，按上述规定执行。

根据《国家税务总局关于修订发布〈个人所得税专项附加扣除操作办法（试行）〉的公告》（国家税务总局公告2022年第7号，以下简称"7号公告"）的规定，学前教育阶段，为子女年满3周岁当月至小学入学前一月。学历教育，为子女接受全日制学历教育入学的当月至全日制学历教育结束的当月。

这里需要注意的是，年满3周岁的幼儿，无论是否进入幼儿园，也无论是否进入公立幼儿园，在子女满3周岁的当月，父母就可以按照每个子女每月2000元的标准在个人所得税前列支。

按照国发〔2018〕41号文的规定，对于子女的全日制教育信息，税务部门和教育部门核实时，教育部门需提供有关学生的学籍信息（包括学历继续教育学生学籍、考籍信息）。

如果子女未在私立学校就读（如私塾、打工学校等），该类学校的学生信息如果未在教育部门备案，则纳税人无法享受子女教育附加扣除。

2. 境外教育

国发〔2018〕41号文规定，纳税人子女在中国境外接受教育的，纳税人应当留存境外学校录取通知书、留学签证等相关教育的证明资料备查。

对于女子在境外接受教育的，税务部门和教育部门核实时，教育部门需提供境外教育机构在相关部门备案的资质信息。

因此，如果境外教育机构未在有关部门备案，即便有境外学校录取通知书、留学签证等相关教育的证明资料，纳税人也无法享受子女教育附加扣除。

（三）教育暂时"中止"

"7号公告"规定，学历教育包含因病或其他非主观原因休学但学籍继续保留的休学期间，以及施教机构按规定组织实施的寒暑假等假期。因此，对于子女在

就学期间参军、中途辍学或被开除的,只要学籍信息持续保留,就不影响纳税人持续享受子女教育附加扣除。

二、继续教育

国发〔2018〕41号文第八条规定:"纳税人在中国境内接受学历(学位)继续教育的支出,在学历(学位)教育期间按照每月400元定额扣除。同一学历(学位)继续教育的扣除期限不能超过48个月。纳税人接受技能人员职业资格继续教育、专业技术人员职业资格继续教育的支出,在取得相关证书的当年,按照3600元定额扣除。"

(一)继续教育的界定

"7号公告"规定,学历(学位)继续教育是指在中国境内接受学历(学位)继续教育入学的当月至学历(学位)继续教育结束的当月。

实务中,该种教育可以是脱产的形式,也可以非脱产的形式,无论是自考、函授、电大(国家开放大学)还是党校,只要未来取得学历被教育部门认可,均属于继续教育。

(二)继续教育的扣除

"7号公告"规定,同一学历(学位)继续教育的扣除期限最长不得超过48个月。

国发〔2018〕41号文规定,个人接受本科及以下学历(学位)继续教育,符合本办法规定扣除条件的,可以选择由其父母扣除,也可以选择由本人扣除。

因此,实务中需要注意以下几点。

(1)同一学历(学位)继续教育,扣除期限最多48个月。48个月内未考试通过,不得再进行扣除;如果48个月后更换专业,但仍然是相同学历(学位)的专业,也不能再进行扣除。

(2)个人接受本科及以下学历(学位)继续教育,如果选择由父母扣除,同样是每月400元,不能按"子女教育附加扣除"的标准(每月1000元)扣除。

(3)个人接受研究生及以上学历(学位)继续教育,只能由本人扣除,而不能选择由父母其中一方或双方扣除。

(三)资格教育的界定

国发〔2018〕41号文规定,税务部门核实资格教育信息时,中华人民共和国人力资源和社会保障部(以下简称人力资源社会保障部)等部门需提供有关技工院校学生学籍信息、技能人员职业资格继续教育信息、专业技术人员职业资格继续教育信息。

税务部门认可的资格教育信息可查看人力资源社会保障部发布的《2018年国家职业资格目录》。

（四）资格教育的扣除

纳税人接受技能人员职业资格继续教育、专业技术人员职业资格继续教育的支出，在取得相关证书的当年，按照3600元定额扣除。

在扣除时，并未强调资格的数量。也就是说，无论当年拿到多少个资格证，都是按照3600元定额扣除。因此，对于"学霸"而言，即便一年考多个证书，当年也仅可享受3600元的定额扣除。

三、大病医疗

国发〔2018〕41号文第十一条规定："在一个纳税年度内，纳税人发生的与基本医保相关的医药费用支出，扣除医保报销后个人负担（指医保目录范围内的自付部分）累计超过15 000元的部分，由纳税人在办理年度汇算清缴时，在80 000元限额内据实扣除。"

（一）医疗支出范围

按上述规定，医疗支出仅限于在医保范围内且自付的部分。按"7号公告"的规定，大病医疗的支出范围为医疗保障信息系统记录的医药费用实际支出的当年。因此，在实务中，下列医疗支出不能累加。

（1）完全自费的支出。

（2）属于医保范围内的医药费，但未在正规医院就诊（如未纳入医保定点的私立医院或诊所）或自己到药店买药，导致该支出未在当年医疗保障信息系统中记录。

（二）医疗支出的扣除

国发〔2018〕41号文规定，纳税人发生的医药费用支出可以选择由本人或者其配偶扣除；未成年子女发生的医药费用支出可以选择由其父母一方扣除；纳税人及其配偶、未成年子女发生的医药费用支出，按本办法第十一条规定分别计算扣除额。

因此，在实务中，医疗支出扣除时需要注意以下几点。

（1）如果医疗支出达到扣除标准，可以自己扣除，也可以由配偶扣除。

（2）子女发生的医疗支出达到扣除标准，若子女未成年，可由父母一方扣除；若子女已成年，只能自己扣除或由自己的配偶扣除。

（3）自己、配偶、未成年子女当年的每个人未超过1.5万元的医疗支出不能合并计算。例如，A家庭和B家庭均为三口之家，孩子均未成年。

A家庭一家三口在2019年符合要求的自费医疗支出各1.5万元，家庭自费医疗支出共计4.5万元，则A家庭当年的医疗支出无法税前列支。

B家庭只有孩子在2019年发生符合要求的自费医疗支出4.5万元，全年家庭自费医疗支出共计4.5万元，但B家庭当年的医疗支出中有3万元允许税前列支，可由孩子父母任一方扣除。

需要注意的是，当个人在年度内符合条件的医疗支出超过1.5万元后，实务中就存在可以累加的可能。

例如，C家庭一家三口在2019年符合要求的自费医疗支出均为5万元，家庭自费医疗支出共计15万元。该家庭选择医疗支出均由孩子父亲扣除，这种情况下，孩子父亲在计算2019年度综合所得个人所得税时，允许扣除的医疗支出就是10.5万元（3.5×3）。

四、住房贷款利息

国发〔2018〕41号文第十四条第一款规定："纳税人本人或者配偶单独或者共同使用商业银行或者住房公积金个人住房贷款为本人或者其配偶购买中国境内住房，发生的首套住房贷款利息支出，在实际发生贷款利息的年度，按照每月1000元的标准定额扣除，扣除期限最长不超过240个月。纳税人只能享受一次首套住房贷款的利息扣除。"

（一）购房对象

仅限给自己或配偶购买住房。纳税人为自己的父母、岳父母、公婆、爷爷奶奶、姥姥姥爷、兄弟姐妹等亲属购买住房，即便是首套住房，该住房的贷款利息也不得扣除。

（二）房子类型

仅限境内住房（无论房子有多大）。若购买的是境外住房或境内外商铺，则该贷款利息不得扣除。

（三）首套房的界定

国发〔2018〕41号文规定，首套住房贷款是指购买住房享受首套住房贷款利率的住房贷款。

因此，首套住房贷款并非一定是第一次购买住房发生的贷款，无论手中已经持有多少套房产，只要在后续买房时享受了首套住房贷款利率，该贷款利息就符合条件。

（四）扣除期限

按照"7号公告"的规定，住房贷款利息扣除期限为贷款合同约定开始还款的当月至贷款全部归还或贷款合同终止的当月，扣除期限最长不得超过240个月。

因此，实务中应注意以下几点。

（1）若提前将贷款在20年之内还清，则扣除截至贷款合同终止当月。

（2）若贷款期限超过20年，则在20年之内可以按每月1000元的标准税前扣除（无论每月偿还银行的利息是否超过1000元，均按每月1000元的标准税前扣除），超过20年的年限内则不能享受贷款利息税前扣除。

（五）扣除次数

按照国发〔2018〕41号文的规定，纳税人只能享受一次首套住房贷款的利息扣除。

如果纳税人购买了一套住房后在5年之内还清贷款，后来再次购房签订贷款合同时享受了首套住房贷款利率优惠，则其第二次购房的利息支出，不得享受住房贷款利息税前扣除的政策。

（六）婚前购房

国发〔2018〕41号文规定，夫妻双方婚前分别购买住房发生的首套住房贷款，其贷款利息支出，婚后可以选择其中一套购买的住房，由购买方按扣除标准的100%扣除，也可以由夫妻双方对各自购买的住房分别按扣除标准的50%扣除，具体扣除方式在一个纳税年度内不能变更。

实务中需注意以下几个问题。

（1）婚前分别购买住房发生的首套住房贷款，可以各自分别扣除；但婚后只能选择其中一套房子的贷款利息由购买方按扣除标准的100%扣除或夫妻双方各自按扣除标准的50%扣除。

（2）婚前共同购买住房发生的首套住房贷款，是否可以认定为各自为自己购买住房分别在税前扣除呢？政策没有明确规定。

五、住房租金

根据国发〔2018〕41号文第十七条的规定，纳税人在主要工作城市没有自有

住房而发生的住房租金支出，可以按照以下标准定额扣除。

（1）直辖市、省会（首府）城市、计划单列市以及国务院确定的其他城市，扣除标准为每月1500元。

（2）除第一项所列城市以外，市辖区户籍人口超过100万的城市，扣除标准为每月1100元；市辖区户籍人口不超过100万的城市，扣除标准为每月800元。

实务操作时，需要注意以下问题。

（一）自有住房的界定

纳税人在主要工作城市无自有住房，但配偶在该城市有自有住房，按国发〔2018〕41号文的规定，视同纳税人在主要工作城市有自有住房。

（二）谁来扣除

夫妻双方主要工作城市相同，只能由一方扣除住房租金支出，且只能由签订租赁住房合同的承租人扣除（不能协商由哪一方扣除）。

夫妻双方主要工作城市不相同，且在各自主要工作城市均无住房的，各自发生的租金均可按规定标准税前扣除。

（三）租谁的房子

实务中正常租赁房屋享受税前扣除，通常不会有大碍。如果个人工作后租赁父母的房屋，按照市场交易的模式和父母签订租赁协议并按时支付租金，是否可以享受住房租金税前列支的政策呢？

现有的政策文件中并没有规定个人不能租赁父母的房子。因此，实务中有类似实例发生，不影响纳税人正常税前列支。

（四）在哪里租房

通常情况下，为了工作的需要，便于上下班，个人都会在工作所在地城市租赁房屋；但对于北京、上海、广州、深圳这样的一线城市，由于住房租金偏高，在交通条件允许的情况下，个人往往会在一线城市相邻的其他城市租房。

如纳税人在北京工作，在河北燕郊租房，纳税人在税前列支租金支出是按照北京的标准还是按照河北燕郊的标准扣除呢？如果是按照北京的标准扣除，意味着纳税人可税前扣除1500元，如果是按照河北燕郊的标准扣除，可能每月只能税前扣除1100元。

按照国发〔2018〕41号文的规定，纳税人在主要工作城市没有自有住房而"发生的住房租金支出"，这里的"租金支出"并未要求必须是在主要工作城市租赁住房发生的。因此，类似上述情况，税前列支时，应按工作地的扣除标准列支，而不是按房屋所在地的扣除标准列支。

（五）扣除期限

按照"7号公告"的规定，租金支出为租赁合同（协议）约定的房屋租赁期开始的当月至租赁期结束的当月。提前终止合同（协议）的，以实际租赁期限为准。

（六）租金和房贷利息并存

按照国发〔2018〕41号文的规定，纳税人及其配偶在一个纳税年度内不能同时分别享受住房贷款利息和住房租金专项附加扣除。

六、赡养老人

根据国发〔2018〕41号文第二十二条的规定，纳税人赡养一位及以上被赡养人的赡养支出，统一按照以下标准定额扣除。

（1）纳税人为独生子女的，按照每月2000元的标准定额扣除。

（2）纳税人为非独生子女的，由其与兄弟姐妹分摊每月2000元的扣除额度，每人分摊的额度不能超过每月1000元。可以由赡养人均摊或者按约定分摊，也可以由被赡养人指定分摊。约定分摊或者指定分摊的须签订书面分摊协议，指定分摊优先于约定分摊。具体分摊方式和额度在一个纳税年度内不能变更。

根据《国务院关于提高个人所得税有关专项附加扣除标准的通知》（国发〔2023〕13号），自2023年1月1日起，赡养老人专项附加扣除标准由每月2000元提高到3000元。其中，独生子女按照每月3000元的标准定额扣除；非独生子女与兄弟姐妹分摊每月3000元的扣除额度，每人分摊的额度不能超过每月1500元。

实务操作中应注意以下问题。

（1）非独生子女有未成年的弟弟或妹妹。

政策没有对未成年弟弟、妹妹参与分摊进行排除，因此，只要父母一方年满60岁，纳税人即便有未成年的弟弟或妹妹，也需要参与3000元扣除的分摊。

（2）失独父母。

我国目前存在一个特殊的群体——失独家庭。对于失独家庭夫妻二人满60岁时，没有子女赡养。在未来退休年龄会逐步延长的情况下，年满60岁仍需继续工作，是否可以允许他们自我赡养——从个人工资中每月扣除1500元或3000元？目前政策没有这方面的规定。

按照"7号公告"的规定，赡养老人的扣除期限为被赡养人年满60周岁的当

月至赡养义务终止的年末。

七、婴幼儿照护

根据《国务院关于设立3岁以下婴幼儿照护个人所得税专项附加扣除的通知》（国发〔2022〕8号），为贯彻落实《中共中央、国务院关于优化生育政策促进人口长期均衡发展的决定》，依据《个人所得税法》的有关规定，国务院决定，设立3岁以下婴幼儿照护个人所得税专项附加扣除。具体如下。

（1）纳税人照护3岁以下婴幼儿子女的相关支出，按照每个婴幼儿每月1000元的标准定额扣除。

（2）父母可以选择由其中一方按扣除标准的100%扣除，也可以选择由双方分别按扣除标准的50%扣除，具体扣除方式在一个纳税年度内不能变更。

（3）3岁以下婴幼儿照护个人所得税专项附加扣除涉及的保障措施和其他事项，参照国发〔2018〕41号文的有关规定执行。

（4）3岁以下婴幼儿照护个人所得税专项附加扣除自2022年1月1日起实施。

根据《国务院关于提高个人所得税有关专项附加扣除标准的通知》（国发〔2023〕13号），自2023年1月1日起，3岁以下婴幼儿照护专项附加扣除标准由每个婴幼儿每月1000元提高到2000元。

根据"7号公告"的规定，纳税人享受婴幼儿照护专项附加扣除的计算时间为婴幼儿出生的当月至年满3周岁的前一个月。自符合条件开始，可以向支付工资、薪金所得的扣缴义务人提供上述专项附加扣除有关信息，由扣缴义务人在预扣预缴税款时，按其在本单位本年可享受的累计扣除额办理扣除；也可以在次年3月1日至6月30日内，向汇缴地主管税务机关办理汇算清缴申报时扣除。

第二节 个人取得各项补贴的涉税问题

对于部分高净值人士而言，除了日常领取工资以外，还会取得公司支付的各项福利补贴。这些福利补贴，有现金形式的，也有非现金形式的。拿到工资正常纳税，不存在任何问题。取得各项补贴福利，还需要交税吗？

一、个人取得的福利费是否免税

（一）免税福利费

个人取得公司支付的福利，包括现金福利和实物福利，个人到底是否需要缴纳个人所得税？有人说，当然不缴了！

因为《个人所得税法》第四条第四款规定，福利费免征个人所得税。

法律都规定不需要交了，难道还有假？

单看此条规定，的确如此，还真的不用缴纳个人所得税，太好了！

真的这么好吗？这里所讲的福利费免征个人所得税，是全部福利费，还是个别福利费呢？在该法中没有进一步的解释，但是《个人所得税法实施条例》中做了进一步说明。

按照《个人所得税法实施条例》的规定，免税的福利费，是指根据国家有关规定，从企业、事业单位、国家机关、社会团体提留的福利费或者工会经费中支付给个人的生活补助费。

看到了吧，不是所有的福利费都可以免征个人所得税，只有生活补助费才能免征个人所得税。

那么问题又来了，如果公司考虑到现在物价上涨得厉害，为了减轻员工的生活压力，最大限度降低员工的个人所得税负担，除了每月给员工发放工资以外，还会发一部分生活补助，该生活补助是否真的就可以不用交个人所得税了？

当然不是了。《个人所得税法实施条例》虽然讲到给个人的生活补助费，但没有限定员工的范围，是个别员工还是全体员工？如果是全体员工，那大家都会在拿很少工资的同时再获取更高金额的生活补助，岂不都不用交个人所得税了！显然不可能如此！如果不是全体员工，应该是谁呢？

按照《国家税务总局关于生活补助费范围确定问题的通知》（国税发〔1998〕155号，以下简称国税发〔1998〕155号文）的规定，生活补助费，是指由于某些特定事件或原因而给纳税人或其家庭的正常生活造成一定困难，其任职单位按国家规定从提留的福利费或者工会经费中向其支付的临时性生活困难补助。因此，只有发生特殊困难的极个别人员才可以获取这种免税的补助，而且只能是临时性的，不能是永久的。

（二）征税的福利费

根据上面的分析，除上述特殊情况下的临时性生活补助费可以免征个人所得税外，其他的福利费是否都应该缴纳个人所得税呢？

理论上确实如此。

为此，国家税务总局专门下发国税发〔1998〕155号文，明确了非免税的福利费范围，凡是属于下列情况的，都不属于临时性生活困难补助性质的支出，都要并入员工工资薪金所得，计算缴纳个人所得税。

（1）从超出国家规定的比例或基数计提的福利费、工会经费中支付给个人的各种补贴、补助。例如，各单位逢年过节超过福利费标准发放的过节费、过节礼物。

（2）从福利费和工会经费中支付给单位职工的人人有份的补贴、补助，如各公司为员工支付的通信补贴、交通补贴等。

（3）单位为个人购买的汽车、住房、电子计算机等。

如果严格按照上述规定，有人也许会问，公司设有食堂，每天中午免费给员工提供午餐。食堂购买食材的各项支出属于福利费，公司把食堂做好的饭菜免费让员工食用，相当于公司让每个员工都享受到了该实物补贴。那么，每个员工每天中午吃的饭菜是否也需要并入其当月工资计算缴纳个人所得税？

按照国税发〔1998〕155号文的规定，这种人人有份的补贴确实需要缴纳个人所得税，但实际上没有公司会这么做，不这么做是否违反税法规定呢？

对此，2012年5月7日国家税务总局纳税服务司专门进行网上答疑：对于发给个人的福利，不论是现金还是实物，均应缴纳个人所得税；但目前对于集体享受的、不可分割的、非现金方式的福利，原则上不征收个人所得税。

通过上述政策不难看出，向员工支付福利费并不是想象中那么美好，说不定就会掉入纳税"陷阱"，为个人、为企业带来税收风险。同样的事情，换另外一种方式处理，结果可能大相径庭。例如，防暑降温支出，直接发放现金，就属于福利费，企业需要代扣代缴个人所得税。如果企业用该笔支出购买防暑降温品，该防暑降温品就不属于福利费，而是劳保用品，此时再将其发放给员工，就不存在个人所得税问题了。

（三）特殊"福利"

按照《征收个人所得税若干问题的规定》（国税发〔1994〕89号，2016年修正）的规定，下列补贴、津贴不属于工资、薪金，不用并入纳税人本人工资、薪金所得项目。

（1）独生子女补贴。

（2）执行公务员工资制度未纳入基本工资总额的补贴、津贴差额和家属成员的副食品补贴。

（3）托儿补助费。

（4）差旅费津贴、误餐补助。

对于上述补贴，实务中需要特别注意差旅费津贴和误餐补助的涉税问题。

关于差旅费补贴。《关于印发〈中央和国家机关差旅费管理办法〉的通知》

（财行〔2013〕531号）规定了出差期间的伙食补贴和交通补贴标准，但该文件并未规定以此标准发放差旅补贴是否应缴纳个人所得税。

按照2012年4月30日国家税务总局纳税服务司的答疑，单位以现金方式给出差人员发放交通费、餐费补贴应征收个人所得税，但如果单位是根据国家有关规定确定的一定标准，凭出差人员实际发生的交通费、餐费发票作为公司费用予以报销，可以不作为个人所得征收个人所得税。

关于误餐补助。按照《财政部、国家税务总局关于误餐补助范围确定问题的通知》（财税字〔1995〕82号）的规定，误餐补助仅指按财政部门规定，个人因公在城区、郊区工作，不能在工作单位或返回就餐，确实需要在外就餐的，根据实际误餐顿数，按规定的标准领取的误餐费。实务中很多企业以误餐补助的名义发给职工的补贴、津贴，应当并入当月工资、薪金所得计征个人所得税。

二、公司为员工负担补充保险，个人是否应纳税

为员工缴纳社会保险和住房公积金是公司的法定义务，是否为员工缴纳补充医疗或补充养老，则完全取决于公司的实力。实力强的企业，在基础保险的基础上再为员工缴纳补充保险，相当于给了员工额外的福利。

该支出如果是人人有份，那就应该并入工资、薪金所得，计算缴纳个人所得税。

在补充养老和补充医疗刚刚兴起的时候，的确如此。包括国家财税政策的制定，也偏重于让获取福利的员工缴税；但随着经济的不断发展，贫富差距逐渐拉大，为了这点钱征收个人所得税，的确显得不太"仁慈"。于是，财政部和国家税务总局联合其他部委出台多项政策，对于员工取得的补充保险给予一定的税收优惠。

（一）补充养老

企业为员工缴纳的补充养老金（年金），按照《财政部、人力资源社会保障部、国家税务总局关于企业年金、职业年金个人所得税有关问题的通知》（财税〔2013〕103号）的规定，从2014年1月1日开始，实行特殊免税政策。企业在具体执行该优惠政策时，需要注意以下几个问题。

（1）公司负担的年金，个人不需要缴纳个人所得税，即公司根据国家有关政策规定的办法和标准，为员工缴付年金，其中公司负担的部分在计入个人账户时，个人暂不缴纳个人所得税。

（2）个人负担的年金部分，可以在一定标准内在个人所得税前扣除，即个人

根据国家有关政策规定缴付的年金个人缴费部分,在不超过本人缴费工资计税基数的4%标准内的部分,暂从个人当期的应纳税所得额中扣除。

(3)超过标准的部分要并入当期工资、薪金所得纳税。企业和员工超过上述第(1)项和第(2)项规定的标准缴付的年金,要并入员工个人当期的工资、薪金所得,依法计征个人所得税。税款由建立年金的单位代扣代缴,并向主管税务机关申报解缴。

(4)正确合理地确定个人缴费工资计税基数。企业年金个人缴费工资计税基数为本人上一年度月平均工资。月平均工资按国家统计局规定列入工资总额统计的项目计算。月平均工资超过职工工作地所在设区城市上一年度职工月平均工资300%以上的部分,不计入个人缴费工资计税基数。

(二)补充医疗

与补充养老金不同,公司为员工缴纳补充医疗保险金,尚无明确的政策规定允许员工享受减免税税收优惠。2009年国家税务总局在下发的《关于2009年度税收自查有关政策问题的函》(企便函〔2009〕33号)中特别强调,企业为职工缴付的补充医疗保险,如果企业委托保险公司单独建账,集中管理,未建立个人账户,应按企业统一计提时所用的具体标准乘以每人每月工资总额计算个人每月应得补充医疗保险,全额并入当月工资扣缴个人所得税。

后续各地在执行补充医疗的个人所得税政策时,基本上是参照上述标准执行。

随着经济的发展,人们越来越注重健康,对企业为员工缴纳补充医疗保险减税的呼声日益高涨。基于此,2017年财政部、国家税务总局和保监会联合发布财税〔2017〕39号文,对公司为员工缴纳的满足特定条件的健康保险给予一定的个人所得税优惠。这相当于从另一个方向为补充医疗的个人所得税优惠打开了一个口子。

政策的核心内容是公司统一组织并为员工购买符合规定的商业健康保险产品的支出,应分别计入员工个人工资、薪金所得,视同个人购买。在计算个人所得税时,可以按照每月不超过200元的限额从个人所得税前扣除。

对于该政策的实施,需要注意以下几个问题。

(1)公司为员工负担的部分,要并入员工工资、薪金所得。与补充养老金不同,公司为员工负担的健康保险金,需要并入员工当期工资、薪金所得,但该所得可以按照每月不超过200元的标准在个人所得税前扣除,相当于对该部分给予了特定的个人所得税优惠。

（2）个人负担的部分在个人所得税前不得扣除。如果在缴纳该健康保险时，公司和员工约定了各自负担的金额，对于员工个人负担的部分，不能在个人所得税前列支，仍然要以工资的名义计算缴纳个人所得税。

（3）购买的健康保险需要满足规定的条件。并非企业为员工购买的所有健康保险都可以享受税收优惠。保险公司开发的保险产品必须满足财税〔2017〕39号文所规定的条件，并且要按《保险法》规定程序上报保监会审批。如果企业从保险公司购买的不是上述保险产品，即便保险合同写的是《补充医疗保险合同》，被保险的员工也无法享受上述个人所得税优惠。

第三节 个人取得工资以外的其他综合所得的涉税问题

除工资外，其他综合所得包括劳务所得、稿酬所得和特许权使用费所得。需要引起高净值人士重点关注的是劳务所得和特许权使用费所得。

一、增值税风险

按照财税〔2016〕36号文附件一《营业税改征增值税试点实施办法》的规定，个人发生应税行为的销售额未达到增值税起征点的，免征增值税；达到起征点的，全额计算缴纳增值税。

增值税起征点幅度为：按期纳税的，为月销售额5000~20 000元（含本数）；按次纳税的，为每次（日）销售额300~500元（含本数）。

个人按照《个人所得税法》规定的劳务范围向公司提供劳务或将技术许可给公司使用，公司向自然人支付劳务费或特许权使用费，个人提供劳务或特许权使用的行为属于增值税应税项目。

按照上述规定，如果企业支付金额超过增值税起征点，则个人需要全额缴纳增值税；如果支付金额未超过起征点，则个人无须缴纳增值税。

对于个人提供增值税应税行为，目前只在《国家税务总局关于小规模纳税人免征增值税政策有关征管问题的公告》（国家税务总局公告2019年第4号）中，对个人提供不动产租赁确定为按月计算销售额；而对于个人提供劳务服务或特许权使用服务，实务中通常会按次计算销售额。这也就意味着，只要公司每次向个人支付劳务费或特许权使用费超过500元，个人就需要缴纳增值税及附加税费（不需要支付方代扣代缴）。个人未及时办理税款缴纳的，按照税收征管法的规定，同样面临补缴税款和滞纳金的处罚。

按照《中华人民共和国增值税法（征求意见稿）》的规定，在境内发生应税交易且销售额达到增值税起征点的单位和个人，以及进口货物的收货人，为增值税的纳税人。增值税起征点为季销售额30万元。销售额未达到增值税起征点的单位和个人，不是本法规定的纳税人；销售额未达到增值税起征点的单位和个人，可以自愿选择依照本法规定缴纳增值税。

因此，在增值税法正式实施后，涉及个人提供劳务并取得劳务费或提供特许权取得的特许权使用费，如果季度销售额不超过30万元，个人不需要缴纳增值税；但在增值税法正式实施前，仍然要延续现行的增值税政策。

二、企业所得税风险

按照《企业所得税税前扣除凭证管理办法》（国家税务总局公告2018年第28号）的规定，公司向个人支付劳务费或特许权使用费，只要每次金额超过500元，个人就超过了增值税起征点的标准，个人不满足小额零星的要求，公司支付的该款项需要取得个人向税务机关代开的发票才可以税前列支。

实务中，存在太多的企业（尤其是建筑行业）通过按人头列示劳务费（通常每人都在800元左右）的形式增加支出的情况，即便履行了个人所得税申报义务（也有未申报个人所得税的企业），由于未取得发票，导致该支出无法在税前列支。

实际上，很多公司都列支了！

这就是潜在的涉税风险，一旦全面检查企业向个人支付劳务费或特许权使用费支出，不仅是公司，连个人都会面临较大的涉税风险。